理學叢書

榕村語録

榕村續語録

上

〔清〕李光地　著

陳祖武　點校

中華書局

圖書在版編目(CIP)數據

榕村語録;榕村續語録/(清)李光地著;陳祖武點校.
—北京:中華書局,2023.10
(理學叢書)
ISBN 978-7-101-16343-8

Ⅰ.榕… Ⅱ.①李…②陳… Ⅲ.理學-研究-中國-清代 Ⅳ.B249.9

中國國家版本館CIP數據核字(2023)第175674號

責任編輯:石 玉
責任印製:管 斌

理學叢書
榕村語録 榕村續語録
(全三册)
〔清〕李光地 著
陳祖武 點校
*
中華書局出版發行
(北京市豐臺區太平橋西里38號 100073)
http://www.zhbc.com.cn
E-mail:zhbc@zhbc.com.cn
北京新華印刷有限公司印刷
*
850×1168毫米 1/32 · 36¼印張 · 6插頁 · 680千字
1995年6月第1版 2023年10月第2版
2023年10月第2次印刷
印數:3001-5000册 定價:146.00元

ISBN 978-7-101-16343-8

理學叢書出版緣起

理學也稱道學、性理之學或義理之學，興起於北宋。主要代表人物有程顥、程頤，相與論學的有張載、邵雍，後人又溯及二程的本師周敦頤，合稱「北宋五子」。南宋朱熹繼承和發展了二程學説，並汲取周、張、邵學説的部分内容，加以綜合，熔鑄成龐大的體系，建立了理學中居主流地位的學派；與此同時，也有以陸九淵爲代表的理學别派與之對峙。南宋末，朱學確立了主導地位。元代理學北傳，流播地區更廣。明代，程朱理學仍是正統官學，但陳獻章由宗朱轉而宗陸，王陽明繼之鼓吹心學，形成了理學中另一佔主流地位的學派。清初理學盛極而衰，雖仍有勢力，但頹勢已難挽回，一世學風逐漸轉變爲以乾嘉樸學爲主流。理學從産生到式微，經歷約七個世紀。而它在思想界影響的廣泛深入，超過兩漢經學、魏晉玄學、南北朝隋唐的佛學。

理學繼承古代儒學，融會佛老，探討了宇宙本原、認識真理的方法途徑、世界的規律性和人類本性等哲學問題，提出了比較完整的哲學體系，並涉及道德、教育、宗教、政治等諸多領域，繼承改造了許多舊有的哲學範疇和命題，也提出了不少新的範疇和命題，進行了細緻的推究。「牛毛繭絲，無不辨晰」（黄宗羲明儒學案凡例），雖有煩瑣的一面，也有精密的一面。就理論思維的精密程度而論，確有度越前代之處。在我國哲學思想發展史上起過重大的作用，在國際上也有影響。作爲民族哲學遺産的一部分，我們没有理由無視它的歷史存在。

建國以來，學術界對理學的研究取得了很大成績。但在一段時間内，由於「左」的思想影響，妨礙了對理學進行實事求是、全面系統的研究，相關古籍資料的整理也未能很好地開展。近幾年情況有了很大變化，有關的論文、專著多起來了，有關的學術討論會也不斷召開。爲配合研究需要，國務院古籍整理出版規劃小組制訂的一九八二至一九九〇年的古籍整理出版規劃中列入了理學叢書，並開列了選目。這套叢書將由中華書局陸續出版。

理學著作極爲繁富，有大量經注、語録、講義和文集。私人撰述之外，又有官修的讀物，如性理大全、性理精義；也有較通俗的以至訓蒙的作品，使理學得以向下層傳播。本叢書只收其中較有代表性的著作。凡收入的書，一般只做點校，個別重要而難懂的可加注釋，或選擇較有參考價值的舊注本進行點校。熱切期望學術界關心和大力支持這項工作。

中華書局編輯部　一九八三年五月

目録

上册

中册

下册

榕村續語録

點校説明

一

榕村語録三十卷、榕村續語録二十卷，著者爲清初理學名臣李光地。前書由其門人徐用錫及其孫李清植輯。後書的纂輯者，前人時賢尚未見論及。據光地孫清馥所撰榕村譜録合考卷上四十四歲條云：「孫思哉，屬公之甥，手録有榕村語録一本，疑在此時。及已巳（康熙二十八年）侍公京邸所記，其稿藏彼家數十年，馥於乾隆癸亥（八年）從季弟清泰處檢得，云得之其曾孫莊敬藏本。今已録出，增入榕村續語録中。」則續語録的纂輯，似出李清馥手。

李光地（一六四二——一七一八），字晉卿，號厚菴，學者尊爲安溪先生，卒謚文貞，福建安溪人。康熙九年進士，由翰林院編修累官至直隸巡撫、吏部尚書、文淵閣大學士，位極人臣，顯赫一時。他一生不惟以在官場角逐中的委蛇進退引人注目，而且勤於治學，於周易、樂律、音韻諸學皆確有所得。當其晚年，尤以工於揣摩帝王好尚，一意崇獎朱學，深得康熙帝寵信，先後奉命主持朱子全書、周易折中、性理精義諸書的纂輯事宜，儼若一時朱學領袖。著有周易通論、周易觀象、古樂經傳、韻書及榕村全集、榕村語録等，故世後，由其後人輯爲榕村全書刊行。

榕村語録的主要纂輯者徐用錫（一六五七—？），字壇長，號晝堂，一號魯南，江蘇下相（今宿遷）人。康熙四十八年進士，官翰林院編修，後因事奪職。乾隆初復起，授翰林院侍讀，終以年事太高，旋起旋落而歸老鄉里。著有圭美堂集行世。用錫早年工於文詞，康熙三十三年以後，從學於李光地，究心經史，旁及樂律、音韻、曆數，尤以書法著稱於世。他追隨李光地二十餘年，凡光地日常講論，皆留意記録，日積月累，手稿居然「富溢囊箱」（榕村語録跋）。於是自康熙五十四年起，徐用錫將記録稿整理謄清。康熙五十七年竣稿，送請李光地審閱，被光地贊爲「可存之書」（同上）。李光地逝世後，用錫將書稿交光地孫李清植。清植據其祖遺著及他人記録復加增補，以榕村語録爲書名，於雍正七年（一七二九年）付梓。十一年五月初成，再送徐用錫撰寫題跋，乾隆八年（一七四三年）又由李光地後學張叙冠以序言，至此，榕村語録遂成完書。

李清植（一六九〇—一七四四），字立侯，號穆亭，福建安溪人，爲李光地三子鍾佐子。由於父母早亡，李清植自幼隨祖父宦居保定、北京，親承謦欬，學業日進。雍正二年

（一七二四年）成進士，先後以翰林院編修、侍讀主持江南鄉試，提督浙江學政。後因事降職，告假回鄉。乾隆初再出，官至禮部侍郎。李光地遺著多爲清植整理刊行，年譜亦出其手。

同榕村語録相比，續語録的纂輯則要略後一些。該書可能的纂輯者李清馥（一七〇三—？），字根侯，號遜齋，福建安溪人，爲李光地長子鍾倫子。清馥與其從兄清植一樣，自幼失怙，棲身於祖父膝下。後以蔭入仕，官至廣平知府。他祖述家學，「質厚安雅」（方苞方苞集卷十二，李世得墓表），著有閩中理學考、閩學志略、榕村譜録合考等。至於續語録的編纂過程及竣稿時間，由於李清馥等人並未留下隻字序跋或其他專門記載，因而僅能據相關線索，試作爬梳。

根據前引榕村譜録合考所記，早在徐用錫之前，李光地的外甥孫襄於康熙二十四年即已開始記録光地講論，留下過榕村語録稿一部。四年後，孫襄入光地幕，繼續前記，又成記録稿一部。前稿大概早爲光地後人所得，而後稿，李清馥則得之於乾隆八年。就現存榕村續語録的編次情況看，這兩部稿子無疑都成了李清馥從事纂輯的重要依據。又據徐用錫榕村語録跋稱，李光地逝世前夕，曾就用錫記録稿表示過要爲之「汰存十之五六」的意向。光地爲人多疑，瞻前顧後，謹小慎微，他之所以作出上述表示，出於政治利害上的考慮當是主要原因。將今本語録及續語録比照，不難看出，這一遺願在李清植增訂徐稿時已獲實現。凡續語録中未注明「自記」或「孫襄」及他人所記字樣者，大概即多源自當年李清植所删稿。再據李清馥榕村譜録合考跋記，他依續語録對李清植所輯文貞公年譜進行訂補，事在乾隆二十一年。由此似可得出如下認識：續語録的纂輯，其起訖雖尚難準確判定，但上限不會早於乾隆八年，竣稿則當在乾隆二十一年以前。想是因爲李清馥及其親屬對如何處理書稿所涉朝局時事、大臣臧否心存忌諱，尤其是對李光地一生「疑謗叢集」（清史稿卷二六二，李光地傳）經歷的洗刷意見不一，因而未能及時刊行。爾後，李氏後人雖將書稿迭加修改，然終因時移勢易而深藏不出。直到一百多年後的光緒二十年（一八九四年），始由安溪知縣黄家鼎據李氏家藏稿録出副本。民國初，黄氏鈔本輾轉傳歸著名文獻學家傅增湘先生，於是沉潛多年的榕村續語録方才得以付梓行世。

二

在中國學術史上，語録體著述源遠流長，論語、孟子早已開其先河。法言、中説諸家繼起，接武孔孟，後先相承。及至兩宋，理學勃興，講學諸儒爲佛門風氣習染，紛紛以語録傳授師法，張大門牆，於是二程遺書、上蔡語録、朱子語類比肩接踵，風行海内。積習既成，歷元明兩代，經久不衰。明清之際，理學雖已成强弩之末，語録體文風亦爲有識之士羣起撻伐而奄奄待斃，但固守壁壘者則依然視若家珍。宋明數百年間，語録既爲理學中人所重視，因而也就自然成爲研究理學家學術思想的重要依據。在李光地現存近四十種二百餘卷著述中，榕村語録及其續編，便以其内容的廣泛和卷帙的繁富而成爲他的代表作品之一。

如何評價李光地的學術地位？在清代學術史研究中久存争議，迄無定論。譽之者推爲「儒林巨擘」（四庫全書總目卷九四）、「學博而精」（徐世昌清儒學案卷四十，安溪學案），毁之者則譏作「紙尾之學」（全祖望鮚埼亭集外編卷四十四，答諸生問榕村學術帖子）、「不學無術」（張舜徽清人文集别録卷三）。二者之間的距離顯然是很大的。平心而論，「儒林巨擘」云云，褒揚過當，名與實乖，當然不足取。事實上，就連受李光地搭救之恩的方苞，在論及其學問時，也只是給了「平平」二字的評價。李光地對此亦無可奈何，只好用「吾何以當平平二字」聊以解嘲（續語録卷十八）。然而「紙尾之學」、「不學無術」，却也還可商量。回顧李光地研究的歷史和現狀，我們會注意到，凡訾議其學問者，每多從譏斥其爲人出發。的確，李光地的人品並不高尚，正如方苞憶其逸事時所述：「自公在位時，衆多誚公，既殁，詆訐尤甚。」（方苞方苞集集外文卷六，安溪李相國逸事）這種所謂「疑謗叢集」局面的釀成，一方面固然與當時的官場傾軋分不開，自有黨派鬭争的深刻背景，另一方面也在於李光地觸怒清議，咎由自取。但是倘若把李光地爲人的那些可訾議之點，同他對康熙朝國家統一、社會穩定、文化發展諸方面所作的貢獻相比，則顯然是其局部的、次要的方面。何況學問之與爲人，畢竟不可等量齊觀，尤不應以人而廢學。在這一點上，榕村語録及其續編提供了解決問題的良好依據。

榕村語録大致以經義、性理、諸儒、諸子、史書史事、治道、詩文爲類，記録了李光地一生與門人兒孫的講學問答。續語録則於諸項外，復增本朝時事、本朝人物二大類，對李光地自述生平行事、議論朝局是非、大臣得失等内容，均作了詳盡記載。就所涉及的學術領域而論，不惟有對理學傳統範疇的討論，而且博及經學、史學、子學、文學、天文曆算、律吕、音韻諸學。其論究内容之廣泛，自朱子語類之後，在理學家衆多的語録體著述中，實屬罕見。固然由於一意求博，學力不濟，以致時有浮光掠影的空泛之論，甚至是穿鑿附會，强爲解人，但是無可否認，其中亦確有真知灼見。

朱陸學術之争，這是宋明理學史上的一樁公案。自元代理學家吴澄以尊德性、道問學賅括二家學術特徵，將陸九淵一派歸諸尊德性，分朱熹一派爲道問學，從此尊德性與道問學之争數百年不絶。李光地在榕村語録中明確地否定了這樣的區分，就尊德性與道問學的關係闡述了與前人不盡一致的見解。尊德性與道問學，語出中庸，云：「君子尊德性而道問學。」講的是儒家在道德修持上，既主張從宏大處着眼，立定脚根，同時又要從細微處入手，循序漸進。李光地對這一命題的講論，試圖逾越前人的成見，還儒學以本來的面目。他重申：「君子既要尊德性，又要道問學，存心、致知，一面少不得。」但他又認爲，尊德性與道問學相比，畢竟是根本，更加重要，所以他説：「尊德性是道問學之基。」在李光地看來，朱陸學術同屬既尊德性又道問學的儒家正統，只是陸九淵不如朱熹平正，失之偏激。因而他評價陸學説：「象山不可謂不高明，只是少『道中庸』一邊耳。」（語録卷一，大學）這樣的去講解儒家經典並進而討論朱陸學術，尊朱的傾向固然很鮮明，但是不惟擺脱了前人的窠臼，而且較之同時朱學中人如張烈、陸隴其輩的一味詆斥陸王學術，顯然要冷静得多，理智得多。同樣的道理，對於王守仁的學術主張，李光地雖然從根本上作了「終入邪魔」（語録卷十八，宋六子）、「詖淫邪遁」（語録卷二十，道釋）一類的抨擊，但是也能在局部上作出某些肯定。譬如王守仁關於「立志」、「萬物一體」諸儒學命題的講論，李光地便詳細稱引，評爲「皆極精」（續語録卷十六，學）。這當然是實事求是的見解。

榕村語録及其續編，以大量篇幅，依次對易、書、詩、禮、春秋諸儒家經典作了訓解。就總體而言，李光地的經解以宋學爲宗尚，側重義理，疏於考證。然而他也不廢漢儒經學，且能取其所長，融爲己有。一方面，他從尊朱的立場出發，確認：「解經在道理上明白融會，漢儒自不及朱子。」另一方面，又肯定了漢儒經學的不可偏廢。他説：「至制度名物，到底漢去三代未遠，秦所澌滅不盡，尚有當時見行的。即已不存者，猶可因所存者推想而筆之，畢竟還有些實事。不似後來禮壞樂崩，全無形似，學者各以其意杜撰，都是空言。此漢儒所以可貴。」（語録卷十九，諸儒）李光地一生，在經學上最爲用力者，是他的周易研究。他在語録中説過：「某治易，雖不能刻刻窮研，但無時去懷，每見一家解必看。今四十七年矣，覺得道理深廣，無窮無盡。」（語録卷九，周易）正是由於長期究心，博採衆長，因而使他成爲康熙一朝大臣中最深通易學者。康熙中葉以後，李光地之所以日漸寵信，原因固然是多方面的，但是他在易學上的遠勝熊賜履、湯斌諸人，從而可以隨時爲康熙帝提供學術諮詢，則是一個不可忽視的因素。隨着康熙帝學術修養的加深，李光地這種無可取代的地位便越發突出。所以對於他的故世，康熙帝深感痛惜，給他以「學問淵博，朕知之最真，知朕亦無過光地者」（清史稿卷二六二，李光地傳）的蓋棺定評，就不是没有道理的。至於全祖望批評他的「以籌算言圖書，則支離之甚者；言互體更謬，不合古法」（答諸生問榕村學術帖子），則屬似是而非之論。在經學史上，對周易的訓解，素有象數、義理二派之分。漢儒説易，走的是象數一路，講術數，論互體，乃漢易家法，從焦贛、京房到馬融、鄭玄，一脈相承。魏晉以後，象數學衰微，魏人王弼注易，一改漢儒舊轍，專以義理爲依歸，開宋明易學義理派風氣之先。宋明數百年，是義理派的天下，程頤的伊川易傳、朱熹的周易本義，以講求義理而高踞正統地位。其間雖有邵雍、朱震諸象數學大家承漢儒衣鉢，然而涓涓細流終究以「易外别傳」而不能匯爲巨川。李光地治易，既重在義理，贊成朱熹關於易爲卜筮之書的判斷，同時又受其鄉先輩黄道周象數學影響，由黄道周而朱震、而邵雍，一直溯源至漢儒易學，從而形成薈萃衆長、自成一家的易學風尚，淵源有自，不悖古法，巧容有之，支離則無。因此全祖望拘執宋易矩矱對李光地所作的譏彈，我們就没有理由去贊成它。

三

談李光地學術宗尚者，無不以程朱爲説。倘若依理學家的習慣用語來講，稱做「晚年定論」，那無疑是正確的。但是如同歷史上衆多的學者和思想家那樣，李光地的學術思想也經歷了一個複雜的演變過程。探討這一過程，不僅是全面評價李光地學術的一個重要方面，而且對於透視清初的理學界也是有意義的。在這個問題上，榕村語録及其續編所提供的資料，足以補李光地的文集及其他著述之所未備。

作爲一個從科場角逐中躋身仕途的知識分子，由於朝廷功令所在，士子風氣所趨，李光地的學問由四書起家，自是不言而喻。儘管他對此的追述不盡一致，一說「某年十八，手纂性理一部，十九，手纂四書一部」（語録卷二十四，學）；一説「予十八歲看完四書，十九歲看完本經，廿歲讀完性理」（續語録卷十六，學），然而以四書爲根柢，則並無歧異。二十歲以後，李光地把治學範圍擴及周易。由於受象數學的影響，因而當時他並不以朱熹的易注爲然，正如他所自述：「某少時好看難書，如樂書、曆書之類。即看易，亦是將圖畫來畫去，求其變化巧合處。於太極圖，不看其上下三空圈，却揀那有黑有白、相交相繫處，東扯西牽，配搭得來，便得意，覺得朱子注無甚意味。」（語録卷二十四，學）與之同時，他則爲陸九淵、王守仁的著述所吸引，爲此整整用了五年功夫（續語録卷十六，學）。李光地爾後對大學的訓釋，反復稱引陸王的見解，主張恢復古本，認爲朱熹補格物傳爲多餘（語録卷一，大學），顯然就是受了王守仁學説的影響。以上，是李光地治學的第一個階段，其基本特徵可以大致歸結爲四個字，即兼收並蓄。

自康熙九年中進士入選翰林院，李光地開始了他治學的第二個階段。青少年時代的理學根柢，使他一度贏得當時任掌院學士的熊賜履的重視，並以「有志于理學」被推薦給康熙帝（康熙起居注康熙十一年八月十二日甲寅條）。隨後，他又奉命向康熙帝進呈著述，表示：

「臣之學，則仰體皇上之學也，近不敢背于程朱，遠不敢違于孔孟。」（榕村全集卷十，進讀書筆録及論説序記雜文序）儘管如此，早先陸王學説的影響畢竟一時難以盡去，因而在他於康熙二十四年前後所纂輯的朱子學的、文略内外編中，王學的影子依然若隱若現。到李光地晚年，他之所以要對朱子學的進行全盤修訂，改題尊朱要旨録入文集，原因大概就在這裏。據榕村譜録合考稱，文略内編即理學略，凡三卷，卷三即專載陸九淵、王守仁選文。猶如朱子學的改爲尊朱要旨一樣，李光地後來爲了掩飾自己這一段在程朱、陸王間徘徊的學術經歷，也重輯該書爲榕村講授，將王守仁文盡數擯而不録（榕村譜録合考卷上，四十四歲條）。康熙二十五、二十六年，他兩度爲康熙帝召見諮詢易學，並擢任翰林院掌院學士。然而直到此時，李光地的學術宗尚並未明朗，换句話説，亦即與康熙帝崇奬朱學的趨向尚未合拍。因此康熙二十八年五月，當他因深陷黨争而被撤銷掌院學士職，降爲通政使司通政使時，康熙帝便當衆斥責他爲「冒名道學」，指出：「古來道學如周、程、張、朱，何嘗不能文？李光地等冒名道學，自謂通曉易經卦爻，而所作文字不堪殊甚，何以表率翰林！」（康熙起居注康熙二十八年五月初七日壬寅條）同年九月，更明確地把他歸入朝臣中的王學派，斷言：「許三禮、湯斌、李光地俱言王守仁道學，熊賜履惟宗朱熹，伊等學問不同。」（同上書康熙二十八年九月十八日辛亥條）足見從二十九歲進入翰林院，到四十八歲掌院學士職被罷免，前後二十年間，就學術宗尚而論，李光地一直游移於程朱、陸王，還不能以學宗程朱來賅括。

失去翰林院掌院學士職，對李光地是一次很大的打擊。清初，由翰林院掌院學士而拜相，儼若成例。李光地深知朝廷掌故，他早先投靠武英殿大學士明珠，二人間就曾經對謀取這一職位的時機作過策畫（續語録卷十三，本朝時事）。如今掌院學士職的得而復失，促使他對其中的緣由去進行反省。其結果，作爲政治上的抉擇，便是以「積誠致謹，耐事慎交」爲座右銘（榕村譜録合考卷上，五十歲條），力圖擺脱黨争的羈絆。在學術宗尚方面，則是迅速作出調整，一改先前在程朱、陸王間的徘徊，向朱學一邊倒。

爲此，李光地首先對自己數十年的理氣觀作了斷然否定。理，這是宋明理學的最高哲學範疇。與其相對而存在的是氣。理與氣之間究竟是一個什麽樣的關係，在理學史上長期争論，莫衷一是，成爲困擾理學家的一個根本哲學課題。根據朱熹的學説，理作爲宇宙的本源，天下的萬事萬物無不爲之所派生，所以他説：「未有天地之先，畢竟也只是理。有此理，便有此天地。若無此理，便亦無天地，無人無物，都無該載了。有理，便有氣流行，發育萬物。」（朱子語類卷一，理氣）這樣的理氣觀，正是全部朱熹學説的出發點。然而恰恰也就是在這樣一個根本問題上，李光地受明代理學家蔡清、羅欽順、薛瑄等人的影響，對朱熹的闡釋一直持懷疑態度。於是爲了表明自己的尊崇朱學，李光地在五十一歲那年撰爲初夏録一篇，以衛道士的姿態批判明儒，表彰朱熹的理先氣後論。他指出：「先有理而後有氣，有明一代，雖極純儒，亦不明此理。」極力鼓吹「理在先，氣在後。理能生氣，氣不能生理」（語録卷二十六，理氣）。這樣，李光地就從爲學的根本之點入手樹起了尊朱的旗幟。緊隨其後，他又着手精選程朱語録，於康熙三十四、三十五年輯爲朱子語類四纂、程子遺書纂。接着便是改訂舊稿，以朱學爲準繩，重輯尊朱要旨、榕村講授，將王學踪蹟洗刷殆盡。與此相一致，李光地又於康熙四十二年將當時的著名學者梅文鼎聘入官署，講求天文曆算學，以便同康熙帝的學術好尚全然吻合。借助於十餘年來的這一系列苦心經營，李光地在自己的晚年完成了學術宗尚的根本轉變，以恪守朱學的面貌出現於朝野，並據此博得康熙帝的寵信而榮登相位。隨後，他又通過主持編纂朱子全書，終於給自己戴上了朱學領袖的冠冕。

剖析李光地一生學術思想的演變過程，我們可以看到，他尊崇朱學的學術宗尚的確立，並不是建立於踏實而嚴密的學術研究基礎之上的，相反，以帝王好尚、政治得失爲轉移依據的投機色彩則十分濃厚。因此，儘管李光地在其晚年竭力表彰朱學，但無非朱熹學術主張的復述而已，在理論思維上則是蒼白無力的。他没有，也不可能對朱熹的學術體系作出任何發展。歷史地看來，在清初學術史上，李光地的貢獻並不在於理學，而是他順乎潮流，對經學研究的提倡和身體力行。後來乾嘉漢學家讚之爲「儒林巨擘」，也正是由此出發的。清初，在王學已成衆矢之的，朱學經封建統治者的提倡而高踞廟堂的歷史條件下，李光地學術宗尚的轉换，實在就是當時理學界狀況的一個縮影。清廷的提倡朱學，事實上只是把理學視爲維繫封建統治的道德規範罷了，所以康熙帝一再告誡理學諸臣，「果係道學之人，惟當以忠誠爲本」，絶對不能「務虛名而事干瀆」，並且還以理學真僞論爲題，考試翰林院全體官員（清聖祖實録卷一百六十三，康熙三十三年閏五月癸酉條）。李光地先前的因「冒名道學」而被逐出翰林院，後來的以「才品俱優」而榮登相位（同上書卷二百二十三，康熙四十四年十一月己巳條），都是清廷最高統治者這種理學觀的典型反映。康熙一朝，理學的提倡者將其視爲道德教條而用以桎梏臣民，尊奉者或如陸隴其、湯斌等的以之律身自省，或如李光地、熊賜履輩的借以沽名邀寵。這樣嚴酷的事實當然不是一種學術體系興旺的標誌，爲這一歷史現象所折射出來的，則是理學僵化、日暮途窮的深刻本質。由於當時中國的具體歷史條件的制約，漢學的崛起，理學之爲經學所取代，便成爲學術發展的必然趨勢。

四

榕村語録及其續編，既是研究李光地學術思想的重要依據，同時作爲歷史文獻，它們又提供了據以知人論世的大量資料。李光地一生，幾乎同康熙一朝相終始。三藩之亂、臺灣回歸、朝廷黨争、儲位角逐、朱學獨尊……凡數十年間治亂興革，或詳或略，二書中皆有記載。其中尤以續語録所記最爲詳細。由於事出著者親身見聞，因而去僞存真，去粗取精，則多可補清代官私史書之所闕略。但是也正因爲著者所親歷，一則受客觀條件的限制，難免以偏概全，失於片面；再則許多時事、人物又都與著者榮辱攸關，主觀上便心存諱飾，抑彼揚己，甚至不惜淆亂真相以諉過他人。諸如對同時江南學者黄宗羲、毛奇齡等的無端譏彈，論李顒、李塨諸北方學者的似是而非，視政敵陳夢雷、徐乾學、熊賜履若不共戴天而百般詆毁等等，或信口臆説，或過甚其詞，真僞雜陳而難以信據。加以續語録又叠經著者後人改竄，爲替李光地文過飾非而肆意踐踏著述道德，以致前後兩歧，破綻百出。正如已故著名史家孟心史先生所評：「詞繁意複，矛盾舛戾，不可了解。」（孟森明清史論著集刊下册，題江安傅氏近刻榕村續語録）因之每遇書中自相牴牾處，則簡直令人愕然，不禁頓生「盡信書則不如無書」之嘆。以下，僅以續語録中記陳夢雷事爲例，略加剖析。

李光地畢生最招惹物議者，莫過於他在三藩之亂中的經歷。康熙十二年十一月，吴三桂倡亂滇中，翌年三月，耿精忠遥相呼應，在福州舉起叛旗。當時，李光地與同年進士陳夢雷皆以翰林院編修告假在鄉。據陳夢雷稱，康熙十三年夏，李陳二人曾在福州陳寓密謀，決意裏應外合，陳出任僞職，「陰合死士以待不時之應」，李則「遁迹深山，間道通信」，以「稍慰至尊南顧之憂」（陳夢雷松鶴山房文集卷五，與李厚菴絶交書）。此後，李光地即於十四年五月遣人上蠟丸疏，向清廷獻攻取福建策。亂平，李光地因此而擢陞内閣學士，而陳夢雷則因蠟丸疏中未曾具名，李光地又拒不澄清真相，反以從逆罪受審。於是陳夢雷遂揭露事情原委，將李光地「賣友」劣蹟公諸朝野。這就是李光地「賣友」一案的由來。對陳夢雷的指責，李光地矢口否認，堅持蠟丸疏爲己出，與陳夢雷毫不相干。最後，這場訴訟終以陳夢雷的流放關外而不了了之。

在榕村續語録中，李光地及其後人以卷十的全卷篇幅，對「賣友」一案極盡洗刷、誣枉之能事。開卷第一條本來記得很清楚，福建亂起，李光地之所以到福州見耿精忠，是「爲僞官羣小所逼迫」，與陳夢雷無關。然而第二條則節外生枝，嫁禍於陳夢雷，記爲：「變起，而陳已戴紗帽矣。陳後以書招予……予如其言，至其家，無他語。予次日辭欲去，陳曰：『君安得去？入城門，門卒即有報某某進城矣。』予曰：『奈何？』陳曰：『且見耿王再商。』」這樣，李光地的見耿精忠，便成了陳夢雷設置的圈套。可是十分奇怪，同卷末條却又棄後説於不用，將初説明確化，承認：「到福州省城，是耿精忠泉州知府王者都薦去的，逼着不許還家，只得去。」孰是孰非？如此一口兩舌，翻雲覆雨，實是令人無所適從。好在該書卷十五又述及往福州事，依然重申係僞官所薦，「耿王即以令箭來調」。綜觀上述四條，李光地康熙十三年夏的福州之行，乃是應耿精忠調令而去，實非陳夢雷所設騙局。這才是事情的真相。

至於上蠟丸疏一事，續語録爲了否定陳夢雷的實際參預，於卷十第五條云：「陳則震（夢雷字）至今鬧不已。他臨發遣時，魏環溪爲大司寇，杜肇餘爲少司寇，則震懷中出一紙告予説，蠟丸本是他做的，我删去他名字。杜最長厚，亦能窮詰他，云：『那時老先生在福州，他在安溪，中間關津頗多，老先生有此蠟丸稿，如何得達與李老先生？或是他差某人來，老先生差人去，將此人指出姓名來，就可質審。』他説：『他差人來，偶然不曾問其姓名。』」這就是説，陳夢雷連李光地所遣聯絡人員都道不出姓名，則商議疏稿便是謊言無疑。於是同條末更振振有詞，不惟指出所遣家僕張誥並非與陳夢雷商議蠟丸疏事，而且還煞有介事地聲稱：「今日張誥現在此，子等可背我問之，便知其詳。」氣壯如牛，咄咄逼人！其實，所有這些都是經不住檢驗的。陳夢雷與杜臻的問答，當出李光地杜撰，所謂「今日張誥現在此」云云，則爲李氏後人竄入。首先，陳夢雷不僅知道張誥的姓名，而且他所記囑張誥轉李光地諸事，並不涉前述蠟丸疏。這在他抵達流放地後，於康熙二十二年寫給詹事府官員徐乾學的信中所述甚詳，盡可駁倒續語録之誣枉（松鶴山房文集卷五，抵奉天與徐健菴書）。其次，陳夢雷記與李光地商定密疏，事在康熙十三年夏，先於李光地遣張誥聯絡半年多。這屢見於他早年所撰與李厚菴絶交書（同上書卷五），及赦罪回京後，於康熙四十四年五月所擬沉冤未白疏（同上書卷一）等，後先一詞，毫無牴牾。續語録將商定密疏與遣家僕聯絡混爲一談，顯然是在蓄意製造混亂。再次，據續語録卷十第二條稱，張誥自陳夢雷處回，因爲陳所蠱惑，遂「辭予他往」。既然家僕星散，心腹張誥亦斷然出走，那麼前述「張誥現在此」云云，則無從談起。關於這一點，還可以著者嫡孫李清馥所撰榕村譜録合考爲證。該書卷上四十五歲條引述續語録舊稿，前後文字均與今本卷十第二條同，惟獨無「今日張誥現在此」至「便知其詳」十八字。據此，清馥之後，李氏後人對續語録的改竄已經昭然若揭。

以上所舉，雖然只是擇其大要，但是續語録中關於陳夢雷的記載，其可靠程度究竟有多少，實在大可懷疑。涉及他人的類似事例，只要過細檢核，無論是在語録，還是續語録中，都不難發現。因此，我們一方面肯定榕村語録及其續編的史料價值，另一方面也認爲，倘若要把書中所記引爲論史依據，則應取慎重態度，以多方取證爲宜。

榕村語録除李清植雍正刻本外，乾隆中葉以後，該書著録於四庫全書而有四庫全書本；道光間，李光地後人彙輯其遺著爲榕村全書，又有榕村全書本。諸本之中，自以初刻本爲最善，惜此次整理雖多方努力，亦未能覓得該本，故只得以較好一些的榕村全書本爲底本。疑似之處，則與四庫全書本校讀。榕村續語録今可得見者，版本有二，一爲民國初傅氏藏園刊本，一爲稍後佚名石印本。二本各有長短，惟藏園本印工精細，字迹清晰，故即以之爲底本，訛脱之處，則取石印本斟酌訂補。爲保留古籍原貌，二書編次一仍其舊。惟榕村語録底本目録後之李清植跋，及卷末之徐用錫跋，爲便於讀者檢閱，一並前移，與張叙序文同列卷首。榕村續語録，原題榕村語録續編，又題榕村語録續集，爲統一起見，據李清馥榕村譜録合考用題改作今名。整理過程中，除明顯錯字、異體字及避諱改字逕以改回外，凡有校改或存疑，均於頁末一一簡注説明。囿於學力，孤陋寡聞，謬誤當所在多有，懇請大家指教。

陳祖武

一九八七年十二月九日

榕村語録

榕村語録序

孔子而後，三更五百餘歲而至朱子，能傳孔子之心者朱子也。由朱子而來，至於今又五百有餘歲矣，依傍者徒拾其皮毛，超躐者遂迷其宗派。惟安溪李文貞公，篤敬義之實學，得誠明之正傳，潔浄精微，尤深於易，而羣經道要，乃一以貫之。凡所述造，無不有以發前儒之所蘊，而覺來哲於無窮，其於朱子，蓋異迹而同神焉。則五百年來以公直接朱子者，乃萬世之定論，非叙一人之私言也。顧叙生也晚，讀公之書，而不及遊公之門。迨壬子歲，受知於交河先生，由交河而溯安溪，私幸猶得竊附於門下士之末。去秋，獲識公之文孫立侯侍讀，因示我以榕村語録三十卷，蓋與其師晝堂先生先後編集者。則凡公生平講學明道之大全，犁然具在，反覆研玩，直如登安溪之堂，而目覩其口講指畫焉。是則生公後者，未必不反幸於並時者已。間嘗考之，語録之興，蓋非晚近，其亦體原於洙泗者爾。故今所傳論語、家語，即孔子之語録也。厥後揚氏法言、王氏中説，摹其似而未得其真。及二程遺書、朱子語類出，則傳其心，而不襲其迹；與摹其似，寧傳其心之爲要乎！而議者或謂異氏有之，嫌於其體，毋乃弗深考，而反客爲主者耶！至於不避方言，詞未古雅，則牖民孔亟而不暇立文，正所以爲儒門之實録耳。彼文士之氣習，豈足與語斯道之傳哉！顧二程遺書，其理雖精，而部分未晰。朱子語類各以類從矣，而門目又太瑣，且語多複重。是則編書者之責也。此書編次，悉依公平日講學明道之要領，故簡而該，精而密，一開卷而窮理修身之方，内聖外王之道，若綱之在綱，可提而挈；若堂之有陳，可由而升。其以此爲六經、四子、宋五子之階梯可也。則公之繼絶開來，不亦深有賴於此書之存哉！抑吾聞之，論語、家語，皆門人襍記之，而論語尤精，蓋曾子、子思論纂之力也。今侍讀與書堂先生，於師門微旨，記纂簡當，功在後學，自不待説。故余既論五百之統非公莫當，又以此書編集之精，而歎明德之後有達人，爲大可幸云。謹薰沐盥手而爲之序。乾隆癸亥仲春，門下晚學生東吴張叙敬識。

榕村語録跋[1]

先生文孫清植，錄先生語録三十卷，五月竣工，寄様本來，且叙纂記之功，推用錫爲多。發篋讀之，悵歲月之已晚，喜意義之如新。當今日文教鼎盛之會，此書將以垂世而行遠，自念文行不立，得掛名簡端，以免君子没世之疾，用爲寵榮。然當記録時，非意所及也。凡人著述，有名之心，類隱隱欲自見己意。抑或用功久，有所得力熟處，不覺流露。子朱子謂：「伊川語，上蔡記者便似謝，定夫記者便似游。」伊川無恙時，尹和靖以朱光庭記語進，伊川謂之曰：「苟不得某之心，所記者徒彼意耳。某在，何用讀此書！」憶用錫年踰三十尚陋，至學明季時文以爲工，於理道一無知識，苦甚面牆。歲甲戌，宗潢容安公招爲塾師。至都門，獲交德州孫檢討勷，實介予從先生遊。先生以氣静見器，許備門牆灑掃之役。嗣是而督學畿輔，旋改巡撫，雖行役，多得侍側。洎入閣，留課孫植句讀。先生居官，精敏絶人，於職事鉅細不遺，凡所興除，率因時隨事，順其

[1] 題目爲整理者加。

機緒，張施不外形，而究多所裨補。至談道講藝，殆無虚日，英賢環座，各有質請。蓋先生於經書，儒先要義，讀之熟，思之近，辯之明，得之深。加以養之粹，辭之達，領受之下，無一不冰解的破，洞徹心脾，如瞽目之刮障瞙，餓夫之飫芻豢。驚喜愛重，汲汲退而録之，恐少遺忘差舛，如失異寶。當是時，已原無所見，況雖欲參以私意而不暇，名心何由入之。先生乙未假歸，用錫繙閱寫稿，富溢囊箱，稍檢去冗複，覓鈔胥清謄。比先生還朝，稱完帙矣。每讀先生纂程子遺書、朱子語類，歎其精要。尋玩此編，雖用錫所録不及師友條記之妙，但義理所歸，似由子朱子以上泝周、程，於其微詞奥旨，實深有發明。私念歸去，擇家庭鄉黨子弟有志力者，以此開其聰明，正其趨向。又懼用錫學識淺闇，或謬於先生之大指，因以誤人爲先生病，則莫贖之罪也。戊戌將出都，徑以清稿呈閲，閲一二日，先生招餞，喜動顔色，迎謂曰：「子所記誠佳。前年歸舟著講義，竟遺去『不患人之不己知』章疑尹氏注一條，幸爲我載之。想集中類此者尚有得。余爲子汰存十之五六，似竟爲可存之書。」遂慨然以無暇自歎。今先生曳杖後已十六年，海内學者頗知景嚮。天地久長，賢哲相望，必有如先生其人者出，而纂先生之書，以遂先生之志。而用錫惓惓不忘先生獎許此書數語者，匪僅以不至如伊川之訶光庭爲幸，亦緣此忖知大指，庶幾不謬於先生。諗今之讀是書者信先生，因之不疑愚陋而生眩瞀，或並累及他友之所聞，故爲書其後。雍正癸丑立秋日，下相受業徐用錫。

榕村語録跋[一]

右榕村語録三十卷，下相徐先生之所纂記也。先大父嗜學無厭，所與諸賢論討者，往往發前儒之蔀。惟先生相與晨夕垂三十年，講解之下，神喻心融，輒筆而録之，所存最富。乙未後，裒爲此編。其中有採諸遺書評語，及先從祖光坡、從父鍾旺所記者，各注明條下。至高陽郭君珦暨清植，皆先生及門士，間記所聞，亦概附入。或謂語録不避方言，體製實昉於異氏，不如儒書雅馴，非所以行遠。然自二程子以及上蔡謝氏、龜山楊氏，皆有之。朱子進學自上蔡語録而入，於二程語録，手加釐訂，佩誦終身。蓋其理醇，其詞顯，君子方喜其覺世之易，不當泥於句字今古之間，以爲瘢鋝也。不然字奇句險，宜莫如法言，顧以義膚味短，反見黜於前儒，何耶？朱子語類，勉齋諸賢不與編輯，以故門目支離，詞理冗複，致使姚江之徒得摘其失指者，托爲定論，以訾朱學，讀者惜之。

[一] 題目爲整理者加。

是編分類，僅舉宏綱，而逐條各有次第。蓋大父論纂書之法，雅意如是。既成，先生以授清植，正襟温習之下，溯祖訓，凜師傳，大懼荒落，以慙以奮。大傳所云「无有師保，如臨父母」者，是編之謂也。己酉中夏朔日，清植敬識。

榕村語録卷之一

經書總論

孔子留下幾部經，部部精妙。佛書一看便有佛氣，老書一看便有老氣，經却一槩正當，無他聲色臭味，在聖人手中一過，便純粹無倫。天下之道盡於六經，六經之道盡於四書，四書之道全在吾心。

孔子之書，如日月經天，但看尊之，則天下太平，廢而不用，天下便大亂。

孔子六經，字字可信。博學多能，一肚皮家當，卻又江、漢以濯之，秋陽以暴之，只是細心到極處，謹慎到極處。

夫子所留下的書，萬理具足，任人苦思力索，得箇好道理。若是他不說的，所見畢竟不確，久便自見其弊。如所見實在精當，再向他書上細心尋求，卻原在裏面包著。雖聖人亦有所不知，只是他不知的就不說，如「夏禮吾能言之，杞不足徵；殷禮吾能言之，宋不足徵」。他原曉得，因無徵便歇了。有這本事，又有這箇道理，何從尋得他箇破綻出。

尼山造化在其手。易本卜筮之書，春秋本記事底檔，書亦流傳的數篇古文，詩本風謡樂歌，一經其手，便都道理完備。範圍天地，曲成萬物，是何等手段。

朱子兩眼實在明亮，大學、中庸，其所服膺，易中序、雜等篇，未嘗有異詞，孝經雖疑之，亦不敢決謂可廢。惟前人以書傳爲孔子作，詩序爲子夏作，直決然斷其妄，此乃確論。

四書中公案有極難解處，要想箇透，使了然於心，自己臨事方得力。聖人在衛六七年，受其公養，當時既不脱冕而行，君相未嘗見招，不便自歸。而老必還鄉，遂在近處栖止，只得在衛。父子稱兵，已是亂國，孔子不做其官，不與其事，而不爲衛君，必也正名，一絲不苟。至些須餽養，周之可受，固不必矯之而饑餓也。嘗論「篤信好學」章，自「危邦不入，亂邦不居」，一直趕到「邦無道，富且貴焉，恥也」。其義甚備，有安邦，自不入危邦；有治邦，自不居亂邦。至天下無邦，只得「無道則隱」。隱只不做官便是。當日孔子聲名滿天下，無處避，逼到歸宿處，只是甘貧賤而已。孟子「王由足用爲善」一段説話，信是盡君臣之義。當時作客卿不受禄，便已爲去地，其出處進退，亦毫無可議。

人欲窮經，畢竟以經聖手者爲妙。易、書、詩、春秋、周禮，隨分精熟一部，受用不盡。儀禮雖亦聖作，但在儀節上講，何嘗不是道德性命所發見，畢竟略隔一層。禮記中聖人議論亦多，但大半出自漢人，不盡是聖人之筆。詩、書皆聖人選定文字，所自著者，惟易、周禮、春秋而已，學者豈可不盡心？周禮是洪範衍義，春秋義法大抵一出於周易。聖人取法古人，却又是自己一箇規模。

諸經多將首二篇包括全書之義，乾、坤兩卦，括盡易理；二典、二南，亦括盡詩、書。詩、書中道理，總未有不從脩身齊家説起者。冢宰管到宫闈瑣細，俗儒疑端，以此爲首。不知此乃脩齊之要，正治天下之本。春秋隱、桓二公，亦盡一部春秋道理。隱無王，桓無天。無王者，隱公終身未嘗朝聘於周，直似非其臣子者然。無天者，桓公弒君，王不加討，又從而恩命稠疊焉。惟此二義，一部春秋，豈復外此。

文章隨世運，雖孟子不免雜戰國之談鋒，朱子不能脱南宋之衰弱，惟洙泗不隨風氣。觀左、國等書，可見風尚夸靡。聖門卻撰出一種雪白文字。又各體不同，論語是一種，大學是一種，繫傳與中庸又是一種。乍看是黑洞洞的，中間卻分明一大世界，道理根源都在此。春秋更奇，又是一種。王荆公好古文，獨詆春秋。其實春秋是作古文之根，一字不苟，稱名切實，不如此便錯。

立言最難。伊川窮一生之力，著一部易傳，多是自己的易，還不是周易的本義。春秋只解到桓公十年，已有繆誤。隱公不書即位，穀梁義例甚明，却廢不用，而曰：「外不受命於天子，内不受命於先君。」然則書即位者，皆受命於天子與先君者耶？桓公又書即位，何以解乎？至春秋序卻做得好，其他議論好處甚多，不可緣此等一二處，便槩行攻駁也。若句彈字議，除是孔子方一字不可移易，孟子便有可疑。如「臣視君如寇讐」、「聞誅一夫紂」之類，皆似太險。又如「取之而民不悦，則勿取，文王是也」；「文王猶❶方百里起，是以難」，語意皆微欠圓成。文王服事終身，何嘗是要取殷？見民不悦而止，又何嘗有意圖王？迫於國小，以致事業不成。至「不動心」章，依然説得妙。「得百里之地而君之，皆能以朝諸侯有天下。行一不義、殺一不辜而得天下，皆不爲」，何等純正精到。

詩不必篇篇皆美刺，春秋不必言言皆褒貶。詩貞淫並著，而其教歸於正人心。春秋善惡並書，而其教主於存天理。自記。

易、春秋，在五經中最奇，其中條分縷析，又皆是自然之理，日用眼前之事，所以爲妙。易虛而實，空空洞洞，無所指定，而天下事事物物，形象變態，無一不備。春秋實而虛，有名有事，各不相假，然引而伸之，觸類而長之，天下萬世，皆於是取則。人情物理，皆稟律令。幽隱微曖，神明鑒諸，信造化之精髓，性命之模範也。

---

❶「猶」，原作「由」，據孟子注疏卷三公孫丑上改。

凡修一書，必立意推戴何人做主。詩經自當以朱傳爲主，綱領内便不應入詩傳序。周易折中綱領，采程傳序者，不敢主程傳也。朱子說，易之取象，不可盡以道理求。蓋謂隨人隨事，皆可以生解耳。雖象皆有根，根即是道理，卻要知他原可以隨人隨事求之也。朱子此說，畢竟是講易的定盤星。尚書注亦未有强於蔡傳者，但多敷衍幫襯，不能字字著實。其解「天聰明」二句，云：「天之聰明，非有視聽；天之明威，非有好惡。」即以本書作證，「天視自我民視，天聽自我民聽」，何以見得天無視聽？「帝乃震怒」、「皇天震怒」，何以見得天無好惡？其說之弊，直使人把天作糊塗物事，全憑人以爲聰明好惡者然。蔡氏此等處，都似還未見到根源，所以未覺熨貼。朱子說，春秋據事直書爲多，未必盡有褒貶。或不以爲然，不知朱子不是說全無褒貶，謂未必如今人說一字不放空，都有褒貶耳。道理却是寬寬的說好，寬些包得道理多。寧可失出不妨，若過密，萬一失入，其弊甚大。胡傳多不是聖人意。你看朱子傳注，文義或有未當，至大道理，一絲不錯，他人便大處錯。朱子議論人物，規陳時事，容有太剛過嚴處，要無不可見之行事者。若胡傳說來，一步不可行。修此三經，詩當全用朱傳，惟斟酌幾篇；書半用蔡傳；春秋則當不用胡傳，合者數條而已。

五經、六藝，今止四經、四藝而已。經止易、詩、書、春秋，禮即在六藝中；藝止禮、樂、書、數，射、御已不講。易將註疏、程傳、朱義看過，略通大意，一年可了。詩將註疏與朱傳看，書經亦然。春秋三傳註疏，每種一年，兼之禮、樂、書、數，不過十餘年無不通矣。聰明人用十餘年功亦不難，便是許多年代無此人，豈不可歎。

易與春秋，多言天人之際，學者治之，易入於漂忽。夫道在唐虞，皋陶爲帝者師，其陳謨也，以秩叙命討歸之於天，則春秋之旨也；以視聽明威考之於民，則易之要也。光坡。

今年夏秋間，庶幾將易解可改完一遍，然改完恐仍非定本也。凡著書，須要將那部書字字精神都灌注得到。以前看十翼，似還可多説幾句，近纔覺得全無欠闕。經書實難看，即如中庸，到如今看得還有不愜心處。惟洪範，似再搜尋不出甚麼意思來。至大學，則不解。問：「不解處在格物無傳文否？」曰：「段落難分。格致之義，朱子説，一件格到十分便是格，十件各格到九分九釐，亦算不得格。此最説得好。那一釐不到處便是本，知得本處，方是十分。本就是明明德。學問固以存心爲本，卻又不是只守著這箇本就無事了。『物有本末』，須是從本至末無不理會；『事有終始』，須是從始至終無不講究，方能知所先後。若只守著一箇心，便落陸象山、王陽明一路學問。」問：「象山與朱子不同處安在？」曰：「朱子爲學，先立志主敬，以爲學問之地，而又加以學問之功。象山只先立乎其大者，把心養定，便無欠闕，讀書亦只檢切於身心者讀之，只要借書將治心功夫鞭策的更緊些，不是要於書中求道理，所謂『六經註我，我註六經』也。他看朱子不拘何書都不放過，於文義細碎處，皆搜爬一番，便道是務外逐末，都是閒賬，躭閣工夫。」問：「他竟將事物之理全不理會不成？」曰：「他是要心定，則靈明無不貫徹，不消零碎補凑。不知天地間無一非道理，只守一心，則理有未窮，性便不盡。中庸所以說『至誠』了，又說『聖人之道，禮儀三百，威儀三千』。略差便不是。故君子既要尊德性，又要道問學，存心、致知，一面少不得。象山不可謂不高明，只是少『道中庸』一邊耳。」

某欲選詩、解春秋，都有一見解，須體聖人意思。可以興觀羣怨；事父、事君；多識鳥獸草木之名；不爲二南，便正牆面；不學詩，便無以言；授之以政不達，使於四方不能專對；思無邪，皆是刪詩凡例。管仲器小；八佾雍徹；旅泰山；林放問禮之本；季氏伐顓臾；天下有道，禮樂征伐自天子出；佛肸召；陽貨欲見諸章，便是春秋凡例。以此推之，思過半矣。

大學

「大學者，大人之學。」或以問朱子，朱子曰：「成人之學也。」今人多講得如孟子所謂

「養其大者爲大人」之大人，非也。其實大學者，太學也。今人於周官小司馬、小司空等，皆知讀小爲少，卻不知大司馬、大司空等，亦當讀大爲太也。如大宰之爲太宰，小宰之爲少宰，其顯然者。則大學之爲太學，小學之爲少學，明矣。

朱子謂：「古者八歲而入小學。」偏檢經書無此語，惟白虎通中有之。據禮記所言，入小學年數參差不等。恐少小就學，須就各人姿禀以爲遲早，白虎通之説未足爲據。清植。

今人動言，小學只習禮、樂、射、御、書、數，到入大學，便專講心性。從來無此説。不想灑掃、應對、進退之節，禮、樂、射、御、書、數之文，「節」、「文」二字作何解？節是童子不知登降周旋所以然之故，但習其節目；文是童子不知禮、樂、射、御、書、數所以然之理，但誦其文詞。到後來成人時，便已熟慣而知其用，日用而益明，精義入神，下學上達，不離乎此。非大學後便不提起六藝之事也。

「明德」，指性不指心。「明明德」，合知性、養性而言。鍾旺。

朱子云「行道而有得於心之謂德」，是德乃得於心之理，非心也。大學章句解「明德」，乃云：「人之所得乎天，而虚靈不昧，以具衆理而應萬事。」卻似以心爲「明德」。若「明德」是心，則「明明德」不疑爲異氏明心之説乎？故觀象中，於晉卦大象注，改云：「『明德』者，人之所得乎天之理，具於心而昭明不昧者也。」清植。

事物上之止，止有兩義：必至其極，一也；不復遷移，二也。然二者止一意，必至其極，則不復遷移矣。凡一事一物，斷置盡情盡分，便快然無憾，截然而止。自記。

大學或問中，提出「敬」字，以補古人小學工夫。蓋養育德性之功，小學已豫，故大學直截説起。其實「定」、「静」等字，即跟小學説來，只應於定静節提明此意，不須添補。

大學首節，只言教人之法在此三者，知以三者爲歸宿，便是知止。如知終身有正業，他事不能摇動，豈非定乎？到得定，旁邊雖有許多擾攘，我卻一意在此，並不知有别人别事，豈非静乎？静後，雖置我擾攘中，我自安於我之事，豈非安乎？此是立志以端其本，居敬以持其志，乃格致以前工夫。不然，論語首篇即言忠信，中庸開頭便言戒懼，豈大學獨始於格致乎？至「能慮」，則格致之事；「能得」，則誠意以下之事。

「知止」節，朱子説得周折些。因以知止爲在物格知至之後，所以「慮」字説作處事精詳，不云察理精詳，以察理是格致工夫故也。古人先有小學一段工夫，聰明已開，趨向已正，故大學直從明新説起。然畢竟有箇頭，有箇根基，立志是箇頭，從心上打叠是箇根基。此節便是此意。知止者，知道要做何等事、何等人，如此然後志有定向。志既定，雖旁邊有人戲鬧，都似不聞不見一般，非静而何？既能静，雖走到戲鬧場上，自然不被他引去，只安然在此，非安而何？心至此，於事理方能入，纔可用格致工夫，所謂「能慮」也。理明然後可實體於身，實措於事，所謂「能得」也。得之於己，即天下之理得矣，意誠以下之事也。注中「志有定向」、「心不妄動」、「所處而安」，皆無可易，只「處事精詳」難説。五峰所云：「立志以端其本，居敬以持其志。志立乎事物之表，敬行乎事物之中，而義乃可精。」都全包在此節内。程朱不將此節作頭，竟像工夫只從格致做起，故陸王乘此以售其説。問：「知止亦在立志内乎？」曰：「知止即立志的頭，畢竟知道這箇好，心方向著這箇。如夫子『志於學』，亦是知道學好；『志於道』，亦是知道道好。」

子静、陽明輩攻駁格物，就是「知止」節頭路未清。「知止」若如章句説，何須又用「定」、「静」、「安」、「慮」許多字面來贊他？聖賢等閒不輕説出「定」、「静」等字，「定」、「静」是爲學根基，只是有此根基，卻又要件件理會。「尊德性」是「道問學」之基，只是「尊德性」又不可不「道問學」。

陸象山答趙詠道書，引大學從「物有本末」起，至「格物」止，引得極精。兩「物」字便是一箇，把物之本末、事之終始講究明白，便知所先後。未有知本末終始，而尚倒置從事者。知所先後，便有下手處，豈不近道？故下便接先後説去。心身、家國、天下，是物也；脩身、齊家、治國、平天下，是事也。本，即脩身，故曰：「壹是皆以脩身爲本，其本亂而末治者否矣。」始，即齊家，書曰：「始於家邦，終於四海。」故曰：「其所厚者薄，而其所薄者厚，未之有也。」知所先後，即知本，知本，便是知之至。章句云：「物，猶事也。窮至事物之理，欲其極處無不到也。」極，如「皇極」、「太極」之極，是中間透頂處，不是四旁到邊處。「極」字，亦有作邊際訓者，如「四極」、「八極」之類，但非此注「極」字之義。

格物之説，至程朱而精，然「物有本末」一節，即是引起此意。物，事即物也；本末終始，即物中之理也。格之，則知所先後，而自誠意以下，一以貫之矣。象山陸子看得融洽，未可以同異忽之。自記。

朱子解「物」字，亦言事物之理，可見「物」字兼事也。章句「表裏精粗」四字，似不如「本末」、「終始」之爲親切。然精即本，粗即末，表即終，裏即始也。大學除此處，別無「物」字，而道理又極完全。以此詮格物之義，則程朱之意益明，而古注、涑水、姚江之説皆絀矣。自記。

「自天子」句，時文「建極」、「歸極」之語固失之，必曰「君卿大夫之元子、適子，與凡民之選造，將來皆有天下國家之責」，亦曲説也。天子有天下，下至庶人亦有家，便使終身無位，行於妻子，亦須是以脩身爲本。此句是泛論話頭，不必學校中人纔用著。自記。

學問全要知本，知本之學，所學皆歸於一本。格物之説，鄭康成是一説，司馬温公是一說，程朱是一說，王陽明又是一說。自然是程朱說得確實，但細思之，亦有未盡。如云格物也，不是物物都要格盡，也不是格一物便知天下之物。積累多時，自有貫通處。這箇說話，便似子夏之答子游。子游譏門人小子，「本之則無」，子夏只應答以灑掃、應對、進退，正是培養他根本處。人之初生，天性未漓，大人者不失其赤子之心，使之入孝出弟，一切謹愿。後來盛德大業，都從此出，故曰：「蒙以養正，聖功也。」子夏卻說成君子之道，畢竟先末而後本。子游、子夏都將「本」字看得太高妙。即如「一貫」章，都說零碎工夫盡做到了，只不曉得本源，故經夫子點化，便洞然無疑。若其初不曉得本源，日用之間如何用功？果然如此，多學而識正是用功處，夫子何以截斷曰「非也」？特其初要將一去貫，終乃貫於一耳。以此起頭，以此煞尾，聖賢學問都是如此。離了本便無末，但不可云只要本不須末耳。

「此謂知本，此謂知之至也。」古本即在「其本亂」一節之下，極有理。大學說誠、正、格、致，中庸說誠、明，總是要脩身，身即是本。舉而措之，則脩己以安百姓，篤恭而天下平矣。但看三代以後，一物失所，引咎歸己，實見得正心以正朝廷，正朝廷以正百官，正百官以正萬民，道理確鑿，此等人能得幾箇？或云，知得此意，有何難處，如何便爲知之至？不知要知得到，非見得天性之本者不能。惟吾之性，即天地之性，故自盡其性，則能盡人物之性，參贊位育，都不外此。

問：「古本大學，遽及知本、知至，難道朱子所云：『即凡天下之物，莫不因其已知之理而益窮之，以求至乎其極。』此段工夫竟無耶？」曰：「此工夫即在知所先後内。事物皆格，至本末始終俱透，方爲格物之全功。大學恐人疑惑『知至』『至』字，爲當窮盡天下之物，始謂之至，故又曰：『以脩身爲本。』本亂末未有治者，厚者薄，未有薄者厚者。『此謂知本，此謂知之至』。朱子説『極』字，即是『本』字，一物皆有一物之極，即此一物之原本。今人説『極』字，像四面都到的一般，非也。緣格物致知之義，首章已説明，故下面直接誠意説去。首章亦非致知之傳，大學如中庸，只是一篇文字，一片説去。」問：「窮理是極緊要事，大學言之不太略耶？」曰：「經文安能條縷講盡？如正心，亦有現在、既往、未來許多境界，大學亦只輕輕指點，而意自足。」

大學一書，二程、朱子皆有改訂，若見之果確，一子定論便可千古，何明道訂之，伊川訂之，朱子又訂之？朱子竟補格物傳，尤啓後人之疑。若格物應補，則所謂誠意在致其知，正心在誠其意，皆當補傳矣。所謂「誠其意」者，經中文法原一變，非無緣故。且以誠意爲八條目之一，亦欠輕重，不過節次只得如此説耳。如明善、誠身，中庸雖與治民、獲上、信友等一例説，然豈可一例看？明善即格致，是誠意中事。到得誠意，則正心、修身功夫皆到，只隨時加檢點耳。古本原明明白白，特提誠意。誠意總言，即是誠身，故章末便及心體可見。

語類中，「窮理只就自家身上求之」一段，説格物甚精。王陽明因格竹子致病，遂疑朱子之説，豈知朱子原未嘗教人于没要緊處枉用心思也。人與物本同一性，禽獸真心發現處，與人一樣。或止一節，比人更專篤，這箇是萬物一源的，所謂本也。子思、孟子不説格物，而曰明善，曰知性，正是大學知本之意。説到性與善，則程朱之説愈顯然明白，而包括無餘矣。

聖人説出「格」字、「物」字，已包盡各條件，但其歸必以知本爲知至。朱子之説，與此頗異。然不照著他説，終不能知本。其言或考之事爲之著，或察之念慮之微，或求之文字之中，或索之講論之際。又謂如身心性情之德，人倫日用之常，天地鬼神之變，禽獸草木之宜，實盡格物之義。陽明攻之，非也。朱子原以身心性情居首，並非教人於没要緊處用心。其實身心性情之德，果能窮本極源，人倫日用，能外是乎？天地鬼神，禽獸草木，能外是乎？只是經文已備，不消補傳耳。

伯安以格竹子爲格物，原非朱子本意。今人講格物便如此説，反爲姚江所笑。只以擇善、明善、知性等觀之，便自了然。天下之理，皆是吾性，所謂擇善者，如申生之孝，可謂非善乎？但不能中庸，不可謂至善。於善之中，擇其尤善者，即中庸也。故又云：「擇乎中庸。」擇善而後能明善，見得此理内外無間，天地萬物，與我同一仁義禮知，便是格物、致知，便是明善、知性。佛氏亦知于本體上求，但其所謂性者，乃靈明知覺而非理也。善乎先儒之説曰：「佛所謂性，吾儒所謂心；佛所謂心，吾儒所謂意。」蓋彼所謂性，指知覺；所謂心，指動處耳。

「誠意」章，歷來講者不明，其根便是失於以意爲善惡之念。豈知是念也，非意也。意便是有箇張主之名，故須貼好惡説，不可貼善惡説。好善惡惡，人之秉彝，致其知者固有，即未致其知者亦豈全無？但其好惡有實與不實耳。不必一片僞妄，而後謂之不實。即心中有不好不惡者，與好惡雜發，便不算是徹底實心矣。既無徹底實心，便無徹底實事，如此則其好善惡惡之發，便虚而不實矣。虚而不實，是自欺其好善惡惡之初心，不能快其好善惡惡之初心也。此「實」字且對「虚」字看，不必就對「僞」字看，纔虚而不實，便是自欺其初心矣。至於虚便生僞，自欺便至欺人，如下文小人之厭然揜著是也。總是一箇苟且徇外，爲人之根自微而盛耳。凡人言而不踐，行而不終，是言行之不實也。言行之不實者，人得而點檢之。若發動之意，人所不知，而己所獨知，其實與不實，惟有自己點檢得到。于此慎之，而禁止其自欺，則所發者無非實心，無非實事，此之謂誠其意也。從來講解謬誤多端，朱子於此節注亦數更其本，至易簀而後定。自記。

「誠意」章，從朱子後總説不明白。守溪亦只隨常説，卻是崔灘説得瞭亮。誠意之意，即是好善惡惡之意，非善惡之念也。好善惡惡，自途人至於聖人皆有之，只是人不能誠。已好善矣，卻不能如好好色，則好之中猶有不好者存，而不能求必得之矣。已惡惡矣，卻不能如惡惡臭，則惡之中猶有不惡者存，而不能務決去之矣。夫好善惡不善，是自己明知其當好、當惡，卻不肯好之、惡之，以至十分真實，非自欺而何？果能真實務決去，而求必得之，乃爲實用其力。此處「誠」字，且莫對僞妄説，只對「虛」字説。自欺，只是不結結實實的好惡到十分，尚未到如下面掩著欺人，以至僞妄也。鍾僑云：「如此，則好惡非意之第二層乎？」曰：「就是第一層，善惡屬念不屬意。『志』、『意』、『念』、『思』等字，要分得明白。『志』字屬好一邊，最是光明的。説到志，大約是志於賢聖功名道德。『意』亦近好一邊，人心靈明，有主意便要好。至『念』，則紛然其擾，起滅無時。『思』，則於『念』加功，詣其極，窮其變矣。『念』是起頭，『思』是深入。」

如好好色，如惡惡臭，也不必定由致知來。亦有不讀書人，其好惡真摯，不可謂不誠者。只是由致知來，更較親切。獨知「知」字，即致知「知」字，實與不實，實到幾分，與不實有幾分，自己未有不知者。若致知的人，其獨知處更自不同。萬曆庚戌科此題文，亦有見及此者。但即以謹獨爲致知，又不是致知，只是窮理。「謹」字卻兼省察克治在內。朱子語類中，有一處言「慎獨爲誠意之助」，「助」字或係訛誤。而陸稼書與四舍弟，皆堅執以爲誠意有正面工夫，謹獨所以幫誠意。如此，則兩謹獨皆幫助的工夫，惟末節誠意爲正面，豈有此理！

汝楫問：「心正已到至處，如何又説先誠其意？」曰：「要曉得此條目，都是搜根語。如船國者天下之主，家者國之主，身者家之主，心者身之主，意者心之主，故曰主意。如船是心，意是舵工一般。『意』與『念』字、『思』字不同，『念』有善惡，『思』有邪正，『意』是立意要這樣。所以朱子説『意』字，從性善説來，意雖有爲不善者，乃是輾轉歸到不善去，其初所發，未有立意要做惡事者。故意，只好説好善惡惡而已。但是既發好善之意，少間又覺得善亦可不好，漸漸淡來，而初發好善之意虛矣。既發惡惡之意，少間又覺得惡亦可不惡，漸漸輕了，而初發惡惡之意虛矣。是不誠，是自欺，必狠用力務決去，而求必得之。有所好，必好到十分滿足，而初發好善之意始實。有所惡，必惡到十分滿足，而初發惡惡之意始實。人君名爲敬賢，而實未嘗敬到十分，其敬賢之意未誠也。欲去不肖，而實未嘗去到十分，其去不肖之意未誠也。故曰：『王道本乎誠意。』」

讀書最怕是無疑，道理本平常，看去不過如此，其實進一步，又一層。向曾問某人

「誠意」章有疑否？曰：「無疑。」問其解，曰：「意即是動念處，誠即是無妄，無妄其念，便是誠意。」如此解，似乎明白，其實不然。念頭是無主的，意卻比念有主，志又狠些，故曰有主意。意惟好惡可言，人性皆善，好善惡惡，不必致知的人。用虚之一説，至下節撈著，方説到僞妄。有人問：「王陽明白日不想做的事，夜間又嘗入夢，何也？」曰：「畢竟是念頭未斷，其未見之事者，不逢其會耳。你可曾夢見攜鍬鍤往人家鑽孔偷盗否？」曰：「不曾。」曰：「可見必不做的事，便不入夢矣。此是妄念不除也。」朱子用虚之説，可以包此。初是妄念不曾斷，中間雖有好意，亦夾雜而不能自慊以自欺。既自欺，便卒至於欺人作僞。使此意滿足，如惡惡臭，如好好色，則妄與僞皆無矣。朱子此章，及中庸「天命」章「尊德性」節，論語「一貫」章「點，爾何如」節，周子太極圖説諸注，皆孔孟傳心之要。

「誠於中，形於外」，某意不必説小人亦誠中形外，竟是反找語氣，根上何益來？言如此，可見誠於中，方形於外。不能誠於中，雖外面假著其善，終不能使善形於外也，則何益之有哉！

「自明」「自」字，且不必對「新民」説。因有明命峻德之云，疑若有加於性分者，故言不過皆自明己德耳。非有外於我，非有加於我也。自記。

「邦畿千里」三段，是釋「知止」一節之義。首段釋「止」字，次段釋「知」字，三段釋「静」、「安」。自記。

「止」字本在事上説，然必本體無有不盡，故能立事理當然之極，則止至善自須兼體用乃是。易艮卦有不見之止，體也；又有止所之止，用也。況所引「穆穆」之詩，以「穆穆」發其端，而終以「敬止」，即周子「主静立人極」之意。自記。

「與國人交止於信」，説來卻與爲君止仁相似，前人因此乃謂是他國邦交，如虞芮質成。看此數句文意，卻是泛説君當止仁，臣當止敬，父當止慈，子當止孝，與國人交當止信。「交」字泛就朋友説，不必著在文王身上。清植。

骨角有條理，講學者必條理分明，故曰道學。玉石皮面上有一層粗厲，脩身者必變化氣質，使歸於純，故曰自脩。清植。

問：「先生謂誠意之與正心，似戒懼慎獨之與致中和，其説嫌于史伯璿分戒謹與致中和爲四項之弊。」曰：「這不同。誠意者，實意爲善去惡；正心，則工夫純熟了。誠意有似于不自私而用智，正心有似于廓然而大公，物來而順應。戒謹工夫，到得無少偏倚，無少差謬方是。『致』字，説與戒謹不同，也不是；説得全無進步，也不是。史氏之病，在分境地，有箇不睹不聞，又有箇無思無慮，有箇念慮之微，又有箇應物之際，便大差矣。

有説正心無正面工夫者，亦不是。就如脩身、正衣冠、尊瞻視、三千細行、八萬威儀，何一可以不備！齊家，亦有齊家之事，治國平天下，更有許多禮樂、兵刑之事。只是意一誠，都以此爲根，如崑崙一源，凡九州之水，千枝萬派，放乎四海，總是此貫注。」

時講於「有所」二字，便説作心病。「有所」與下章之「其所」一例，此處未有大病痛，但人心纔發，便易至於失正。要看此「心」字，與下章「人」字，皆指常人之心言也。注中「人所不能無」，及「或不能不失其正」，語甚虚活。又「用之所行，不能不失其正」，是言心之體，本無不正，到有用心，便或有不得其正者。非謂不得其正專是用，而不累於本體也。自記。

因在常人身上説，故著「忿懥」等粗字面，聖人則只説得喜怒哀樂。此節是要無欲故虚，下節是要有主則實，其實則一而已。自記。

先忿懥者，怒最易發而難制也。次恐懼，則以禍患卒至，易失其常。次好樂，便從容。憂患不過慮及子孫之類，益寬緩矣。

忿懥、親愛等弊，一曰蔽於理，一曰累於私。知至則理明，意誠則私祛。正心脩身，根源皆從致知誠意而來，但加涵養省察之力耳。自記。

時説指定治國爲爲君者，故於事君、事長、使衆，須説是教國人，方通得去。遂令孝、弟、慈一層屬君，事君、事長、使衆一層屬國人，幾不成文理矣。不知有治國之責者，豈惟天子、諸侯，凡大夫、士皆是也。三句便與孝經「君子事親孝，故忠可移於君。事兄弟，故順可移於長。居家理，故治可移於官」只是一樣口氣，不獲乎上，民不可得而治矣。不能事君、事長，又將何以治其國乎？自記。

老老、長長、恤孤，字義與孝、弟、慈自別，蓋皆指施於國者言也。言一國感應之效，見平天下不外乎此。爲國與天下，所爭只是遠近大小，如以矩度物，得其一角，則四面準是矣。自記。

「平天下在治其國」節，某説似較直截明切。老老、長長、恤孤，不是孝、弟、慈，絜矩，亦不是使彼我之間各得分願之謂。孝、弟、慈是家裏事，上言「治國在齊其家」，故就家上説。此是「平天下在治其國」，自然該就國上説。老老、長長、恤孤，正是治國之事。老老，如養耆老以致孝；秋食耆老；養國老、庶老；及異粻、貳膳；月告存、日有秩；八十，一子不從政之類。長長，即入學以齒；將君我，而與我齒讓之類。恤孤，即恤孤獨以逮不足；春饗孤子；孤獨者皆有常餼之類。上所老者，即國之老；所長者，即國之長；所恤者，即國之孤。國之老，上爲老之，民有不興孝者乎？國之長，上爲長之，民有不興弟者乎？國之孤，上爲恤之，民反有倍上者乎？矩者曲尺，是四方之一角。國乃天下之一角也，平天下無二道，只絜此角而四方之耳。天子在王畿之内，不過是治國，至巡狩述職，亦止據其所以治國者以行賞罰，非治國之外，别有平天下之道也。下文「有國者不可以不慎」，「道得衆則得國，失衆則失國」，結末「此謂國不以利爲利，以義爲利」，仍結到國上。身之在家國天下，如算法之言圓心，故曰「其機如此」，又曰：「藏乎身不恕，而能喻諸人者，未之有也。」曰機，曰藏，皆以心之運乎中也。絜矩如算法之言方角，舉一隅以三隅反，有一角，便可以知四角也。

時説以「民之父母」作頌祝謳歌，極難得之美名立論，豈知平天下者，原有父母斯民之責，必如是而後稱耳。民愛之如父母，則其自然之符也。自記。

「忠」、「信」、「恕」三字，須看得分曉。如盡吾孝慈之心，忠也；老老幼幼，實見之事，信也；老老以及人之老，幼幼以及人之幼，恕也。信與恕，亦可就一事上看。如所求乎子以事父，其本實心以事父處，是信；其推實心以事父處，即是恕。自記。

巖問：「『君子有大道，必忠信以得之』，大道即絜矩之道否？」曰：「即是絜矩之道。」問：「信如何是循物無違？」曰：「如這箇盤子，既是盤子，便道他是箇盤子，豈不是循物無違？若説他是箇盃子，便不是循物無違。」

問忠信。曰：「『發己自盡爲忠』，以實心言；『循物無違爲信』，以實事言。忠如要東不肯西，要西不肯東，以實如説東即往東，説西即往西。」問：「有忠，有恕，又有信，莫是信居忠恕之間？」曰：「不説恕，信即實事；説恕，信即實理。『忠信所以進德』，『文行忠信』，信皆指實理。説忠信，有在文行之先者，如『忠信之人，可以學禮』，非此無以爲文行之基。有在於文行之後者，如五達道，『所以行之者一也』。」

前輩多以「恒足」爲足國，以上文有財、有用，下文「府庫財」觀之，或然也。張太嶽程文，劃然分足國、足民，義理尤備。自記。

大學一書，純是説道理，就是「平天下」章講到生財，仍説仁義、義利，全不及制度。若周官、周禮，各自成書，正不必牽混，而自爲表裏。

「德」字、「仁」字、「忠信」字、「仁義」字，俱在「絜矩」之前一層，所謂「王道本於誠意」。自記。

問：「『平天下』章，以理財作柱，恐啓流弊。據皋陶謨曰：『在知人，在安民。』人君所統，臣民二者盡之矣。欲安民者，其要必由知人；欲知人者，其意只爲安民。凡章内所言人土財用，以及生財大道等語，無非所以爲安民計也。若以皋謨二語作此章柱，意似尤渾成。」曰：「亦説得去。」清植。

榕村語録卷之二

上論一

論語想是門弟子如語録一般記在那裏，後來有一高手鍊成，文理這樣妙，下字無一不渾。

學而一篇，首在於孝弟忠信以立其本，而後親師取友，講學集益。然不可爲外物所移奪，故以不求安飽，處貧富，及不患人知終焉。首章爲此篇之綱，蓋先之以學，則凡篇中所謂孝、弟、忠、信，重威及傳習、學文之類皆是也。次之以友，凡篇中所謂「親仁」，「無友不如己」，以至「就有道而正」之類皆是也。終之以不愠，則篇末之不求安飽，無諂無驕，樂且好禮，以至「不患人之不己知」皆是也。學問始終大節目，只此三事而已。自記。

「時習」只是講習之事，然並知行在其中者。古人學校四術：禮、樂、詩、書。詩、書，便用歌詠頌讀，玩索道理；禮、樂，則已有許多切身之事，如禮之威儀，樂之節奏。斯須不莊不敬，如禮何？斯須不和不樂，如樂何？故程子「時復思繹」、上蔡「坐尸立齋」之義，朱子兼取之。自記。

「雖樂於及人，不見是而無悶」，似將兩節一正一反説。某意「朋」字與「人」字不同，如夫子之友教四方，而不合於世，無害其爲朋來而人不知也。自記。

以朋來爲取益，人不知爲無位，是講説差處。自記。

説，春也，一團生意；樂，夏也，暢茂條達；不愠，秋冬也，收斂藏固，非枯槁也。生意都包在内，又是發生之基，聖賢開口不離此理。温良，春夏也；恭儉，秋冬也；讓，則流行其中，太和元氣也。温而厲，春夏也；威而不猛，秋冬也；恭而安，太和元氣也。

事親孝，事兄弟，則忠可移於君，順可移於長，故必無犯上作亂之事，而有以爲仁之本。前後只是一意，不必云上節是資質，下節是功夫也。自記。

「巧言令色，鮮矣仁」，下面數章有許多忠信話頭，皆從此引起。自記。

或疑「三省」不足以盡日用之事，然爲人謀、交友、事師，雖只三事，而忠信所以進德，講習所以居業，則爲學之事備矣。人於父兄、尊長、親戚之間，不忠不信者少，惟汎爲人謀，則有不忠者；汎與友交，則有不信者。又人情於未知未能之事，則知汲汲求之，既得傳授，便多不復温習。三事蓋就所虧欠處提醒，要將「爲人謀」、「與朋友交」及「傳」字重讀，便分明。自記。

「道千乘之國」章，道理便與末章「尊五美，屏四惡」者相貫。但此章以敬信爲本，而及教養；後章則先言養教，而推本於誠敬也。「節用愛人」，便是「惠而不費」；「使民以時」，便是「勞而不怨」；信，便是「欲而不貪」，「欲仁而得仁，又焉貪」者；誠也敬，便是「泰而不驕」，「威而不猛」。使民不以時，如「不戒視成」，「慢令致期」之類皆是。自記。

不孝則不能弟，不弟則不能謹信，不謹信則不能汎愛，不愛衆則亦不能親仁，不親仁則又無以學文也。然孝又須弟，弟又須謹信，謹信又須汎愛，汎愛又須親仁。力行數者之暇，又須學文，「餘力」是就逐日功程説。或謂此與四教「文、行」不同，固是略有大小學之别，然文正所以考行，二者相爲終始。自記。

「學則不固」，「學」字，便是上二章所謂學者。人若不端厚深穩，則不能莊敬嚴威，雖有所學，既不著己，又不關心，必不能得之堅固也。此居敬爲學問之本也。「主忠信」，則毫無外飾，豈肯臨深爲高，護過而飾非乎！此存誠爲躬行之本也。然誠敬又自相爲表裏，非敬則誠亦虛，非誠則敬亦僞。聖人爲學者言之，則須從矜持收斂處起，制於外所以養其中也。自記。

「重威」章，前輩有立四柱説者。外須威重，内須忠信，取友須勝己，知過必須改，此一説也。費宏程文，則以威重而後學可固，學之道如何？在主忠信，在擇友，在改過，此又一説也。又有重主忠信者，言必先威重以固學，而後忠信可主也；主忠信，而後擇友、改過以進其德，此張南軒説也。某則謂「威重」節，是主敬以爲窮理之要；下三節爲一段，是存誠以爲力行之本。人必此心提起，肅然凝然，方做得博文格物工夫。不然，心之不存，隨得隨失，終無成就。人必内有誠心，而後友可擇，過可改。不然，行事都没根脚，擇甚麽友？改甚麽過？上一段是反説口氣，下是正説口氣。上一段正説，猶言威則重，而後學可固。下言忠信主，而後友可擇，過可改，所謂終日乾乾，又必懲忿窒慾，遷善改過而後至。

學便是讀書，即指詩、書、六藝之文也。此字不可抛空。大概聖人説話都包得住，如「德之不修」，「學之不講」，「聞義不能徙」，「不善不能改」，都説全了。此章若説威重、忠信、友賢、改過是四項，爲學意便不見。此却是敬爲講學之基，誠爲修身之本，這樣看便與「德之不修」章同。

孟子説：「學問之道無他，求其放心而已矣。」以至論「居仁由義」、「舍生取義」，都只存得本然之良心便了。略説得快些。孔子却要人先把心好了，纔講得學問。不然，饒你學問博洽，功業氣節俱是無本的。所以説「必有忠信如丘者焉，不如丘之好學也」；「主忠信，無友不如己者，過則勿憚改」；「主忠信，徙義，崇德也」；「德之不修，學之不講」

云云，皆是此意。

温如春，良如夏，恭如秋，儉如冬，讓則如元氣之流行於四時也。不特善爲説辭，可謂善言德行者矣。自記。

程子説「『敬』字不可與『和』字分」，最妙，不和不足以爲敬也。詩言文王「雝雝」、「肅肅」，又言「温恭朝夕」，又言「温温恭人」，「子温而厲」。人最不可面上有冷氣，子貢善言德行，故曰：「夫子温、良、恭、儉、讓。」一語而四氣俱備。讓者禮之實，蓋五行之土也。温又貫於良、恭、儉之中，如元之統亨、利、貞也。不温而良爲坦率，不温而恭爲色莊，不温而儉爲鄙陋。錯認「敬」字爲作意嚴肅，便有許多病痛而不自知，其患最大。

「三年無改」章，註説精矣，然「可謂孝」單就無改説。一説父在，則志可得而觀，故當觀父之志。父没，則行可得而考，故當觀父之行。其志行之善者，固當繼而述之矣，即有未盡善者，亦未忍遽然改之。繼述之道既盡，思慕之心無窮，此所以爲孝。自記。

「禮之用」章，重在「和」字。蓋知禮而和，則是得禮之意，而其和也不流矣。「知和而和」，不能深知禮意，而有見於和，故或時出於禮之外而不可行。自記。

周末蓋有厭繁文而趨流蕩者，未必不自拘牽瑣細者啓之。此與學朱子之學者，激爲姚江之徒無異。陸象山極惡有子「禮之用」一章説話，便可窺見其心病處。自記。

「因不失其親」，似爲仕進者説，蓋所因緣以進身者，故下應以「宗」字。孟子所謂「觀近臣，以其所爲主；觀遠臣，以其所主」是也。又如春秋時家臣，若冉求仕於季氏者亦是。信原期於可復，而非義則不可復也。恭原欲遠恥辱，而非禮則或招恥辱也。因之則必主之，而失其親則不可宗也。末三字，俱應首一字。自記。

「就有道而正焉」，觀「就」字，則知「有朋自遠方來」「來」字之義。蓋禮聞來學，不聞往教，古之道也。自記。

無諂之反是諂，無驕之反是驕，皆是大病。若樂之反是憂，好禮之反是侈，未到諂驕田地。自記。

「患不知人」，若照尹氏兼是非邪正説，不惟與「不患人之不己知」句難相呼應，亦止説得明一邊。若説不患人不知我的好處，却患我不知人的好處，並可以兼得誠一邊。以上學而篇。

「詩三百」章，依朱子説，則當以「無」字與「毋」通，禁止辭也。言詩之爲教，歸于使人禁止其邪思，故雖有三百之多，而魯頌一言，可以蔽其指也。然謂作詩之人自無邪思者，亦不爲無理。蓋詩爲夫子所删，則黜棄者多矣，其存者必其醇者也。雖有鄭、衛淫佚之詩，較之全編，殆不能什之一，則從其多者而謂之「思無邪」也可矣。就鄭、衛之中，亦有未必淫詩而朱子姑意之者，風雨、青衿之類是也。其詞意顯然不可掩覆，如桑中、洧外，乃爲淫詞無疑。聖人所以存而不删，正以見一國之俗化如此，而其間尚有特立獨行之人，不以風雨輟其音，不以如雲亂其志，則民彝之不泯可見，而欲矯世行義者可以興。此聖人之意也。彼謂夫子「放鄭聲」，則不宜録此者，似已。然朱子謂樂教與詩教不同，放其聲者樂也，存其篇者詩也。聲入於耳，感於心，則不可以無放。若夫考其俗以究治亂之本，極其弊以察是非之心，篇可不存乎？是故鄭人之詩，「思無邪」者僅耳，而其皎然有志操者，則以淫俗而愈彰。故曰：「舉世渾濁，貞士乃見。」鄭、衛之存淫詩，乃與「思無邪」之義相反而相明，蓋變例也。自記。

「道之以政，齊之以刑」，是從下半截做起，不但無德爲之根，亦無禮教之施，一切任其文法而已。「道之以德，齊之以禮」，則從源頭做來，其躬行心得處，固有過化存神之妙。而其以禮爲治，則所以納天下於君子之域者盡矣。雖曰不廢政刑，然政即是禮中之約束條具，刑則糾其悖於禮者耳。故至「齊之以禮」處，更無餘義，不必又曰政刑以輔之也。自記。

有政，故民可苟免；任刑，故民無恥心。感於德則有恥，循於禮則進善。自記。

免從政來，非政但無恥而已。無恥却從刑來，大概人受過刑，便多破臉，易於無忌憚。下「有恥」却根德，「格」却根禮。

「志學」章，虚齋文提出「天」字，大有識見。不獨「知天命」是聖學大關鍵，要想其志學時，所志云何。「士希賢，賢希聖，聖希天」，最確。我輩何嘗無志，大概以古名人自期，所希者賢也。程朱便鋭然學聖人。至聖人地步更高，所希甚麽？却是希天。但看「從心所欲，不踰矩」，有何人能如此？惟天爲然。萬古千秋，形形色色，一絲不亂，可知聖人之志，直是志與天同。

「不惑」，不單在事物上。「不惑」，似孟子所云：「盡其心者，知其性也。」「知命」，似孟子所云：「知其性，則知天矣。」又透上一層，見得吾之性即天之命。耳順與不耳順，只争思與不思。入耳便都融通，然猶不是「動容周旋中禮」地位。直到「從心所欲」，方是「盛德之至」。

天命便是矩，知之者知命也，不踰之者至命也。自記。

問：「耳順是如何？」曰：「神周於形，有麻木之病者，掐他都不覺。無病之人，摘一根毛亦知痛。此神之周流也。」

「七十從心所欲，不踰矩。」以我們庸衆分量，如何推測得聖人分際？然亦不可不體貼一番。「非知之艱，行之惟艱」。學者固是如此，想上聖大賢亦是如此。我們有讀那句書，見得狠親切，到得措之言行，要仿佛如書上所説便不能。聖人雖是目足並到，畢竟目快些。要得知行合一，形神相應，如乾坤合德，實是難事。顔子不遷、不貳，無情欲之累，屢空而樂，無境遇之累，自然該與道爲一矣，然還説：「雖欲從之，末由也已。」即「如有所立卓爾」，不但是大段有所見，是一事一物皆卓然見得箇至當不易的道理在眼前，及至臨事，還不能恰如其所見的分量。就使做到九分九釐，那一釐不是，便是踰矩。或過火些，過猶不及，仍是踰矩。從心不踰，如前人解若放意大膽，皆合天則，此豈似聖人語？不踰，原是剛剛的能不過乎矩而已。然至此，纔是形神相應，天人合一，道器一貫，理氣渾融。知到行即到，目到足便到，也不過，也不不及，恰恰如此。矩在事物上説，「從」字即讀本字，向雖心要如此，其如不從何？今從我心之所欲，庶幾不過乎規矩。此「從」字，與「雖欲從」之「從」字又不同。顔子是欲有所從，所以末由。夫子是從其所欲，所以不踰。欲從、從欲，字面倒轉，境界遂殊。聖賢説道理，都在日用事物上説，不説虚空話。如告顔子以「克己復禮」，顔子若不請其目，後人必説是在心裏克。乃顔子再請，夫子却説在視、聽、言、動上克。如對子張問行，説：「言忠信，行篤敬。」若無此兩句，後面參前倚衡，便不知説的是甚麽。難道果有箇忠信、篤敬參前倚衡？不過是言行間須臾不可離忠信、篤敬耳。今人説「卓爾」亦錯，空空底眼中，見得箇物事，及到跟前，又不見了，如此還是恍惚，不曾實實見得。顏子是工夫已到，實有所見，及至言行，仍難到恰好田地。如平時已知遽忘其怒，而觀理之是非，至於怒時，詞色氣象稍不能自然，都是踰矩。如陳司敗問昭公知禮，昭公原知禮，又是君，孔子便曰：「知禮。」及聞巫馬期之言，便説：「丘也幸，苟有過，人必知之。」四面八方道理都完足。不曾到聖人地位，便不能如此，不是别有奇特也。

「從心所欲」者，形神相應，乾坤合德也。顏子未到聖人，想只在此一息。自記。

「從心所欲」，是身體能從心之所欲，形能應神，形神合一，所謂「動容周旋中禮者，盛德之至也」。顏子「雖欲從之，末由也已」。緊與此對。此地位實在難説，須求箇實在著落方好。「如有所立卓爾」，竟是「立，則見其參於前；在輿，則見其倚於衡」。工夫煉到有形有像，如道家竟有嬰兒結成胎了，只是不能合而爲一。分明見得該如此言，説出口來已差了些；分明見得該如此行，見之於事又差了些。聖人則所見如此，言行便如此。形與神合，便是天德。説來像箇游光掠影，便不是。

生事葬祭，事親之始終。至於武伯，守身之道也。子游教之以敬，子夏教之以愛，四條包得一部孝經。然身體髮膚，不敢毁傷，則敬愛有根，而事之以禮，皆自此而推之。言雖各因其才，而理則通乎上下。盡此，則爲孝子，爲仁人矣。

助我起予，此足以發者也。不違，則不足以發矣。退省其私，亦足以發。「亦」字有根，「發」，發明吾道也。自記。

「君子不器」，重在體上説。「用無不周」，是推出來的話。言君子不落在器上，總在德性上用工夫，你要求他專長不得，此是正意。到後來無事不會，却是餘意。如把餘意作正意，竟似説多器、備器，不是不器矣。

朱子文集「必有所證驗而後實，必有所裨助而後安」。二語爲「殆」字下注脚。自記。

問：「『攻乎異端』，不知孔子時有何異端？」曰：「那時異端頗多，所以删書斷自唐虞，凡洪荒幽渺之説，芟除箇盡。只禮、樂、詩、書、春秋、周易留在天地間，皆斯須不可離。至卑而不可踰者，雖一以人事爲主，而陰陽鬼神無所不該。此乃代天地而爲言，非聖人自爲之也。夫子曰：『素❶隱行怪，吾弗爲之。』其意可見。後來孟子又閑先聖之道，透底言之。至周、程、張、朱，闡發一番，幾如大路。然後儒尚復説差，所以審問、慎思、明辨，闕一不可。」

人不服，多是被錯的一邊人，故曰「舉直錯諸枉」，多著一「諸」字。見所舉如此，而

---

❶「素」，原作「索」，據禮記正義卷五十二中庸改。

所錯乃如彼，則不特舉者服，即錯者亦無不服矣。經書中助字無虛下者。清植。以上爲政篇。

「足則吾能徵」，向來俱作找足之句，是感慨語氣。然玩味「吾能徵」三字，似便謂我自能證吾言，不藉杞、宋也。

盡己之爲忠，獨於事君用之者。事君之人，以衆多故，而不盡其心者多也。況有利害禍福之在其後，則益不盡其心矣。

或人問意，不是爲仲救解，蓋未知夫子小仲之意安在，故反覆求其説耳。「儉乎？」疑夫子或以吝嗇小仲也。「知禮乎？」又疑夫子或以拘謹小仲也。後來講「知禮乎」，便把「禮」字當繁縟靡麗之稱，以爲是「儉」字反面，全不迴頭一顧章旨。自記。

問：「始作翕如，八音備否？」曰：「八音不能備，有四五音便是。古樂有四節，每節有三終，大抵每終皆有翕、純、皦、繹，不必三終四節既而始具也。」

「翕如」、「純如」、「皦如」、「繹如」，只宜在氣象上説，初從何調起，而各聲相從。如家主在上，合家聽命。翕聚之至，是謂「翕如」。就「翕如」之中，彼此相應，無所參差乖異，是謂「純如」。雖「純如」，和也，非同也，宮自爲宮，商自爲商，不相凌亂，是謂「皦如」。然非彼此不聯屬也，有一氣相生之妙，是謂「繹如」。升歌笙入，間歌合樂，皆有此。翕、純橫説，是一套事；皦、繹竪説，是一套事。樂以人聲爲重，歌是也。次之人氣，管笙是也。㪅起管笙，堂下之樂；玉磬起升歌，堂上之樂。鼓所以節樂，編鐘、編磬諸樂，皆禀令焉。柷、圉亦起止所用。問：「管何處用？」曰：「天子諸侯下管，卿大夫以下便用笙。管是堂下用，但不知亦三終否，無所考矣。」

問：「盡美是説功，盡善是説德？」曰：「註亦是約略如此。其實功也不同，征誅與揖讓，自然争差。古人都是實事，不似如今唱戲作僞。武王『陳於商郊，俟天休命』，『上帝臨汝，無貳爾心』，自是聖人本領。『一戎衣，天下大定』。垂拱而天下治，何嘗不盡美！到底有發揚駿厲之氣，與羣后德讓自别。」

韶本是舞名，故左傳季札觀樂，言「舞韶箾」。大夏、大濩、大武，皆舞也。魯國不傳聲音，止存舞，故夫子至齊始聞韶音。「盡美」章，不可耑説聲音，須兼聲容説。征誅、揖讓，時會使然，舜豈能必定揖讓？武豈志於征誅哉？門人嘗舉此爲問，朱子亦云「吾著此語，即謂時運也，若拘泥説便呆象。前輩作文，多説成謂舜盡美矣，又盡善也；謂武盡美矣，未盡善也。這是説樂，不是説人，從樂想見其人便好，從人説到樂便隔一層。又『子謂』二字，是記者概括其辭，不是子曰韶盡美矣，又盡善也」云云。「舜有臣五人」章，五臣、十亂並舉，而末忽出文王一段，與此正是一意。聖人言語，直與天地一般。以上八佾篇。

「富與貴」章，兩箇「不以其道得之」，某意皆是説由貧賤而得富貴。上句若是本來富貴，何云得之？下句若説作不以其道得貧賤，覺得語氣迂迴些。

問「適」、「莫」解。曰：「且如『無可無不可，惟義是從』説。」問：「主謝説爲是麽？」曰：「看聖人是一串説下，宋儒因佛、老有打作兩截學問，故如此説。如『克己復禮』，宋儒因有克己而不復禮一等人，故云克己了，又要復禮。覺得夫子亦只一串説下，看下四目只云非禮勿視、聽、言、動。勿者克己也，未嘗又説復禮工夫。」問：「想是夫子時，未有克己而不復禮一種學問，故不説兩層。」曰：「夫子亦似知有此弊，故説得如此周密，曰『克己』，又曰『復禮』。」

論語著語妙，「不患無位，患所以立」，像有所以立而位自致；「不患莫己知，求爲可知」，像有可知自然有知者。豈不似有意求位、求知？其實人果能有所以立及可知之實，自然不把位與知放在心裏，且引你到那田地，自有見處。

問：「曾子平常工夫非忠恕乎？」曰：「自然是恕多。」曰：「無忠做恕不出。」曰：「曾子隨事精察力行，自是誠心如此。然如朱子早年，以爲人生焉有未發時，都是已發。又見程子『性不容説』之語，以爲人真性藏在動静云爲之先，是終身不發的，此處本無功可用。所以不知涵養，只在日用事物上求其合理，故急躁刻苦之意多，而深潛從容之意少。

後來始見得程子不是如此説，日用間豈有語而無默？豈有動而無静？語時、動時是已發，默時、静時即是未發。此處却有工夫，『敬以直内』是也。朱子前面用功，豈不本之於心，却偏在用一邊？想曾子當先亦是如此。」

問：「一貫爲忠恕無疑，但『文行忠信』，『主忠信』，『其恕乎』，『忠恕違道不遠』，夫子終日教人，豈至此方特呼曾子而告之？且曾子不知體之一，是不知忠也。忠之不立，則孝弟諸務，豈作僞而行邪？」曰：「曾子隨事精察力行，都是零碎工夫，故夫子爲提起頭領。要看註中『一理渾然』四字。聖人之心，渾是一團天理，而泛應曲當，用各不同，直是廓然大公，物來順應。曾子若平素不曾在忠恕上用功，如何會知道夫子之道即忠恕？忠恕即所得力之處，其因呼而拈出者，蓋一向知其爲隨事之體，至是始知其體之一耳。觀夫子鄉黨一篇，雖凡事都有成格，然何一不本於心！想曾子既聞一貫，此後便心上工夫多了，所謂持志主敬，涵養存誠是也。大約未聞一貫之先，似强恕而行，一貫是反身而誠。」

「一以貫之」，一即誠也。子貢多學而識，原不曾錯。夫子好古敏求，信而好古，多聞多見，何嘗不多學而識？但多學而識而一以貫之耳。問：「夫子告曾子、子貢，還是爲他學問已將造到源頭，指點他？還是爲他用工路頭差，撥正他？」曰：「二意皆有。故註中一云：『隨事精察而力行之，但未知其體之一耳。』又云：『積學功至，而亦將有得，欲其知所本也。』」問：「一既是誠，如曾子隨事精察而力行之，豈無誠意者？」曰：「自然是有誠意，但未知大本大源之所在。學問中原有此境界，但看如今學者，亦有終日用功講習，躬行實踐，豈必是假僞？然大本大源上實不曾見得，奈何？所以中庸一書，是道學的傳。『尊德性而道問學，致廣大而盡精微，極高明而道中庸，温故而知新，敦厚以崇禮』。敬義夾持，既要存心，又要致知，惟孔子是如此做到頭。」

「幾諫」章註，引記文「諫若不入，起敬起孝，悦則復諫」。則「又敬不違」者，正是不違父母之心，俟其悦而不犯其怒耳，非謂不違其幾諫之志也。又引「與其得罪於鄉、黨、州、閭，寧熟諫。父母怒不悦，而撻之流血，不敢疾怨，起敬起孝」。則「勞」云者，正是不避熟諫之勞，非專以受撻之苦爲勞也。從來講家將諫意入在「不違」句内，而以「勞」專爲受責，似失註意。且於「不違勞」字勉强。自記。

「德不孤，必有隣。」謂之隣，則數亦不多。「鶴鳴❶在陰」，幽隱之地也；「其子和之」，則非不同類也。若「翰音登于天」，則泛濫矣。以上里仁篇。

---

❶「鶴鳴」，原作「鳴鶴」，據周易正義卷六乙。

「聞一知十」，「聞一知二」，當日子貢似在聰明才智上説。朱子却用伊川評正蒙語，斷之曰「明睿所照」，「推測而知」。一是從心裏照出來，一是從眼前窺向去；一如人在高處立，下邊皆見；一如在平處立，對面看見，隔兩層便看不見。

「焉得剛」與「焉得儉」，是一樣口氣，言棖是慾，不是剛。緣他或好名，或負氣，外面振刷得與剛相似，故下此駁語。至程子推説「有慾則無剛」，是言外意。就如「器小」章，推説到不儉、不知禮，便是器小；「季路問事鬼神」章，推説事鬼神之道不外事人，死之理不外於生，都是言外意。

問：「『山節藻梲』，照注説，於事似闊。明季黄氏將『居蔡』及『山節藻梲』二端俱作僭禮立論，何如？」曰：「如此等，便使朱子説錯，何關大義！明季人多緣此一二處，便狂嘷衆生，最是習氣。饒使是僭，亦是其藏龜之室，僭爲『山節藻梲』耳，未必文仲之居皆『山節藻梲』也。注中原不害爲以僭立論，至因『山』字、『藻』字，謂文仲借此爲龜游息，乃是俗儒謬解，注中無是也。」清植。

「狂簡」兩字，都有好處，都有病處。以「狂」爲「成章」，以「簡」爲「不知所裁」者，不穩。自記。

「匿怨而友其人」，病根在「匿怨」二字，非欲人之修怨而直不友其人也。如上章「夷、齊不念舊惡」，便是不匿怨處；「不與惡人言，望望然去之」，便是不「匿怨而友其人」處。此數章自微生高以後，皆重在著誠去僞，故繼以「無憾」、「無伐」、「無施」，而以「忠信」卒章，皆此意也。自記。

聖賢相隔分量，以爲有廣狹者固非，而以有待無待言之尤謬。只在三「無」字、三「之」字上分別。自覺有憾之意，而能到「無憾」處；自覺有伐施之根，而到「無伐施」處，便是賢人地位。無私之至，純乎天理，盡人之性，盡物之性，而無所容心焉，則非聖人不能與於此矣。以此意看程朱之説，纔得明白。自記。

「十室之邑」節，註中「生知」對「好學」言，不對「忠信」言。夫子固生知，又未嘗不好學，不單靠忠信。以上公冶長篇。

榕村語録卷之三

上論二

「不遷怒，不貳過」，若只當作顔子所養之粹，便不是答應好學正面。須知此正是顔子從事用力處也。自記。

子游是已知澹臺之爲人，而舉二事，不是纔見二事，而概其爲人。自記。

反之有心，在「奔而殿」一「而」字。當衆奔而獨殿，非無心居後者也。反之無心，在「將入門」一「將」字。此時去敵已遠，可以先入，反亦入矣，惟居後之勢不得遽入，非爲是欲入未入，以自見其殿也。此處看不細膩，並後策馬自明俱成巧僞。自記。

不能敬遠，是見不透；不能後獲，是心不純。不先之以務義，「先難」却又無真見實功，無所依據。「先難」只寬説，不必粘定爲仁。自記。

「樂水」章，是分論知、仁之德，不是分論知、仁之人。世間固有氣質偏知、偏仁者，然非此章所重之意。即以所樂論之，天下果有樂水而不樂山，樂山而不樂水者乎？又人皆偏重上截「知」、「仁」字，某意欲側重下截「樂水」、「樂山」、「動」、「静」、「樂」、「壽」字。蓋緣人多不得其性情之正，而無以完其性命之理。以所樂言之，樂靡麗紛華者多矣；以所存言之，凝滯於物，膠擾於物者多矣；以所養言之，百憂感其心，萬事勞其形，而以伐天真者多矣。惟知、仁者，則所樂在山水，心之所存，動静不失其時；而養之所就，有以順其性命而無所虧喪焉。此所以貴乎知、仁也。口氣鄭重在下截許多好處，不是以下截爲「知」、「仁」兩字形容注釋。自記。

問：「智屬冬，仁屬春，如何説『知者動，仁者静』？若云知者體静用動，仁者體動用静，朱子又謂『動静以體言』，何耶？」曰：「『動静』二字拘不得，如説形動心静可也，説形静心動亦可也。大抵知之爲知，神明不測，其體動也，發用處却要收斂，屬静。仁之爲仁，一團生理，敦厚篤摯，其體静也，發用處却要周流暢遂，屬動。」

「君子博學於文，約之以禮。」禮即文之切近處。文於吾身，必竟寬泛些，須將切於日用倫常者體察之。有「之」字，禮即在文中，雖與「博我以文，約我以禮」略不同，然其理不二。

「立之斯立，道之斯行」，聖人事也。「己欲立而立人，己欲達而達人」，仁者事也。立是站得起，達是行得去。清植。以上雍也篇。

信故述，好古故不作，下句是上句之根。清植。

「默而識之」，「默」字妙，是點點滴滴實求真得，無一毫向外意。清植。

「志於道」章，却重在上四字。「道」、「德」、「仁」、「藝」，是现成語，須去志他、據他、依他、游他。若如時解，下三句便難説。

「志」字兼知行説，立志要與道合，定下規模做去，知行都有。至知上、行上各有所得，皆是德，要守而不失，方能涵養到「不違仁」田地。藝是小學便學習，但那時學得一件只一件，到此見得件件都是天理。洒掃、應對，便可「精義入神」。「盛德之至」，便「動容周旋中禮」。習於外者皆是心之德，由心出者皆合於物之矩。

「臨事而懼」，對「暴虎馮河」；「好謀而成」，對「死而無悔」。蓋「暴虎馮河」，是無懼也；「死而無悔」，不計其成也。邵子云：「死天下事易，成天下事難。」若只以斷字下注脚，恐未是子路對症。自記。

「富而可求」章，説可不可指命，不如説可不可指義。若富爲道理上可求之富，如孔子之「委吏、乘田」，孟子之「抱關擊柝❶」，大舜之「陶漁」之類，何必計名節之卑賤？若義理上不可求的，只得「從吾所好」。下章所云「不義而富且貴，於我如浮雲」是也。「委吏、

❶「柝」，原作「析」，據孟子注疏卷十改。

乘田」，孔子不妨爲之。至女樂既受，雖司寇不可一朝居，即此章之事跡也。「執鞭」，如古僕夫之類，亦有官爵，故謂之「士」。

「不圖爲樂之至於斯」，注云：「不意❶舜之作樂至於如此之美。」覺語意未圓。若爲樂即指韶，何不説不圖韶樂，不圖舜樂，而云「爲樂」？且「爲樂」即韶，「斯」字何所著落？「爲樂」只當指凡作樂者説，言不料作樂一事，妙至於韶也，「斯」字方是指韶。猶看人文字，言不料文字一道做到此篇之妙，若説不料君此文做到這樣妙，是輕忽其平日做不到此矣，語吻全别。

再轉「怨乎」一問，蓋恐夷、齊之行雖高，或出於矯情徇名，而心未能免於幾微悔恨。是道理未能十分是當，故不無可悔恨處也，不是以私心窺古人。時講以失國爲悔恨，毫釐千里。自記。

「子所雅言，詩、書、執禮」，亦非夫子提出爲教，當時學校本以四術教士，夫子時時爲人講説耳。禮即包樂在内，三者亦有次序，詩、書在先，禮在後，博以文，而後約以禮之意。

❶「意」，原作「圖」，據論語集注卷四改。

此。詩、書可以講誦，而禮必須習。夫子於門弟子，率之習禮，而雅言於禮必曰執者以此。朱子謂「講求數日，不能通曉記憶者，如其法習之，半日即熟」是也。

「文、行、忠、信」，却是「信」字難説。説是實心，恐與「忠」混；説是實行，又與「行」混。大概是從言上説，其言如此，按著事理去考驗他，却一些不差，所謂「修辭立其誠」也。「忠」不是寂然不動，與「中和」之「中」不同。「忠」訓盡己，又訓發己，自盡既謂之發，謂之盡，可云不動乎？如泉流一般，潤濕未形者「中」也，其已有發動，但尚源而未流，是「忠」也。「忠」是此心之發，一意肫切，披肝露胆，還論不到理上來。至「信」，方循是理而無違。「文」是實學，「行」是實事，「忠」是盡實心，「信」是循實理。「忠、信」乃爲學之本，而列於後，可知四術造士，三代之所共。以文會友，古之人皆然。彼直指本心，狂嘑衆生者，非夫子之教也。自記。以上述而篇。

泰伯逃後，更王季、文王又百年，而商始亡。商之必亡，周之必王，泰伯烏乎知之？況王季、文王未嘗革命也，泰伯如傳序而行王季、文王之事，亦孰能禦之？何以逃爲？故知太王欲翦商，而泰伯不從，乃史者之誣。夫子所謂「三以天下讓」者，美其讓國之無跡，由周後日受命而追論之，故謂國爲天下耳。自記。

泰伯至德，只宜就讓國説，「天下」與「國」字亦通用。太王翦商，是詩人推原興隆之由實自太王始耳。太史公遂云有翦商之志，乃是亂説。太王遷岐，孟子謂「非擇而取之，不得已也」。方自顧不暇，豈得便有圖度天命之心？狄人尚不與争土地，而反思伐商，必無是理。太王不過是尋常愛少子，泰伯窺見此意，所以處之者，却比夷、齊尤善，所以稱爲至德。泰伯若明言要讓，太王偏愛之失已顯，而季歷之受之也難安。惟招呼仲雍，托言採藥而逃，太王無偏愛之跡，而季子有不得不立之勢。當時竟不知其去之故，處得渾然無迹，故曰至德。若伯夷之讓，便使叔齊不能正其位，孤竹君之偏愛，復不能隱，比泰伯不如遠矣。故夫子稱夷、齊只曰「古之賢人」，又曰「民到於今稱之」，可以對照。大凡事處得有聲名，就有弊。

聖賢言語，都兩面夾出一箇理來。如「所貴乎道者三」，辭氣要求新奇，必至背理；恐怕背理，又太凡俗。容貌要戒急暴，易至怠慢；要戒怠慢，又急暴了。慢不是驕慢，乃怠惰也。顏色似無兩層，然「正」字便與「信」字對，「正」字與「出」字、「動」字不同。人顏色要嚴正些，便像裝模作樣，是不信；要老實直率些，又覺得無肅然整齊之意。曾子語皆平實周密如此。

「以能問於不能，以多問於寡」，不是見得我本能、本多，故意爲此以示謙德。如今且莫説是高明人，即平常人聽我們説話，有他不懂處，便是那句話有毛病。做一篇文字與人看，人有疑處，便是那文字有毛病。天聰明無人不有，顔子實見得他雖不能，有他所能而我不能處；他雖寡，有我所未有處。有一件没有，便是無；有一毫不堅實，便是虚，都是實理。堯、舜、孔子傳派，本是如此。

聖賢著語妙，説「臨大節而不可奪」，可見非大節便可奪。不特自己不是處，當改以從人，即是矣，或與人情不便，有可曲全處，正不必固執。若大節，斷不可奪，奪便萬事瓦裂矣。

「興於詩」章，不是先讀詩了始習禮，習禮了始學樂。四術原是自幼用功，只是得力次第有此幾層。如夫子之「志於學」，又云「志於道」，即興也。到得三十而立，據於德，方是立。至其終，渣滓消融，德器成就，方是成。泝其所由，興是得之於詩，立是得之於禮，成是得之於樂。

樂内即包詩、禮，聲音以養其耳，詩也；采色以養其目，舞蹈以養其血脉，禮也。興詩，止舉其辭而已；立禮，只習其數而已；至樂，則融通浹洽到熟的地位。故自古學校之内，皆以樂名官，唐虞時爲典樂，夏殷爲樂正，周爲大司樂。其「歌永言」等，即詩也；直、温、寬、栗等，即禮也。

問：「民可使由之，不可使知之。」曰：「『民』字重讀，其義自見。」自記。

「若聖與仁」章，定然有人謂夫子竟是聖仁，故夫子云云。如「吾有知乎哉」亦然。大約論語多是記録文字，多剪頭去尾。張横渠解「吾有知乎哉」，如洪鐘無聲，扣之輒應，惟其一無所知，始無所不知。朱子恐其説有弊，因改從平實。「民可使由之，不可使知之」。帝王立許多法制，學校、師儒，無非欲民知，道理得令大家皆知，有何不可！錯解便可到老、莊田地，故朱子把「可」字當「能」字説。蓋上面必有人欲凡民都使之知的説話，故夫子云爾。「民」字當重讀，民自有秀者，將爲士大夫，如何不可使知？此謂愚民耳。且教他由，由得熟，自然也知道些，非不許他知。

「三年學，不至於穀」，是言三年之久，實下工夫，不分心於名利。而今闡牘皆云，學至三年，便可明體達用。用世有餘，而尚「不至於穀」，爲「不易得」，學問豈有住時？雖以孔子之聖，自志學至立，尚須十五年，如何三年間學便勾了？問：「是説學至三年心不分，不是説學至三年學大成。」曰：「此是毫釐之差，千里之謬。」

四書最難講，至平常的字面，講起來便有許多意思。如「篤信好學，守死善道」二句，注云：「不篤信則不能好學，然篤信而不好學，則所信或非其正；不守死則不能以善其道，然守死而不足以善其道，則亦徒死而已。蓋守死者篤信之效，善道者好學之功。」迴環解來，其義無盡。「危邦不入，亂邦不居」，尚有可入、可居之邦也。倘天下無邦，則若之何？只得銷光匿影而隱。倘欲隱不得，奈何？如當日世家子弟，生長公族，將往那裡去隱？只是不做官，受窮受苦便了。這便是守死，不是死了方是死。「有道」都是陪説，重在下截。危邦、亂邦，恰好該説「邦」字，到天下是統言，就換「天下」字。至於隱之不得，只不出仕，不消説到天下，應只説邦，便又换「邦」字。自記。

夫子不單贊堯，而言「堯之爲君」，則首句不可略過。惟天爲大，單主形體言者亦非。自記。

「大哉堯之爲君」章，上節注雖以德言，然「德」字已包「業」在内，蓋兼體用言也。「無能名」者，非淵微神妙，不可窺測之謂。謂其不可以一善言，不可以一端舉，蕩蕩乎無所不包。如天之廣大，無不涵覆，形容不足盡其藴，悉數不能終其物耳。末節是就中舉其可見者來贊嘆，蓋「成功」、「文章」極其巍焕，雖有可見之迹，然亦如乾坤之容、日月之光之不可繪畫，則亦卒歸於「無能名」而已。下節即申上意，非謂德不可名，業則可見，作兩截話頭。又非謂業雖可見，德仍不可名，抹殺末節也。注中「堯之德不可名，所可見者此耳」，猶言堯難名之德，此其可見者也。自記。

問：「『舜有臣五人』章，忽然説『才難』，忽然説文王，語意何甚不倫？」曰：「此即『盡美，未盡善』之注脚也。夫子論人，多不肯直斷，於本朝事，尤抑揚婉轉，然其意固顯然也。明説周之治可比唐虞，但舜揖讓而武征誅，其爲治根本有不同者。然文王之世，三分有二，猶『以服事殷』，周之德亦可謂至德也已矣。見得若使文王爲之，必不止於此也。」問：「文王當日伐崇、伐密，作都於豐，竟自滅其國而取其地，尚爲守臣節乎？」曰：「文王從羑里歸，凡可以救民者竟救了，倘再遲幾年，天命人心皆歸文王，自然亦有不能避。武王言文王『誕膺天命，以撫方夏，大邦畏其力，小邦懷其德。惟九年，大統未集』。若文王無此事，武王斷不造作以誣其父。但是文王做來，畢竟不同，不露聲色，處得不覺，其胸中原無私利之意，不須暴白，人自諒之。武王便有英氣，那些話覺得發露已盡。孔子不肯輕以聖人許人，惟稱堯曰『同天』，稱舜曰『德爲聖人』。周公雖未嘗明説是聖人，但觀其夢見，自然許他是聖人了。至論武王，『尊爲天子』數句，與舜俱同，但删去『德爲聖人』一句。於湯，亦不曾説是聖人，與武並舉。大約聖人與大賢做事，不同得狠。周公聖人也，伊尹大賢也，伊尹便覺得詫異，下手甚重。其曰：『茲乃不義，習與性成，予弗狎于弗順。』詞氣何等嚴厲！何如使成王自泣曰：『昔公勤勞王家，惟予沖人弗及知。今天動威，以彰周公之德，惟朕小子其親迎。』其氣象大不侔矣。伯夷之讓，與泰伯不同，亦是如此。」

以「衣」、「食」二字照來，則「溝洫」須與「宮室」相關，況禹是平水土、定民居者，稼穡乃后稷事。今人講來是農師矣。注「正經界，備旱澇」，不過是解「溝洫」字義。自記。以上泰伯篇。

純而從衆，是易小過之義；拜下違衆，是易大過之義。清植。

閑邪是要存誠，「絶四」後，畢竟非無物者。自記。

「毋意」則無所喜，「毋必」則無所樂，「毋固」則無所怒，「毋我」則無所憂。故曰：「復於喜怒哀樂未發之前也。」自記。

太宰「者與」是疑辭，子貢「固」字是決辭；太宰「何其」是耑辭，子貢「又」字是兼辭。太宰以「多能」爲聖，合而爲一；子貢分開，隱然有「德成而上，藝成而下」意。「天縱」本不甚重「天」字，説得太張皇，「又」字便轉不醒。

「固」字對「與」字，言夫子是聖無疑也。「又」字對「何其」字，言夫子是聖兼「多能」，不可專以「多能」爲聖也。因子貢之言雖高，而猶未能泯乎「多能」之見，故夫子索性破除，曰：「多乎哉？不多也。」自記。

時講都將「天縱」狠説，便不得口氣。又説聖是「天縱」的，「多能」是夫子添上的，豈有此理！「固天」一斷，「縱之將聖，又多能也」一氣讀，皆「天縱」也，「將聖」是破「夫子聖者與」。太宰問夫子竟是聖人了麽？子貢説聖何消説，乃「天縱之將聖」。「又多能」，是破「何其多能也」。太宰以爲，不是聖，如何這樣多能？子貢説聖又加之多能耳。朱子舉太宰、子貢、夫子三説，問誰道著，門人皆舉夫子。朱子云：「其實子貢説得著。夫子又是收緊教人意，觀孟子由『可欲之爲善』一『善』字，直到美、大、聖、神，零碎事物就不知些，何碍爲聖？而孔子却兼之，『太宰知我乎』，不是説子貢不知我，乃是虚語，言太宰知道我多能的緣故麽？『吾少也賤，故多能鄙事耳。君子多乎哉？不多也』。聖人何嘗盡要多能來？其意原與子貢同，却將子貢抛開，所以爲化工。」

「吾有知乎哉」，不是自謙，若上面説一無所知，下面又説精粗本末，盡其底裡而告之，上下不相應，其詞不近情理。此節「知」字就不同，蓋指點人語。記曰：「記問之學，不足以爲人師。」人説我有一副當知解，應付人問，非也。凡有一事，各有一理。即鄙夫空空，其來問，必有他所疑之兩端，我即剖析其兩端而告之盡。語氣如是。兩端不是本末精粗之類，凡問必有兩端，若是歸一，則無所疑矣。觀其字可見，即問之兩端也。空空，即指鄙夫。聖人重切己之學，好古敏求，多聞多見，都要歸到身心上，所謂「自得之則居之安，居之安則資之深，資之深則取之左右逢其源」。有此源頭活水，則取給不窮，與那一知半解者不同。聖人一面不欲人落於虚空，一面不欲人滯於口耳，要人步步蹈實地，滴滴歸到源頭上來，故屢屢指點人。此章求其實，便是「女以予爲多學而識之者與」，

「非也，予一以貫之。」淺言即「君子多乎哉？不多也」。精粗本末意，倒在「竭」字裡。叩是擊破意，不是反叩問者。

高、堅、前、後，單説聖道之妙不得，乃自己身上光景，是未到的卓爾之立，卓爾是已到的在前之瞻也。顔子云：「夫子步亦步，趨亦趨，夫子絶塵而奔，而回也瞠乎其後。」數語便是注脚。自記。

「仰之彌高」四句，某有一解。高謂不可攀，堅謂不可入，瞻前、忽後謂不可及，即「步亦步，趨亦趨」之意。如此説，須將高、堅説是知，瞻、忽説是行，博文便照高、堅説，約禮便照瞻、忽説。

「博」、「約」兩字，自前輩多説錯。博説是萬殊，約説是一本，不知文中亦有萬殊一本，禮中亦有萬殊一本，如何分得。如書中所載之事物名象，萬殊也，其理則一本也；「禮儀三百，威儀三千」，萬殊也，使人莊敬其身心，則一本也。博者恢廓其聞見，約者收束其身心。博是開廣，不是繁多；約是繩檢，不是約少。兩「我」字方著實，即「博學於文，約之以禮」，亦是如此。惟「博學而詳説之，將以反説約也」，「約」字是少字，不與此同。

「欲罷不能」一條，緊應前文。「欲罷不能」從「善誘」來，「既竭吾才」從「博」、「約」

來。「如有卓立」對高、堅、前、後説，至於欲從末由，則又是一層。高、堅、前、後，雖有博約之方，善誘之教，而亦無所與其力，所謂「神而明之，存乎其人」者也。自記。

顔子學問正在兩「欲」字，「雖欲從之」，仍是「欲罷不能」；「末由也已」，仍是「既竭吾才」。雖是大可爲化不可爲，然却於此處見他不惰處，好學處，拳拳服膺處。文王「望道未見」，孔子「何有於我」、「我無能焉」，亦是此等意思。某因看這一章書，悟得「從心所欲」「從」字，亦不當如平常説。「所欲」，即首節「志於學」之「所欲」也。本來要如此，如今可以從我所欲，而不過乎矩也。問：「不過亦有分寸，剛能不過，不是信手拈來，頭頭是道的説話。」曰：「然。如此看，就是孔子八十、九十，還可以有進境。聖人若斷了工夫，便不是聖人，此是脚踏實地話。大凡讀經書，須知此意。高一層看聖人，便不是。只要低將下來，低一層，正是高一層。顔子仰、鑽、瞻、忽；『欲罷不能』；『既竭吾才』；『如有所立』；『雖欲從之，末由也已』，不著實地看，竟落禪家機鋒。」

問：「『自衛反魯』章，是雅頌得所而後樂正乎？抑樂正而後雅頌得所乎？」曰：「這都是不明白樂，故有此疑，難道歸重一邊去説不成？樂正豈獨詩？一切聲容器數，皆在所正，方可云樂正。然『詩言志，歌永言，聲依永，律和聲』，則詩乃樂之本。若雅頌不得其所，便有奏肆夏、歌雍徹之事，如何得樂正？夫子使之得其所，是樂正之大者，故提出説。」

樂之聲容器數，自然一一都要正，但樂中一件最大事，無如雅頌。所謂不得其所者，亦有二：篇章殘闕失次，一也；所歌之地與時乖亂，二也。如今亦不知未正時是如何，已正後又是如何，都無考據，只是據理説不過如此。

某閬山賦中，説水源一滴處，是心源不斷。若記問勦襲，如溝澮皆盈，涸可立待。問：「天一生水，惟水似天命正脉，夫子取水，正是此意。」曰：「然。『不舍晝夜』，夫子元自有不舍處。」

「後彫」二字，須説得意思大些方好。如禮壞樂崩，一人獨守著禮樂；舉世皆尚功利，一人獨守著仁義。孔孟即所謂後彫者。重「知」字，作感慨語，便是亂説。聖人語言，没有不著實事，而作空語者，且此章本極和平，非激烈語。問：「不言不彫，而云『後彫』，何也？」曰：「松柏幾曾不彫，却是新葉生時，舊葉始落，人都不覺，故云『後彫』。聖人下字如此斟酌。」問：「以喻君子，却於『後彫』何取？」曰：「『後彫』字，自因松柏而下。以喻君子，如三軍敗時，一人殿後，是云後敗，豈必問其終敗乎？詩所云『雖無老成人，尚有典型』；『風雨如晦，鷄鳴不已』，近之矣。如云非歲寒不見得松柏本領，難道孔孟得行其道，反不見得孔孟本領耶？」

「歲寒」章，説成殺身成仁，百折不回，恐不是聖人之意。松栢非不彫也，新葉已生，舊葉徐落，特「後彫」而人不覺耳。淺而言之，如人家門貴盛，忽而貴盛者死，子孫尚小，便覺彫敗。使子孫都已發達，彬彬濟濟，老者化去，門庭如故，便都不覺。所謂如松栢之茂，無不爾或承也。「士窮見節義，世亂識忠臣」，何嘗不是。不當説成死難，如此是必死，不是「後彫」矣。謝氏云「欲學者必周于德」，便説得好。「後彫」竟是生意不斷的意思。以上子罕篇。

「褻裘長」，「狐貉之厚」，「長」字、「厚」字不可略過，要緊對「褻」、「居」字看。若禮服，則趨蹌升降，俯仰進退，須稍從輕短耳。自記。以上鄉黨篇。

榕村語録卷之四

下論

「德行」一節，纏繞不及門，從患難窮愁、聚散離合上説，是陋之至者。夫子説「皆不及門」，亦是偶然不在眼前。作悲涼太甚語，便不相干。然是由此説起，畢竟還該照應。須説諸人以這般學行，儘可各自炫奇耀名，却依栖一終日皇皇的孔子，瀕於死而不去。無他，欲得夫子之道也。看書要得最上第一義，正是此等。

問：「冉求爲季氏聚斂，何卑污至此？」曰：「冉求也未必是十分刻剥百姓，只是替季氏算計無不到耳。他平時聞得夫子講忠於所事，既委贄於季氏，便盡心力以事之。子路之死孔悝，亦是如此。他們師聖人，都是篤信力行，雖時有過執處，要皆從真誠發出。如無此段意思，爲人謀事都不懇切周至，直至事敗之後，但曰吾曾言之，而彼不吾用，以此自謝。如此等全無誠心，講甚麽大道？今人爲公家司錢穀，一心要得公家富强者便少，不過是要侵牟肥己耳。以道事君，自非由、求所及。然由、求此意，便是根本，有此而後可語大臣之道。若侵牟肥己，乃盗臣也，夫子安肯以具臣許之？大抵士必有硜硜之節，方可進於稱孝稱弟，又可進於有恥不辱命。若無此段誠確之意，便無根柢。」

問「回也其庶乎」一節。曰：「注中説成兩截，言其近道，又能安貧也。其實『屢空』，正見其近道。『賢哉回也』一章，即是此節注解。」

夫子以「何以」爲問，原是要他們用世，如何又許曾點？因由、求不知此皆性分所固有，各人胸中却要自做一番事，故夫子一聞點言，而不覺深契。問：「此是徇外爲人否？」曰：「却不是。此等原是當做的事，只是要自表見的念頭，不能與『舍之則藏』底意思並行也。」問：「日侍聖人，如何尚不能化？」曰：「意見最難化。今人便有一種，日與講性説命，亦自領略，其人亦不是貪富貴一流，只是功名一念却不能淡，覺得畢竟揮霍得一番方快，却又不是爲生民起見。古今人情，大抵不甚相遠。」

凡人無事時，要得天下有事，風塵中纔好見己之長，是謂幸災樂禍。子路「率爾而對」之言，意思便不好。夫子與顔子説用舍行藏，他忽然插一句「子行三軍則誰與」，故夫子斷以「不得其死」。胸次氣象間，著不得此種，最是要緊。文中子論李密曰：「幸灾而樂禍，愛强而願勝，神明不與也。」亦是此意。

「不讓」雖在「率爾」上見，然即此用才使氣意思，到爲政上便能作病，非只哂其言之不遜，而許其治國之優爲也。子路雖不「率爾」，而其言中之意，「不讓」自在。亦猶曾點氣象，於其言中，可以想見其鏗爾之從容。蓋心氣之符，不期而然者耳。自記。

好仁，惡不仁，某意不欲分兩人。好仁的人，即惡不仁的人，四書中所説智、仁、誠、明之類皆是如此。看得合一，方可分開。如明道、伊川兩先生，便有一是好仁，一是惡不仁的意思，但兩先生初間立意做工夫，豈有分道之理！天心好生，春、夏固是發生，秋、冬亦是收斂春氣，以爲發洩之地。如看見好人便喜歡，見不好人便要他死，雖不爲不正，但如此久之，亦恐漸次入於「愛之欲其生，惡之欲其死」一路。故雖至不好人，若他有事犯，只得據理法治之。不爾便聽他自消自息於天地間，何須著意。春、秋雖俱是天氣，畢竟人當以存春意爲主。如侍坐所言，曾點説暮春，既是和煦之時，春服能成，則非年穀不登，物力匱乏可知。冠者、童子能從曾點游，則家門無事，從容有餘可知。肯從曾點游，則向善親賢可知。浴沂，風雩，詠歸，無復有公私苛暴嶮巇之虞可知。所以爲有老安少懷意思。子路無論其言不讓，即無端想到師旅、饑饉，就是三年之後，能使他有勇、知方，此三年内已戰鬬死了多少人，饑饉死了多少人。及至臨陣，亦不能保得一個不死。何苦説到這裏？吾輩日用間，豈能無此等意思？纔起時，便思有以消化之方好。

子路之「千乘」，冉求之「六七十」、「五六十」，非必想做諸侯，有舉國以任之，便是諸侯之事。近來講家，拘泥得可笑。

「撰」字及「志」字，要看撰具也。點所見，根本處高於三子，而所講求用世之具，却不能及，故謙云我之所志，異乎三子有應世之具。而夫子以「各言其志」慰之。不然，夫子問何以，點何爲以行樂對？時文反言此即點之酬知，殊可笑！

「點！爾何如」節，在論語中，朱子以比「一貫」之傳，皆不作第二義看。周、程授受，尋仲尼、顔子樂處後，便有「吾與點也」之意，其妙可知。注内「曾點之學」一段，是言前意；而「其言志」一段，是言中意；「其胸次悠然」一段，又是言外意。若將言前、言外之意盡裝入曾點口中，則反害了當日洒落氣象。以視其言不讓者，又加甚矣。自記。

朱子學問，全在躬行心得處實有工夫。「曾點言志」節注：「人欲盡處，天理流行，隨處充滿，無少欠缺。」人心私欲不除，饒你如何打疊，到底有些欠缺。惟人欲盡處，中無罣碍，便静坐亦得，看書亦得，乘風亦得，澡水亦得，全然是天理逼塞滿了。這是朱子實體驗出來下的注語。然既有此體段，又須從容於禮法之場，沉潛乎仁義之府，隨處真積，便是曾子底工夫。曾點狂者，只是存此胸次，無却許多細密。所以中庸後半，「至誠」、「至聖」兩段，兩面夾來。顧寧人講韵學到得意時，便曰：「非達天德者，其孰能知之？」梅定九推算到得意時，便曰：「以是知隸首之爲聖人也。」實則就將顧、梅諸公並籠將來，亦未必是聖人，故曰：「君子多乎哉？不多也。」禮度文，饒使件件俱理會得，而無

「至誠」一段爲之胚胎，終久是朱子所謂俗學。然既打叠得一段心胸，又須將禮度文件件理會，方是兩邊俱到的學問。清植。

「點！爾何如」一段注，是朱子自家體貼過，所以注得如此踏實。但若一逕如此，不知回頭，便可落在莊周一邊去，所以曾子便收轉過來。孔子說：「内省不疚，夫何憂何懼？」孟子云「仰不愧」，「俯不怍」。聖人只説到此，不似曾點手舞足蹈。曾子「戰戰兢兢，如臨深淵，如履薄冰」。又「動容貌，斯遠暴慢矣；正顔色，斯近信矣；出辭氣，斯遠鄙倍矣」。到後來，「以能問於不能，以多問於寡；有若無，實若虛，犯而不校」。這是三段工夫。人心有一點惕厲的意思，便覺得有一段過意處。從戰兢中得樂，方是聖賢真樂，便自無弊。曾點之樂，尚差這些子。問：「原憲『克伐怨欲不行』，只是清净此心，未曾著得養性工夫。曾點亦只是於心上見得大意，所以爲狂。」曰：「『克伐怨欲不行』，心是冷的。曾點便有萬物一體意思，心是熱的。狂强於狷者以此。」問：「如『洗心，退藏於密』。曾點可謂洗心矣，但藏密中尚欠理會。」曰：「『聖人以此洗心』，『此』是甚麽物事？無這『此』字，却將甚麽來洗這心？洗心藏密，是吉凶同患之根，然吉凶同患，又是洗心之根。心是理之根，理又是心之根。所以中庸言『肫肫其仁』，而後言『淵淵其淵，浩浩其天』。」清植。

曾點「莫春」數言，夫子與之，以能見其大。然三子之事功，却是脚踏實地學問，故「安見方六七十，如五六十，而非邦也者」；「赤也爲之小，孰能爲之大」，皆是褒辭。而曾點行不掩言之失，亦隱然見於言外。以上先進篇。

「克己」兼直内方外，涵養省察，與答仲弓者有詳略，無異同。自記。

「一日克己復禮，天下歸仁焉。」不是説效驗，即是發明上句。言克己復禮即仁也，你能一日克己復禮，人便都説你是仁。蓋工夫雖可以自信，然察言觀色，合乎公理與否，亦須著意。如做篇文字，人看不下時，那處畢竟有些毛病。

汝楫問：「一日克己復禮，是用功起頭的一日，還是成功的一日？」曰：「這便説獃了，順著文理説去，便二意都包在裏面。薛敬軒文，添出二日克己復禮，便有二日之歸仁。雖有此理，但不必添出。陸稼書解『動而世爲天下道』等句，以爲『世』字是周家八百年之内，故只言世，不言百世，與『百世以俟聖人』不同。若到後世，豈不是上焉者之無徵乎？此皆拘泥字眼之過也。」

向看道理不熟，講「克己復禮爲仁」，定要補出存養一邊工夫。蓋以人欲之私，畢竟是事至物來方有也。不知静中一團昏氣，非己而何？所以「敬勝怠」、「義勝欲」二句，便是「克己」鐵板注脚。無事時怠慢之氣，即己也。人以下文視、聽、言、動，皆是指動處説，不知都兼兩義。如言語不合道理，是義一邊少工夫；未言時氣之浮動，意態之輕儇，便是敬一邊少工夫。言箴中「傷易則誕，傷煩則支」，是不敬也；「己肆物忤，出悖來違」，是不義也。豈可謂言而非禮纔是己，氣之浮動，意態之輕儇，便不是己？

視、聽、言、動禁其非禮者，須有由禮一邊，方是復禮，方是儒者之道。自記。

「子貢問政」章，時説全不明白。以「去兵」爲是去其冗者，糜餉無益。不知三代時，兵即農也，只是牛馬、車輛、衣甲、器械要完備，敵來則起而應之，敵退還復歸農。其厲兵講武，只在田獵時，如何有冗兵糜餉之事？就是「不得已」三字，已先説錯。若果是存亡呼吸，國破只在旦夕，則那時兵食已無，何勞君去！「去」字還是自能作主的話。上一個「不得已」，是新造之邦，或值兵荒之後，既是百姓流亡凋敝，何暇講武。如今衣甲、器械且莫問，車輛、馬牛且莫問，蒐苗獮狩且莫問，只得先招撫安輯，休養生息爲主。第二個「不得已」，即哀公所問「年饑，用不足」一般。食，如「食之者寡」之食。「去食」云者，大荒之時，凡百官之俸禄，君之羞饍，賓客之廩餼，祭祀之粢盛，一概莫計算追索，寧到餓死大家死，亦不可失信於民，民亦不肯失信於我。這是説到盡頭處，聖賢的話，要照著可以行得，不是空著幾句懸空語，支吾問答而已。

有友稱王守溪「百姓足」二句文者，先生詰之云：「文中説百姓足了，祭祀、賓客一切費用，皆於是出。不知是正供，是科派，難道是要行科派，姑先休養之以爲朘削地不成？此便把題目做呆了。此章總要著眼『年饑』二字，平常説得所答非所問，迂闊不切情事。哀公時，久已十分取二，取二原得勾用，只因年饑，百姓輸納不前，故曰：『年饑，用不足。』是想要設法取盈於二之數，未是要多科於二之外也。有若曰：『盍徹乎？』不是迂論，言百姓既輸納不前，何不十分止取其一乎？『徹』字緊對百姓説。哀公悮以有若爲是代籌國用，故曰：『十分取二，民尚不輸而所入甚少，若取一，則所入更不堪矣。如之何其徹而益之不足也？』有子言，君此時要謀足用，須先固住幾個百姓要緊。如行徹，百姓不致離散，就今所入，儉省用去，亦自可支，『孰與不足』？不然百姓逃亡，田野荒蕪，一分所入尚不可得，孰與以足者乎？如今田主逢年荒，租收不起，躊躇問人，其意必是要催迫佃户。有一人云，何不救恤佃户？田主云，救恤他，自己益發没得用了。其人云，有佃户在，歲豈有常饑之理？假令佃户走了，則田卒汙萊矣，是常飢也。只當省節用度，不可促迫佃户。有子語意是如此，本極平正切實，非姑泛説君民一體，與年饑兩開也。『百姓足』二句，若如時文説作欲取姑予，是王者因民所利之道，無非利民所有之術矣。殊有關涉，毫釐千里，不可不辨也。節用意在『孰與不足』言外。」

「主忠信，徙義」，即「質直而好義」也。又析言之，則曰修德講學，徙義改過。周子所謂「乾乾不息於誠，又必遷善改過而後至」，皆其義也。自記。

「慮以下人」，不在「察言觀色」之外。即「察言觀色」處，又「慮以下人」也。使非「慮以下人」，則「察言觀色」是徇外矣。自記。

注云：「遲以夫子之言，專爲智者之事。又未達所以能使枉者直之理。」此「又」字，是從上文未達生來。實則因其疑爲專論智，故未達，非有兩層也。自記。以上顔淵篇。

「如有王者，必世而後仁。」説成王道無近功的話頭，便不是。如舜繼堯，禹繼舜，何俟必世？「如有」者，夫子爲當時言之也，「後」字、「必」字，緊關「如有」二字。言當今之時，上失其道已久，人心風俗極敝而不易變，如有王者作，亦必世而後乃可仁也。上章「善人爲邦百年」，亦是説當時殘殺之風已甚，故曰百年。比例觀之，顯然可見。萬曆庚辰此章文，皆説久道化成，只做得王者世而後仁，「如有必」三字不曾做。

若父子相庇護而濟其惡，則真曲矣。掀然揭之於外，又所謂矯枉而過直，不得爲直也。惟「隱」字最妙，蓋不敢護其惡以傷理，又不忍列其過以害情，是以「直在其中」。如只説得相隱是至情，却遺了道理一層。若孔子諱昭公之取同姓，即就諱處，自以爲過處還他公論，却不是回護到底也。春秋書法，内無惡則雖辱不諱，諱者皆内惡也。此是「直在其中」之義。自記。

「父爲子隱，子爲父隱」，「隱」字最妙。不是回互，是不敢響人説吾至親惡事。豈有嘿嘿的理，不敢響便是虧理可知。所以説「直在其中」，不徒在人情一邊説，連天理一邊亦不碍方是。觀夫子答司敗，孟子論瞽瞍殺人，便見得此意。「名之幽、厲，雖孝子慈孫，百世不能改。」此義原在那裏。

問：「直在其中。」曰：「隱則明明爲不善矣，故曰『直在其中』。」問：「朱子云：『凡言在其中者，皆不求而自至之辭。』此『在其中』，與『禄在其中』不幾不一例乎？」曰：「學非所以求禄，而『禄在其中』，學有得禄之理也。耕非所以求餒，而『餒在其中』，耕亦有餒之理乎？『在其中』，不必定是一樣，虚字眼執定亦不妥。如『諸』字，之乎切，我不欲人之加之乎我也，我亦欲無加之乎人；施之乎己而不願，亦勿施於人。朱子解『顯諸仁，藏諸用』，『諸』字，亦作之乎用，只得解仁爲濟物之功，用爲機緘之妙，推仁而出，收用而入。然仁本在内，誠之通也，生物之心顯焉。用本在外，誠之復也，成物之功藏焉。故下以顯仁爲盛德，藏用爲大業，不必以仁爲外，用爲内也。即作『顯其仁，藏其用』説，有何不可！」

讀書全要有喜意。易傳先云「説諸心」，然後云「研諸慮」，不喜歡則思路無由入。顔子云「仰之彌高」，始云「鑽之彌堅」。仰如「高山仰止」之仰，覺得聖道不知如何妙，有庶幾窺見始可爲人之意。狂强於狷者以此。中行之人，何嘗無喜悦，却包在内，此種最難得。至狷便帶冷，惟狂則刻刻自喜，不是欺人，實實自己有得意處。

别處説「善人」地位處，便要分别得斟酌。「即戎」及「勝殘」章，正是説他好處，何暇替他稱量本領。時文有纏住「善人」，説他質美未學者；又有把「即戎」兩字説僅可以固圉自存者。自謂體認之至，不知先差了口氣也。自記。以上子路篇。

「不行」與「克復」，從源頭上分别。「克復」大段以天理爲主，是根株盡拔的光景；「不行」是以天理遏人欲，禁而不發的光景。如東漢人，矯節勵行，豈非賢者？但謂之純粹於道則未也。不是安仁是仁，勉仁非仁，只看源頭清不清耳。「克復」如禹之治水，行所無事；「不行」如鯀之障水，有時決防。

羿、奡之死，由篡弑不由射力；禹、稷之興，由聖德不由躬稼。适却暗了善惡一層，單以不應死而死，不應得天下而得天下，翻作疑案。不是疑禹、稷、羿、奡已然之迹，乃是疑當世之亂賊篡弑相尋，而據有邦家；孔子躬明聖，而不得位。不應定理，便差錯了。故口設爲疑難，而心斷以定理。此所以不容答，而又不能已於贊也。自記。

不能不勞誨者，情也；不可不勞誨者，理也。自記。

「若臧武仲之知」四句，如謂是指生來材質，則「藝」字説不行。蓋言須是學此四人之知、廉、勇、藝，而又「文之以禮樂」也。時講竟似虛説天生一人，知、廉、勇、藝俱全，而又加學，與子路無干。豈有此理！「若」字是要像他。

「如其仁，如其仁。」朱子説「誰能似其仁者」，覺得太過，或是也就像個仁了的口氣。「一匡天下」，亦不是説一總都匡正，似是就經他匡正了一番爲合。

管仲稱仁，是一大案，程朱説似未諦當。細按道理，却宜如此立論，蓋子糾不成其爲君也。假使襄公當日立糾，而使管仲爲傅，便有可死之義。管仲之從糾，不過是倉皇結隊行耳。譬如夫婦，必經父母之命，媒妁之言，而後夫亡婦爲之死，謂之烈，爲之守，謂之節。若六禮不備，邂逅相遇，從其所私而爲之死，雖不可厚非，要之旌獎不得。「匹夫匹婦之爲諒」，「諒」本是好字，管仲若死，亦是諒，説不得他不好。但比之功在生民，則所成就争差遠矣。問：「夫子何不説明此意，而但稱其功之大？」先生正沈吟間，復問：「想是言外有不能如此立功，又不如死之爲愈底意思。」曰：「正是如此。聖人衝口立言，無處不到，却不肯放倒那死的一邊，八面俱圓。」

糾弟桓兄，伊川單據薄昭之説耳。他處都云子糾是兄，只是果係世嫡，自然名分有在，既皆庶孽，如何居長便當立？當時桓、糾皆不當立，則其孰兄孰弟，原可不論。魏徵之傅建成，高祖命之也。管、召之從子糾，誰命之乎？不過是倉卒逃難，各隨一公子走耳。其君臣之分甚微，所謂「可以死，可以無死」，即此之類。如豫讓之不死於中行，魏徵不死於李密，人並不以爲非也。子糾之遇管仲，未必國士，桓公三薰三沐，委國而聽之，可謂國士矣。妙在聖人亦不説他不死的是，總不應答這一節話，只稱他的功。却説召忽是匹夫匹婦之諒，亦還他個「諒」字，未嘗説他不該死。兩面俱存，互看自明，見得管仲亦少這點諒。乃化工之肖物也。

不怨尤，則不求知；下學，則無以異於人而致其知；及至上達，則有人所不及知而天獨知之者。朱子所謂「兩頭蹉却」，此所以「莫吾知也」。自記。

「修己以敬」章，道理甚難看。「修己」兩字不是空的，如説一敬便畢修己之事，便差了。致知、誠意、正心、修身，皆修己之事，要離不得一「敬」字耳。安人、安百姓，亦非是無事，但只是舉此而措之耳。若説敬則人自安，百姓自安，即又差了口氣。自記。以上憲問篇。

古人之學，皆是以心地爲之本。聖人固是以一心而涵萬理，學者亦當涵養其心，以爲窮理之源。學者固離不得多見多聞，聖人亦何嘗不好古敏求，中間只差個生安、學利、困勉。若説聖人自一而萬，學者自萬而一，却是裂了道術，而聖凡有兩心也。所以論語兩個「一貫」，皆是聖人以身立教，指示學者做工夫處。若抗而高之，便謬以千里。自記。

兩個「一貫」，皆是教以知本之學，用力之要，非如異氏印證契悟之説，一經指點，便豁然無事也。「忠恕」章注，至詳明，此章注即云説見彼章。可知兩個一，只是一個，更無異義。何則？一本故也。漢、唐以下，學不知本，故所謂心學者，往往爲異氏所冒。知天下之大本而立之，則所以貫天下之道者，此矣。自記。

問「多學而識」章。曰：「此章『一貫』，與『曾子』章同，大都聖人全性渾然，一點不曾破耗，天地間至理，都是印證他心裡的，原不是零星記在那裏。東漢人物矯立名節，衣冠言動都少破敗，便道是吾儒盡頭。鄭康成輩博聞强記，著書立説，縫掖尊尚，以爲是吾儒高流。所以自漢及唐，『一貫』之義何曾明白？佛氏見吾儒學問不過至此而止，遂將心性之學搶去提唱，簸弄精神，光怪陸離。儒者亦從風而靡。豈知吾儒之學，寂然不動，立天下之大本，元是以此爲根，只是兩邊都要到。『敬以直内』，又『義以方外』，所謂『敬義立而德不孤』也。直到程朱實實在此做工夫，纔説得『一貫』明白。吾輩何嘗要作惡，只是胸中雜念不斷。以爲在内不斷，不形於事，或者不妨，不知即此便是天命不流，大本一差，無事不差。聖人心源，一私不掛，一息不間斷。三月不違，便是顔子。」問：「子貢聞一貫，雖無一語，至他日云『性與天道，不可得而聞』，想是已明白此義。」曰：「禮樂名物，何一非由性而出？耳目聞見，何一非以心爲主？性是人之本，天道又是性之本，故立天下之大本，乃知天地之化育。」

人説「一貫」，是曾子、子貢先全不知在心上做工夫，夫子於其道之將成，以此點化他，如和尚付拂子一般。他既聞此，便全無事。不思曾子、子貢若向來不知從心上做工夫，如何得到道將成地位？且聖門安得有此等學問？若起頭全無此一，後來如何忽得此一？此一原是徹首徹尾，但地位不同耳。不獨聖人有聖人之一貫，賢人有賢人之一貫，即弟子亦有弟子之一貫。「弟子入則孝」一章，非弟子之一以貫乎！「君子不重則不威」一章，非賢人之一以貫乎！只是聖人先但教你如此用功，不提出宗旨來説，蓋遽與人説心性難曉，且不必。中間必要隨事精察而力行之，到工夫做得久了，乃將熟底一以貫告之，提破宗旨，益好用功。以前非全不知有心，是隨時隨事上用心，不知大本大源，却要提起以爲綱主耳。

曾子聞一貫後，經門人問，便解以「忠恕」爲注脚。倘當日有問子貢者，不知子貢將何以爲對。若能以「誠明」二字作注脚，則道理益顯闡矣。清植。

一以貫，或分學識説，似有著落。學是正往前用功，識是將已學的記在胸中，學説一貫，是心得而理得。凡見解不定，都是不曾見得自己的心，見得自己的心，所學便了然無疑。識説一貫，是心存而理存。凡人遺忘，都是心不曾存。心存，則温來温去只是此理，便不消逐件求記。如今都説以一理貫萬理，不知一理指著甚麽？畢竟説心有把鼻些。「曾子」章「忠恕」，亦只説心，無兩「一貫」也。有間，又曰：「一理亦説得去，以五常統萬善，以一仁統四德，何嘗不是一理。然仁，人心也，理亦在心。」

「無爲而治」章，註説甚明。時文講「無爲」，多根「恭己」立論。如言篤恭而天下平，雖有此理，然非此處本意。清植。

「友其士之仁者」，「仁」字要淺説，如云好心人耳。子文、文子豈非賢，孔子不説其仁，是仁在賢之上。此處賢却在仁之上，故一云事，一云友。或曰：「事或在大夫上説，友或在士上説。」曰：「不然。此處説不到勢位，斗筲之人，何足算也，自重在賢上。」

説春秋者，或謂周人改月不改時，或謂月改則春移。看來須以夫子之言爲據，若果不改時，夫子只應言行夏之月，不應言「行夏之時」矣。清植。

以日至寅而明，證歲至寅而生，極確。今言一日，必以一晝一夜爲限；言一晝一夜，必以日出爲度。故夏正得天，百王不易。自記。

夫子無所不學，想顔子亦是如此。不然，夏時、殷輅、周冕、韶舞，豈是逐旋方去講求者。

「矜而不争」二句，有相似、相反二義。矜似争，羣似黨。矜是持己，争却務勝人；羣是大公，黨却務阿比。矜、羣皆須兼内外說。矜者内而嚴威儼恪，壁立萬仞，絶無與人争意見、争勝負之心；外而是非可否，辨别執守，却非與人争門户、争名利。羣在内說，如看得萬物一體，絶無私意要與人同流；在外說，如和平接物，却非因其人爲我私交，纔加周旋結納。相反意在根本上見，相似意在發露處見。

一言終身行，「行」字要提清，是指事上說。不然，何不說誠、說敬，而只云「恕」。

「直道」章，癸未闈墨，其以直道屬民心者固非，亦有專主在上之人，行直道於斯民者，而於「斯民也」三字，「所以」兩字，全不體會，亦非也。蓋時至春秋，人皆謂民心不古，直道難行，故夫子謂民性之同，今古不異，三代之所以直道而行者，即斯民也。自記。

「吾之於人」章，萬曆癸未會試，主考以下節爲主民說，謂是非善惡，民之公心，三代以來，未之有變，安得以毁譽易民心之直道。此論宋人已有。朱子謂如此說，則「所以」二字無著落，又「行」字說不去。此章上節須重「譽」字，蓋毁原不與不直對。如說人不善太過，只好說他刻薄，說不得不直。譽人過當，乃謂之不直。口氣云，我固未嘗毁人，又未嘗譽人，如有所譽，亦必有試，究非譽也。下節雨蒼言，當先有一段感慨議論，極是。蓋時至今日，人都說末世人情無不好諛，直道不可行於今，不知特我不行直道耳，斯人何嘗不可與行。斯民也，即「三代之所以直道而行」之民。民心之公，何嘗有異。時文都説譬且無之，而況毁乎？又説善善長，而惡惡短。口氣語脉都不浹洽。

「直道而行」者，三代；「所以直道而行」者，斯民。當時之民，已非昔民。論者不歸咎於行之者非，而動云民心之不古，即如今眼前人好行面諛，以爲趨時者是也。故夫子言民心無今古，今此之民，即「三代之所以直道而行」者。此意最爲懇至精切。自記。

乙酉北闈，以「吾嘗終日不食」章命題，先生因閲闈文曰：「此章當先講明如何是思，如何是學。大抵古人之學，不外四術、六藝。就中如禮，便有許多節文，所以固人肌膚之會，筋骸之束。樂便有聲音以養其耳，采色以養其目，歌詠以養其性情，舞蹈以養其血脉，都是踐履。所以朱子解『學』字，兼知行説，思却是空空的在那裏想。人心之靈，無所不通，就所思處，亦有一路道理。如莊子許多見解，圓變無窮，豈不是他想出來的，只是不根據古人，便有走作。朱子説得好，『有所證驗而後實，有所裨助而後安』。心雖見得是了，然尚虚在那裏，得古人以爲證佐，所見方實。心中雖有所得，然安知不更有一層道理足以奪之，得古人以爲幫襯，所得方安。看來諸闈文都是『吾嘗終日不食，終夜不寢』，以致其知，無益，不如力行也。致知豈單是思？且致知豈可云無益？因抽出就中張椎一文，云：此文小講下，説學思本不可偏廢，照管夫子平常説學而不思、思而不學之弊。下隨轉一語，云『彼學而不思之弊易見也』。此句大佳。學而不思，如讀書不求解，這不過是愚庸書生，何消理論。若思而不學，便有高明才智一流往而不返，就偏僻一路生出許多見解，自許獨得，開教説法，其弊無窮。若文衡有準，便當以此句定□❶。」

問「謀道不謀食」章。曰：「不是中兩句，是無命也；不是末一句，是無義也。命是爲中人説的，知義則命不足道，故口氣須著一折。」自記。

「不讓於師」，是旁觀者之辭，非當仁者時存此意也。自記。以上衛靈公篇。

「均無貧」三句，若照上文，宜説均無寡，安無貧。如何反説「均無貧」，却添出「和」字，而曰「和無寡」？又添出「傾」字，而曰「安無傾」？將謂聖人是隨口説來，無甚意思。其實非也。細細體貼，一字不錯。上二句口氣，言你不要患寡、患貧，但當患不均安耳。何也？如父母有千金，四子分開，若一人得去五百，必有貧者矣。今每人各分二百五十，雖不免於寡，然不至於貧矣。蓋寡是家私少些，貧竟是空乏了，不均則彼此相争而不和。均則和矣，和則彼此情意浹洽，有無相通，並可不至於寡矣。既均且和，則輯睦相安，雖或不免貧寡，而斷不至於傾。此所以貧、寡不必患，而不均、不安之足患也。

「遠人」是指强鄰敵國，非顓臾也。前云「邦域之中」、「社稷之臣」，後又云「邦内」，

---

❶ 此字原殘，四庫全書本作「也」，但就殘存筆畫看，並非「也」字，故不從。

奈何以「遠人」目之乎？自記。

桓公雖假仁義，猶是修方伯、連帥之職，至三卿田氏，斯爲無説。此孔子所以稱管仲之功，而惡三桓也。「庶人不議」，非指怨謗，如所謂「處士横議」之類皆是。其流禍甚烈，觀周衰，人立私議，究於坑焚可見也。若止於怨汝詈汝，則所謂庶人謗者，是盛世所不禁。自記。

「天下有道，則政不在大夫。」據上節説「天下無道，則禮樂征伐自諸侯出」，何不云「政不在諸侯」？蓋政原在諸侯。天子司天下之政，諸侯亦司一國之政，但不當自諸侯出耳。若大夫，則僅可議政，而不可專政。故下又云「庶人不議」，明大夫得議也。分寸絲毫不差。

朱子註上論，一字不可移易，下論雖道理不錯，文理便有疎漏。如「三友」、「三樂」損益，必要説得相對，覺得牽强。此乃各分淺深。朋友之間，有好直言的，然或沽名，或使氣，未必出於真誠，所以又要諒。真誠矣，或學問少，見理未明，所以又要多聞。「便辟」者，外面威儀詞令，或尚可觀。至「善柔」，則一味卑屈謟媚，以順爲正矣。至「便佞」，則又變亂黑白，倒置是非，其害更大。「三樂」亦是如此，不必皆相對立言也。

朱子對門人説：「某讀上論，覺得比下論好些，上孟比下孟好些，中庸前半部好些。不知是古人之書，前後不同，不知是自己心血不足，看不到。」可見朱子既誠且明，光明磊落，千秋萬世皆得見之。

「益者三友，損者三友」，時解以「者」字作虚字，「友」字作實字，謂益於我者有三樣朋友，損於吾者有三樣朋友。看來此「者」字以人言，作實字看；「友」字以交接言，作虚字看。言會長進的人，有三樣交接，不長進的，有三樣交接。如所交的是直、諒、多聞，這便是求進益的；若與便辟等相與，便是不求進益的。如此，則上下「友」字，俱屬一例。珣。

「樂節禮樂」三句，某意以「節禮樂」爲根。自己於禮樂，不徒好之而已，一一節目都詳明有條理。惟其節目條理，所以見人有善此者，便樂道之，既樂道人之善，自然樂多賢友，互相講習。「樂驕樂」三句，亦都在「驕」字生根。先只見得自己是要快活，到「佚游」，竟放開了，到「宴樂」，便又溺於其中，終日醉夢而不能自拔矣。

「樂節禮樂」，「節」字照注説自好，若從張子説亦有味。蓋「禮勝則離，樂勝則流」，節者，以禮節樂，以樂節禮。終日用意孜孜，只在身心上檢點，是之謂「樂節禮樂」。聖人言語，俱有次序。「九思」章視、聽居先，四勿亦先視、聽。心官之外，惟重耳目。人惟視、聽最易入，又無時無之。次則色貌之見於身者，次則言事之接於人者，次疑，次忿，皆日用間所必有而切於身心者。然後以「見得思義」終焉。由内及外，一絲不亂。

問：「九思以視、聽爲先，洪範五事，何以先貌言？」曰：「彼以『敬』字爲主，故先貌言；此以『思』字爲主，故先視、聽。」自記。

「見善如不及」章，語意本明，但前一項人，却是後一項人的根基，抹殺不得。大概是要門弟子拓開些的意思。如原、思自守有餘，却少與世相關之意；若由、求則又於隱居求志邊少了。伊尹樂堯舜之道，再聘還不出來。即太公八十，自是有終焉之志，忽遇文王，非所料也。

「隱居以求其志，行義以達其道」，人都説成「用之則行，舍之則藏」，「窮則獨善其身，達則兼善天下」。兩個「以」字不見醒出，而「隱居」、「行義」字皆不著實。「見善如不及，見不善如探湯」，雖亦是他的志如此，然其志有限。求志之志便大，必「隱居以求」者何？所謂「龍德而隱，不易乎世，不成乎名，遯世無悶，不見是而無悶」。伊尹在莘野之中，樂堯舜之道，便是如此。孔子五十以前，總不出來，當亦是此意。達道固是要行其所學，然云「行義以達其道」何也？若待堯舜之君，三聘而出，千古能得幾見？但有可爲之地，有可爲之機，不必大有爲之君，大可行之時，隨分而行，如「見行可」、「際可」之類，全是如此。故曰：「惟我與爾有是夫。」此二句是聖人全神，由、求等便不能「隱居求志」，荷蕢、荷篠之徒，又不能「行義達道」。由、求行義矣，而不能達道；荷蕢、荷篠隱居矣，而不能求志，故曰：「未見其人。」「隱居求志」二句，某意每句皆有兩義。求志非隱居不可，然荷蕢、接輿之徒，不可謂之求志。隱居矣，又畢竟要求志。達道非行義不可，然當時從政者，不可謂之達道。行義矣，又畢竟要達道。此節，講家多以「未見其人」一言，難於安頓顔子，只得串講，謂顔子不曾出仕。其實不然，安知此語不説在顔子既亡之後？只是説此等人身分，就是終身隱居，亦何害其爲行義達道。

「不學詩，無以言。」此句極要體味。三百篇中，有含蓄不説處，便是不該説的，須逐篇體味一番。清植。

論義理及文勢，則稱於異邦曰「寡小君」者，蒙上邦人爲文，爲本國對異邦之所稱也。孔子作春秋，於夫人之卒，則稱「夫人」，臣子之詞也。葬則曰「我小君」，蓋有列國會葬，故曰「我」，曰「小君」，皆對異邦之稱也。自記。以上季氏篇。

「上智下愚不移」，大意固是言此等人不常有，而中人最多。欲人之謹於習，而不可諉於性。然其所以不移，則是此兩等人立志不回，自不肯移也。苟下愚者而肯從善，則亦無不可移之質。惟其不肯移，所以爲不可移，所以爲下愚也。若中人，則斷無不可與爲善，不可與爲惡者，顧所習何如耳。程子言之甚明，真得聖人之指。蓋上智習惡亦不肯爲惡，下愚習善亦不肯爲善，此自其立志則然也。自記。

「小子，何莫學夫詩？」學不是尋常習誦，若只尋常習誦，如何能收其益。下章「爲周南、召南」「爲」字，亦要看出沉著工夫來。清植。

「四時行焉，百物生焉」，平看去亦可。若作四時行而百物自生，如所謂「春秋冬夏，莫非至教」說，於「何言」意似尤緊切。清植。

有人聞其弟訃二日，即入衙門辦事，又巨細不遺，神氣如常。先生非之，因曰：「即不得已而辦公事，總其大要，不及瑣細，倒是有疎略處方是。宰我謂『禮必壞』，『樂必崩』，其實不壞不足以爲禮，不崩不足以爲樂。此所謂『無體之禮，無聲之樂』。『禮云禮云，玉帛云乎哉？樂云樂云，鐘鼓云乎哉？』人逢喪事亦須思，如朋友死，倘不思，便悠忽過去了。惟思其待我如何，自有不容已處。子張曰『祭思敬，喪思哀』，理當如此。」以上陽貨篇。

或人諷柳下惠之去，不是激懟之詞，蓋諷道之不可行，故答詞有「直道」、「枉道」等語。自記。

孔子攝行相事，如今說錯，觀家語自明。古者兩君相見，必用相禮之官。當時夾谷之會，欲命相，知禮無如孔子者，故以司寇攝之。司寇官尊，所以云攝。朱子於「齊人歸女樂」注，仍温公通鑑之悮，皆以爲行宰相之事。當時官爵，並未有宰相之名也。三月大治，即爲司寇與聞國政之時，與聞國政，效便如此。

「君子之仕也，行其義也。」如時解，行義只是求做官，殊不成語。語類中説：「仕纔有義，既不仕矣，遠近去就都没了，緣何見義？」覺得有著落些，但又似與上下文不甚關合。若説行義是輔君以有爲，又與行道相犯。行義既即是行道，又如何説「道之不行，已知之矣」？此「義」字却指君臣相關之意説。譬如朋友，德業相勸，過失相規，言之聽而計之從，是行道。倘規勸而不見聽，却不可存一好歹由他之意，視同陌路。此段望其開明，幸其悔悟，肫切意思，是義也。此「義」字是説性之相屬，情之相關，所謂「大倫」也，與「長幼之節」對説。若在皮毛上説，如何謂之「亂大倫」？所以説「隱居以求其志，行義以達其道」，行義即此行義，達其道即行道之謂也。荷蕢、晨門之流，隱居矣，問其所求之志何在，不能行義矣，又安有所達之道？聖賢不是説我有一副當學術，一得君便行出來，其見之施爲者，皆是他内裹一段精誠逼出來的。有此方能「立之斯立，道之斯行，綏之斯來，動之斯和」。

「舜有臣」二句，亦是夫子語。如「逸民」節亦然。記者提起作案，不然，此語何來？

如今史中論贊，尚是此體。

侑食在堂上，而以琴瑟爲主。雖未有考證，然據周禮，王大食則「奏鐘鼓」，明每日常食不奏鐘鼓也。又禮記玉藻「進機進羞，工乃升歌」，疏：「又❶進羞之後，樂工乃升堂以琴瑟而歌。」雖天子與大夫士之禮，然諸侯可推矣。自記。以上微子篇。

「執德不弘，信道不篤。」這兩句極好。守其一説而不參之以衆論，行其所見而不考驗之於人情，皆不好。倘弘矣，而信道不篤，恐見新奇可喜者，遂棄其學而學焉，却又不可。

「子夏之門人小子」，及「問交」章，覺得兩人俱有是處，各有不是處。子游説本末，非説始卒，是就立志大頭腦上提掇他，未爲不是。不好説門人小子❷便當先末後本也。至於始卒，自應有次序。「問交」章，子夏語雖較褊，然夫子云「無友不如己者」，拒之未即有乖於聖教也。子張語固寬大，第門人是問交，非泛問處人也。曰「容衆」，曰「矜不能」，「衆」與「不能」非友也，「容」之、「矜」之非交也。兩章書問答，皆覺得針縫不對。至

❶「又」，原作「入」，據禮記正義卷二十九疏文改。
❷「子」，原作「人」，四庫全書本亦同。疑誤，故改。

孟子議論，雖極翩躚，却少罅漏。答湯武放伐的説話，語吻似覺詫異，然推到最上一層，道理本是如此。「天生民而立之君」，非要其坐享富貴也，要其撫養天下耳，苟自絶於天，則人亦不戴之爲君矣。如好貨、好色、好樂，乍見之覺不倫，説來都是道理。第夫子却更渾厚完全，所以爲「盛德之至」。如或人「以德報怨」之説，若孟子辨駁，必説到以怨報德矣。聖人却問一句「何以報德」，已包得此意，方分兩路與他説，何等妥當。

「博學」章，某意重在兩「而」字，一折折到「篤」字、「近」字上。蓋不博學無以爲篤志之地，然博學而不篤志，徒以廣見聞、資口耳而已。篤志是鞭策所學，必定要討箇實理。不切問無以爲近思之地，然切問而不近思，徒求之事迹而已。切問已是切於事情，裨於日用，近思却又體驗到自己身心上去。此二句甚密，與子思博學、審問、慎思、明辨、篤行差不多。子夏却以此包篤行在内，極似「欲誠其意者，先致其知」。見得非截然兩段工夫。聖人龍德又不同，「學以聚之，問以辨之」，妙在入一句「寬以居之」，然後説「仁以行之」，規模火候不同。問：「『寬以居之』，是『必有事焉，勿忘，勿助』否？」曰：「某解之云，虚明廣大而無自用之私，涵泳從容而有自得之味。一句説規模，一句説火候。聖人放在那裏，磨盪消融，未嘗斷火，鍊得全無渣滓，『仁以行之』便了。子夏云篤、云切、云近，是用多少力把緊了做，恐到底成就與聖人别。」曰：「顔子是此一派否？」曰：「亦不知何如。但問爲邦，夫子一口氣將四代禮樂説與他。於問爲仁，便曰：『克己復禮，天下歸仁。』告他人便不如此。曾子又稱他『以能問於不能，以多問於寡；有若無，實若虚，犯而不校』。却是大舜光景，曾子恐是壁立萬仞做，又差些。」問：「及其知之一，成功一，可是全無分别？」曰：「『堯舜性之，湯武反之』，其純然天理，自是無二，若規模火候，畢竟不同。」問：「顔子若不死，能與孔子一樣否？」曰：「只怕是一樣，如舜之於堯，周公之於文王。大抵創始人，其工夫即與後人一般，而氣象渾厚闊大處，乃天之所爲，不可及。舜似比堯更精細，然堯却能包舜；周公似比文王更精細，然文王却能包周公。」

「博學而篤志」章，某意比常説又不同，「博學」一頓，「篤志」、「切問」、「近思」，都收往裏面。如讀一書，實在專心致志讀透他，至問人又無一句閑話，亦無一句虚話，又都反之身心體驗一番。朱子所云「切己體察，即近思也」，都承「博學」説。凡言在中者，皆不求自至之辭。蓋這一件與那一件似不相干，却都相關。故「未及力行」意須補，但云以此措之施行便是了。

「告子」章，即儒、佛分派；「子夏之門人小子」章，即朱、陸分派。子游謂當提起大本爲宗，論非不是。子夏説：「孰先傳？孰後倦？譬諸草木，區以别矣。」倒似聖門學問，畢竟先末而後本者。以大學論致知格物，「此謂知本，此謂知之至」；周禮三物之教，以六德、六藝、六行爲序，及論語「弟子入則孝」等章觀之，似不如此。當日若答子游云「即此是本」，語倒無弊。蓋即洒掃、應對、進退，小心謹慎，中規合矩，便是培養其良心，久之自然知本。陸子静謂「先立乎其大」者，説何嘗不是，弊在把窮理工夫看輕了，便破敗百出。蓋窮理工夫甚大，與主敬、存誠並重。但觀王陽明「致良知」，欲破朱子格物説，到後來做詩出韻，寫字寫别字，論古將事記錯了，此豈良知中應爾乎？窮理格物，而良知乃致也。

子游譏門人小子「本之則無」，有似象山一派，直達本原。子夏之意，又有似吕東萊，只教人留心名物象數。其實洒掃、應對、進退，正是養正之功，所以培養他根本，使心不放而範於禮也。子夏若將此意剖破，子游更有何辨！却但説教人有序，竟像子夏之教，原是先末後本的。聖人没而微言絶，游、夏已分兩路。一貫之義，體會者甚少，夫子兩番爲曾子、子貢拈出，人都説是言道妙，某獨謂是示人以學道路頭。大抵聖人空説道妙處甚少，只是聖人有聖人的忠恕，吾輩有吾輩的忠恕。聖人自然體用一原，顯微無間。吾輩須是提醒此心，則散錢有串，心一昏放，便無此索子，奈散錢何？收斂提起，是學者之一貫也。

問：「學優便不仕，何害？」曰：「古人最要仕，所以自試所學，故曰『皇皇如也』。子使漆雕開仕，不驗之於仕，自己亦信不過。古人之仕，不是身外事。」以上子張篇。

論語自是門人之門人所作，不知誰氏之筆，而裁節乾净，妙至於此。堯曰一篇，叙幾代事，數語已盡妙義，且有波瀾。裁斷到至短田地，而精當具足。自記。

「雖有周親」節，是解上「善人是富」。「善人」，國之紀也，故以爲安天下之首務。「謹權量」二節，皆是在上之事。至於及民，惟食、喪、祭爲重。「寬則得衆」四句，不見於書，自是統論帝王，不單指周説。

「子張問政」章，大綱只在「惠而不費，勞而不怨」，下三句是此二句之根。爲政不能使百姓自己治生，雖日散萬金而不可繼，徒費而已。勞之以所當爲之事，如教他孝弟、力田、三物、六行皆是。特迫促嚴急，不以其方，無爲善之樂，無自己以爲本分當爲之意，便至於怨。費與怨，便是驩虞之術。一養一教，尚有何事？「欲仁而得仁」，是「惠而不費」之根。蓋我之惠百姓者，是見民之困苦，必使之得遂其生，方完得自己一段惻隱之心。既非爲利於己，亦非欲沽其名，何貪之有？此所以「惠而不費」也。「君子無衆寡，無小大，無敢慢」；「正其衣冠，尊其瞻視，儼然人望而畏之」。只是檢點自己，以身先之。人見其如此，感而且愧，一有條教，自然奉行，雖勞何怨？此乃「勞而不怨」之根也。「不教而殺」，「不戒視成」，「慢令致期」，與「無敢慢」，「儼然人望而畏之」相反，虐、暴、賊，則勞之而怨矣。「猶之與人也，出納之吝，謂之有司」，與「欲仁而得仁」，「惠而不費」相反。問："『與人』只在與一邊説，『出納』『納』字，不重否？"曰："出則吝其物，納則吝其名，皆是與人之吝也。『惠而不費，勞而不怨』，是『節用愛人，使民以時』一項事；『欲而不貪，泰而不驕，威而不猛』，是『敬事而信』一項事。此章與『道千乘之國』章關照。"

"欲仁而得仁"，言我欲仁愛於民，不過得吾仁愛之心而止，不望其報，不干其譽。此所謂"利之不庸"，乃"惠而不費"之根也。此句説得不錯，則前後許多言語，皆是一片王道貫穿矣。吝與貪、與費，只是一事，貪是本根，費是枝葉，吝在二者之間看出。一面貪其名，一面惜其費，勢必至出亦吝，納亦吝也。自記。

"不知命"章，近亦明白了。問："有異解乎？"曰："只是尋常講，便是不知命，便無站脚根基，何以爲君子，不爲小人？"問："知禮何以次於知命？"曰："知命是出處、取舍、義利之間，知得分明。儘有出處不苟，取舍分明，不能合禮者，到得言動合禮，便是隆禮、由禮之意。"問："何以知言倒在知禮後？"曰："知言是格物窮理，其工夫原廣大精深。觀孟子説他得力，只是知言、養氣。他説知言不尋常，其歸至於『見其禮而知其政，聞其樂而知其德。由百世之後，等百世之王，莫之能違』。是如何本領！"問："但從知上講，不關行事否？"曰："自然連行在内，不但知之而已。"以上堯曰篇。

榕村語録卷之五

上孟

程朱與孟子，相去分際可見，不如孟子所見透而熟。孟子之去孔子，從氣象上分别自有間，若道理上覓取，竟無從見其差别。問：「孟子比顔子何如？」曰：「孟子云『姑舍是』，此如二程雖受學茂叔，至叙道統，却不及茂叔。在聖賢，豈有矜傲之私，而言乃云爾，此意殊可尋思。顔子雖不見其著述施爲，但如視、聽、言、動皆禮，便到『不踰矩』，『動容周旋中禮』田地，他便直任不辭，是何等力量！夫子誘以文禮，他便『欲罷不能』，直是『天行健』。不曰『文禮之事已畢』，而曰『吾才既竭』，立言亦大妙。至『雖欲從之，末由也已』，此是何等境界！孟子他日又云『禹、稷、顔回同道』，其推挹可想矣。」

聖賢學問，如鷄子一時不出殼，到底是雞蛋。惟孔子「從心所欲，不踰矩」，自己覺得快活。顔子未達一間，想尚未有此一日也。孟子雖自任「舍我其誰」，只是言「當今之世」，故曰：「惡，是何言也？」又曰：「乃所願，則學孔子也。」煞是不敢自信。只是他才識大，如論「不動心」，便令佛學粉碎。蓋彼之不動，是頑空，是死的，其中無有。吾儒之不動，是寂然不動，感而遂通天下之故，是活的，其中無所不有。「槁」字妙極，長則長矣，柰已枯何？直從源頭絶頂處剖開指明，洞中要害，萬古一炬也。友云：「孟子直見得此輩之害大而深，故闢告子，遂以斷佛教之根。孔子未嘗顯黜伯功，孟子獨云『仲尼之徒無道桓、文之事者』，又欲斷功利之根。其功直與天壤不敝。」

人都疑孟子欲王齊、梁，是要叛周。看孟子言語：「得百里之地而君之，皆能以朝諸侯有天下。行一不義、殺一不辜而得天下，皆不爲。」是何等嚴毅。由孟子之論，見得天爲民立君，原以治安百姓，非爲君一家欲其富貴久長，世世子孫享受也。故湯、武革命，受命於天，絶無不是處。孟子直是從天立論，得最上一層道理。孔子議論，却又低下一層，爲人道立萬世極，更覺精密穩當。故以服事爲至德，以武爲未盡善。看文王一面孜孜爲民，却一面於商家可扶持處便扶持他，與孔子意思一般。問：「文王若處武王時，不知如何？」曰：「只怕規模不同，力量更大，德器更純，處得來更覺無跡些。天下之朝覲、訟獄、謳歌，羣然歸周，不必觀兵商郊，自致混一，亦未可知。大凡一件事著兩人做，即心術做法一樣，而各人身分所至，其氣勢規模便自不同，必不可强。」

孟子竟是不曾見易，平生深於詩、書、春秋，禮經使不熟。只是才大，學問直溯源頭，掘井見泉，横説竪説，頭頭是道。

孔子文字，尚是經體，開後世文字派，却是孟子。孔子文字無「雖然」轉法，應用「雖然」處，都用「是故」。後世文字之妙，至韓而極，尚不如孟子。韓文如百寶砌成，到自然地位；孟子則元氣流行，無復雕琢擬議之意。

雞豚狗彘，只供老者，固是爲自家養的，不忍輕殺，亦是體天之道處。天所貴者，種類便少，牛馬只産一子，所以太牢不輕用。次之狗彘，便産得多些，亦不能繁，所以無故不殺犬豕。次之雞鴨，卵生便可數十，然猶有數。至魚蝦之屬，所産不可數計，所以説「魚鱉不可勝食」。即少者都得食矣。可見聖人之制，一一皆是準之天道。

「謹庠序之教」，一切都修舉。「申之以孝弟之義」，是提醒他本心。若看下句與上句一般，何須重説。

「頒白者不負戴於道路」，不是單説自家的父兄，是説王化流行，行路者皆修弟子之職。

孟子説「見牛未見羊」，意理甚精，凡事皆當如此。如有一金在此，見一友在急難中，且將此濟他。若算計萬一明日更有急難之友，何以濟之，便連當下這一金亦不用，豈不躭閣？萬一再有人來，恰好又有，則再濟之，實在没有，只得罷了，不可將未見面事盤算到頭也。鋭峰和尚云：「當下該這樣便這樣，不必算計昨日不這樣，明日又不這樣，連今日亦不必這樣，却是都落空了。」要前後際斷，孟子説「交際」亦是此意。禦人於國門之外，是顯然的，自然要誅；諸侯之取民，是隱暗的，且待教之不改而後誅，都妙盡情理。

問：「不動心是立否？」曰：「在立與不惑之間。」

孟子不動之心，是活的，不似告子是死的。告子乃佛之至精者，孟子亦闢佛之至精者。告子謂儒者讀書窮理，在言語文字上做工夫，與心不相干。其心不光明，又借忠孝廉節一股氣來幫助，如飲酒禦寒一樣，到底不是本來熱氣。故曰：「不得於言，勿求於心。」「不得於心，勿求於氣。」其論乃佛之正脉，不知仁義禮智皆根於心，既要誠，又要明，始能復心之本體。故中庸一面言「至誠」，一面言「禮儀」、「威儀」，兩邊俱到，心體始能完全。告子所以如此者，病根在不知義根於心，而以義爲外故也。精透非常，雖程朱闢佛亦説到此，猶不如孟子單刀直入，言簡而盡也。當日蘇秦、張儀，孟子絶不屑掛口，就是楊、墨亦粗淺，孟子只將其「無父無君」指破了，人亦容易明白。到告子直在身心性命上闢一邪路，所以孟子費許多苦心，與他反覆辯論。

告子「勿求於心」，是不窮理，非不持志也。告子之意，以爲人不認得心，多把言認作心，而求心於言；把氣認作心，而求心於氣。故必離二者而後識心，如所謂「語言道斷，心行路絶」者云爾。自記。

「不得於心」四句，今人説得告子是個呆漢了。告子是要明心見性的人，欲使此心空空靈靈。所以「不得於言」，便以爲此是言語邊事，何與於心，「勿求於心」則心地空了。「不得於心」，便以爲此正當於心中用工夫，何與於氣，「勿求於氣」則心又空了。此正是近世和尚家所謂參禪入定、打坐觀心者，豈是冥頑的人？然究歸此心空虚無用，其弊必至是耳。

問：「『不得於言』，猶言『不安於心』否？」曰：「是。大概告子此四句，是佛氏最精處。『不得於言，勿求於心』猶云如有不得於言，勿認作心，心自有所以爲明者，不在語言文字也。他只要此心光明，如一盞燈滿屋照耀，不消逐物求見。故佛家以此心爲須彌柱，萬古不動，萬古光明。」問：「他亦有參禪悟道之説。」曰：「他參禪卻不在那句話上參出道理，不過將此心逼歸一處，便生明耳。他嫌語言支離，又有時説參尋；嫌氣魄無用，又有時説氣力。總是遁詞，知其所窮。」

在京邸時，見陸稼書與人云：「『持其志』是『知言』，『無暴其氣』是『養氣』。」某對其人云：「此悞起於陶周望文，末比云：『蓋志不持，則本原一乖而内外遂以兩失，故知告子「勿求於心」之説妄也，不待辨也。氣無暴，則存主愈湛而本末可以相資，故知告子「勿求於氣」之説亦妄也。』豈誠可乎？既以『持志』對『勿求於心』，作反結，宜乎疑『持志』爲

『知言』一邊事矣。豈知『求』是尋究之義，『持』是操守之義，兩字不可同。」其人云：「然則『持其志』三字何根？」曰：「根在『不得於心』『心』字上來。告子謂人不得於心，則持守其心而已，要此動盪發揮之氣何用。孟子言人固當持守其心，然又離此動盪發揮之氣不得，安可暴而棄之？在孟子口中，原渾然只見志氣之不相離，而『養氣』即爲『持志』之功耳。至程朱析理微密，謂持志之道在敬，養氣之道在集義。辨論反覆，見於或問甚詳，雖孟子當日未必遽如此區别。然敬義是學問大關節，所謂『學者各以其意求之，則並行不悖』是也。」復撿或問示之，稼書聞之，遂大以爲然。白記。

之鋭問：「『不得於言，勿求於心』，孟子何以置之不論？」曰：「孟子初説不可就罷了，直到後面論『知言』處，纔説『生於其心』云云，即是破此。」

「無暴其氣」，時講多錯。大抵以置氣不管爲暴，不是「暴」字本義。暴如「暴殄天物」之暴，謂浮動妄費也。蹶趨即暴氣之一端，無暴一層在「養氣」之前，先不浮動，而後可集義以養之。與「養氣」相對看，一是不要妄費，一是要生息。他如言語先要禁其躁妄，而後求其事理通達，心氣和平也。凡事皆如此。

暴氣不是指告子，凡人動氣時，志逐之而不能自主者多矣。如人家子弟不能管教，任他亂撞；又如騎馬不能駕馭，任他奔騰一般。今人説「無暴」，謂如「手容恭，足容重」

之類，理非不是，但不親切。此處且虛説，只是説志固要緊，氣亦不可不照管。故下「志壹」、「氣壹」，都是説不好一邊，且未説到養他的工夫。

今人説「持其志，無暴其氣」，謂志固不可不持，氣亦是好物事，不可不養。不知「無暴」纔是養氣的頭，且莫説他好，氣原足以累志。如責罰人，此人所犯何罪，吾志先定，稱情行罰是「持志」。却有臨時動氣以致過當者，此時氣發，却不管當初所持之志如何，此豈不是「氣壹動志」。所以既要「持其志」，又要「無暴其氣」。此處却是説氣不好，因此所以不可不養，未養之氣不可暴，養成了反大有用。此是兩層説話，如馬然，未調良時，有蹄齧之患，既調良時，足以任重致遠。如兵然，未訓鍊時，連主將多壓制不住，及訓鍊好了，衝鋒破敵反大有助。

告子説心是心，言是言，氣是氣。孟子説言亦是心，氣亦是心，無精粗，無内外，莫非此心，莫非此理。氣以粗者言之，爲北宫黝、孟施舍之氣。若精，則配道義，爲浩然之氣，上下與天地同流。

人都説浩然之氣，能塞天地，配道義。王姚江獨云：「與天地不相似，道義不相合者，非浩然也。」便與孟子開口説「難言也」，再言「其爲氣也」，口氣神合。蓋是指浩然之氣如此，非是説浩然之氣其妙如此也。要歸是以理爲主。自記。

「死灰」是「勿求諸心」，「槁木」是「勿求諸氣」，「知周萬物」是「知言」，「動容周旋中禮」是「養氣」。自記。

告子便是佛家大教頭，任後來多少闢佛之論，總不及「養氣」一章。「不得於言」四句，是告子之學切要處，至今佛家還是這個丹頭。他説「不得於言」，此何與於心？勿以此而求之於心。「不得於心」，正當於心上打疊，又不可求之於氣。蓋落於語言文字，便支離纏繞於知解之中。落於綱常名教，便依託假附於氣魄之内。吾心本自明，何用語言文字？吾心本自定，何用綱常名教？孟子直搜其根，曰「外義」。惟以義爲外，故將語言文字、綱常名教，都以爲外來假合的物事，盡欲破除。

問：「無暴即是善養否？」曰：「不是。善養便是集義，無暴不過不要暴耳。」問：「暴即是勿求否？」曰：「亦不是。暴是妄用此氣，御之無法。勿求是竟不用。」問：「先生言如子弟不管教，即是暴，豈不是勿求？」曰：「此如將之有兵，暴氣者，如役之不以其道，撫之不得其情，恩不足以結其心，威不足以制其命，以致他不用命。告子是主將孤立，散遣徒衆，不用一卒，故其勢窮蹙。暴氣、義襲，却不是告子病，今人都强派在告子身上。無事而正，而忘，而助長，恰是告子，今人反説開了。」

「養氣」章，朱子亦只解得七分。從來闢禪之中其要害，搜其根底，機鋒相對者，無如此篇。人因粗看注中「冥然」、「悍然」二句，以告子爲一物無所見，一步不能行底人。果爾，何敢與孟子分席争長？孟子又何須爲之累牘置辨耶？「不得於言」四句，乃是告子丹頭，要看得精細。彼以儒者之語言文字，都是外面知解，原非本然心中所有，吾心自有昭昭靈靈者，要見本來面目，不消認知解爲心。又以儒者立氣節，厲廉恥，依附名教，至富貴不淫，貧賤不移，威武不屈，都屬外面粗氣魄。吾心到得定時，方且離四大，空五藴，撒手游行，尚何富貴、貧賤、威武之可言？故於心有不安處，只當加功於心，不必求助於外面氣魄。上二句，即禪家「明心」之説，下二句，即禪家「空心」之説。一是破儒家的語言文字，一是破儒家的忠孝廉節。他見得孟子學問路頭錯處在此，此處看得粗，便看得孟子闢之之言亦不精矣。「不得於心」，却不由於氣，氣無義理故也。「不得於言」，必須求於心，言即義理所在故也。故孟子言，以二者相較，其可不可微有重輕，然其實氣亦烏可勿求？如欲訪一友，便足力生，忘路之遠近。若心不欲往，便筋疲力倦。氣與心豈不相關者？如此看來，心與氣正是相資相助，如何可以置之？所謂「義襲而取」，乃是如今人借一公事，憤激壯往一般。告子以孟子的氣魄，正是這樣。故孟子言其爲氣也如此。其爲氣也如此，是乃「集義而生」者，非是「義襲而取」者。如言我記的書，是讀得多遍，自然精熟者，非是偶然强記而得之者。是孟子自白語，緊對告子意見，不是教人不可義襲也。「是非」二字，如此纔明。何以見得非義襲而取？你看「行有不慊於心，則餒矣」。告子以氣可襲取，總緣以義爲外之故。若知義之在内，則知氣可集而生，不可襲而取矣。「我故曰：『告子未嘗知義，以其外之也。』」一路搜根至此，直抉出告子病痛源頭，至緊至切處。若如今解，却似「義襲」句不過是帶出，如順手敲擊一下而已，何關痛癢？至下節注以爲「養氣之節度」，亦似未然。看來此節乃是説不動心底工夫，欲心不動，必以集義爲事，不可預期其不動心，但當勿忘其所有事。循序有常，不可欲速而助之長。助長雖似長得較易，而不知其苗已槁矣。告子先孟子不動心，而適成爲死而無用之心。孟子之不動，雖若稍遲，却爲生生不窮之心者。以此「槁」字對針「不動心」；「予助苗長」緊對「先我不動心」。佛氏之心，清净寂滅，了無用處。吾儒之心，寂然不動，感而遂通天下之故，至天地位，萬物育，總是一團生意。闢佛之精透，無過於此。

如今人以「集義所生」爲孟子，「義襲而取」爲告子，又以告子爲正而助長的，而以無事而忘爲另一種人。金正希想到告子外義決不襲義，勿求氣決不取氣，乃云告子雖不義襲而取，其實與這樣人同歸，是義襲而取。乃吾儒、告子之外别有這一種人，與如今所説無事而忘的人一般。豈知此兩節口氣，在「是」字、「非」字、「必」字、「勿」字？因異端説孟子是義襲而取，故孟子自白，是氣也乃集義自然而生的，不是託義之名迹掩襲而取的。

行不合於義，便不慊於心，則氣餒。義豈在外者乎？「必有事焉」，亦不是説養氣節度，是説不動心之道。告子勿求於氣，如何肯在氣上用著正助？忘與助長，是一個人，不是兩個人。告子在心上用功，似不可説他無事，然不以集義爲事，便是無事。他用功於心，曷曾一刻忘，然却忘了集義了。四句皆對告子。「以爲無益而舍之」，如今人説以苗爲無益而舍之，文理説不去，蓋云以耘苗爲無益也。非徒無益，言非徒無益於苗也。問：「告子『勿求於氣』，正謂氣是義襲而取的，於心無涉，所以勿求。孟子『義襲而取』句，正是對針『勿求於氣』。」曰：「然。」問：「知言工夫包在集義内，所以知言不用詳説。」曰：「糊塗人如何集義。」問：「心裏不明白，亦難説慊心。」曰：「然。異端操持此心，曷嘗不是根本工夫，只是少了一邊也。吾儒戒慎恐懼，是根本工夫，却不曾少却學問一邊。所以某説，中庸下半部是破異端最切緊處，『至誠』是説根本，『至聖』便説『禮儀』、『威儀』，『尊德性』又要『道問學』。」

「是集義所生者，非義襲而取之也」，「是」字、「非」字；「必有事焉而勿正，心勿忘，勿助長」，「必」字、「勿」字，俱是緊對告子辨折口氣。緣告子心疑儒者爲義襲，故孟子辨之，謂吾之養氣是如此，不是如此；緣告子外義而先我不動心，是有助長之病，故孟子折之，謂人之事心當如此，不當如此。然則告子固未嘗集義，亦並未嘗義襲。何則？彼既外義，則賤義而不復以義嬰心故也。其所以助長而能不動其心者，是從强制其心中來，不從義襲中來。義襲者，襲氣也。告子既勿求氣矣，而又安肯襲之？故謂助長爲另指一般人則可，若謂即指告子也者，則其所以助之之病，與上節襲取不同明矣。「必有事焉」，亦只宜泛説心學。「集義」、「養氣」四字，俱在「必有事焉」四字内見，若指定是養氣節度，則告子非有事於氣者，又豈肯助之長？文意亦礙矣。自記。

「集義」節，人都説成必集義以生之，勿襲義而取之。以「襲義而取」爲是告子，不知告子「勿求於氣」，又以義爲外，豈肯襲義？又安肯取氣？此是告子不認義爲内，見孟子事事必求合義，便謂此是用在外之義，襲取在外之氣。孟子辨之，言吾是如此，非如彼，與告子絶無相干。後來陸子静亦以襲義訴朱子，朱子辨之，曰：「孟子本文原是義襲，所襲者是氣，如今所言却是襲義了。」今人又以集爲事事而集，襲爲襲取一義，不知大旨都不在此。告子以義爲外，即使百行萬事盡都是義，亦是「義襲而取」，亦是「無與於心」，其病處却在「義」字，不在「襲」字。若是襲義，却有何病？如人義存於心，或因讀書觸發方動出來，不可謂非由中之義。至「行有不慊於心」，却因「義襲而取」説錯了，遂以爲襲義則不慊於心，不慊於心則氣餒。此意與義外絶不相對，遂令下文告子一轉皆無著落。此正是明義之在内，言所行一不合義，便不慊於心而氣餒。豈得以義爲外乎？告子始終以義爲外，我平日以告子爲不知義，正坐此耳。清植。

義内、義外，是二家心學不同之根。因外義，故并言與氣而外之，而但守其空虚無用之心。此告子論性與此章之言相爲表裏處也。外義則不集義而無以養氣，且外義則不窮理而無以知言，皆是一串病痛。自記。

「義襲而取」，注中言「一事偶合於義」，似未穩。假如忠臣孝子，平常未嘗有學問工夫，忽然感激而成忠孝，此一事便配道義，非襲取也。

「養氣」章是從來所無，「必有事焉」數語，説得更親切。天地氣化，事物生息，理皆如此。「必有事焉」，在那裏只是做；「勿正」，且莫要管效驗如何；「心勿忘」，只是心在這裏；「勿助長」，莫因效驗不來便助長。譬喻更妙，就如苗，日夜滋息，到成熟時，自然結果。此是孟子説出，火候差一息，亦强不來。只要不斷，該文火用文火，該武火用武火，工夫既到，他倏然會變化。

「必有事焉而勿正，心勿忘，勿助。」凡事皆當如此。如做一事，必定晝夜以此爲事，不可著急，不可間斷，又不可硬幫上去。天地不教人憾，便不是天地；堯舜若不猶病，便不是堯舜。天地只見得不足，所以不已；至誠只見得不足，所以無息。助長就是他忘了。佛家立地要成聖果，却是爲何？便是要住手。聖人只是日有孳孳，斃而後已，故曰

「悠也久也」，又曰「純亦不已」。

如今都説舍之而不耘，不過是不用工，無益而已，還有苗在。揠而助長，則苗受其害而槁矣，語氣重在助長上。其實不然。正而助長，即因無事而忘也。告子便是要一無所事，心齋坐忘。惟其如此，所以要心不動，便是正。「先我不動心」「先」字，便見他助長；無事即是清浄寂滅；忘即是一切放下，乃是病根。以宋人譬極妙，宋人看得糞培水灌，都是將外邊物事强相滋益，何如就他本身用功，即刻便長，正對告子。「槁」字尤妙，長則長矣，却是槁了。你看千餘年來，可有一個和尚能把天下治理一番否？他的心全不活動，所以枯而無用。

「養氣」章，鄙見與時講頗異者三：告子兩個「勿求」，「求」字要活看。蓋謂「不得於言」，即是言邊事耳，不可悮認作心；「不得於心」，即是心裏事，不可悮認作氣。其辨心本至精，故有所謂似是之非，彌近理而大亂正也。若如時講，其説大段粗淺，不煩孟子深辨矣。「是集義所生」兩句，是别白吾浩然之氣，乃是集義於中生的，不是行義於外襲取底。緣告子們是外義外氣之人，中懷此疑，故破之。觀「是非」兩字可見。若如時講，却不是闢告子，又須闢一項人矣。「必有事」節，便與外義、集義緊相關，正是説做不動心工夫處。集義、養氣而心自然不動，便是勿忘、勿助；外義而强制其心，便是忘助。助長之病，在心不在氣。如時講云助氣長，則告子非是欲養氣者，此喻又是爲一等人發藥，不中告子膏肓矣。自記。

四者之病，以漸而深。詖辭之蔽，如於正路上有偏側，却未入别逕。淫辭之陷，則出入於旁蹊岐路之中矣，然於正道猶出入也。邪辭之離，則舍康莊，遵險隘，去而不返。遁辭之窮，則迷入荆棘泥淖，困於無所止息而逃者矣。自記。

詖淫、邪遁、蔽陷、離窮，四項要認得確。如走路然，詖是正道上歪些，淫是漫到小路上去。邪便另入曲巷，别爲一路，遁是無路可走。蔽是見不明，緣不明，所以走得歪了，陷便見得那一路上有些趣，走過那一邊去。離是居然見得那一路好，反説正路不是，窮便覺得行不去，茫無所見，不知所歸。王陽明就是這樣，他本講正路學問，初間歪向那邊去，漸漸攙入些佛家話，漸漸竟説那一路好，到後來説不去，便撒謊著朱子晚年定論，亦窮矣。至於窮，便又繞到這邊來，回護遮掩，所謂「窮則變」也。孟子書下的字眼，無不確當，所以爲經。

智故不厭，不厭而智大矣。仁故不倦，不倦而仁廣矣。自記。

「養氣」章，向來説得逐節逐句文義，近來通章都看得有照應。向來説「養氣」，便似與「知言」無涉；説「知言」，便似與「養氣」無涉。後半論冉、閔、夷、尹等節，不過是推尊孔子，自結出學問從來處。近看得此章「知言」要緊，大旨與「集大成」章相表裏。「知言」是智之事，「養氣」是聖之事，前面「不得於心，勿求於氣，可；不得於言，勿求於心，不可」，便已定一篇之案。「曾子」節已提出夫子，兩「縮」字即直養，直便是義。集義必由於精義，便是「知言」，「養氣」工夫全由「知言」。「勿求於氣，可」者，心是氣之本，只求之心還可。「勿求於言，不可」者，理又是心之本，所以不求之心斷然不可。「告子未嘗知義」，「知義」即「知言」也。「必有事焉」而勿忘，即精義集義之事也。如今只説「詖淫、邪遁」一節是説「知言」，並不曾説「知言」工夫。其實下面公孫丑問善言德行，德即貼生於其心，行即貼害於其事。孟子説孔子學不厭，教不倦，「知言」工夫，不能外此。夷、尹之治亂進退，聖之事居多，故曰「皆古聖人」。孔子之仕止久速，便是智聖之事兼，故曰「願學孔子」。「得百里之地而君之，皆能以朝諸侯有天下。行一不義，殺一不辜而得天下，皆不爲」，「養氣」事也，聖之事也，故曰「是則同」。「見其禮而知其政，聞其樂而知其德。由百世之後，等百世之王，莫之能違」，是説夫子如此。「知言」事也，智之事也，故曰「自生民以來未有夫子」。此章脉絡聯貫處甚妙。

「人皆有不忍人之心」，「人」字宜著眼，不然便只是不忍之心。何爲加一「人」字？禽獸草木，從此心推出，雖皆愛之，必竟人是同類，尤見親切。故下引孺子入井，亦在人上説。

禽獸之形多偏，故其性亦不全。凡孟子言人性情處，「人」字皆須重讀，故曰「異於禽獸者幾希」。下部「富歲」章論足口耳目相似，便是此章有「四體」義疏也。

「禹拜昌言」，亦所謂「舍己從人」，「取諸人以爲善」也。而「舜有大焉」者，其根全在「善與人同」四字，蓋忘其孰爲人，孰爲我也。此中分際甚微，惟孟子能辨别得出。自記。

「取於人以爲善，是與人爲善者也」，一些不錯。大聖有大聖的與人爲善，就是平常人，亦有平常人的與人爲善。某少時見人一篇好文字，或有一二處好，或有一二句好，便舍不得，反覆閲之。到得他忘了，某尚記得，他便狂喜，立時化去許多矜誇好勝之氣。夫子稱舜「好問、好察」，「隱惡揚善」，「執兩用中」；孟子説舜「自耕稼、陶漁，以至爲帝，無非取於人者」；「聞一善言，見一善行，若決江河」。可見舜總是如此。然皆由於明，若不知道是善，如何取人？所以「好問、好察」等項，總貫在大智内。

觀「坐而言，不應，隱几而卧」，及「尹士聞之曰：『士誠小人也』」此等處，知七篇非孟子自作。

問：「『退而有去志』，又曰『豈舍王哉』，何也？」曰：「見得不足與行王道，故要去。看得還有指望，所以不舍。忠臣孝子之心皆如此。如父母有病，看得是不能起，然有一分指望，自還在那裏盡人事，是一定的。」

朱子解孟子，多以孟子不甚留心典故，遂依樣解去。如「夏曰校，殷曰序，周曰庠」，以「曰」字爲鄉學名。考之於經，則周時校、序甚多，不獨有庠也。記云：「家有塾，黨有庠，術有序。」「術」即州也。以子産不毁鄉校觀之，則鄉有校。塾在家，小甚不足數。五百家爲黨，則人家稍多。五黨爲州，更大於黨。五州爲鄉，又大於州。蓋教化之興，自上而下而漸密，自大而小而漸多。夏之時，國學之外，又立學於鄉而校名。殷則並州亦有序矣，其鄉之有校可知。至周，雖黨亦有庠，則州有序、鄉有校更可知。非夏、殷、周各有一名，而不相兼也。庠則去家不遠，修子弟之職爲宜。州則主於志正體直，比禮比樂，以將上薦，故習之也。鄉則一切教法俱備，以將升之國學，與元子、適子、卿大夫之子爲伍故也。

「立太學以教於國，設庠序以化於邑」，董子雖言之而莫行也。故在漢代，辟雍太學之制，博士弟子員之設，僅於京師而已。自後，天下州邑亦徒廟事孔子而無學。宋之中世，始詔天下有州者皆得立學，而縣之學，士滿二百人者始得爲之，少則不能中律。今荒州僻縣，無不設之學矣。意三代相承亦如此，孟子「夏校、殷序、周庠」之言，必有所據。自記。

問：「『勞之來之』數句，通作教人説，似複。若以勞來對柔惡一種人説，匡直對剛惡一種人説，輔翼對得中一種人説，如洪範所列沈潛、高明、平康正直三項，如何？」曰：「不須如此。此數句，隨便教人皆離不得。即如教小學生，先要使他歡喜去讀書，不要使他拘囚困苦，這是『勞之來之』。他如何能一律馴謹？萬一有走作，只得夾持起來，便是『匡之直之』。已經上路，自己走不通時，要幫助他，所謂『輔之翼之』。下二句却是火候節奏，不要急切，漫漫的俟他工夫自到，所謂『使自得之』。向懈怠去又不是，須時常提醒警動，使他振作，便是『又從而振德之』。道家所云文、武火，『使自得』是用慢火，『振德』是用大火。」

平常解「勞之來之」五句，都説勞、來、匡、直，皆所以「輔之翼之」，而「使自得之」，至「又從而振德之」一句，另説，非是。其人之志於善者，則「勞之來之」；其人之歧於惡者，則「匡之直之」；其人之有志於善而力量不及者，則「輔之翼之」；其人用工而火候未到者，急促無用，反致有害，到要從容和緩，俟其「自得之」。「自得」句，甚似易文言於學聚、問辨之下，再著寬居一句，亦有工夫，不是説上幾項皆欲其自得之也。「使」字力氣，不要裝在上幾個「之」字内，聖人於此，精神都在裏面運用。工夫久了恐懈怠，又深微處更難，雖聖賢亦要提撕警覺，再加猛勇精進，所以説「又從而振德之」。就是我們自己工夫，亦有這幾樣。既知用工，有人「勞之來之」，便更鼓舞。或有不是處，不能自覺，須有人「匡之直之」，方好改過。到得力量困憊，須有人「輔之翼之」。到得人不進，上不去，却須寬緩，令其自得。火候差一分，憑你勉强，亦是無用，參同契所謂「中間要文火也」。到得成功時，更須猛鋭，大略亦是一樣。

謂之「無名」，謂之「不與」，則似乎無所用其心者，故反駁一語云：「豈無所用其心哉？」直所憂者大，自然足以致無爲之理。若耕，則無所事焉耳。自記。

掘地而注海者，「決九川，距四海」也。由是氾濫中國之水，皆由地中行，而爲江、淮、河、漢，所謂「濬畎澮，距川」也。驅蛇龍者，先除水害也，由是交於中國之鳥獸，皆與險阻俱消。伯益所以繼禹，而若予上下草木鳥獸也。治水則先下而後上，去害則先重而後輕。自記。

「知我者」，是樂道堯舜之道者也；「罪我者」，是亂臣賊子，禁其欲而不得肆者也。講家但以疑假南面之權爲罪我，却不緊對亂賊一般人説。如此，則夫子自道及孟子稱述有何意味？蓋夫子之意，以爲我此書當見知於後之君子，但不免得罪亂賊耳。孟子述之，亦是重在此意，故下云「作春秋而亂臣賊子懼」也。注引文定春秋序最明。自記。

王守溪「周公兼夷狄」一段文，佳處尤在用意深厚，是聖人使人物各得其所氣象，不是以兼驅爲武功之競也。如兼夷狄，兼其害百姓者也，人以爲敲動下句百姓耳。要知周公於夷狄猛獸，不是盡兼之驅之，如彼遁於要荒，屏於山林，何煩兼驅之有？惟其猾夏逼人，有害我百姓者，則不容已於兼驅也。此義明，而窮武禽荒者，不得以周公藉口矣。自記。

丁丑墨，皆言欲正人心，須息邪説。不但倒却題語，且未有不從人心發明匡正而邪説可息者。詖行淫辭亦是如此。但要正人心以息邪説，又須就邪説痛與剖駁，然後人心之蔽者可開。此所以不能已於辨也。自記。

榕村語録卷之六

下孟

以通章文勢觀之，「既竭目力」一節，對章首「離婁之明」一節，是一反一正文體。「今有仁心、仁聞」三節，對「爲高」一節，俱是見先王之道之當遵耳。自記。

以父子兄弟對君臣朋友，則父子兄弟爲主恩，君臣朋友爲主義。以父子對兄弟，則親親仁也，敬長義也。

仁義智禮者，性也；事親從兄者，道也。性在内，道在外。性之理似乎虚而難見，故指其實而可循者。實對「虚」字，不對「華」字。只緣後段有「樂」字，人遂不敢以之名性，反以仁義智禮樂爲道，而以事親從兄爲性。此倒説也。豈知禮樂是一件，禮可以名性，樂獨不可名性乎？蓋禮之和樂處，即是樂也。自記。

「仁之實」「實」字，注中對「華」説，如仁民愛物，仁之華也，而其實在事親；尊賢敬長，義之華也，而其實在從兄。某却要就理與事上説。仁義是理，只有愛敬，其實事却在事親從兄。注特恐人將事親從兄認作性，故以仁義爲道。畢竟仁義禮智樂是天命之性，事親從兄是率性之道，人因不敢以樂爲性，故説得支離。不知吾性之中即禮，吾性之和即樂，中和可謂非性乎？

所爲、所不爲，只是一事有兩面耳。當其不爲，便有一面爲的在；當其爲，又即有不爲的一面在。不是兩事，亦不是兩時。如人走路，一脚跕得定，便一脚動得有力。如坐在館中讀書，屏却閒游襍好，便分外讀得有精神。大要擇之明則守之固，守之固則發之果，是此節正意。人之分量有限，材質不齊，於理固有之，然亦看所不爲内公數何如。果有天下不顧、千駟不視本領，則功業亦何足云。若云智識自此可進，材猷自此可充，則是以「不爲」爲但取硜硜之諒者耳，却小了擇守本領也。自記。

自得非獨得之謂，言其氣候既足，涣然冰釋，怡然理順，自然而得之耳。得是深造之功，自得是以道之效。自記。

夫子好觀水，正是心源與之一般，至誠無息。孟子窺見的實處，曰：「原泉混混，不舍晝夜。盈科而後進，放乎四海，有本者如是。」「必有事焉」數句，正是如此。心中不放下這件事，正又不好，忘又不好，助長又不好，綿綿不斷，火候自到。與夫子觀水同意。

庶物，上文禽獸在其内；人倫，即「人之所以異於禽獸者」也。「明於庶物，察於人倫」，便是將人與禽獸所以異、所以同處，無不知之之明。至於「由仁義行」，則所謂「一視同仁，篤近舉遠」，而處之當也。自記。

不泄曰敬，泄生於玩易也。不忘曰誠，忘生於間斷也。自記。

文定謂邶、鄘以下，多春秋時詩也，而曰詩亡，蓋自黍離降爲國風，天下無復有雅，而王者之詩亡矣。某謂畿内之地，亦有風謡，雖西周盛時，豈能無風。王朝卿士賢人，閔時念亂，雖既東之後，豈盡無雅。只可以正、變分治亂，不可以風雅爲盛衰也。觀二雅體製，不進於頌，東遷後，猶有魯頌，況雅乎！然西周不見所謂風，東周亦復無雅者，意畿内醇美之詩，悉附於二南以爲正風，而衰亂之風，則别爲王風而爲變；至雅之無東，則序詩者失之也。今觀所謂「平王之孫，齊侯之子」；「赫赫宗周，褒姒滅之」；「周宗既滅」；「今也日蹙國百里」，明是王畿有正風、東遷有變雅之證，而説詩者穿鑿以就其例。此正如「成王不敢康」；「噫嘻成王」；「惟彼成康，奄有四方」，明是成王、康王，緣説者謂皆周公制禮作樂時詩，遂以爲非二王，而别爲解釋耳。其可信乎？此三百一大義，不敢附和先儒而不闕所疑也。況風詩是王者命太師採陳，而行賞罰之典，於春秋所取之義尤切，奈何專以無雅爲詩亡？自記。

上二句三史之所同，下一句則裁自聖心。故講者多將上二句輕抹，豈知夫子垂世立教，不寓之他書，而必修春秋。蓋他書爲空言，春秋則有二百四十餘年之行事，因而著其是非褒貶，則比之空言者，尤爲深切著明。不是説夫子實行王者之事也，書仍舊是空言，但書中有許多行事在耳。如此則「事」、「文」兩字，固不可輕略。況事是桓、文，王降而霸；史是春秋，周禮在魯。俱隱隱與王迹事相關，乃義之所由起也。自記。

孟子所謂「天子之事」，猶云天子之史也。諸國皆自爲史，以記一國之事，而夫子乃尊周，故爲天子之事。問：「何言其事則齊桓、晉文？」曰：「其事，春秋之内事也；天子之事，作春秋之事也。河陽之役，晉文之事也；天王狩于河陽，天子之事也，所謂義也。」

「其義」「其」字，亦非指詩，亦非指春秋，懸空對上兩「其」字説出，是謂春秋中所有之義也。畢竟此義是何處取來，夫子亦未説破，隱然是正王道，明大法，從三代盛王得來的。自記。

曰「侵」，則掠境未深；曰「追」，則歸師不遏。故四矢禦亂而足以反命也。使斯死黨背公，則又何足爲「端人」乎？自記。

起句「天下之言性也」，便隱然有許多智者在其意中。蓋敢於言性者，皆其以智自命者也。孟子言性，説如此紛紛，以我觀之，亦但以故言便是了。「而已矣」，言不必深求也；「爲其鑿也」，便是惡其以穿鑿言性。雖行水一轉，似是以行事言之，然惟其見性之差，是以行事之謬。言行原非二物，况禹之行水，行所無事，正言其深明水性，非獨以行説也。下節「苟求其故」，「求」字亦是就知見上説。自記。

以惻隱驗仁，是以故言性也。但惻隱必以孺子入井，自然生心者爲據，方得其真，所謂利也。若既參以人僞，如納交、惡聲之等，則非利矣。因有納交而惻隱、惡聲而惻隱者，遂據之以詆人性之仁，非鑿而何？清植。

文問：「千歲之日至。」曰：「説者多指前邊的曆元，某意却要指後邊的日至。苟求得前邊已然，便以後『千歲之日至，可坐而致』。此章不曰『吾之言性』，而曰『天下之言性』，蓋謂告子、荀子輩也。天下人之言性也，見不好人多，便云性惡；見有生來善、生來不善者，便曰有性善，有性不善；見人可爲善，有改而不善者，便曰可以爲善，可以爲不善，不知故者以自然出之者爲本。今夫水，順流而下，是故矣；若『過顙』、『在山』，亦以爲故，則非矣。『所惡于智者，爲其鑿也』，『鑿』字對『利』字説，行所無事則利矣。」世遠曰：「以此節言之，語氣則得矣。論通章，則末節有『苟求其故』句，仍以朱子説爲順。」曰：「末節之『故』，即包『利』字在内，以第二節已説明也。然難云『苟求其利』，故仍曰『故』。」問：「日至自然是冬至。」曰：「不論冬至、夏至，總是曆法得日至，便都定了。」

「自反而忠矣」，而曰「於禽獸又何難焉」，便微有責人之意。故章末復引舜以爲準則，蓋舜終身責己，終無是我非人之見。曰「如舜而已矣」，則依然自反之初心也。張子曰：「學至於不尤人，學之至也。」便是此意。清植。

齊人餽女樂，孔子官亦不小，不聞上一諫章，出一諍語，而借燔肉即行，何太恝然？却得孟子發揮出來。蔡虚齋以爲，孔子以小故而去，自己擔著些不是，正是他不欲苟且而去，以歸過君上處」，説得其有意味。如「父母之不我愛，於我何哉」，虚齋解云：「我竭力耕田，不過是供我子職之常，本無可以悦親者。不得乎親不可爲人，不順乎親不可爲子，畢竟父母不愛我，我將何以爲人、爲子哉？」此方於「而已矣」三字有情，説得「怨慕」意出。大凡前輩解書，雖不必盡當，時有紆折處，要是一團忠厚悱惻之心。

「其子之賢不肖，皆天也」，「天」字似以氣數言；「天之所廢」，「天」字似以天心言。然要之皆氣數，而天心存乎其中。如堯舜之有敗子，仲尼之不遇其君，氣數之不幸也，天心亦不得已而廢之。夏、商、周繼世有人，是氣數之幸也，天心亦因而不廢之。主宰之天，與氣化之天，是一是二，此處要看得活。自記。

以天下爲己任，自耕野時便如此，所謂「志伊尹之所志」也，不可單就應聘上看出自任。自記。

前一「豈若」、後三「豈若」，時講説來，竟似伊尹有兩箇舌頭。伊尹一片心腸，只是以堯舜之道爲主，初時猶未卜得湯之果可與爲堯舜否也，則毋寧畎畝，而堯舜之道自在。及見得確，信得過，則又何如親見之爲愈。俱是實情。清植。

「吾聞其以堯舜之道要湯，未聞以割烹也」，兩「聞」字亦是折之以理，非據傳記説也。自記。

謂金玉爲鎛鐘特磬，將作樂而擊鐘以先之，樂終則擊磬以止之。經中無此語，惟注疏有之。考虞書「戛擊鳴球」，商頌「依我磬聲」，是磬亦所以始樂。某思金玉恐即是編鐘、編磬，鐘磬有頌鐘、頌磬，所以綱紀人聲也；有笙鐘、笙磬，所以綱紀笙聲也。金石在八音中實爲綱紀，每一句以鐘聲領頭，衆音皆隨之。如鐘聲是宫，羣音隨之而宫。鐘聲長，有餘韻，韻將歇而磬以止之。是謂始終條理。鐘磬之鳴，相去不遠，每字每句，皆有始終之義。如孔子一言一動，皆有始條理、終條理。如射然，每矢皆有中、有力，無四鏃未發用一巧，而四鏃既舍用一力之理。問：「如此説與『集大成』合否？」曰：「八音全用，便是『集大成』。註中一音獨奏，蓋如『取瑟而歌』、『擊磬于衛』之類。然非作樂，樂則無一音獨奏之時。」問：「或逐字逐句用編鐘、編磬，起調畢曲用鎛鐘特磬，亦未可知。」曰：「要有憑據方好。鐘鼓奏九夏始用鎛鐘，朱子或沿古人成説而用之，然不可解。」

大國地方百里，積實得一萬里也。七十里者，積實惟七七四十九，得四千九百里，是於大國殺十之五而强。五十里者，積實惟五五二十五，得二千五百里，是於次國又殺十之五而弱。自記。

「交際」章，前説交際，後説行道，似不相照應，然却有關通之意。聖賢之交際，不嫌委曲通融者，總是汲汲行道，欲以濟世也。「爲之兆」，朱子説得是，是聖人自示以道可行之兆。即指「獵較」，既示以兆，「而不行，而後去，是以未嘗有所終三年淹也」。今人都説是見道有可行之兆，「爲之」二字都解不去。朱子解「見行可」，云：「見其道之可行。」解「際可」，云：「接遇以禮。」如此是見可行，不是見行可；可際，不是際可。「見行可」，是自見行道之可，非累世不能殫，道大不能容也。「際可」，是自見交際之可，非絶人逃世，不近人情也。「見行可」，或可謂之仕；至「際可」、「公養」，亦謂之仕者，總欲仕也，皆是解「爲之兆」。「公養」乃是飢餓於我土地，周之亦可受也，免死而已。然使出公委國以聽，夫子即爲之正名定分，而且爲東周矣。此二段皆與前交際相應，凡文章未有不前後照應者，孟子尤然。如「養氣」章是從「行道」説起，後遂説「知言」、「養氣」，不復顧前。至末迤迤邐邐，説到「得百里之地而君之，皆能以朝諸侯有天下。行一不義，殺一不辜，而得天下，皆不爲也」，却收繳起處。

「見行可」三字，近來都説錯了。見者，示也，示人以吾道之可行，此之謂「見行可」。即與上文「爲之兆」是一意。「爲之兆」者，示人以端，使知吾道非迂遠而難行也。兆足以行而不行者，小試其端，吾道果非迂遠難行者矣，而人猶不行也。自記。

「爲之兆」，「爲之」二字，緊粘孔子，乃是孔子「爲之兆」。「見行可」，「見」字，即「爲之」字。

「見行可」，明朝人都説是視其君可與有爲，視其臣可與共事，因此連上節「兆」字亦説錯。魯定公、季桓子何嘗比列國君臣好來?「爲之兆」，是做出來，使人知吾道之非迂闊不可行耳。當時抱疑者，多以孔子爲當年莫能究其藴，累世莫能殫其業，如晏子之云。不知孔子爲中都宰，爲司寇，相夾谷之會，那一處不見效?

萬章好論古，而大抵博觀襍取，未能質之於理，以得古人之用心。故孟子告之，以爲須此等人纔識得此等人。今人論古，大概如矮人觀場，莫知其悲笑之所自。故惟古人能知古人，亦如前之取友云云也，作尋常論友便不切。自記。

萬章是好古之人，一切稗官野史都記許多，却不知其人，連大禹、伊尹、孔子都疑惑一番。孟子就他長處引誘他，前一節正是起下一節。不知古人，但觀今人。如善蓋一鄉，始能友善蓋一鄉之士；善蓋一國，始能友善蓋一國之士；善蓋天下，始能友善蓋天下之士。非自己身分與之一樣，焉能知其人？然則尚友古人，亦須是有古人身分。兩面夾出正意，作求友説不是。以上節爲友盡鄉國天下之上，尤不是。

告子便是佛學，故孟子辨告子詳於楊、墨，以其能推性命之説也。韓氏僅知孟子之闢楊、墨，不知後世釋氏之弊，於告子辭而闢之，無餘藴矣。自記。

問：「程子謂『孟子言性是極本窮源之性』。既是極本窮源，似不應以人物兩兩較量。」曰：「然。易言『繼之者善』，乃明道所謂『人生而静以上不容説』者，是極本窮源之性也。言『成之者性』，乃明道所謂『纔説性時便已不是性』者。然後人物異，而善不善分焉。是則孟子言性，正就形生神發以後言之。」鍾旺。

孟子所謂性善者，單指人性。如是統論萬物一原之性，則不應云異於禽獸幾希，違於禽獸不遠。且云犬牛與人異性，犬馬與我不同類矣。既是單指人性，便是以其得氣質之正，而爲萬物之靈。孟子論性，又何嘗丢了氣質？如以人性未必皆善爲疑，則正是好參尋孟子本意處。我與堯舜同類，不與禽獸同類，禽獸做不得我，我却做得堯舜，便是性善。何必十成至善，而後謂之善哉？自記。

告子議論許多破綻處，孟子不投間抵巇以窮其説，而却似隨其言下酬酢然者。須知聖賢本心，是欲救拔其心術之失，非以取勝也。「我亦欲正人心，息邪説，距詖行，放淫辭，以承三聖者。豈好辨哉？」便是其自道處。自記。

「杞柳」諸章，要知孟子節節是開之悟之，不是辭之闢之。得此意，然後諸章之詳略淺深，節節有味。今人例作折辨口氣，反有許多罅漏處。自記。

杞柳之性，水之性，人之性，只是一性。犬之性，牛之性，却非人性。此孟子善言天命、氣質處。自記。

此章告子言性之蔽，在兩「決」字，亦猶前章之蔽，在兩「爲」字。既有所矯揉安排，則非性矣。故孟子以戕賊搏激之説曉之。自記。

「生之謂性」章，朱子云：「以氣言之，則知覺運動，人與物若不異；以理言之，則仁義禮智之稟，豈物之所得而全哉？」某看孟子意不如此。孟子言：「你説生就叫作性，如白就叫作白麽？」告子曰：「然。」孟子又問：「凡生都叫做性，如白羽猶白雪，白雪猶白玉麽？」告子又曰：「然。」孟子方説：「然則犬之性猶牛，牛之性猶人與？」不分理氣，氣亦不同，犬之知覺運動，亦不同于牛，牛之知覺運動，亦不同于人。

程朱分理與氣説性，覺得孟子不是這樣説。孟子却是説氣質，而理自在其中。若分理氣，倒象理自理、氣自氣一般。氣中便有理，氣有偏全，理即差矣。如人是立生的，禽獸是横生的，草木是倒生的，便大不同。孟子只説人性，故曰「性善」。人形氣與物不同，性自與物不同，不是説氣同而理異。白之謂白，猶云凡生皆性與？告子曰然。羽雪之問，恐其謂生與生還有不同也，告子又曰然。是凡生皆同矣，故折之曰：「然則犬之性猶牛之性，牛之性猶人之性與？」兩節只是一意，不是上節言理氣不同，下節言氣與氣亦不同也。孔子曰「性相近也」，却與孟子説一樣。性無不善，故曰相近，遠者習耳。孟子亦云：「從其大體爲大人，從其小體爲小人。」其權在人也。大約天地之氣，本於天地之理，何嘗有不善？鼓之以雷霆，雷霆是好的；潤之以風雨，風雨亦是好的；只是人物如何禀得全似天地？惟人也具體而微，到底不能如天地。但氣質雖或偏駁，而天地之性無不有。如銀子之成色雖不等，然饒使極低，畢竟陶鍊得銀子出。

告子以凡遇長者便長之，見義之外。及孟子喻之，季子知有敬之説在吾意中也，故發伯兄、鄉人之辨，以見凡長者未必敬。及以爲皆敬，而又以爲敬，如此轉移無定。可見敬原是在外也，轉移無定意。在弟與鄉人本不當敬處，看出即告子吾長楚長之説，而加一層駁難也。自記。

季子初是外長，既乃外敬，答問間是兩層推究。時講總以因時制宜一語混過，覺辨者解者都没把鼻。自記。

告子之學，徑似後來達磨，直證無上菩提，不立語言文字。故孟子於儀、衍輩不置一詞，於楊、墨，亦不過以「無父無君」闢之而已。至告子，則委曲接引，娓娓不倦，非徒爭勝好辨也。「杞柳」章，告子以性原無仁義，而可以做出仁義來。若然，則杞柳還可做成棍棒殺人，將亦以喻性乎？孟子恐如此駁他，他竟以爲可，是反助其説，而開其放誕之端，所以只將「戕賊」二字破他「爲」字。他亦覺得爲須戕賊，説不去，因變爲湍水之説，決東則東，決西則西，未嘗戕賊夫水也。不知爲惡可以言決，爲善不可以言決。但若與他辨「決」字，他便硬説爲善亦須決，所以孟子只順他「東西」二字，跌出「上下」二字，使他自覺得使東西方在上，亦不能決之即流也。告子因取譬不切，遂直指性體，以爲生之爲性。孟子不遽斥其非者，仁義禮智，亦賴知覺運動而行，但是生中有性，不可謂即生即性耳。故問之云：「生之謂性，猶白之謂白與？」曰：「然。」是告子以爲即生即性矣。孟子又未知其以爲生有異類，即性亦有異品耶？抑凡有生皆即生是性耶？故問之云：「白羽之白，猶白雪之白；白雪之白，猶白玉之白與？」曰：「然。」是凡有生皆即生是性矣。於是以人與犬牛折之，而彼乃無辭。告子既窮，又復變爲仁内、義外之説者。彼以孟子之學，總是用外面之義，襲取之學，以致錯認爲性，故謂人性雖不同於犬牛，以人而論，食色可謂非性乎？但愛生於心，而宜由乎物，學者但當求仁，不必求義。仍是當耑力於内，不必分心於外之意。蓋佛氏不以仁爲非，惟不肯認義爲内，故至今尚有慈悲修善之説。孟子折之，若直以子今言仁内，何以前言「以人性爲仁義，猶以杞柳爲桮棬」？彼將何辭以對？孟子却不截斷，以爲彼既以仁爲内，已屬可喜，姑且留下此句，只問他何以謂義外也。及得他「彼長而我長之，猶彼白而我白之」之説，却當指出「敬」字來提醒他矣。孟子恐怕説出「敬」字，他便以長與敬混作一團，索性破除，概以爲外，便鏟絶根源，所以又藏過「敬」字，只就「長」字詰問他。長馬不用敬，長人用敬，意已隱躍在内。又就他「彼長而我長之」句摘出「長之」字，曰：「長者義乎？長之者義乎？」告子乃以愛與長爲有不同，而强分内外。夫吾弟固當愛，何至秦人之弟便不愛？假令吾弟飽食無病，而秦人之弟飢餓瀕死，則必輟吾弟之食以食之矣，豈有不愛之理？孟子亦姑不與理論，只就長之一面駁他。炙之在外，猶長之在外也；耆之之心在内，猶長之之心在内也。「耆秦人之炙，無以異於耆吾炙」，猶「長楚人之長，亦長吾之長」也。然則耆炙之心，亦從外而得與？告子言「長楚人之長」，孟子破之却言「耆秦人之炙」者，因彼有不愛秦人之弟之語，故用秦人以影切之。不但長之非外之理明，即秦人之弟之亦當愛，其理已隱躍於言中矣。「孟季子」一章，尤爲要緊。「行吾敬，故謂之内」，公都子之言極是。但因此季子遂抓住「敬」字，一并破除。孟子之駁告子，不肯輕易提出「敬」字，正以此耳。然季子之意，以爲所敬在兄，而所長在鄉人，即將所敬之人放在一邊，而别長一人。是敬雖可以云内，而不能不掩於鄉人之長；長之起於鄉人之長，而所長者又非所敬。則是由外轉移，非内可知。其病在不以長爲敬，故孟子復爲兩問，逼出「彼將曰『敬弟』」、「彼將曰『敬叔父』」。跌明兩「敬」字，然後曰：「庸敬在兄，斯須之敬在鄉人。」「斯須之敬在鄉人」，猶斯須之敬在弟也。鄉人斯須之敬，敬也，爲在内。則長鄉人之長，亦敬也，惡得謂在外乎？季子至此，尚爨執前見，更欲兜底破除，以爲敬因位而在，則敬亦在外。公都子乃以「飲食亦在外」折之，理甚精當，直駁到「食色，性也」。若以此爲在外，則「食色，性也」亦在外矣。

「才」字當依程子作氣質説，孟子非不知有氣質，顧以爲天性在人，非氣質所得而拘。其以不善罪氣質者，實非氣質之罪。何則？就其氣質之所至，盡其力而果不足焉，然後可以歸之罪耳。今人原未嘗竭才，而曰未嘗有才，故曰非才之罪也。如近講説「才」字，太影響。自記。

讀書字字挑剔，是孔子正派。孔子小象與春秋，翻來覆去，不過幾箇字，然無窮道理俱在裏面。讀詩亦是此法，如説蒸民之詩，只添兩箇「故」字，一箇「必」字，一箇「也」字，而語氣已極醒露。平常説有物必有則，故人秉爲常性，自然「好是懿德」。是將「民之秉彝」連下句説，却是錯了。夫子言「有物必有則」，是乃人之秉彝也，所以「好是懿德」，

「故」字顛在下面。可知「民之秉彝」是連「有物有則」説來，語意甚妙。「天生蒸民」二句是命，「民之秉彝」是性，「好是懿德」是情。問：「上『故』字作何解？」曰：「承『天生蒸民』來，言不受命而爲人則已，既有物，必有則。是如此口氣。」

「犬馬之與我不同類」，自其耳目口體而分，故其心性亦異。禮運、董子皆察言之，故「牛山」章所云，不可以喻言看過。自記。

「牛山」章，於尚書人心、道心，中庸已發、未發，大易消長、剥復，靡不顯闡，却只就人心當下指點。變前文之雅奥，躋行路於聖域，先儒所謂「亞聖」之才是也。自記。

張、程補出氣質之性，其實熟看孟子，亦不必補。孟子曰「非才之罪也」，「不能盡其才者也」，「非天之降才爾殊也」，才即氣質之性。人之才質不同，有偏於仁者，有偏於義禮智者；有不足於仁者，有不足於義禮智者。要未有全無仁義禮智，及仁義禮智之闕一者也。如五味調和不鹹，是所入之鹽少，非全無鹽也；不酸，是所入之梅少，非全無梅也。人雖才質稍遜，奮勵擴充，自不可限，故曰「非才之罪」。人一能之己百之，人十能之己千之，雖愚必明，雖柔必强，此所謂「能盡其才者也」。舍而不求，以至相去之遠，何嘗自盡其才，而乃以罪才乎？孟子所説，皆是人性，不合物性言，故曰「人皆有不忍人之心」，「今人乍見孺子」，「人之有是四端也」，「人皆有之」，「其好惡與人相近也者幾希」，「是豈人之情也哉」。天以一理化生萬物，物與無妄，雖人物所同，然人得五行之秀，受天地之中，所稟之性獨全，與天地一般，故曰「三才」，如虎狼，則但知父子而不知有君臣，蜂蟻則但知君臣而不知有父子。惟人，雖才質不同，皆可反求擴充而得其全，故曰：「聖人與我同類者，若犬馬則不與我同類也。」人性皆善，非曰性皆善也；人未必盡堯舜，然人皆可以爲堯舜。何也？以類同也。未有犬馬亦可以爲堯舜者，「聖人先得我心之所同然耳」。謂之人，則理義之心所同然者，無不可爲堯舜。是才質全無權柄，何足爲累？此與孔子「性相近，習相遠」之旨，融洽無間，特孔子補出「上知下愚」爲更密耳。所息者非氣也，仁義之心也。平旦又是日夜中氣最清明之頃，故所息者至此遂發見耳。一念惻隱，便是好與人近，而爲仁之心；一念羞惡，便是惡與人近，而爲義之心。自記。

操存舍亡，神明不測，似乎贊心之神妙，而本意則是發其危微。自記。

既云「心之官則思」，則「先立」兩字，似并「思」字在内，蓋必心得其職乃稱立也。然注云：「若能有以立之，則事無不思，而耳目之欲不能奪之。」則又似思前更有一段立之功夫。蓋思是窮理，以上便是操持。操持者，窮理之根。惟其此心常存，是以事至而常能思。況心箴有「君子存誠，克念克敬」之語，則此説是也。自記。

「無有封而不告」，繫在交鄰之後，蓋存亡繼絶，如城楚丘之類。注所謂「專封國邑」是也，非指本國臣下。自記。

「養氣」章是説理，告子篇是説性，盡心篇是説命，合之則「窮理盡性以至於命」也。論語不説出根來，大學撮總説，中庸挽底便説出，至孟子「盡其心者」一章，説得透徹精到，發揮無餘矣。周子太極圖説、張子西銘皆不過詳細説一番，非至周、張始發此論也。

「盡心知性，則知天；存心養性，所以事天；夭壽不貳，修身以俟，所以立命」，説得極平實，極精透。錫曰：「此孔子『下學而上達』義疏也。」曰：「然。」心是出入無時，莫知其鄉的，故須存；性是無爲的，故須養。「敬以直内」，倒是存心；「義以方外」，倒是養性。養性不是空空守静之謂。大概寡欲是存心；充無穿窬，充無欲害人，擴充四端，却是養性。

盡心數章，是孟子傳曾、思之學之丹頭，「萬物皆備于我」句，曾、思不曾説出。註中「大則君臣父子，小則事物細微，其當然之理，無一不具於性分之内」。所謂性分，即仁也，故結出「仁」字，曰：「求仁莫近焉。」仁者生理，君臣父子，事物細微，何者非此？「誠」是箇虚字，只是實實有此，即五常「信」字。仁是一箇生意周流，滚熱的，甚麽道理都離這箇不得。注將「反身而誠」兩節分安勉，亦好。但以孟子之意求之，似不須如此説。反之於身，不自欺而自慊，仰不媿，俯不怍。「樂莫大焉」，以心而言也；「强恕而行，求仁莫近焉」，以事而言也。恕本不容易，子貢曰「吾亦欲無加諸人」，程子説「無」字太自然。「無」字亦與「毋」通，況有「欲」字，子貢原未嘗説他已能。「非爾所及」，就是説此「强恕」之事，何容易言？故及其問一言，即告之以恕。若恕是子貢所已能，夫子曷爲告之？「克伐怨欲，不行」，朱子謂不行到底有在那裏，只是不肯形顯出來，所以不是仁，仁是根株皆盡。固是，然只就大分上論之亦得。仁之體却是生意周流，克伐怨欲固然不行，其生意流行安在？冷冰冰的，不見有仁也。夫子不肯與人言仁體，只教人用心于内，苟心内存，便自見得生意周流。

「待文王而後興者，凡民也」。何以不説他人？文王終日以作人爲事者也。清廟之詩，説文王之德最明，「濟濟多士」，皆秉文王之德，所對越者，文王在天之神也；所駿奔走者，文王在廟之主也。

「德慧術知」，「術」字是所作的事，所謂「以四術造士」。孟子亦説術，不可不慎也。「德」字在内邊説，「術」字在外邊説。内之德有靈慧，外之術有智思，如以「德、業」對舉一般。

「安社稷臣」，只知社稷爲重；「天民」，却見得百姓要緊，要匹夫匹婦無不與被堯舜之澤，實實見到「天之生斯民也，使先知覺後知，使先覺覺後覺」一段道理。問：「大人亦不過是天民見解，不能更高了。」曰：「其根本見識，天民與大人一樣，只是正己而物正，是盡其性，則能盡人物之性，贊化育，參天地。天民者，正己而正物者也；大人者，正己而物正者也。」問：「社稷臣功豈不及于百姓？」曰：「如霍子孟與民休息，天下富庶，豈無恩澤及民？只是起念爲安社稷耳。即事君人者，豈無有益社稷之處？只起意爲容悦耳。」問：「容悦不過是鄙夫，孟子爲何與後三項人並舉？」曰：「容悦之臣不是鄙夫，如張安世一輩人，他亦有他的德行學問，但止知『事是君則爲容悦』耳。」

登東山、泰山，即孔子登之也，截斷「孔子」二字不得，將「孔子」連下作譬喻亦不得。是在借喻作正意，斷續其文意觀之耳。自記。

「登東山而小魯，登泰山而小天下。」凡人亦是如此，因孔子有此事，而借之以立言耳。注中「所處者愈高，則視下愈小」，是説登山，不是説孔子。

鄭重「孔子」兩字，固是，然畢竟東山、泰山是何人登？孔子字逗斷，而下方作喻言，則文意不順矣。以「瀾」字、「照」字便當本，固非，直以爲流末，而由此以觀本者，亦非也。二字乃水與日月之所以不息處，必有本者，乃能不息，不息，乃能放乎四海，經乎八紘。故觀於湍瀾繼照，而其源本可知，而爲學者之不可以舍乎晝夜明矣。自記。

「觀水有術」節，注云：「此言道之有本也。」王肯堂曲思成解，謂聖人之道之本不可見，觀言足以知道；水與日月之本不可見，觀瀾與容光則知其本。是非言道之有本，乃是言道有末，始足以見本也。某向來以爲，觀水其術不一，「觀其瀾」，瀾即本也。「日月有明」是其本，故「容光必照焉」。如此看，是「觀水之術」對「容光必照」，「必觀其瀾」對「日月有明」。兩「必」字語氣全不相應，近思之方得其説。蓋瀾與容光，是水與日月中間一段。論水之本，爲山澤之氣；日月之本，爲陽陰之精。水之極，放乎四海；日月之極，普照萬方。今但觀其湍急不已處，看其但可受光無不照入處，知非有本不能如是。「本」字，意在「觀水」、「有明」内。「瀾」與「容光」，乃對「成章」意。「成章」非道之本，亦非道之極，但非有本必不能「成章」。「不盈科不行」，正是此意。「原泉混混，不舍晝夜，盈科而後進，放乎四海，有本者如是」，可知盈科後行之，因有本矣。

「瀾」與「照」不是大處，亦未是本處，蓋所由以觀本者。但觀斷港絶潢之水，必無瀠洄急湍，而雷電燭影之光，不能幾微畢照，則知「瀾」與「照」之可以觀本矣。蓋有原泉，必有混混不舍者；有積精，必有光景常新者。此是有本之驗。從此盈科而進，便放四海。然則「光」、「瀾」正對「成章」。自記。

無源之水必無瀾。瀾者，源頭活水來也。自記。

聖人之應變無窮處，即水之瀾也；聖人之無微不入處，即容光之照也。觀此，非有本者能如是乎？

「鷄鳴而起」，説到平旦之氣上去，便不是。猶言五更頭起來做此事，便是舜之徒，做彼事，便是蹠之徒。不單是鷄鳴時如此，從此時做到晚，爲善、爲利，直是去做，不獨是念頭。「鷄鳴而起，孳孳爲」七箇字都同，只「善」、「利」一箇字不同，明人若以爲利之精神才力去爲善，就是舜，並無難處。乃是孟子緊醒喚人回頭語。

丑不是欲孟子貶其高美，欲孟子使己幾及其高美耳。又非以其立教之高，而謂如天不可幾及，正謂其立教之循循有序，而苦於高美者速至之無期，如天之不可幾及耳。蓋有好高躐等之病，故孟子告之云云。自記。

「愛」字、「仁」字、「親」字，須見得聖賢字眼的實處。「愛」與「親」本由「仁」出，此三字如何分別？一視而同仁，「仁」亦可説在物上；「仁」「親」以爲實，「仁」亦可説在「親」上。如何謂「愛之弗仁」，「仁之弗親」？「愛」是在一節上説，「仁」是全體説。孟子説箇「物」字，禽獸草木皆在内，無論犬羊雞豚不忍輕殺，布帛菽粟不敢妄費，就是魚蝦之細，以至草木瓦石，當其用時，亦有不忍糟蹋他的念頭。至「老吾老以及人之老，幼吾幼以及人之幼」，雖有人己之分，而老幼總是一般，竟與我同類，所以下箇「仁」字。「仁」字已極親切，「親」又是「仁」之發用最初極醇厚處，如有子「孝弟爲行仁之本」之説。三字不可説得大相懸遠，如時文云「愛之而已，而仁弗存焉」，便説不去。君子於物，非不欲仁也，竟待物如民，有何不好？勢有所不能。於民，非不欲親也，竟待民如親，有何不好？勢有所不能。盡天下之老者，而皆爲之昏定而晨省，冬温而夏清，豈非至願？其勢能乎不能？所惡乎墨氏者，爲其創爲勢不能行之教，及不能待天下之老者盡如其親，反薄其親以就之，此爲可惡耳。

「天生民而立之君」，若不爲民，立君何爲！孟子一言道盡，曰：「得乎丘民而爲天子。」窺見此意，覺得湯、武之應天順人，方有把鼻。

「口之於味」章，是辨性命之説，而所以順性命之理者，在其中矣。只看兩「不謂」字可見。「性也」、「命也」之性、命，是世之所謂性、命，以氣言者；「有命焉」、「有性焉」之性、命，是君子所謂性、命，以理言者。「有命焉」，非但貧賤者有定分不可强求，即富貴者亦有定分不可踰越，此之謂理也。性之不與命二，命之不與性二，是性命之真也。以窮其欲者托之性，而已非命矣；以盡其理者歸之命，寧有異性乎？要須看得性命合一，則不至惑於嗜慾氣質之説，而性命之理明矣。自記。

「養心」「心」字，是義理之心，非但虚靈之心也。寡欲是就現成説，其所以寡欲，則自持敬、克己中來。自記。

汝楫問「養心莫善於寡欲」。曰：「心、性、情一一分析，是宋儒因異端邪説混爲一區，牽纏支離，學術大亂，不得不如此分析明白。孔孟時無此也。大概孟子説心即是説性，如『良心』、『仁義之心』、『求放心』、『仁人心也』、『惻隱、羞惡、辭讓、是非之心』，都是如此説。人心得其正，便是道心。」

明言自堯舜至湯，自湯至文王，自文王至孔子，中間却添出許多見知來，則其致意在見知可知矣。側重自是語勢，非逆志而爲之辭也。自記。

「由堯舜至於湯」章，是説道在天地間，無有歇時，只寬寬説。伊尹在莘野，便樂堯舜之道；太公一出來，便與文王爲師友，何嘗學於湯、文？且聞知亦不消借重見知也。

榕村語録卷之七

中庸一

「中庸」二字，程子以不偏、不易、正道、定理詮解，固妙，但只就道理上説，尚該補出箇頭來。人性便是道理的頭，書云「降衷于下民」，衷即中也；「若有恒性」，恒即庸也。

理氣先後，朱子辨之詳矣。乃「天命之謂性」句，注云：「氣以成形，而理亦賦焉。」語意似未圓。清植。

「率性之謂道」，人多講似孺子入井，怛惻生心意思。此乃仁之端，非「道」字本位。此句只平平説去，吾性中有仁，率之遂爲父子之親；吾性中有義，率之遂爲君臣之義。大抵在天謂之命，在人謂之性，在心則謂性，在事則謂道。

明代人看書，還是王守溪看得是。「道也者」三句，人多另看，不與下節對。只因總注首言「道之本原出於天而不可易，其實體備於己而不可離」，遂誤以此三句爲對上節。不知「道之本原出於天而不可易」，原只説「天命之謂性」；「其實體備於己而不可離」，便是説「率性之謂道」。「道也者」節，自與下節對。惟守溪文是如此。

中庸首章注，是朱子傳絶學處。「戒懼」、「謹獨」兩節，則不用程子之説，而竊取濂溪誠幾、乾損益等章之意也。文集中中庸首章説，又以「敬以直内，義以方外」分屬直透下未發、已發，理益精矣。近講多在「動静」兩字上下注脚，不知尋到誠、明、敬、義聖學源頭。自記。

「戒懼」、「慎獨」，講家多分動静，朱子實無此説。静時可云未須省察，動時豈得全無存養？存養不過將心提起，存在這裏，不獨静時爲然，動時亦須提醒以爲省察之根。直内、方外亦然。内，心也，敬以直其心，徹上徹下，無所屈撓。外，事也，到得處事，均齊停當。義是有頭尾的，敬是無頭尾的。「致中和」節注云：「自戒懼而約之，以至於至静之中，無少偏倚，而其守不失。」却將戒懼自動處説起，如有所感觸而懼，自此而收斂之，以至于未發時，一無偏倚，而工夫不間斷，則「極其中」矣。「自謹獨而精之，以至於應物之處，無少差謬，而無適不然。」是自將動處説起，自獨知之地，省察其善惡，至於酬接事物，喜怒哀樂，無不中節，則「極其和」矣。誠明、忠恕，尊德性、道問學，以義制事，以禮制心，存誠謹幾，皆是此段話頭。知得此義，讀儒先書可以一線穿去。

問：「『戒慎』兩節，都是説『須臾』否？」曰：「『須臾』二字，正挑剔出『不睹』、『不聞』來。『須臾』對『見、顯』，『是故』對『故』字，『戒懼』對『慎獨』，雙雙對對，不得以『須臾』括之。『戒懼』是『敬以直内』，『慎獨』是『義以方外』。當『戒懼』時，只是敬而已，初未别出邪正、公私、是非、善惡。至一念之動，便須自省是公，是私，是邪，是正。應一事，便須自省正當否，有差錯否。大抵心貫動静，事有終始。静時『戒懼』之心，至應事時依然以此爲本。『慎獨』則自發念時始，至於事已，此心便休。存養省察，正是如此。」「戒懼」以心言，「慎獨」以事言。提醒此心，不使昏放，便是存心。然睹聞處，此心未必昏放，至不睹、不聞，則放下者多矣。君子「戒懼」之功，必連此不睹、不聞之須臾，無不透徹，然後爲密。不睹而戒慎，則睹可知；不聞而恐懼，則聞可知。「戒懼」是動底字面，用於不睹不聞，見君子連這一點都透過了。「莫見乎隱，莫顯乎微」，言莫以隱微爲可忽也。己所獨知，莫見莫顯，況由此潛滋暗長，勢必至如見肺肝。顯見須兼此二義方備。

「戒慎」二節，不可分動静。道是率性的，性乃是人人同有，時時流行的，如何可離？然謂性不可離，便可駭，故曰道不可離。

「戒懼」節，固是以不睹、不聞該睹聞。然不覩聞者，即所謂未發之體，而性之真也。「天下之大本」在此，則敬以直之者，固所以立「天下之大本」。周子「主静」之學，所以不可訾議者，其淵源出於此也。自記。

「戒慎不睹，恐懼不聞」。若説睹固當戒慎，即不睹亦要戒慎；聞固當恐懼，即不聞亦要恐懼，轉似不睹不聞是帶説的。雖與上「須臾」意合，與下「大本」意却不合。將此處説得太重，又與「須臾」不粘。先輩有文甚好，先説豈獨睹、聞當戒懼，即不睹、不聞須臾之頃亦要戒懼。此而不戒懼，則性命於是乎息矣。乃説人勿謂此不睹、不聞止須臾而已，萬化之源在焉。如之何其可忽耶？兩邊都説到。

「道也者」節，是在性上做工夫，本文却就「道」字説起。故注云：「道者，日用事物當然之理。」先解釋「道」字，接云「皆性之德而具于心」，便已引歸到性上。又曰「無物不有」，不是指道之散在事物者，乃緊頂「性之德而具於心」一句，言無物不有是性也。無物不有是性，而性體無時而不存，此所以不可放肆而離之也。自大全小注以來，解説多錯，遂使「日用事物當然之理」及「無物不有」兩句，皆成剩語矣。自記。

「無物不有，無時不然」。今人都説成無物不有當然之理，如桌有桌之理，椅有椅之理；無時不有當然之理，如説話有説話之理，飲食有飲食之理。却是錯了。「無物不有」，乃是説性之德我固有之，凡人皆然。因物亦有性，故不言人而言物耳。其曰「無時不然」，乃是言心之體無一刻不流行也，人人有之，時時有之，所以不可須臾離。須臾離之，則性於是斷，天命於是息矣，豈率性之謂哉？「日用事物當然之理」一句，已順詮「道」字，恐人耑在事物上求，故緊接「皆性之德而具於心」。已是催趲向裏，豈有下文轉説向事物之理？

問「莫見乎隱，莫顯乎微」。曰：「以大學『十目所視，十手所指』對看便明。隱，暗處也，以爲暗而莫予見，而實『十目所視』，可不謂見與？微，細事也，以爲細而莫予摘，而實『十手所指』，可不謂顯與？」清植。

以敬格天心，以恕平物情，是中和位育實事。朱子語類中有此意。章句渾涵，故人多就虚理上説。自記。

「致中和，天地位焉，萬物育焉」，皆是實事，今人只以感應虚理言之。注中「吾之心正，天地之心亦正；吾之氣順，天地之氣亦順」。包得大，即感應亦在其中。心不正，則不能收斂安静，勢必攪擾紛更，天地如何得位？能致中，則君君臣臣，父父子子，天地豈有不位？致和，則數罟不入，斧斤時入，月令中許多事件，無不按節合拍，萬物豈有不育？問：「致中如此説，恐與未發有礙。」曰：「致中者，敬而已矣。敬則不至於紛擾，其實事是大概定位底意思。」

「君子而時中」，須如注説「而」字方通。君子之德，只是一片實心，而又隨時以處中。小人之心，是夾夾雜雜，義利紛擾，而又無所忌憚。故世有君子而不必時中者，亦有小人而不必至於無所忌憚者。隨時處中，自然静時亦中，然在事上説的意思多。無所忌憚，自然行事亦然，然在心上説的意思多。朱子于「君子」，補出「戒懼」一層以對「無忌憚」；于「小人」，補出「妄行」一層以對「時中」，注意不過如此。蔡虚齋乃以「戒懼」爲未發，「時中」爲已發；「妄行」爲已發，「無所忌憚」爲未發，都是牽强。

不明、不行，由于智愚、賢不肖，天地間何時無智愚、賢不肖，安得有明行的時候？却是陸子静説得好，因道不明、不行，所以智愚、賢不肖有過、不及之差。「費隱」章注，説夫婦之知能是一樣，聖人之不知能又是一樣。亦不如子静説聖人之不知不能，即是夫婦之所知能者爲是。

「道之不行」節，「道」字屬上説。帝王盛世，道行于天下，則智者不得過，愚者不得不及；道明于天下，則賢者不得過，不肖者不得不及。智、愚應貼明邊，如何貼行？賢、不肖應貼行邊，如何貼明？蓋智者聰明有餘，好高務遠，故以道爲不足行。聖人教他在行上做工夫，行得久，纔曉得他底聰明都是虚的，其過高處無用。愚者智慧少，不足於明，然敦樸者轉未必不能行。理宜充其所長，用功于行，以勤破愚。賢者强力有餘，如子路之「聞斯行諸」，却能行，然行得不甚當。他以爲行得便了，故以道爲不足知。聖人教他在知上做工夫，知得確，纔曉得他行的原有不是。不肖雖是不長進，却有小機智，如丹朱之不肖曰「啓明」，非糊塗者，只是不向正道上走耳。既有機智，即當用其所長，使求明道，明得透，自然見得所行之非，亦將歸于正道矣。口氣是言上之道不行于天下也，我確然知其不行矣。何也？智者過之，愚者不及也。使道行，智者焉得過？愚者焉得不及乎？上之道不明于天下也，我確然知其不明矣。何也？賢者過之，不肖者不及也。使道明，賢者焉得過？不肖者焉得不及乎？

非以道之不明、不行專歸氣質，蓋慨無陶冶氣質者，即所謂「世教衰，民鮮興行」是也。至末，又歎人之不察，另是一層感慨。自記。

「大知」章，解者多斡旋一語云：「舜原不藉資於衆人，却仍然好問好察，所以爲大知。」看孟子善與人同，及若決江河等語，却就是這等處爲聖人，正不必斡旋那一層。人惟志氣大，故不恥下問，要周知，不肯自小。恥于問而護短者，是志氣小。注書之錯，如此類者頗多。

「中立」「中」字，就事上見，與首章「中和」略不同。「中立不倚」，只是始終中立耳，不必因「和而不流」句，欲作一轉折也。自記。

問：「中庸章段，『素隱』章何故截屬下段？」曰：「此章以下，承達德而言達道也。天下有素隱行怪底人，有半塗而廢底人，不知道安得隱？『君子之道費而隱』，『費隱』一章正破『素隱』，故曰『察』。『察』則不隱矣。『費而隱』，不是果然隱，言他的隱不是隱，是『費而隱』。隱是帶説，不可當實字看，故下文只是説費。『遠人』章是破『行怪』，子臣弟友，何怪之有？故曰『庸德』、『庸言』，庸則不怪矣。半塗而廢是爲外物所撓，所以富貴貧賤，以至夷狄患難，不能素位而行。君子無入不得，所以『吾弗能已也』。以下乃言君子之道，只在卑邇，所謂中庸也。由妻子而兄弟，由兄弟而父母，即推至於鬼神之微，其道總貫爲一條，而以『誠』字結之。」清植。

講家於「素隱」章末節，以上下句分承兩節。實則隱怪固非中庸，遵道者亦未得所依也。半塗者固易乎世而有悔心，欺世盜名者其本念亦在見知而已。每句雙綰。自記。

「半塗而廢」，雖限於力之不足，然中庸之道，本無難行，苟用力于是，未見有不足者。大抵奪於時，溺於俗，爲是非毁譽所摇動而自阻者多。以其爲時俗所摇動而自阻，則雖謂力之不足可矣。此其人雖未必取必於後世之述，而亦不能忘情於當世之知。「半塗而廢」四字中，已隱隱有此意，故下節遯世不悔，語非無根。但「遯世不見知」，雖對「半塗」者説，而與「後世有述」意極相關。蓋無以異于人而致其知，正是聖道與異端緊對處。惟其「素隱行怪」，所以或「後世有述」；惟其「依乎中庸」，是以或「遯世不見知」也。自記。

「半塗而廢」，不言其因何而廢，却於下節逗出一句「遯世不見知而不悔」，便可知其病根。「素隱行怪」，亦是圖「後世有述」，總緣名根不斷耳。若是世人崇尚遵道，彼必且依附名義，勉强做去。若好尚已乖，不足邀名，彼便改而從俗，所以廢也。

「費隱」章破「素隱」，「道不遠人」章破「行怪」，此書以中庸標名，灼知必有此等人惑世誣民，故如此立言。「費隱」章兩用「察」字，對「隱」也；「不遠人」章屢用「庸」字，對「怪」也。「費而隱」，語氣猶言道無所謂隱也，若言隱，乃「費而隱」耳。言隱處都是費，不是要發明又費又隱，隱與費並重也。「造端夫婦」者此道，「不知不能」者此道，「察乎天地」者亦此道。其至高遠者，即其至卑邇者，皆以明其費也。注還渾成，至因侯氏語，以「與知與能」者爲舂米炊飯之類，「不知不能」者爲名物度數之類，其意以「不知不能」，若説即在日用尋常之中，如何唤作聖人？惟實以名物度數，則雖「不知不能」，不害爲聖人耳。豈知如此却説不去。章首明言「君子之道」，若夫婦之「知能」，不過是舂米炊飯，聖人之「不知不能」，又是名物度數，則是君子之道，都成不緊要的物事，而所謂五品之達道，豈反置之不議不論耶？其實夫婦之「知能」，聖人之「不知能」，皆指五倫，是一事，不是兩事。「造端夫婦」已明指出矣。「及其至也」，「其」字即承「知能」之事説，不是兩層。若説聖人於五倫豈有「不知不能」，却大不然。堯舜之子不肖，周公致辟管叔，相傳孔子、子思皆出妻。聖人之心，未必不謂畢竟是我德不足以化之。若强於我者，自然變化有道，所謂「堯舜猶病」，都是此意。連水旱災荒，豈是天地之心？天地亦有不能盡處。然則「不知不能」，豈虚語耶？此道之大便莫載，此道之小便莫破，上天下地，無非此理。所以孝經云：「事父孝，故事天明；事母孝，故事地察。」「天地明察，神明彰矣。」總言其費，無別所謂隱也。「隱」字還可以説得，故曰「費而隱」。「怪」字斷説不得，豈可曰「庸而怪」乎？故只説「庸」字。

「費隱」章，自程門諸公皆有異論，蔡西山似亦欲以「費隱」雙關到底，見於朱子答書者可推也。獨朱子以爲通章皆言道費，是已，然於「隱」字却未免另尋頭腦，故曰：「所以然者，隱而莫之見。」今只用反跌口氣，破除了「隱」字，便見費外無隱，以斥異端素隱之非。似爲天成湊泊，微言莫質，恨未得爲朱子徒也。自記。

「費隱」章，從夫婦知能説到天地，若以夫婦之知能爲説居家之道，則天地絪緼，萬物化醇，乃是最大道理，如何説「語小」？若説是井臼之類，如何又説聖人「不知不能」？若以與知能爲井臼之類，不知能爲官禮之類，則子臣弟友之屬，乃理中之實體，如何都遺落了？不知夫婦之知能，即子臣弟友也；聖人之不知不能，亦子臣弟友也。一落形器，便不能盡道之分。孔子不能格定、哀之非，化三家之僭，周公不能弭管、蔡之亂，焉得謂盡其分？就是天地亦不能盡。可見道之費，其實妙處全在此不能盡上。「士希賢，賢希聖，聖希天」，終身只見得趕不上，聖人兢兢業業，自强不息，正是爲此。天行健，亦是如此。夫子所以説「逝者如斯夫，不舍晝夜」。

「費而隱」，「費」字重讀，言道非不隱也，乃眼前都是，蓋「費而隱」耳。道非他，即子臣弟友是也。諸家錯説之由，蓋因夫婦之知能。若以爲子臣弟友，則此事不可謂之小，與「語小」不符。聖人之不知不能，若以爲子臣弟友，又恐怕説壞了聖人。故以「與知能」爲舂米炊飯之屬，以「不知能」爲象數名物之屬。豈知天地間除了子臣弟友，更無他道，「與知能」者此也，「不知能」者亦此也。日用之間，瑣碎節目即是小，其根極天命，至於神化處即是大，此理漫天漫地，何有空隙？董思白末節文云：「職覆職載，皆鳶魚類；易知簡能，皆飛躍類。」説得極佳。

看書不熟時，越看越有奇思湧出，到熟後，漸漸覺得没有話説。某向問陸稼書飛躍即是道否，曰：「不是。飛躍好的是道，翔而後集是道，自投羅網不是道。」某甚喜其説。今思之，不消如此講。飛躍便是道，自投羅網，原不是天之所命，何須剖白？

飛躍未便是察處，要看鳶魚，亦自離不得夫婦、君臣、父子、兄弟、朋友之理處。

上蔡語録儘可觀，但頗雜禪機。大約程子語，爲上蔡所記者便似謝，爲定夫所記者便似游。言合其意者便記録，記録時又以己意略爲增損故也。「鳶飛魚躍」，注中引「活潑潑地」語，便是謝氏所記。這本是禪語，其實滿天塞地，都是此理，虎狼之父子，蜂蟻之君臣，誰使之然哉？故云「上下察也」。至實之理，有何「活潑潑地」之可言？他本未嘗死，何須言活？

諸家講「察乎天地」處，補足聖人，須云此豈聖人所能盡者。如此則費是汗漫無紀之謂，可謂大謬矣。察者，費也，言雖造化之大，而其道之著察無異於夫婦也。天地猶著察如此，況聖人乎？上文「不知不能」，正見聖人只在費上做工夫。自記。

問：「推之於前而不見其始之合，引之於後而不見其終之離者，道也。中庸乃言『君子之道，造端乎夫婦，及其至也，察乎天地』。然則『君子』二字，不可放過。君子之盡道，始於居室之近，而其極至於事天明、事地察。故道無端也，君子之道，則造端於夫婦耳。道無至也，君子之道，則『及其至也，察乎天地』耳。」曰：「正是如此。」清植。

愛己責人，是恒人之心。然以此心而愛人責己，便是君子之道矣。此可見道不遠於人也。惟道不遠於人，故能推是心者，則去道不遠。此是通章真血脉。張子雖分愛人責己，盡仁盡道，然總是一箇「忠恕」，總是一箇「君子之道」耳。自記。

今人説「違道不遠」與「道不遠人」，口氣寥闊，不相聯貫，且從「違道不遠」上，推出「忠恕」未是自然之道。然則「道不遠人」，亦在離合之間，與「伐柯」者無異矣。捨却對針線路，而尋别節旁枝，安能使經意愜洽？自記。

「不遠」緊對章旨。「不遠」，蓋施己不願之心，反而觀之，則「其則不遠」，此道所以不遠於人也。就此勿施之以推吾自盡之心，此所以「違道不遠」也。自記。

盡其道之謂「行」，亦盡其道之謂「自得」，非無往不樂之謂。自記。

「正己而不求人」，緊幫「在上不陵」、「在下不援」；「不怨不尤」，緊幫「無怨」，皆是申足文意，絶不費絲毫層折。只于「不求」、「無怨」處轉得分明，則不願外之理，心迹俱合矣。「不求」又根「行素」來，「無怨」又根「自得」來。自記。

鬼神非理非氣，而在理氣之間，在人則心之神明是已。程、張所謂天地造化、陰陽二氣者，是這箇；本文所謂祭祀如在者，亦是這箇；體於人心爲人心之鬼神，亦即是這箇。認得真，便看得活。自記。

鬼神雖兼聚散屈伸，然體物不遺，則其聚也；神之格思，則其伸也。顯處却就聚而伸處見，其微也，可以謂之散而屈，而不可謂之無。此理張子正蒙言之詳矣。其以鬼爲屈，以神爲伸者，又就二物分别，字義如此耳。實則鬼神皆有屈伸也。自記。

鬼神若説向造化，便無著，即祭祀之鬼神也。聖人説道理，天人合一，若行事不能通神明，不謂之盡性。倫常之道盡，便郊焉天神格，廟焉人鬼饗，皆實理實事。

問「鬼神」章。曰：「天神、地祇、人鬼，以至四時五行、雨風露雷，一切變化運動，無非鬼神充塞宇宙，故其性情功效爲甚盛。鬼神本無形聲也，然與人心相體而無間，焉有可遺之處？」問：「物即指人心乎？」曰：「無物不體，人在其中，但就人心上説，易得明白。如天命之性，萬物同得，然率性之道，却須就人説方明。如何見得『體物不遺』？但看『使天下之人齊明盛服，以承祭祀』，是其性情也。便『洋洋乎如在其上，如在其左右』，是其功效也。凡人極舒肆時，説著神明便竦然。此是何故？鬼神與體也。鬼神無間於人心，故能使人齊明盛服；人心無間於鬼神，故洋洋如在。引詩是證此意。以無形無聲言之，何微也；『體物不遺』，又何顯也。是皆『誠之不可掩』也。」

「鬼神」章「誠」字，説向天命之性原不錯，但覺太深，如只就氣機應感上説，又太淺。鬼神却在理氣之間，兩説皆非恰好分際。此段是説率性之道，總重在人倫上，所以「祭祀」節甚要緊。祖考之精神，便是自家精神。可見天地之神明，便是人之神明，所謂「體物而不可遺」也。此是實理，故曰「誠」。上章妻子和，兄弟翕，便父母順，已引其端。下數章推説至于格天受命，而却詳説祭禮，此「祭祀」二字便爲伏案。

人必和妻子，宜兄弟，而後可以順父母；盡人倫，而後可以格鬼神。此上數章相承之意。「齊明盛服，以承祭祀」，則有如在來格之感矣。所謂「有其誠，則有其神」，「未能事人，焉能事鬼」是也。修德格天，理不過如是。但上數章言其理，而此下則實以聖人。故自大舜、文、武、周公，皆盡孝弟，以至於諴神動天、饗先饗帝者，即上順父母、格鬼神之實事也。自記。

孝是大綱，德其一目，不當以孝爲德。然孝，德之本，大孝，非大德而何？蓋孝至能格天處，方是大也。緣此説到「大德受命」之理。自記。

「大孝」章，若以孝即爲德，則孝之條件甚多。「德爲聖人」句，原只與尊、富、饗、保四句並列，若照王姚江以「德爲聖人」爲不虧親之體，尊、富、饗、保爲足顯親之名，德又不與孝爲一，且除了孝，何者爲德？下文兩言「大德」，更不照管「大孝」，又是何説？近看孝經，方悟其義。孝爲德之本，盡德之量，乃完孝之事。若但能孝於親，而不能始於家邦，終於四海，通於神明，光於四海，此不過宗族鄉黨稱孝而已。必愛敬吾親，而因以及人，親親而仁民，仁民而愛物，以至於明天察地。德至此爲「大德」，乃爲完孝之事。若不愛敬吾親，而愛敬他人，是無德之本矣，又惡足以語德乎？見得此意，「大孝」、「大德」方有著落。

仁爲五常之本，孝又爲仁之本。仁爲五常之本者，以其爲天地生物之心，而人得之以爲心也；孝爲仁之本者，又以親爲吾身所自生，良心真切，莫先於此也。然則孝是德之本，修德者必先孝，是孝乃德中事；然必修德之盡，乃能完孝之量，而可以名孝，則德又是孝中事矣。孝經反覆終篇，只説此二意。此章原是以德爲「大孝」之目，故前此深闢以孝爲德之非，正恐礙語氣耳。豈知二義相爲首尾，「大德」不至格天，不足以言「大孝」。然而舜德之大，又豈有大於孝者乎？自記。

因材而篤，自天申之，是指有生而後之天。自記。

尊、富、饗、保，不過是有天下内事。不失「顯名」，亦只從一「戎衣」上看出。只是咏嘆而盛言之耳。自記。

「周公成文武之德」節，講者多以喪葬與祭並論，絶不顧「斯禮也」三字語脉。自記。

「斯禮也」，只是説祭禮，葬是緣祭而及，喪服又是緣葬、祭而及。三者雖俱禮制，就此章言之，則祭爲主，喪、葬爲賓。自記。

「父爲大夫」一段，是起下「父爲士」一段，語平而意側。

上云「祖廟」，下云「宗廟」者，凡大祫、時祫，皆合食於太祖之廟，故將祭而必先修之也。若序昭穆于祖廟之中，則列宗羣廟之主皆在，故又變文爲「宗廟之禮」。時解有妄分兩節爲大祫、時祫者，可哂。自記。

祖廟者，太祖之廟。「宗」如殷之三宗，周之文武世室是也。「廟」則羣昭、羣穆皆是。

無論大祫、時祫，羣廟之主皆合食於太祖之廟，故將祭必預修之，以爲行禮之地故也。及祭之日，羣廟之主皆入祖廟，則以昭穆序其位次，故變「祖廟」言「宗廟」。「宗廟之禮」句，與「序爵」、「序事」等句一例，若以此句籠下則難通。「踐其位」等句，指主祭者説。「修其祖廟」兩節，只是祭之先後次叙如此，不必以尊親分配。又有分時祫、大祫，及上節爲禮，下節爲義者，皆非也。「序昭穆」謂是子孫之序，考之經傳無所證據，蓋只是序祖考之昭穆耳。自記。

「祖廟」節是祭前事，未祭之前，必先洒掃祖廟，「陳其宗器，設其裳衣」，以及羅致水陸之品，皆是要預辦的。至祭之時，羣廟之主皆入太廟，而按昭穆以定其位次。惟子孫之賢者有職事，然後得在廟中。故曰：「所以辨賢」、「序爵」指助祭者説，三句皆當祭時事。「旅酬」則祭將畢而飲福受胙之事，既畢，復燕之于後寢，不敢在廟中。故曰：「樂具入奏，以綏後禄。」「諸父兄弟，備言燕私。」

「序齒」，亦是就尊卑行輩序之，非略去尊卑而一以年爲主也。「獻酬」，當止是主人之子弟行之，若賓客之子弟，如何亦在廟中？

天地祖宗，是自吾身推而上的；天下民物，是自吾身推而廣的。上頭高一層，則下面闊一層。如只推到父母處，則旁闊只是兄弟，父母生兄弟者也。推到祖宗處，則旁闊便有許多族姓，祖宗生族姓者也。如推到天地處，則旁闊便包得民物皆在其中，天地生民物者也。人不孝於父母、祖宗者，安能愛兄弟、族姓？不孝於天地者，又安能仁民愛物乎？若真能事天地、祖宗、父母，則必能以天地、祖宗、父母之心爲心。此治國所以如示諸掌。自記。

「問政」章説仁義禮智處，後來孟子、董子都如此説，覺得不如夫子之密。仁者，人得天地生物之心以爲心，無此則禽獸之不如矣，故曰「人也」，無所不親，而「親親爲大」。義者，事理恰當之謂，何處不應當理？而「尊賢爲大」。人倫雖有五，父子、兄弟皆「親親」也，君臣、朋友皆「尊賢」也，一是天性解不開的，一是人道差不得的，二者盡乎道矣。「親親之殺，尊賢之等」，今人説是仁有厚薄，如父子恩厚，至兄弟便稍薄，由人及物則愈薄了；義有輕重，如君臣義重，至朋友便稍輕，由人及物則愈輕了。不知仁如何説得薄？義如何説得輕？由父子而兄弟，父子全是恩深，一本故也。兄弟便可理論些道理，是自仁而之義。至由人及物，則鄉隣交鬭，可以閉户；田獲三品，可以充庖，皆制之以義也。由君臣而朋友，君臣全是義重，至尊故也。朋友便可脱略些形骸，是自義而之仁。至由人及物，則交淺者言而不深，獸畜者愛而不敬，皆通之於仁也。仁義往來，而或節之，或文之，故曰「禮所生也」。此處「尊賢」泛説，與「九經」不同，故先「親親」而後「尊賢」。「九經」則先「尊賢」而後「親親」矣。君子修身以親親爲本，故曰「不可以不事親」。不明人道所從來，則不知自别于禽獸，將何以事親？故又當知人。繼善成性，吾之性即天之性，不知此，何以知人？故又當知天。此節又是一路推到智上去，仁義禮又必以智爲先也。竊疑子思當日是因此一章，乃作一部中庸，故此章前半，即是前半部中庸，後半，即是後半部中庸。

「仁者人也，親親爲大；義者宜也，尊賢爲大」。如今將上句泛説，又「宜」字説作事物之理，下句便不緊切。「仁者人也，親親爲大」，即對「義」説；「義者宜也，尊賢爲大」，即對「仁」説。仁在五倫，何處不是他貫通？大者在「親親」耳。義在五倫，何處不用他裁制？大者在「尊賢」耳。有夫婦而後有父子，那是頭一層，至於父子、兄弟，皆「親親」也，君臣、朋友，皆「尊賢」也。君擇臣，臣亦擇君，朋友同德同術，勸善規過，都是「尊賢」。君臣、朋友固是義，難道父母有過不廢幾諫，兄弟有過垂涕泣而道，非義而何？到底屬仁一邊，故曰：「父慈子孝，兄弟怡怡。」父子、兄弟固是仁，難道君之體臣，臣之忠君，朋友不相欺負，非仁而何？到底屬義一邊，故云：「合則留，不合則去。」「忠告而善道之，不可則止。」所以「親親之殺」，不是殺到薄處；「尊賢之等」，不是等到輕處。殺即由仁而之義也，等即由義而之仁也。「禮減而進」，非與禮背，所謂進者，由禮而之樂也。「樂盈而反」，非與樂背，所謂反者，由樂而之禮也。「親親」、「尊賢」，重在「親」字、「尊」字，不如是，則仁義有所虧，性分有所缺，而身不修矣。下「九經」，重在「親」字、「賢」字，不如是，則根本不固，裨補無資，而政不舉矣。自記。

思「修身」節，如章句説，迴應上文，理自周密。但必欲説「尊賢」爲「親親」之本，則理頗窒礙。且使「智」字意不在「知人」「知」字内，而反在「得人」之後「講明」字内，求之密塞而反疎脱矣。此節只是疊下文體，語類中明言之。自記。

夫子説仁、義、禮，又説知天、知人便是智，是有四件。下只説智、仁、勇三件，後又只説明、誠兩件，末只歸到誠一件。此章兩説「一」字，全不爲分解，只説到此便住。「一」是道理的頭，聖人不欲道破。

謙問：「『所以行之者一』，一者實心也，德是得之於心，既云『達德』，如何又云『行之以實心』？」曰：「程子謂仁，統言之則包四者，偏言之則一事。仁即是誠，但與知對，則知在窮理邊説，仁在力行邊説。而擇之必精、執之必固處是勇。三者如何不以實心爲主？無此則三者皆無矣。」

生、安、學、利，分勞逸便錯。「無教逸欲有邦，兢兢業業，一日二日萬幾」，何嘗逸來？只是生來便識得道理，安然而行，不由父兄戒訓，師友督責，便是生知安行。若因讀書感發而求知，或因父兄師保責勵而求行，便是學利。「從容中道」，亦是從容而中此道也。「惟精」，聖人之生知也；「惟一」，聖人之安行也。精、一豈是恬然無事？

人家教子弟，最先要把不思、不勉、「從容中道」與他講明，非是優游逸獲之謂。試觀堯舜之兢業，大禹之勤勞，文王之勉勉翼翼，夫子之一憤一樂，何等惕勵精進。不如此，何以謂之「天行健，君子以自强不息」乎？只是聖人不待有所策勵勸勉，而自能從事於此，所謂由仁義行，非行仁義也。若學利，則必待策勵勸勉而後然；困勉，則又必困心衡慮、徵色發聲而後能作、能喻耳。此最要緊，習見之錯，入其胸中，便爲暴棄之根。

「九經」是對哀公説，必令其可行。奈何講家盡以爲天子之事，如是則惟有天下者用得著，有國家者無所用之。既非凡爲天下國家語氣，且誦此於哀公之前，欲何爲也？「無忘賓旅」，侯邦所申；「繼絶舉廢，治亂持危」，乃方伯之事。至如諸侯無事而相朝，使大夫相聘，厚往薄來，皆邦交之常也。注舉爲天下者，見一隅耳。自記。

問：「『不惑』與『不眩』何别？」曰：「『不惑』以見理言，是心上事，故『惑』字從心。『不眩』以見事言，是目中事，故『眩』字從目。『尊賢』則啓沃有素，其見理也明矣。『敬大臣』則謀斷有資，其見事也審矣。凡目兩視則瞀亂，惟專故明。古人云：『人君之職，在擇一相。』貴專也。不然，任左右之耳目以爲察察，適足以自眩而已。」清植。

「尊其位，重其禄，同其好惡」，是三樣親親之法。親之賢者，則「尊其位」；其餘親屬，則「重其禄」而不任以事；再疎屬，則吉凶相關，慶吊必通，有無相周而已。若就一箇人説，未有居高位而不食禄者，亦未有「尊其位，重其禄」而不同其好惡者。三句連疊説出，下二句幾成贅語。

「豫」字且莫作先立乎誠説，只虚説凡事皆當豫辦以引起下節耳。如要與人説這件事，細微曲折，當機問答，如何打點得盡？只是大段須豫定。凡事亦莫泥定「達道」、「達德」、「九經」之屬。問：「事與行分別。」曰：「事即日用間零碎待人接物之事，行是出之於身而成片段者，即親義序別之行。」

問：「豫是豫立其誠否？」曰：「自然是誠，若不説誠，難道『言前定』是豫先打點許多話，待臨時説不成？未來的話，如何打點？只是作文字與説書不同，如何先説得出『誠』字？虚齋説下節，言『立誠以獲上，立誠以信友』，還説得去，到下文言『立誠以誠身，立誠以明善』，便覺襞積牽强矣。故林次崕知其非而渾之，凡事指『達道』、『達德』、『九經』之屬，『達德』内有仁，如何説立誠？蓋仁是就行事上説，故曰『所以行之者一也』。」

時講以「道」字括言、事、行，果爾，又説箇「道」字，不已贅乎？「道」是平時所習之業，如六藝之類，平常不曾習射、習算，急忙叫他射、叫他算，自然窮了。古人爲學不外德行、道藝，藝即道也。如下「三重」章，以動括言行；論語以「德之不修」括下三項，皆不是聖人原分幾款，如何以一句包那幾句？

「誠」如孝子事親，中心愛敬。「明」便有多少曲折，不但是問寢視膳，昏定晨省，如「小杖則受，大杖則走」；「事父母幾諫，見志不從，又敬不違，勞而不怨」，都須分曉。苟徒誠而不明，是謂愚忠愚孝。

某人云：「先生言頭尾都是誠，中間必須明，如何？」曰：「德性中原有許多道理，只是離了問學，却亦不能成就。如草木便以實結，實有何不好？必須由根而幹，而枝，而葉，而花，方能結實。但看松子中原有一顆全松，蓮子中原有一顆全蓮，後來根幹、枝葉、花果，都在實内。何嘗有德性外之問學來？掃去問學，便是德性受虧。陸王乃看問學爲外事，觀此則其學不足闢矣。」

問：「『博學之』一節，似不必説是學利事，困勉何嘗不如此？」曰：「然。即人一己百，人十己千，以困勉視學利如此，學利視生安亦是如此；以困勉視學利是愚柔，學利視生安亦是愚柔。『博學之』一節，只是説擇善固執。」

問是問人，辨是自己辨别，非與人辨也。問：「如何是慎思、明辨？」曰：「思無不通，如天之理應當知其所以然，却去想到機祥、禍福、術數上，便是不慎。慎是斂而歸之于正，明辨又是辨於幾微疑似之間。如兩説皆善，却辨得一更善者，方是至善。」

榕村語録卷之八

中庸二

「性、教」兩字，分明即是首章「性、教」。注所以分別聖賢兩等，蓋性即天道，教即人道，而聖人則能盡其性，賢人則由教而入也。然就一人論之，「尊德性而道問學」，「誠而明也」；「擇善而固執之」，「明而誠也」。是「自誠明」、「自明誠」之理自在也。但人人皆須從性上做工夫，而聖人則合下所性完具，聖人亦就學而愈明。然教，却是爲中人設，故講此節者，須於「性、教」分際看得分明，而帶出聖賢之等來，則與上章言天道、人道，而繼以安勉之意思同，其説並行而不悖矣。若竟將「性、教」兩字便作聖賢名號，則大失經意。自記。

自「唯天下至誠」至「純亦不已」是一段，自「大哉聖人之道」至「天地之所以爲大也」是一段。「惟天下至誠」節，説至誠，「致曲」及「前知」節，是學至誠，説誠至此已完。下面是解上面底，「誠者自成」至「誠之爲貴」，是申「盡其性」；「誠者非自成己」節，是申「盡人物之性」；「至誠無息」至「悠久，所以成物也」，是中「贊化育」；「博厚配地」節，是申

「與天地參」；「不見而章」節，是申「唯天下至誠爲能化」。以下是説天人合一，而以文王結之。「大哉聖人之道」至「至道不凝」，説聖人，是對「唯天下至誠」節。「尊德性」節，對「致曲」節；「居上不驕」節，對「前知」節，是學聖人。「愚而好自用」至「不信民弗從」，是申「待其人而後行」，其人要得德位兼隆，方能修德凝道。「本諸身」照「尊德性」，「徵諸庶民」以下照「道問學」。此節及「知天」、「知人」節，是申「尊德性道問學」節；「世道、世法、世則」及「有譽」節，是申「居上不驕」節，言其不止于保身，而且爲萬世法。以下亦是説天人合一，而以孔子終之。文王非不足於道，以其未及制作，明備天德極純，故以德言。孔子豈不足于德，而詩、書、禮、樂、易象、春秋，道于是備，故以道言。

「至誠盡性」一章以下，朱子分天道、人道，都是硬派，不甚貼合。「致曲」節，言至誠可學而至，但用功到得能誠，便形著、明動、變化，可與至誠一般。「前知」節，何以見得是言天道？國家將興將亡，難道大賢以下便不能知道？所引「執玉高卑，其容俯仰」，初非聖人事也。「誠者自成」章，言天下道理尚多，如何至誠便能盡性？以誠者人之所以自成，而道者人之所當自行也。人無實心，便不成其爲人，有實心，則道自行。如實心孝，自事親盡其道；實心忠，自事君盡其道。可見「惟至誠，爲能盡其性」。誠者，物之所以成始而成終，不誠，物都無了。如無實心孝，便無事親之事；無實心忠，便無事君之事。雖有，亦具文而已，所以「君子誠之爲貴」也。至誠能盡其性，何以便能盡人物之性？「誠者非自成己而已也，所以成物也」，此「物」字兼人物説。成己非他，即吾之仁，吾心之不能自已者，非仁而何？成物非他，即吾之智，將吾心一照，便知物亦如此。如己欲孝，即知人亦欲孝；己欲弟，即知人亦欲弟。言舉斯心加諸彼而已。仁與智皆吾性之所自有也，内而己，外而物，若是兩樣，便照不見，推不行。惟照之便見，推之便行，故成己與成物，是合外内之道。時措者，言措之人而宜，措之物而亦宜。不可説措之己，己不可以措言。所以至誠能盡其性，便能盡人物之性者以此。「至誠無息」以下，是解贊化育、參天地。至誠亦人耳，如何便能贊、能參？蓋至誠便無息。君子如不息則能久，久則未有不徵，徵則未有不悠遠、博厚、高明者。化育之及物，以其覆物、載物、成物耳，而至誠之博厚、高明、悠久，即所以覆物、載物、成物也，豈不可以贊化育乎？博厚，地也，至誠之博厚配之；高明，天也，至誠之高明配之；悠久，天地之無疆也，至誠之悠久配之，豈不與天地並立爲三乎？致曲有誠者，能形，能著，能明，至誠則「不見而章」。致曲有誠者，能動，能變，至誠則「不動而變」。致曲有誠者，至于能化，至誠則「無爲而成」。言誠至此盡矣。以下乃言天地雖大，亦只是一誠。不貳者誠也，不已者亦誠也。天是如此，文王亦是如此。可見至誠便能贊化育、參天地。

説誠都是説性，故以盡性説起，至盡人物之性，參贊化育，都是一片懇惻。就與萬物一體上説，形著、動變，亦是就德性上説。「自成」注云：「物之所以自成。」「物」是君臣父子之類，即是「道」字，莫認做萬物之物。無此實心，則君臣、父子皆虚位，尚何仁敬孝慈之足云？「物之終始」，「物」字亦然。無誠心即無道，故曰「無物」。「非自成己」節，發明盡人物之性，仁知皆歸之性，故曰「性之德，合外内之道」。載物、覆物、成物，只是説心之及人，至實在行事，都在下段。故下段三百、三千，議禮、制度、考文，祖述、憲章，上律下襲，有許多事。

朱子説道理都要完全，「至誠盡性」章，便將知、明、處、當都説了。某意只當且就本體上説，人性皆善，竟有私意蔽錮，至視父母兄弟如陌路者。此豈無人性？只是不盡其性耳。至誠不忍人之心，充滿于中，不能自解，纏綿悱惻，無絲毫隔閡。老吾老，幼吾幼，所謂「成己之仁」也。我如此，知道人亦如此，並知道物亦如此。「親親而仁民，仁民而愛物」，所謂「成物之智」也。皆「性之德也」，故盡其性，便盡人物之性。「至誠」數章，且只如此説，所謂「肫肫其仁，淵淵其淵，浩浩其天」者。至知、明、處、當意，須到「大哉聖人之道」一段方説，纔各安其部位。

論「茂對時育萬物」，則化育是人物之根；論「盡性」，則由吾性以盡人物之性，由盡人物之性以贊天地之化育，是一路透上去。

致曲有誠，對至誠；形著明，對性之盡；動變化，對人物之性盡。自記。

以「前知」節爲申贊化育、參天地之義，極有實際。蓋自盡性、盡人、盡物，以至贊化、參天，節節皆有本分實事。理雖一而分則殊，不可一滚混説。自記。

「前知」原是吾儒事，只是知其理，不是知其事。如久陰必晴，久晴必陰，這是理；知道某日有雨，某時有風，這是事。事如隔壁人説話，如何聽得見？所以佛家説在屋裏能知屋外事，便是野狐禪。陸子静答陶贊仲書最高明。五經、四書所説天命，指後天的多，都是説作善降祥，作不善降殃，不肯説吉兇禍福有一定的命。未來之事，豈惟聖人不知，連天地亦有不知處。到那時候，氣數所積不得不如此，方有這事出來。孔子五十知天命，難道自五十以往，孔子便知道壽止七十三歲？一生不遇，所云「道之不行，已知之」者，只是見氣運壓得極重難返，約略其理數如此，豈如世俗所云「前知」哉？所以向日有客問「前知」，某説是知其理，不是知其事。知其理不妨，知其事，天地鬼神一定不喜。客愕然曰：「何故不喜？」某云：「如某與公相交，知道你性情如此，行事如此，這都不妨。若你家見某客，説某話，我都知道，豈不是打探你家陰私？你豈有不怒之理？」況知其理，雖只得大概，其實倒確；知其事者，必不盡確。如亂久必治，自是一定道理，若説隋之後，參、井之墟，真人出焉，必定是唐太宗；後漢之末，梁、沛之間，英雄出焉，必定是曹操，這便可惡。聖人於該知道的，知道箇透，於不該知道的，便留却一邊黑暗，這便是他知道到盡處。

「至誠之道，可以前知」。朱子説「幾動於彼，誠動於此」。鄭康成言「天不欺至誠」。朱子説乃鄭説之根。嘗疑禎祥妖孽，人皆看見，何消至誠始能前知？蓋至誠不欺天，天亦不欺至誠，確是如此。但看人有爲鬼神所簸弄者，吉不必吉，兇不必兇。如龜卜所以紹天明也，至「我龜既厭，不我告猶」，豈不是天亦欺之乎？鄭説甚有味。

朱子以「誠則生明」講「前知」，道理極精，但與下祥、孽、蓍龜等句不甚緊對。既誠而生明，又何須説到祥、孽、蓍龜之等耶？倒是鄭康成粗粗的解一句甚好，言「天不欺至誠」也。幾兆容有不驗者，只是爲鬼神所戲弄。惟至誠不欺天，故天亦不欺至誠。「不欺」二字即從至誠看出，不待推説到生明上去。

問「前知」。曰：「以一定至理前知者，是聖賢正經道理，外此有二種：曰數，曰神。數者，以萬事萬物不外陰陽五行，算到精細，便能得之；神者，如人做事，必心先盤算，心知則鬼神亦知。彼能静一與神明通，故知之。」問：「亦有其人未生，而已預知某年、某處生某人、行某事者，並無動念之人，鬼神何由知之？」曰：「亦不外推算陰陽五行而得之。又有一説，凡人於没要緊事，隨時應付，如事有關係，便形不曾動，而心先盤算。推之天地亦然，天地於有關係人，雖未生時，必先加盤算，既有盤算，其象便見。」

「誠者自成」，即天命之性；「道自道」，即率性之道。人有仁義禮智之性，而後成其爲人。因有仁，而有父子之親；因有義，而有君臣之義；因有禮，而有賓主之恭；因有智，而有賢否之别。率性謂道，豈非自道乎？誠即實理，道即實事。「誠者物之終始」，如要做到大舜田地，必是實心要孝，纔能有終。若中間有不誠處，雖有其事，一若無事，如「心不在焉，視而不見」，此時豈可謂有視？「是故君子誠之爲貴」。此處總重自成，即誠之爲貴可見。注中「道行于彼」，本在言外，胡雲峰强作解事，以爲「誠者物之終始」，即「自成」；「不誠無物」、「君子誠之爲貴」，即「自道」，甚爲割裂蒙混。「誠者非自成己而已」，聖人説盡己性，便説盡物性；説修己，便説安人；説明德，便説新民，己物無二道也。在己一團實理實心，故曰仁；以我推人，曉然見得同一好惡，同一事理，故曰智。仁智皆性之德，不是假合，與生俱全，故曰「自成」。是道也，内而成己，即外而成物，舉斯加彼，不問物我，故曰合外内之道，以時措之而皆得其宜。

自古賢説話多説人事，從陰陽造化説來者，惟濂溪太極圖説爲然。朱子説「誠者物之所以自成」，是從頭上説一句，教人知本源。其實「誠者自成」，就是説心；誠者之誠，就當「性」字説。非仁義禮智，何以成其爲人？有此孝之實心，而後成其爲人子；有此弟之實心，而後成其爲人弟。而日用間孝弟之所當行者，如奉養，如友恭，皆職分之所當自盡也。「誠者物之終始」，物者事也，有此誠心，自始至終，方能有成。如實存孝心，自孺慕以至五十而慕，方成爲孝子。若知好色則慕少艾，有妻子則慕妻子，仕則慕君，雖外面未嘗廢孝養之事，其實只如無有。所以要一事之成，必須誠意周流到底；要終身成一箇人，尤須誠意周流到底。雖實心未嘗不是實理，但説實理泛些，説實心便切實。上節平説，故次節側到誠上。非實心無以行此道，故云「人之心能無不實，乃爲有以自成，而道之在我者，亦無不行矣」。成己成物，無非誠心周流，即「無息」也。下章「故」字，正接此章，朱子分章似未穩，從無有以「故」字作起頭者。

「誠者自成」，非指自然者説，便有當誠的意思在。蓋必有實心而後道可行，必有以自成而後有以自道也。第二節，便是解明此意，故結云「君子誠之爲貴」。第二節兩「物」字，便當「事」字看，「誠者物之終始，不誠無物」，正見心爲事之根，誠爲道之本也。講家多失經理注意。自記。

「誠者自成」，性分所固有也；「道自道」，職分所當爲也。惟能完其性分之所固有，斯能盡其職分之所當爲矣。何也？萬物萬事，皆誠爲之終始，若人無誠心，則應事接物皆虚。可見非誠則無道，而君子必以誠爲貴也。此章自弘、正以前，先輩亦説不透，大抵誤於大全之説。虚齋、紫峰説得極好。自記。

誠立于己，則道行于己；誠及于物，則道亦行于彼。道行于己，則己成矣；道行于彼，則物成矣。成己由誠立于己，是仁之常存也，仁即誠也；成物由誠及于物，是智之善推也，知即誠之明也。仁智皆不離乎誠，而爲「性之德」，則是合己與物而爲一道矣。自記。

誠便是實理，實理便是性。以其盡性而謂之仁，以其推而通之人物而謂之智。性之仁體于己，則道行于己，己之所以成也；性之智體于物，則道亦行于物，物之所以成也。己爲内，物爲外。仁智之德，既皆「性之德」，則「成己」、「成物」之道，豈非「合外内之道」乎？自記。

誠是實理，仁是生理。一團實理，渾然實有于内，是謂仁以成己，前章「惟天下至誠，爲能盡其性」是也。人物之生，此心此理同也，舉斯心而加諸彼，是謂知以成物，前章「能盡其性，則能盡人之性，盡物之性」是也。自記。

「性之德也」，人都理會不明白，皆因「成物，智也」一句，就先解得不是。試思性中如何有成物來？當其自成，便照見物之自成與我一般，物之宜成與我一般，這便是智。

仁智是「性之德」，「成己」、「成物」是「合外内之道」。向以「而道」「道」字指職分之所當爲，「合外内之道」「道」字作虚字説，今思之不必爾。兩「道」字，俱是指職分之所當爲。「性之德」，不可説仁智是性的德，如此則性是箇空的了。仁智即性德也。

仁者誠之全體，智即仁之明亮處。我自己純然仁，敬孝慈信，自了然見得人亦如此。由我推彼，一絲不差；由人推物，亦一絲不差。知之既明，舉心加彼，自能使他有以全其天，以天下無性外之物故也。此「性之德，合外内之道也」。「時措」句，全指道説。

大概「成己」、「成物」有三層，天地亦然。「爲物不貳」是一層，「博厚」、「高明」、「悠久」是一層，「生物不測」是一層；「至誠無息」是一層，「徵則悠遠」、「博厚」、「高明」是一層，功用及于民物是一層。五經中，直搜天地之根以立言者極少，惟「爲物不貳」是搜根説，即天命之性猶藏著頭。天必有性而後有命，其「爲物不貳」、「於穆不已」，是天地之性也。上文説「至誠」、「載物」、「覆物」、「成物」，至「不動而變，無爲而成」，是「生物不測」之意。至誠之功用如此，况所配之天地，豈可盡乎？不知天地之道，亦可一言而盡，曰其「爲物不貳」而已。「不貳」則「不息」，若今日如此而明日息，便是貳了。故章句于「無息」云「既無虚假」，補「不貳」也；于「不貳」云「誠故不息」，補「不息」也，其實是一箇。此天地之道，是就本體説；下天地之道，是就發見説。「生物不測」如此，皆天爲之，然非天之所以爲天也，惟「於穆不已」，乃是天之所以爲天。聖人亦然。口氣是如此。

中庸言「天地之道」，直至「爲物不貳」，纔説到所以然處。「不貳」非他，即一團生理純粹至善處，兼無虚假、無間斷兩意，一横一直説。此「道」字，與下節「道」字有別。此「道」字，如未發之中，天命之性；下「道」字，如已發之和，率性之道。問：「『一言而盡』，單指『爲物不貳』，還是連下句？」曰：「單指上句。」問：「『則』字口氣，似二句相連。」曰：「自生物言之，萬有不齊，似説不盡。而其道不過『不貳』，便能『生物不測』，口氣是如此。生物之前，却有『博厚』、『高明』、『悠久』一層包在内。」

「不貳」言「天地之道」，「博厚」、「高明」、「悠久」又言「天地之道」。蓋「不貳」者，性之本體；「博厚」、「高明」、「悠久」者，性之發用。又六箇「也」字，是遥應上文「至誠」之「博厚」、「高明」、「悠久」。自記。

講家將「昭昭」、「撮土」等都説作剩語，甚不妥。言自此觀之是如此，及其無窮亦是如此。若不同，便是貳，便是息。猶之説聖人，就小處觀之是如此，大處亦是如此，一日見得如此，終身亦是如此。以此見得「不貳」、「不息」之所發。下文「純」字就是此意。註中「非由積累而然」句，似不必如此下語。以水觀之，洪河之流，何等汪洋浩瀚，其發源於星宿也一勺耳。漸流漸大，放乎四海。但不得呆説天地聖人是積累而成耳。

「載華嶽」二句，言盛大也。「萬物載焉」，始言生物。「純」即「不貳」，「不已」即「無息」。上文以「無息」言誠，結處却以「不已」言天；上文以「不貳」言天，結處却以「純」言文王，都成語妙。清植。

問：「『洋洋』、『優優』二節，粘聖人説？不粘聖人説？」曰：「明季有粘聖人説者，謂『發育』、『峻極』是聖人爲之，『禮儀』、『威儀』亦是聖人制之。朱子却只説是道如此。此章朱子以『洋洋』爲道之體，『優優』爲道之用，『尊德性』照『洋洋』節，『道問學』照『優優』節。但『發育』、『峻極』算不得體，與『無聲無臭』不同。二節亦分不得大小，只好分天人説。德是誠心實意，道即上『洋洋』、『優優』之道，無其人，道不虚行，無此德，道何由凝？下面『尊德性』是修德，『道問學』是凝道，『苟不至德』節，即是起『尊德性而道問學』。如今説『尊德性』、『道問學』，通是脩德、凝道之事，未免含糊。」問：「以『禮儀』、『威儀』觀之，粘聖人説方是。」曰：「『經緯萬端，皆是道之流行，故曰『天秩』、『天叙』。不然，『發育』、『峻極』亦可以粘聖人。『茂對時育萬物』，非『發育』乎？『格于上下』，非『峻極』乎？只是説得略費力。」問：「如何是『峻極于天』？」曰：「蟠天際地，塞滿虚空，皆是此道。『發育』以形言，『峻極』以氣言。」

自「盡性」至「無息」章，皆言誠，所以發明首章致中以立大本之意。自「大哉聖人之道」至「仲尼」章，皆言道，所以發明首章致和而行達道之意。然盡道却離不得根本，故論「至道」必扯著「至德」，言「道問學」必扯著「尊德性」，故曰「脩道以仁」。此本末相資，内外交養，方爲聖學之全。其以「尊德性」照「洋洋」，「道問學」照「優優」者，覺得不合。「發育」、「峻極」皆道之發見于外者，與德性何干？

「致廣大」、「極高明」，不可講入「克己」、「躬行」意，而解者往往犯之。注云「已知」、「已能」，而解者必改爲「良知」、「良能」。「克己」、「躬行」，非「尊德性」事，而不之疑；「已知」、「已能」，是德性事，而又不之信，此膚末者之弊也。自記。

雖説「不以一毫私欲自累」，却與「克去己私」話頭不同。蓋「尊德性」是存心之事，只好説到立志居敬處，若窮理力行，乃學問之功也。自記。

只因近學不敢認外面許多爲德性，此門户所以分也。彼爲陸王之學者無論矣，三百年確守程朱，而于「温故」、「崇禮」二句講章制義，必曰「良知」、「良能」，不敢用章句「已知」、「已能」語，何哉？自記。

「尊德性」只是提醒此心，「道問學」便有許多事。今人説「致廣大」、「極高明」，皆説向事上去，不知心體本是廣大、高明，只大段提撕，便是致，便是極，何嘗有省察克治的意思？至「温故」、「敦厚」，注中分明言「已知」、「已能」，今人必言「良知」、「良能」，上二句全不顧德性，下却又太照顧了。凡學而知能者，雖由學問中來，然得諸己便是德性。如人生下的血氣，固是父母的，然後來飲食養成的，難道遂與父母不相干？問：「『私欲自累』，是指著耳目口鼻之私。『私意自蔽』，是指著甚麽？」曰：「指著隔形骸，分爾我。廣大是對狹隘之心説，高明是對卑污之心説。」清植。

「尊德性」是時時提醒此心作主，故屬存心。心本廣大也，或見有己不見有人，便狹隘了，還他箇空空闊闊，便是「致廣大」，故云「不以一毫私意自蔽」。心本高明也，或耳目口體之欲沾滯沉溺，便卑污了，還他箇乾乾浄浄，便是「極高明」，故云「不以一毫私欲自累」。至「涵泳已知」、「敦篤已能」，後人覺得「已知」、「已能」似問學而非德性，因改成「良知」、「良能」。但「故」字如何算得良知？如人調養血氣，不暴怒，不狂喜，不勞擾，令血氣和平，是「尊德性」一般；節飲食，善醫藥，是「道問學」一般。飲食節而醫藥善，所補之血氣即我調養之血氣。豈以飲食醫藥所生之血氣，非我本來而外視之乎？問：「析理、處事，顯然是一知一行，注以致知統之，何也？」曰：「是用程子『涵養須用敬，進學在致知』意，以知包行也。故曰『過不及』，曰『節文』，都有行在中間。」

廣大、高明須還他箇著落。如人無事時，總不能忘這軀殼，就是睡夢中，見一奇味，便要先到口，何待見之於事，纔有私意私欲來？君子只要天地間都好，不從自己形骸上受用，所謂「平生志不在温飽」，這便是「致廣大」。見得我必不肯如世人齷齷齪齪，沈溺于卑污之中，這便是「極高明」。磊磊落落，心境海闊天空。問：「『温故』亦説在『尊德性』內，何也？」曰：「自然是德性。已知的就是德性，萬物皆備於我，知道的非在所性之外。有故而不能温，由見得不是自家心裏物事，故不加愛玩。若見得是所性之內，自然不肯捨，如煨炖在那裏一般。今人知道了就丢開，全不與己切至，便是不尊德性。人以前殘忍，今日慈祥，不好説我本殘忍，今方變作慈祥。畢竟是當日失了德性中之慈祥，如今復還了這箇慈祥，所謂『敦厚』也。」問：「『知新』須不在『温故』之中，方與上下句相對。」曰：「未知未能的，便是問學；已知已能的，便是德性。聖賢説話不出此兩端。『道問學』不過是要『尊德性』，然非『尊德性』以爲基本，又將何者去『道問學』？『學問之道無他，求其放心而已』。各色學問，皆歸于收放心，然非先把心收住，如何做學問工夫？却是循環相資，初非判然爲二。」

聖人「博厚配地」，君子則「致廣大而盡精微」。聖人「高明配天」，君子則「極高明而道中庸」。聖人「博厚」、「高明」而「悠久」，如天地富有之業，日新之德，君子則「温故而知新，敦厚以崇禮」。自記。

上文説三百、三千，待人後行，何因説到居上、居下，有道、無道？正爲孔子發其端耳。自記。

「今天下」與「今用之」兩「今」字照應，須補出文武制作，德、位、時三字方有根據，不然則是泛然隨時而已。自記。

王天下而制作盡善，在昭代惟文武周公足以當之。今既躋文武于三王，則考之而不繆之君子，又果誰哉？講説者思之。自記。

「知天」、「知人」，以學問言也，此尚在本身之前。然後説到躬行心得，則正是「本諸身」正面；然後説到事爲經畫，纔是「三重」正面。自記。

「知天」、「知人」，時講都説反了，謂「天地顯然可見，鬼神幽隱難知」。鬼神且質之無疑，况天地乎？「三王已往可考，後聖未來難定。」後聖且俟之不惑，况三王乎？鬼神包在天地内，天且不違，而况鬼神乎？如何倒説鬼神難知于天地？「殷因於夏禮，所損益可知；周因於殷禮，所損益可知。」要知後世，但觀前世，如何倒説後聖難知於三王？言「質諸鬼神而無疑」，以其能知天道也，鬼神豈能外天道乎？「百世以俟聖人而不惑」，以其能知人道也，後聖豈能外人道乎？天即天地之道，人即三王之道。問：「道理精透，即文字亦變化不測。單拈兩句，却是倒結四句。」曰：「然。」

注中以「動」字括「言行」，未穩。形於身爲動，言行者措於世，即爲禮、度、文。「動容周旋中禮」，故「世爲天下道」；聲爲律，故「世爲天下法」；身爲度，故「世爲天下則」。清植。

有人講「世道」、「世法」、「世則」，「世」字但指當代，不指後代，以指後代便與「雖善無徵」者有礙也。殊爲拘滯不通。此二章書，原不必分「居上不驕」四句，爲何止解「不驕」、「不倍」兩句，遺却兩句？某意自「大哉聖人之道」至「此天地之所以爲大也」，應通爲一章。上章既將盡性説透，此章「道」字即對「性」字。盡性以文王結，盡道以孔子結，非不相兼，各從其盛言之也。道是性之發見，無處不有，「發育」、「峻極」底是他，「三千」、「三百」也是他。但非其人則不行，非至德則不凝耳。「尊德性」節，皆重下截，言「尊德性」矣，又要「道問學」。下四句皆然，方與「道」字關合。由尊道工夫，以優入聖域，則上下興廢，無所處而不善矣。「居上」四語，句句皆有孔子在内。下因言孔子雖生衰周，居下位，然就安于下位，把文武周公之道講求到精熟至極處，其事雖述，功倍作者矣。又言孔子之尊王，非全是依樣，安分而已，以文武周公之道原好也。「寡過」不是謂民，即指王者。「三重」，即王者所以之而「寡過」者。不曰「無過」，而曰「寡」者，如周正建子、武未盡善之類，只是大段不差，故曰「寡」。「君子之道」，即指孔子。「本諸身」，躬行心得也。「徵諸庶民」，即「今用之，吾從周」也。不但是遵王制，雖考三王而不繆矣；

不但是合人情，雖天地鬼神無疑悖矣，不但當時，雖百世不惑矣。夫子所考訂之禮樂、文章，直貫乎天人，萬世可爲法則，此所以與天地同其大而立人極也。少時，嘗笑時文以「君子之道」爲時王之制，不知所謂時王者何王？若指春秋中之十二王，豈可當「本諸身」數句？若指文武，又孰爲所考之三王？左右求之，皆不可解。承訛襲謬，至今不察。

「下襲水土」，如時講，意理殊短。蓋九土異賦，五方異宜，民生其間異尚。聖人周流天下，凡十五國之形勢風俗，無不周知。而凡所謂救奢以儉，救儉以禮，其方法又皆講貫透熟。故曰「齊一變至于魯，魯一變至于道」。如今人爲守令者，下車初政，動與其民情土俗不甚相宜。聖人則無論那一國，有委國以聽者，他便期月已可，三年有成。即此可見其「下襲水土」處。清植。

巖問：「『萬物並育而不相害』，注云『人物並生于天地之間，各不相害』。虎豹蛇蝎便傷人，人亦强凌弱、衆暴寡，却是難説。只好説天之生物甚全，無一不具，羽毛鱗介，皆足以自衛。」曰：「兩説皆非。此句只好照『道並行而不相悖』講，日月寒暑，若似相悖，却少一件不得。禽獸草木，種類非一，却是不相妨碍。『害』字不必作傷殘説。至相凌、相暴、相傷、相殘，乃是有生之後，情勢所爲，天亦無如之何。若説各足，則『相』字不見面目矣。對『仲尼』講，如仕止久速，乃道之『並行而不相悖』；『動容周旋中禮』、『禮儀三百，威儀三千』，便是『萬物並育而不相害』。一在大處説，一在細處説。」「大德」、「小德」，人亦知爲一本萬殊，然講來却似一本是理，萬殊是氣，且有連「大德」都講得差謬，如老子所謂「爲天地根」者。總緣不認得理氣界分清楚耳。自記。

「至誠盡性」一段，是從心體上説。「大哉聖人之道」一段，是從發用上説。文王當日，「大邦畏力，小邦懷德」，事業在天壤，中庸却用以結「至誠」。夫子不得位，竟托空言，未嘗有制作在世間，中庸却用以結「聖人」。此猶如契敷五教，全主文治，而詩却贊其「桓撥」；稷掌教穡，全是粗事，而詩却贊爲「思文」。清植。

「至誠」、「聖人」分二大段，若無徵驗，還恐分得不是，子思又結明此意。一章提「至聖」，説得許多物事，而不離德，故曰「溥博」、「淵泉」；一章提「至誠」，「肫肫」、「淵淵」、「浩浩」。而惟「至聖」知之，見得「至誠」即「至聖」，「至聖」即「至誠」也。首章言「中和」，是一書大眼目。誠即中，明即和，德即中，道即和，中即大德，和即小德。

誠即中，致中則爲「至誠」之「盡性」；明即和，致和則爲「聖人」之「盡道」。「至聖」之「時出而莫不敬信」，説所謂已發之和也，而先之以「溥博」、「淵泉」，言體以及于用也；「至誠」之「立本、知化」，所謂未發之中也，而先之以「經綸」、「大經」，言用以及于體也。自記。

「小德川流，大德敦化」，即是「忠恕」，即是「中和」。朱子以「至誠」、「至聖」兩章分屬，蓋是以夫子立「致中和」之極，爲中庸首章大義收束。而全書論道，于是爲至。自記。

時講多以「聰明睿智」屬質，以下「仁義禮知」屬德，未妥。要是質都是質，要是德都是德，如何分别？四德惟智是兩箇，有居四德之先者，有居四德之後者。必先見得何者是仁、是義、是禮，方可行，是在先的；及行到粲然分明，井然不差，是在後的。朱子言屬北方者，都是兩箇。因引譬得許多，如龜蛇是兩物；夫婦是兩類；冬至前爲今歲之終，冬至後爲來歲之始；子前是昨夜之終，子後是今日之始。可見中庸文字極密。大概是知之精，方能體之盡；至體之盡，仍歸于知之精。以下章推之，此是「小德川流」，是在外説。以「臨、容、執、敬、别」觀之，則上句又是在内説。各句又自分内外説。大旨則此章是已發之和，下章是未發之中。

四德、五常中，惟「貞」與「智」不可以一義詮釋，須兼兩義方盡。故朱子釋「貞」云：「正而固也。」中庸已言「聰明睿智」，復言「文理密察」。「文理密察」是由利而貞之智，所以成終也；「聰明睿智」是貞下起元之智，所以成始也。鍾旺。

聖賢道理精熟，其下字眼，略略安排，便精不可言。「聰明睿知」、「寬裕温柔」、「發强剛毅」、「齊莊中正」、「文理密察」，皆有開發收閉。上二字開發，下二字收閉；上二字由内之外，下二字由外之内。

中庸最好用字眼，「惟天下至聖」章，是多少重叠字，都有分别。「聰明」在外，「睿智」在内。「聰」是收受，尚半在内，「明」則全然發于外了。「睿」是通微，尚半在外，「知」則澄然在中而已。「睿智」是「聰明」的骨子。「寬裕」在外，「温柔」在内。寬大之象，由内而外，至從容暇豫，則全然在外。温和之氣，盎然于體，貌尚可見，「柔」則柔順在中而已。「温柔」是「寬裕」的骨子。「發强」在外，「剛毅」在内。奮發是由内而外，强壯則見于外；「剛」果是由外而内，「毅」則全是内力矣。「剛毅」是「發强」的骨子。「齊莊」在外，「中正」在内。必有整齊嚴肅之齊，而後有端莊之容。「中」者無過不及，尚在外，「正」則中心無爲以守至正而已。「中正」是「齊莊」的骨子。「文理」在外，「密察」在内。見得部署分明，是由内而外，至條貫絲毫不亂，則全在外。「密」是處處周到，尚在外，「察」則井然分明，全涵于内。「密察」是「文理」的骨子。「溥博」在外，「淵泉」在内。「溥」者周遍公普之意，「博」則無所不到。「淵」者寂然静深之意，「泉」則不窮之根。「溥」是元，「博」是亨，「淵」是利，「泉」是貞，字字精細。子思中庸畢竟是終身爲之，方能如此。如韓昌黎原道，某斷他是晚年作，朱子説是二十餘歲時作，決不然。

經書言句疊累，皆有次第。言天覆地載，盡矣，然人所指覆載，以目所見定耳。旁下豈無人物？日月則有升沉，無明晦也，故須云「日月所照」。日月循天中而行，温煖孳生萬物，周髀所言兩極之下，日月已微，嚴霜、寒露所鍾。然亦莫不有人物焉，故須言「霜露所墜」。自記。

「自誠明」章，忽露出首章「性」字、「教」字；「經綸」章，忽露出首章「大本」字。今人説此「性」字是聖人之德所性而有，與「天命之性」「性」字不同；此「教」字是賢人之學由教而入，與「脩道之教」「教」字不同。其實何曾兩樣？「大經」者五品之人倫，五者天下之達道，非和而何？「大本」非中而何？「化育」則「天命」也，特章意是要推入内一層，故由「大經」説到「大本」，又由「大本」説到「化育」耳。王守溪此節文破題云：「不惟能致和，而又能致中。」妙甚，一語中的。

「經綸」不單是「分合」二字足以盡其義。「至誠」之心，無不流貫，如織布帛然，有一絲空隙，連全布都不成物事。「至誠」則「純亦不已」，故能「經綸」「大經」。即此便是天地生物之心，而人得以爲生者。下文「立天下之大本」亦在這裏立，「知天地之化育」亦在這裏知。下節「淵淵其淵，浩浩其天」，都從「肫肫其仁」來，没了「肫肫其仁」，何者爲淵？何者爲天？仁即是誠，以好生之心言之，謂之仁；以實心言之，謂之誠；以生理言之，謂之仁；以實理言之，謂之誠。

「肫肫其仁」，時講但以「不忍人」之倫理不明意引入「仁」字，不知「至誠」豈止是不忍于人，方「經綸」「大經」，滿腔子塞滿流溢，惟有一仁。孝亦是他，忠亦是他，弟亦是他，慈亦是他，别亦是他。不如此，便像過不得的一般，無以形容之，故曰「肫肫，懇至」而已。問：「仁即是誠，若説到不忍，便是發見者，不是在中之體。」曰：「然。」

「上天之載」，載，始也；「上天之始」，即所謂天地萬物之根，「太極」是也。書傳有「太始」、「太初」，亦取此意，但不如「太極」兩字渾全的確。自記。

「無聲無臭」，不可説到窈冥昏默處。蓋即其闇然之心充養以至於此，所謂聖神功化之極者，即其切近精實之至也。凡學有好高務外之心，即有聲色臭味之可尋。君子自尚絅立心之始，步步收斂近裡，以造於「不顯」、「篤恭」，始終是一箇意思。所以爲「誠」也，所以爲「中庸」也。時講將「無聲無臭」講入玄妙，則是「素隱」，而非「中庸」，近悖章旨，遠失作書者之意矣。自記。

天之聲色甚大，神氣風霆何嘗無聲色，但其載却無一點聲臭。聖人憑有甚德業，心中無一點渣滓，光明潔净，只存一箇性體。聖人像天地，皆非有所爲也。觀「乾始能以美利利天下」，不言所利，可見天地之性體矣。惟其闇淡爲己之至，所以爲「中庸」之極，若説神化不測，便非「中庸」矣。

「無聲無臭」，時解説作深微對顯淺者言，某意是對炫耀者言，須照管本旨始得。然炫耀則必顯淺，平淡乃自深微也。自記。

榕村語録卷之九

周易一

易有交易，有變易，交易是對待，變易是流行。蔡虛齋謂：「對待是形，流行是氣。」某謂：「形有對待，亦有流行；氣有流行，亦有對待。如天與地，是對待，是交易，而天施之氣，入地生物；水土之氣，上爲雲雨，非流行變易乎？春夏秋冬，是流行，是變易，而春夏與秋冬，非對待交易乎？天有日月，地有水火，然於月取水，於日取火，亦有對待，亦有流行。日與月，水與火，亦然。分屬形氣，殊不備。」

讀易全要看明「陰陽」二字。向來看「陰陽」是兩物，只是此往彼來，此來彼往，循環交互，今觀之不然。有陰便有陽，有陽便有陰。如心神，陽也，形體，陰也，形神豈能相離？只是各有用事之時。天依形，地附氣，豈有離間？亦只是各有用事時耳。人清明時，便是心神用事；昏濁時，便是形體用事。人心中本空空洞洞，舉一念，作一事，皆自無而之有。一心盤算，是陽用事。到行時，目視耳聽，手持足行，是陰用事。然盤算時，視聽持行之理，般般皆具，及至視聽持行，又即所盤算之事也，豈能相離？處處皆須以此意看。

看易要見得這幾畫，何以繫這箇名，何以繫這幾句辭，有斷斷不可改移者。即使這名辭都泯然無存，只剩這幾畫，再有聖人出，畢竟還是這樣繫方得。

説易賴有傳、義，然尚有未盡處。如每卦名，雖聖人另取一名亦可，但當初既立此名，定有必須此名之義。又六爻皆從卦繫辭，故曰：「知者觀其彖辭，則思過半。」把卦爻看得各自成義，便不融洽。又繫得初爻，餘爻便可一筆寫下，故曰：「初辭擬之，卒成之終。」把各爻看得各自成義，亦不是。又如以乾坤分君臣，何嘗不是？但却泥不得。豈爲君者止消體乾，至坤便與他無干，爲臣者止消體坤，至乾便與他無干麽？諸卦各有其時，惟本卦八乃指人心之德，欲人兼體之，不可以時言。乾、兑、離、震、巽、坎、艮、坤，如何説時？乾者德之健，坤者德之順，震者德之動，巽者德之入，離者德之明，艮者德之止，兑者德之説。惟坎不可言德之險，故加一「習」字。更習於險者，歷試諸艱之意，是亦德也。又通部立卦，何以有升矣，又有晉、有漸？有困矣，又有蹇、有屯？聖人必有深意。

易經諸卦中，有甚明朗者，有甚奥窔而錯雜者。其奥窔錯雜者，必須爬梳剔抉，使與明朗者一例始得。鍾旺。

聖人所以開改過之門者最切，易中於爻義本凶者，多不斷定説煞，示以可轉之道也。

大轉則變爲吉，小轉則凶亦輕。鍾旺。

横渠言易爲君子謀，不爲小人謀；朱子言易中只有「貞凶」，不曾有「不貞吉」；皆是作易本意。鍾旺。

小象傳字字挑剔，無一意不搜索發明出來，連虚字都有緣故。少時見有重複叠用者，有但變一二字者，似是泛填的言語，却覺得自家有許多意思還似妙於聖人。由今看來，果妙者他其中已有，所無者便不妙，若妙於聖人，便不妙了。

孔子讀易，却是一字不放過，所以挑剔爻詞，只添一二字，便醒出本意來。「勿藥有喜」，朱子謂「勿藥自愈」，是不消喫藥也；夫子却云「不可試」，言不可喫藥，喫藥便有害。「有孚惠心，勿問元吉」，朱子謂「不用問而可知其元吉」；夫子却説「勿問之矣」，言我有誠心施恩於人，不必問其感與不感，故加「之矣」二字。「井渫不食，爲我心惻。可用汲，王明，並受其福」。所謂我者，似井自我，夫子却云「井渫不食，行惻也」。言行路之人，爲之心惻，下皆行路者云云也。夫子却像曉得人必至錯會而挑剔之，所關於道理甚大。

先君子嘗爲謔詞云：「資質魯鈍者，無如孔子。周易經文不多，讀至『韋編三絶』，何也？」每舉示弟姪輩：「此是一宗公案，試思之，作何解？」皆不能答。此乃改削十翼也。

古人用刀筆，筆如今木匠畫線之物，須改者則以刀削之。孔子蓋有所見而筆之於策矣，移時削之，歲月如此。筆削多，則韋帶磨攏，加以刀鋒侵捎，故至三絶。今人著書，一筆寫成，更無改訂，不知於聖人何如也？

孔子傳易於商瞿，却不以授曾子。以此推之，則程子之不出太極圖，誠未可輕以流俗見識窺揣也。

易不是爲上智立言，却是爲百姓日用，使之即占筮中，順性命之理，通神明之德。本義象數宗邵，道理尊程，不復自立説，惟斷爲占筮而作。提出此意，覺一部易經字字活動。朱子亦自得意，以爲「天牖其衷」。周子窮天人之源；邵子明象數自然之理；程子一一體察之於人事，步步踏實；朱子提出占筮，平正、活動、的確。故易經一書，前有四聖，後有四賢。

年來覺得周易一經，惟孔子透到十二分。不獨依書立義，義盡而止，有時竟似與原文相反，却是其中至精至妙之義，覺有透過之處。此經漢人只以術數推演，至輔嗣始從事理解，但發明處少，只筭得一分。孔疏亦算得一分。周子易通之作，直通身是易，但於本文未有詮釋，算得七分。程子雖有傳，精采少遜，算有六分。邵子先天圖，精妙無比，但説理處略，亦算有六分。朱子集成，復從占筮中見理，又透過一分，算有七分。

至元明以來，不見作者矣。

自漢焦、京之流，以易爲占測休咎之書，拆散爻畫，配合五行干支，附以讖緯不經之説，遂使聖人之經晦盲否塞。至輔嗣始廓而清之，一味説理。當時耆舊皆以爲非，歷久而後章著，故程子教人學易，先看輔嗣。惜其早夭，未能精透。問：「漢人用易占測亦靈驗，何也？」曰：「彼原另有此術，如『火珠林』之類，何嘗不可用以占驗？但以附於易，殊屬牽强。」

王輔嗣易，不説變卦、互卦，實在好似鄭康成。康成乃漢末名儒，輔嗣纔廿四歲便殁。一小後生，乃敢方駕前賢，非無見也。

夫子解易，雖是自己説出一片道理，却是卦爻中所有，不是幫貼上的。程傳何嘗不是好道理，却是幫上的多。

程子講易，逐段未必都當。如「以形體言謂之天，以主宰言謂之帝，以功用言謂之鬼神，以妙用言謂之神」，及「四德之元，猶五常之仁，偏言則一事，專言則包四者」，皆精確。朱子説易，亦不必逐段是。如贊先天圖，以易爲卜筮之書，皆有大功於易。某解易，無一句不是程朱説的道理，不過換換部位而已。

伊川治易，逐爻去看他道理事情。後來尹和靖得伊川之傳，教人看易，一日只看一爻。朱子便説易是聯片的，如何一日只看一爻？問：「初學可以逐爻看起否？」曰：「使不得。每一爻如投詞人，是箇原告、被告，必須會同隣佑、鄉保、證佐，四面逼緊審問，方得實情。不然，雖審得是，亦不敢自信。不通六爻全看，雖一月看一爻，亦無用。」

易傳中有解不去的，有硬説的，每看至此等，便懊悵他當日只藏著不與人看。如今做一篇文字，中間或有不妥，雖後生小子，看到那裏便停頓疑惑。可見道理是天下公共的，心中皆有此理，便皆可商量。就是孔子，亦周流天下，無常師而焉不學。如何著一書不與人看，只就一人見解作？

朱子崇重先天圖，得易之本原，明爲占筮之書，得易之本義。其言四聖之易各有不同，固是。然又須曉得伏羲之易即文、周之易，文、周之易即孔子之易，劃然看作各樣，又不是。故朱子又曰：「恭惟三古，四聖一心。」清植。

遵本義説易，自應分别「象」、「占」兩字明白。然「象」必有所自來，卦爻所具之才德、時位是也。「占」必有所施用，大而行師建國，細而婚媾征行，與夫舉一端以包其餘，言大包細，言細包大者，皆是也。近講名曰尊朱，而絶無復根據卦畫包涵人事之意。卦卦爻爻，皆硬作君臣等樣人物分派，鑿空杜撰，詭怪披猖。至九五、六二之類，皆當作姓名呼唤。蓋自前人即有此病，語類闢之詳矣。自記。

倪鴻寶解易，一卦各指一事。如豫説作樂，遂以「鳴豫」爲「和鳴」，「介石」爲「磬」，「盱豫」爲「眡瞭」，「貞疾」爲「景王鑄鐘有心疾」，「冥豫」爲「矇瞍」。泰説祭祀，遂以「茅茹」爲「縮酒」，「包荒」爲「包甒青茅」，「歸妹」爲「夫人亞獻」，「復隍」爲「求神」。革説造曆，遂以「黄牛之革」爲「建寅，革去丑也」，「改命」爲「隨時修政」，「虎變」爲「頌行天下」，「上六」爲「閏，以豹爲虎之餘，君子爲大人之餘也」。又言：「吾只以孔子之言爲主，若文、周討叛，孔子必來救援。」豈不可笑！

凡著書，須大主意定，若只在字句上著脚，無用。某初治易，有了幾年工夫，逐爻看想，覺得三百八十四爻都不相粘。後將每卦鍊作一篇文字，然後逐字逐句順將去，其初以爲一二處不明白，且混將去，那知此一二點黑處，正是緊要處。有一字一句作梗，便是大主意不確。到得無一字不順，就是虛字都應聲合響，纔印證得大主意不錯，則逐字逐句又大有力也。立大主意與逐字句求解，蓋相爲表裏。

至尊最得意折中中義例一篇，啓蒙附論道理非不是，却不似義例是經中正大切要處。如治天下，義例是田賦、學校、官法、兵制、刑獄之類，日日要用，切於實事；附論則如王府中所藏「關石和鈞」，本來是道理根源，但終日拿這箇來治天下，却不能。

某治易，雖不能刻刻窮研，但無時去懷，每見一家解必看。今四十七年矣，覺得道理深廣，無窮無盡。向所著雖意頗可用，而詞語全非，今番改訂，略有意思。見得「變動不居」矣，却又鐵板一定不可易。聖人著語，即一虛字都一團義理，盡是春秋筆法。

周易通論自然置在正解之後，然欲讀易者，却當先看此編，内有須先知道方好讀易的説話。以上總論。

乾坤只一套道理，分別聖賢學者，雖意思相近，而不可拘。目記。

董子曰：「道之大原出於天。」此句最好，天下之理皆原於天地，地又原於天。六十四卦無所不包，究歸只是乾坤，坤又只是乾，故看易，如看得乾坤二卦透，六十四卦皆有入處。清植。

乾坤取象龍馬最精。乾即是人心，坤即是人身。龍是箇純陽能變化的，猶心必極健，能爲五官百骸之主，故象乾。馬是箇健行的，牝馬却又是箇順而健行的，猶身必極順，然却須跟得心上，方是順，故象坤。形神亦是如此，神用事則形隨之，形用事則神便昏了。然形雖不可用事，亦不可一概怠惰，不能從心。如牝馬雖不可先牡馬，然必須跟得牡馬上方得。地雖不可先天，然天一動，地亦必動，天一肅，地亦必肅，方是順。清植。

一日新訂乾坤二卦觀象稿本訖，命植録之。植録至初爻，注云：「乾雖純陽，然其道變化不窮。」竊疑著語未圓，因以爲請。答曰：「固是。」復冥思良久，曰：「此語難著。」翌曰，乃命取到稿本，去「雖」字，改「然」爲「而」，即今定本也。清植。

乾取象於龍者，爲其變化；龍獨貴於五者，爲其御天。變化則元亨而能利貞，所以「藏諸用」；御天則自利貞而爲元亨，所以「顯諸仁」。自記。

「飛龍在天」，則能「統天而行雲施雨」矣；「利見大人」，所謂「首出而萬國咸寧」也。五爻之詞，實備四德之義。清植。

問：「朱子謂『一卦可變六十四卦，故六十四卦之變，凡四千九十六卦』。又謂『六爻皆變者，只占變卦，不占本卦』。則是占得否六爻皆變者，無以異於得泰，其卦不能足四千九十六之數矣。且既得否，而六爻皆變，只占泰卦，聖人何不使直占得泰，必使得否乃變而之泰，何歟？」曰：「乾坤所以立二用者，固是明用九六、不用七八之義，亦是借以見占例。『見羣龍无首』，説者謂即是『元亨，利牝馬之貞』。看來到底稍别。『利永貞』，亦未全當得『元亨利貞』。蓋占得六爻全變者，雖是以變卦之辭爲重，亦須根本卦立論，如二用之比。」清植。

「見羣龍无首」，謂如龍在雲氣中藏隱，不肯出頭露面，便是見其「无首」也。自記。

傳義以「大明」兩字屬人，故於「六位時成」須添「則見」二字。如以「大明終始」即爲易卦大發明乾道之終始，則説「六位時成」全不費力矣。或曰，「大明」二字串下，言聖人大明天道終始與「六位時成」之義。自記。

亨處言形，貞處言性，極確。今觀草木當抽條展葉時，但有形爾，苟未結實，則未知其性云何。自記。

爻言无首，而象言不可爲首。言天德渾然無端，不可定其一處爲首也。蓋首可見，則非所謂「藏諸用」者，而變化息矣。若以「不可」爲戒詞，恐失其義。自記。

讀易先要知道「元亨利貞」四字。文王本意，只説大通而利於正，孔子却作四件説，朱子謂並行不悖，亦未言其故。孔子讀書細，亨而謂之大，畢竟亨前有箇大；利於正，畢竟正前有箇利。元，大也，始也，凡物之始者便大。如唐虞是何等事業，洙泗是何等學問，然須知是堯舜之心胸，孔子之志願，其初便大不可言。范文正做秀才，便以天下爲己任；程明道方成童，便以聖賢自期。這却在事功、學問之先。赤子之心，大人不失者，赤子之心，最初之心，無所爲而爲，不自私也。不自私便大，大則統率羣物。長子曰元子，以能統率衆子也；天子曰元后，以能統率諸侯也；長妻曰元妃，以能統率羣御也。大而亨，不必既亨始見其大，元自在亨之前。如孔孟終身不得行道，其大自在。我實有此大，不必問其亨不亨也。利而貞，不必既貞始見其利，利自在貞之前，亨便當收回來。宜收而收，便有利益。利本訓宜，宜便利。如人君手致太平，便宜兢兢業業，持盈保泰，這是利。至於社稷鞏固，則貞也。利者萬物之遂，貞者萬物之成，「成」字意，「利」字中已有。貞乃是堅實凝固之謂。

孔子將「元亨利貞」作四件説，其理最精。且以爲六十四卦占辭之權輿。占辭有僅曰「亨」者，有曰「小亨」者，是亨不必皆大也。不必皆大，而獨繫以「元亨」，則是未有亨，先有大也。如農之倍收，賈之獲利，亦可言亨，而不可以言大，以其先所謀者原小故也。若士希賢，賢希聖，其勳業功用，直可以充塞天壤。豈不以先有斯大，故亨得來亦大耶？以此例之，則「亨」不如「元亨」，「小亨」又不如「亨」矣。占辭有曰「貞吝」、「貞厲」者，有曰「不可貞」者，有曰「貞凶」者，是貞不必皆利也。不必皆利，而獨繫以「利貞」，則是未有貞，先有利也。如事之不可常者，以爲正而固守之，則必致凶厲矣，何利之有？以此例之，則凡「貞吝」、「貞厲」者，必其微有不宜也；其曰「貞凶」者，必其大有不宜也。故以「元亨利貞」作占辭看，似「元」字、「利」字是虚字，「亨」字、「貞」字是實字。被孔子細心讀破，「元」字、「利」字却是實際字，「亨」字、「貞」字反是現成字。清植。

「體仁足以長人」，「安土敦乎仁，故能愛也」。「嘉會足以合禮」，「觀會通而行典禮也」。「利物足以和義」，行而宜之之謂義也。「貞固足以幹事」，知之明，信之篤，則行之果，而守之固也。「和義」猶言合義。自記。

「貞」字，舊説有屬「信」者，惟朱子以「智」字註解，極確。其源則自周子「仁義中正」以「正」屬「智」處來。自記。

北方前一半屬陰，後一半屬陽，所以有兩。以性情言，惻隱、恭敬屬愛一邊，羞惡屬惡一邊。是非，則是者愛之，非者惡之，便管兩邊也。以倫言，父子、兄弟、朋友、君臣俱是一類，夫婦卻有男女兩身。以至人身腎有二，天象北方有龜蛇二象，故易于「貞」言「貞固」。揚子「罔、直、蒙、酋、冥」❶，罔、冥皆北方。自記。

「言行信謹」，方外也；「閑邪存誠」，直内也。坤二言進學，故自内説到外；乾二語成德，故自外説到内。自記。

「善世」有兩説：「善蓋一世」是一説，「善了一世之人」是一説。從前説，當添入「蓋」字，不如後説爲妥。清植。

誠即忠信也，非見之躬行之實，則忠信亦未有著落，故必「立其誠」，而後「存誠」者有所據依。周子曰：「誠之源也，誠斯立焉。」「立」字之義本此。自記。

「進」字與「至」字相關，「居」字與「終」字相關，「幾」字又根「至」字，「存義」「存」字

---

❶「罔、直、蒙、酋、冥」，原作「罔、蒙、直」，據太玄卷九文第十二改。

又根「終」字。自記。

行道而有得于心之謂「德」，所謂有得非泛泛之謂。直似有一物吞入腹内，不可復出，夢寐依之，死生以之，任世間可喜可懼之事，再不能奪去換去，纔是有得。「業」指事言，不特大經綸，即做一件小事能成就，皆謂之「業」。「忠信」是存實心，如孝便要誠于孝，弟便要誠于弟，總是要自己慊心，不是徇外爲人。念念如此，所以「進德」。然「德」又不是空空存在這裏便了，須見之于實事。凡日用之間，無非「忠信」之心之所流注，以致「言顧行，行顧言」，則所行所言，處處皆實理實事，可依可據，而誠立矣。如是則有可居之業。如人買得房屋，便可搬家在裏面住的一般，故謂之居。「知至」屬「進德」，以理言也；「知終」屬「修業」，以事言也。理不可以終言，理無終也，卻有至當不可易處。「至之」者，必求到「至善」之處也。事必有終，「終之」者，必做到完全處也。「至之」所謂進也，「終之」所謂修也。時解以「知至至之」屬知，「知終終之」屬行，非是。朱子本意卻以「知至」、「知終」屬知，「至之」、「終之」屬行。

「乾乾因其時而惕」，如云當時乾惕，則須云「因其時而乾惕」；如云乾惕所以因時，則須云「乾惕以因其時」。夫子卻置此三字于「乾乾」之下，「而惕」之上，其意以爲終日乾乾，至夕猶惕，是時無終窮，而惕無止息。「因其時」三字，是貼「夕」字。清植。

「或躍在淵」，是承「龍」字爲義，言龍或有時而出來，躍于淵。時講都説是欲安于臣位，則當時改革，欲飛上天，卻又未敢便飛，滿腔子疑惑。將「非爲邪」「邪」字，謂是「邪謀」之「邪」，一派説得詫異。夫子是言其「上下無常」，不是要終于隱；其「進退無恒」，不是要遯世離羣。是欲内度其身，外度其時，所以今日出來躍一回，明日又出來躍一回，故曰「欲及時」，又曰「自試」。「或之者，疑之也」，疑，是疑其時之未可出，而不敢輕易出來，所以「無咎」。林次厓説近是，然尚有未盡。清植。

水火以在地者言，雲風以在天者言，皆以明應求之理。天地猶然，而況于人物乎？故直接云「聖人作而萬物覩」。下面「親上」、「親下」，又就萬物言之，以見萬物無不覩者，以聖人能參贊天地故也。清植。

問：「乾文言中小象三段，有分別否？」曰：「程傳分別過，恐未確。此只是既説了一段，似有未盡，卻再説一段。」問：「如九三一爻，既説『反復道』了，然反復之故未嘗説，故曰『行事』。『行事』之故又未嘗説，故曰『與時偕行』。」曰：「『與時偕行』，是因上未嘗説出夕惕底意思，所以復言此。」清植。

乾元統乎天之動静，故曰「乾元用九」。自記。

「利貞者，性情也」，即各正性命處。根乾道變化説來，故曰「性命」；就物上説，則曰「性情」。自記。

聖人之學，只是希天。天只一團生意，以生物爲事，無一息之停，那一點好生的心，乾乾凈凈，一無所爲。天之心何從見？于那動處見，所謂「乾始」者，此也。天心惟其如此，故能「以美利利天下」。不然，有偏私，便不能公普，如何能「以美利利天下」？「以美利利天下」，却四時行，百物生。天何言哉？未嘗見天言所利，只平平常常做去而已，故曰「純粹精也」。純是無一毫駁襍，粹是無一毫惡濁，精是無一毫渣滓，聖人不過是要到此田地。問：「易之教潔凈精微，亦是此意？」曰：「惟其潔凈，所以精微。」

天地好生之心，萬古如此，不曾有一毫自私自利、有所爲而爲之意。聖希天，天浩浩蕩蕩，從何處希起？希其心而已。此無所爲而爲之心，天心也，故曰「有天德，始可以行王道」。此心，天德也。孟子最善形容，當乍見孺子入井時，只求此心過得，並非爲别的。無此心，就做出堯、舜、伊、周的事來，只是霸。不然，霸者亦做許多好事，如何聖賢那樣鄙薄他？其初那一點無所爲之本心没有，便與天地懸隔。所以中庸從「戒懼」、「慎獨」説到「天地位，萬物育」，末又收歸「闇然爲己」，一直説到「無聲無臭，上天之載」方住，總是發明此理。此一點無所爲而爲之心，即是天地生物之心，又純，又粹，又精。中庸言「至誠無息」，其功用與天地無二，結到「不已」與「純」上，正是此意。

乾無始，坤無終，以一歲、一日驗之，顯而易見。一歲之首自正月起，其實陽氣自子月生；一日之間，寅時日出，其實子丑二時，原算今日，而不用，豈非無首？一歲陰氣至亥而終，卻不算終，又拖過子丑月；夜間亥時，已終昨日，又拖到寅時，豈非無終？豈非以大終？乾之始即坤之終，坤之終即乾之始，所以人但知臣下不可以功名自居，不知君上亦不可以功名自居也。君以功名自居，便是霸道驩虞，其起念不是大公，便不純，不粹，不精。天之生物，其心至仁，不容自已，絶無所爲而然。故曰「乾始能以美利利天下，不言所利」。根本全在「乾始」二字，「乾始」便自不能已，無利可言也。堯舜君臣，其視唐虞事業，總如浮雲過太虛，這便是無成有終，「以美利利天下，不言所利」之道。

以貞下起元之道言之，都在黑漆漆裏那一點爲造化之根。冬一收斂，春始發生，即至歲功既成，依然不言所利。吾儒以「闇然爲己」之心始之，到「上天之載，無聲無臭」，仍是如此。「上天之載」，若説作窮高極微，便不是中庸；「無聲無臭」，中庸之至也。天地終古運行，那曾有一些聲色臭味動人欣羡？所以云「剛健中正，純粹精也」。不如此，便不剛健，不中正，不純、粹、精。中庸始終講此道理。這裏差一絲，外面直繆以千里。説得三達德、五達道、九經爛熳極處，便緊緊點一句「所以行之者一也」。孔子于乾坤兩卦，總不説天地神化功用，只説天地之德，所以妙。四書、五經、太極、西銘，無一語不是從天心摘出來的，被人囫圇看過，便不覺至仁義之利原不消説，「未有仁而遺其親」等語，孟子亦爲下等人説法耳，至與門弟子言便不同，曰：「行一不義，殺一不辜而得天下，皆不爲。」此派一斷，萬事都壞。

「天下平」，即彖傳「萬國咸寧」之意。彖傳以九五一爻，明君道之元亨利貞，分作兩片説。此又聯貫説來。問：「彖傳根首出説，故曰『萬國』，曰『寧』。此根六龍雲雨説，故曰『天下』，曰『平』。雖是一意，而字無苟下。」曰：「然。」清植。

「平字」，便有「各正性命」、「保合太和」之意。自記。

聚、辨、居、行，皆修業之事，而德在其中。自記。

何處見得是先、後天？蓋風氣未開，而開風氣之先者，爲先天；時事既至，而因時立事者，爲後天。「時」字雖在下句見，然所謂先、後天者，只是先、後此時耳。自記。

「先天而天弗違，後天而奉天時」。「天」字以理言不得，如以理言，「後天」二字尚可説，「先天」二字説不去，理豈可先乎？「天」字只好以氣數言，謂氣數未開，如堯舜之時，然所秩叙都是天秩、天叙，所命討都是天命、天討。「後天」則是因其已有者，而益明備之。清植。以上乾卦。

乾坤一物而兩體，但觀牝馬之象，則知乾固馬，坤亦馬也，特牝耳。自記。

「先迷」句，「後得主」句，「利西南得朋，東北喪朋」句，程傳説不必從。説卦傳曰：「致役乎坤。」坤爲役，則必有爲之主者矣。若「主利」另爲句，彖傳中不應全然不釋，其曰：「後順得常。」「順」字中，無「主利」之義也。即文言傳「後得主而有常」，「有常」即「得常」，亦無「主利」之義也。「利」字自屬下文讀，言西南則利于得朋，東北則利于喪朋，一字雙管。清植。

「坤厚載物，德合无疆」，「无疆」指天言，言地與天合也。「牝馬地類，行地无疆」，「无疆」指地言，言❶地與天合，則天无疆，地亦无疆矣。而牝馬能行之者，以其「柔順利貞」故也，此所以爲地類也。「安貞之吉，應地无疆」，「无疆」亦指地言，言君子與地合也。然地合天，而君子又合地，則三才同撰之意可見矣。清植。

本義以地類一住，轉到无疆，爲順而健。不如程傳口氣好。自記。

「利牝馬之貞」五字破不開，即乾彖傳亦未曾破開「利貞」兩字。傳説壞了西南，本義又説壞了東北，然細尋義理，在西南則不妨得朋，在東北則宜喪朋耳。不可偏説一面。自記。

---

❶「言」字原無，據全段句式臆補。

程子謂：「西南得朋不好，東北喪朋纔好。如女人羣聚，有何用處？止與類行而已。惟從夫乃得所歸也。」朱子又云：「西南得朋好，東北喪朋不好。西南陰方，得其本位；東北陽方，則必至于喪朋。」某則謂：「在西南當位，用事必須得朋，乃與類行。至東北，則時過地易，必須『喪朋，乃終有慶』也。如做外官，須有屬員、吏役、兵馬，方能辦事。及居近君之位，則宜聲光銷滅，『朋亡乃尚于中行』矣。」

西南如臣去君遠，將在外，君命有所不受。大夫出疆，雖無君命，專之可也，其聲光幾與君同。至東北則與君近，不見其有威權，聲華銷滅。如月去日遠，與日相對，則光滿；近日，則偏虧不全矣。

存疑諸書，苦分不可相無及不可並行之陰陽，故疑本義「謹幾微」之説。豈知其不可並行者，即其不可相無者也。有夫不可無婦，有君不可無臣，獨不可使臣妾用事耳。義豈相反乎？自記。

須知不可相無者，即其有淑慝者，蓋陽則純是性也。陰主形，形既生而善惡分，萬事出，是惡乃生于陰也。故陰而順于陽，則爲健順仁義之屬，不可相無者也；陰而不順于陽，則爲淑慝之分，不可相有者也。善惡之分在于陰，故聖人于消長之際，極其惓惓。雖非智力所能損益，而亦不可不盡其扶陽抑陰之道也。自記。

不必從魏志，小象自多此例。如需上之類，是以兩句釋兩句，坤初乃是以三句釋兩句耳。自記。

「直」與「大」都是乾，惟「方」是坤本位。「直」是受之于天，「大」仍歸之于天，故曰「不習無不利」，是箇順字。又云「合德無疆」，而終之以「承天而時行」。「地道無成，而代有終也」。

直而不方，則不能大，如一件挺直之物，四面不方，未免褊窄。譬如一樹，聳然直上，然周圍枝葉，不能布置均匀，卻算不得大樹。故曰「敬義立而德不孤」。自記。

爻無動意，象言動者，非動則無由見其直與方也。蓋柔静者體也，直方者用也，故曰「坤至柔而動也剛，至静而德方」。動、剛即直也，如人心敬義之德，義固動而制事，敬亦動而制心也。爻直方並言，而象言「直以方」，非直無以爲方。如欲作方物，非有一直者以度四面，必不方矣。非敬無以爲義，先儒云「無忠做恕不出」是也。自記。

動而直方，則大矣，大故「不習无不利」。「地道光」，即大也。自記。

凡數起于點，當初止有一點，引而長之則爲線，將此線四圍而周方之則爲面，又復疊之教高則成體。「直方大」，即是此意。直即線，方即面，大即體。惟直而後可方，惟方而後能大，故象曰「直以方也」。直了纔能方，既直方，自然大，故曰「敬義立而德不孤」。清植。

「含章可貞」，則「以時而發」，静中有動也。「或從王事」，而其「知光大」，動中有静也。自記。

陽爲質，陰爲文，坤爻除初上外，二三四五皆文也，或藏或見耳。或謂六二無文，然地道之光，天下之文孰大于是？自記。

「永貞」即是「牝馬之貞」，即是順而健，即是陰變爲陽。自記。

問：「『安貞』與『永貞』何别？」曰：「『安貞』者順也，『永貞』者順而健也。非安則不能永，然非永則亦不足以言安矣。」清植。

「至柔而動也剛」，覆釋彖辭「元亨」；「至静而德方」，覆釋彖辭「利貞」；「後得主」以下，覆釋彖辭「後得主」以下。不言西南東北者，西南得朋，即亨之時，所謂「含弘光」。東北喪朋，即貞元之時，所謂「柔順利貞，順承天而時行」也。此段數句皆用「而」字一折，上截「柔静」、「後得主」、「含萬物」、「承天」，皆是其順處，下截「剛方」、「有常」、「化光」、「時行」，皆是其順而健處。

敬、義不可分動、静。静固敬，動亦敬。如處事時是義，然必此心常存，義方有根。譬如讀書，苟心不在，則口雖誦，目雖視，實不知所云爲何，此安能制事？中庸言「不覩」、「不聞」，分別「未發」、「已發」，此亦有説。如人畫丹青，必先有素絹，此似未發之心。及制事，卻似加以采色，只見丹青，不見素絹了。惟空白無采色處，方是絹之本色。所以「不覩」、「不聞」，方見得心之本來面目。實則敬貫動静者也，故言「敬以直内，義以方外」則可，若謂「敬以直静，義以方動」則不可。大抵敬屬心，義屬事，提醒此心，使常在此便是敬，無甚條目。義則須窮理精義，便有許多條目了。清植。

乾陽即人之神，坤陰即人之形，神純善，形便有善惡。聲色臭味之欲不可謂惡，其流即惡也，所以累神者形也。以先天圖論之，陽動屬神，日用動作皆一心運用；陰静屬形，事過休息，則四體居止。以後天圖論之，凡生物成物皆陰爲之，猶耳目手足足以集事，事去則過而不留，中心湛然虚明。總之，天君泰然，百體從令，以陽爲體，以陰爲用者，正也。人欲横流，心爲形役者，不正也。然雖當理欲混襍，人心危，道心微，畢竟神明爲尊，故「玄黄者，天地之襍也」，下綴一語云「天玄而地黄」。若曰雖是襍，畢竟有定分，天到底是玄，地到底是黄。周衰，君弱臣强，幾于上下倒置，然大號終存。春秋之名分凜然，猶是義也。天地陰陽，君臣父子，理欲善惡，君子小人，無不如此。

程子説孟子「英氣」，張子説顔子「粗心」，張長史常舉爲對，果然。讀書至程朱，可謂細矣，比之孔子，覺猶未也。孔子讀書，直是字字不放過。坤卦上爻，孔子已是解明，程朱解之，尚都未盡。此時陽氣雖微，到底陽不可没，故曰：「爲其嫌于無陽也，故稱龍焉。」此時焉得有龍？倒反以龍爲主，似龍自在那裏戰的一般。但是龍至此不能自振，已疑于陰，故曰：「未離其類。」不然，氣爲陽，血爲陰，如何説血陰陽至此混爲一區？故曰：「玄黄者，天地之雜也。」然到底天是天，地是地，猶然「天玄而地黄」。春秋書法便是倣此，因天子失了身分，諸侯皆與對壘，然春秋之文曰「王師敗績于茅戎」，一似天王不知何故自敗于茅戎者。然天王豈能無過？到底君是君，臣是臣，所以孔子成春秋而亂臣賊子懼。又如人心原只有天理，到得人欲熾時，竟與天理争衡，豈可説道心、人心勢鈞力敵？只説得道心微茫而已。然道心至此，已不能超然于人心之上，覺得混雜。到底天理是天理，人欲是人欲，豈可竟不分别？此是夫子就「龍戰于野，其血玄黄」八字上，逐字想出來的，直細入無間。

榕村語録卷之十

周易二

通論中，釋屯彖傳，以「剛柔始交而難生，動乎險中」，「雷雨之動滿盈」，爲皆卦所以名。分之，則「始交而」、「動」是釋「亨」，「難生」、「險中」是釋「貞」，「雷雨滿盈」是釋「建侯」。今思之，屯象稱「雲雷」，解象稱「雷雨」，則屯之時猶未解也。彖傳變雲言雨者，欲以見屯之必解，則「雷雨之動」四字，是釋「亨」。然動者亨之機耳，其絪緼滿盈，又足以見「貞固」之義。故程傳以「剛柔始交而難生，動乎險中」二句爲釋名，以「雷雨之動滿盈」句爲釋「大亨貞」。其說可從。清植。

問：「本義以『光亨』及『吉』爲『孚』、『貞』之應，觀象不從，何也？」曰：「看六爻中，言敬、言慎、言中，皆孚之屬也；言恒、言衍、言順，皆亨之屬也；其言正，則貞之屬也。需之時，孚義最重，故上雖不正，而敬則終吉。象謂『雖不當位，未大失』者以此。亨義次之，故二雖不正，而衍亦終吉。象謂『雖小有言，以吉終』者以此。」清植。

「邑人三百户无眚」，覺得本義説未安，故向來作無株連之患解，自以爲妥矣。一日宴見，蒙諭云：「此乃邑人化之，而歸于無訟之意。」想來極當。若是不致株連，何消鑿言三百户？三百户，邑之小者，本義説原是。蓋二之自克，雖未足以成風教，而已可以化小邑。聖見高明，恂非儒生所及。清植。

「小人勿用」，謂既撥亂世反之正，則當建官惟賢，不可復用小人，以釀他日之亂階耳。用者，所謂「是崇是長，是信是使」，是以爲大夫卿士，非不用以「開國承家」也。小象「必亂邦」，「邦」字是謂大君之邦，非指所開之國。若以小人爲即指「開國承家」者言，則當命將出師之初，所謂「長子帥師，弟子輿尸」者，已致其叮嚀之意。是論功行賞之人，大率皆長子之類，安得小人哉？自古戰勝之後，多致驕盈，而小人因以得志。聖人之特爲設戒者以此。故既濟于「三年克之」下，亦曰「小人勿用」。清植。

「密雲不雨，自我西郊」。張魏公解云：「言陽未應也。」此句實諸家所不及。雲者陰氣，雲而密，是陰先唱也。若陽入而散之，則氣降而成雨矣。不雨者，以其氣猶尚往也。所以尚往者，由「自我西郊」，故「施未行也」。西爲陰方，「自我西郊」，即陽未應之驗。觀象中，此意猶未能暢。清植。

「血去」，傳、義説未安。君臣之際，所以致惕，爲其間有壅隔而情不通也。若積誠感動，以致去其壅隔，則惕可出矣。小象「合志」二字，正釋「血去」之義。清植。

易有大畜，有小畜。大畜者，聖君在上，正名定分，布德發政，天下風靡。小畜則如以臣子而匡救其君父也。自上而變下者易，自下而變上者難。然始雖勢逆，積久自效，故曰「既雨既處」，言畜之極而陰陽亦合也。但大畜功成，則身名俱泰，故曰「何天之衢」。小畜功成，便宜引退，若以寵利居成功，必致凶咎，故又曰「婦貞厲，月幾望」。

若以位不當爲爻德之不善，則當以釋「跛」、「眇」，今此以釋「咥人」，蓋卦有「不咥人」之辭。而三適直兑口之缺，故有受咥之象。是所謂位者，爻位之位也。自記。

履彖傳所謂「剛中正，履帝位而不疚」者，即指五也。凡彖傳中所贊美，其爻無凶者，他卦皆然。獨履五之辭曰「夬履貞厲」。此「厲」字當與乾三之「厲」同，言常存危懼之心爾，非占詞也。惟剛，故曰夬；惟中正，故曰貞；惟常存危懼，所以不疚。書曰：「心之憂危，若蹈虎尾。」正此「厲」字之義。觀彖中猶是循用舊解。清植。

「内陽而外陰，内健而外順，内君子而外小人」，三内外是一樣。或疑順健都是好的，如何分内外？不知連陰陽、君子、小人，原都是好的。如人以心爲主，難道耳目口體都是壞的不成？獨陽不生陰，乃所以成物。君子當權秉令，亦要小人宣力于外，趨事赴功，何嘗不好？只是要得在内者，爲陽，爲君子耳。

以内外取義，則爲「消長」；以上下取義，則爲「交泰」。「帝乙歸妹」，只是以上下取義耳。自記。

否象傳之言內外、陰陽、君子、小人，字俱與泰同，只改「健順」爲「剛柔」。蓋順雖要放在外，卻全是好的，若陰柔，便可生出不好來。清植。

問：「『不可榮以祿』，對『榮』字宜曰『爵』，而反曰『祿』，蓋當否時，稍有識者，便知不貪爵位，然或迫于貧，不得已而爲祿仕者有之矣。惟『儉德辟難』之君子，人君不可以祿釣之，而致其身于榮。此非有衡門樂飢之節者不能也。」曰：「看得好。」清植。

凡卦必有主爻，「同人于野，亨」，卦之義也，而爻德無以配之者，蓋六二雖成卦之主，然以爻德論之，以陰求陽，以下應上，非所謂大同也。九五雖剛健中正，然居尊位以下交，以言「同人」則可，于在野之義則有間矣。惟上九處卦之外，有野之象，坤之上曰「龍戰于野」是也。然既非卦之主，而又未極中正之善，故其義次于野，而曰「郊」。國外百里爲郊，郊外爲野。郊比之于宗、于門則公矣，比之野猶未也。故象傳曰「志未得」。于野則「亨」，于郊僅「无悔」而已。「志未得」，釋「无悔」之義也。自記。

大有有賢之卦也。大象兼「遏惡」言者，惡不遏則善不可得而揚。堯典先辨三凶而後舉舜，舜典先誅四凶而後咨二十二人，皆是此意。清植。

同「鳴謙」也，一曰「中心得」，一曰「志未得」者，一則對「鳴」字爲義，言謙雖遠聞，而實自得于心，非徇外也，徇外則非謙矣；一則對「征邑國」爲義，言謙雖遠聞，而實不敢自以爲得，故雖可用行師，而惟自治其私邑，非務外也，務外則又非謙矣。「中心得」、「志未得」，皆所以爲謙之至。自記。

「嚮晦入宴息」，與隨名義不甚關合。此等處是夫子示人以觀象之例。羲易無文，然觀玩之下，隨人識取，意理更是無窮。所以文、周未繫之先，原可用以占筮。夫子于大象傳指切人事處，雖説得與名義關合者爲多，時漏一二處，使人知文王當日，假令别命一名，亦未嘗不可。以此意看易，益覺得變動不居，意理活潑。清植。

蠱當以革、巽二卦比看。巽者，陰伏于内，弊之端也。蠱者，蠹蝕于中，弊之成也。巽如果子受溼，有一二軟腐之處；蠱則内生蟲蛀矣。故巽不過要搜索那一點伏陰，制而去之。若蠱，則須從頭整頓，所謂甚者必舉而更張是也。巽曰「先庚」、「後庚」，而蠱曰「先甲」、「後甲」，「甲」者，從頭做起之意。至革，則通體全壞，須用變換一番，又甚于蠱矣。吉凶生大業，無吉凶則無業，故巽止「小亨」，而蠱、革皆「元亨」。清植。

二陽在下，如何爲臨？以二陽正向盛也，三陽則恐盈而昃矣。既以二陽爲臨，未有四陰在上，反爲下所臨者。且臨人必當有道，至爲人所臨者，本無可説，故六爻通作臨人説。觀卦二陽在上，自是爲人所觀之象。六爻既説爲人所觀，又説觀人者，觀人以自處，亦必有道，故不可以無言。

因承修周易折中，請得内府宋版本義，觀卦辭下注云：「觀者，有以示人，而爲人所仰也。」曰：「坊版于『示人』上，皆增入『中正』二字，如何可通！向嘗以爲疑，今看此，可見坊版之誤人不淺。」清植。

彖傳「神道設教」是總説，象言「觀民設教」是就省方一事説，非上設教以德，而下設教以政也。猶之「天有四時，風雨霜露，無非教也」。而風之動物，尤爲深入而遠被。豈彖之設教以神道，而象之設教非神道乎？王者既設教以爲民觀，復因省方而觀民以設教，象意總包舉于彖傳中耳。自記。

「觀民」與彖傳「觀天下」之義同，言九五大觀之主，爲民所觀也。苟其德之未至，則不足以爲民所觀，故必觀我之平生皆合于君子，而後无咎。自記。

柔文剛，文之而已；剛文柔，何故言分？此理驗之樹木，最爲易見。樹之本根，爲剛，爲質，其枝葉，爲柔、爲文。枝葉之庇本根，是文剛也。然其所以枝枝相對，葉葉相當，津潤悦懌而不枯者，非本根之氣，爲之流布灌注，何以能然？但枝葉之津潤、悦懌，即日有加，而本根初無所損，則分而文之之驗也。清植。

以象言之，一陽居上，有「得輿」之象；衆陰在下剥之，有「剥廬」之象。以理言之，君子當道之窮，而人心益歸之，「得輿」之義也；小人之剝君子，自失其所依芘，「剝廬」之義也。然碩果既不可食，則廬亦終不可剝，故象傳補爻意曰「終不可害」。自記。

徐善長問：「陽無盡時，當剝方盡，一動便是復。如何復卦本義云『剝盡則爲純坤，十月之卦，而陽已生于下矣。積之踰月，然後一陽之體始成。而來復，是踰月後一陽成體，而始爲復也』？」曰：「朱子此語自未圓，然卻有此理會得，便不須疑。此卻是無中生有道理，喜怒哀樂未發時，一切皆有。人呼時必有息，方其息時，正是蓄呼之力。此之謂大本。人舉足要行，卻要先站一站，那站便是大本也。陽生于子，卻胚胎于亥，乾所以位于西北也。亥添草頭，便是根荄之荄；添木旁，便是核實之核；添子旁，便是孩提之孩。可見陽生于亥，亥月謂之陽月，非無故也。」

問「見天地之心」。曰：「使天地無心，人物之心卻從何來？」自記。

朱子謂「也不耕，也不穫」，恐未是。本意蓋只管耕菑，不計畬穫也。試將此意代聖人作兩句，其立文自不得不如此，無可疑者。自記。

「行人得牛，邑人災也」，語氣蓋謂若邑人得牛，則其被罪也，乃自作之孽矣。惟得牛者爲行人，故在邑人雖不幸被罪，特可謂之災而已。清植。

「良馬逐」是象，「利艱貞」是占，「日閑輿衛」又是占中之象。承「良馬逐」之意而取此，「日閑輿衛，利有攸往」，即是「利艱貞」注脚。自記。

「顛頤，拂經于丘頤，征凶」，本義云：「求養于初，則拂于常理；求養于上，則往而得凶。」是「拂經」與「征凶」爲對，皆占辭也。至小象六二「征凶，行失類也」，單言「征凶」，本義卻云：「初上皆非其類。」是又以「征凶」二字，兼承「顛頤」、「于丘頤」兩義矣。考六爻，四亦曰「顛」，以求初也；三五皆曰「拂」，以求上也。既求初爲「顛」，求五爲「拂」，則此「拂經于丘頤」五字當作一句讀，而以「征凶」二字，總爲占辭。黄勉齋之説如是，于義爲長。清植。

大過四陽在中，取象于棟。二五變棟象楊者，以其近陰，則雖爲材之類，猶未離乎水澤之感也。小過四陰在外，取象于鳥。而五又象雲者，以其居尊，則雖爲飛之類，獨有取乎飄揚之質也。棟在中，故四陽皆棟，而三四獨言棟；翼在末，故四陰皆翼，而初上獨言飛。同一棟，而四「隆」三「橈」者，以位而定也；同一飛，而初「以凶」，上則「罹之凶」者，亦以位而定也。清植。

大過、小過須當斟酌得妥。如事斷不可徇俗，則須壁立萬仞，雖「獨立而不懼」，雖「遯世而无悶」。如猶或可從，則雖稍徇之亦不妨。如「麻冕，禮也；今也純，儉。吾從衆」，用純原自無妨，況又得儉，所以聖人亦只得從他。若拜堂上，則斷不可從。此是權衡處。天下事豈可教過？過便不是了。然聖人覺得這邊分數較多，便站穩在這邊。如獨立、遯世，聖人豈願如此？此便是過處。但時當如此，聖人便不懼、无悶；行過、喪過、用過，便不得謂全是了。但時當如此，亦只得依他。然使行過肆，喪過易，用過侈，聖人亦便不從。因爲過恭、過哀、過儉，尚有好處，所以從他。這便是權而不失經處。孟子答任人處，便是小過；「舍生取義」章，便是大過。清植。

棟者，剛在上也，剛在上，則有橈之患。惟柔在下，以籍薦之，則可以防其橈矣。君子之臨事，「獨立不懼」，蕩蕩然無顧慮之意也。當其未事，周防不懈，夔夔然存恭畏之心也。自記。

八卦皆人心之德，乾健，是不息的，人氣血不周流便病，脈歇至便病。坤順，所謂百體從令也。健主神上説，順主體質上説。震主動，巽主入而散，兑主説，艮主止，皆人心之德不可無者。惟水主險，豈可説人心有險德？故聖人于坎上加一「習」字。王輔嗣云「更習」也，最妙。程朱不用，而以「重坎」爲「習坎」。那一卦不是重？何獨坎卦？孔子所云「重險」，乃是解「習」字之意，一重險過，又一重險，非「更習」而何？不是以「重」字訓「習」字也。不獨上聖大賢，將降大任，必先窮餓困苦，動心忍性，增益其所不能，即平常人，亦困心衡慮而後作，徵色發聲而後喻。所謂險，不獨貧賤患禍也，那極如意之中，一切飲食男女、聲色嗜好，那一處不是陷阱？都要在此等處鍊過方好。加一「習」字，便是人心之德最不可少者。

天下至實者無如水。以黍稷入斗斛，已滿了，再築實摇晃便陷下，土沙皆然。惟水一滿不可增添。他物可堆高，水至平而止，所謂「水流而不盈」也。古人文字，有兩句似相對，而上句斷，下句聯下文者甚多。史記尚如此。「水流而不盈」，似與「行險而不失其信」相對。其實，「水流而不盈」，是斷句，「行險而不失其信，維心亨，乃以剛中也」，是一連讀。

「德行」，如三物中六德、六行之類；「教事」，如三物中六藝之類，皆自己身上事。程傳以「習教事」作「三令五申，使民習熟」説，稍離。清植。

宛平王相公熙嘗語余云：「吾閲事多矣，凡人設機心，假一事以作穽陷人者，其人必即因此事自取禍敗。」余因是語而悟「習坎入坎」之義。其所習之坎，即其所入之坎，不待他處有坎而後致凶也。清植。

水德所以爲至實者，以其未平則未驟滿，方平復無增高，既平之後，又難以人力使之縮少也。然則其後之無損耗者，由于其初之不盈大也。二在下體，是未至于平也，未平則不驟滿，故爻曰「求小得」，而象曰「未出中」。五在上體，是既至于平也，既平則不增高，故爻曰「不盈」，而象曰「中未大」。人之心德，有本而無助長之功，有實而無過情之譽者，亦如之。自記。

「習坎」之得其道者，二五也。四承五，故亦「无咎」。其餘二陰，皆失道者也。獨初上言之者，初雖涉險未深，而居下有坎底之象，是小人動作機詐，自謂能習險，而自納于陷阱者也。故爻特加「習坎」二字，而象曰「失道凶」。上雖處陰之極，而居上有出坎之象，是人之惡積罪大，罹于刑辟，聖人至仁之心，則猶望其習于險而改悔者也。故象曰「凶三歲」，所以終「習坎」之義，充類以至于盡也。三雖亦失道，然處重險之間，則時之窮也。時之窮者，不可以習險責之柔材，故爻但曰「勿用」，象但曰「无功」而已。自記。

爻言三歲而猶不能改悔以得于道，則凶矣。明其失道于今，將復凶于後也。象言由其失道，故「凶三歲」。明失道于前，是以凶于今也。言外之意，乃謂因幽憂困苦，而能改悔從道，則三年之外，可以免凶矣。此爻象交發意也。自記。

「繼明」者，所謂緝熙于光明也。傳說太泥，不必從。清植。以上上❶經。

遇憂患危疑事，如艮卦大高，明道所謂「萬變皆在人，其實無一事」者，即是此地位。

---

❶此處原本缺二「上」字，據周易正義補。

想明道已能到此。平常人倒是咸卦用得著，事變來，以理爲主，若不能萬全，只得順理有把柄。

「取女」主陽感陰言，「女歸」主陰從陽言。陽感陰，貴乎情之專；陰從陽，重乎禮之別。「女壯」則勿取者，以失乎順從之道，則不可感者也。歸妹則「征凶」者，以不待交感之節，則不宜歸者也。清植。

「憧憧往來」，不是説憧憧然往來，蓋謂把往來放在心上盤算，憧憧然不寧也。「往來」即當「感應」二字看，感應是該有的，不合憧憧于其間耳。自記。

浚者，求深之義也，求深非不善，而始而求深，則不以其序，而終至于无恒矣。「浚恒」者，求深于其常也，而終至于无常。事不循乎其序，則不可繼，而不可久也。自記。

諸爻皆言「遯」，而二爻無之，則是義不可遯者也。故傳言「固志」以明之。自記。

卦皆貴剛，惟升進則尚柔，蓋取難進之義。故晉曰「柔進而上行」，升曰「柔以時升」，漸曰「漸之進也，女歸吉也」。定九先生曰：「守得住柔，便是剛。」

説明夷，因曰：「『自我西郊』、『亨于西山』，以爲指文王，皆恐未確。惟此卦卻有些像。」「明夷于飛」，不知指著誰人説，想是當時隱者，如伯夷、太公之類。「夷于左股，用拯馬壯」，卻像是指文王。文王率商之畔國以事紂，又陰行善，上不失君臣之分，下又救了許多百姓，所謂「馬壯」也。「明夷于南狩」，是指武王。「入于左腹，獲明夷之心，于出門庭」，卻像微子。腹者，腹心之臣，故繫二止曰「殷」，不曰「腹」。「箕子之明夷」，明明是指箕子。「不明晦」，正指獨夫。「初登于天」，所謂「殷之未喪師，克配上帝」。「後入于地」，所謂「惟不敬厥德，乃早墜厥命」，都有些像。所以彖傳中分明言「文王以之」、「箕子以之」。將來所著易解中，凡引古事爲證者，皆當盡行删去。惟此卦卻不得不如此説。清植。

「明夷」原是好字，今人皆説作昏主。「明夷」是自家明，卻被别人傷了。故自初至五，皆曰「明夷」，惟上是傷人之明者，故不曰「明夷」，而曰「不明晦」。清植。

風火爲家人。風本從火生也，因熱而生，故萬物亦被之而生。一家和，便有暖氣，暖氣薰蒸，至于黨族親戚，而化及鄉國矣。此家人之義也。

君子以言有物，誠也，不誠則無物。「誠」字、「信」字，皆從言，蓋誠信于言驗之。自記。

睽時須從小處去行，如人子得罪于父母，大處動輒生疑。且莫動，只揀小小事體無可生疑處，勤慎自效，積久亦漸消釋，是感通之道也。

「有孚于小人」，作「驗之于小人之退」説，于義雖通，但細玩此爻義，當是言解之時。本以解去小人爲急，五又居尊，惟有能解則吉耳。然多欲之君，雖或一時迫于公論，不得已去其近習，心中終有不忍捨棄者存。如宋孝宗之念曾覿之類。則小人雖或見斥，而有以窺其隱微，猶未信其實能斥己也。未信其實能斥己，則安肯改惡以歸于正哉？故君子之解，必使小人共信其爲誠心去惡，然後可以得吉。象言「小人退」，非正釋「有孚于小人」，言既孚于小人，則小人必改惡以歸于正，如論語「不仁者遠」之意。此説尤長，既與「孚」之字義相合，又于句下不用添出「之退」字面。觀象中尚未及改正。清植。

「損下益上」爲損，「損上益下」爲益，最爲確鑿，不是徒以虚理立論。天地施生，何處不然，然必假人力以爲輔相。如今墾一畝田，必須工本；播一區穀，必須糞水。「損上益下」之世，民有餘饒，自然野加闢而穀加豐。是聚于上者，雖若見爲損，合世間所生殖者論之，所贏不知凡幾矣。其實，民間之財，何莫非君上之財，豈非益乎？若「損下益上」，斂利而藏之府庫，所藏者既無生息之源，而民間工本乏資，糞水無藉，勢必棄壤不闢，而所收亦歉。是在上者，雖若盈溢，合世間而通算之，所失不已多乎！此理陸忠宣看得透，故有小儲、大儲之説。其奏疏中有一篇論損益者，極佳。清植。

「損剛益柔有時」，即緊頂「二簋應有時」。如損神明之享，以濟時艱，亦所謂「損剛益柔」也。故總之曰：「損益盈虚，與時偕行。」自記。

動者，志之奮也；巽者，心之入也，即程朱學的中「立志」、「虚心」之云。説命曰：「惟學遜志，務時敏。」「遜志」，巽也；「時敏」，動也。清植。

君子小人，不但善惡之稱，凡上位下位皆是也。九四與初六應，未嘗遠之也。然應而不能制之，則非我有矣。聖人推原其本，謂不能制之者，由于親愛之失其道也。我失親愛之道，然後彼之心離，離然後不可制也。自記。

易中「號」、「笑」二字每相應。「若號一握爲笑」，言萃之所以亂者，以孚之不終也。「若號」，則仍有孚矣，故可一轉而「爲笑」。「一握」，猶言一反覆手間。清植。

爻言「萃有位无咎」矣，又言「匪孚，元永貞，悔亡」。則是無「元永貞」之德，而但以位萃天下，雖无咎，而猶有悔也。故象傳推其意釋之，謂以位萃天下，則「志未光」。「未光」，謂有悔也。自記。

「升虚邑」，東坡之説爲長。五之「升階」，其進有漸也，「升階」而吉，則「升虚邑」之無吉義可知。升、晉之卦，皆利于柔者，以抑躁競也。九三過剛，難免于躁競，故其詞如此。清植。

「冥豫在上」，則不可以久長矣。「冥升在上」，而曰「利于不息之貞」者，蓋悦豫非久長之道，故必速變之而後无咎。升則有時難于退者，但利于守正，不息而已。自記。

困與蹇異。困者，身之困也；蹇者，時之難也。説者以「致命」與「匪躬」同解，覺得太過。言舉其所遇一委之命，而惟惓惓以遂志爲心而已。象傳「困而不失其所亨」，志，即「其所亨」者也。文中子東歸，餓于逆旅，講學不輟，而曰：「困而不憂，窮而不懾，通能之。」即「致命遂志」之謂。清植。

君子雖處貧賤，無入而不自得，非所以爲困也，惟樂行憂違，君子之志也。若言不必聽，計不必從，徒以爵禄縻其身，而不得引去，不幾于進退失據者乎？所謂「困于酒食，朱紱方來」，「困于金車」，「困于赤紱」者，意正如此。清植。

困四「志在下」，與臨上「志在内」同，皆非指應爻而言也。臨上在卦外，于人爲事外矣，而曰「敦臨」，則是臨民之道，敦厚不忘，志存乎天下之内者也。非志在内，則居事之外，何以見其敦厚于臨乎？困四居上位者也，而曰「來徐徐」，則是無心于進而勢不得退，其志常存乎居下者也。非志在下，則居位至高，何以見其來之徐徐乎？自記。

「動悔有悔吉」爲句，「行也」爲句。「跛能履吉，相承也」；「遇其夷主吉，行也」義同。自記。

就爻觀之，疑于所謂「我」者，井自我也。若井自我，則亦井自心惻，而井自求福矣，非爻意也。故夫子釋之曰，此謂行路之人過此井者，覩其清而不食，惻然憂傷。故爲之思遇王明，庶幾食此井者，皆受其福耳。蓋必如此解釋，然後「我」字、「並」字可通也。自記。

獸皮曰革，獸之變必先易其皮，故「革」字又有改革之義。六爻中，言牛、言虎、言豹者，以此。清植。

「巳日」者，革之時，「乃孚」者，革之應。惟「巳日」故爲「順天」，惟「乃孚」故爲「應人」。然而惟有慙德，故必元亨利貞而後悔亡也。爻于二言「巳日」，三四五言「孚」，四又言「悔亡」，皆析卦義以立文。初未至于「巳日」，故不可以有爲。五者創業之成，而上則守成之緒也，故變「大人」爲「君子」。清植。

爻言「得妾以其子」，是即以初爲妾，比于鼎之「顛趾」，而以其從夫得子，比之「出否」也。然文意未明，疑于初之「得妾」者然，故象傳曰：「利出否，以從貴也。」則知初是爲妾而從貴者矣。自記。

至尊讀書，都在最上一層著意，信是天亶睿智。一日諭地云：「易經逐爻説吉凶，不知道他的根，甚疑惑。如鼎卦四爻，爲甚麽斷他『鼎折足，覆公餗，其形渥』。還是他自己有應得之罪？還是天地間有此事，硬派在這一爻上？」地奏云：「據臣愚見，大易三百八十四爻，都是聖人逐爻比校過，纔下斷語。鼎四之辭，是他自取，不是硬派的。」曰：

「如何是他自取？」奏曰：「鼎卦初六是鼎趾，二三四是鼎腹，四居鼎腹之上，實既滿盈，便有傾覆之理。又易有義例，五位君也，四近君之位，故曰『多懼』。四宜柔不宜剛，五宜剛不宜柔。四爻以剛承柔，率多凶懼。他已犯此例，又下應初爻。初在下，宜剛不宜柔，如特立獨行，賢人在下之象。四宜柔，如大臣虚己下賢之象。今大臣剛，而在下者柔，如所信任者乃陰邪之小人，他又犯此例。初乃鼎趾也，故曰『折足』。鼎有實而折足，鼎中之所有必覆矣，故曰『覆公餗，其形渥』。」奏訖，大蒙嘉悦。因曰：「由此看來，易經通有義例。」折中内有義例一册，從此起也。

易爻以陽爲實，鼎五陰也，然有中德，故可以之爲實。猶未濟九二，非正也，然有中德，故可以之行正。兩處文義，正可參觀。

八純卦大象，與六十四卦大象，微有不同。蓋八卦之象，皆造化之本，各一其極而無假借，君子體之，皆是以其德反之于心。非如他卦之或取于時遇，如泰、否、蹇、解之類也。故天法其健，地法其順，火法其明，水法其習，山法其止，澤法其滋，風法其令。推是以譚，雷亦是法其震動。此震動乃吾心所固有，戒慎恐懼乎其所不覩不聞者。不可以洊雷之象，目爲外至之震驚，而君子因之以恐懼修省也。自記。

「艮」、「背」二字之義，即是主静，故周子曰：「背非見也。」程子曰：「止于所不見。」

惟語類有「止至善」之説，而蒙引、存疑因之。文意雖殊，義理則一。自記。

朱子解「艮其背」爲「止于至善」，道理極是，只是以「至善」詮「背」字，覺得不協。程子説「背」爲「不見之地」，是矣；又説「行其庭，不見其人」爲「絶物」，未免太過。聖人説「篤實」，便説「輝光」；説「闇然」，便説「日章」，只是以静爲主。

問「止其所」。曰：「『所』字是甚麽？近講以仁、敬、孝、慈、信之類詮釋，頗于字義不肖。若直以爲寂静之境，又恐宗指有差。諸夔文云：『適得吾明覺之體，不失吾順應之常。』于『止』字本意得之矣。」自記。

佛家將心地一點靈明，謂之「三昧真火」，其他一知半解有知覺處，都是「無名火」。所以破除一切，以養他那一點靈明。艮卦三爻，正是説著此病。「厲薰心」，「薰」字最妙，火條達便光芒照耀。若佛氏硬提此心，是抑塞壓制，使他鬱鬱不能出。如火之薰，適足以爲障蔽而已，故程子謂「觀一艮卦，勝讀楞嚴一部」。

外邊事處置妥，心裏便安，本是一箇，聖人學問如此。異端離此而求静，乃悍然不顧，其中不自在者多矣。聖人知之，曰「厲薰心」，蓋發其隱也。

六四在心之上，口之下，以咸例之，正當背位，合卦義矣。然艮爲剛德，而四柔也，且德非中正，故未能純乎卦義。卦義曰：「艮其背，不獲其身。」夫子釋之曰：「艮其止，止其所也。」蓋止于其所，則自不獲其身矣，無制身之勞也。未至于是，則必止于其身。止于其身者，未能不獲其身也，故夫子釋之曰：「止諸躬也。」易「其」爲「諸」，義自明矣。「非禮，勿視聽言動」皆是也。自記。

漸以「女歸」爲義，歸妹以「妹」爲名，故六爻皆取女象。漸三曰「婦孕不育」，「婦」指三也，其曰「夫征不復」者，引起之詞。歸妹上曰「女承筐无實」，「女」指上也，其曰「士刲羊无血」者，波及之詞。清植。

歸妹上六，專取妹象。由女之承筐也无實，故士之刲羊也无血，其咎在女也。故象傳偏釋「承筐」。自記。

豐初之「配主」謂四，配如夫婦之配合；四之「夷主」謂初，夷如朋友之等夷。以下交上，雖合德，猶必謹其分；上之交下，既同道，則必略其尊。清植。

往時解風，陽也，主散陰氣。西方陰凝時，須風以散之，至春方發生，無陰可散，乃是散去年陰氣之尚凝者耳。今思之非也。天地間有陽便有陰，如心纔動而身體便隨之。方春陽氣一到，便有陰氣，便須風散。不是散去他，是散開要他流行。如化開飲食，以滋益于人，不可結凝爲患也。

入而後能斷，故巽有制義，又有齊義；六爻又有武人齊斧之義。不能斷者，不能入者也。自記。

巽，訓卑巽，始于輔嗣，殊爲附會。巽者，入也，非謂一陰能入，謂二陽能入一陰以散之也。如腹中無故腸鳴，不爲佳事。若中有痞塊，元氣盤旋而解散之，則周旋作聲，人方通泰。國家有藏姦伏慝，必搜索整治而後消散，亦是此理。常見五六月間，空際雲起，旋即風來吹散之，雲散則風亦止矣。再有雲起，則風又至。故巽有伏義，主陰而言也；又有八義、有齊義，皆主陽而言也。何以謂之「小亨」？破散陰氣，到底不過去滯，非元氣本然流行者可比。「利有攸往」者，搜摘不可不急也。「利見大人」者，必得陽剛而後能化也。史巫以搜其姦邪，資斧者，齊斧也，謂以斷物斬齊也。上九不斷，故凶。問：「上不斷，不有疑于卑暗乎？」曰：「彼亦刻刻欲搜姦發伏，非安于暗弱者，但不能斷，終『正乎凶』耳。」

今俗占雨暘以甲、庚日，蓋十干氣候，到此二日便須少變，如歲之有春秋也。蠱是從頭變來，故有取于甲；巽是從中間變，故有取于庚。自記。

「渙汗其大號」爲句，「渙」一字自爲句，「王居无咎」爲句。言能「渙汗其大號」，則雖當「渙」時，而「王居无咎」也。本義以「渙王居」三字連讀，但「王居」既「渙」，如何説得「无咎」？故以居爲「居積」之居，微費周折。惟依小象斷句，則「王居」二字，即是後世所謂「皇居」者，故小象以「正位」釋之。清植。

此「逖出」，與「惕出」自不同，故夫子以「渙其血」爲句，而專釋之，則明下當以「去逖出」爲句。如「樽酒簋貳」之類，皆是夫子分別句讀處也。當渙之時，在事中者，則以渙其所利爲義；在事外者，則以渙其所害爲義。自記。

卦取澤水爲義，水甘而澤苦，水通而澤塞。卦爻言「甘」、「苦」，故傳復言「通塞」以發明之。塞則窮矣，故傳曰「中正以通」，又曰「其道窮也」。

中孚二爻，講家説來語氣全舛。和之者「其子」而已，靡之者「吾與爾」而已，皆明其非謏聞動衆之爲也。不然聲聞過情，如登天之「翰音」，則凶矣。此二爻對看，其義自明。清植。

小過之時，以過爲中者也。然有當過者，則雖過而未離乎中；有不當過者，則不及而後不失乎中。過與不及之義，如反覆手。然過于恭者，乃其不及于亢者也；過于儉者，乃其不及于豐者也。「麻冕」之義，「過乎儉」矣，是所謂「過其祖，遇其妣」也；「拜下」之義，「過乎恭」矣，是所謂「不及其君，遇其臣」也。「不及其君」，則是君不可過也，而曰「臣不可過」者，蓋言是爲臣之中，則不可過，非爲君不可過也。自記。

爻意謂能「曳其輪」而不進，則雖「濡其尾」而「无咎」也。曳者，我曳之也；濡者，非我濡之也，故二義不可一例。觀未濟「濡其尾，吝」，「曳其輪，吉」，則可見矣。象傳專釋「曳輪」，其義自明。自記。以上下經。

榕村語録卷之十一

周易三

繫辭傳，古今至文也，惟中庸像之，文體直是一樣。

上繫是説易經大本大源，下繫是説讀易的秘訣及凡例。

繫傳首章，乃太極圖説所自出。圖説之「分陰分陽」，即「尊卑」一節之義；「動静互根」，即「摩盪」二節之義。但繫傳由摩盪而生六子，圖説則由變合而生五行，言各有所當耳。「男女」即繫傳之「男女」也。知始者，所以發其神；作成者，所以生其形。「易」、「簡」二字，實包「中正仁義」之義；「成位乎中」，則所謂「立人極」者也。清植。

「動静有常」兼二義：其分，則或動或静；其變，則時動時静。如風雷是動的，山澤是静的，就山澤言，則澤是動的，山是静的，所謂或動或静也；水停蓄處又是静，山發生處又是動，雷迅風行是動，斂氣收聲又是静，所謂時動時静也。清植。

「剛柔相摩」，是一對對相摩，雷與風摩，山與澤摩。「八卦相盪」，則山可與雷盪，風可與澤盪，都是言交易。問：「此二句著卦上説否？」曰：「未著卦。所言『八卦』，猶言天地間之雷風山澤如此相盪耳。王輔嗣及程子俱不著卦説，惟朱子方説作生卦。『剛柔』亦只是説天地間之二氣，不是説卦畫剛柔。」清植。

至尊言：「春風帶潤，最爲豐年之兆。」乃知易云「潤之以風雨」，非漫下「風」字也。雨以潤之，上繫并風亦曰潤者，謂東南風也。詩曰：「習習谷風，以陰以雨。」舜之操曰：「可以阜吾民之財。」清植。

「乾以易知」之「知」，乃「乾知大始」之「知」，與「易則易知」之「知」不同。「坤以簡能」，「能」即作也。「易」主心言，故屬德一邊；「簡」主事言，故屬業一邊。後儒只因把「知能」二字看混，遂有以知行分配德業者，悮矣。清植。

朱子説：「悔是吉之根，吝是凶之根。」最好。凡遇不好底事，只求之於己，便消了多少火氣纏繞。佛家重懺悔，亦是此意。吝不是大惡，如何便至於凶？只是不爽快，留在那裏遮遮掩掩，便可以做出大不好來。人當禍患來時，痛心疾首，思愆悔過，有這念頭，便可導引善氣，消除魔障。某平生覺得與人無大仇怨，不全是忍耐，亦是尋根見得自己身上明白了，便已消息許多。

「憂悔吝」、「震无咎」，不在「悔吝」、「无咎」之辭之外，即在「悔吝」、「无咎」之辭之中看出。介比小疵先一步，悔比補過又先一步，於此處提撕警覺，便是憂且震處。自記。

「仰以觀於天文」一節，淡淡幾句，把佛家無常迅速、生死事大、六道輪迴諸説，都包盡了。至「與天地相似」、「範圍天地之化」兩節，便是佛家説不到的。「尺蠖之屈，以求伸也；龍蛇之蟄，以存身也」，把道家虚静之説，都包盡了。至「精義入神，以致用也；利用安身，以崇德也。過此以往，未之或知也。窮神知化，德之盛也」，便是道家説不到的。

「仰觀俯察」節，括盡佛氏精妙。幽明，難知也，其實不必遠求，但觀察於至顯之天文地理。陽主施，陰主受，晦明盈虧，循環往來，幽明便是這緣故。下箇「故」字，言其所以然不外此也。知之，則凡作息、出處、進退、顯晦，皆視此矣。死生，難知也，其實不必遠求，但於所作之事，原乎事之所以始，反乎事之所以終，自無而有，自有而無，死生便是這樣。下箇「説」字，言其説即如此也。知之，則知「誠者物之終始」，只就應事接物上，可以了當「生順死安」之義矣。鬼神，難知也，其實不必遠求，但就身上體驗。耳目口體，精之爲也；其聰明運動，氣之爲也。陰精陽氣，聚而成物，是對待的。至於思慮夢想，倏忽現滅，出入有無，幻化萬端，則遊魂之變，是流行的。鬼神之情、之狀，即是這樣。知之，則踐形盡性，「克己復禮」，「清明在躬，志氣如神」，郊焉而天神格，廟焉而人鬼饗矣。

「原始反終」，始可原，終之後又誰爲反之？所以朱子亦覺説不去，只云：「能原其始而知所以生，則反其終而知所以死，反終即在原始中看出。」以某言之，「始終」不必貼「生死」，只是泛論，言即一事一物之始終，而可以知死生之説也。「精氣爲物，游魂爲變」，亦不必貼定「鬼神」。觀凡精氣之爲物，游魂之爲變，而鬼神之情狀可知矣。

夫子贊易許多「神」字，有説似「鬼神」者，有説似「神化」者，有説似「心神」者，要想箇至當不易的著落纔好。神者，兩物相感之幾，互根之妙，其原只是一理。如人一心，放之可以千頭萬緒，斂之便自一些没有。可見一些没有處，便有那千頭萬緒在其中；至千頭萬緒時，原有那一些没有者在其内。此之謂變化。千載而上，千載而下，我一思便到，可見千載上下，我有他的，他有我的，不然如何相及？無他，一理故也。動中有静之理，故於動便知有静；静中有動之理，故於静便知有動。陰有陽，陽有陰，相生相剋，止是一理。

須知説「廣大」，爲何推到「專」、「直」、「翕」、「闢」？蓋明天地一動一静，無心之妙，即所謂「易簡」也，故通章以「易簡」結住。此意少人會得。

静專、動直，静翕、動闢，是推「廣大」之原於「易簡」處，故曰「是以大生焉」、「是以廣生焉」。而下文以「廣大」、「變通」、「陰陽之義」，歸之「易簡至德」。自記。

法言云：「萬類錯雜，必衷諸天；羣言淆亂，必折諸聖。」河圖、洛書如何形狀，自漢以後，宋以前，無有也，惟班孟堅五行志，有自一至十，八卦是也；自一至九，洛書是也。略可考據。至陳希夷後，始傳河洛及先天之圖。朱子答王子合❶，尚以先天圖爲不足信，而以九爲河圖，十爲洛書，後見蔡季通，始改九爲洛書，十爲河圖，而歎先天爲最精。朱子於大根大源處已透，又心虚而大，故一聞合理之言，便從而信之。今日既有朱子以爲依歸，何必重加根尋，自取擾亂？且説道理，必不能如朱子之精，考據源流，必不能如朱子之確，以折羣言之淆亂可也。

河圖不必拘「天一生水、地二生火」諸語，只以陰陽奇偶言；洛書只以「參天兩地」、「三才」言。天下之理數盡此矣。五爲皇極，人也，參兩之會也。三至一、二至六，皆生生不窮，無住時。其順而加，則乘也；其逆而減，則除也。五不用，至十又成一。用奇數之皆得五，用偶數之皆得十。

「變化」、「鬼神」，即從「相得」、「有合」上看出。「相得」所以「成變化」，「有合」所以「行鬼神」。自記。

---

❶「合」，原作「和」，據朱文公文集卷四十九改。

「變化」是就推行有漸處見，「鬼神」是就合一不測處見。五氣順布，所以有漸也；陰陽互根，所以不測也。推此，則「變化」、「鬼神」，分頂「相得」、「有合」甚明。說卦傳以後天分職爲帝，先天互藏爲神，亦此意。自記。

聖人揲蓍，而數學之精俱括於内，其根皆始於七。故勾股法：勾三股四爲勾股和，以無餘數也。「大衍之數五十，其用四十有九」。七七四十九，未至七不成比例，過七又不成比例，以有零數也。凡開方，方圓相求，圍徑相求，圍積相求，無不始於七。方徑七，二十八；圓徑七，二十二，爲密率。以此爲例，卦乃乘數，蓍乃除數。

蓍策是法曆數的。一年全數爲三百六十五日四分日之一，除五日四分日之一爲氣盈，其整數爲三百六十。蓍策則虛一外，所餘者四十九，復以掛一一策，當氣盈五日四分日之一之數，其餘四十八策，則一策當七日半，合之得三百六十日，併掛一所當數，正與一年全數相合。不似太玄、潛虛、洞極諸書，牽强與曆數相應，却極割碎分裂不整齊。郭子和專以掛象閏，朱子辨之詳矣。但朱子以扐爲指間，奇爲揲餘，又似專以扐象閏，而掛無與於閏數。如此，則下文「而後掛」，不得爲別起積分之象矣。其實掛象氣盈，扐象朔虛，二者皆象閏。氣盈不用算，一定是五日四分日之一，故掛亦分二了便掛。朔虛却須細算始得，故扐在揲四之後。夫子分明言箇「奇」字，「奇」是箇一數；「扐」字從手、從力，又是箇實字。故「歸奇於扐」，當是歸掛一於揲餘，言併氣盈於朔虚，而後成閏。併掛一於揲餘，是象閏也，「五歲再閏」，而後别起積分，「故再扐而後掛」也。然如此，則掛象積分之端耳。象再閏者再扐也，不知氣安得盈？朔虚而後氣盈，蓍安得掛？覺得四揲之，尚有零數，所以有掛。專以扐象之，則不全。清植。

揲四象時，過揲象期，歸奇象閏。揲策正數也，奇策餘數也。時與期亦正數，閏亦餘數。自記。

問：「啓蒙附論中，迎日推策一篇，算來皆與曆法吻合。孔子於各樣圖象，未嘗以配曆法，獨於蓍策諄諄言之，所見必無差謬。倘治曆明時，直用此細加推測，未必不冠絶古今。」曰：「恐是如此。」清植。

「以言」，只是將所爲所行之事，於問時對蓍言之。自記。

問：「本義以『至精』爲辭占之事，『至變』爲象變之事。觀象不從，以變占屬『至精』，象辭屬『至變』，何也？」曰：「『至精』節，是言蓍筮之用；『至變』節，是言卦爻之藴。蓋本河圖而立卦爻，生蓍策『以前民用』，易之本末具是矣。故此篇首列河圖，遂紀蓍策。因備舉辭變象占四者，以象辭具於卦爻，變占生於蓍策故也。以此推之，則變占應屬『至精』，象辭應屬『至變』明矣。至下文又復列舉蓍卦爻，其義可見。」問：「『至精』故能『極深而通志』，『至變』故能『研幾而成務』。下文『通志』與前同，却舍曰『成務』而曰『定天下之業』，又增一句曰『斷天下之疑』，何也？」曰：「『通志』主蓍言，『成務』主卦爻言。以方知易貢，將析卦爻以立義，故於『成務』中亦以『定業』斷疑。析言之，卦『方以知』，故能『定業』；爻『易以貢』，故能斷疑。如當需之時，貴於孚，亨而貞焉，斯足以定其業矣。然自郊而沙，自沙而泥，處位不同，義各有當，則非爻無以爲斷。要皆所以『成天下之務』而已。」清植。

「以此洗心」，「此」字何所指？即指蓍卦之德、六爻之義也。蓍卦爻之設，乃是聖人牖民一片婆心所寓。「以此洗心」，則滿腔都是惻隱。至「退藏於密」，而此意常在，故及其發，而能與民同患也。「以此齋戒」，根「神物」來，亦是此意。清植。

「易有太極」，此句極其圓妙。氣根於理，理因氣見，説來渾融無迹。鍾旺。

「吉凶生大業」，且不必入教人趨避意。天地間若無箇吉凶，或有吉而無凶，一切事業經綸，何自而起？惟大業由吉凶而生，故聖人教人趨避，以成天下之業。自記。

「書不盡言」，何以「繫辭」便能「盡言」？既有「盡意」之卦象，因而繫之辭，則非凡書之比矣。故於「繫辭」下著一「焉」字，其旨自明。第二章「繫辭焉而明吉凶」，亦是根上「設卦觀象」來，與此正同。即「有見於天下之動」節所云「繫辭」，亦是根上節「象」字來；

「繫辭焉所以吉」，亦是根上文「四象」來。故俱著「焉」字。經書中助字無虚下者。清植。以上繫辭上傳。

卦各三畫，以天、地、人有定位，而事之始、中、終有定序，都是如此。因而重之爲六十四，亦皆理數之自然，非有一毫造作於其間。

貞，正也，常也。吉凶不一，要以正而常者爲勝。「惠迪吉，從逆凶」。豈無修德而凶，不道而吉？非其正常也。天地以正而常者爲觀，日月以正而常者爲明，天地日月豈無變異？非其正而常者也。此陰陽，人事之主宰。若如時解，便大有病。吉凶相勝，既是一定之理，聖人教人趨吉避凶，謂之何哉？

「貞觀」、「貞明」，便是天地日月之貞於一處。老氏所謂「天得一以清，地得一以寧」，亦頗得此意。自記。

「大德曰生」，故生乃天地之性，絪緼化醇，則生意可觀者也。自記。

日與月，寒與暑，二氣兩體，却是交藏互根。此所以自然相感，而無容心也。自記。

承否之後，是甫安、甫存、甫治也。觀三箇「不忘」字，便見得去亂亡未遠，與制治未亂、保邦未危，口氣是兩樣。自記。

八卦是伏羲所名，朱子於乾卦顯言之，至屯則不敢定。繫傳其稱名也雜，即指六十四卦之名也，而下云「其於中古乎」，「其有憂患乎」，亦未定爲誰名。今思伏羲時，井、鼎諸物或未備，意者其文王所名乎？

聖人憂患，都是憂患天下，不是只爲一身。「作易者其有憂患乎」？吉凶與民同患，聖人滿腔都是仁，原不見有一層皮殼。

「其出入以度，外内使知懼」，則雖師保之嚴，不是過矣。然又爲之明其憂患，與所以致是憂患之故，牖民覺世，全是一片婆心。故人不覺其有師保之嚴，而直如父母臨之也。口氣是如此。清植。

「柔之爲道，不利遠」，故六二不如九二。以此推之，則知九二强於六二矣，以遠貴剛故也。又知九四不如六四，六四强於九四矣，以近貴柔，不貴剛故也。「其柔危，其剛勝」，故三雖多凶，而六三又甚於九三；五雖多功，而九五尤强於六五也。此二節不過數語，直括盡全易中四爻義例。然其立言，曰「其要」，曰「耶」，一以見聖人之德盛禮恭，語多渾含，不似後人武斷；一以見易理變動不居。雖略論其大體，見得如此，而終不可以拘泥看殺。清植。

理本易簡，惟健順者能體之。若謂易簡生於健順，則非也。天地之道，可一言而盡者，誠也。誠，則自然易簡；不誠，而自謂易簡者，妄也。自記。

健以聖人之心體言，順以聖人之行事言，非兩人也。「易」對「險」，不對「難」。前章所謂「辭有險易」，中庸謂「君子居易」，「小人行險」，皆是以「險」、「易」相對。蓋以險遇險，則不能知險，而亦無以處此險也。故惟易者能知之，亦惟易者能處之。本義却用「難」字爲對，然難亦險也。雖易而能知險，所謂「不逆詐，不億不信，抑亦先覺者」也。簡與阻亦然。自記。

易乃坦易，如「居易以俟命」之易，不是難易之易。如人以機械變詐來，我亦以機械變詐應，倒往往爲所欺蔽。遇機械變詐人，我只以明白坦易處之，倒都照見得他的情僞，所以云「易以知險」也。既知之，便能以此處之，不過坦易明白，誠心直道，彼亦久而自化矣。簡與阻亦然。遇事之繁難瑣碎者，我只求得其要領，則繁難瑣碎處，亦俱知其故。若仍以叢脞御之，如何知其阻？以簡知之，即以簡處之而已。

某解「易以知險」、「簡以知阻」，與本義略異。蓋身亦入險阻，便難有濟，我即易以知其險，即簡以知其阻，以此知之，即以此處之，則險者易而阻者簡矣。人心之光明，易也；行事之順理，簡也。在我無邪曲曖昧，而行所無事，當險阻有何不濟？靜專、動直，靜翕、動闢，即是詮解「易」、「簡」二字。蓋在人之易簡，可以心地、行事言之，天地之易簡於何見？天之道，其靜也專一，其動也直遂，豈不易乎？地之道，其靜也都包在裏面，不見形聲；其動也一放出來，色色俱全，豈不簡乎？朱子說得妙，專直是一箇，翕闢是兩箇。如兩扇門，有閉有開，閉則一無所見，開則無所不有，却不是開時方逐物造出來，原是一有都有也。

愛惡生於時，遠近生於位，情僞生於德。利害最重，悔吝爲輕，吉凶居其間。「凡易之情，近而不相得，則凶。或害之，悔且吝」，總頂時、位、德而論之。「不相得」者，以惡相攻，以僞相感也。「近而不相得」，則勢必致凶，甚者或至於生害，即輕者亦必「悔且吝」也。以此推之，則近而相得者，必獲吉利可知；遠而相得者，雖未必吉利，其免於凶害亦可知；即遠而不相得者，雖或不免於悔吝，其不至於凶害又可知矣。著語無多，八面周盡，故是聖筆。清植。以上繫辭下傳。

繫辭都是說辭，說卦都是講卦。繫辭中雖有講卦處，意總歸於辭；說卦中雖有說辭處，意總歸於卦。

「參天兩地而倚數」，儒先之說，都不甚明白。蓋以理言，天一地二，地爲天包，豈非三乎？以數言，一數不行，必至三方有數，三三爲九是也。以形象言，隨便點三點，求其心，皆可規而圓之；隨便點兩點，求其角，皆可矩而方之。兼此三說，其義始備。清植。

朱子謂：「圓者徑一圍三，方者徑一圍四。三用其全，四用其半。」其實徑一圍不止三，徑七圍當二十二，且用全、用半之説，又多一轉。看來天數起於一，而實行於三。一是全數，行不去，推至於十百千萬，總是箇一，必以三推之，方可至於無窮。地數却只須從二起，便可行。又曰：「三一爲三，三三爲九，三九爲二十七，三二十七爲八十一，歸到一上來。」蓋此數是自三歸到一，不是自一數到三。清植。

道即命，德即性，義即理。物所固有者爲理、性、命，人之體之則爲道、德、義。能「和順於道德而理於義」，則能「窮理盡性以至於命」。自記。

「和順於道德而理於義」，謂立卦；「窮理盡性以至於命」，謂繫爻。自記。

「兼三才而兩之」，分陰陽而迭用之，且就「聖人」上説；六畫成卦，六位成章，是就「易」上説。「兼」字語勢側在「兩」字，「分」字語勢側在「迭用」字。自記。

「兼三才而兩之」，是道有變動，故曰爻；「分陰分陽」，是爻有等，故曰物；「迭用柔剛」，是物相雜，故曰文。自記。

參同契「納甲應月候」之説，似先天「八卦方位」；太玄「方州部家」之法，似先天「生卦次第」。故朱子疑希夷、康節之前有傳。自記。

「天地定位」節，與出震之序不符，又與乾、坤六子之次亦異，故邵子以之證明先天，確矣。然須先言水火，乃及雷風，而此反之。下「雷動」節，兩相對舉，又俱先陽卦，後陰卦，不以左右陰陽爲次，爲可疑耳。蓋此章重在「雷動」節，見陰陽次第。此節卦位對偶，原可錯舉。至下一左一右對舉，先陽卦，後陰卦，取其於辭爲順，於左陽右陰之理無礙也。自記。

「數往者順」節，邵子之説，似與朱子異。愚謂此條蓋承上節起下節之意，言八卦方位，若如上文起乾、坤三陽三陰，數至震、巽一陽一陰，是順數也；若起震、巽一陽一陰，數至乾、坤三陽三陰，則是逆數也。論方位相對尊卑之序，須從乾、坤説起。然易圖之意，則是起震、巽，終乾、坤，以著陰陽消息之次，如下文所云也。自記。

「數往」、「知來」，邵子説是「自震至乾，皆已生之卦，爲順；自巽至坤，皆未生之卦，爲逆」。看來此須與「雷動」節合爲一章，而「數往」一節爲過文。天地是三陰三陽底卦，山澤是二陰二陽底卦，風雷便只一陰一陽。自三陰三陽，數至一陰一陽，爲「數往者順」，是結上節。自一陰一陽，數至三陰三陽，爲「知來者逆」，是起下節。「逆數」云何？雷動、風散云云是也。坎、離亦二陰二陽，却放在雷風之後，聖人之意，以水火爲重。故邵子曰：「乾、坤定上下之位，坎、離列左右之門。」推而至於天地、日月、四時、晝夜，莫不由於是也。又如雷風之例，則須云「日以晅之，雨以潤之」，聖人立文却不然，不以女先男也。上文山、水居澤、火之先，下文水、火相逮，亦是此意。清植。

「雷動」節，既卦位與上章同，則氣候亦須相應，何以一南一北之風雷，同爲生物之功乎？蓋是兩兩對説。「雷以動之」，動其潛陽也；「風以散之」，散其伏陰也。「雨以潤之」，秋多雨也；「日以晅之」，春多暘也。「艮以止之」，是收斂之時；「兑以説之」，是發榮之候。乾居大夏，首出庶物，謂之大君；坤居大冬，息養萬物，謂之慈母。自記。

冬春之際，陽氣將發，故曰「雷以動之」。秋來，則涼風至，日晚暮亦多風。雨潤在西，邵子所謂「秋多雨」是也；日晅在東，觀朝日尤可見。艮止者，生意止息，以德言也。兑説是生機暢遂，亦以德言。然春夏，則萬物皆蒙潤澤；秋冬，則草木歸根山林，象在其中矣。自記。

雷風皆火之所發，似乎重複，體之於心，二者最大。雷主動，有二義：一奮發有爲，一戰兢惕厲。風主散，人有私欲凝滯，要有箇消散他的道理，即省察克治也。雷即「戒慎恐懼」，風即「謹獨」，是問學中要緊處，故震、巽當頭。問：「澤亦水也，譬之人身，作何分別？」曰：「水主流行，澤主滋潤。人身中周流榮衛，活動筋骨，那沾濕潮潤者，皆水也；其便溺、津液、涕唾，則澤也。水無形，以氣向油漆物上呵之便有水，是從陽氣生出。既生有形質，便是澤。水是初生頭，澤是既生尾。」

至尊以天縱之姿，撫大一統之運，件件俱經講究著落。嘗諭：「西海甚小，不過是一大湖。」退而思之，漢書中明言西水自入西海，而先儒説先天圖，乃有「澤注東南」之論。向疑其爲據中土以立言，大地形勢未必如是。恭繹之下，始知先儒之論，原無差舛也。梅定九亦言：「西洋之水，與中國之海通。」

漢、唐以來，都不識天，多以天爲茫茫蕩蕩，無有知覺，不過胡亂生出人物來，任他升沉顯晦。後來儒者覺得不是，亦只空説有箇理在，不然，何以日月星辰萬古不錯，生人生物都有條緒？其實天之形勢大，其運動包羅，人豈能與之同？乃聖人説來，天與人直是一般。説「天聰明」，果然天聰明；説「天有好惡」，果然天有好惡；説「上天震怒」，果然天有震怒；説「皇天眷佑」，果然天有眷佑。人有性，天亦有性；人有心，天亦有心，無絲毫之異。一切風雨雷霆，都是天之材料，而中間有箇主宰謂之帝，各項職掌，無不聽命於帝。其生殺舒斂，氣候一到，無有鉅細，莫不響應。如人一身，其五官百體，皆人之材料，亦各有職掌，而主宰乃心也。拔一根毛髮，心亦知痛，所以謂之天君。聖人説天，並不説他精微奥妙，只在人日用飲食上説盡道理。

先天圖陽生於子，陰生於午。後天圖陽生於亥，陰生於巳。京房火珠林及十二律旋相爲宫，又皆陽生於子，陰生於未。問：「先天圖正也，後天圖陽生亥、陰生巳，何也？」

曰：「至子月已成一陽，其實無無陽之時。亥月陽已生，特未成一陽耳。陰亦如此。」問：「陰陽相配，而星術家率言陰生於未，何也？」曰：「此扶陽抑陰意也。然亦實有此理，但觀春夏秋冬雖平分，其實正月物已萌芽，直至九月始雕落，則陽盛陰微極顯然者。論林鍾居丑，應在子月之次，而今居未者，陰陽分對，亦有此理，如日屬陽，夜屬陰也。又如夫婦初娶之時，同牢合卺，本是一體。及至成禮之後，則男正位乎外，女正位乎内，各不相攙。同者所以聯其情，異者所以嚴其分。子午宜對，而起於未者，避陽之衝也。」

後天圖，儒先原不曾講明。朱子答袁機仲云：「後天圖，思之終不得其解，與其枝離附會，不如闕之以待知者。」可見朱子亦不敢自信。其餘諸儒所説卦位，不過依著震東兑西、離南坎北説過，何曾説出緣故來？當初只有此圖，並無「後天」之名，因邵子傳出先天圖，遂別此爲「後天」。如今因分先天、後天，又以後天爲先天變出來的。多讀些古書者，知道以前原無先天之説，至詆邵、朱爲杜撰。而篤信宋儒者，讀書又從宋截斷，不思漢、唐以來，就説得未必是。然源流在此，不特好處要知道，就是不好處亦要知道。所以讀書貴多，不耑是考究，却是源流不可不知耳。讀宋以後書者，不知後天即易之本圖，非先有先天而變爲後天也。讀漢、唐以來書者，又不信先天，以先天爲於易經之外以意造出者。二者皆不是。

後天圖，惟項平菴一説近似。項氏以此圖配五行，謂：「震、巽皆木，故居東；離火，故居南；兑、乾皆金，故居西；坎水，故居北。土旺四季，故艮居冬春之交，坤居夏秋之交。木、金、土各二者，以形旺也；水、火各一者，以氣旺也。坤陰土，故在陰地；艮陽土，故在陽地。震陽木，故正東；巽陰木，故近南；兑陰金，故正西；乾陽金，故近北而接乎陽也。」此亦一説。然使當時畫圖之指只如此，亦無甚關係，竊謂此圖理甚大。大抵以四陽卦始終，四陰卦却置在中間。如人原只是純陽之氣，中間必娶妻而後能生子，至生子又只是純陽之氣。始終只是陽氣，中間却離陰不得。又如播一種子，所包莫非陽氣，假令此種便自能結果，豈不甚善？到底須生枝、生葉、開花，方能結果。中間許多事，雖是無用底，然却離他不得。清植。

後天圖把乾位在西北，其義甚深。蓋到子位，一陽來復，天心已動。惟前一位，故者已滅，新者未生，寂然不動。喜怒哀樂未發時，乃天下之大本。已往的渣滓，盡皆消化，方能生生不息。人不特惡念要消，即善事亦要消，不可留滯。如喫飯，到睡時都要消，若留在腹中，便成病。堯舜事業，亦浮雲之過太虛，曰「戰乎乾」者，不戰不能消化。天如此，聖人亦如此，只是聖人有不戰，戰必勝矣。若消化不盡，便是間斷，便息了。過去的留滯，便是未來的將迎。文王得力於此，所以謂之「純」。

後天似與先天相反，然天道人事，脗合甚精。伏羲以動爲陽，靜爲陰；文王却以靜爲陽，動爲陰。如人靜而無事，將心存在内，卓然精明，此以神明用事，爲陽；有事而動，則形骸用事，爲陰。萬物藏於冬，蠢於春，生成於夏、秋。然冬、春却是陽生，夏、秋却是陰生。巽、離、兑、震、坎、艮，各從其類，陽却隔斷在頭尾，中間夾著陰。如人動念要做一事，不是一心便做得來，畢竟費些力氣做成，方完了這箇念頭。最妙是安頓乾這一位好。人做事有兩樣：一是倦怠了，打不起精神；一是事已做完，放不下，還攪擾在胸中。這便接不過去，天命就於此斷了，非「於穆不已」也。「戰乎乾」，正是要去此二病。果木地下種子，不是大始，枝上方結之實，乃是大始。所以乾爲木果，在木之果也；艮爲果蓏，則下地之種也。「終日乾乾」，有事之時也；「夕惕若」，正是「戰乎乾」，萬事皆從此始。艮，「萬物之所成終而所成始也」，「所成終」要重讀，而「所成始也」輕讀。積之不厚，則發之無力；藏之不固，則出之易盡。艮，物之所成終也，而成始即在此。「齊乎巽」，一陰生也，如人形體用事，便理欲不齊，要截斷使歸於齊。「潔齊」者，一毫不罣累，方爲潔，方才齊。人只見地下種子爲始，不知枝上方成形者爲大始，所以謂「天德不可爲首也」。人不知此爲首耳。

乾是由動之靜轉灣處，艮是由靜之動轉灣處，兑是盛滿時。

常人有常人的八卦：陽是理，陰是欲，震是警動意，坎是閱歷意，艮是歸於静正，巽是私意萌動，離則虚妄，兑則溺矣。聖人有聖人的八卦：陽是誠，陰是明，震爲戒懼，誠之端也，坎則中實，艮則復於静正，而乾也者，「終日乾乾」，夕猶惕若。吾輩睡時心便放逸，聖人猶是惕然，一放則天命不流行矣。中庸注「自戒懼而約之」。約如「約之以禮」之約，非約少，乃約束也；約是約心，不是約戒懼。乾是静動之交過渡處，又是始終貫注處；巽是明之端；離則朗若懸照，無物不見；坤是無往不順；兑則和悦，皆中於節矣。朱子「致中和」節註，可謂「達天德」。「致中」便是誠，「致和」便是明。

後天圖包盡天下物事，以人心言之，最易明白。「帝出乎震」，即是人心動處，人心無事時，原自寂然，到有事便動出來。至巽，則所以做事之意已定，故曰「齊」。然必此心乾乾净净方能齊，故下文添出「潔」字。「潔」字甚精。離只是明底意思，故曰「相見」，又曰「嚮明而治」。到得坤，正是做事時節，故曰「致役」。説言乎兑，則事已心休了。乾卦伏羲原放在南邊，此是天的正位；文王却放在西北，妙處正在此，不可放過。大凡人做事已完，則此心必懈了，不然則昏了。故放一乾卦在此，欲人提醒此心，使常常分明。孔子下一「戰」字最妙，此時不戰，便昏惰了。如人日間做了許多事，到得夜來睡後，便昏昏沉沉，不省覺了。此是不戰之故。必提醒此心，使雖在夢寐，常有清明之氣始得。

此一卦是文王最用意處。「勞乎坎」，則休息了。「成言乎艮」，言事至此而始成也。「萬物之所成終而所成始也」，此句甚有力，不可輕抹過。言萬物到此方成，是「萬物之所成終」。然人但知其爲成終，不知其成始者，即在此。其實「萬物之所成終」，即萬物之「所成始也」，「而所成始也」五字，須著眼。清植。

至尊嘗垂諭云：「先、後天圖可説得合否？」奏云：「論理自説得合，理只一箇。只是論其物事，却是兩箇頭面。」復諭云：「如此則先天是自然的，後天豈不像是安排出來，不自然了麽？」奏云：「據臣愚見想來，凡天下物事，頭一箇都是自然的，至第二箇，便要略加安排。就是先天圖，横圖是自然的，圓圖便略有些安排。如數一二三四五六七八九十，數去何等自然，若用他來算，必定要用一歸、不須歸等法，亦是安排的。聖人『老吾老』，『幼吾幼』，『以及人之老、幼』，一毫無所勉强。但至要做實事，便倒底是他的老幼，不在一家住，這裏便要安排。須是替他制田里，教樹畜，有許多事。豈獨聖人，天地亦然。赤道是自然的，黄道就不能全自然。天包地外，地在天中，兩極爲樞，運動有常，豈有不自然的？到了黄道，便斜掛在赤道上。月與五星，更有些參差。到那行不去時，連天也像不得不略加安排。」遂蒙笑諭云：「所論極當，正是如此。」

後天是帝之各專其職處，先天是神之互爲其根處。帝變化成萬物，神則所以能變化而成萬物也。「神」字專屬先天，前面只是引起。自記。

上章言帝，存乾、坤之位；此章言神，則去乾、坤而專言六子。此理至妙，蓋乾、坤即帝即神也，程子曰：「以主宰言，謂之帝，譬之於人，則心也；以妙用言，謂之神，譬之於人，亦人之神也。」心與神非二物也，然心有主而神無在。故言人之心，則心在腔子裏，可指其處所而言。五事以思與貌言，視聽並列，猶上章以乾、坤與六子並列也。若言心之神，則固難指一處以爲言。如我們静坐於此，忽然有人言觸於吾耳，則耳旋聽之，目旋視之，因辨其聲，亦鑒其貌。彼時將以神爲在耳乎？在目乎？將以辨聲者爲神乎？抑以鑒貌者爲神乎？無在而無不在，故不可以指其處所也。問：「程子之釋『帝』、釋『神』，皆根乾爲義，似於坤無與。」曰：「乾、坤豈是二物？坤即乾中之坤也。分言之則爲乾爲坤，專言帝言神，則坤統是矣。」清植。

足是行動的，於震爲似，艮何以爲指？解者曰「手能止物」。手之用，不止於能止物也。從來解易者，多順著經文，隨便扯一箇道理來解。以爲聖人的話，雖横説竪説，無所不可，而不知非也。指之爲用，比足不同，足一動便離故處，獨指之用不離故處。以静爲動，雖動而不出其位，故艮爲指也。聖人取象，皆取與他物不同處，直是體物工妙。如水取其至實，何以爲至實？以其不盈也。論形之堅實者，無如金石，然都不能比水。

如今用土築堤，雖極堅厚，使用夯硪舂之，畢竟陷下些去。五穀入斗斛，雖極堆滿，試搖動之，亦遂陷下。金銀至堅矣，鍊之亦有消耗，中有渣滓，即虚處也。惟其盈滿隆起，故得而消陷之。水則取平而已，流而不盈。滿則溢，無不由地中行者。人之學問，自己做出一箇盈滿光景，便是他虚處。無而爲有，虚而爲盈，約而爲泰，難乎有恒矣。

乾爲健，而健之中，始震動以有爲，中習坎而出險，終凝然而能止，皆健也。坤爲順，而順之中，始盤旋而深入，中光明而洞達，終怡然而喜悦，皆順也。總言之，健順而已。分析，則又各有三德焉。以上說卦傳。

河汾以「時之相生」贊序傳，以「旁行不流」贊雜傳，極有見。天下道理，只有相生、相對二義。序傳因經卦之序，流水説去，以明卦卦鈎連，皆有相生之義。雜傳因反對之卦，雙雙發明，以見卦卦配搭，皆有相對之義。如此看易，方覺得活活潑潑，頭頭是道。而占筮者，引伸觸類，能事可畢。夫子如此贊易，後來詮易者，尚多看作板定物事，豈不可歎？清植。序、雜卦傳。

榕村語録卷之十二

書

堯如天，舜便精巧些。堯渾渾樸樸，都全罩在裏面，故孔子以「天」贊之；舜命官幾句，都是精要語。後來想惟文王能接堯舜。禹入聖未優，言雖入聖域，尚剛剛的不能有餘也。湯則檢身如不及，改過不吝。武王刀劍、户牖皆有銘，可見不如此警醒，便容有私意，然能克去己私，復還天理，故都稱他是聖人。

漢、唐帝王總有病，才具大一分，更壞一分。漢武雄才大略，儘他本事做來，不過那様。可知不從學問道理上來，終不濟事。二典之後，有皋陶謨；湯誓之後，有仲虺之誥；高宗中興，有説命；牧誓、武成之後，有洪範、旅獒。後來史家於一代之興，多鋪張豐功盛烈，豈復有此段意思？

古文尚書，道理精確處，聖人不能易。若漢儒能爲此，即謂之經可也。黄梨洲、毛大可輩，掎摭一二可疑之端，輒肆談議，至虞廷十六字亦闢之。學者不深惟義理，徒求之語言文字以定真贋，所謂「信道不篤」也。

班氏言張霸分析廿九篇耳，今書經大全所載諸儒之説異。自記。

尚書蔡傳雖未盡善，亦未有强似他的，較之春秋胡傳爲勝。

二典是兩對文字。堯典先説堯之德，次由身而及於家國，次授時定曆，次辨奸，次用賢。用賢必先辨奸，奸辨而賢用，得舜而堯之事畢矣。舜典「重華」一節，對「放勳」一節；「慎徽」一節，對「克明」一節；「齊七政」至「濬川」，對定曆幾節；制刑流殛，對丹朱三節；命十二牧、九官，對舉舜一節，而舜之事畢矣。

「羲和」四段，只説日星，未及月辰，故下又云「以閏月定四❶時，成歲」。澹澹數語皆透頂，萬世不能易。想堯持籌布算，未必如羲和，至所見之理，羲和不能外。次及用人，人之賢否了然於心，却不自用，卒試虞舜而以天下付之。是何等識見！何等德量！堯如天，舜如地；堯生之，舜成之；堯始之，舜終之。四凶之誅，治水之成，皆終堯事也。四凶罪不至死，故皆止於流，「象以典刑」一節，即起下文。當日執簡操筆，想皆聖人之徒而名不傳。四岳名亦不傳，自是醇謹老成，休休有容之人，大約才具不及舜禹耳。

古之三公，坐而論道，日變修德，月變修刑，全講變理陰陽，不參瑣務，合同天人。

❶「四」字原無，據尚書正義卷二堯典補。

堯典首命羲和，舜典首在璣衡，不在九官、十二牧之内，皆是此義。

解尚書者多不知曆法，「羲和」四段，只就皮毛上説，絶不到其精處。四段中，方位則分東西南北，時序則分春夏秋冬，日晷則分曉午昏夜，雖是大段分來，其職未必不相兼。但以方位當頭，便是測里差之法。蓋日出入，東西迥異，如今四川丑末，在山東已是寅初。故「宅嵎夷」者，測日之最早出在何時刻也；「宅西」者，測日之最晚入在何時刻也。廣州日至之時，日下無景，就彼測之，則知景短至何處。冬至時，就北方測之，則知景長至何處。四面湊攏，便知土中，便是里差法。此是就中國言之，若九州之外，則周髀所言有半年晝、半年夜者。然其理則一也。聖人只爲明得理盡，任後世如何推算，走不出他的範圍。後世雖千巧萬變，推算得密，道理却不能如他透徹。清植。

向日問梅定九，古人測景，何故不用夏至。當時定九只答以「冬至曆元」而已。近看堯典，惟于夏言「敬致」，冬則不言，可見古人測景，實以夏至爲重。周公土圭之法，亦用夏至。其用冬至者，自太初始耳。清植。

「寅賓出日」、「寅餞納日」，俱説在「平秩東作」、「西成」之上；「敬致，日永星火」，「日短星昴」，却説在「平秩南訛」、「平在朔易」之下。蓋日出入早晚，四時皆測晷長、晷短，必二至之時，測來方準故也。又於夏言「日永」，於冬不言宵永，而言「日短」者，宵中無景可測也。清植。

孝弟衰於妻子，人情所必至。四岳薦舜云「克諧以孝」，言諧於象，以得當於瞍，而成其孝也。堯曰：「我其試哉，觀厥刑于二女。」二女何試？堯之意，正以舜無妻室，固能孝弟矣，但未知有妻室後何如耳。詩云：「妻子好合，如鼓瑟琴。」始云：「兄弟既翕，和樂且耽。」中庸引爲行遠自邇、登高自卑之喻。蓋父母較之兄弟爲高遠，兄弟較之妻子亦爲高遠，最卑最近者，無如妻子，而道必造端乎此。此二南所以起化於閨闈也。

問：「輯，治也。疑上古未有剖符之事，至舜始創其制。既月之後，諸侯踵至，乃見而頒之。蔡傳以輯爲斂，豈有諸侯未至，而先斂其瑞之理？」曰：「此非大義所關。受終之後，齊七政，類上帝，以治天也；巡狩述職，以治人也；封山濬川，以治地也。三才之事備矣。」清植。

問：「『肇州、封山』一節，蔡注云：『中古之地，但爲九州，禹治水作貢，亦因其舊。及舜即位，始分出幽、并、營三州，而爲十二。至商，又但言九圍，不知何時復合爲九。』按此乃舜攝位時事，正禹敷土之候。所以封山者，爲大水茫茫，用此標識，以便施功耳。所云『濬川』，即指禹治水之事。及禹『任土作貢』，始并爲九，遂相沿以至於商周。蔡傳之説恐未當。」曰：「正是如此。禹貢惟冀州於田賦之後，别叙『恒衛既從，大陸既作』；

而青州，有『萊夷作牧』之文。恒衛、大陸，即幽、并之地；萊夷，則營州地也。因禹初并爲九，故别叙恒衛、大陸以存幽、并，而萊夷猶作之牧焉。牧，即『牧伯』之牧。説者不察，故『牧』字殊費解。」清植。

「象以典刑，流宥五刑，鞭作官刑，朴作教刑，金作贖刑」，此是刑罰條例。「眚災肆赦，怙終賊刑」，則用刑權衡也。「贖刑」，只指官、教兩刑，非謂典刑、流宥亦可贖也。其中有誤犯不得已者，則赦之；有所恃以爲惡，强横不服者，則「賊刑」。問：「賊是殺否？」曰：「朱子言，五者皆有，即如提學責秀才，是教刑也。他有强悍之狀，多責他幾板，亦是賊刑。此未嘗明説罪大惡極，如何都用殺？」

問：「九官之命，稷、契、皋陶、夔龍無戒辭者，或因舊職，又皆因有讓之者，而命之也。工虞之官，以和順爲善，故垂益之咨，皆首曰『疇若』，終曰『汝諧』。若，順也；諧，和也。惟禹曰『維時懋哉』，伯夷曰『往欽哉』。蓋治事以勤爲主，掌禮以敬爲先也。皋陶陳謨，於典禮亦曰『同寅協恭，和衷哉』，於命討則曰『政事，懋哉懋哉』。與舜所命禹、伯夷之旨正同。」曰：「看得好。」清植。

聖人説樂，只「詩言志」數語已畢。不拘何人，隨意言其中情，便是詩，但詩句有限。永者，長也，將詩每字扯長些，庶幾悠曼，便是歌。「聲依永」一句，從來説不明白，以爲字字都要合宫、商、角、徵、羽。難道齊景公所作徵招字字皆徵，角招字字皆角？必無是理。「聲依永」者，論五聲之調也。詩本有宫、商、角、徵、羽，各調不同。宫，濁極，和平弘大，有君象；商，慷慨激烈，有臣象；角，如宫，但帶流動歡悦之意，是民象；徵，便急促，如打緊板，是事象；羽，更加之瑣細嘈囃而清極矣，是物象。如清廟之詩，自是宫調，確乎難以别調歌之。無衣之詩，自是商調，確乎難以别調歌之。鹿鳴、皇華乃角，大田、甫田乃徵，七月乃羽，此所謂「依」也。凡此皆言人聲，人聲大不宜過宫，細不宜過羽，必須律以和之。此句却説字字要合十二律。字無一定，其高下清濁，都有程式以和人聲，今之所謂弓尺等是也。然後「八音克諧」，與人聲皆合，無相奪倫。由是奏之郊廟，則神和矣；播之朝廷、邦國、鄉黨、閭巷，則人和矣。自「歌永言」一路説到樂上，而總以「詩言志」爲根。今之戲都壞在志上，其爲淫邪鄙悖之辭十九，烏能善風俗耶？「予欲聞六律、五聲、八音，在治忽，以出納五言。」漢書引之，却云：「予欲聞六律、八音、七始，詠以出納五言。」七始，謂宫、商、角、徵、羽、變宫、變徵也；五言，即「詩言志」五調之言也；出納，如邵康節所云「開發收閉」。

問：「今之填詞，都是立定曲牌名，然後案其字數平仄而爲之詞。古人是如何？」曰：「古人是看他的詩，又看他的志。此字宜黄鍾則黄鍾之，此字宜大吕則大吕之，律隨詩，非詩隨律也。少時見土戲，於斷機教子，商輅母怒其子云：『他又説我不是他的親生母。』『母』字，其學徒高聲唱，其師呵之云：『母字大聲便不是，他是不曾成婚的處女，於此字尚含羞澀，低微些方是。』如此之類，却是從志上斟酌，此謂『聲依永』也。」

「詩言志」，謂心之所之，形之於言也。歌雖有長短，大抵將每字扯長，故謂之「永言」。「聲依永」，蔡傳説偏。聲者，宫、商、角、徵、羽也。歌有全調之五聲，有逐字之五聲，蔡傳少却全調之五聲，故覺糊塗。蓋詩有合以宫調歌者，有合以商調歌者，有合以角、徵、羽調歌者，如以關雎調歌文王，以無衣調歌采蘋，必不類矣。其逐字音節，恐其過高過下，故以律和之，如今之唱曲，節以檀板、笙簫之類，所謂「律和聲」也。

世得世兄言：「家君謂道心兼未發、已發，人心單指已發，作何解？即如好色生於愛，愛亦出於人性，可云已發乎？」錫曰：「愛者，情也；愛之理，乃性也。謂之人心，則心之動於耳目、口鼻、四肢者耳，如何説得性？若『道心』『道』字，則性也。」黄伯玉曰：「情固善，而人心則危，何也？」錫曰：「人心亦非惡名，雖聖人不能盡去。如好色，人心也，聖人能廢居室之事乎？中乎節，則復于道心矣。故聖人不曰『人心惟惡』、『人心惟邪』，而曰『惟危』。危者，不能自保，恐流于人欲之謂也。七情亦可危者，故是一項。朱子曰『原於性命之正』，自兼未發、已發；曰『生於形氣之私』，自只是已發。」世得曰：「家君意正如此。」

道心微妙而難見，妙猶渺也，因著氣稟物欲隔絶了，故微而難見。不可誇「微」字好。有人心動而以道心正之者，飢渴而不害心，喜怒而能觀理是也。有道心動而不以人心雜之者，行仁而非要譽，明義而非計功是也。自記。

説尚書者，每著意講「道心」、「人心」等句，自「無稽之言勿聽」以下，便掠將過去。近見得經書一字不可掠過，看得似没要緊，必是自家心裏未曾曉得。「執中」「中」字，朱子偏説在事一邊，看來須兼内外。心裏有箇中，事上各有箇中，皆中也。「無稽之言勿聽」，事必師古也；「弗詢之謀勿庸」，詢、謀僉同也。凡事不可只憑著自家意見蠻斷將去，必稽諸古、驗於今。所以「本諸身」矣，又必「徵諸庶民，考諸三王」，方是停當底道理。以上言心法、治法已盡，下面便言可愛者非君乎？可畏者非民乎？何以可愛非君？「衆非元后何戴」也；何以可畏非民？「后非衆罔與守邦」也。「可願」，向來説作可欲之謂善，看來「可願」即可愛也。「四海困窮」二句，明可畏也，修其可愛而絶其可畏，是雙頂上文説來。清植。

問：「前日聽講『惟口出好興戎』，是因上文『四海困窮，天禄永終』話説狠了，故著此句，意理未能明白。」曰：「譬如我教你當加惠鄉里，勿欺侮人，這是正當道理，你聽得自當感動，即鄉人聽得，亦必共以爲是。倘説你若不加惠鄉里，欺侮人，人必如何害你？雖是理所必至，但常常説，不但不成口氣，勢且長薄俗，生刁風，所謂『興戎』也。『困窮』、『永終』的話，只好説此一句，故曰『朕言不再』。」清植。

益贊禹班師，何故言及當年歷山時事？聖人心情，只要自反自修，絶不敢有一毫是己非人之意。益覺得此役雖伸天討，然罪人之意多，所以推説直到「滿招損」處，而以歷山之事證之。清植。

「一日二日萬幾」，不是説一二日間辨得一萬件事，謂一心之中，須臾萬念耳。幾者，動之微，言凶之先見於此，不謹，則差之念慮，謬以千里矣。其根却是「逸欲」，故先曰「無教逸欲有邦」，因説到謹幾上來。清植。

大禹治水，何乃及於田賦，所謂「決九川，距四海」者？禹貢所言導某水，入于某海者，皆是至「濬畎澮」，「距川」似未之及，蓋所云「厥土」、「厥田」者是也。此「卑宮室而盡力乎溝洫」也。

水利以溝洫爲主，水勢分則力微，自不能猛横四出。如簾之禦風，將風力梳開，便不能衝飄也。「決九川，距四海；濬畎澮，距川」，是古人著意處。夫子稱禹不曰「盡力川瀆」，乃曰「盡力溝洫」，聖人眼明見周，一語已具治水之要。

謙問：「『出納五言』，是五德之言？是五聲之言？」曰：「作五德之言不免牽强，還是五聲之言。以樂言之，謂之五聲；以詩言之，謂之五言。采列國之詩，是納五言；頒而行之鄉黨、閭巷，是出五言。」之鋭問：「五言是有聲律之言否？」曰：「若説有聲律之言，必有無聲律之言。鄭漁仲説詩三百篇，皆孔子被之管絃，聲調叶者方入選。竟是鄉村人説話！少時見一老樂工，云無有不可以爲樂歌者，只是不能拘句法，若聽他隨便破句，皆可以叶管絃。此是著實話。」

治水先使大水有所歸，後使小水有所入，江、淮、河、漢之水歸於海，凡天下小水入於江、淮、河、漢，而水治矣。通其下流曰「導」，分爲旁支以殺其勢曰「疏」，大要只是不與水争地。但有是水，即與以行是水之地，至衆水所匯，地復窪下，不得不瀦之爲湖，所謂「九澤既陂」是也。陂是隄堰，惟澤可用。鯀用之于川，所以大壞。禹「濬畎澮」，「盡力乎溝洫」，豈不知開阡陌，去溝遂、澮川之可以多得田？而寧棄之以蓄水，蓋以去水之害，而收水之利也。潘季馴治水，近河兩岸曰隄，隄之外曰縷隄，縷隄之外曰遥隄。不知障之愈固，其怒之蓄也愈甚，及其漲溢潰決，一朝俱盡。惟多爲溝洫，不爲高以扞之，而爲深以行之，逮其漲溢，多道宣洩，無以激之，其力遂軟，其勢遂衰。且入于溝洫，蓄其水可以備旱，取其泥可以糞田。若使河畔爲溝，溝外有縷溝，又其外有遥溝，豈不勝于隄乎？孟子言禹治水，極有次第，曰「掘地而注之海」，所謂「決九川」也；水由江、淮、河、漢而行，所謂「濬畎澮」也。若殷之遷都，乃一時之權，非萬世之經。賈讓三策，上二策只是一事，非判然爲兩也。溝洫之制，唐虞雖或有之，必自禹始備，故孔子云「盡力溝洫」。孟子叙取民之制，亦始夏后氏。蓋禹因治水，隨便疏通，水治而田制亦成，故舜美之曰：「地平天成，六府三事久治，萬世永賴。」後世又稱之曰「神」。問：「云『禹入聖未優』，何也？」曰：「言不及堯舜渾渾淪淪，不可窺測也。禹之克勤克儉，刻厲精鋭，英光有露出來的。然此乃是荀子語。觀孔子以舜禹並稱，又曰『吾無間然』，恐亦未見其有軒輊也。」

洪水爲害時，想沮洳多，舟車俱斷，朝貢亦艱難，故治水成功，悉列貢道。然當時諸侯多被水環，不能兼并，故塗山之會萬國，其後寖相吞噬，至周僅千八百國矣。

舊謂江源出四川，後有言出臨洮者。近年，至尊使人窮探河源，乃知江源亦出崑崙。

二典無弊，夏、殷書便有不純粹字面。如用刑，舜典實在正當，至夏、殷則有曰「予則孥戮汝」，便容有誅及妻子之事。惟文王一以堯舜爲法，故曰：「罪人不孥。」若無孥者，則不孥何消説？

問：「蔡傳釋仲虺之語，以苗、粟喻桀，莠、秕喻湯，不獨引譬失倫，且按其上句文義，先言『我邦』，後言『有夏』；此二句亦先言苗、粟，後言莠、秕，分明是以苗、粟比『我邦』，莠、秕比『有夏』。」曰：「正是如此。」清植。

德主善而後實，善協一而後定。善以事言，德與一以心言，見善則遷，有過則改，「主善爲師」也。「夫子之道，忠恕而已」，「協於克一」也。自記。

問：「盤庚上一篇，所反覆者只是二端：一曰『傲』，一曰『從康』。當時有位者安土重遷，『從康』，其本情也。因此遂唱爲異説，不將王憂民之心播告於衆，致使衆人皆不樂于遷徙，冀以阻撓成謀，則入于『傲』矣。故盤庚稱共政舊人之善，曰：『不匿厥指，王用丕欽。』不敢『傲』也；又曰：『罔有逸言，民用丕變。』不敢『從康』也。因言今日百姓之不肯從遷，非予不恤小民而自荒其德惠也，惟汝不宣揚吾憂民之意而不予惕，以致此耳。然我觀汝情事，固瞭若觀火，不過欲自逸而已。我之遷乃出於不得已，固亦謀之拙者。然實非欲奪汝逸，正欲作汝逸也。『含德』猶『匿指』；『逸』即『逸言』之逸；『若綱在綱』，喻下之從上，對『傲』言也；『若農服田力穡』，喻勤則有功，對『從康』言也。看得如此，不知是否？」曰：「看得好。」清植。

甘盤，商之嚴光乎？爲帝師友而鴻飛冥冥者，當如是耳。种放營田商雒間，其可哉？自記。

周書，如牧誓、大誥、多方、立政、無逸，皆至文；吕刑便覺用氣魄，有鋪張意。周公文字可以分别得出，鴟鴞末章，純用疊句，以例無逸、多士、立政諸篇，可知是周公之作。牧誓想是武王命周公作的，召誥自是召公作，中間有學周公文法處。至旅獒，則與卷阿之詩如出一手。

問：「武王謂文王『大統未集，予小子其承厥志』，如何將此事都推在文王身上？」曰：「若論第一義，天下之人如此其多。天獨命一人爲君，是要他撫安天下之人，倘把天下糟蹋，自然不是天意。孟子所言一些不差，易經亦云『湯武革命，順乎天，應乎人』。但是武王做得來有痕跡，便是英氣；孟子説得來有痕跡，亦是英氣。若是文王，一面三分有二以服事殷，一面又救百姓，修吾方伯連率之職，救得一分是一分。設使文王再享國幾十年，天下歸之，亦必不似武王。聖人力量大，處得妙，所以孔子謂文王有君人之大德，有事君之小心，兩邊都做到。孔子論此事，兩邊都論到。」

武成列爵分土一段，精采斷非後世文人所及。尤有不可及者，既「陳于商郊」，成敗在頃刻，如何説「俟天休命」？聖人臨事更加敬戒，聽天所命，不敢自恃，確然如此。觀大武之「總干山立」，大雅所云「上帝臨汝，無貳爾心」，則作武成者著此一筆，地位已高絶矣。

「歸馬」、「放牛」，牛馬皆出民間，兵至華山之陽，已將入周境，不用兵車，故歸馬於民。牛車載粮糗器具，又前至桃林，已到，故放牛於民。

漢書五行志所云「六十五字，皆雒書本文」，須善看，即謂洪範耳。或指在龜背者，以文害辭也。自記。

有金姓人投予以洪範論，言「王」爲文王，故不稱年而稱「祀」；文王未革命而稱「王」，追稱也。王可追稱，祀獨不可追變乎？或者箕子爲武王言，武王即屬箕子自書之，箕子自己稱祀、稱王皆合，此篇惟箕子能自爲之。如白鹿洞講義，朱子恐記次失本意，因丐子静自録。即中庸「哀公問政」章，亦恐是夫子自記，不然，夫子與哀公酬答，豈容攙一門人在旁記録耶？武王以十三年伐商，即以是年訪箕子。漢儒因有「九年，大統未集」，又有「父死不葬」之説，遂謂十三年乃蒙文王之年。歐陽公以爲豈有新君即位，而仍舊君年號之理？既云告于文王之墓以行，不葬安得有墓？所謂十三年者，即武王之十三年。歐説爲允。

問「皇極」。曰：「朱子説『樣子』二字，最妙。『太極』是萬物的樣子，『皇極』是萬民的樣子。『立我蒸民，莫匪爾極』；『不識不知，順帝之則』。天是如此，堯亦是如此。」自記。

谷永云：「正五事，建大中，以承天心。」其以「大中」釋「皇極」，則舛；根「皇極」于「五事」而言之，則當矣。自記。

常疑卜筮不過一事，繫辭如何那樣神奇其説？看來古人無事不「用稽疑」，馬必卜，御必卜，葬必卜，遷國必卜，疾病必卜，祭日必卜。蓋人刻刻與神相通，天人合一。後世信邪尚鬼，而敬天尊神之事反置不講，此陰陽所以不和，而災害所以時至。

漢書天文志云：「月爲風雨，日爲寒温。」「寒温」，即洪範「庶徵」之寒、燠也。此條「冬、夏、風、雨」四字，正對「庶徵」爲説。諸家解者，皆不如此志得洪範本意，所云衡法，如「歲淫玄枵，以害鳥帑」之類。自記。

數十年來，驗得洪範上説「庶徵」，一些不差。雨、暘、寒、燠、風，都起於地，地便不同，此處雨，不妨别處晴，此處燠，不妨别處寒。若是日月，則天下皆同，焉可以爲應在某人某事乎？就是分野亦不確，難道二十八宿只管中國九州，外國便在二十八宿之外不成？惟起于地者各各不同，就如這處生了聖賢帝王，這地方便有一道善氣，與他處無與也。洪範妙在到後來説日月星辰，亦歸到雨、暘、寒、燠、風。「星有好風，星有好雨。日月之行，則有冬有夏。月之從星，則以風雨。」日月在天，萬方所同，説到寒、燠，便有不同之理。如日行南陸，天下皆寒，此處却被地上一種昏濁之氣隔了，便不寒；行北陸，天下皆煖，此處却被地上一種暴戾之氣隔了，便不暖。月離於箕則應風，或此處無風，彼處有風；月離于畢則應雨，或此處無雨，彼處有雨。人在地上，其氣自相感，聖人説話，遠一步不可見的便不説。如漢書中「太乙之初，渾渾茫茫」諸語，他何從而見「太乙之初」乎？

「五曰惡，六曰弱」，即自暴自棄兩様氣質。

古人卜龜，龜板上以墨畫之，墨不浸入，謂不食墨。焦者，燒焦龜版。犯此二者，不待觀其詞，而已知其不吉。書曰：「乃卜三龜，一習吉。」謂三龜之兆同吉也。至觀其繇辭，而繇辭又吉，故曰「見書，乃并是吉」也。

「周公居東」，或以爲避讒，或以爲東征。斯二者皆有之。朝廷之事，託之太公、召公，既可無悮，且明示天下以無他。又洛陽天下之中，據形勢之勝以制頑叛，實屬兩得。

「考朕昭子刑，乃單文祖德」。「昭子」，謂武王也。武王化家爲國，紀綱法度，燦然具備，故曰「刑」。然考武王之刑，乃所以終文王之德而已。蓋公自任以制禮作樂之事也。清植。

成王以秬鬯二卣饗周公，蓋以祭神之禮尊之也。酒清人渴而不敢飲，肴乾人飢而不敢食，嗅其馨香，如所以敬鬼神者，故古人以爲極尊而不敢當。周公以獻于文武之廟者以此。燕有安之義焉，有樂之義焉，親之也，醉飽焉可也。故古人辭饗而受燕。祭祀之禮，初獻生，次獻爓，三獻熟。尊親交致之道也，神尸醉飽，獻酬交錯，直以形類相接矣。爓者，沈肉于湯也。

師古於莽傳中註「大不克共上下」數句云：「我恐後嗣子孫大不能恭承天地，絶失先王光大之道，不知受命之難。天所應輔，唯在有誠。」其説比蔡傳好。自記。

周公戒成王「罔兼庶獄」，却又教他「克詰戎兵」，説書者全不熠管。古者兵刑一官，所謂「有司之牧夫」者，内之司寇，外之方伯、連帥是也。周公欲成王使「有司牧夫，克詰戎兵」耳。清植。

問：「君陳『嘉謀嘉猷』一段，豈不是成王教人歸美于己麽？」曰：「此即『汝無面從，退有後言』的反面，是稱道他平日如此，不是教戒他要如此。當面能盡其言，不面從可知。退後又不自居功，説是『我后之德』，其無後言可知。人臣若能如此，豈不是純忠之人？故曰『維良顯哉』。蔡註亦云：『或曰成王舉君陳前日之善，而歎息以美之也。』原是。」

問：「顧命『無敢昏逾』，昏以心言，逾以事言。下文『自亂于威儀』，所謂動容貌，整思慮，自然生敬者，是以禮制心之學，即『無敢昏』之意。『無冒貢于非幾』，則所謂謹幾慎動者，乃以義制事之學，即『無敢逾』之意。」曰：「正是如此。」清植。

或疑「張皇六師」之語，若不可以告嗣王，此殊是書生之見。師，衆也，不必皆兵，蒐、苗、獮、狩，都是必不可少的。「張皇」不是「張大」意，只是整飭之耳。文王之「大邦畏其力」，豈是全不料理武備？

人即有罪，用刑者只如其罪罪之便是，間有患其人報讐，爲剪草除根之計者，不仁甚矣。吕刑云：「非天不中，惟人在命。天罰不極，庶民罔有令政在于天下。」覺得蔡傳未穩。其意謂在天罰未當極者，而我極之，則傷仁恕之心，干陰陽之和，焉得有令政乎？亦未知句法本應如何斷，只是這説理略長些。

「威」上加一「德」字，「明」上亦加一「德」字，最妙。威不本之於德，便是「作威」；明不本之於德，便是「作聰明」。

問：「孔安國尚書序，朱子嫌其不古，果不似漢人文字耶？」曰：「不似西漢，亦不似魏晉間文字。西漢人於義理不甚曉暢透徹，其筆勢蒙繞見古處，正多是他糊塗處。某却不敢疑此序。三代以來，惟洙泗另是一體雪白文章，條理分明，安國家法如此，焉知非其筆？」

榕村語録卷之十三

詩

詩經道理，不出齊家、治國、平天下。二南從齊家起，雅則治國、平天下，頌則天地位，萬物育，郊焉而天神格，廟焉而人鬼享。然其理不外於修身、齊家，大指如此。至從來説詩的藩籬，有説不通處，須與破除，不然都成挂礙。且如周南、召南，以爲皆被后妃之化之詩，若「漢有遊女」、「有女懷春」之類，何以女人都被后妃之化，變成貞潔，而男人被文王之化，尚不免於淫蕩乎？黍離變爲國風而雅亡，難道西周畿内便無風謡？東周賢人君子憂時念亂，不許有雅不成？以頌盡爲周公制作禮樂時作，將成、康顯然名號，皆强爲之辭，豈復可通？大約周南、召南，是分陝時有此篇名，後來仍其名，而附以西周風詩之醇正者。小雅、大雅亦如此。問：「是孔子附的，抑是舊編如此？」曰：「恐舊編便是如此。且只如此分剖，義例放寬些，便不致東擊西撞，動成觸礙。」

大雅自卷阿以上，文、武、成、康之詩；民勞以下，厲、宣、幽之詩。衛武公想是厲王時人，小雅之賓筵、大雅之抑戒，恰好皆在厲王時。名時問：「考衛武公立於宣王時，卒於平王時，史中甚明。恐二詩或是追刺之作。」曰：「幽、平之際，武公恐已不在了。不然，王室之亂至此，全不見他勤王。『晉、鄭焉依』，衛密邇於鄭，漠然不相聞問，尚可謂之『睿聖』耶？以理論之，恐古史年代多不可信矣。雲漢、崧高、烝民、韓奕、江漢、常武，宣王之詩；瞻卬、召旻，明明是説幽王，世次一些不亂。小雅自鹿鳴至菁莪，文、武、成、康之詩；六月以下，則宣王詩。節南山至鼓鍾，顯然爲幽、平之詩；乃自楚茨至車舝，復起頭似文、武、成、康之詩。青蠅、賓筵、魚藻，似厲王時詩；黍苗明是宣王詩，白華明是幽王詩，又照前世次另叙一編，是何緣故？前人都不於此致疑。看來豳風是周公營洛時作，所謂『汝在敬哉，茲予其明農哉』。自己要教民以養生之道，恐成王不知稼穡艱難，故作七月之詩，道王業之本、祖宗之事以告之。夫子既存此詩，因將居東時詩附焉，而皆謂之豳風。周禮『祈年於田祖，歈豳雅以樂田畯』；『祭蠟，歈豳頌以息老物』。朱子疑大田、良耜等爲豳雅、豳頌，而未嘗言之詳。今觀小雅楚茨、信南山、甫田、大田，頌載芟、良耜、絲衣，皆言豳事，所謂豳雅、豳頌。其餘則皆東都之詩，如東山、破斧之附七月也。如此則西京之詩，自文、武以及幽、平；東都之詩，亦自文、武以及幽、平，有條有理，各得其所矣。」

鄭康成好以一二字傅會，至周禮言豳風、豳雅、豳頌處，字面都與雅、頌合，却不將來作證。不特迎寒、迎暑與豳風寒暑之月合，雅中「以御田祖」、「田畯至喜」，恰與「迎田祖」、「樂田畯」合；頌中「胡考之寧」、「胡考之休」，恰與「息老物」合。此數詩，周公所作，竟令天下用之，所謂「制禮作樂」也。

詩中顯有證據的，自然爲某人某事，稍涉游移者，便當空之，愈空愈好，何用實以世系姓名爲哉？只是要見其大處。六經皆是言天人相通之理，然猶零碎錯見，惟詩全見此意。國風所言，不過男女飲食之故，雅雖賢人君子所作，所言亦不過此，即三頌中，居歆奏假，洋溢同流，亦總不出此。其言情，情即性也，聖人盡性，徹上徹下，見到至處。我輩此時飲一盃茶，點一盞燈，厮役之侍立，偶然之嚬笑，得其理便是天道，無有間隔。原道見得精，其法、其文、其民、其衣食云云，直至「生則得其情，死則盡其常；郊焉而天神格，廟焉而人鬼饗」。

後代作憂患詩，其歸多是「何以解憂？惟有杜康」。意思便昏冥去。詩則曰：「我日斯邁，而月斯征。夙興夜寐，無忝爾所生。」又云：「人之齊聖，飲酒温克。彼昏不知，壹醉日富。」又云：「如臨于谷，如集于木。」即女子善懷，亦能説出「不忮不求，何用不臧」。緑衣之什，歸于「思古人」，信是王澤未歇。

聖人删詩之意，當就論語中求之。如「素以爲絢」句，某意即在碩人之詩，而夫子去之。素自素，絢自絢，如人天資自天資，學問自學問，豈可説天資高便不用學問不成？正如「雖曰未學，吾必謂之學」，又如「質而已矣，何以文爲」一般。「繪事後素」，亦言繪事必繼素後耳。「禮後乎」，亦言禮必繼忠信之後乎？皆言絢不可抹殺也。推此可以見删詩之意。

天地神人，以至鳥獸草木，總是一箇性情。雎鳩之摯而有别，麟之仁厚，草木之榮落翩反，皆天地之性，萬古不變。月落萬川，處處皆圓，一散爲萬，萬各有一，原自無兩。惟然，故詩中比興用之。

朱子易、詩二經解，大段是了，亦有未細處。如易中取象龍、馬、雞、牛之類，皆有精理，朱子都略將過去。詩之比興，朱子亦看得無甚關係，而興尤甚。朱子舉「沅有芷兮澧有蘭，思公子兮未敢言」，及「山有木兮木有枝，心悦君兮君不知」，云：「此上下句如何勾連？不過是隨便説出一句，以興下文耳。」其實此二處皆有關合。湘夫人一章，本是托意於舊日僚友，故言芷蘭臭味，原自相同。今乃托根於沅澧幽閒之間，以興己之疎逖，不得與舊僚爲侣也，所以接云「思公子兮未敢言」。枝以木爲體，木以山爲根，山若不生滋潤，則木必枯；木若不有滋潤，則枝必枯，所以接云「心悦君兮君不知」。詩中興體，未有無關合者。清植。

詩傳叶韻已好，尚不如顧寧人考據精確，六經皆可通。如「外禦其侮」，「烝也無戎」，朱傳云：「戎，古皆作汝。『戎雖小子，而式弘大』，戎，汝也。」然於「整我六師，以修我戎」，戎亦讀汝？顧氏則云「戎有二音，兵戎之戎，仍當讀容」，是也。「知子之來之，雜佩以贈之」，「來」與「贈」斷不可叶。某意「能」字古多作「來」音，然才能、相能之能，仍不可讀來，蓋亦有二音也。此「來」字應是「能」字，謂相能也，因漢人傳經口授，訛讀致悞。小雅「無木不萎」，叶「思我小怨」，「萎」與「怨」亦不可叶。古音凡「宛」字，皆讀作「慰」。「彼菀者柳」，菀，即蔚也，讀「慰」便與「萎」叶。「興」字有蒸、侵二韻，「寧莫之懲」，「讒言其興」，蒸韻之「興」也；「載寢載興」，「秩秩德音」，侵韻之「興」也。

童子入塾讀詩經，便當教以古韻。韻之所叶，段落多在其中，兩句一連者自多，但三句一連者亦不少。「申伯番番」章，若兩句一連，便全不叶，惟「番番」叶「嘽嘽」，「翰」與「憲」叶，詞義皆順。「民之未戾」章，亦三句一連，「可」與「歌」叶。頌多不叶韻，大雅近頌，亦多不叶韻。

韓昌黎到底文字結習深，其云：「周詩三百篇，雅麗理訓誥。」又曰：「詩正而葩。」孔子說詩，却不如此。看「興、觀、羣、怨」，「正墻面而立」，「無以言」，何嘗說到此來？

近看詩經，覺得漢人只逐句解，朱子則逐節解。某今逐篇解，又數篇通部會合解，便看出許多層次聯絡照應來。

問國風次第。曰：「二南風化之首，邶、鄘、衛乃與二南反對者。周以齊家而興，衛以淫亂而亡，且衛即紂之污俗，所謂『殷鑒不遠』也。王風衰弱，亂由褒姒。次於殷之故都，鄭乃畿内之國，王畿之風化可知。王綱頽敗，則霸國興，故次以齊、晉、唐，魏即晉也。霸者再衰，則天下之勢歸於秦，所以删詩録秦風，删書録秦誓。檜風之卒章，傷天下之無王；曹風之卒章，傷天下之無霸。豳風居末者，見變之可復于正也。」問：「此果是夫子當日次第否？」曰：「如今所行者，鄭康成本也。以左傳季札觀樂篇觀之，依稀似是。」

關雎之詩，作太姒思賢自作，其説爲長。内政修治，使夫子正位乎外，一切賓祭，皆無舛失，豈是易事？太姒有見於此，故思所以助君子者。未得，至有寤寐反側之憂；得之，則有琴瑟鐘鼓之樂。從來惟此爲哀不傷，樂不淫，外此未有不淫傷者。蓋螽斯、麟趾之本也。

問：「樛木篇所云『樂只君子』，朱傳謂指后妃，猶言小君内子也。竊意君子仍指文王説。后妃能逮下，如樛木之芘葛藟，以致室家和理，天下化成，則文王膺受多祉矣。文王膺祉，則后妃之福履可知。於禮祝嘏，止及主人而不及主婦，亦以婦從夫故也。若祝后妃而略文王，反覺非體。如此解『君子』二字，不用分疏，意味似尤深長。」曰：「此説亦好。」清植。

朱子把興義都抹却，便多錯了詩意。野有死麕篇之言「懷春」，非是如俗下所謂「思春」。周禮仲春會男女，不是男會女、女會男，想是男女各爲會。「玄鳥至」，「祠高禖」，即此時也。當春而出，則曰「懷春」耳。「死麕」照「吉士」，「白茅」照「有女」，首章是疑詞，言「死麕」豈「白茅」所包乎？「有女」豈爲「吉士」所誘乎？二章乃洗刷「有女」之詞，言死鹿原在雜木之中，「白茅」固無恙也。末章則申説其如玉，而嘆其不可誘。又如漢廣之詩，全在「喬木」、「錯薪」著意。「喬木」高不可攀，緊對「游女」；「不可休思」，緊對「不可求」。至下「錯薪」，緊照上「喬木」，言「游女」，「喬木」也，豈可與尋常雜亂之人一例看待？彼翹然雜薪，則可得「刈其楚」、「刈其蔞」矣，何不可攀之有？此類只好與「之子」喂馬、喂駒耳，言無能爲役也。其立言藴藉曲折，方好接「漢之廣矣」四句。若但言欲「秣其馬」，欲「秣其駒」，與下文不相粘合。

「喬木」以興「游女」之持身高峻，詩傳中亦有此意。至下「錯薪」，竟説得似實事一般，言貪慕「之子」之甚，故刈薪以飼其馬駒，庶以求悦於「之子」。看來不是。因上文以「喬木」起興，故言「喬木」乃「不可休」耳。若「錯薪」，則可刈之矣。「錯薪」豈「喬木」擬哉？僅可飼「之子」之馬駒而已。不但不可比「之子」，并不得比「之子」之馬，如累降之人，只堪爲僕隸。後世以龍眼爲荔奴，正是此意。清植。

何彼穠矣一詩，言帝女下嫁之事。若是諸侯之女，便應先夫後妻，如韓侯娶妻之類，方是倡隨之常。所謂「齊侯之子」、「衛侯之妻」者，乃是叙其閥閲，非正言嫁娶之比，故不妨先母家而後夫家。此詩先説王姬，見得不同於諸侯；説王姬之車，不説下嫁，而下嫁顯然矣。王姬倒底是何世系？下嫁倒底是何國？曰：「平王之孫，齊侯之子。」先平王於齊侯，尊王也，所以先著王姬也。齊侯，侯封也，何敢娶於天王？婚姻者，人道之常，不以勢地而隔絶。故曰：「其釣維何？」其「絲伊緡」，畢竟地道也，妻道也，臣道也。乃曰「齊侯之子，平王之孫」，先子於孫，從夫也。春秋于天王嫁女，先曰「築王姬之館于外」，後曰「王姬歸于齊」，義例即出于此。

「一發五豝」，自是註疏説好。豝雖有五，其發則一而已。方是解網之仁，大易「失前禽」之意。若説「一發而中五豝」，無論無此事，亦不見仁愛之心矣。

邶、鄘詩皆衛事，而仍繫之邶、鄘，説者以爲詩本得之其地。但就中有莊姜詩，却説不去。或是用邶調、鄘調，因以其調繫之。紂作靡靡之音，大抵皆哀怨悽切。由之瑟，爲「北鄙殺伐之聲」。朝歌而北謂之邶，南謂之鄘，東謂之衛。「北鄙」即邶。子路，衛人也，好此，故鼓之。

谷風篇「毋逝我梁」四句，傳作戒新婦。言毋居我之處，毋行我之事。又自解説，我身且不見容，何暇卹我之後哉？亦説得去。但小弁卒章，亦用此，若如此説，則與上文「君子無易由言，耳屬于垣」，不相連接矣。況「梁」與「笱」，義皆無取，「閲」字尤難説。某意此蓋取譬於魚，以戒後人也。「逝」字、「發」字，皆指魚。「逝」即「悠然而逝」之逝，「發」即「鱣鮪發發」之發。若曰其夫乃無常之人，今雖宴爾，將來恐汝亦逝于我梁而發于我笱也。前車宜鑒，我不是身親閲歷，暇爲後人憂耶？如此説，即小弁亦可通貫，言我已被讒而逐，後人無蹈吾故轍也。末章如傳説亦好，某謂不如總作「御窮」説。窮冬之時，我蓄旨以御之，至家道好時，便宴新昏而厭棄我，是以我「御窮」也。汝今者驕盈恣肆之狀，盡我勞苦所詒也。不念昔者，我初來汝家之時，是何如景況耶？如此説，與前兩章都有關照。

問：「式微篇，首章曰『故』、曰『中露』，次章曰『躬』、曰『泥中』。蓋失國之初，必有奔走望救之事，所謂『控于大邦』也。及乎救斷望絶，則與其君相守坐困而已。始不辭勞，終無貳志，可不謂忠乎？」曰：「看得好。」清植。

問：「『采唐』諸詩，似可不存。」曰：「我輩選詩，便持此見。聖人所見者大，存此見衛之所以亡。二南之化，以『刑于寡妻』而興；衛之末流，以『子之不淑』而亡，所謂『可以觀』也。」

黍離之詩，若説「宗廟宫室盡爲禾黍」，何以黍總是離離，稷則由苗而穗、而實，難道黍就不苗、不穗、不實乎？此是周既東遷，秦逐西戎，遂盡有西周之地，故詩人過而憂之。黍，五穀之長，喻周也；稷，五穀之亞，喻秦也。彼黍離披不支，稷則有根苗矣，始過之而「中心摇摇」也。秦漸强而大，周之不競如故也，故黍猶離離，稷則不止於苗而穗，不止於穗而實矣；故過之而心憂，不特「如醉」，而且「如噎」也。大凡詩首句不變，而次句不同者，如「有兔爰爰」之類，皆有義旨，不是换韻而已。

東萊以爲「詩無邪」，焉得有淫風？朱子以「放鄭聲」詰之，吕云：「鄭聲淫，非鄭詩淫也。」朱子曰：「未有詩淫而聲不淫者。」本末源流，已一句説盡，但却亦要知詩自詩，聲自聲，不然虞書何爲説「詩言志」，又説「聲依永」？夫子何爲説「興於詩」，又説「成於樂」？不淫詩亦可以淫聲歌之，淫詩亦可以不淫聲歌之，如旦曲以凈唱，凈曲以旦唱，只是不合情事耳。何以「放鄭聲」，不放鄭詩？這却易知。醜行惡狀，采風者存爲鑒戒，見得淫風便至亂亡。若播之於樂，要人感動此心，却是何爲？如商臣陳恒等，尋常説話時，何妨舉爲滅倫亂理之戒？若被之管絃，摹寫他如何舉動，是甚意思？聖人之權衡精矣。

詩傳不從注疏之無情理者極多，甚是，但其有情理者應存。如鷄鳴，舊註却好，謂極昏亂之時，而有心中明亮之人，如風雨之候，早晚皆不可知，而雞却至其時而鳴不已也。蒹葭篇，舊注以蒹葭勁利喻秦俗强悍。蒹葭而柔以霜露則可用，喻秦俗當澤以周禮。「伊人」即能澤以周禮者。其説雖似太迂，然倒轉來以蒹葭喻秉禮之君子，以霜比秦人之威刑，却極貼合。恐當時學究相傳，未必全是臆説。賢者不移於風氣，如蒹葭至秋，尚蒼然蔚茂，而秦之悍暴，如霜威摧殘之。此非有獨立不懼、威武不屈之節者不能。此人自在山巔水涯之間，所以上下求之而不能舍。大凡詩起興者，興中即帶比意。取譬于霜，極象秦之嚴急；取譬于風雨，極象鄭之淫昏。

出其東門，舊説亦以爲淫奔，被朱子改正過來。鄭俗雖然不好，既有鷄鳴戒旦之作，不許有「出其東門」之人耶？惜乎朱子改之未盡，如風雨、子衿，尚可不以淫解之。

或疑葛屨、蟋蟀，信是勤儉，若山有樞，殊不類。曰：「此正見其儉處。衣裳自宜曳婁，車馬自宜馳驅，惟不肯曳婁、馳驅，故徹底打算到生死之人故，而後决計。其吝嗇之意，言外可掬。」

鳲鳩四章，依舊説，不過是每章换韵。至第二章，尤説不去。難道「淑人君子」之常度，只在帶絲、弁騏乎？此詩須合前後篇觀之。候人之詩，譏德不稱官，賢人在下，故曰「不稱其服」，曰「季女斯飢」。下篇洌泉，亦是此意。推此便得此詩之解。鳲鳩飼子，朝從上下，暮從上下，均平如一。君子之儀亦然。故由其儀之一，知其心之如結也。下三章都承此章説，言君子不是以一例看待爲均平，如此，則賢否不辨，反不均平矣。「鳲鳩在桑」，其子則「在梅」。梅，佳木也。「淑人君子」，則於賢者，其帶之也伊絲矣；帶既絲，則弁之也伊騏矣，大夫之服也。鳲鳩仍在桑，而其子則有在棘者矣。棘，惡木也。君子於不良者，而法度不肯差忒。法度不肯差忒，則足以正四國矣。鳲鳩仍在桑，而其子則有在榛者矣。榛比棘差好，比梅則不及。平等之人也，可以善，可以惡，君子則善其儀法以正之。能「正是國人」，胡不更歷萬年以保其家邦乎？觀「墓門有棘」，則「斧以斯之」，可知爲惡木矣；「墓門有梅」，惜其「有鴞萃止」，可知爲佳木矣。凡上句不換，次句逐章换者，皆有義理，得其理，字眼皆合，意思甚足。下泉亦説得未當，易云：「井冽寒泉，食。」冽，潔也。功足以及物，有何不好？詩意倒是説稂、蕭、蓍皆賤草，而受冽泉之潤，亦「不稱其服」之意。三章俱念周京之盛時。其盛時云何？即末章也。「芃芃黍苗」，非稂、蕭類也，則有陰雨以膏之。四國已被王澤矣，又有郇伯以勞之。此周京之所以念也。「黍苗」與「稂蕭」對，「陰雨」與「下泉」對，詞意顯然。又侯國取喻于地之下泉，王澤取喻于天之膏雨，都妙。

下泉之詩，以稂、蕭爲下泉所浸，譬周衰小國受困。於物理亦不然。泉以潤物爲功，豈陰雨足以膏物，而泉水反以害物之理？直以下泉不溉禾黍而浸稂、蕭，此陰雨之膏黍苗，所以可思也。稂莠，害苗；蕭艾，離騷以喻小人；蓍，亦蓬蒿也，皆惠及小人之謂。若浸黍苗，則佳矣，使膏雨不潤黍苗，何佳之有？反照便見。

七月一篇，凡陽月皆稱日，陰月皆稱月，惟「四月秀葽」一章，本爲推寒候所自始，故獨稱月。見四月雖純陽，而一陰已萌也，與易經中陽卦稱日、陰卦稱月一般。文王家學，是一線下來的。

問：「七月篇兼用夏、周正，從夏正者，以追叙舊俗，而豳公夏人也。從周正者，是詩作於周公也。」曰：「或是如此。」清植。

大、小雅，若說是以體製分別，看來殊不能分。如桑柔、召旻，若入小雅，恐亦無別。或小雅乃列國君卿、大夫、士君子所作，大雅則王朝卿士之作。衛武公一人之詩，其入小雅者，或在國時所作，入大雅者，則爲周卿士時作。

四牡，父母也；皇華，君臣也；常棣，兄弟也；伐木，朋友也；杕杜，夫婦也。小雅分明以五倫排起。

關雎、鹿鳴、文王、清廟，都是說文王，所謂「四始」也。今看鹿鳴，直似文王自作之詩。「人之好我，示我周行」；「視民不恌，君子是則是傚」，非文王不能爲此語。

「儐爾籩豆」兩節，某意不欲依朱傳説。言不必肆筵設席，但有籩豆可列，便當飲酒爲樂，與兄弟共之。兄弟之不和，各爾乾餱耳。又言必得妻子同心，兄弟乃得永好無斁。兄弟不相耽樂，妻子間之耳。朋友相與尚不輕絶，何況天性，豈反疎薄？必有其由。今欲「宜爾室家」，在乎「樂爾妻帑」，試自究之圖之，豈不誠然乎哉？即「刑于寡妻」，及尚書「我其試哉」之意。如朱傳説「是究是圖」二句，殊無力。

「和樂且孺」、「且湛」，「孺」字、「湛」字，俱下得極妙。兄弟在孩孺時，未有不相善者，只是起居飲食同在一處，故彌親厚。今「儐爾籩豆，飲酒之飫，兄弟既具」，不惟和樂，且如孩孺時之相親矣。兄弟所以不和者，妻子間之也。「妻子好合」，非强合也，必也與吾同調，如琴瑟之相和。吾所敬者，彼亦敬之；吾所愛者，彼亦愛之。則「兄弟既翕」，不惟和樂，且樂之終身不厭矣，如有癖好不能自解一般。

詩即極淡處，都有意思條理，不可忽略看過。如南山有臺，首章説爲「邦家之基」，次章説爲「邦家之光」，至三章「民之父母」，便承「基」字説，惟爲「民之父母」，故爲「邦家之基」也。「德音不已」，便承「光」字説，惟「德音不已」，故爲「邦家之光」也。四章、末章把「壽」顛向前，而曰「德音是茂」，不止于「不已」也。曰「保艾爾後」，所謂「保我子孫黎民」，不止于「民之父母」也。章法結搆，都有血脈義理。又如蓼蕭，首章是説初見時燕語歡洽，以其聲望好也。二章「爲龍爲光」，如今時召客，云「寵臨光降」也。何以有譽處？以「其德不爽，壽考不忘」也。三章則燕飲而見其「豈弟」矣。所謂「其德不爽，壽考不忘」者，於何驗之？以其宜於兄弟友邦，而知其令德壽豈也。末章則賜以車馬也。即露之湑兮，瀼瀼、泥泥、濃濃，皆由淺而深，一毫不亂。

古人説恩情，未有不歸之德者。「湛湛露斯」，言澤之渥也，緊貼「厭厭夜飲」。「匪陽不晞」，言時之久也，緊貼「不醉無歸」。次章「在彼豐草」，露之所聚也；「在宗載考」，飲之所集也。三章「在彼杞棘」，杞美而棘惡，言湛湛之露，無不被之澤。由「顯允君子」，無不令之德，見宴於宗室者，實重其德也。桐樹惟其有實，所以有「離離」之形；君子有「豈弟」之德，所以無不令之儀。見「不醉無歸」者，非沈湎而失度也。詞義都妙。

有人問，古來田獵詩，以何爲第一？某答之以車攻。問者笑云：「又來説道學了。」某云：「叙田獵，孰不鋪張熱鬧？即至結末收歸正論，又顯然發露，意味便短。杜工部觀打魚詩亦只如此。此詩乃云『蕭蕭馬鳴，悠悠旆旌。徒御不驚，大庖不盈』，宛然『王用三驅，失前禽，邑人不誡』之意。即相隨衆人，皆有網開三面之仁。至云『之子于征，有聞無聲』，説得逼静。聞遠而聲近，聞次第而聲囂張，聞小而聲大，聞安和而聲疾急，却不説出仁愛物類，終事肅静字面。而意味深厚，玩味不盡。凡物力之備，射御之精，法度之整齊，人心之歸向，一段虚公有學問之意，無不曲曲傳出。其實『有聞無聲』，豈惟田獵，萬事皆要如此。一有聲便僨事。」

問：「正月卒章，詩所云『佌佌』、『蔌蔌』者，小人也，方安其居而食其禄。獨此下民，天乃夭死而椓喪之，富者猶可僅存，惸獨則可哀甚矣。似無禄之民，其中猶有富者。恐『富人』即指上文『有屋』、『有穀』之小人，『惸獨』乃『天夭是椓』者耳。」曰：「如此説好。」清植。

問：「『匪舌是出，維躬是瘁』，朱傳解云：『非但出諸口，而適以瘁其躬，以下「巧言如流，俾躬處休」例看。』恐『匪舌是出』句，只是找足『不能言』意，猶『巧言如流』句，只是找足『能言』意。」曰：「是如此。」清植。

「各敬爾儀，天命不又」，「又」字妙。一去欲他再來，便不可得。若是修德，便源源而來，觀「保右命之，自天申之」，「申錫無疆」等，可見。

「奕奕寢廟」一章，從來説未明白。説寢廟「大猷」下，忽然説「他人有心」，「躍躍毚兔」，總粘不上。此章是承上章「屢盟」來，推原由于君子之心，不免於曖昧也。以曖昧之心御機變之巧，斷不能已亂而塱讒。彼此懷疑，「屢盟」何益？試看「奕奕寢廟」，君子之所作也，何等光明正大！「秩秩大猷」，聖人之所定也，何等顯易明白！你看君子聖人如此，似疎闊，不能覺察人情世態之變幻，究之「他人有心」，皆能忖度得之，任如狡兔之跳躍不常，而遇犬未有不獲之者。以險阻焉能知險阻，惟易簡可以知險阻，故易曰：「恒易以知險，恒簡以知阻。」春秋年年盟，年年亂，正坐此耳。凡人遇讒，惟心裏對之以光明，處事只順著正理，憑他如何來，我意中似没有一般，便一點不足以礙其靈臺。「莫予荓蜂，自求辛螫。」蜂來到肌膚上，切莫動他，一動他便一螫。非他要螫你，怕你害他，故螫也。虎不咬嬰兒，不是慈愛嬰兒，知嬰兒不害他耳。佛家亦窺見此意。一人屢無禮於釋迦，釋迦只不應。久之，其人感悟，求釋迦説法。釋迦云：「設若人加禮于我，而我不應，無禮在人乎？在我乎？」其人曰：「自然在我。」釋迦曰：「設若人無禮于我，而我不應，無禮在我乎？抑在人乎？」其人曰：「自然在人。」佛因告之以當風揚塵，適以自糞；持梃擊空，適以自困。最妙。空處打他不著，徒自困乏而已，彼自然歇了。胸中若有一絲芥蔕，便是機心不盡。列子海鷗之説亦然。某十四五歲陷賊中，見有善拳棒者，人與相持，應手便倒。問其故，對曰：「非我能跌彼，彼自爲跌耳。彼方儘力向前，我只躲過，輕輕一推，他自跕脚不牢矣。」這還是第二等，推之拽之，仍是應之以機。惟教他打不著，他自乏了，爲第一義。所以讒言來時，疑他不好，信他又不好。疑他便是「荓蜂，自求辛螫」，信他便是「肇允彼桃虫，拚飛惟鳥」。只胸中消化，如太虛一般方好。

蓼莪，如注疏説太粗淺，朱傳善矣，猶似有未至者。莪，非以比己美材，謂父母也。言父母本是莪，而我不肖，不能爲莪也，蒿焉而已。然則父母亦枉生我耳。缾小罍大，缾罄乃罍之恥，猶子之不善，貽父母之恥也。鮮民，非孤寡之民，乃寡德之民也。使父母而在，尚可望其提命，今則怙恃俱無，惟有銜恤靡至而已。「父兮生我」章，思父母之恩難報也。南山，生物之方，今則寒風凄其，但見其爲山，而草木無矣。父母既遠，而我受害，復何望其即于善哉？通篇俱作人子自責解，似覺深厚些。

問：「大東三章所云『佻佻公子』，朱傳謂指諸侯之貴臣，亦奔走往來不勝其勞。玩『佻佻』二字，乃是輕薄得意之狀，恐此章『小東大東』四句，是言東人；『佻佻公子』三句，乃指西人。勞逸不均如此，故曰『使我心疚』。」曰：「是如此。」清植。

詩經句讀，要知古韻，又要知上下搭連，不是兩句一斷可爲定例。如楚茨篇，以「執爨踖踖，爲俎孔碩」作一連，「或燔或炙，君婦莫莫」作一連，「爲豆孔庶，爲賓爲客」作一連，下六句作兩讀，都錯了。「燔」、「炙」與「君婦」粘不上，「爲豆」與「賓客」尤難粘。「執爨踖踖」是頭，「爲俎孔碩，或燔或炙」是一連。俎所以載牲體，其中有輕用火燔者，有重用火炙者。「君婦莫莫，爲豆孔庶」是一連。豆乃葅醢之屬，是君婦辦的。「爲賓爲客，獻酬交錯，禮儀卒度」是一連，「笑語卒獲，神保是格」是一連，「報以介福，萬壽攸酢」是一連。「笑語」，如記中「思其笑語」之「笑語」，所謂「愾然如聞其聲」者，指祖宗，不指賓客。祭祀時，賓客如何笑語？惟俎豆具備，賓客齊肅，故祖考歆享，而得其笑語也。又如「天命降監，下民有嚴」，既不僭，亦不濫，都説天命，是一連。「不敢怠遑，命于下國，封建厥福」是一連。「遑」字原不叶韻。「執爨踖踖」章「福」字，若作今韻讀，竟是一句一韻，但古「福」音「偪」，還是以下句爲韻。

公劉去禹之時未遠，又恰是后稷曾孫，故詩曰：「信彼南山，維禹甸之。畇畇原隰，曾孫田之。」以此證楚茨以下四詩爲豳雅尤明。若是作於周世，而却推遡禹功，未免太闊。清植。

賓筵，毛序以爲刺幽王，朱子從韓詩，以爲悔過。某謂此詩或係悔過，至下魚藻，明是諷王。若是諸侯美天子，身在鎬矣，而曰「王在在鎬」，何也？似是武公居其國而念王，言飲酒亦不妨，只要得「豈樂」「樂豈」耳。大武樂章，疑不止於武、桓、賚、酌。大明之詩曰：「殷商之旅，其會如林。矢于牧野，惟予侯興。上帝臨女，無貳爾心。」恰似「總干山立」之象。「尚父鷹揚」，所謂「發揚蹈厲，太公之志也」；「會朝清明」，則滅商矣。

「鳶飛戾天，魚躍于淵」。朱子不用前人説，而以爲興無所取義。若以象求之，本乎天者親上，本乎地者親下，文王作于上，人才興于下，亦有意思。凡象之所在，道理即在其中。尚父之鷹，卷阿之鳳，都不可易。

思齊之詩，條理尤極精細。先言生有聖母，又言助有賢妃，似文王之聖，由於二者一般。下文遂言文王非徒藉世德也，能「惠于宗公，神罔怨恫」；非徒資内助也，能「刑于寡妻，至于兄弟，以御于家邦」。惟「刑于寡妻」，以至兄弟，故「在宫」，則見其雝雝然；惟「惠于宗公」而無怨恫，故「在廟」，則見其肅肅然。其「雝雝在宫❶」也，雖不顯之處，常若有臨之者；其「肅肅在廟」也，雖無有厭射之事，常若有所守焉。其「純而不已」如是。至上有昏暴之君，下有昆夷之難，文王之德望毫無所損。雖無所前聞者，亦合于法；雖不由諫諍者，亦入于善。上節如「戒慎恐懼」之「中」，此節如「發皆中節」之「和」。文王加意作人，所以「成人」、「小子」，「有德」、「有造」，都由純德無斁，始能「譽髦斯士」也。

朱子道理熟，説到聖人敬畏修德處，倍生精采，興會都到。「無然畔援，無然歆羨，誕先登于岸」；「予懷明德，不大聲以色，不長夏以革，不識不知，順帝之則」，都説得深微。但有一説，須與下文帖合方好，不然頭腦太大。此詩下文是伐密、伐崇，未應推説到

❶「宫」，原作「廟」，據毛詩正義卷十六改。

此。看來只是説文王爲人，不與人輕離易合，亦不歆羡他人所有，所以當紂昏虐之時，人皆淪胥及溺，而文王獨先登岸。登岸既免于溺，又可援手以救人溺，所以密人「侵阮、徂共」，文王不得不救之。若以爲道岸，反覺不甚親切。至崇人，却與文王有譖害之仇，故言文王不加人以聲色，不長夏以兵革。長於中夏，即方伯也，如九合諸侯，不以兵車之意。「不識不知」，一無私意，應天而動，天討所及，文王不能不順之耳，非報仇也。都與下文一串説來方合。

孟子之説靈臺，乃斷章取義爲惠王言耳，非詩本旨也。文王之什止此，故將敬天、造士最大兩事作末篇。靈臺所以望雲物之氛祲，察歲時之災祥，與「欽若」、「授時」之義同。下二章，言立學作樂之事。古者典樂教胄，周禮樂師掌國學之政，辟廱與作樂原是一事。文王最重是造就人才，故緜之詩，終以「疏附」、「先後」、「禦侮」、「奔奏」；棫樸云「周王壽考，遐不作人」；旱麓云「豈弟君子，遐不作人」；思齊亦以「譽髦斯士」終焉。至有聲美武王，猶以「無思不服」屬之「鎬京辟廱」。此義在四書、五經中最大，聖人率不作第二義。

「下武」，即上文也。言人見武王以兵滅紂而有天下，以爲武功大矣，不知「下武」者實我周也。下字甚奇。

雅頌一字都有緣故。有聲篇，文王四章，先稱文王者，著祖考之尊號，實則諸侯而追稱者耳，故終曰「王后」。武王四章，先稱「皇王」者，著其爲天子，非追王之比。卒乃言此之爲武王，以别于成康諸王。

篤公劉詩，處處不是居室，「廬旅」亦不是廬其賓旅。因初到豳，且於此處住下，且於此爲廬作客居，且於此商量行事，下方説「于京斯依」可見。「其軍三單」者，諸侯名爲三軍，其實三鄉、三遂，則六軍也。天子名爲六軍，其實六鄉、六遂，則十二軍也。謂之單者，人少，止有三耳。「度其夕陽」，亦不是度山西之田以廣之。豳西多高山，夕陽少，人苦寒，故度其有夕陽之處。斯人不苦寒，「豳居」遂于是而大也。此處若説人家多，並山西而廣之，則侵下「止旅迺密，芮鞫之即」地位矣。人若遷國，便可依此詩營理，即移宅，亦宜彷彿行之。如此讀詩，果然使于四方，自然能專對；授之以政，自然能達。

「价人維藩」一節，注疏決不可從。朱子以「价人」爲大德之人，「大師」爲大衆，是已。「大邦」、「大宗」不難解，難在把「懷德維寧」一句横在中間。下又云「宗子維城」，何不叙宗子於大宗之後？更難在獨將「城」字提唱，而結曰「無俾城壞，無獨斯畏」。朱子依文解去，殊覺參差無倫次。其實只「宗子維城」一句説得合，則自「懷德維寧」以下，一氣順接，而於「价人維藩」四句，亦呼吸緊醒矣。「宗子」，不該説作各宗之宗子，宗子繼宗，即天子也，故以城歸之。藩、垣、屏、翰，皆爲城而設。「价人」、「大師」、「大邦」、「大宗」，皆所以衛宗子也，下字俱妙。「价人」，所謂元勳碩輔，爲國威重，如一層籓籬然。「師」，即「殷之未喪師」之師，國所與立，惟民是賴，如城之有牆然。城之所以立也，大邦諸侯，如樹之以爲障蔽者，故曰「維屏」。大宗强族，如垣牆之楨幹然，藉之以爲羽翼者，故曰「維翰」。此四者，必懷之以德，方可恃之以安。蓋宗子如城然，無德，則雖有藩、垣、屏、翰，而衆叛親離，其城且壞，而宗子亦孤立矣。故曰無使自喪其輔，致城之壞，以致於獨也，獨斯可畏矣。德即宗子之德，懷即懷諸侯之懷。文從字順，天造地設應如此。

「朋友以譖，不胥以穀。」若照常説，下文「人亦有言」句不甚著力。譖人者以爲特人受其害耳，不知朋友相讒，不特被讒者受害，連讒人者亦不得善。故人亦有言，退者固窮，即進者亦窮，言必至於俱困也。你今日只顧譖人，豈知將來連自己亦動彈不得乎？此須身經之，方見此詩有味。「民之貪亂寧爲荼毒」，不是説他荼毒人，言到得民不堪命，寧不知亂者必死？但忍不過，只得拼死去做。自非萬不獲已，民豈肯輕自犯上作亂以取荼毒乎？

註疏多不可從，然間有好處。「天生蒸民」四句，朱子説：「有耳目便有聰明之則，有父子便有慈孝之則，是乃民所執之常性，故其情無不好此美德者。」本説得好。康成謂物爲性，謂則爲情，言「天生蒸民」，其中實在有箇性。物，如「爲物不二」之物；所謂性，立天下之有也。惟其有此，所以感應於外者，都有箇則。他竟於「物」指出仁義禮智之名，於「則」指出喜怒哀樂之名。惟有「物」，故爲「民之秉彝」；惟有「則」，故未有好而不在此懿德者。某却從康成説。朱子説下四句，用「況」字轉。康成却説天亦好德，所以監周而生山甫。亦覺得更加有味。次節説山甫之德業，三節説山甫之職掌。「肅肅王命」二句，承「出納王命」；「邦國若否」二句，承「式是百辟」；「既明且哲」四句，承「王躬是保」。自己不能保身，焉能保王躬？「明哲保身」，非如世俗所謂趨利避害也。孝經言守富、守貴、保禄位，都説與道德學問是一事，何況保身？「柔茹剛吐」節，發明「邦國若否」二句；「德輶如毛」節，發明保身、事君四句。言我亦儀型圖之而莫能舉，惟仲山甫舉之。山甫能舉德，故能補王之闕也。下二節説祖送，即承「賦政于外」二句。「每懷靡及」，説得妙，望其早歸，又照應職掌，無人説他「永懷」。又見山甫身雖在外，乃心罔不在王室。暗結「王躬是保」意，極妙結搆。

常武「三事就緒」，朱傳説是「三農」。某初以農工商説，亦不是。凡經中常用字，都要畫一。朱傳解「擇三有事」，謂是「三卿」；於「三事大夫」，又云「三公」。論理都該歸之司空、司徒、司馬方是。國家舉事，必須人役，是司徒所掌；必有政令，是司馬所掌；用度百須，皆出於土地，是司空所掌，總離不得此三項。看牧誓、立政、周官諸篇可見。當時出兵，言今日不須再留，不須再處，凡國家之事，職在司徒、司馬、司空者，已俱就緒，何須再留處而不行耶？冢宰輔養君德，統百官，宗伯掌禮樂。此時用不著，故只舉「三事」。

常武一詩，説盡兵法之要。當時徐方罪浮於楚，自穆王時首先僭號，宣王以其控制江、淮，逼迫青、兖，所以謀之者不可草草。先命樊侯築城於齊，防其北突，命召穆公平淮南之夷，及于江、漢，剪其羽翼，然後自將以伐之。戎陣齊整，先聲奪人，止令其畏服而止。「如雷如霆」，妙甚。只是教人怕，何必將惡人盡數打殺？其疾也如飛翰，其衆也如江、漢，其不可動也如山，其不可禦也如川，其不可絶也緜緜然，其不可亂也翼翼然。令人不可知，又令人不可勝。千古行兵，有加于此者否？所以五經果讀得精細，世間事未有不備者。經都是教人學做事的樣子，没有空語。

思文以上，皆大祭祀之詩，「后稷配天」，更是大典，故在後。臣工、噫嘻，皆祀先農之詩。振鷺，初立學宫，祭瞽宗之詩，與豐年、有瞽、潛三篇，皆小祭祀之詩，故彙在一處。雝、載見、有客，皆助祭詩，亦彙在一處。大武，乃舞之樂，故居末。篇次一絲不亂。大雅中，因陳戒而及先公、先王者，亦爲受釐所歌，當即歌於舞入之時。生民是言后稷，亦特居後。下燕父兄，賓尸贈答之詩，都彙在一處。公劉不在七廟之内，又非配天之祖，而其功實大，故又存在後。洞酌、卷阿，召公陳戒之詩，中未説及先公、先王，不歌于受釐之時，故又在後。其篇次亦一毫不亂。

烈文之詩，朱子以爲獻助祭，諸侯之樂歌，以此之「辟公」，與雍之「辟公」例看也。上祀先公以天子之禮，先公亦稱公，「烈文」二字，豈諸侯所敢當？而「錫兹祉福，惠我無疆，子孫保之」，亦非對諸侯之辭。「無競維人，四方其訓之；不顯維德，百辟其刑之」，諸侯尤不敢當也。此爲合祭先公、先王之樂章。太王、文、武以及成、康，各有祭之之詩，祫尤大祭，豈得無詩？

烈文爲祫祭之詩，看第二章尤明。先公有邦而已，至太王、王季、文王，而其功始崇。武王念之，因而易侯爲王，故曰「繼序其皇之」。先公尊於先王，故從「辟公」叙起。功德在人，前王爲盛，故結之曰「前王不忘」。於立言之體亦極稱。清植。

天作高山，乃文王祔廟之詩。問：「昊天有成命，亦是成王祔廟，執競是康王祔廟之詩否？」曰：「然。只武王祔廟無詩，想是易侯而王，禮文與他廟異。」鍾旺。

詩之語氣，不可不體會。「我將我享，維羊維牛，維天其右之」，「右」是上，尊之也。「其」字，是不敢必之辭。惟「儀式刑文王之典，日靖四方」，則「伊嘏文王，既右饗之」

矣。用一「既」字，便有尊天親祖之意。文王饗，則天亦饗之矣。然不敢恃也，故下復言「畏天之威」，見得文王亦畏天也。文王之詩，言「上天之載，無聲無臭」，惟取法于文王，則萬邦作而信之。此處只言「畏天之威」。因彼是歌文王之德，此乃配上帝之樂，其意理及口氣都妙。時邁亦然。言天其子我乎哉？亦不敢必也。既而曰，想是天實右序我周，爲諸侯之長矣。但看「薄言震之」，而「莫不震疊」，祭百神，而百神享之，信乎王之爲天下君也。今式序諸侯，偃武修文，信王之可保天命也。語氣道理俱足。

執競篇，注疏以爲祀武王之詩，「成康」皆不説是成王、康王。朱子以爲祭武王、成王、康王之詩，是已。但不及文王，何也？此是始祔康王之主於廟，告於考，故及成王；祔于祖，故及武王。孫祔於祖，有告祔之禮。成王入廟，則告文王矣。

振鷺非「二王之後來助祭」之詩。古者學宮都在西，故曰「西雝」。謂之「雝」，自是辟雝。此是初立學宮，祭樂祖瞽宗之樂章。「我客」，來學之士也，其容脩潔，有類於鷺。若以爲「二王之後」，取象亦不類。「在彼無惡」，指客也；「在此無斁」，指君也，所謂「古之人無斁」也。「以永終譽」，所謂「譽髦斯士」也。韓文公做學宮詩，便用「振鷺」，亦一證也。

樂有四節，有瞽一詩，不過幾句，而四節皆備。「有瞽」，升歌之人也；諸樂器及簫管，笙入之具也；「肅雝和鳴，先祖是聽」，間歌之聲也；到得「永觀厥成」，則合樂時矣。何也？舞亦入，故曰「觀」，緊與上「聽」字相應。成，即「六成」、「九成」之成，樂之終也。經文周密如此。

今人多以朱子不用詩序爲疑，據某看來，正恨尚有不盡翻案處耳。如「文王既勤止」，何以見得是大封功臣？論來却是大賚四海，而共明其伐商之意。只涵泳白文，求其語意通順，道理正當，不拘舊説方好。「文王既勤止」二句，即尚書「我文考文王，克成厥勳，誕膺天命，以撫方夏。大邦畏其力，小邦懷其德，惟九年，大統未集。予小子其承厥志」之意。言文王創造艱難，已有成規，予自當有以成其志。我之爲此，恐人以爲不韙，我周徧思量，不得不出於此。我之往也，惟求天下之安定耳，所以説「無畏！寧爾也，非敵百姓也」。此文王之志也。「時周之命」，言天命在周，「予弗順天，厥罪惟鈞」。「於繹思」，嘆息而謂臣下，宜共繹思之然乎不然乎，即所謂「上帝臨女，毋貳爾心」。大概是初得天下，大賚四海，而白其意如此。一牽住大封功臣，便齟齬不順。

賚與般，其名不可忽略。賚，自是大賚之詩，般即「遊般」之般。武王因般遊至洛邑，見其道里爲天下之中，欲都之。「陟其高山，墮山喬嶽」，所謂「南望三塗，北望嶽鄙」也；「允猶翕河」，所謂「顧瞻有河」也；「裒時之對」，正是四方來朝，道里均也。自酌至般，可以定爲東都祭文、武廟之詩，確不可易。「文王騂牛一，武王騂牛一」，則東都但有文、武二廟可知。

「邪」字，古多作「餘」解，史記、漢書尚如此。「思無邪」，恐是言思之周盡而無餘也。觀上「無疆」、「無期」、「無斁」，都是説思之深的意思。邶之北風，亦作「餘」解。古人曆法拙，閏月必定在十二月，故曰「閏者，歲之餘；虚者，朔虚也」。言冬月將盡，而歲餘亦將終，比北風、雨雪又急矣。但「思無邪」，從來都説是「邪正」之邪，故詩所亦姑依之，不欲破盡舊解。其實他經説道理學問，至世事人情，容有搜求未盡者，惟詩窮盡事物曲折，情僞變幻，無有遺餘，故曰「思無邪」也。

春秋因有三傳，故抵捂處得失互見。詩自齊、魯、韓氏之説不傳，而毛氏孤行，則無以見諸家之異同，而以序爲經矣。自記。

榕村語録卷之十四

三禮

問：「周家制度，是周公手定，孔子却説文王之文，何也？」曰：「想是文王已有成模，所以説『倬彼雲漢，爲章於天』，『丕顯哉，文王謨』。周公守其家學而修之耳。故孔子接文王，周公算在見知裏。」

周禮一書，幸而存，必有發用之時。漢武帝直謂是戰國黷亂不經之書，其後尊信周禮數人皆敗事，所以人益不信。北魏文帝、周武帝、唐太宗略彷彿行之，如均田、府兵之類，皆有其意。文中子之子福畤，記唐太宗欲行周禮，魏鄭公曰：「非君不能行，顧臣無素業耳。」此未必確。縱不精熟，如考起來，何至全無頭緒？欲治天下，斷非此書不可。

大學，「大」應讀爲太；小學，「小」應讀爲少。周禮「小宗伯」、「小司馬」之類，人皆知讀爲少，却不知讀「大宗伯」、「大司馬」等爲太。「冢宰」一稱「太宰」，以冢即太也，甚且有稱爲「大冢宰」者，益可笑。

周禮在朝效天，如妃嬪、世婦、御妻，公卿、大夫、元士，皆用三九；在野法地，如井、牧、邱、甸，皆用八四。至國中象人，如比、閭、州、黨，軍、伍、師、旅，皆用伍。

胡五峰以周禮爲劉歆僞作，説太宰豈有管米鹽醯醬之事之理。不知男女飲食，自外言之，即治國平天下之要；自内言之，即格物致知、誠意正心、修身齊家之要。日用間更有何事？

天者，君也；官猶司也，冢宰所司者，君之事，故曰「天官」。宰者，調和膳羞之名。冢，大也。君德者，萬化之本；而飲食盡道者，又君德之本也。冢宰掌王飲食男女之事，使皆有節度，此體信之道，其爲宰也大矣。君正而推以均四海，不過用水、火、金、木，飲食必時，合男女、頒爵位，必當年德，而萬物自育，天地自位。是調和膳羞，其事至小而實大，其義至近而實遠，以此名官，非喻也，深哉！知孔子「無間於」禹之心，即得周公立冢宰之意。光坡。

某意卷龍衮冕、鷩冕、毳冕，亦當如今補子之類，未必全衣繪之。又絺冕，或即葛爲之。大裘，即黑羔裘也，止可冬至祭天時著，若五月大社，如何著此？鄭康成云：「絺冕著祀社稷。」注疏以絺即虞書絺、繡之絺，言「繡粉米於衣也」，未知是否。

地者，民也；司徒所司者，民之事，故曰「地官」。徒，衆也，即民也。司徒掌乂民之食，擾民之性，所謂盡制度品節之詳，極裁成輔相之道也。光坡。

至德以爲道本，道即藝也，是存心以爲致知之本。敏德以爲行本，敏即敦敏、勤敏之敏，在知上説，是格致以爲誠正修齊之本。孝德以知逆惡，是修己以爲治人之本。逆惡，注謂指在己者，非是。蓋知人之逆惡，由家以及國與天下也。知仁聖義中和，中，未發之性也；和，中節之情也，四德皆在其中矣。故後言中和，不復細舉仁義等項。小學先言德行，而後及藝者，如「行有餘力，則以學文」。所謂文，不過是習其器數耳。大學先藝而後德行者，如博文約禮、文行忠信。所謂藝，則窮理格物之事也。

「土圭」之法一段，鄭注恐理之不可通。夏至日道，入赤道北二十四度，北距嵩高弧背九度餘。夏至日道，下直衡岳，晷無影。從嵩高至衡岳，夏至日道圜天之弧背，以弧矢術求弦，得衡岳脱地中弦徑，約九度餘。從陽城至衡岳，地平鳥道，相去約二千五百里。夫止二千五百里，而一則尺五寸，一則無影。是百六十餘里，景已差一寸矣。則鄭注所云千里而差一寸，恐未然也。又鄭注謂景短者，中表之南，千里景短一寸；景長者，中表之北，千里景長一寸。如此，則日下無景，當在極南，萬五千里之外，而衡岳之遠陽城，不能萬五千里昭昭矣。又言景夕者，東表日昳，中表景乃中；景朝者，西表日未中，而中表景已中。如此，則極東之地，日出方及三五尋丈，日景已中；極西之地，日入未及三五尋丈，日景方中。若果地體方平，四際彌天，則信如所云矣。不然，如鷄子裏黄之喻，地在天中，不過成形之大耳。彈丸浮寄。四際距天至遠。四際距天之遠若一也，則去日安能有遠近之殊乎？雖日之出也，極東先見，及其入也，極西先昏，然隨其處，各有曉午昏暮。安知日東者，不以吾爲景朝乎？日西者，不以吾爲景夕乎？且北尺有五寸，東西直北一帶中，日景皆如是也。何以定其爲東西之中乎？吾謂日南則景短多暑，謂從此中表而南之地，則當景短之時，盛暑不堪。若今廣州夏時，炎赫倍於他州。蓋景短即夏至，非短於尺有五寸之謂也。日北則景長多寒者，謂從此中表而北之地，則當景長之時，隆寒不堪。若今塞外冬時，凜栗亦倍。蓋景長即冬至，非長於尺有五寸之謂也。日東則景夕多風者，謂從此❶中表而東之地，則景夕之時多風。蓋東地多水，多水則多風。若吾州，午後即海風揚也。風起於夕，故以景夕言之。日西則景朝多陰者，謂從此中表而西之地，則景朝之時多陰。蓋西地多山，多山則雲氣盛，若柳子厚所謂「庸、蜀之南，恒雨少日」是也。陰霾於朝，故以景朝言之。如此，則寒暑陰風，偏而不和，是未得其所求。天地之所合者，地中與天中氣合也。合則四時交，而無多暑、多寒之患；合則風雨會，而無多風；合則陰陽和，而無多陰。何以定之？以驗寒暑陰風於五土，而知

❶「此」字原缺，據上下文意增補。

惟此爲不偏也。然特就中國九州，而奠其四方之中耳。若論大地之中，當在南戴赤道下之國，則未知其何如也。然則冲和所會，無水旱昆蟲之災，無凶饑妖孽之疾，兆民之衆，含生之類，莫不阜安，是乃王者之都也。日至之景，尺有五寸，謂之地中者，非謂必日景尺有五寸，乃爲地中，是言地中之處，其景尺有五寸。蓋用以爲標識也。光坡。

鄭康成謂，立八尺之表，惟洛陽、陽城影一尺五寸，每千里差一寸。陽城之北以漸而長，南以漸而短，短至廣州一萬五千里，則表影全無矣。今考洛陽出北極二十三度有奇，廣州出極三十五度，以成數要之，只差十一度。以今所製營造尺量之，每二百里差一度，止得二千二百里，即以古尺二百五十里差一度算之，亦止得二千七百五十里，安得一萬五千里耶？

陳君舉好巧説，謂孟子與周禮所説百里與五百里，用方算，可以約略扭合；只是周禮説王畿千里中，容得公侯之國多少，此數必不能扭合。奈何？建都四面必不能匀，朱子辨永嘉之説是矣。但禹貢分明説甸、侯、綏、要、荒，禹都冀州，北面亦不能有如許地。此事只好活動説，若必要説得的確，恐反傷鑿。

九章二：象也，數也。量法，象也；算法，數也。方田、少廣、商功、勾股，量法也；粟布、差分、均輸、盈朒、方程，算法也。六書二：形也，聲也。指事，丨在一上爲上，丨在一下爲下之類。象形，全圓中有奇爲日，半缺中有偶爲月之類。會意，人言爲信，止戈爲武之類。三者皆形也。諧聲，如水可爲河，水工爲江之類。轉注，如長本長短之長，轉爲長幼之長；惡本善惡之惡，轉爲好惡之惡；長本長於吾，惡則自可惡之類。假借，如必乃弓帶之謂，因必然聲同，遂取爲必然之用，本非此字，而借爲此字。三者皆聲也。

鄉遂兵多，隱然有强本之意。聖人作事，多少意思都包在内。

鄉遂車制，蓋一族出一兩爲一乘。其三卒，則卒長爲甲士，餘爲步卒。其一卒，則似爲輜重之車也。自記。

朱子疑周禮中「以國服爲息」一條，以爲「此能幾何？而云『凡國之財用取具焉』」。此錯會了經書之指。「取具」莫重看，即「此能幾何」之意也，不過是國之財用亦有取於此耳。

友言：「荆公保甲，非如今之五家相保而已。蓋五家出一甲兵也，所以不能行尤甚。均輸亦斷不可行。如青苗法，令程朱諸君子行之，有何不可？」曰：「天下事大概如此，不得其人，未有不弊之法。如周官一書，但立王畿千里一州之法，他八州置之不問，正是此意。那時王畿之地，有周、召、畢、芮盈於朝宁，恁甚詳密之法，無不可行。至外諸侯，若强之行，有必不能者，但立一榜樣於此，有能彷而行者，天子未嘗不嘉與之。不然，亦止五年之間，察其土地人民，風俗貞淫，在位賢否而已。這是聖人識大體處，若使九州盡如周官，雖聖人有所不能。」

　春者，其氣則天地温厚之氣，其時則陰陽適均之時，中和之極也。宗伯掌禮以教民中，掌樂以教民和，故曰「春官」。光坡。

　郊祀天地，聖人説得如見，「維天其右之」，竟似天來享。周禮大司樂：「一變而致羽物及川澤之示，再變而致蠃物及山林之示，三變而致鱗物及丘陵之示，四變而致毛物及墳衍之示，五變而致介物及土示，六變而致象物及天神。」七變，「則天神皆降，可得而禮矣」。八變，「則地示皆出，可得而禮矣」。九變，「則人鬼可得而禮矣」。道理至此，就到盡頭處了。問：「人鬼何以居後？」曰：「天神地示，是現成的。鬼者，歸也，既去了，又要追轉來，豈不難致？天神地示，如目見形，耳聞聲；致人鬼，如記念過的書，已往的事，自有難易。」

　問：「以天神、地祇、人鬼三祀所用四聲，謂即上分祀六樂，深得大樂必易之理，可謂神合。然不用商，明見於經，若無射，分祀奏之，於此去之，未有它攷。竊意宗廟之『大簇爲徵』，似複上文『天神』之訛也，請并改『大簇爲圜鍾』，何如？」曰：「此説殊有理。」光坡。

　龜，象也；筮，數也。求象於兆，求數於變，其法不同。體有百二，卦有六四，其道亦異。蓋卜書之亡久矣，學者因莫之見，遂謂卜筮皆出於易，而援易繫卜筮、蓍龜之言以證之。考之春秋内外傳，先秦古書所舉卜筮之繇，其繫於筮者，皆今周易文也。卜繇別爲言語，絶無隻句與易相似者，豈可溷乎？愚則以爲，卜書，五行也；筮書，陰陽也。洪範曰：「卜五，占用二。」此卜筮之大要也。春秋傳晉卜救鄭，「遇水適火」，而史趙輩皆舉五行剋勝之義占之。卜之略例，於此可見。光坡。

「三夢」，舊注亦分三代，其説無據。且下直云「其經運十，其別九十」，不言「皆」，異於前文。則知「三夢」一法。「致夢」者，有以致之也，如晝所思爲，夜則成夢，是「致夢」也。「觭」，杜讀爲奇，「奇夢」亦思爲所致，而詭異不測，樂廣謂夢有想有因，「致夢」、「觭夢」之謂也。咸，感也，陟，升也。精神感而上通，與鬼神合其吉凶，以其無心焉，故謂之咸也。此三者，足以盡夢之變矣。光坡。

世説樂廣説夢，曰想，曰因。想，即日之所爲；因，雖非日之所爲，而有所因，不必正像其事，而因此變幻而成。仍應補其一，曰兆。蓋有全無所因，而吉凶禍福之先見者。周禮「三夢」正如此。「致夢」，即想也；「觭夢」，即因也；偏倚不正，因其類而有旁曲變幻之狀也，曰「咸陟」。咸，感也；陟，通也。精神上通，而其端先見，即兆也。其後「六夢」，亦當解歸此三類。「正」與「噩」，「咸陟」之類也；「思」與「寤」，「觭夢」之類也；「喜」與「懼」，「致夢」之類也。如鏡然，有正面照見者，有側旁照見者，有我不見，而門外之形影鏡已照見者。

「卜師掌開龜之四兆」，舊注：「開出其占書。」而以占者，下占人之事也。卜師所掌，在於作龜，而不在于占龜。所謂「開龜」者，蓋若鑿龜之義云耳；「四兆」者，鑿龜之四方。上篇鄭氏云：「春灼後左，夏灼前左，秋灼前右，冬灼後右。」以正此四兆者，爲得其實。光坡。

「揚火以作龜，致其墨」，墨者，墨其將灼之處，而灼之以致其兆也。書曰「惟洛食」，蓋食墨之謂。卜有龜焦者，有不食墨者，皆不待兆成而知其凶也。夫墨，水也；焦契，火也。火過而陽則焦矣，水過而陰則不食矣。光坡。

龜卜之法不傳，今以周官、書經註疏湊合想之，粗可言者。大概龜之體，猶筮之卦；龜之兆，猶筮之爻；龜之頌，猶筮之詞。卦有六，卜僅三：一五，一廿五，三一百廿五。五，五行也；廿五，五五也；一百廿五，五其廿五也。内除三同，如水水又水，火火又火之類，則去五行之純者，只得一百廿也。其頌千有二百者，如「火珠林」法，每一有甲、乙、丙、丁、戊、己、庚、辛、壬、癸日起，故有一千二百也。此某臆度之説。龜灼視其紋與其煙，紋曲者水，直者火，左斜者木，右斜者金，横者土；烟之蒙者爲木，直上者爲火，交互者爲水，斷續者爲金，成片者爲土。荆乃灼龜之木，「爰契我龜」，契應從鍥，竟是鐵鑽，用明火，未開視卜詞，而即以爲「襲吉」者。蓋方灼而龜即火起，謂之焦；龜版上有墨塗之，墨乾謂之食墨，若不乾，鑽火而滅，謂之不食墨。皆陰陽不合，大凶也，即不卜。若三卜，總無焦、不食墨之狀，即謂之「襲吉」。夫易論奇偶陰陽，卜論五行生尅。至京房，則以卜攙入筮，而以甲乙等日占之，以青龍爲木，白虎爲金，朱雀爲火，玄武爲木，而以勾陳螣蛇爲土，以合六畫，是謂「火珠林」，則古法淆亂矣。古人最重筮，所謂「筮短龜長」者，筮分陰陽，尚渾淪些，至卜分五行，則細微極矣。然五行一陰陽也，未可遽分優劣。龜卜至漢文帝時尚用之，其後遂不見用，亦由孔子贊周易後，而龜遂詘。

古者占夢，必參以天地、陰陽，謂人感天地、陰陽之氣，於是乎有動於機而形於夢。夫天地之會，陰陽之氣，變化於四時，不可睹也，故察之乎日月星辰，而象見矣。如春秋傳所載趙簡子事。又史記宋元王夢一丈夫，延頸而長頭，衣玄繡之衣而乘輜車，曰：「我爲江使於河，而幕網當吾路。豫且得我，我不能去。王有德義，故來告訴。」召博士衛平問之，平乃援式而起，仰天而視月之光，觀斗所指，定日處鄉。四維已定，八卦相望。

視其吉凶，介蟲先見。乃對元王曰：「今時❶壬子，宿在牽牛。河水大會，鬼神相謀。漢正南北，江河固期，南風新至，江使先來。白雲擁漢，萬物盡留。斗柄指日，使者當囚。玄服輜車，其名爲龜。王急使人問而求之。」此皆以日月星辰占夢之法也。噩，謂所夢可驚愕。此六夢者，「致夢」、「奇夢」、「咸陟」皆有焉。問王之夢而獻其吉者，則凶者在所修省可知。光坡。

周禮「墓人」❷，爲墓祭之尸，恐是祭土神，非祭墓中之人。自記。

「屋誅」者，所謂「纖剸於甸人」也，蓋公族不刑之於市耳。謂是「門誅」，大非。

尚書「伯禹作司空」，而後契爲司徒，是唐虞之官也。王制司空度地居民，而後司徒修禮明教，是夏殷之官也。洪範四曰司空，五曰司徒，殷官又其著者。帝王皆首司空，而周公獨後之何？蓋與易以艮成終、成始義合也。是故冢宰掌天，司徒掌地，兼總條貫，是二宮者包乎上下。其外春夏秋冬，各司一事。宗伯以禮樂教，而實由司空之富邦國，生萬民，而後教化行。則自冬而春，貞下起元之義也。禮以節之，樂以和之，政以行之，

---

❶ 此段節引自史記龜策列傳，「今時」，原文作「今昔」。

❷ 「墓人」，周禮注疏卷二十二作「冢人」。

刑以防之，極其效，不過欲老有所終，幼有所長，黎民不饑不寒，矜寡孤獨廢疾者有養而已。則春生、夏長、秋收以至冬藏之義也。以此爲終，而實王道之始；以此爲始，而要其成何以加茲？深哉！周公之意，豈有異於堯、舜、禹、湯之心乎！光坡。

考工記文字最妙，豈劉歆所能到？人不信周禮，遂將此書推與劉歆。近如閻百詩、黄梨洲輩，並將周禮亦推與劉歆。卑周禮失其平，不覺尊劉歆過其分矣。

古者做車，有輿人，有輪人，各耑其事。輪最重。古輪最圓，外邊皆圓脊，行地不滯。今不圓而外廓，著地之木皆平方，又用鐵，皆岨峿不平，故不穩貼。古一車四馬，然既云「脱驂」，則三馬亦可；又「良馬五之」，則五馬亦可。

西洋人不可謂之奇技淫巧，蓋皆有用之物，如儀器、佩觿、自鳴鐘之類。易經自庖犧没，神農作，神農没，堯舜作，張大其詞，卻説及作舟車、耒耜、杵臼、弧矢之類，可見工之利用極大。周官一本考工記，全説車，輔人❶一篇尤要緊。定九先生云：「中庸説『九經』，必言『來百工』，而車尤難工。車中唯輪最妙，其行地者無多而輕利。」以上周禮。

周樂是四節：一、升歌三終，堂上人歌鹿鳴、四牡、皇皇者華，用琴瑟和之，無他聲；

❶ 考工記無輔人篇，當爲「輈人」之誤。

二、笙入三終，堂下笙南陔、白華、華黍，亦無他聲；三、間歌三終，堂上歌魚麗畢，堂下笙由庚，又堂上歌嘉魚畢，堂下笙崇丘，又堂上歌有臺畢，堂下笙由儀；四、合樂三終，堂上歌關雎、葛覃、卷耳，堂下笙鵲巢、采蘩、采蘋，衆樂器齊作，舞亦在此時，而樂終矣。書「戛擊鳴球」一節，恰是如此。「以詠」是升歌，「下管」是笙入，「笙、鏞以間」是間歌。笙，笙鐘、笙磬也，與笙相合者；鏞，鏞鐘、鏞磬也，與人聲相合者。「簫韶九成」是合樂，簫，乃舞者所執，與箾同。問：「王方麓尚書日記，亦如此說。」曰：「正賴此心此理之同。某節分原道，以爲獨見，張長史與某同；解離騷『求女』爲求賢，以爲獨見，而方靈皋與某同。」

問：「古樂舞在何時？」曰：「其在合樂時乎。」問：「合樂時，鵲巢、采蘩、采蘋皆有詞，亦可入笙耶？」曰：「可。但看如今之琴，無詞者固多，然有詞者何嘗不可彈？」問：「作樂時用律否？」曰：「不用。律以制樂器者，所謂『王府則有』也。『律和聲』，亦是推本言之。如製鍾，要中黄鍾之律，即取黄鍾之管以驗其聲。十二律皆然。」問：「八音要合十二律，每音皆有十二器乎？抑一音一器，即可備十二律之聲乎？」曰：「革木二者，如何合十二律？惟鐘磬備十二律之聲，故樂以金石爲宗。絲即一器中可備十二律，竹匏一器中亦略備，土便不能，革木不過用以節之止之耳。」問：「堂上升歌，固用金石矣，不知亦用鼓否？」曰：「用。如今之唱曲板也，如何不用？」問：「升歌之瞽者是幾人？」曰：「二人。」

升歌、笙入、間歌、合樂，四節皆三終，是卿大夫樂。不知天子、諸侯如何？只是以鹿鳴、四牡、皇華；文王、大明、綿；清廟、維天、維清，皆三詩觀之，恐亦三終也。大都卿大夫笙入用笙，天子、諸侯則用管。故詩曰「嘒嘒管聲」，書曰「下管鼗鼓」，而享禮曰「下管象舞」，燕禮曰「下管新宫」也。升歌，只有人聲琴瑟，以鐘磬節之，而他音皆止；笙入，只有笙音，以鐘磬節之，而他音亦止。天子、諸侯於笙入時用管，至間歌、合樂，則仍用笙，不用管。

問：「升歌、笙入、間歌，都有詩章名目，至合樂時舞，不知所舞何詩？」曰：「經無明文。既云合樂，關雎、葛覃、卷耳、鵲巢、采蘋、采蘩，想舞亦應舞此。」

伯叔自期而下，便至小功，無大功。朱子以爲開元禮之誤，非也。喪以期斷，父斬衰三年，祖期年，皆加降之服，惟祖加降爲期。故同祖之伯叔亦期，若同曾祖之伯叔，則本服原止宜五月。自祖至高祖，皆直上。直上者，皆齊衰，但月數不同，不得稱爲緦功。伯叔皆旁列。旁列者，依大功、小功、緦麻而爲服。平常人服十五升布，次而緦麻，次而小功，次而大功，次而齊、斬。八十縷爲一升，以經言也。

古人衣服，吉凶不分顏色，而分粗細。緦麻與錫衰，與常服一樣，皆十五升。錫衰、緦麻，練麻漚洗也。而不練布。常人所用，未織布之先練麻，既織布之後又練布，總欲其熟而白也。

北首、南首，死者稱首不稱面。若稱面，是脚對人，故不可也。自記。

揖，即肅拜，春秋傳「敢肅使者」。自記。以上儀禮。

聖人説「疑思問」，如何禮記又説「疑事毋質」？蓋謂必不能知之事，如四海之外，存而不論者耳。舉之以質，是有意窮人也。「客絜羹，主人辭不能亨；客歠醢，主人辭以窶」。若主人如是爲辭，豈不是羞客？意此二句，是解上文，恐主人愧不能亨及窶也。古人文字簡，「辭」字是解作「避」字。

子夏、子游以文學稱，其爲文簡練琢磨，調法俱備。子夏儀禮傳，高似公、穀，有力量，公、穀皆其門人。子游文雖不可考，以子夏度之，亦可想見。又檀弓篇中，多有推尊子游處，以爲子游之徒，理或然也。檀弓文有姿致，子夏比之，又覺簡質而勁。此便是南北文字分派之始。

古人尚左，兵事、喪事始尚右。「東嚮西嚮，以南方爲上」；「南嚮北嚮，以西方爲上」，此二句難説。古人先祭於室，則拜者西嚮，自以南方爲上。及祭於堂，則拜者北嚮，自以西方爲上。皆尚左也。東嚮、南嚮，並無此行禮之處。或者太祖在室，東嚮矣，而行禮者西嚮，則以南方爲上；太祖在堂，南嚮矣，而行禮者北嚮，則以西方爲上。或問：「古人若盡尚左，則楚人尚左，襟皆左，又似單爲楚人所尚。」曰：「是言軍事應尚右，而楚人仍尚左也。夫子有姊之喪，拱而尚右，可見喪事亦尚右。」

朱子謂申生當辨而走。申生所處，雖未必合於中庸，但不害其爲孝子。此不須論。曾子易簀，此本小事，不過人送一席，等閒鋪著，有人説此是大夫之席，曾子即易之。臨死時如此，可見聖賢學問精密。如平時有人説，自然亦如此。朱子所謂「不欲爲已甚，而黽勉以受其賜，至死生之際則又有異」者，乃因問者支離，朱子隨所問必辨到是處耳。看書似此類，不必多著語言。

王制當是殷制，故其通篇次叙，恰與洪範「八政」相符。想禹當年錫洛叙疇之後，一切規模制度，都從此出，所以禹貢中山川田賦，數皆用九。殷人承之，因於夏禮所謂「纘禹舊服」者也，則夏制疑亦倣此。直至文王演易，畫出後天圖來，其後周家六官，遂從天地四時起義，非復「八政」四司空、五司徒、六司寇之序矣。然賓、師二者，洪範次於後，而王制居前。王制所以定立國規模，非洪範立教垂訓之比。賓、師乃國事之尤大者，故先之。清植。

每嘗以爲古人四術之教，比之今人經史之學，工夫較省。今思之不然。禮樂二者，條件正多。「不學操縵，不能安絃」，先要將正樂學會了，又要將九夷、八蠻、琵琶、箜篌之類無所不學，然後能安絃。「不學博依，不能安詩」，先要將正詩學會了，又要將秦、楚、趙、代之歌、民謡、巷謳無所不曉，然後能安詩。「不學雜服，不能安禮」，要先將正禮學過，又要將一言一動、猥雜瑣碎節目之詳無所不習，然後安禮。「不興其藝，不能樂學」，學固要志道、據德、依仁，能是矣，又要游藝，如此條目節次，終身固有不能盡者。所謂安者，不曾經過，未免疑惑。如人走路，已知正道，若不將旁路岐徑皆曾走過，有人言從某路走，又比大路好些，心裏未免疑惑。唯走過了，纔知他或險僻，或迂曲，不若正路之坦易。如在道上赶賊，正路赶不上，就知道他定從那一條小路上去了，不然不知也。

日星從天而屬陽，四時，日星所經也；山川從地而屬陰，五行，山川所主也。然五行之氣，實上播乎四時之間，如雷風、雲雨、霜露之感遇聚散，無非山川所鬱。五行之精，地所載之神氣。然皆應天之時，與之同流，故天雖有春夏秋冬之四時，而所以化生萬物者，亦不離乎風雨霜露而已。夫五行播於四時，是天地陰陰[一]之和合也，和合故月生焉。

[一]「陰陰」，疑當作「陰陽」。

陰精陽氣會於太虛而成象，生之謂也。古今説者皆謂月在天星日之下，而居地之上，其去地也最近。是月在天地之中，而所以調和斟酌乎陰陽者，故曰「月以爲量」也。其盈也三五，以受陽之施；其闕也三五，以毓陰之孕。光坡。

「天秉陽」一段，是聖人極至之論。朱子以「和而後月生」句爲疑，謂難道陰陽不和，月便不生？然考堯典四仲，亦只説日星不説月，後面纔説「以閏月定四時成歲」，便是將月另説。歷法至近來西洋人愈講得精密，但他只講得歷法，不知歷理，如何比得天地以爲本、四時以爲柄、日星以爲紀、月以爲量、鬼神以爲徒幾句説得精？「月」字亦不與「日星」同説。此皆聖賢實實知道，故如此的確説出。洪範：「星有好風，星有好雨。日月之行，則有冬有夏。月之從星，則以風雨。」蔡傳皆作比喻言。其實此數句，班孟堅説得好，班云：「日爲寒温，月爲風雨，人事變於下，天道應於上。」故云：「日月之行，則有冬有夏。月之從星，則以風雨。」星有好風、好雨，亦有好燠、好寒者。「日永星火」，非燠乎？「日短星昴」，非寒乎？下文冬夏，即燠寒也。蔡傳以四「有」字相配，而以「月之從星」二句另説，故差。班孟堅以星好風、好雨另説，而以下文兩「則」字相配，便明白的確。寒温皆日主之，風雨從地起，故月主之。但看潮汐全應月；蛤蚌之類，皆以月之盈虧爲肥瘦；海中颶風起，定在六月十二，却不應節氣。只是孟堅尚不細膩，「有冬有夏」，如何嵌一

「月」字在内？蓋寒燠雖因日之遠近，而月亦有分。月去人最近，如冰輪在頭頂上，故日北陸則殺其暑，南陸則益其寒，所以不單言日行。至風雨，則全是月主之。問：「『人事變於下，天道應於上』，二句何所指？」曰：「此本言庶徵也。日月之行，經歷星之好寒者，則爲冬；倘當寒而燠，是必人事之變。日月之行，經歷星之好燠者，則爲夏；倘當燠而寒，又必人事之變。月從星之好風者，當風而不風，與不當風而風；從星之好雨者，當雨而不雨，與不當雨而雨，亦皆人事之變。上言雨暘寒燠風，此言冬即寒，夏即燠，風雨即上風雨。不言暘者，不風雨則皆暘，不必說也。月在天地陰陽之間，所以說『和而後月生』。說他在天，他去地極近，全管地下的事；說他在地，他又與日星爲類，而名三光。說他是陽，他却體質全是魄；說他是陰，他却受日之光，亦能久照。『三五而盈』，從陽也；『三五而闕』，從陰也。」問：「如何是『月以爲量』？」曰：「『以閏月定四時成歲』。以此爲度量，日大暑熱，他以冷氣節宣之；夜至幽，他受陽光照臨之，亦爲之劑量也。」問：「如何是『鬼神以爲徒』？」曰：「如易中水火山澤雷風，皆是天之材料，各有職掌。然使各各不相照顧，豈復成天地？惟中間有帝爲之主宰，便都聯成一箇。所以水火相濟，山澤通氣，屈伸往來，變化流行，皆鬼神也。如國家六曹，各有經管，總是替人主辦事。如耳目鼻口手足，都是人之材料，然有心在，衆皆禀令，便聯成一箇。去此便不成物事，故曰『鬼神以爲徒』。」

「天秉陽」一段極精。以陽屬天，日星從之；陰屬地，曰「竅於山川」，則風雨從之。故十里不同雨，百里不同雷，千里不同風，地之爲也。金木水火土，雖皆從地，然質具於地，而氣行於天，故曰「播於四時」。問：「『和而後月生』，不似先有日星而後有月乎？」曰：「却不可如此說，特語勢自然如此耳。」

樂記「人生而静」一段，真是千聖傳心之要典，與虞廷十六字同。「人心」、「道心」四字，渾含精微；「天理」、「人欲」四字，刻畫透露。自記。

七情，不如言喜怒哀樂分屬四時整齊。細思之，亦有理。喜木，怒金，愛火，惡水，各配一行。土有兩：欲在季夏，懼在季冬；水亦有兩：惡與哀也。自記。

惟不忍其忽然而散也，故祭之明日有繹。今人甫祭畢而誠意怠散，不知此理故也。自記。

自漢以來，相沿説諸侯不得祭始祖，大夫不得祭高祖。至程子毅然反之，以爲：「此古禮之散失也，聖人却不如此。走獸知母而不知父，飛鳥知父母而不知祖，人之所以異於禽獸者此也。喪祭一也，服制五服，而祭不得及四代，於情理不順。所謂『天子七廟，諸侯五，大夫三』，『適士二』，『官師一』者，廟數不同耳。自大夫以下，合併祖考之位，於三廟、二廟、一廟而祭之，非一主占一廟，而不及祖、曾、高及始祖也。其等級隆殺，以廟制品物分尊卑貴賤耳。卑賤亦人也，獨禁之不得親其祖，此豈所以令民德歸厚之道？」此語大有識見。所以司馬温公稱其有制禮樂之才，不誣也。朱子亦如此説，若謂大夫便無太祖，詩經何以有「南仲太祖」之稱！朱子先依程子行禮，後復心歉，又止祭四代。然細思程子之説可從。若庶民之家，即茅屋祭其始祖，固自無害於禮法也。

深衣之制，上衣下連裳，邪幅殺縫，蓋省裳也。古時衣短不掩裳，故朝衣與裳相接處，有芾以蔽而聯之。朱子曰：「祭服謂黻，朝服謂韠。」至明武宗時，蔡虚齋爲江右提學，朝寧王。他官皆著芾，虚齋獨不芾，曰：「不可與朝天子同也。」芾，即黻與韠也。古人内著衷衣甚長，外裳、外黼、外朝衣甚短，顯芾與裳也。

「上己」非「上巳」。或謂近代有稱地支者不知上丁、上辛、上己，皆是天干取柔日。惟爲天干，故一月之内，各有上中下。若地支，則上中下間有不備者矣。

禮記陳澔注，不如鄭康成遠甚。鄭是將全部書讀熟，前後有照應。陳注後忘前，前忘後，都相碍。禮記註疏最好。以上禮記。

理學叢書

榕村語録
榕村續語録

下

〔清〕李光地 著
陳祖武 點校

中華書局

榕村續語録

榕村語録續集序

三代而上，治統、道統合而爲一，故有堯、舜、禹、湯、文、武之君，而後有益、稷、伊、周、望、散之臣。三代而下，治統、道統分而爲二，故孔子生於衰周，孟子生於戰國，朱子生於南渡，而其數約以五百年爲斷。至我聖祖仁皇帝，復以明睿之姿，兼君師之任，信孟子所謂則聞而知之者。其時賢喆挺生，以輔以翼，若湯文正、陸清獻、楊文定、張清恪諸儒，皆可預見知之列。而理純學正，最與聖心相契合者，則莫如安溪相國李文貞公。公所著榕村語録，於經史子集皆有論斷，其明辨以晳，純粹以精，久巋然爲儒林之圭臬。其餘尚有著録，未經梓行，學者常以未窺全豹爲憾。甲午之秋，家鼎忝攝是邑，以平日讀公之書，想見其爲人，因祗謁公祠，藉伸羹牆之慕。裔孫茂才師洛、明經國香，導登藏書樓，其珍儲御札及名書古畫，多爲强有力者篡去，而榕村語録續編二十卷，裒然猶存。假歸讀之，既卒業，乃作而歎曰：「嗟乎！程朱之學，自元、明以來，其不明於天下也久矣！聖祖躬膺道統，直接洙嶧之傳。而表章宋儒，尊崇紫陽，其端實自公上朱子全集發之。是編體例，略仿前録，而其言學、言性命、言理氣，廣大精微，尤多前賢未發之藴。

當是時，姚江之燄未衰，而徐東海方以通經復古蔑視理學，毛西河著四書改錯，其觝斥新安尤不遺餘力，非聖祖持之於上，安溪左右其間，幾何先聖之心傳，不淪爲夷狄禽獸耶！」所惜編中多羼入弟姪門人論説，未經釐正，而前後章複語沓，亦似非手定之本。加以傳鈔訛謬，魚豕紛淆，披讀再三，略爲箋正。其義有難通者，姑從蓋闕之例。因令寫官，别録副本，藏之家塾，并志其緣起於此。時光緒二十年，歲在甲午冬月，知安溪縣事鄞縣黄家鼎敬撰。

榕村續語録卷一

經書總論

詩、書可以講誦，而禮必須習。故夫子與門弟子率之習禮，而雅言於禮必曰「執」。朱子謂：「講求數日不能通曉記憶者，如其法習之，半日即熟。」春秋時，禮、樂崩壞，詩、書廢闕，夫子删詩、書，定禮、樂，贊周易，修春秋，使門弟子琴瑟歌舞，習禮不輟，使身心性命之學，與詩、書、六藝之義，一以貫之，燦然具備。後經董、韓詔述，周、程、張、朱闡發，日星河嶽，萬古昭昭。此仲尼所以賢於堯舜也。

孝經不謂聖人之書不可，其中辭語參錯處，端緒有理，旨義精密。孟子以前，文字簡質，轉合字眼多不備。如「然而」、「雖然」，惟孟子有之，論語、孝經、繫辭傳，皆作「是故」及「故」字承接。至孟子，文章之法備矣，雖韓文公不及也。韓文公亦止讓孟子，如孟子無意爲文也，韓子有意爲文也。董子三策，用「然而」、「雖然」亦少，故其文獨古。

大學一書，却純是説道理，就是平天下講到生財，仍説仁義、義利，全不及制度上。若周官、周禮各自成書，正不必牽混而自爲表裏。

伏羲畫八卦，天地道理全包其内，未有文字。至有文字，二典、三謨、禹貢、洪範，文、周彖文，孔子十翼，周子太極圖説，張子西銘，朱子二書解，程子定性書，皆天地至文也。

萬古之寶，河圖、洛書、易經、洪範、大學、中庸、太極圖説、西銘也。

孔子贊周易，修春秋，論語、學、庸内總不言及，不知傳與何人。孟子似竟不曾見易者，平生深於詩、書、春秋，禮經便不熟，所言「諸侯之禮，未之學也」。只是才大，學問直溯源尼山，掘井及泉，横説竪説，頭頭是道。若見之施爲，居然是伊尹局面。至考定制度，博學多聞，真不及尼山十分之三四。如周公之封魯，禮記明言「七百里」，而詩言「居常與許，復周公之宇」；「奄有龜、蒙，至於海邦」，豈止百里耶？即齊，東海，西河，南穆陵，北無棣，豈止百里耶？

禹之文章，禹貢、洪範兩篇，皆九股文字，總是道理熟耳。周子熟太極，文字多成五項。邵子作皇極經世，將一切皆看做四片。

國語是春秋時各國文字，多華縟。孔子生於其時，自當於周遊時見之。其論語諸書，絶不染一毫習氣，清真獨立，天之未喪者，信在兹也。

古人文字不必相摹倣，如太玄[一]倣易經，忠經倣孝經，中説倣論語，並其句調篇目皆依之，所以貽後人之笑。中庸何嘗似大學，孟子何嘗似論語，其不可廢則一也。家語記弟子氣質，樊遲粗鄙近利，子夏篤信謹守，朱子多採用之。論語問答，因其人之淺深高下，家語不可不參觀。孫襄。

大學

後人謂異端之外，吾儒固自有所謂大人之學者。當周公之世，無此等議論。以周禮觀之，當時聖人，任爾小術小技，或收之爲巫，或使之爲祝，一官一職，皆有用處，無所爲異端也。焉得别有大人之學？

手忙脚亂，便是安之反對。自記。

格物亦有夸多務博，狥外爲名者，故須立誠意以格之，便是爲己之學問。自記。

問：「致知格物之説有三，如何？」曰：「除注疏之説在外，有以格訓去者，謂扞去外物，而後吾心之知可得而致。此涑水司馬氏之説也。有以格訓正，以物訓事者，謂如欲

[一]「太玄」，原作「法言」，誤，徑改。

致其孝之知，當正其事父之事，欲致其忠之知，當正其事君之事。此姚江王氏之説也。與今集註之説爲三。」孫襄。

朱子有云：「日月有明，容光必照，雖些少孔竅，無不照。見此好識取。」又云：「昔在一山上看潮，凡溪澗小港中水，皆如生蛇走入，無不通透，甚好看。識得時，便是一貫的道理。」愚謂，日照如致知，通後潮來，如誠意熟時。自記。

著厚薄一意分明，知有釋、墨之學大爲之坊。自記。

仲虺、伊尹皆言「日新」，詩又云「聖敬日躋」，湯之所以聖者可想。自記。

問表裏精粗。曰：「如定省温清，表也；孝敬，裏也。有孝敬之粗者，有孝敬之精者。」

惡惡臭，好好色，亦是情，要去之、得之，纔是意。自記。

「誠意」章，疑闕不破，每思與學者反覆辨難，問之則曰：「本自明白。」因詰以：「意若兼善惡，實其惡之意如何説得去？」答應曰：「意有真有妄，『誠其意』者，所以存真而去妄也。」此似是而非。在京與徐善長論此章，因及前説，善長以爲然。予謂：「真體何物與？聖賢書中用他不得。」孫襄。

本然之理，性也；性之發見，情也；統之者心也。心之起處爲念，引之爲思，熟思爲慮。念短而思長，思淺而慮深。心之所主謂之意，所向謂之志。念有善有惡，意不能皆善無惡，故爲善爲不善，皆意先定。曰立志慕聖賢者，有之；曰立志慕穿窬，則未有也。意，陰也；志，陽也，獨知本心之明也。學者且將這幾個字分疏明白。如大學「誠意」章，當提掇出性情來。曰：「性者有善而無惡，情者好善而惡惡，則其發而爲意，未有不知善之當爲，惡之當去者。」今以善念、惡念爲意，著善念、去惡念爲誠意，此大非也。「誠其意」，是實其爲善去惡之意，在好一邊説了。又以發念真切處當誠意，未説到事爲上，則體與用分，心與迹判。不知誠意是知行都到，打過人鬼關，正心脩身，只消指出病痛，使之維持調護，工夫全在前面也。論誠意分位，則在致知之後，知既致，好吃緊著力。實則徹上徹下，自初學以至聖賢皆用得，自傭夫販婦以至王公大人皆用得。温公、季路，自是知有未致處，謂之不誠可乎？「毋自欺」，是正釋誠意。「如惡惡臭，如好好色，此之謂自慊」，完得「毋自欺」。孟子所謂慊，是此慊之效驗。蒙引謂「兩『自』有別」，存疑又謂「『自』與『獨』有別」。不知欺爲自欺，慊爲自慊，欺亦欺其獨知，慊亦慊其獨知，主人翁只有一箇，更無第二。此本心之明，無論聖賢庸衆皆有之，君子則知之加明，省察加密耳。淺説謂：「一念而欺，則謹以察之；一念而慊，則謹以充之。」與當下尚隔一層，是亦文義之誤，不可不辨也。襄謂：「如此看『誠意』章，已與朱子脗合無間。」曰：

「朱子盡心於此，此爲易簀前數日改定。向來看此書多謬誤，若與朱子吻合無間，則已造朱子地位也。」孫襄。

艾千子評文不佳，非朱非王。解誠意、慎獨，以爲：「欲誠意先致知，看獨知之知，即致知之知。」千子素攻陽明，不知此即陽明之説。孫襄。

語鍾倫曰：「盤根錯節講究一二來年，更取四書熟玩，爲學業時亦省工夫。且五經蘊奥具是，悟從疑生，必須潛心玩索。仲叔少時，令看孟子，一日遂至『以力假仁』章。問：『不動心有疑義否？』則曰：『無疑。』看學、庸亦復如是。當日吾所痛恨。然渠於幾何原本亦能通曉。前年在盤嶼與論『誠意』章，詰以：『善意實得惡意，如何教實徑？』隨口答云：『善者天理之本然，惡者人欲之邪妄，誠意者去其妄以合於本然而已。』前儒果有此説。」孫襄。

將迎、偏倚、留滯，雖有事先、事至、事後三節，然合而言之，皆不得其正耳。蓋以心應物之正，本不當如此也。不可以將迎、留滯爲有所，而以偏倚爲不得其正，又不可以將迎、偏倚、留滯通爲有所，而以應物失宜處爲不得其正。自記。

觀吾之孝者，不獨能孝，而且能事君；觀吾之弟者，不獨能弟，而且能事長；觀吾之慈者，不獨能慈，而且能使衆。自記。

劉巖問：「『君子有大道，必忠信以得之』，大道即是絜矩之道否？」曰：「即是絜矩之道。」問：「信如何是循物無違？」曰：「如這箇盤子，既是箇盤子，便道他是箇盤子，豈不是箇循物無違？若道他是箇杯子，便不是循物無違。」問：「與恕何别？」曰：「恕便是由此物推之彼物，一様平便是恕。若無此實，如何得平？」問：「忠恕、忠信是誠，誠即是仁否？」曰：「也即是仁。在聖人謂之誠，在學者謂之忠信；在聖人謂之仁，在學者謂之恕。三達德之仁，即指盡心去行，故曰體此者也。在行達道上説，又與統體説不同，故下文云『力行近乎仁』。」

上論

説、樂無淺深，有内外。自記。

巧言令色之人，是要做出仁底模樣，故聖人就此破之。自記。

看論語亦有一法，其中最難者不過四五十條，看到七穿八透，觸此通彼，知如何爲仁，則「巧言令色」之鮮仁，「剛毅木訥」之近仁，當自明白。孫襄。

弟子學文，亦習其數，未能窮其理，執其器，未能通其道也。若説得太深，便是大學格物致知之功，非弟子之職矣。自記。

「禮之用，和爲貴。」言人之用禮，貴於和也。人多認註中推原説處，爲正面，故明代三百年，講解俱錯。惟王守溪文不失指，其次則許石城近之。自記。

鍾佐言：「顧麟士説約『北辰』章，引用西歷。」曰：「麟士當末明時，如此讀書極難得，然於理則未之有聞。所作『太王居邠，泰山壓卵而無卵』之語，殊可笑。考古當以一意求之，看四書且自理會，漫令學者紛神。只如禘、嘗字義，及孟子中『井田』，須識得，第於此中談經制，吾見亦罕矣。四書徵、人物考等書，及麟士考古，俱可廢也。」孫襄。

「道之以政，齊之以刑。」「民免」從「以政」來，若非政，但「無恥」而已。「無恥」却從「刑」來。大概人既受過，尚有何恥？易於無忌憚矣。下「有恥」却根德，「且格」却根禮。「用之則行，舍之則藏，唯我與爾有是夫！」是「不器」也。自記。

先王制禮，意在坊民，儉，便是禮之本意。又儉便有樸實意，所以對得「戚」字。自記。

「夏禮吾能言之」節，看來「文獻不足故也」，比上文覺另是一層意思。杞、宋不足徵，是言其子孫不能統承先王，修其禮物，使有所存而不廢。固是如此，亦是文獻故也。若使其子孫不能振興，而其國之典籍尚存，遺老尚多，吾亦取之以爲證矣。到底杞、宋「不足徵」，是内症；「文獻不足」，是外症。

古者五祀皆設主而祭於所，然後迎尸而祭於奥，恐是臨時方設。朱子疑五祀之主未祭，及祭畢，不知於何處藏之。及論周禮載社主，乃曰：「古人多用主命，如出行大事則用絹帛，就廟社請神以往，如今魂帛之類。推此，則五祀所設主可知。」自記。

夫子譏管仲器小，或人有疑而問，非爲管氏解脱也。使護仲，當曰管仲儉耳，知禮耳。本文兩「乎」字、「然則」字，俱用不著細味。註中「或人蓋疑器小之爲儉」，「又疑不儉爲知禮」，義理何等明白。嘗以語元少，欣然謂：「聞所未聞。」世得曰：「元少有此題文，不是如此説。」曰：「元少聰明過人，一撥便轉。」襄曰：「商文毅文主此説。」曰：「終是回護底意思，或者疑其器小而又非儉，則幾於禮矣。此語道得是耳。」孫襄。

朱子云：「必無終食違仁，然後造次顛沛必於是。」愚謂：「又必『造次必於是』，然後『顛沛必於是』。」自記。

程子謂：「盡己謂忠，推己謂恕，循物謂信。」朱子釋之云：「如『乾道變化』是盡己處，『各正性命』是推以及物處，至推到物上，使物物各得其所，方是盡物。」愚謂：「須以『於穆不已』爲忠，『乾道變化』爲恕，『各正性命』爲信，方的確。」自記。

「吾斯之未能信」，「信」字不止是知之深，連行都在裏了。朱子「自保得過」之説最精。自記。

程朱説「無加」與「勿施」異，「無加」是仁，「勿施」是恕。依愚所見，夫子即是説恕道難盡，子貢更宜反己三省，未易以之自居。故曰：「非汝所及。」如中庸「君子之道四」，亦恕之事。聖人尚以爲未能，則其未許子貢以進之，何足怪也！自記。

夫子亦嘗言性與天道，何以言不可得聞？蓋身心未能與之一，雖當下無不領會，而要如未聞也。

聖人見其大者，故至，泰伯、文王；未盡善，武；仁，管仲；賢，伯夷、叔齊；未仁，子文、文子；彼，子西。自記。

子路是克去利心，顔子是克去名心。利心去，則可以進於同物；名心去，則可以幾於無我。自記。

顔子克己是禦寇，他人是攻城，故横渠有内外賓主之説。自記。

罔，欺也，誣也。自誣誣人，欺心欺天，皆是一箇「罔」字。自記。

「務民之義」，是察於人倫；「敬鬼神而遠之」，是知鬼神之情狀。自記。

立、達皆兼教養。自記。

脩德説在講學之前，只當以「存心」説。中庸「尊德性」豈不是脩德之事？自記。

記「子所雅言」於「學易」之後，意思甚好。自記。

或問四教，因問：「『行有餘力，則以學文』是如何？」朱子曰：「讀書最不要如此比並。」愚謂：「這問比並得自好。因代下一轉語云：『弟子之職，敦行以學文；大學之教，博文而約禮。』」自記。

至誠無息，不實則無恒。易九卦恒繼復，復則不妄矣，所以能恒。自記。

聖人有意皆仁，有必皆禮，有固皆義，有我皆貞。必便有直遂意思，是亨之義也。自記。

「固天縱之將聖」節，上一句是承「夫子聖者與」，下一句是承「何其多能也」。太宰者「與」是疑詞，子貢「固」字是決詞。「何其多能」，太宰是耑詞，子貢「又多能」是兼辭。言固是非常之聖，何須説又兼多能耳？太宰以多能爲聖，合而爲一，子貢分開，隱然有德成而上、藝成而下意。「天縱」本不甚重「天」字，説得太張皇，「又」字便難轉醒。

聖賢言語氣象自然不同，亦非以人不親、道不尊之故，而造作安排也。伊川之言當善觀之。自記。

前後，朱子通指道言，謂：「方見聖人之道在自家前，要去趕著他，忽然却又在自家後了。」愚意「在後」，亦顏子自言「在後」耳。「瞻之在前」，似可及矣；忽然在後，所謂「回也瞠乎其後」。自記。

問：「喟然嘆高堅前後，是贊道體否？」曰：「不是。史記云，伏羲至淳厚，顔子亦至淳厚。顔子學夫子，非學道仰、鑽、瞻、忽，所謂夫子步亦步，趨亦趨，夫子絶塵而奔，而回也瞠乎其後也。『如有所立卓爾』，博文約禮之得力處。人倫之五品，知其本於性；人性之四德，知其出於天。故假之以年，則不日而化。此章先儒之説精矣，惟『過中不及中』之語未融。大抵三代以前，人未有學道之想，漢世猶然。誰生厲階？自達摩西來，擎拳豎拂，周、程不得已，起而争天奪國，赫然中興。今道教昌明，只可如漢人窮經，不必更標名色。」孫襄。

「欲罷不能」與「欲從」「末由」，兩「欲」字緊相照應，是著力不得，不著力又不得。自記。

下論

問：「程子有『虚中爲屢空』之説。」曰：「一説去驕吝則『屢空』，一説與朱子同，從集註爲是。」孫襄。

曾點言志，劈頭便説「異乎三子者之撰」。撰，具也，孔子所問者，酬知之具，故三子所對者，亦酬知之具。曾點蓋言己未有其具，故孔子使之言志。「暮春」數語，蓋以道其日用之間有以自樂，而求道進取之意見於言外，一切功名事業有所未遑。程子所謂「已見大意」，正謂此也。孫襄。

曾點只是不願於仕，自樂其樂，而其所以樂處，則由見道分明，超然無累中來。就其所言觀之，又藹然有同物氣象，是皆可與者。註中意有三層，須細觀之，方得程朱許多説話深意。今人一滚説去，須涉夸誕。自記。

此理見得分明，却須從苦雨凄風、嚴霜盛雪中驗過。曾氏之「風雩」，所以未如顔子之「陋巷」也。自記。

大略曾點與顔子之樂，不可因程子之説，遂諱却「樂道」兩字。曾點所以薄三子之事業，而未甘用世者，求志樂道而有所未暇焉耳。以樂道爲心，故日用之間，風物境遇，無所適而非樂也。自記。

明道「萬物静觀皆自得，四時佳興與人同」，便與曾點之意同。自記。

曾點問：「夫子何哂由也？」夫子以「爲國以禮，其言不讓」答之。就辭氣間説，他非禮，然細翫其言，亦多有病。故夫子云：「不得其死然。」人即欲自見其長，平居又何不可施展？必定要兵凶並至，氣象亦大不佳。大概天地間有氣魄人，就有此二種：其一要番轉來整頓一番，是子路一種；其一但潔身高蹈，不與其事而已，是曾皙一種。晉、宋之間，謝康樂便要興兵光復，陶靖節便飄然事外，自完其節而已。如管幼安，都是此流人。子路見當時壞亂極矣，索性大經變亂，重整乾坤，自見手段。除此兩種人，不過是俗人。如冉求便是隨時出用，亦可隨便利人。子華就當時有用者，講求一點禮樂，留在世上，無復有卓然自立之高志矣。

「克己復禮」，是對顏子説。在他人，則己方爲主，如何便克？如賊居砦中，人在其外，主客不敵，便當潛消默化。若盗不過數人，指名可得，問爲治何先，則云弭盗安民而已。此夫子告顏子之謂也。「出門如見大賓，使民如承大祭。己所不欲，勿施於人。」「居處恭，執事敬，與人忠。」制之於外，以養其中也。「三月不違」，日月至焉，内外賓主之辨蓋如此。孫襄。

「年饑」章，當以「救荒」二字爲章旨。哀公慮年饑而用絀，有若則懼年饑而民流。蓋用絀一時之事，如民卒流亡，國非其國，何有於用哉？「二，吾猶不足」，亦未必是欲加賦。公明言因年饑，故用不足，則明是正賦猶不能供，奈何便思重斂？此句只是著急語，意在取足二者，而又苦於輸將之不前耳。然此只是目前淺計，故有若説能得百姓給足，邦本既固，財力有源，君自然有足之理。如百姓困匱，一遇凶荒，不能自存，田且汙萊，君誰與供？雖取足於賦，亦不終日之勢矣。此是實理實事，非虚論國體分誼者比。自記。

樊遲請學稼圃，不盡是近利，又不是隱遁，意思以爲學問在此。夫子恐其陷於許行一流，故語意頗類於大人勞心、小人勞力之旨。看龜山語録亦如此説。襄曰：「勉齋之意亦然。」孫襄。

湯、武放伐，管仲不死，子見南子，儒者且放過他。義之不明者甚多，何急於此！所謂不食馬肝未爲不知味也。召忽如何以爲匹夫匹婦之諒？世得云：「孔子重尊周，是天下之大君臣，管仲之可以不死，或義在尊周之志乎？」

友及樂三益、三損，朱子將三者各以相反配對，殊未盡確。大約皆有淺深次第，則確然無疑者。如由聞過而進於誠，進於明。樂之三損，病根起於驕。不驕，尚有正人君子告以正道而箴規之，惟驕，則正言無所入矣。佚遊，則日加放蕩。至宴樂，則安之而已，其病乃不可救藥也。樂之三益者，亦從「樂節禮樂」起。「節」字，雖照註亦好，若張子説亦有味。彼言禮勝則離，樂勝則流，節者以禮節樂，以樂節禮。終日用心於此，總在身心上檢點，斟酌不已，自向人考論，觀型人有善者，則稱道之。自此而以類應，則多賢友矣。友之三損者，起於便辟。但見人事事妥貼，威儀詞令無不嫻習，便親之近之，自此便喜人奉承，而善柔進矣。自此便喜變亂是非，承吾意旨，掩吾之過，飾吾之非，而便佞來矣。

癸丑假歸，九月，舟至浙溪。夜夢與人説「隱居求志」節義，云：「志者萬物一體之志也，養此心謂之求其志。道者萬物得所之道，求志之時而道在我矣。至此乃見之施行耳。」覺，記之甚明，然以養其萬物一體之心爲求志，乃時解所未發者，因憶及偶筆録之。自記。

不賢者識其小者。度曲須知六朝穿鼻，其言聲韻，蓋邵子之所不及。韓元少云：「不賢者亦致足樂，信夫。」孫襄。

榕村續語録卷二

上孟

「不得於心，勿求於氣。」如不莊不敬，告子則但求其故於心，而不復責之四體。自記。

看來告子只就身上做工夫，則下文持志是其所能。但既不知言，則未免蔽於言；不養氣，則未免暴其氣耳。大抵聖學標指有三，曰存心也，窮理也，集義也。告子之學，於存心處不可謂無所得，而窮理、集義，則舉目爲外，而不之求。正後世釋、老、陸、王之説也。孟子「持其志」，如知言、養氣，便是三者兼舉。朱子致知力行，而主敬以成其始終，則孔孟嫡派也。或以持志爲證告子勿求於心之失者，非。蓋勿求於心是不窮理，不知言，不關持志事也。自記。

「無暴其氣」，謂血氣之氣也。至養成浩然之氣，則不可以血氣目之。自記。

告子外義，與「義襲而取」者，是兩般病症，不可併作一路。義襲者，猶知有義而爲之，以襲取浩然之氣。告子則以義爲外，而不足爲矣。但因行不合義，而心不慊，見得義根於心，原不在外，足證告子平日外義之失。故語次偶及之，非謂告子爲義襲者流也。

此章言養氣工夫，前後只是一意，「直養無害」四字是標的。集義即直養，襲取即害，此自是爲一樣人發藥，不干告子病痛。但告子不知言，不養氣，而却「先我不動心」，則其强制此心，使之不動，是助長揠苗之類，非順其自然者比。蓋義襲者助長於氣，告子助長於心，病候不同，而其受病則一也。此本文言外意。自記。

問：「『養氣』章，知言似無工夫著落處。」曰：「四『知其所』，直窮究出其心病，即是工夫。且集義内雖是踐履意多，但不窮理，精義則義，亦非真義，而尚何集乎？大約古人知行不十分分開説，故夫子言道之不明，由於不行，不行，由於不明也。此章書緊要在『義』字。」

「無益而舍之者」，即助長者。何也？若有事則逐漸有，事不須有，心要不動。若不耘苗者無事集義，便耑意求心不動，則助長而槁。以集義爲無益於心，而不用功者，如不耘苗者，不集義而便助長者，揠苗者也。非徒無益於心，而又害之。蓋至於枯槁死地，其爲害也何如？此節乃是不動心要緊工夫，而近世解者，乃似文字餘波，嘲謔告子。劇演科諢，大是罪過。知言亦以義爲主，集義即是盡性，知言即是窮理，聖學脈絡一線直下。看來孟子之書，此爲最精，告子「性猶杞柳」數章，次之。

問：「凡稱聖人者，皆能朝諸侯，有天下乎？」曰：「自然，不然便不是聖人。只是也看時勢，假如有成、康在上，雖擁百里千里之國，豈能改步受命？要之，其理其德固在。若孔孟之時，孔孟有百里之地，其能是也，何足道？蓋聖人以吾性通天下之性，一誠相貫，捷於影響，速於置郵，上天下地無隔礙。其理固能，無足怪也。」

「不動心」章，最難看，全要把「不得於言，勿求於心；不得於心，勿求於氣」看得精細，便見得孟子之言，字字針鋒相對。如今做時文，説「不得於言，勿求於心」，恐爲所動，非也。告子之意，以爲吾儒之不動心，非果於心有得也，不過借言語文字以爲明，假綱常名教粗氣魄以爲助，其實言語何關於心。不得於言，勿以爲心病而求之於心也。不得於心，但求之心，勿以爲心必須氣輔而求之氣也。他看得孟子學問路頭錯處在此，故以爲義襲而取，以義爲外也。孟子所謂「不得於心，勿求於氣，可；不得於言，勿求於心，不可」者，蓋以吾儒之言也。不得於心，却不由於氣，以氣無義理故也。不得於言，必須求之於心，以言爲義理之所在也。此以二者較之，微有重輕，其實氣亦烏可輕哉！故下文云云。夫所謂義襲而取者，如今秀才借一公事，糾衆訟言，憤激壯往。告子以孟子正是如此，孟子故云其爲氣也如此，其爲氣也如此。是乃集義所生者，非義襲而取者。「行有不慊於心，則餒矣。」如之何可以義襲而取也？告子以氣可襲取，總緣以義爲外之故耳。知義之在内，則知氣可集而生，不可襲而取，則知我浩然之氣是此而非彼也。「是非」二字，如此纔明。不然，孟子自己倏出「非義襲而取」句，何爲？甚無著落。且又云：「我故曰告子未嘗知義」，又何爲也？「助長」緊與「先我不動心」對，不與「養氣」對。知言工夫即在集義内，不精義，焉能集義？所集者非義也。其實告子以爲勿求言，勿求氣，其實助長即是用氣强制那心，及其蔽陷離窮也，則詖淫邪遁之詞更多。孟子對針下藥，字字精當。論語萬古一燈，無可與配。恰好又有孟子一部，真可相配。如天之有地，日之有月也。

「文王，我師也」句，時講多作推尊之意。在他處則可，而非此章口氣。蓋其不推讓，與成覸、顔淵同，但辭若推尊耳。自記。

「聖人之憂民如此」，論者但欲單頂「教」來，蓋因禹一條有「雖欲耕得乎」，隔斷語氣故耳。然此自指禹，與「堯獨憂之」等字不相應，蓋因禹過門不入，順便襯此一句，未是「勞心」結語。聖人憂民，自當總上文以起下節爲是。自記。

「許行」章「大哉！堯之爲君」兩段，總要形容出似無所用其心的意思，方與下文相關。一「無能名」，一「不與」，豈不似無所用心？故下文接「豈無所用其心哉」。

先父作「不見諸侯」章文，「迫，斯可以見矣」，而不見。當是時，陽貨先，豈得不見？而不見。添「而不見」三字，極得答不見神情。

下孟

洪範五曰惡，六曰弱，即「自暴」、「自棄」兩樣氣質。自記。

「問有餘，曰『無矣』」，答之詞甚倨，或值真無時一二耳。曾元未必如是，恐孟子道聽塗説。程子嘗論「二嫂使治朕棲」，象雖愚，未敢覬帝主，要之不必計較。或云孟子文章好，道理好，然已開陸象山、王陽明一派。孟子終未免簸弄精神，所以不及孔子。孔子即説到難處，在不簸弄精神，「豈若匹夫匹婦之爲諒也」，亦無一毫蹁躚。孟子則有蹁躚處。孫襄。

「天下之言性也」一章，亦是王守溪文字説得融貫。向以「言性」「言」字，與「行所無事」「行」字，畢竟是兩樣話。今想，總是一意。「天下之言性也」，此一句所包者廣，其當時如性有善不善，無善無不善，皆在其内。孟子言天下之言性也紛紜雜出，無所不有，以吾論之，何必如此，只自其可見者言之，以曉然易知，「則故而已矣，故者以利爲本」。如「素❶隱行怪」、告子異端之流之言性，説他是愚人不得。彼皆自作聰明以爲知者，而不

❶「素」，原作「索」，據禮記正義卷五十三中庸改。

知其穿鑿實甚。所以説「所惡於智者」云云。如此看來，原不兩截。

樂音固有獨奏一器者，如鼓琴擊磬之類。此則一音自爲條理，自爲始終。惟集大成之樂，八音並奏。「金聲而玉振之」，是總八音之條理，而以金玉始終之。譬則一理之明，一德之成，自爲始終。若合萬善百行而察之、由之者，「有始有卒，其惟大聖乎」！自記。

「天子之卿受地視侯」三句，自是不確。王制明説其禄視侯伯子男耳。諸侯納貢，天子以爲卿大夫，士之俸受地，蓋湯沐、圭田之類，不聞天子畿内有大侯國也。齊、魯始封，豈止百里？公侯皆封百里，開方也，以開方法，百里當萬里。方里而井，所謂提封萬井也。地方千里，亦開方也。孟子於制度甚疎，只聽臨到❶他做時，他却能準度立制，合於聖人。就是此章所言，亦皆精要。天下一國，小國大國，井然不亂，規模便好。禄即起於井田，一夫受田百畝，庶人在官，及下士無甚功勳，無異自食其力。爵以賞賢，禄以報功，以次食禄，以功德之大小爲多寡，便是設爵受禄之義。孟子幾句，便説到根本處。

「見行可之仕」，人多説錯，以爲孔子見道有可行之幾，便不去而仕。原不是。其實

❶「到」，原作「倒」，據石印本改。

自「爲之兆」句已説錯，蔡虚齋蒙引已將註意説不明白。須將白文「爲之」二字看得分明，「爲之」二字謹貼孔子，端是孔子爲之端。孔子之端足以行，而人不能遂行之，然後去。如此便不是人之用我，有可行道之幾矣。註「爲之兆」云：「孔子欲小試行道之端，以示于人，使知吾道之果可行也。」註「見行可」云：「見其道之可行也。」「見」字即「爲」字，若説孔子見道有可行之幾，白文「見」字、註中「其」字，皆不得力矣。何謂「爲之兆」？孔子小試其道，見吾道之行無不可者，而非世俗所云「至大莫能容，累世莫能殫之物也」。見吾道之行無不可，而君與相仍不能與行，然後不得已而去也。

問：「孟子弟子亦甚多，不見如有孟子者。」曰：「孟子弟子，如公孫丑、公都子之究心性命之學，萬章究心於古今人物事跡，皆不可輕。孟子七篇必非自記，如『告子』章内，公都子所問，必公都子自記；如『孟季子問何爲義内』章，是要緊處，只是先答的比孟子呆些。告子説義外，孟子却把『敬』字藏在一邊，不與他説，待他自悟。他説：『彼長而我長之，猶彼白而我白之。』孟子云：『白馬與白人固無異，難道長馬與長人亦無異乎？』長馬不用敬，長人用敬，隱然在内。且問：『長者義乎？長之者義乎？』只用『長之』二字點醒他。只説長，恐怕説出『敬』字，他便以長與敬混作一團，皆以爲外，須鏟絶根源矣。

公都子不知此意，開❶口便説：『行吾敬，故謂之内也。』孟季子便抓住『敬』字，便要破去，問：『鄉人長於伯兄，則誰敬？』曰：『敬兄。』『酌則誰先？』曰：『先酌鄉人。』孟季子曰：『所敬者在兄，所長者在鄉人，是將所敬之人暫且不敬，所不敬之人從而長之，假作恭敬。是敬原非真心，特因人而作此文飾耳，何嘗由内來？』公都子不能答也。是至於孟子見的雪亮，曰：『長何嘗不是敬？難道平常敬叔父是真敬，弟爲尸，敬弟是假敬不成？特庸敬與斯須之敬不同，其當下之敬一也。敬可謂之外乎？』公都子透曉，孟季子仍鑾前見。公都子曰：『這樣連汝的脾胃皆外，冬日飲湯，夏日飲水，所以飲之者亦在外乎？』朱子註此章，亦未醒快。」

「存」字緊照「息」字，謂存留此良心。自記。

夜氣平旦，是板定子午；「操則存」，是真子午。自記。

「存其心，養其性。」人分别心是出入無時，莫知其鄉之物，故須存；性是無爲的，故須養。其實大謬。孟子言心性，殊不大分别。「敬以直内」倒是存心，「義以方外」倒是養性。孟子説：「豈無仁義之心哉？」心即是性；「仁，人心也」，性即是心。「養性」却不是

❶「開」，原作「問」，據石印本改。

空空的守静之謂，如以空空的説性，則墜入禪宗一派，故須認定是實事。大概寡欲是存心，「充無穿窬」，「充無欲害人」，擴充四端却是養性。「成性存存」，性何嘗不可説存？「養心莫善於寡欲」，心何嘗不可説養？

孟子説話，也有宜活看者。「伊尹，聖之任」，與夷、惠同説，是偏。及篇末又云：「伊尹，則見而知之。」既云見知，豈湯亦偏，自堯舜以來相傳之道亦偏乎？又「學焉而後臣之」，是湯學於尹。又云：「伊尹，見而知之。」又以尹學於湯。

中庸

中庸是一篇文字，無甚分章。另一意者，五章只説實心，若不在道上逐一細加切實工夫，與佛氏之清寂何異？故上言實心，則曰誠，曰性，曰至誠，曰至聖，曰致曲，曰前知，曰自成，曰無息；下言道，曰發育，曰三百、三千，曰不驕、不倍，曰議禮、制度、考文，曰不謬、不悖、無疑、不惑，曰世道、世法、世則。既尊德性矣，而又必要道問學；既致廣大矣，又必要盡精微；既極高明矣，又必要道中庸；既温故敦厚矣，又必要知新崇禮。以及議禮、制度、考文，考三王，建天地，質鬼神，俟聖人，世爲道，世爲法，世爲則。至此，然後能盡其道也。然却離不得根本，故論至道必扯著至德；道問學等必扯著尊德性等；作禮樂必扯著德，離不了實心。故曰：「修道以仁。」此本末相資，内外交養，方爲聖學之全。「洋洋乎！發育萬物」，言道之大。每見有以「尊德性」照「洋洋」，「道問學」照「優優」，大爲不合。道之發用於外者，「發育萬物，峻極于天」。而「無外」與德性何干？朱子天道、人道之説，雖亦不差，但似非書義切要處。上六章言誠，下三章言道，雖稱呼亦異。上言至誠，其次誠者，下即言聖人君子。凡此，皆説仲尼也，故接「仲尼」章。纔合誠與道，而大德小德合而爲一，而與天同也。

黄勉齋謂：「中庸『天命』章，就心地説智仁勇誠，方是工夫。不知説到天地位、萬物育，工夫有何滲漏？若心地上便能位育，何必更做工夫？」此論有病，總不離朱子所謂立志主敬，致知力行。立志一條，到此已不必説。敬者，學之所以成始而成終也。致知力行，管攝於獨慎之内，觀大學「誠意」章可見。知，智也；行，仁也；智仁合而勇生其中。「所以行之者一也」，一者，誠也。襄曰：「館課曾以是發問。」曰：「勉齋之言如此，何論後學！」孫襄。

上段言不特睹聞時敬，即不睹不聞時亦敬，其提起「須臾」二字，正爲不睹不聞伏下意思。下段言不特顯見處謹，即獨處亦謹，其提起「隱微」二字，亦正爲謹獨伏下意思。大抵常情耳目所交之地，則自然斂肅，事幾彰著之餘，亦自然謹畏。特恐所忽者，俄頃之暫；所肆者，獨知之微。故中庸兩兩揭出，以見持敬、克己之功精微細密處，非謂睹聞不當敬，而顯見處不當謹也。敬謹兩段功夫，皆合内外，徹始終。持敬是正本清源功夫，故能致未發之中；克己是坊流制末功夫，故能致已發之和。原非以動静分對。自記。

朱子初看不睹不聞，似君子之不可及，其唯人之所不見底意思，久之乃覺其非。人生除了睡夢，更無不睹不聞之時。即如見大賓，承大祭，戒懼乎所睹所聞也。出門如見大賓，使民如承大祭，戒懼乎其所不睹不聞也。又謂：「未發之中，渾然未與物接時。」此亦非也。與物酧對中無偏繫，喜怒哀樂四者都無倚著，即此是未發氣象。孫襄。

問：「聖人與凡人，只此有我之私化與不化。」先生云：「以余觀之，不與鯀洪範、九疇，而錫禹者就在此。鯀當時治水，豈無衆人分治？鯀『方命圮族』，故湮塞洪水，『汩陳五行』。禹聞善言則拜，故行所無事，一味順理，故能成功。人解『舜大知』章云：『舜原不藉資衆人，邇言仍然好問好察，所以爲大知。』觀孟子説『善與人同』，『聞一善言，見一善行』，却就是這等處。爲聖人正不必周旋那一層人，惟志氣大，故不恥下問。要周知，不肯自小，恥於問，而護短者，是志氣小。註書之錯，如此類者多。如『生知安行』，便是聖人『飽食終日，無所用心』，自然動即合道之謂。豈知聖人所謂『生知安行』者，是常人待困心衡慮，徵色發聲，而後作，而後喻。父師教訓，朋友切磋，聖人則生來便知。

憂勤惕厲，安然終日乾乾，孳孳不已，勉勉日新。豈如彼所云耶？讀書不思，其弊至不可言。」

中庸文字，首尾相銜。「君子之道費而隱」，「隱」字從上章「素隱行怪」生出來。意以爲人謂君子之道隱，不知君子之道乃費而隱也。通章皆言費而隱在中。

中庸「費隱」章「鳶飛魚躍」之旨，先輩程文有云：「飛躍者，性也；鳶飛魚躍者，率其性也。」此語有病。「性即理也」，飛躍便是氣，飛躍之得其理處方是率性。因與徐善長論此章。善長疑云：「以鳶飛魚躍言道，稍近釋氏『乾屎橛』、『木樨香』之意。」曰：「飛躍之中，亦自具有箇天則。便以飛躍言道，則不可。」善長又問：「鳶只是飛，魚只是躍，却有甚天則？」曰：「他底道理與人身自別，人得仁義禮智之全，物則得其偏，然不可謂其無此理也。如或問所謂虎狼父子、蜂蟻君臣之類，自然發見，非天則而何？」善長又問：「他却不會體這天則。」曰：「此理最妙。且如服牛、乘馬、圈豹、檻虎，牛馬之屬，何嘗能自盡其性，却因聖人服之、乘之，便是牛馬率性一般。故盡物之性，則鳶魚飛躍，莫不得其性命之情。此道，豈不是因人而體了？然雖是因人而體，亦不能將他所無底添得些子。馬可乘，故乘之。牛可服，故服之。若他本無這理，聖人亦無緣驅率得來。」孫襄。

程子謂：「『鳶飛戾天，魚躍于淵』，與孟子『必有事焉，而勿正心』同意。」看來「鳶飛魚躍」是道體，「必有事焉」是體道。孫襄。

君子之道，造端乎夫婦，及其至也，察乎天地。道體如是，體道亦如是。孫襄。

中庸說「道不遠人」，子臣弟友，素位而行，高遠即從卑邇始。人與兄弟不和，多由妻子。必妻子和，至於「如鼓瑟琴」，則妻子與我們一心一氣，毫無違反，然後「兄弟即翕，和樂且耽」也。舜知瞽瞍愛象，若與象不和，何以使瞽瞍豫順？所以經書言「克諧以孝」，能和於兄弟，以孝於親也。至於父母順，便察乎天地矣。堯舜之道，何以加此！

「宗廟之禮，序昭穆」，耑指祖宗位次，子孫總在序爵、序事内。序爵、序事，總合同異姓說。「旅酬下爲上」，註中引康誥成語，是說事畢時無算爵。如此，若祭仲，則神尸與主人皆有旅酬。

「宗廟之禮」，註以爲序子孫之昭穆。竊謂以祖宗爲是。蓋廟中大率以爵爲主，至「燕毛」，始序齒。序齒亦是就尊卑各行輩中序之，非略却尊卑，而一以年爲主也。獻酬率於祭畢時行之，竊意當止是主人之弟子行之，若賓客之子弟，如何亦在廟中而獻主人、主婦、賓客也？

「明乎郊社之禮」三句，從來似俱不曾明白。時文動說幽明一理，此似混語。今以子孫日在廟中，事死如生，事亡如存，再没有反傷其宗黨者。此最易見，如人終日事父母，視無形，聽無聲，豈有反傷其兄弟之理？推而上之，以祖考之心爲心，豈有傷其族姓之理？推之郊禘，能見得天帝如在，豈有於天所生之民物，不一體相關之理？如此説「治國」，方有實際。

「思事親」四句，王守溪、謝于喬皆有作，破題皆言：「欲仁必先知是矣。」至文中言：「不得賢人以輔之，則不明事親之理，不能盡事親之道。」是智反在得人之後矣，「知」字不清白。問：「註中『欲盡親親之仁，必由尊賢之義』，如何説？」曰：「這却不碍。如村中謹厚之人，却有至性，能事其親盡心盡力。然不知交當世之賢人君子，不别人之善惡，如何能通於神明，光于四海？道理説寬大些便是。」又問知天。曰：「天即理也，人從何處知？知其賢否邪正。若自己不明理，何以能知人之賢否邪正乎？」又問：「須照註否？」曰：「照註何妨。天下之理，其實『親親之殺，尊賢之等』盡之。自親親而推之，凡以天合者皆親親之類也；自尊賢而推之，凡以人合者皆尊賢之類也。人有生便有五倫，五倫足以盡生人之事。九族外戚固皆親親，不特朋友是尊賢，即事君亦是尊賢，若不賢，如何做得人君？『親親』加一『殺』字，『尊賢』加一『等』字，天理之節文全出於是。人世焉有出於二者之外的？故註云：『皆天理也，故又當知天。』夫子對哀公説政，『修道以仁』以下，便説仁義禮知，人知天便説智。先説四件，後又減作智仁勇三件，後又減作明誠兩件，後又歸到誠一件。夫子説兩箇一也，到底不分解『一』字。生平又兩説『一以貫之』，一是道理的頭。聖人説到這裏便住。如『太極』，孔子只説『易有太極』，自周子始畫出來。前人不欲道破。」

問：「聖人『不思而得』，『不勉而中』，非安逸之謂。謂聖人不待思索，而後求得天理；不待勉强，而後求中乎道。若然，則朱子何爲以『不思而得』貼『耳順』，『不勉而中』貼『不踰矩』耶？」曰：「正是此意。只看『順』字、『矩』字，可見順者，順其理也；矩者，物之則也。聽其言之詖淫邪遁，便知其心之蔽陷離窮。小子聽之，濯纓濯足，皆其自取；好問而察邇言，聞一善言，若決江河，何非耳順？夫子色勃足躩，踧踖屏氣，恂恂侃侃，不正不坐，盛饌變色，見冕者瞽者必作必趨，何非不踰矩？此豈皆一無所事，安意肆志而爲之者乎？夫子焉不學？多能鄙事，博學而無所成名。蓋夫子當時無所不學，其心有唐虞萬世之心，其本領亦唐虞萬世之本領。一旦得位，舉而措之，所謂『立之斯立，道之斯行，綏之斯來，動之斯和』，皆是實事。立效能朝諸侯，有天下，豈待言乎！」

「至誠之道，可以前知。」自朱子講得精細。言誠則生明，但却與下「禎祥」、「妖孽」、「蓍龜」等句不甚緊醒。蓋如此，誠則自明，又何須説到「妖孽」、「禎祥」及「蓍龜」耶？倒是鄭康成粗粗的解一句甚好，言「天不欺至誠也」。蓋「禎祥」等亦有不驗者，如臧武仲據防，後世芝草生，醴泉出，鳳凰見，未必盡驗。惟「至誠」與鬼神合其吉凶，無不若合符節者，故必先知而無疑也。蓋「不欺」二字即從「至誠」看出，「至誠」不欺天，故天不欺「至誠」。其實「至誠」即天也。

中庸既説「尊德性」，又説「致廣大」、「極高明」、「温故」、「敦厚」，朱子又添出「存心」，何也？蓋空説「尊德性」，何處下手？自然不外立志、主敬等項工夫。如立心以天地萬物爲一體，何等廣大；必欲超然萬物之上，何等高明；已知者不肯生疏，已能者不肯間斷，無非「尊德性」。不屬之存心，而安屬乎？聖人語言零碎處，皆有歸著，不復囫圇過了事也。

「温故」只是「月無忘其所能」，「知新」只是「日知其所亡」。蓋義理既入於心，便自家性分中物。涵泳義理，是存養德性。未得者，則有資於講習討論。故云「學問」也。此合内外之道。自記。

昔與德子鶚、徐善長論中庸「尊德性」、「道問學」，包「立志」、「主敬」、「致知」、「力行」四者。若分説出來，上一截「致廣大」、「極高明」是「立志」，「温故」、「敦厚」是「主敬」，下一截「盡精微」、「知新」是「致知」，「道中庸」、「崇禮」是「力行」。白剛甫聞之不服，以

「存心」、「致知」朱子之説已爲支離，更加「立志」、「主敬」，條緒益紛然矣。然「存心」兼「立志」、「主敬」，「致知」該「力行」，四條本朱子之旨，並無添捏。知行有單説者，知便兼行，講究一箇樣子行將去，此章是也。説行便兼知者，「敬以直内」，「主敬」也；「義以方外」，「力行」也。然必有「精義入神」之功，乃能「義以方外」。此段工夫，求之敬以直内時不得。「戒慎恐懼」，「主敬」也；「謹獨」，「力行」也。使非察乎理欲、公私、邪正之幾，何以謹於理欲、公私、邪正之界乎？孔子大聖，亦可以四者概其生平。「吾十有五而志于學」是「立志」，「三十而立」是「主敬」，「四十而不惑，五十而知天命，六十而耳順」是知之盡，「七十而從心所欲，不踰矩」是行之至。但「立志」、「主敬」時，知行工夫都辨了。又以學記言之，「一年視離經辨志」是「立志」，「三年視敬業樂羣」是「主敬」，「五年視博習❶親師」、「七年視論學取友」是「致知」，「九年知類通達，强立而不反」是「力行」。孫襄。

聖賢四書、五經，無一字空下亂下者。數語並排，若無差別，實非複疊，其先後各有至理。嘗疑中庸「舟車所至」六句、「天之所覆」二句已括日月霜露在内，而又出下二句，何也？不知天之所覆冒，地之所承載，似只以地之一面言，至於日月則繞地周行，所照

❶「習」，原作「學」，據禮記正義卷三十六學記改。

不止地之一面而已，故曰：「日月所照。」又日月運行，止在天腰旁行遶之，至於南北盡頭，多日月之所不能照。然日月所不照，而霜露仍墜之。至此處，亦有「有血氣者，莫不尊親，故曰配天」。以此見聖賢之立言精矣。

榕村續語録卷三

易

劉巖問：「王弼説易何如？」曰：「初頭説理開自王弼，又年紀甚小，成此一書，固自好。但有誤處，使後人不敢改動，亦自弼始。如『巽，順也』，順是坤，與巽何涉？但古人既如此説，後雖大儒亦不輕動。蓋我輩去古遠，渠去古較近，焉知其無傳授所自？故春秋重變古，非大有關係，確不可易，復有證佐者，不可輕變古人之説也。如今説易，又何以見得前人有不到處？卻當靠定孔子作主，孔子明明有一部好易經註在，何不依傍發明耶？」

孔子傳易於商瞿，後來康節傳先天圖，卻得之李挺之，挺之得之穆伯長，伯長得之陳希夷。可見自孔子後，代有的傳。想是聖人看得此理非一世即顯之書，又知其種子必不死，故授之商瞿，以俟其精光待時而發也。曾子已得大幹，不須並以此付之。希夷嘗一睡經許時，太宗時，計其年約有百卅餘歲，詔而不至，不知所終。而程朱皆於希夷無復有幾微貶辭，想是其學術品地大不同。而前賢之不輕訾議前輩，亦可見矣。

春秋、戰國時，孔子所贊之易尚未行世，想仍用之卜筮，而所用者止文、周之繫詞而已。

嘗疑卜筮不過一事，而繫詞如何那樣神奇其説。繼思，人無事不用洪範稽疑，詩、書、左、國中，古人一戰焉必卜，御必卜，葬必卜，遷國必卜，病必卜，祭日必卜，無事不用卜筮。蓋人刻刻與神相通，天人合一。今人信邪尚鬼，而敬天尊神之事，反抛置不講。此陰陽所以不和，而災害所以時至。

易中之剛柔往來，東坡説得有意理，但推得未密。須與補云：「凡言剛上者，皆三子之卦也；凡言柔上、柔進者，皆三女之卦也。」自記。

易例初三之陰，應四上之陽，皆爲援上而不吉。自記。

本義一書，朱子中年已出，後來未及修改，故晚年議論多有不同處。自記。

或問朱子，卦辭未見取象之意，本義中「其成形之大者爲天」及「擬之於天」二句，恐當於大象言之。此問極佳。凡八卦皆應如此看。人但見得天地道大，須及早於名辭發之，豈知天地之道何處不在？言健順則該之矣，何必便著穹壤之迹也。自記。

序卦、雜卦，疑非孔子所作。「有天地，然後萬物生焉。」類似大戴記一種文字。孫襄。

所畫古河圖，可作幾句文字，附於易學别編之内，亦不必冒古河圖名，標爲一元圖。

一元者，一氣也。孫襄。

黄石齋少時作太咸，以擬太玄，用三起數，後更滅其書，然終身不離此見。以易、書、詩、春秋與天相追，惟易與範之數爲近，亦不及天九層，乃知迎日推策，未有如蓍數之合者。因之以四，得一千四百六十一；歸之以三，得四百九十；約之以十，得四十九也。四十八策應四十八弦，爲三百六旬，其一策當九，十辰適符五日四分日之一。筮法分二卦一，歸奇皆用之，惟不與揲四，正十用其七也。論七底來歷甚大，天上地下，古往今來，數只是自一至十。春夏秋冬之有中氣，東西南北之有中央，實有四數，倍之則八而已，而其用則七也。春夏秋生物，而冬不生；東西南可見，而北不可見。人身左顧右盼可見者，十之七；夏至之日兼以朦影，亦十之七。凡事爲之極，幾十之七則可止矣。是故卦數八，蓍數七。世元聞此，以爲八者體中之用，七者用中之用。予深嘉其悟此八箇字，可蔽觀物。孫襄。

先生問襄："聞看啓蒙，都沛然無窒礙。"襄言："文義略解得，但恐識底是皮膚。"先生曰："據小註中所説，亦影響之談，無深義之可求。當自以意會。"孫襄。

先生謂某曰："世元看啓蒙，與爾大差。爾看本圖，書一日便解。他看五六日，還説不識。"某曰："他是潛心玩索。"曰："小註也無甚深義。"某曰："惟玉齋胡氏之説爲多，此一玉齋，只好嬴箇我須稍著想，亦胡氏之説。」曰：「玉齋自作啓蒙註，諸説是引來的。此一玉齋，只好嬴箇我底玉齋。其言有先後自相矛盾處，只好浮浮看去。」孫襄。

周易本義原本經二卷，傳十卷，其一即象上傳，故曰：「象即文王所繫之辭，傳者孔子所以釋經之辭也。」後凡言傳者放此。世儒不知來歷，遂有改言傳爲言象者。古本始亂于費直，卒大亂于王弼。「象曰」、「象曰」本王弼所增，程傳據王氏本耳。以朱從程，故其割裂分置，謬誤若此。孫襄。

文王八卦，即有邵子震、兑始交一節得之，出此當以五行論。伏羲雖不言五行，然坎本爲水，離本爲火，巽本爲木，乾本爲金，震本爲蒼筤竹，亦有木之象。兑爲金，雖無所見，恐於古有之，且兑利口，亦金之象。艮本爲山，坤本爲土，山亦土也。文王見先天八卦有五行，因變易出來，有自然之次序。坎、離各以一卦當水火。東方之木，陽用事，故首震而次巽；西方之金，陰用事，故進兑而退乾。水之渣滓爲土，水得土而生木，五行不言石，石亦土也。火之煨燼爲石，火煉石而生金，此艮、坤二土之妙也。木温火熱，金涼水寒，燠熱則陽多，寒涼則陰多。惟土稱和，陰陽之氣均焉，東北、西南陰陽所以均。如卦畫至寅、申而均是也。京房謂：「土居四季則土多。」吕令謂：「土居季夏則土少。」其位置皆未確。文王八卦，若以五行而言，則與先天同功。先天言陰陽，後天言五行，五行一陰陽也。不然再排幾箇八卦出來亦可。其所以置之别編者，以先儒無此説也。孫襄。

乾主運行，心也；陰主甯静，身也；健順盡之矣。惟其健，故不息，聖人所謂「逝者如斯」。身從而順之，所謂小體從大體，不然則心之官不思，不思而蔽於物矣。又乾坤相依，乾非坤則爲游魂，坤非乾則爲滯魄。

胡雲峰以「乘六龍」謂得天位，便差了。「乘六龍」卻是備天德，「御天」卻是得天位。自記。

「各正性命」者，成也；「保合太和」者，成而固也。在人事，則宜如此處，是「各正性命」；守之之固，則「保合太和」也。自記。

陽而變陰，則是動静無始，莫知其端，故曰：「天德不可爲首也。」愚見與朱子異。自記。

利者，宜也；義者，亦宜也。義之和，是正釋「利」字，與上下文只一般。存疑之説非是。自記。

「成德爲行，日可見之行」，「行而未成」，蔡虚齋説好，數行字只一樣。自記。

「君子進德修業」，可知所以惕厲如此者，非憂讒畏譏，避災免禍也，然亦在其中矣。

「修辭立其誠」，明道一串説，伊川作兩事。看來伊川説爲是，言説話處、行事處有真實道理也。蓋立誠在修辭之後，是就事上説，董子所謂「設誠而致行之」。自記。

乾元者，始也。然即始而亨之理已具，故人知其亨，而亨不知其始。而亨也，心該乎事也。利貞者，成也。然不過以成其性而已。故人知利貞爲功用之終，不知其爲性情之至也，事歸於心也。此兩句便與下「乾始」節意思是一串。自記。

「各正性命」就物身上説，「性情」就乾上説。雖是一理，卻要分別。惟「利貞」爲乾之「性情」，故萬物各正其性命。自記。

建安邱氏以先後解東北西南，獨得。自記。

有「含章」之素，故能「無成有終」。「從王事」根「含章」來，故其「知光大」。自記。

「括囊」不止爲處亂世，蓋陰過中之象。凡功成名就，卷而懷之，口不言功，讓美不居，皆其類也。自記。

「乾元用九」，便見不是偏剛;「用六永貞」，便見不是偏柔。自記。

「永貞」，則不息而起元矣。自記。

「動剛」是直，「德方」是方，含弘「化光」❶是大。自記。

---

❶「化光」，原作「光化」，據周易正義卷一及石印本改。

曰「敬以直内」，又曰「義以方外」，又曰「敬義立而德不孤」。孤者，偏枯之謂也。如佛家耑用功在内，至於行事全不講求，不復能措之用，豈不偏枯？申、韓在作用上講得有實用，立可見之行事，至於天命人心、自然而然大源頭，卻不曉得，豈不偏枯？宋儒謂佛、老但知「敬以直内」，卻不知「義以方外」，既不知「義以方外」，則所謂「敬以直内」者，亦未必果能「敬以直内」也。細看道理自是如此，但他卻也得一點内力，若全無聖賢一些相近處，焉能賺得天下許多聰明才智人心悦誠服？做時文，卻不好將兩截意入夫子口中，遺漏又使不得，放在大結内可也。時文初製用大結，即是此意。

有敬而無義，如告子、佛氏之學。知有義而無敬以立其根本，略如韓文公、明道之用一般，其究皆不免偏枯之弊。孤猶偏枯也。朱子有云：「久之則内外自然合。」此句乃「敬義立而德不孤」極妙注脚，一言蔽之，不費辭説矣。自記。

如有些須愧怍暗昧，便不免回護畏縮，此不直之驗。朱子以「方外」爲講學工夫，蓋講學兼知行，講明而踐履之，然後可言「方外」。自記。

雲峰説「黄中通理」處甚精，只是解「黄」字遺卻「裳」字，對「直」方不過耳。須知「通理」即在「直」字内，「正位居體」乃對「方」字也。「黄中通理」，所謂「居天下之廣居」，不亦直乎？「正位居體」，所謂「立天下之正位」，不亦方乎？自記。

六十四卦以屯爲首，意思極好。看「負罪引慝」，舜之屯處；「胼手胝足」，禹之屯處；「柞棫斯拔」，周家之屯處；「發憤忘食」，孔子之屯處；「仰鑽瞻忽」，顔子之屯處。自記。

屯、蒙皆從草。屯，草始生而未伸也；蒙，草既生而未理也。草則昧矣，故皆有昧義。自記。

陷於險矣，然不止，則尚有可通之機；險而又止，所以爲蹇之甚也。止是自家止。自記。

「上使中」，言上之所以使下者，得其中，與師五「使不當」之義同，非謂使邑人中也。自記。

程傳於泰二爻四段，俱作已泰之後，上恬下熙時説，殆亦感於仁、英之世乎？四者之道，致泰、保泰皆必由是，豈必曰「處泰甯之世」也？自記。

以「乾行」釋「于野」、「涉川」，只是以在外爲川野之象。乾在外爲亨利之象。自記。

初與四無應，三與上無應。無應則異，異則有相攻之象。三敵上，故升陵以規之；四敵初，故乘墉以俯之。自記。

在事外者，以無應爲同；在事中者，以無應爲異。三之「敵剛」，敵上也，非敵五也。

四之「弗克攻」，攻初也，非攻二也。自記。

同人上九「同人于郊」，解者以爲居荒僻之地，而莫與同，故曰：「志未得也。」卻是因「志未得」而生解，不思國門之外曰郊，郊之外曰關，關之外曰野，于郊荒僻爲不得志，豈于野更荒僻而反曰亨？何説耶？蓋時至後代，雖聖人復生，亦不能到淳古之治，止可到三代。然畢竟到此方妙，故「同人于郊」，已「無悔」矣。夫子曰「志未得也」，言尚有于野，其志未大遂也。故曰：「大道之行也，某竊有志焉，而未之逮也。」

天地之交也以山，「地中有山」，則「天道下濟」而「地道上行」矣。自記。

「平」字即從「裒」、「益」看出，無兩事。自記。

「尊而光」，尊非以位言。敬人者，人恒敬之，自有尊之理也。觀繫傳可見。自記。

豫二爻辭口氣猶言，其「介于石」也，曾「不終日」，言其去豫之速也。繫傳則反其語以明之。自記。

豫卦卦名好。至六五「貞疾，恒不死」，解者以爲人君沉溺于豫，受制于强臣，而威權已去，故有「貞疾」之象。然以其得中，則名分猶在，舊澤難忘，故得不死。如此説，卻無意思，又何取「貞疾，恒不死」之象？蓋以柔居尊處，患難之地，其人得中「乘剛」，身分原高，刻刻危厲，困心衡慮，徵色發聲，動心忍性，入則有法家拂士，出則有敵國外患，反得不亡。如人常常有病，自知節飲食，戒嗜慾，而轉得不死也。有疾是足以警戒處，不是溺于豫處。諸家多引「知生於憂患」爲説，是已，然不知疾即憂患也。自記。

「育德」亦是養育民德，蒙「育德」不同。自記。

「賁如濡如」，兩「如」字是兩意。「賁如」内已有得陰潤澤意，「濡如」則言其溺也。自記。

「蔑貞，凶」，是説蔑貞者凶也。「以辨」、「以足」，如所謂「由來者漸矣」。「以膚」，如所謂「惡不積，不足以滅身」。自記。

「反復其道」，觀其字口氣，卻是人去反復他。蒙引之説未是。自記。

朱子論「七日來復」處，謂：「陽長一分，陰消一分，以流行者言也。」須知還有對待者在，不可不著提掇。自記。

「復見天地心」，猶觀仁者不於博施濟衆，而於乍見孺子時也。自記。

復卦，漢儒都説是「静見天地之心」，程傳方説陽去而來復，于將動見「天地之心」。其實此語蘇子美已有，此論而不知，唐劉蜕已如此説矣。

雲峰謂「迷復」與「不遠復」相反，「敦復」與「頻復」相反，而「獨復」與「休復」卻謂相似。看來亦可言相反。「休復」者，優游於同羣之中；「獨復」者，獨立於異衆之會。自記。

「剛自外來」一句，是名卦第一義。「動而健，剛中而應」，是亦所以爲无妄也。臨象傳同。舊藁沿襲不是，須改正。自記。

八卦健德至好，順德至好。順非他，即順天也。次之動亦好，人心時時欲奮發有爲也。明亦好，但有察察之弊。安、止、和、悦皆是美德，但亦有固執取媚之慮。然皆人身不可少之德。惟坎爲險，必不可言人宜有險德，聖人加一「習」字，妙，正所謂「習坎」者。如困心衡慮，動心忍性，雖舜、禹、周公人倫之變，孔、孟之栖栖道路，所謂要熟也，須從這裏過。又習坎出險，不獨貧困禍患也，雖極富貴如意，而沉溺於聲色貨利，非坎陷乎？狃於安逸惰弛，非坎險乎？以此言之，日用飲食，何處不要習坎出險也？以此見習坎之德，亦人生之不可須臾離者。健之中，始震動以有爲，中習坎而出險，終凝然而能止，皆健也。順之中，始盤旋而深入，中光明而洞達，終怡然而喜悦，皆順也。總言之，健順而已。分析，則每項中又有三德焉。

險非心德也，然能習於險而熟焉，則富貴貧賤不能移，而威武强禦不可干，亦天下之至險者也。自記。

水之中實不盈處是孚，流行不窮處是亨。不盈，故不窮，盈滿則窮矣；不窮，故不盈，窮盡則盈矣。自記。

水之所以爲實者，一勺之多，有源常繼，「樽酒簋貳，用缶」者似之。水之所以能通者，洩竇穿穴，無間不達，「納約自牖」者似之。自記。

坎四爻義，郭氏擒定「有孚」立説，極是。然「樽酒簋貳」，象水之涓細而有源；「納約自牖」，象水之穿穴而必達。於事君之道，程傳之説固可參用。自記。

彖傳説「明」，都是説明其言麗者，亦必曰「麗乎大明」，無專言麗者。齊氏以形神論「離麗」之理極精，然須知神麗於形者，明之用也；神之變動麗於體之静正者，明之德也。自記。

恒如安定胡氏説，方於卦有關切。程子想因其太深闊而不用，然以爲新進鋭進，於卦義卻無涉。自記。

遯卦不以初終爲早晚，而以遠近爲吉凶。自記。

正位内外，俞石澗止以二、五二爻當之，看來當合全卦觀之爲是。自記。

「大蹇朋來，以中節也。」「中節」如所謂處置得宜，有以服人心，其應事，則動中機會。自記。

公在高墉之上射隼，非隼集于墉也。自記。

狐是巢窟於内者，隼是飛揚飄忽於外者。狐喻便僻側媚之奸，隼喻畔服不常之輩。

「征」字有工夫，欲其離去之也。「行」字正釋「征」字。自記。

有長女在，則有統率矣。惟中少女，故不相統率，而相睽相革。自記。

震、益、无妄、大壯，「恐懼修省」，「遷善改過」，「非禮弗履」，「物與无妄」，皆於雷取義。自記。

「驚遠懼邇」，「驚懼」二字，虚齋欲以遠近爲别。若然，則須云聞風而駭者爲驚，切身而怖者爲懼。自記。

俞石澗以「有事」爲有事於宗廟社稷，以爲祭主，極是。春秋書法，祭祀皆曰「有事」。自記。

「時止」、「時行」，然止者行之基。「動静不失其時」，然静者動之本。自記。

止則有以自安，進之基也。巽則有以自審，進之道也。故曰：「動不窮。」自記。

晉的氣勢大，故曰：「明出地上。」升亦得時而出之義，漸不過循次而進耳。卦皆貴剛，惟逢進則尚柔，蓋取其宜静而不宜動，宜止而不宜往。故晉曰「柔進而上行」；升曰「柔以時升」；漸曰「漸之進也，女歸吉也」。定九先生曰：「守得住柔，便是剛。」

九四雖無應，不至如九二之反其類也。故四猶有待，而二直曰「幽人」。自記。

照天下，謂於天下人情事理無所壅蔽。自記。

巽以入言，亦有卑象，但非卑下之卑。既有謙卦，巽亦無取乎卑也。須合剛中柔外方盡「貞」義，不可破分。萬一剛中而不柔外，亦不得爲「貞」也。自記。

「商兑未甯」者，人情溺於説，則宴安而甯，而疾生焉矣。四本剛質，故能商度。其所當説者，而不溺於安甯，是以雖介乎六二之疾，而有喜。自記。

六四柔正，爲巽之主。風能散物，又能聚之，故爻辭闡發涣羣之義。自記。

「説」字、「中正」字，對「苦」字；「行」字、「通」字，對「窮」字。自記。

小過卦義須拿定。「小者過」三字作主，意行也，用也，喪也，皆非小也。以其近在一身，對天下國家之事，則爲小耳。大過者剛毅之意多，小過者柔慎之意多。自記。

「弗過防之」，言不可太過，須有以防之，如戕其防，則凶。小象言能不過而防之，則凶奈我何哉！自記。

以迷復置災眚，故曰「有災眚」；與時俱過，故曰「是謂災眚」。自記。

江德功言：「乾是定理，坤是順理。」極精。某嘗説繫辭云：「健則與理爲體，順則順理而行。」自記。

「辨吉凶」，即辨其失得；「憂悔吝」，即憂其小疵；「震無咎」，震其補過。初無兩層，胡氏之説似是而非。自記。

吝即愧也，愧亦改過之端，然愧而不悔，因而掩護，以增過者有矣。故曰：「震無咎者，存乎悔。」自記。

周物者，義之精，而所知者皆民用之實，則其知不過。旁行者，仁之熟，而所行者皆時中之道，則其行不流。須兩面夾説。自記。

「安土敦乎仁，故能愛」一句顛撲不破。心之德，愛之理，專言、偏言都在裏面了。自記。

「繼之者善」，命之所以流行而不已；「成之者性」，分之所以一定而不移。自記。

愚説「仁」、「用」兩字，與先儒不同。仁在内者也，即德也；用在外者也，即業也。顯以顯其在中之仁，是仁因顯而日新，故謂之「盛德」。藏以藏其在外之用，是用因藏而富有，故謂之「大業」。自記。

看來仁即是德，用即是業。仁在中則自然顯著，故日新之謂「盛德」。用既成則自然收斂，故富有之謂「大業」。德益著則業益大，日新即業也；業益斂則德益盛，富有即德也。故先言德，次言業以及德者，以此。自記。

「日新」則藴藏於内者，流行不窮，而其所藴藏者益充。「富有」則發生於外者，收斂成就，而其所以爲發生者益裕。自記。

「象其物宜」，著「宜」字，便非泛言物類、物理所宜也。「形容」，如雷風山澤之象；「物宜」，如健順動止之德。自記。

「引伸」是説卦畫，「觸類」是説卦義。自記。

「知變化之道者，其知神之所爲乎」節，單承蓍策言，與圖數「成變化、行鬼神」相對。自記。

「至精」、「至變」疑不可分。辭、占、象、變也，即是下文「蓍之德」、「卦之德」耳。自記。

「參伍以變」者，如爻有三有六，卦有八有六十四，多寡參差而要其齊也。「錯綜其數」者，如卦有陰陽純雜，爻有剛柔當否，彼此交錯而歸其總也。自記。

「知來」、「藏往」者，聰明睿智也。與民同患，有所謂「不言而信」、「不怒而威」者，故曰：「神武不殺。」自記。

同衙門前輩問：「『神以知來』信有之乎？」曰：「卜筮、推步自是不同。譬如與人相交，觀其家風，知其奢華儉嗇，一寓箴規，竦然敬服。若人家纖悉無所不窺，有心伺察，其謂我何？故財成補救，天且弗違；一味推測，能無犯造物之忌？」孫襄。

朱子論「太極」，不離兩儀、四象、八卦處，尚有一轉語。六十四卦總爲八卦，八卦總爲乾、坤、坎、離，乾、坤、坎、離總爲乾、坤，乾、坤總爲乾。是以乾、坤、坎、離居始，終乾。坤居首，而乾尤居首也。以形言則天，以主宰言則帝，以妙用言則神；專言之則道，道即太極也。或謂「太極」無象，愚謂乾即「太極」之象。自記。

「鼓天下之動」之「鼓」，即「鼓之舞之」之「鼓」。「天下之動」，謂民行也。自記。

默是自默不言，是不待他人之言。自記。

「象在其中」，是天地雷風之象。「爻在其中」，是剛柔各兩之爻。「變在其中」，是剛柔交錯之變。「動在其中」，是人事吉凶之動。自記。

倦者倦於故，宜者宜於新。自記。

「書契取夬」者，乾陽爲實，兑爲言語，内有誠信，而以言語達之也。自記。

「精義入神，以致用也；利用安身，以崇德也。」蓋不於義理上研究得，則應用無本；不於世事上閲歷過，則所得猶虚。自記。

「基」者，積行之基；「本」者，養德之本；「地」者，應用之地。三字不同。自記。

「辨義」謂取之而皆逢其源，「行權」謂措之而皆得其準。自記。

擬、成、雜、撰、辨等字，皆須以學易言爲當。自記。

書

尚書今文，鼂錯從伏生女子口授。當繇伏生不識隸字，鼂錯不識古文，聽受之間，傳寫易誤，故今文反梗澀難讀。孫襄。

二典之精，真是史書宗祖。先總叙堯之德，由明德，以及于親睦、平章、協和，遂及治曆明時，中分二分二至，又指出朝午昏暮，精極。此猶説日，未及月。又云：「以閏月定四時，成歲。」淡淡數語，萬古不易。次及用人，人之賢否，了然於心，卻不自用。卒試虞舜，而以天下付之。是何等識見！何等德量！舜典妙在節節與堯典對。堯如天，舜如地；堯生之，舜成之；堯始之，舜終之。四凶之誅，治水成功，終堯事也。四凶罪不至死，故皆止於流。「象以典刑」一節，即起下文也。信乎當日執簡操筆者，皆聖人之徒，而名亦不傳。四岳名亦不傳，蓋四岳乃醇謹老成透好的人，休休有容大臣也。想才具不及舜禹諸人耳。

傲是凶德，大都是有才力之人。如鯀之方命，而四岳薦之。丹朱傲，而臣下尚曰：「啓明。」象傲，而舜封之有庳，使吏治其國，亦恐其叛逆，不全親親之愛耳。

「儆戒無虞」節，朱子語類中一條，説得字字皆爲龜鑑，「罔咈百姓，以從己之欲」一語，尤周旋無罅漏。「無怠無荒」，則所以終之也。自記。

南軒以爲「人心」人欲，「道心」天理，朱子非之。然人欲亦未是不好底字。如耳目口鼻之於聲色臭味，俱是人欲，然卻離這箇道心，亦無發見處，但溢於其節，方見病痛，故曰「惟危」耳。又如一條山徑，上面靠山，下臨不測之淵也，行得到通達去處，但不可不謂之危。孫襄。

大禹治水，順其性而分疏之，則由地中行矣。不與水争地，棄之爲澤以棲水，則不横行矣。所謂「九澤既陂」是也。陂者，亦是堤堰，惟澤可用。鯀用之於川，此所以大壞也。天之孽，十之一不可違，其可違者九也，此所謂「猶可違」也。人之孽，十之九不可逭，其可逭一而已矣，此所謂「不可逭」也。孫襄。

洪範武王訪箕子之言，大段幾微。如「天陰騭下民，相協厥居」，舊説以「騭」訓定，然「騭」之字從陟、從馬，以「騭」訓陟，於義似長。蓋受中以生謂之「降衷」，繫命於天謂之「陰騭」，有默默相通之意。相，助也，天俾以成形、成性，便是相助下民處。協，和合也，如目視五色，耳聽五聲，一身備天地之用，一心契天下之理，和合而無所欠缺，此是相協之義。如五行以下，節節皆有此二意。居，不但是居處之居，人身亦有安身立命處。舊看二句，上句是降之性，下句是助之生。今看上下句，皆當兼此二意方是。孫襄。

聖人之言，藏頭露尾，句中有心，字中有眼。看書萬遍千周，要識得眼目所在。「攸好德」，範之眼目也。福有五，壽、富、康甯、考終命，不可得而識；可得而識者，「攸好德」而已。五福者，治道之成，而於皇極發之。蓋使天下之人無不好德者，皇之所以建極錫福也。孫襄。

五事修矣，皇極建矣，然得無猶有滲漏者乎？故於「庶徵」發之。嘗見東海孝婦之冤，致旱三年，豈其皇之不極哉？亦有司之咎耳。此卿士師尹所當佐王以交修其職也。又不特貌言視聽思，凡政治刑賞必無偏而不舉之處，乃能和氣致祥。歲月日之時無易，則百穀用成。是即「日時，五者來備，各以其序，庶草蕃蕪」之意也。「草蕃蕪」，則穀成。可知「乂用明」以下，乃言其所以致此之由。反是，則時易而穀不成矣。又言日月之從星，以驗卿士師尹之從民。星有好風、好雨，亦有好燠、好寒，聖人之言舉一反三，故遂言冬、夏、風、雨而不及暘。蓋日歷於星而好燠、寒，月從乎星而有風、雨。其曰「日月之行」，因日而及月也。凡陰類皆月主之，今之慣洋者，候風信，以月之明晦爲占，亦其證也。孫襄。

詩

詩經國風次第，雖程子次序不妥，或者以邶、鄘、衛總爲衛，正與二南相對者，亂由閨帟起也。諸侯無道，由于王綱解紐，故次以王。至王政不行畿内，如鄭淫風大盛，故次鄭。無王則霸興，故次以齊、晉、唐、魏，皆晉也。齊、晉又衰，則戎、狄之秦主盟中夏矣，故秦次之。至天下無霸，則小國益無所庇，故次之以鄶、陳、曹。亂極思治，以豳終焉。見周之所以開基保治者，如此也。略略可通，然總無關乎正義。詩要得其益處，斷章取義，正不在世次，及爲某人某事作也。

六經皆是言天人相通之理，然猶零碎錯見，惟詩全見此意。十五國風，不過説男女居室，飲食作息；至于小雅，承筐宴衎，士君子所作；以及大雅三頌，居歆奏假，洋溢同流，總不出此。我輩此時飲一盃茶，點一盞燈，廝役之侍立，偶然之嚬笑，得其理便是天理，無有間隔。所以原道見得甚精，其法、其文、其民、其衣食云云，直至「生則得其情，死則盡其常；郊焉而天神格，廟焉而人鬼饗」❶。及謝自然詩❷，非不知道者所能道。中庸君子之道，造端乎夫婦，及其至也，察乎天地。易首乾坤，書先釐降，春秋紀仲子之賵，此猶偶然近於傅會。惟詩經，此道顯然。人不修身齊家，而欲德譽達於閭里，治化及於邦國，必不能也。十五國風未有不及此者。

❶「郊焉而天神格，廟焉而人鬼饗」，兩「而」字，原本缺，據榕村語録卷十三及韓愈原道補。
❷「謝自然詩」，原作「其自然詩」，據石印本並韓文公集改。

何屺瞻問何元子詩經世本。曰：「也平常，不過叙次諸詩世代，殊未的確。某意詩經，除如『周公之孫，莊公之子』之爲僖公；『戎、狄是膺，荆、舒是懲』；『至于海邦，淮夷來同』之爲從齊桓公征伐之類，的有證據者爲無疑，其他皆宜空闊，爲無題之詩可也。陳介石極説得是：『頌爲天子用之宗廟者，魯且僭而倣之，則大、小雅，列國獨不敢倣乎？』夫國風出于天子巡守列國，陳而觀之，以行賞罰，示勸懲者。西周王迹未熄之時，風詩自二南以外蔑如也。東周以後，天子不巡守，諸侯不獻詩，而孔子所選者，反纍纍焉，此豈可信乎？夫風不必二南爲正，自邶、鄘以下皆變也。各國之中皆有正變也，烏知其正者内無西周之詩耶？故不指實，豈不更妙！」

詩經除顯然有證據的，自❶然爲某人某事，稍涉游移者，便須空之，愈空愈好，何用實以世系爲哉？只是要見其大處。如國風不過此男女飲食之故，到大、小雅，皆賢人君子所爲，作燕饗慰勞，命將出師，行禮奏樂也，不過如此。至於頌，以成功告神明，格天祖也，不過如此。其言情，情即性也，聖人盡性，徹上徹下，見到至處。六經皆是此理，詩經更説得薈萃融浹耳。

---

❶「自」字原缺，據榕村語録卷十三補。

關雎之詩，夫子明言「樂而不淫，哀而不傷」，自非淫詩。小序糊糊塗塗，夾夾雜雜，總無條理。以道理推之，則太姒自作，思賢助，其説爲長。蓋家居日用，蠶繅酒食，事事次第，筐筥錡釜，品物烹飪，皆修潔治辦。夫君正位于外，一切賓祭皆無失事。此豈易言？太姒有見於此，故思所以助君子者。未得，至於寤寐反側之憂；得之，則有琴瑟鐘鼓之樂。此螽斯、麟趾之本也。由此推之，意味深長。人君之求賢，士大夫之求友，馮翼孝德，直諒多聞，豈容漠然視之？天下惟此樂不淫，哀不傷，外此未有不淫傷者。唐棣之詩，孔子删之，以其無此意也。

人不善體會詩經，以后妃不過不妬，勤儉此亦常事，有何奇異，因以卷耳爲助文王憂傷使臣之勞。如朱子所云：「『嗟我懷人』，『姑酌金罍』，大非后妃懷傷使臣之語。」不知文王家裏事務，后妃調治妥當，賓祭、衣服、飲食、僕御各得其所，子孫教養有方，使文王一心辦治外事。日中是不遑暇食，無復内顧，此已足矣，所以爲可法。若分外有好處，又不好，便是婦有長舌，牝雞司晨矣。

簡兮際遇，不及考槃、衡門、十畝諸詩攜手同歸者，亦還去來自得。孫襄。

「文王在上」，在上而爲君也；「於昭于天」，其德上昭于天也；「文王陟降」，一升一降，猶言一舉一動也；「在帝左右」，猶言順帝之則也。程、張之説皆然。孫襄。

王者功成作樂。今大合諸樂而奏之，司樂之官各供其職，但見「有瞽有瞽」，不一其人，皆在我周廟之庭焉。其所作之樂何如？樂必有縣，因使人設其横者之業，設其植者之虡。而業上畫以崇牙，崇牙上樹以采羽，所以飾業也。既有應鼓、田鼓、縣鼓，又有鞉、有磬、有柷、有圉，皆所以節宣作止乎？樂者也設之于庭，樂器既備矣，乃從而奏之。則編竹之簫，併竹之管，應堂上之人聲而備舉焉。樂既備舉，果何如其盛耶！但見喤喤然厥聲之和，肅則噭如，雝則純如，相濟而和鳴也。由是和氣所感，先祖之神聽之，無不來格。我客之至止者，罔不夷懌。由一成以迄六成，永觀之而無有厭斁焉。信乎！樂之美盛可以觀德矣！孫襄。

按樂之奏也，有堂上焉，有堂下焉。堂上之樂，則以人聲爲主，而玉、磬、琴、瑟以和之。堂下之樂，則以笙、管爲主，而應鼓、鼗鼓、柷敔以節之。此詩所陳，不及堂上之樂歌，而琴瑟皆瞽者爲之。言有瞽，則絃歌具矣。鐘磬與歌應者，曰頌鐘、頌磬；與笙管應者，曰笙鐘、笙磬。特言磬者，舉磬以該鐘也。管則堂下之樂之綱，故諸器備而後作。言管不言笙者，天子之樂用管，不用笙，所謂「升歌清廟，下而管象」是也。又言簫者，簫亦管之類，合樂之綱。虞書「簫韶九成」，則大樂備矣。意周樂於舞入曲終而繁，會之時必亦用此也與？自記。

榕村續語録卷四

三禮

周禮看來無可疑，我深信之，確有以見其爲周公之書也。當漢武帝時未出，令得見之，不知何如？帝以尚書爲樸學弗好，兒寬爲帝授一篇，終弗好也。此似不可解。孫襄。

冢宰之官，以其規模言之，則總理五官，遥制四海也；以其總領言之，則調燮王身，肅清宫闈也；以其職事言之，則司食貨、制入出盡之矣。或曰：「教，司徒職也。『八統』親親、敬故之類，與『九兩』師、儒之文，若疑於教焉，何也？」曰：「司徒之敷教也，親奉教法，而頒行之日，討斯民而諄諭之，故以教命官也。冢宰所掌，皆所以治在上者之事，不曰輔導天子，則曰綜核百官。事皆攬其大綱，而未嘗有所專主，故不可以一職名焉。此其所以異也。」鍾倫。

司空所以居五官之末者，家君子之論審矣。蓋三代以後，水土事平，度地居民，經畫頗易。若夫百工備用之職，於禮樂兵刑諸官，輕重異次，故曰：「殷、周之損益可知也。」鍾倫。

小宰職具八法，據注，尚少官常、官刑。家君子謂：「官刑即小宰職末，令于百官府，所謂『國有大刑』。官常即小宰職首，官府之六叙，蓋尊卑以叙，乃官府之常法也。治官府以大體爲先，有官屬，所以優大官而集衆事也，故首之。治官府，以明察爲要，有官職，所以使六屬條其類，而百執事得其理也，故次之。屬固，所以舉邦治矣。有一屬所不能舉者，則必會他屬而舉之，故繼以官聯。職固，所以辨邦治矣。然六職之中，有尊卑錯綜，又必以其序而聽之，故繼以官常。此四者，正治官府之法也。官成，治民事也；官法，治朝儀之事也。民事爲切，故先官成，次官法。此二者，皆官府治事之法也。官刑、官計，皆所以督課其成功，故終焉。刑以糾其不稱職者，計以斷其或稱或否。官刑逐時行之，官計則待歲終而斷之，故計又後於刑也。」鍾倫。

「馭」者，上操其權，以制其下也。「馭其神」者，釐正祀典，無僭舉也。凡治民者，皆曰吏。「禄位以馭其士」，謂未出仕者賢，則進而禄位之，如鄉有賓興之禮是也。祭祀、法則、廢置、禄位，皆施於在上者。賦貢、禮俗、刑賞、田役，皆施於百姓者。先治神而後治人，故祭祀爲先，法則次之，此二者辨等威之事。吏已出仕者，士未仕者，故次廢置，次禄位，此二者定功罪之事。賦貢，下之所以供上；禮俗，上之所以化下，先理財而後施教也；刑賞，所以威民；田役，所以用民。其平日畏威而遠罪，故一旦有事而可用也。

八則所條，已備君民規模者，都鄙有立國之義也。鍾倫。

八柄所列，實不過爵禄生殺四者，故首言爵，次言禄。予者，非常之禄也；置者，不次之爵也；生者，可殺而猶生之也；奪者，去其禄也；廢者，去其爵也。誅以施小過，殺以致大罪，舉一而可。此内史所以變誅言殺，互文見義也。鍾倫。

八統所謂「上行之，下效之」者，如上進賢斯，下興於賢；上使能斯，下進於能；上保庸斯，下勉於功。此其義也。「達吏」、「禮賓」，家君子謂：「吏亦庸也，賓亦貴也。」天下之治，親親、賢賢、貴貴而已。三者之中，親親爲重，故先之。「進賢」、「使能」，賢賢也；「尊貴」，貴貴也。「敬故」是「親親」之推也；「保庸」、「達吏」是賢賢之推也；「禮賓」是貴貴之推也。達此三治者於天下之民，此謂「上行下效之」也，此謂「詔王馭萬民」也。鍾倫。

農者，民之本業，故爲先。園圃、虞衡、藪牧，地利之所生也；百工、商賈、嬪婦，人功之所成也；次及臣妾，微者也；最後閒民，無常職者也。或曰：「司徒頒十二職，此舉其九，何也？」「意主於頒賦法也，出賦者唯有此九等民也。」鍾倫。

嬪貢，未織之物，必經婦功而後成者；服貢，織成之物，中衣服之用者；器貢，成器可用者；幣貢，疑是充筐篚而未必中服用者；貨貢，可當財布之用者；斿貢，輕微可當玩好之用者。祀貢爲先，嬪貢、器貢、幣貢、材貢，皆用物也，故次之。貨貢，異物也，故又次之。服貢，王私用之物也，故又次之。斿貢、物貢，非切用且微物也，故又次之。鍾倫。

牧言地，長言貴，互文也。師、儒皆鄉學之師。大司徒「以本俗❶六，安萬民」，「四曰聯師儒」。注曰：「師儒，鄉里教以道藝者。」疏曰：「致仕賢者，使教於鄉里。」謂之師儒。據此，則師儒非「師氏」、「保氏」。然彼師儒連言，此離而二之，或大夫致仕者爲師，或士致仕者爲儒，亦一説也。故大傳曰：「大夫爲父師，士爲少師。」師曰賢，儒曰道，亦互文也。至涣者，天下之民，先王所以協比聯屬，而不使之離異者，教養而已。牧、長，君也；師、儒，師也；宗法，親也，此教之屬也。主與吏，道民以利者也；友與藪，使民各得以安其利也，此養之屬也。牧、主，聯合有土，其所繫者不止一國之民，故曰：「以地得民。」「以貴得民」者，天子畿外，其貴得伸，故内公卿大夫出封，皆加一等，以示貴也。都鄙之主不言貴，侯國之長言貴，以此矣。「以利得民」者，都鄙之主，民則理居，地則井授，是以死徙不出鄉，地著而重本，樂其樂，利其利也。鍾倫。

❶「俗」，原作「屬」，據周禮注疏卷十大司徒改。

注疏釋「始和」，謂始調和典、法、則已❶下之事，又謂建子之月始和而布之，建寅之月乃縣而觀之。愚意布之與縣非有異時，且據凌人十二月斬冰，是夏十二月，冰堅而斬之。若周十二月，乃建亥之月，非可斬冰。十二月既是夏十二月，則正月自是夏正月，安得以正月繫之於周，十二月繫之于夏？豈有正月建子，十二月建丑者乎？「始和」者，陽氣開動和熙之始。「布治」，即縣治象，施典、法、則是也。治象之法，凡太宰所掌者也。此治象之法，非專施於萬民，其縣而使萬民觀之，浹日而後斂之者，欲令傳布相聞，自近及遠。牧、長、殷、輔之屬，皆所以奉行典、法、則而布之者，故施典、施則、施法，即是將牧、長、殷、輔之屬，更申飭之，建、立、陳、設等義勿泥可也。上文由官府都鄙而及邦國，此文由邦國都鄙而及官府，或先近而後遠，所以尊內；或先遠而後近，重有國也。鍾倫。

凡治謂施典、施則、施法之類，六典、八法、八則、八成、賓禮各有條目，見於周禮者，或但舉其大綱。如「祿位，以馭其士」，必有都鄙取士之法；「賦貢，以馭其用」，必有都鄙財賦之法；「田役，以馭其衆」，必備都鄙出師之法。他事皆然。在當時，必載之成書，

❶「已」字下，原有「始調和上六典八法以」九字，當爲黄家鼎所稱「箋正」。因與上句重複，故移置注中。石印本無此九字。

太宰藏之，若頒施於邦國都鄙之等，則依此書所載，考而行之，故曰「以典待邦國之治」云云。上文無賓客事，惟「八統」有「禮賓」之條，其文不詳。此言「以禮待賓客之治」者，祭祀、賓客、喪紀皆大事，故行人之官，雖隸於司寇，而冢宰猶必關與之也。鍾倫。

或曰：「小宰陳列八法，其序異於冢宰，何也？」曰：「冢宰之治官府，義主於邦治者也；小宰之治官府，義止於官府者也。主於邦治，則以設官分職爲大；主於官府，則以叙次尊卑爲體，故其叙不同也。」「官法之後於官計何也？」曰：「計所以考定功罪，官成以上，皆所當計也。法也者，先時以令於百官，當其事則訓其法，百官廢法，則有常刑，不待稽察功過之日而始斷之，故離而後之也。」「終之以官刑何也？」曰：「經文凡有數可紀者，皆在於前，官刑無數可紀，且其辭曰『修乃職，考乃法，待乃事』，是不過取上文諸法而申儆之。亦如冢宰先次六典，以至九兩，正月以下，則所以頒施前法者。此周官立言之例也。」鍾倫。

邦國、都鄙官府之治有能否，小宰考察之以告冢宰，冢宰以詔王廢置。均財者，均其所入，謂貢賦有恒經。節用者，節其所出，謂式法有定制。小宰稽其籍以詔冢宰，量入爲出，制國用。鍾倫。

小宰「六叙」，家君子謂：「即『八法』中『官常』是也。以其官之尊卑，秩次有常，是之謂『官常』。『進』，如『呼昭穆而進之』之進。『進其治』者，進而授之以所治之職。謂施法於官府之時，六者皆先尊後卑，所謂叙也。次位列者於朝，頒治職者亦當於朝類也。事以服勤、食以報功類也。會定功罪，情弊曲直亦類也。」鍾倫。

從，謂供其使令，聽其教戒。官各有長，總言之治。官以太宰爲長，又分之。食官以膳夫爲長，推此義可見。鍾倫。

司空主興事任力，使土不曠，民不遊，則百物以生。典，王者所操；職，當官所掌。故典言官府，而職不言官府，以其皆官府之事也。「平邦國」，謂執典、法、則以權衡中外；「均萬民」，謂均其賦貢。其餘言邦國、萬民，雖文異而義同。「政典」言「均萬民」，而「政職」❶言「正萬民」。均，猶齊也；正，猶整也，整、齊一也。「節財用」、「懷賓客」以下，典不言而職言之者，典舉其義，故其文括；職舉其辨，故其事詳。鍾倫。

聽，謂聽其治，或有獄訟，則亦聽之。「聽禄位以禮命」，謂興賢能之治，萬民中有德行道藝者，進而禮命之。若欲授禄制爵，則以禮命之書考之。鍾倫。

仁心爲質之謂善，材力可任之謂能，畏威勤事之謂敬，剛直不撓之謂正，道守成式

❶「政職」，原作「正職」，據周禮注疏卷三小宰改。

之謂法，審察精詳之謂辨。敬與正，皆善之類也；法與辨，亦能之屬也。鍾倫。

宮刑，此宮中之宮刑也，以其在王宮故，但表縣之。鍾倫。

當官所守謂之職，國家所定謂之法，此統「六屬」之「官」、「刑」也。此一節，家君子以爲「八法」中「官刑」之事。鍾倫。

大府節，家君子謂：「『九功』者，畿內九職之民所貢，閭師所掌者也。內諸侯亦應各以九職所出爲貢，皆所謂『九功』也。但其貢甚輕且微。蓋王畿千里，自農田、關市、山澤、雜税、兵車、牛馬、征役之外，復有此數，以其輕微，故冢宰不載，而於大府載之。稽其所入，亦但以充府庫而已，國之經費不藉此也。」鍾倫。

家君子曰：「邦都之賦，以待祭祀；邦中之賦，以待賓客；山澤之賦，以待喪紀；關市之賦，以待膳服，皆賦之最多者也。邦縣之賦，以待幣帛；家削之賦，以待匪頒；邦甸之賦，以待工事，皆賦之次多者也。四郊之賦，以待稍秣；幣餘之賦，以待賜予，皆賦之差少者也。蓋邦中以外，其地漸遠漸大，自甸、稍、縣、都以內，其賦漸近漸輕。至於關市、山澤、幣餘，皆逐末趨利者，故又增重賦焉。然王城之內，人民聚集，故賦雖輕而得亦多。先王之世，專利有禁，故斥幣雖賦重，而得亦少。其所待不同以此也。歷觀周官之職，凡祭祀、賓客、喪紀諸大事，自邦中以至郊野，莫敢不供。然則某賦以待某事者，計其所出，約略足以供之耳。讀周禮者宜善觀之。」鍾倫。

大司徒「土會」節，家君子曰：「山林積草，故其物毛；川澤積水，故其物鱗；邱陵多樹，故其物羽；墳衍多石，故其物介；原隰積土，故其物蠃。毛肖草之莖，鱗肖水之文，羽肖木之葉，介肖石之體，蠃肖土之形，各感其氣而成其類。蓋毛物生於山林者，金生於土也；鱗物生於川澤者，木生於水也；羽物生於邱陵者，火生於木也；介物生於墳衍者，水生於金也；蠃物生於原隰者，原隰備燥濕高下，土寄旺于四行也。『皂物』、『覈物』，剛之屬也；『膏物』、『莢物』，柔之屬也；『叢物』，和氣之屬也。亦各感其氣而生也。『毛而方』者，得金土之氣；『黑而津』者，得水木之氣；『專而長』者，得木火之氣；『晳而瘠』者，得金水之氣；『豐肉而痺』者，得土之氣也。蓋五地應乎五行，而民物之生不離五行之化，形體既異，性情亦殊。先王因物以施教，蓋由乎此矣。」鍾倫。

「土宜」節，家君子曰：「五地者，經也；十二土者，緯也。十二土各有五地焉，故以土宜之法辨之。任土事者，即稼穡樹藝之事也，以其事重，必察其物而知其種，故又特言之。」鍾倫。

「土均」節，家君子曰：「均，平也。土地有肥磽之異，而貢賦有多寡之殊，所以均之也。」鍾倫。

「土圭」節，家君子曰：「此所謂地中及東西南北之偏，就九州以内言之耳。如今南方多暑，北方多寒，近海處多風，近山處多陰，故惟中州氣候爲得其正。而其日景，則夏至之日，與土圭齊，故取以爲準。是日景以土中而定，非土中因日景而得也。經云『正日景以求地中』者，求之爲言，猶標識之義耳。『景短多暑』，謂景短時多暑也；『景長多寒』，言景長時多寒也；『景夕多風』，言景夕時多風也；『景朝多陰』，言景朝時多陰也。景短謂夏，景長謂冬，景夕謂午後，景朝謂午前。」鍾倫。

「卿大夫之職」節，家君子曰：「五物即射中之事。和，内志正也；容，外體直也；主皮，中也；和容，其節比於樂也；興舞，其進退揖讓比於禮也。大司樂『王大射』，則『詔諸侯以弓矢舞』，注謂：『舞者，執弓挾矢，進退揖讓之儀。』」鍾倫。

「舞師」節，家君子曰：「鼓人隷於司徒者，司徒掌徒役，凡師田行役，鼓用爲多，舞師不隷於宗伯者此。四祀當是民間之祭，與師樂❶所掌不同。社稷即上州社，山川、四方，蓋亦各於其地。旱暵，恐亦民自祈禱。若天子『大雩帝，用盛樂』，豈特『皇舞』而已

---

❶「師樂」，當爲「大司樂」之誤。李光地榕村全集卷五周官筆記「鼓人」條，與此條文同，「師樂」即作「大司樂」。

也？」鍾倫。

「近郊十一，遠郊二十而三，甸、稍、縣、都皆無過十二。」如以爲田税，則惟近郊正合中制，遠郊、甸、稍、縣、都多者，乃至十三，斷非周初取民之制可知。故鄭注以爲口賦，而朱子以爲并雜税而筭之也。考冢宰「九賦」，邦中、四郊、甸、稍、縣、都之外，尚有山澤、關市、幣餘之賦，而此不言之，則朱子所謂并雜税通數者確矣。蓋冢宰「九賦」，分田賦、雜税言之也。「載師」遠近郊、甸、稍、縣、都之征，合田税、雜税言之也。近郊無雜税，故止於十一。鄭氏口賦之説，恐非三代之制也。但禹貢冀州王畿無貢，而周官「九貢」、「九賦」之外尚有「九功」之文，則畿内九職之民又皆有貢。其職之所出，爲不可曉。然意其貢，當亦甚少，故不屬於天官。自記。

「載師」節，家君子曰：「里布乃布帛之布，蓋不毛則出布，不耕則出粟，無職則出征。征者，力役之征。皆各以其類。」鍾倫。

「閭師」節，家君子曰：「閭師所掌貢，即九功之貢也。蓋自國中及四郊六鄉之地，閭師所貢，其餘則食采之君貢之與？」鍾倫。

「泉府」節，家君子曰：「『凡國之財用取具』，謂當需布者，非國用盡取具於泉府也。」鍾倫。

鄉吏主教，遂吏主耕，互見也。自記。

「大師樂」節，家君子曰：「周兼立四代之學，舉成均爲尊也。其法則樂德、樂語、樂舞之類。立師教之始，而祀之於學，所謂釋菜於先師也。」鍾倫。

「大合樂」，乃肄習於學之事，其用則格鬼神，動民物，樂之效也。律以爲聲之和，聲以爲音之節，故其立文之序如此。自「鬼神示」以及「動物」，其序則自尊而卑，自近而遠也。鍾倫。

「分樂」節，家君子曰：「上言祭、享、祀三事，而此乃有六樂者，蓋有祀日月星辰不繫于天，祭嶽瀆山川不繫于地，特祭閟宮分享羣廟之時然。其曰祀、曰祭、曰享，則仍蒙上文，其實三事而已。四望，日月星辰也。黄鍾，陽辰之始，而大吕合之，天主大始，故以祀天也。應鍾，陰辰之終，而太簇合之，地居成物，故以祭地也。姑洗，陽辰之終，而南吕合之，四望次於天，故以祀四望也。函鍾，陰辰之始，而蕤賓合之，山川次於地，故以祭山川也。夷則西方，而小吕合之。夾鍾東方，而無射合之。人事始于卯，終于申，故以享先妣、先祖也。天主奏，地主歌，妣反主奏，祖反主歌者，周尊姜嫄，故以妣爲先。每二律歌奏，則别爲二調。然通謂之一樂者，所用同也。凡此二律者，特以之起調畢曲耳。其間五聲，蓋各以其律，從而爲八音之節，故曰：『文之以五聲，播之以八音。』」鍾倫。

變猶更也，樂成則更奏，故一成亦爲一變。此條通論爲樂感召之理，以起下六變、八變、九變之端也。羽物輕清，得氣之先；其次則贏物，爲其近於人也；其次則鱗，次毛，次介，以動静之性爲别也。川澤之竅大，山林之氣疏，其次邱陵，次墳衍，次土示，以氣之通塞爲序也。象物聚而成，象不可常者，六變而致「象物，及天神」，故下云樂六變，則天神「可得而禮」也。由此而八變以興地示，九變以來人鬼，不究言之者，省文也。注以此爲大蜡之樂。特因經文及於百物，故緣以起義。不知蜡祭則吹豳頌、擊土鼓，乃籥章氏掌之，非大司樂之事。且據注，四方之蜡各用其律，是四樂也，反蒙六樂之文，何哉？鍾倫。

「圜鍾爲宫」數節，家君子曰：「上六樂者，用以祭、享、祀，各有二焉，此則合二者而一之。蓋陽生而郊天配以日月星辰，陰生而祭地配以嶽瀆山川，大事于太廟，配以羣后之時也。所用之律，與前文同，但錯互黄鍾、圜鍾之文，又誤小吕爲南吕耳。其云某律爲宫者，即本律爲之；其云某律爲角、爲徵、爲羽者，非本律爲之，乃謂本律之角、之徵、之羽也。且若圜丘之樂，宫固黄鍾也；黄鍾之角，則姑洗也；太簇之徵，則南吕也；姑洗之羽，則大吕也。方丘、宗廟莫不皆然。蓋合天神四聖之樂，以奏於圜丘；合地示山川之樂，以奏於方澤；合先妣先祖之樂，以奏於太廟也。無商者，祭祀吉禮，商，殺伐之聲，故去之。人鬼之樂，卯與戌合，當用無射，而復用南吕者，戌爲乾，維金氣之盛，故亦去之，而用卯衝焉。蓋去商者，去其調也；去無射者，去其律之調也。至於調中之聲律，則雖商與無射，未嘗不用也。其必用黄鍾、林鍾、圜鍾爲宫者，天氣始於子，終於辰；地氣始於未，終於亥；人事始於卯，終於申，故以三始者爲宫也。義既有取，氣亦相應。冬至祀天，自當用黄鍾，冬至之律。夏至祭地，午爲陽律，取未與午合，自當用林鐘爲宫。宗廟之祭，以春爲首，自當用圜鍾，春分之律。夫陽始於子而終巳，陰始於午而終亥，人統始於寅。今曰陽終於辰，陰始於未，人始於卯者，蓋陽終於巳，而巳爲陰律，陰始於午，而午爲陽律。惟子、寅、辰爲陽中之陽，是陽終於辰也，故以子、辰之合祀天神、四望；惟未、酉、亥爲陰中之陰，是陰始於未也，故以亥、未之合祭地示、山川。寅雖人統，然人之六辰固欲兼天地而用之，自卯至申，各用陰陽之半，故曰人始於卯。其用六代之舞，亦與前異者，在天則統以天神之舞，在地則統以地示之舞，在人則以古樂爲尊，故用大韶焉。音有八，而僅舉蕢、鼓、管、琴、瑟者，堂上舉琴、瑟，堂下舉管與蕢、鼓，爲諸聲之綱也。其三樂之變數多寡不同者，天動而地静，動者速，静者遲；天地伸而人鬼屈，伸者易求，屈者難致也。上六變者，五土之示皆已畢至，而此謂『樂八變，地示乃出』者，前所致是山川之類，經別地示於山川，故八變而出也。注家以此爲大祭降神之樂，以上大合樂爲大祭行禮時樂。不知合樂者，惟肄習于學宫爲多，若用之賓祭，蓋無考焉。春秋吴季子觀六代之樂，亦陳而觀之耳。且别以一樂降神，又合樂以祭，其説亦有所不通也。又按樂所歌奏，必有其文，如禮記『升歌清廟，下而管象』，以舞大武，及此經『九德之歌』、『九韶之舞』是也。神示樂章當亦有之，蓋經偶不及之耳。」鍾倫。

「凡樂事」節，家君子曰：「祭祀用樂，説見前文，但正學之外，復有此三夏以贊出入也。樂之諸工，各有所屬，而國子六舞，乃大司樂所教，故特言之。」鍾倫。

不入牲則不奏昭夏，但王出入，賓出入，奏王夏、肆夏而已。其宿縣展聲命舞，亦與祭祀同也。凡五禮用樂，惟祭祀饗燕爲盛。其樂有升歌，有笙管，有間歌，有合樂，各有樂章，以歆鬼神，以娱賓客。而又奏九夏，以出入於有司徹而歌雍，及乎燕樂、縵樂，莫不陳而觀之。他若大射、大食、大獻之屬，各隨其事用樂而已，則不若祭享之備也。鍾倫。

「日月食」節，家君子曰：「去樂者，去之不作。弛縣者，釋下其器弛縣蓋久矣。」鍾倫。

「凡建國」節，家君子曰：「國，諸侯之國。太師陳詩以觀民風，則司樂因而禁之。」鍾倫。

「樂師」節，家君子曰：「宗廟之舞，干羽並備，何嘗專用人舞？蓋舞器有此六者，其用之各以其宜，不必分事與地。舞師所稱，蓋謂民間民樂，故器不得備。其施於國則否。」鍾倫。

「教樂」節，家君子曰：「此所教者，自王以下，非止國子樂儀，凡行趨、登車、周旋、拜跪及射，其節應乎樂者皆是。」鍾倫。

商書曰：「敢有恒舞于宫，酣歌于室，時謂巫風。」周官大胥兼序宫中之事，意深矣。鍾倫。

鐘磬十六者，蓋十二正律并四清聲耳。樂惟五聲得以爲調，十二律旋相爲宫，而自夷則以下少一聲，自夾鍾以下少二聲，自無射以下少三聲，自仲吕以下少四聲，故復爲四清聲，以具商、角、徵、羽之調。此鐘磬所以有十六也。二變不爲調，故不登於縣。疏以八風釋之，恐非其旨。鍾倫。

自大司樂、樂師及大胥、小胥，皆以教爲職，而凡樂之政令綱紀屬焉。自大師以下，則無與國學之政，所司者器數聲音一節之事，所教者其屬而已。鍾倫。

凡樂之歌奏，皆瞽者爲之，擇其賢智者爲大師、小師而統率之。鍾倫。

大師「教六詩」節，家君子曰：「言風即繼以賦、比、興，而後及雅頌者，詩以風爲首，有風則有三者矣。」鍾倫。

考之儀禮「升歌三終」，「笙入三終」，無所謂管者。蓋管重於笙，重則以管，輕則以笙也。故「升歌三終」，「笙入三終」，鄉飲酒及燕用之。至四方之賓客，則「升歌鹿鳴，下管新宮」，故曰管重於笙。天子則「升歌清廟，下而管象」。祭祀之樂也，肆夏繁遏，渠所以饗元侯也，所管未聞。鍾倫。

瞽矇不言「掌凡樂事」者，瞽矇所習者，雖無事，常肄焉，故舉其業而已，用在其中也。鍾倫。

「眡瞭」節，家君子曰：「此所謂廞者，謂瞽矇所掌者。又此職既掌頌磬、笙磬，復掌大師之縣，則鍾磬之屬亦必眡瞭廞之。故鎛師、磬師不言廞器，其餘笙師廞竽笙，已下鎛師廞晉鼓，籥師、司干典庸器，各以其職。廞作大旅，惟於眡瞭、笙師言之者，見例而已。」鍾倫。

虞書「笙鏞以間」，「頌」或作「鏞」，謂歌與笙間作也。頌磬、笙磬，此編縣也。其云「掌大師之縣」，總言凡縣皆掌之也。云「賓射奏其鐘鼓」及「鼜愷獻」，此則特縣者。又歌吹，大抵皆瞽矇之事，故瞽矇人數亦多。而其職有塤、簫、管之屬，笙師所教者此也，特文詳略異耳。然則小師既教之矣，而笙師復教之，何也？蓋管笙器多，瞽矇人衆，大師、小師特爲之審其音，通其理，設笙師以佐之，不亦宜乎？鍾倫。

大師所掌者歌，鐘師所掌者奏，然則四節者，蓋歌而鐘鼓以奏之也。眂瞭所奏鐘鼓，其役於鐘師者與？鍾倫。

「凡軍之夜三鼜」者，行鼜也，故曰「守鼜」以別之。鍾倫。

「韎師」節，家君子曰：「旄人、鞮鞻氏並掌四夷之樂，此乃特別東夷者，其樂蓋優與？」鍾倫。

「旄人」節，家君子曰：「此所掌者夷舞，鞮鞻氏所掌，其器與聲。」鍾倫。

「籥章」節，家君子曰：「此大司樂所掌，國所舉用之樂，與鼓人、舞師所掌民間助祭者不同。迎寒暑則先擊鼓，祈年則先吹籥者，土鼓，上古之樂也；豳籥，豳人之樂也；寒暑，天氣尊也，別於人物，故所用不同。豳，諸侯之國，以其爲受命之基，故不可夷於列國，而特以籥章氏掌之。其用之必於田事，不忘本也。然則不陳之廟中，何也？曰：王者功成作樂，豳非王者之樂也，故不得與韶、夏、濩、武陳之也。燕樂、夷樂其陳之何也？所以一風俗，示無外也。於豳不敢混而陳之，所以尊祖宗也。」鍾倫。

「司干」節，家君子曰：「鄭蓋欲別司兵與司戈盾，故於彼言干戚而不言戈。又欲別司兵與司干，故於此言羽籥而不言干戚耳。疏解恐非其意。」鍾倫。

「太卜掌三夢」節，家君子曰：「此與前三兆、三易分爲三家者異，故下直云『其經運十，其别九十』，不言皆也。『致夢』有以致之，晝所思爲，夜則成夢是也；『觭夢』亦思爲所致，而詭異不測。衛玠謂：『夢有想有因，「致夢」、「觭夢」之謂也。』咸，感也；陟，升也。精神感而上通，與鬼神合其吉凶，以其無心焉，故曰咸也。及其占之，則以其時。日月星辰之運，如占夢所云也。」鍾倫。

開占書而以占者，占人之事。卜師所掌，在於作龜，所謂「開龜」者，蓋作龜也。「四兆」者，鑿龜之四方，鄭氏云「春灼後左，夏灼前左，秋灼前右，冬灼後右」是也。方功、義弓之義未聞。鍾倫。

「太卜」節，家君子曰：「『眂高』者，仰視高處，蓋高者神明所在，故『作龜』、『命龜』皆『眂高』。今之術者猶然。古者遷國行師，必以龜從。『貞龜』者，正龜位而以行也。祭饗有陳寶玉之事，而龜其一。傳曰：『龜爲前列，先知也。』『大旅陳龜』，義蓋如此二者，非用以卜。注以輕重别之，可疑。喪事與祭祀同，後言之者，凡喪事多後之。」鍾倫。

「占人」節，家君子曰：「言『占龜』，蓍亦在其中矣。『以八簭占八頌』者，以八命而占龜也；『以八卦占簭之八故』者，以八命而占蓍也。各互其文，其實一也。」鍾倫。

君大夫以下，雖以次而占，然占其吉凶，則亦占人之事。鍾倫。

「簭人」節，家君子曰：「八事已盡之矣，又有『九簭』，何與？按世本巫咸作『簭』，由此推之，『九簭』其九家之法與？」鍾倫。

「占夢」節，家君子曰：「此『天地之會』、『陰陽之氣』，皆察之於日月星辰而見者也。」鍾倫。

思，當爲覺。夢中忽有所知寤者，忽有所見正夢、噩夢者，「咸陟」之類也；覺夢、寤夢者，「奇夢」之類也；喜夢、懼夢者，「致夢」之類也。鍾倫。

「眡祲掌安宅」節，家君子曰：「降者，神之所下有吉有凶，安民之居而序神之所下，則可以使民避凶就吉矣。」鍾倫。

先生見巫爲人祈福，曰：「古之道也，祀天饗帝，有祝、有司之守。交於鬼以巫，以陰氣接者也。女爲巫，男爲覡。」孫襄。以上周禮。

儀禮中惟有士大夫之禮，天子諸侯惟覲禮、聘禮，至於天子諸侯之冠昏、喪祭，總不存矣。

問：「士大夫家有舞如何？」曰：「祖宗既無功德可歌可象，則隨其歌而用之耳。儀禮皆士大夫所用，天子諸侯所用之禮樂，俱不傳。漢、唐以後，皆以士大夫之樂增損之，用於天子諸侯耳。以大武六成合之益稷，則知虞廷之韶蓋至四節：『搏拊琴瑟以咏』，升歌也；『下管鼗鼓』，笙入也；『笙鏞以間』，間歌也；『合止柷敔』，合樂也。『簫韶九成』，亦終以舞。季札觀周樂，見舞韶箾者，箾即簫舞者所執之物。」

古樂有四節，元人曲四齣尚有古意。蓋樂貴人聲，次人氣。初起升歌三終，堂上鼓瑟，而歌鹿鳴、四牡、皇皇者華，不雜衆音。既畢，然後笙入三終，堂下笙南陔、白華、華黍。既畢，然後間歌三終，歌魚麗，笙由庚；歌南有嘉魚，笙崇邱；歌南山有臺，笙由儀。既畢，乃合樂三終。周南：關雎、葛覃、卷耳，召南：鵲巢、采蘩、采蘋，蓋歌關雎、葛覃、卷耳，即笙關雎、葛覃、卷耳也；歌鵲巢、采蘩、采蘋，即笙鵲巢、采蘩、采蘋也。所謂「關雎之亂」也。

問：「樂始堂上之歌，不知金聲之後即歌乎？」曰：「朱子謂：『先擊鎛鐘以宣其聲，俟其既闋而後，擊特磬以收其韻。』此説卻無據。雖或出於注疏，考之於經，殊不合。蓋觀『戛擊鳴球，搏拊琴瑟以咏』及『既和且平，依我磬聲』，反似磬在先。蓋堂上堂下，皆用鐘磬節之，如今曲中之用板。與歌相應者，曰頌又曰鏞。鐘、頌磬；與笙相應者，曰笙鐘、笙磬也。至樂之舞，經無明文在何時，大約在合樂之時。如大武『始而北出』，一人『總干而山立』，『夾振駟伐』，但作此象，不知此爲何人。旁或歌『上帝臨汝，無貳爾心』之章，則人知其爲武王大正于商，俟天休命也。『再成而滅商』，一人『發揚蹈厲』，又不知爲何人。旁或歌『維兹尚父，時維鷹揚』之章，則人知爲太公也。『三成而南』，所謂

『濟河而西，馬歸之華山之陽，牛放之桃林之野』，使天下知武王之不復用兵也。『四成而南國是疆』，所謂『列爵惟五，分土維三』也。『五成而分周公左，召公右』，『分陝而治也』。『六成復綴以崇天子』，所謂『垂拱而天下治』也。由此推之，則韶之九成，想見舜之功德，徽庸、在位、齊政、巡守、命官、殛罪、封山、濬川諸事，遂至九成也。」

嫂叔有服，儀禮中固自有之。先儒何以不檢點及此，而相沿無服之説，行之至今？此不可解者。以上儀禮。

或問：「孔子待康子禮謙，於其饋藥，拜而受之。」曰：「古者席地而坐，終日百拜俯首而已。如今之百拜，則筋力竭矣。孔子未至委頓則不寢。坐之禮，屈兩膝向後，而身僂坐于其上，即今之跪。危坐者，雖跪而停身不僂。長跪，則坐稍遠，而伸一足，側身以就之也。前席，則移席使前，而安坐不動。故長跪視前席爲卑遜。」問：「古人未有椅棹，故席地。」曰：「今滿洲家猶用之，然滿洲之盤坐，僧家之趺坐，兩足相交，即原壤之夷禮中之所謂箕也。」問：「『君子問更端，則起而對』是起立。」曰：「然。『子夏蹷然而起，負牆而立。』」孫襄。

王制一篇，先儒謂多舉歷代之典，蓋不盡周制也。然其本末次第，井有條貫，則非苟然編次者。蓋首言封建、井田、爵禄之制，乃王道之本也。次言巡狩、朝覲、班錫、田獵之制，王者所以治諸侯也。次及冢宰、司空、司徒、樂正、司馬、司寇、市官之職，而以告成受質終焉，王者所以理庶官也。然後及於養老、恤窮之典，使天下無不得其所者，則又所以逮萬民也。庶官理於內，諸侯順於外，萬民得所於下，而王道備矣。然必自封建、井田始。故二事不還，則三代終不可得而復也。自記。

「爵人」、「刑人」及「不畜刑人」兩條，舊説以爲商制。以周制爵人于廟，有爵者刑於甸師氏；及墨守門，劓守關，宫守内，刖者守囿，髡者守積也。自記。

禮運記帝王禮樂之因革，及陰陽造化流通之理，疑出於子游門人所記。自記。

「禮器」「器」字有二義：一是學禮者成德器之美，一是行禮者明用器之制。自記。

大傳一篇，論祖宗仁親之大義。自記。

「宵雅肄三」，童子初入學時，即使習鹿鳴、四牡、皇皇者華，言將異日爲官，賓于王家而效忠勤也。

古樂疑多聲音、樂舞之節，而無辭句可讀誦記識，故秦火後無傳。樂記一篇，乃河間獻王所纂述，不過明其義耳。至器數之詳，不可考矣。自記。

樂記自「魏文侯」以上，略分爲八段。自「凡音之起」至「而出治道也」爲第一段，自「凡音者」至「德者得也」爲第二段。此二段言樂之生於人心而關乎政治也。自「樂之隆」至

「則禮行矣」爲第三段，言先王作樂，感人心之效。自「大樂與天地同和」至「故聖人曰禮樂云」爲第四段，又推其制作之原，極其神化之妙，其精微所存，有不在區區器數聲容之間者矣。自「昔者舜作五絃之琴」至「善則行象德矣」爲五段，申樂之關乎政也。自「夫豢豕爲酒」至「可以觀德矣」爲六段，申樂之生乎人心而感通之效也。自「德者性之端也」至「然❶後可以有制於天下也」爲第七段，又以申其制作之精，神化之盛，誠不在氣數聲容之間也。蓋統樂之本末而論之，則生於人心者，還足以感乎人心；成乎風俗者，還足以變乎風俗；本於天地者，還足以通乎天地。是以終篇反復推明，而大旨不過如此而已。自「君子曰」至「禮樂可謂盛矣」爲一段，本在子貢問樂之上，今按當依史記附於七段之後，蓋樂之總論也。「魏文侯」一節，所以言聲；「賓牟賈」一節，所以言舞；「子貢」一節，所謂「詩言志，歌永言」，則又聲容之本也。戴氏之編，自學、庸外，未有若是之精神者也。留心禮樂者，其可不致思焉？自記。

禮樂率神從天，居鬼從地，天地鬼神只是一套事。但天地顯而鬼神微，天地亦不易之理，鬼神妙不測之機耳。自記。

---

❶「然」，原作「而」，據禮記正義卷三十八樂記改。

按祭法曰「王立七廟」，而以文、武不遷之廟爲二祧，以足其數，則其實五廟而已，與三昭、三穆，并太祖之廟爲七之文異。壇墠之主藏於祧，而祭於壇墠，猶之可也。直謂有禱乃祭，則大祫升，毁廟何爲乎？宗廟之制，先儒講之甚詳，未有舉壇墠爲言者。周公三壇同墠，非此義也。又按五祀之文，散見經傳者非一，此言七祀、五祀、三祀、二祀、一祀之説，殊爲可疑。曲禮「大夫祭五祀」，注言殷禮；王制注謂「有地之大夫」，皆未可詳也。又庶殤全不祭，恐亦非禮。自記。

孔子閒居篇引湯之詩，以明無私之德，則三代皆可知矣。「天有四時」以下，即天地之無私也。「清明在躬」，聖人之無私，合於天地也，故能受命而興，舉文、武，而三代亦可知矣。故總之曰：「三代之王，必先其令聞也。」惟篇首「五至」、「三無」等語，不類聖人之言。自記。

坊記蓋記者雜引孔子之格言，而結以己意。凡引易、詩爲證，亦多記者之辭。不然不應夫子之言，而證體若是其類同也。緇衣亦然，中間言語，亦有後人夾入者。

儒行所列條目凡十有七，多重複其辭理，且語氣夸張，大不類聖人對君氣象。蓋多出於後儒附益之辭。自記。以上禮記。

春秋

春秋胡傳，動引左傳，有此事，經何以不書？便搜討一緣故，此大不然。夫子當初止因魯史之舊，當時赴告有便書，無便不書，夫子豈得增減？只是定義例而已。故知以左氏傳爲魯之春秋原本，夫子因而作之者，非也。左氏傳蓋註春秋，而附益以所聞者。

春秋一書，游、夏不能贊一辭。後世大儒，如程朱皆不能理會到畫一處，真是難看。胡康侯轉不如啖助、趙匡等粗粗的講，倒有著處。啖、趙等又不如三傳爲有來歷，只是三傳又不能使是非有定處。

春秋正月者，四時原不改，只是改正朔，以新人之耳目而已。如寅時人方起，不成子時半夜，黑洞洞的即教人起。亦不像萬物發生於春，若十一月爲春，則水冷草枯，冷冰冰的而謂之發生，可乎？夫子此書即有微意，便見時之春夏秋冬，不因王制而改天之序也。若是尊王，何不書王春正月乎？豳風凡夏時，皆書月，周時，便書日。「一之日」，「二之日」，「四月秀葽，五月鳴蜩」，固自有緣故。其實以此爲歲首，亦不是。堯典劈頭從「欽若昊天」、「敬授人時」，自然畢竟以興作人事起頭爲歲首方妥。夫子云：「行夏之時」、「祖述堯舜」，刪書斷自唐、虞，固知孔子比周公又較妥當。「夏時周月」之説，非之者輒引泰誓爲據，胡文定援證自多。「大會孟津」，推長歷者，以爲十一月二十八日之事，惟「十有三年春」，或作「十有一年」，正使此篇不誤，亦不能以寡敵衆。蓋春夏秋冬、仁禮義智、木火金水、東南西北、曉午昏暮各有定位，今以周之建子爲春，則將迎春於東郊乎？迎春於北郊乎？聖人南面而聽，天下嚮明而治，周之明堂將欹側尖斜，而易其向巽方乎？秦書建國曰「元年，冬十月」，固不改時矣，豈武王、周公反智出嬴氏之下耶？然則孔子何以亂之？寓「行夏之時」之意也。天有陽而無陰，有賞而無罰，則時闕焉而不書。程門之説，以爲孔子以天自處。朱子自分此生不敢議此書，則固以俟之來世乎？孫襄。

左傳左氏，自是子夏門徒。即史遷亦止言左丘，未嘗言左丘明也。

讀春秋也無難，以朱子綱目書法比照，則得之矣。固知善言春秋者，不言春秋也。孫襄。

「有年」、「大有年」，自古難得。春秋二百四十二年，止桓、宣書二次。程伊川謂爲譏也，豈有二百四十二年止兩次「有年」者？蓋謂弑君之賊，而何以亦有年乎？此論恐未確。若以此爲貶譏，則書饑爲褒美乎？聖人貴民命，貴難得，故謹書之。明道先生和平，伊川説經，合下便有漢儒不知道，安能通經見解？正心誠意之學，漢儒果不知也，至於説經，豈無是處？合衆人之是，皆所以明經也，豈可輕忽掃棄！

隱公十一年，「滕侯、薛侯來朝」，次年❶，桓公二年❷，即書「滕子」。杜預以爲周天子貶之爲子。伊川言滕後屬楚，故貶稱子。無論滕侯封于先王，夫子不得貶之，且荆楚後數十年始見於經，豈有以子孫之從夷，而豫貶其祖父之理？況考春秋經從楚者陳、蔡諸國，滕從未服事楚國，伊川之言未確。胡康侯知伊川之論不確，因改一論，以爲桓公乃弑君之賊，而滕子首來朝，春秋惡之，故貶稱子，以示罰。夫桓公身爲篡弑，絶無誅讓，而來朝小國遂貶其爵，已屬不倫，且即如此説，來朝者貶之❸，終春秋皆稱「滕子」，此又何説？豈有弑君之賊，世世子孫稱公，而來朝之人，世世子孫皆從貶罰？春秋如此用刑，尚爲聖人之書乎？朱子不信兩説，以爲當時諸侯有自貶以輕賦者，故子産以邦本爵争供賦。此説亦不確。齊桓創伯，列國始有會盟征伐之事，此時尚相隔許多年。滕此時並未有索賦之苦，何遽自貶？況隱公十一年滕、薛來朝，尚嘵嘵争長，方自崛强，豈肯于

---

❶「次年」，誤。春秋書「滕子來朝」，事當桓公二年，應屬隱公十一年後二年。李光地榕村全集卷三春秋大義即記作「越二年」。

❷「二年」，原作「元年」，據春秋左傳正義卷五桓公二年經文改。本書卷七「文中子論史」條，即作「桓公二年」。

❸此處原缺十六字，就上下文意看，似無脱落，故不從，而從石印本。

一年間㊀即自貶稱子？斷無此事。仔細思之，惟杜預注是。伊川以爲東周，焉能貶諸侯？東周若能貶諸侯，則春秋可以不作。夫吴、楚僭稱王，齊、晉諸不法，天子不能問，而能貶者，惟滕、薛、杞之小國。楚子觀兵于周疆，且使人勞之，此王政之所以不行，而春秋之所以不可不作也。薛貶爲伯，杞貶爲子，滕貶爲子，無足怪者。況當時周雖微弱，體貌尚存，齊桓必待命之爲伯，而後敢會諸侯。王人雖微，尚叙于諸侯之上，不特當時然也。數百年後，晉武公賂周以寶器，而得封；趙、韓、魏分晉，尚必稟命焉。故司馬通鑑尚云：「初命韓虔、趙籍、魏斯爲諸侯。」㊁豈有以東遷不久，而即不能以威命及小國乎？惟不敢問大國，而威只行於小國。如門祚衰薄之家，紀綱之僕尾大不掉，惟汲爨下役朝笞而暮榜之，適足以啓輕侮。看書不熟，又不深思，遂憑臆見説經，如胡康侯之傳，其謬妄者多矣！天子死曰崩，諸侯曰薨，大夫曰卒。春秋于某國某君死，皆以原爵書卒，惟魯稱公，至葬，皆稱某公，從時號。諸家紛紛不可通，不知即是眼前道理。其曰某國、某號、某名卒者，因其訃而記之于我史册中。彼不爲政，我爲政，則據其原爵而書之，不必

㊀「一年間」似不妥，宜從作者春秋大義説，作「越二年」。
㊁此句原引作「始命韓虔、趙藉、魏斯爲侯」，據資治通鑑卷一周紀改。

因其僭而僭之，且示不喜之意，曰卒者彼哉彼哉。至于葬，則我國遣人會葬，往來之禮，以彼爲主，非王非伯，豈有入人國行禮，而對其臣子貶其君父之理？此即日用常行庸近之所必然，人卻以深求而失之。況葬既書公，而卒書本爵，互相印證，僭竊昭然，所謂「微而顯」也。

榕村續語録卷五

宋六子

四書、五經後，有三篇文字：太極圖説、西銘、定性書，缺一不可。太極圖説❶明天人之道，尚渾渾淪淪；西銘從父母之生，説出天人合一，廣大切要，然尚無下手處；定性書則指明一體一用，動静交養，廓然大公，物來順應。程子他日恐人錯會，自解云：「廓然大公，敬以直内也；物來順應，義以方外也。自修之事畢矣，第能於怒時遽忘其怒。而觀理之是非，何以能忘其怒？非敬以直内，何以能此！」

漢、唐知聖學者少，故佛教昌熾。儒者褒衣博帶，率以讖緯文詞，講到經濟氣節而止，故將孔子合内外之道遺卻一邊，全不從天命之性、自己身心誠敬上下功夫。佛家竊之，所以他還知從内裡講個定空，視吾儒之營營逐逐，沉溺不返，輕而笑之。至周、程、

❶「圖」字原缺，據文意補。

朱、張出，而此理乃大明。雖未必人人能行，然此理得不晦昧，故彼教亦從而衰落。物不能兩大，彼與我故相爲乘除者，朱子之功與日月争光可也。

周子真不可測，過數年更覺見得其書妙處，又進過幾年復然，總無隙縫可乘。至邵子之書、程子易傳、朱子本義，皆不能無遺義。不知周子之學何所自來？朱子作周子像贊，直以爲不由師傳，默契道體。以爲授自希夷者，非也。

聖賢之道，久而彌光。程朱去今尚近，將來愈久愈顯。後來便以堯、舜、文、周爲上古，孔、孟爲中古，周、程、張、朱爲下古。

聖學中興者周子，周子，楚人也。二程生於江西，長乃歸洛。朱子生於閩，終身居閩之新安者再耳。祇算張子横渠一人，是北方之産。孫襄。

周子不卑小官，所到之處，以鋤奸澤物爲己任，是委吏乘田之意也。三代而後，出處之正者，孔明也；孔明而後，出處之正者，程、朱諸賢也。孫襄。

程子之言無所傳授，得之天。朱子有所依倣。開先作祖底最難。孫襄。

學者有志，當法朱子，若二程，則有不可測識。朱子受學延平，生則師事之，殁則奔其喪。二程於周子，不聞有是也。周子之殁也，大中猶無恙，同寮至交不若是恝。程門不以言語爲教，豈其書不傳耶？朱子得蔡西山，反師資之，於吕東萊、張南軒、陳同甫輩，辨論攻擊，不遺餘力。伊川易傳，與康節之學，判然若不相入。居洛二十年，亦未嘗如朱子之與象山，反復數四，終於不可合而後已也。孫襄。

朱子師禮延平，歿身不衰，而亦不諱所短。程子教人涵養未發氣象，自龜山差了宗旨，執而勿失，大段著力，便似釋氏「觀吾性起滅」、「識取本心」之説。孫襄。

周子學問深潛，門人亦甚少，得二程。大程十五歲，小程十四歲，便以太極、通書傳之。周子無復餘事，然二程足矣，何用他爲？二程門人甚多，不見又得一程子。朱子更多，更不見其如朱子者。

「上天之載」，「載」，始也。上天之始，即所謂天地萬物之根，「太極」是也。書傳有「太始」、「太初」，亦取此意，但不如「太極」兩字渾全的確。自記。

「太極」打一圓圈最好，陰中有陽，陽中有陰，質如是氣，亦如是五行。交繫於上，一陰陽也；交會於一，一太極也。氣化、形化，分而二之，實引而親之也。人知成形于父母，而不知受氣於天地。使知以星辰河嶽自處，則立於天地之間卓然矣。孫襄。

看來「無極」二字之義，不是謂無之極，亦不是無此極，蓋言他物以有爲極，而「太極」以無爲極也，如此，方於「無極之真」四字説得順。「無極而太極」，言以無爲極者，天下至大之極也。自記。

周子太極圖，上一圈似乎可省，而不知妙處在此。蓋語人以爾與天地一般，太隔絶，多不可信。至教他以爾之身父生之，父本於祖，祖本於曾、高，遞而上之，以至於最初，必有兩大父母，以爲所生之始者。至顯至切，不待煩言，而知我與天地爲一體矣。下二圈，就包一部西銘在内，而張子隨續之，奇矣。聖人治天下，專在根本上用功，如人培養花木，都在枝葉上洒以水，去其塵垢，聖人止在根上培植灌溉，枝、葉、華、實自然茂盛。周子指出「萬事」來對「萬物」，其知變化之道，神之所爲乎？死生之説，鬼神之情狀，於何知之？以吾心之應萬事而知之。孫襄。

周子「定之以中正仁義，而主静」。自註云「無欲故静」，恐人錯會也。他人多不得其解，惟朱子知之甚精，曰：「其行之也中，其處之也正，其發之也仁，其裁之也義。」蓋處便是現成事，裁便是截然而止，故正與義無事可見，見於事即仁禮矣。智只是明于心，義只是恰好便住。到此處，便貞又起元，循環無端矣。主静不在中正仁義之外。

「果」是立志，「確」是持守；「果」是知之明，「確」是行之篤。自記。

誠、幾、德是一路，從未發説出來，故德以用處言，而因用以見體。自記。

易以貞屬智，故知正爲智。禮無過不及，故知中爲禮。自記。

無欲則虚，一則實，惟虚故實。明屬金，通屬水，公屬木，溥屬火。「明通」，如金水内明；「公溥」，如火日外光。自記。

「乾乾不息」，敬也；「懲忿窒慾」、「遷善改過」，便是致知力行之事。自記。

聖學埋没於訓詁中，禪家傲兀爲大。故二程揭出上一層道理，號召學者回來。自記。

程子語録，言楊龜山、游定夫所記過於粉飾。朱子考下下，如「君子多乎哉？不多也」之類。世得舉「以此事天享帝」一條，用筆較勁。先生曰：「總看道理如何，須於淡中見得。然要當知德。」世得言：「龜山稱明道爲先生，至伊川直稱其字。」曰：「龜山師事明道，卒業于二程子之門。」孫襄。

伊川自云：「臣幸得之於遺經。」爲明道作墓表，以伯淳直接孟子，不知置茂叔於何地？好學論直書太極圖説語，而不言師授之由。明道尋顔子樂處，吟風弄月，「吾學雖有所授，『天理』二字是自己拈出」，及「見獵心喜」數條，較伊川爲親切。然亦不見發明周子之學，而明言其所自承與。孟子自叙，若直以己接孔子，不提起傳自子思，皆是大疑案。朱子叙孟子及孟子篇末引伊川語，亦以二程直接孟子。然此以發明經書，其他日作江州周子書堂記，始述羲、文、周、孔，以濂溪續道脈，以二程爲見知。其見卓，而其論定矣。

西銘説乾爲父，坤爲母；民吾胞，物吾與。至民胞物與之事，總不説及，但云：「于時保之，子之翼也。」下面一總説事天如事親云，蓋人知天地爲大，父母而能孝，所以胞與者，不患他不能矣。

西銘明理一而分殊，程子因龜山之疑而發耳。後人據此以爲西銘本旨，則非也。張子作書之意，慮人與天地萬物不相關，曰「胞」，曰「與」，曰「宗子家相」，以見一家之中不可隔形骸而分爾汝。推之一鄉、一國，亦不可隔形骸而分爾汝。所以不能如此者，總由工夫欠缺。其書舊名訂頑，以人之頑甚矣，故思有以訂之。若論理一分殊，何處不是此道理，太極獨不明理一而分殊耶？仇滄柱亦據以爲言，予嘗折之如是。孫襄。

磨錬歷憂患，正是利用安身處。緣是不安處，所以見安，豈享受安樂之安乎？横渠説「困之進人」一段，謂「孔子蒙難正志，其德日躋」，即此意也。自記。

以道體身，身與道一也；以身體道，身與道二也。自記。

邵子文字熟爛，觀物外篇乃其門人所述，似花經蜂採而蜜成。

宋生周、張、程、邵，果是不凡。邵子先天圖出，時人罵之，南渡後罵之，至今浙東萬氏罵之不休。惟朱子表章推服之，人亦不敢廢之。吾讀易三十餘年，見得惟此班班駁駁，與孔子大傳合，却亦有不盡合處。然除却先天圖，再求一件與大傳彷彿，則絶無。乃知此書正未可輕議也。

程子問康節欲學所學。曰：「須廿年。」程子曰：「某兄弟却没有這許多功夫。」後和叔欲竟其學，邵子曰：「以公之聰明，半日可了，但欲成，須廿年。」大約康節之學，自不須廿年，所謂廿年者，要人學得他静定無一毫掛繫，内外純粹，非廿年不可耳。

何焯問：「皇極經世，絶看不出好處。」曰：「其立言瑣碎，文字不好，只是宋儒説性命較親切。如朱子極稱『性者道之形體，心者性之郛廓』等語。又如『道之道，天盡之矣；天之道，地盡之矣；地之道，物盡之矣；物之道，人盡之矣；人之道，聖人盡之矣』。雖摹老子，卻精采。」

皇極經世，分明泄漏天機。其推算之術，或本弃鄙，邵子舉而歸之大道，故伯温不傳其學。孫襄。

人物文章許多事，至宋朝定案，以朱子無所不通曉也。

朱子文章，以數十字爲一句。「象者，卦之上下兩象，及兩象之六爻，周公所繫之辭。」猶云卦之上下兩象，大象也；六爻，周公所繫之辭，小象也，通謂之象。「致中和」節，「自戒懼而約之」爲一句，「以至於至静之中，無少偏倚，而其守不失」爲一句，「約之」，收斂之謂也。「精之」，察其幾也。下句一氣緊讀，猶言戒懼而益戒懼，故以「則極其中」足之。史氏伯璿曲爲迴護，以起新建之紛争，非朱子本意。蒙引論救，斯得之矣。孫襄。

朱子語類，四書只録大綱領數條。大學「格物」、「誠意」，中庸「天命」、「費隱」，論語「問仁」幾處、「點！爾何如」等章，孟子「養氣」、「性善」，皆禪家所謂公案。孫襄。

四書精義，不出朱子範圍，用心數十年，直欲操戈入室，而後知其説之至也。所謂「百家騰躍，終入範圍」者也。孫襄。

諸儒

以彭蠡爲鄱陽湖，鄭康成如此説，後人便不敢易。蓋制度名物，比道理不同。道理在人心，可直溯無極，無有分限。至名物制度，恐有傳授，便不敢輕易空説。故漢儒錯，則承謁襲悮，苦不可言。只有孔子，一字無據不輕下。二代之禮，因無徵，則便棄置。其腹中班班備具，故選其精者存之也。漢儒説道理無如董仲舒，説制度無如鄭康成。董子説不透，鄭君多杜撰。朱子比鄭君爲確當，比孔子尚爲無稽。如啓蒙之占，「隔八相生」之解，皆排比齊整，便硬斷以爲如此，其實錯處甚多。

韓文公當時既以道自任，又復賭錢、戲謔、飲酒、賦詩。張文昌以書規之，尚自辨，以前言之戲善、戲謔張而不弛爲解，惟呼博認改耳。一能文狂生，獨其所見超卓，直窺大道之要，雖程朱不敢易而忽之。當時，李習之言：「韓文公，人阿附之者，便得令譽，無復公道。」今亦不見證據，或退之亦自不免。至李習之言道處，渠必以退之爲淺近，而已爲精微矣，自今觀之，不值一笑也。若董江都，則言規行矩，威儀備具矣。

自漢明帝以後，佛、老惑世，深根固蒂。況玄元皇帝，又是唐家自認祖宗，天下爲之立廟者。韓退之特立不懼，以道自任，闢而距之，不遺餘力，振古豪傑也。其答孟尚書書，聲光氣燄，幾掩江都而過之。即其原鬼，皆是暗闢佛、老。鬼有二：一爲人死厲氣，如左傳之言伯有是也；一爲怪物，如山魈、木客是也。鬼本無形聲，其有形聲者，皆冤孽之氣所爲，非天神格、人鬼饗之正也。佛氏之言生而死，死復生，回復償報，妄矣。人生則有死，所傳仙人不死者，皆怪物憑之，如神女謝自然詩所云耳，老氏之言妄矣。凡此，所見皆精極。

韓文公原道，程子謂其「博愛之謂仁」，謂愛爲情。朱子又謂其引大學至「誠意」止，皆有異論。其實韓子原性，未嘗不知以愛入於情。此之所原「道」也，「率性之謂道」，率性而行之于外，非博愛何以見其仁？若説向天德，則非原「道」矣。陳萬策云：「亦將謂『行而宜之之謂義』之爲外乎？至大學格物致知，又是一件事。其實『明明德』至『誠意』已完，此即朱子補格致傳所見之弊端也。若添格致，下文『而外天下國家』便接不去。蓋儒、佛之分正在此，韓文公之所引精矣。」周、程、朱、張之所見，果度越董子、韓子、文中子，然譏彈三子處，亦似有不得其意者。至明儒，肆口非議，似以前賢爲三歲小兒。今以其所著書較之，其底裏與三子何啻天淵！

韓文公不特其識見高，摸出性命端倪，即其經濟、文字，字字著實。細求之，惟孔明文字有此。想其出世有爲，亦孔明之亞也。

昌黎不獨文人，其經濟若見于世，亦是孔明一輩人。如極瑣屑事，經其議論，皆精細中倫理，句句有實理，有實事。此便是得六經妙處。若他人將文字做，便有閒話說。

韓文公卻知道吾儒之道至是，然識力都用在文章内，至于反躬實踐工夫尚欠，故一見大顛便服。平生好恢諧，喜食肉，善睡。有邀請者，必設枕席，傍置書帙，至則有間，便就枕觀書，尋入睡鄉。故人譏其註論語，將「晝寢」以爲「畫寢」。畫寢，室也。故下文「朽木不可雕」，「糞土不可杇」，「在齊聞韶，三月不知肉味」，「三月」爲「音」字之誤，人豈有三月不食肉者乎？避己所好也。至于一經蹉跌，便恐懼憂苦，貶潮回，爲祭酒，請上徽號，以取悦於君。終日要歸田，而卒于仕宦，不能寂寞。以禪説觀之，渾身俗骨。然卻臨大事不放過，見迎佛骨，便忍不住一説；使王廷凑❶便日馳三百里而執節不回。今人

❶「王廷凑」，原作「王庭凑」，據舊唐書卷一百四十二王廷凑傳及同書卷一百六十韓愈傳改。

卻數韓文公爲人物，不以爲在唐諸名僧下，可見路頭要正。佛教惟唐最盛，豪傑皆入其中，以爲工詩取上第，直是無益俗事。門人問朱子，論語子文、文子忠清矣，何尚未仁？朱子云：「當理爲難。同一死也，有仗節死義者，有坐脱立忘者。仗節死義，一猛厲人能之，而坐脱立忘，非實下工夫不能。」然容易的，卻要還他仗節死義的是；難的，卻要還他坐脱立忘的非。惟宋周、程、張、邵、朱子卻是見得正，又切己做一番，合而爲一，故比昌黎爲優。周、程、朱皆身入佛教中，有工夫，故能透他那一層，見得破，且能兼也。

上蔡之學，要在洒掃、應對中，便到精義入神。朱子屢譏之。自記。

游、楊地位，未必能邁上蔡、和靖諸公，然二程夫子最喜此兩人。蓋亦閩學將興之兆。孫襄。

謝上蔡、尹和靖，晚年亦只是佛學，于用處疎略。故朱子笑和靖經筵進講時，只對高宗問云「程頤不曾毁孟子」，不能暢言時務也。二程雖講明正學，路頭已正大矣，而門人晚年多成旁門。朱子出，乃立讀書爲教宗極，而佛氏不能奪矣。人或言佛教能使人外形骸，見危致命爲脱然。由今觀之，唐人率溺于佛，皆沉溺于聲利，而不見其清廉節義多于後世。朱子之學興，讀書者視死如歸，亦復不少。宋、明之末，可以觀矣。故子路云：「何必讀書，然後爲學。」此種議論，夫子深惡之，而斥其佞，並不與辨論。又當時之以讀書爲學，亦可見矣。朱子真孔子衣鉢。天知秦皇生，須先生一孔子，整頓一番，爲萬代護持此一脈也。

龜山一部史爛熟，終日譚古今事，蓋博學者。得程子之緒餘，以倡其教於南方，雖朱子淵源所自，然終不甚表彰。其疑西銘處，亦可無疑。墨子而後，兼愛甯復有人，佛氏固一無所愛也。孫襄。

語録，程朱而外，有張横渠、謝上蔡、李延平、陳潛室、真西山、許魯齋八家。孫襄。謝上蔡、許魯齋二家語録最好。問：「李延平入選否？」曰：「好底，朱子已引入集註。」孫襄。

朱子語録云：「浦城有一道人，常在山中燒丹，後因出神，祝其人云：『七日不返，可燒我。』未七日，其人焚之。後道人歸，叫駡討身。」愚嘗見一小説，謂真文忠是一道人托生，其事與此相類。想是因浦城有此事，附會之耳。自記。

真西山經學，皆遵朱子，惟詩主小序，與朱子異。孫襄。

黄勉齋從學於朱門，講論而退，獨坐一室中，寂寞之濱，饔飧不給，意氣自如。朱子察其數年，了無倦容，謂大成之器。年三十而予之以室，四十而予之以官，徒步之石門。平生未嘗肩輿，刻厲清修。又與楊信齋繼成儀禮，學者以爲得朱子之傳。及門日益衆，蔡九峰、陳北溪、陳潛室弗與齊名也。然朱子晚年有云：「釋氏有悲其道之無傳，至於發狂慟哭，不意今者身親見之。」則於諸弟子意有不滿。孫襄。

朱子集中，與信齋酧酢者絶少，豈其人留心於文爲制度，而性命之源亦有未窺者與？孫襄。

今人責備許先生仕元，最是夢語。許所生之地，屬元已久，其祖父已爲元人，不仕則已，仕不于元，而于誰乎？又責其胡不至江南問學，而安于腥羶。彼時南北爲敵國，關津嚴稽察，許一讀書人，豈能飛渡耶？

魯齋語録，非諸家所及，文質相稱，不知當日出何人之手。若龜山粹言，則過於粧飾。孫襄。

魯齋之言有觔兩，譚性命之原處卻少。然都是躬行，切切實實底説出來。孫襄。

南方風氣日開，周、程、朱子，道南一脈，蔚然儒宗。又如陳古靈、蔡君謨、陳了翁、真西山，皆卓然。吾泉則有蘇子容。明人物雖不及宋，若蔡虚齋、陳紫峰、林次崖，海内讀其書，末造有黄石齋、何元子諸公相踵起。孫襄。

榕村續語録卷六

諸子

老子云：「不善人，善人之資。」「之」字，有幸人不善之意，無惻隱之心，故張南軒譏之。自記。

孫武子十三篇，魏武所删，粗心浮氣人，那管文字，留其要言，有裨於用而已。今閱其書，無段落可尋，注他不得。首篇分明説出經權。看來「兵者，國之大事」一段，總言兵事之重；「故經之以五事」以下，言兵之經；「計利以聽」以下，言兵之權。孫襄。

董子弟子吕步舒耑言災異，諸葛武侯書申、韓書與後主，滋後人議論。孟子以後，言性命之理、五常之道，自董子始，其目光直照千古。後此，則昌黎。若揚子❶法言，恐不能到。韓文公、司馬温公皆推服法言，朱子直不數在道傳之内。宋儒所見尤精。韓文公幼

❶「揚子」，原本及石印本多作「楊子」。下同。

年稱荀、孟，後來稱孟醇，而荀、揚大醇而小疵。至作原道，説：「孟之死，不得其傳。荀與揚，擇焉而不精，語焉而不詳。」其識高矣，其論定矣，雖宋儒不能易。董江都應五百年而生，班孟堅度其勢而爲言，以史遷、董子、揚雄、劉向當之而不能定，意在劉更生也。然以今觀之，則董江都是其人也，劉更生封事雖好，不見其説性命如天人策也。

孟堅史學第一，雖文字不如司馬子長雄健，然識見醇正，議論皆是。如西域傳贊、諸侯王年表贊，皆至好，千古不易之論。孟堅傳贊無不佳者，韓文公輕之，亦未允。想是以其勦襲揚子雲、劉子政父子議論耳。文公果不勦襲，然孟堅亦不可輕。孟堅雖學出二劉，然其評論二劉及董仲舒、揚子雲諸人，皆精當。戰國文字氣習、識議，至向、歆、孟堅始變盡。司馬子長亦非戰國文字，其高視闊步中有斷處，而穿田過脈皆有針線，高出左、國之上，但其議論多是戰國耳。西漢文字，董仲舒最好，三策皆面對武帝寫出。又當時是隸字，直是才大學富，道理精熟，纔能一筆寫來，字字醇確。匡衡亦好，朱子言其似策段，不是胸中流出，亦甚似。朱子評語古人，不差錙黍。其論文中子，問答皆引將相，雖其子弟門人所爲，要亦仲淹好自誇大有以啓之。確甚。然朱子謂其意思懇惻，今觀之信然，此不可假者，其問答皆不可廢。論古人須平心，如揚雄與劉歆皆仕莽，歆尚欲殺之，此其意亦比雄少好。雄縱不死，或受其官而去，猶可恕。而太玄中顯然頌莽之功德，司馬温公註其書，至漢公分明是安漢公，而注云「公與功同」，不知下面「阿衡」字作何解？豈漢天子之功如阿衡耶？如此等最不是，何須如此？學者即是自己祖宗有此事，亦只是置之不論可也，所以程子皆不甚服温公。朱子便無此病。

問：「揚子雲讀書多，當識養氣，何遽自投閣？」曰：「成、哀之世，莽、賢用事，可以去矣，如梅福、嚴君平鴻飛冥冥。當時願守箕山之節者，莽不强也。莽自比周公，子雲自比孔子，臭味相投。法言曰：『自周公以來，未有如漢公之懿者也，其勞則過於阿衡。』莽有羿、浞篡君之罪，子雲亦不免有吴、楚僭王之誅。以爲經莫大於易，作太玄；傳莫大於論語，作法言。使子雲不附莽，位止執戟，太玄、法言亦不能增重，其書遠不逮中説。漢書十志，莽制作爲多，明堂、辟雍，皆劉歆輩定之。」孫襄。

星曆名家，漢洛下閎、張衡、南朝祖冲之、唐僧一行、元郭守敬其最表表者。邵堯夫未嘗作曆，然當超出諸家之上。問：「張衡與揚雄相似。」曰：「文中子有言，振古之奇人也。」孫襄。

張平子作候風地動儀，刻漢郡國，一銅龍在下，旋轉所觸，則其處動摇，守相上變，不差漏刻。然則博徵大輿，更當何如？此理之所無者。漢人亦未可盡信，鄭康成不免穿鑿，北海猶譏之矣。孫襄。

「采菊東籬下，無人送酒來。已能安貧室，無交謫北門」之賢，不如陶令遠矣。孫襄。

文中子自謂紹宣尼之業，雖涉夸大，然邵子無名公傳，顯然自贊與太極爲體。明道尚渾涵，至伊川自任，以爲孟子後無人，自己直接，何嘗無此意？正不得因其果於任道，而輕譏詆也。

文中子中說「董常問憂疑」章，程子以「心迹之判」句爲不合，邵康節極贊此句之妙。細思，聖人之心，樂天知命，窮理盡性，有何憂疑？至於吉凶與民同患，欲不憂疑得乎？故董常退而歎易之大，至於皆心之所爲，本自合一，彼已自言之矣。陳萬策云：「若程子所疑『心迹』之言甚淺，如行與心違之說，果爾，邵子必不贊矣。」

「文書自傳道，不仗史筆垂。」文中子當之。孫襄。

陸象山語録一派禪機，「蕭蕭馬鳴，動中有静；悠悠旆旌，静中有動」，集中多此類也。孫襄。

陸子静文字堅卓，論對劄子，千秋之龜鑑也，第五篇更切中後世情事。孫襄。

異端

朱子說他參過禪，曉得他是騙法。緣人心昏擾久，急忙不得清定，說一句極没道理話教爾參。有一句話在這裏，繫在爾的心，别處念頭都斷絶。你心未歸一時，他看得出，只説不是。逼得你心向一路邪妄退時，十日半月，自己心靈自有虛明，透露得意處，那時你隨便説一句，他便教是了，其義總不關那句話頭也。此亦極好法。

釋氏所説人轉生，及禍福報應之事，且存在那裡，不必論。必説無此事，亦不足以盡天地之情，但非理之常。夫子説：「未知生，焉知死？」何等精正！

仙家形體，比常人自然久存。到形體漸銷，其半虛半實、半隱半顯者尚存。至並此銷化，則道德之精，其神理自亦與天合。聖賢只存此理，何用彼渣滓爲哉！

梅先生云：「孔子問禮于老聃，可見老子亦未嘗毁滅禮教，蕩檢踰閑。蓋亦其後來失真耳。」

佛家倡説得願力宏大，要普度衆生，卻不知如何普度。全無普度之法，即是絶好心腸，羣生但感其意而已。只是他這段意思亦好，故其根器亦不流于惡道。

仙家雖口中説清淨無爲，看來他亦貴胸中明白，精思天地化機竅妙處，好道理，好意思，塞滿于中，便自不同。不然只欲静坐，雖也有一段虛明受用處，然不過如此。所以程子見董五經，無所講論而回，朱子答人問「德」字甚好，曰：「只是好意思，日日長進。」

最上底君子懷德，其次懷刑。知時事，則不犯當世之文網，可以寡過。莊周云：「爲善無近名，爲惡無近刑。」然此等語，只可寘之昔時賢文中，教俗輩耳，如何著之於經？問「緣督以爲經」。曰：「督者，中也，循中以爲常，即『無近名』、『無近刑』之意。莊周雄辨，『數千年一人』，邵子稱之太過。只把他當異端便了。」孫襄。

魏伯陽是無書不讀人，參同契中，用鳥獸草木字，皆有考據。

參同契豈惟文字古雅，即道理與易經大有發明。參者，大易、黄、老、丹經也。同契者，同一契券也。恐人不明也，故又作三相類。相類者，同契也。

參同契信有此理，人身真有魂魄、精氣，二物各有性情，不能相同。一則飛揚跋扈，一則陰鷙牽掣，由陰陽之氣而分，並無再一件可以添入。生性不同，卻兩件離不得一件，彼此相制，相制然後能相合。飛揚者須得陰鷙者拘管，陰鷙者須得飛揚者主持。陽如蕩子飄流，陰者必爲招呼，一回便牽掣住，不復能出。陰如無陽，自己耑恣，無所不爲，有陽爲主，亦復畏忌。其初亦大不安帖，至相制之久，則室家和平，内外得理，自然殷實富厚。獨陰不生，獨陽不成，陰陽相合，方能生物。人生形神不能合一，但見飲食動作無恙，便以爲無患。其實漸漸相離，各自營求，不相謀議，馴至兩物判然，則吾生亦盡矣。

參同契所云鉛汞丹砂者，皆以其中有金也。烹煉揀擇則爲至寶，棄置高閣則爲渣滓。糟粕言人身皆有至寶，如金在丹砂鉛汞中，非必從外覓來，但不揀擇烹煉爲可惜。即孟子所云「人皆可以爲堯舜」也。丹者純陽，後漸白，漸黄，死則黑矣。故赤子、日光、草木，初皆紅，漸白，漸黄，漸黑，皆同。人曰黄耇，日曰黄昏，草木曰黄落，過此則黑。道家人白時他卻黑，故曰：「玄之又玄，衆妙之門。」玄非真黑，中有陽光，故黑有紅色，謂之玄色，非同全黑。人皆營謀，渠卻黑洞洞的在暗地裏做工夫，形如槁木，心如死灰，黑裡見出白來，所謂「虚室生白」。漸至黄會于中央，光明發見，黄又如火候到時，故五穀至黄而成。至于還丹，則復其本然純陽之體，故有童顔，所謂「順則成人，逆則成仙」也。聖賢學道，何嘗不是如此，只差一線主意耳。

或問：「道書言鉛汞不及鐵，何也？」曰：「鉛汞煉之可得真金，鐵則否也。故道書以此二物喻人身之有至寶。煅神煉氣，養性延命，使魂抱魄，魄抱魂，兩不相離。煉氣之候，先黑後白，如入暗室中，黑洞洞，然久之，則虚室生白。黄爲土色，及於黄，則中和矣。猶非至也，若乃正陽真火，則終古不敝，故還丹名焉。」孫襄。

陰符經自己誇張說：「宇宙在乎手，萬化生乎身。死者，生之根也。絶利一源，用師十倍；三反晝夜，用師萬倍。」人能絶旁歧之利心而一其源，則十倍於用師。到三反晝夜，其功不歇，則萬倍於用師。參同契、陰符經皆有益於人。到憂患荒涼寂寞時，能見得這些，便自己覺得當下即有無窮受用。即受天之大任處，卻又不可見得便休，卻要時時策勵警動，特地精采，晝夜不間斷，一放倒便不好。暗地做工夫，不要人知，殲盡邪類，造化在手。二書皆本之老子。

孔子於老子，以前輩處之，德盛禮恭，厚之至也。孫襄。

王陽明見一个三年閉目，坐石洞中不飲食者，作詩一首。又見一十年不飲食，在關內入定者，破關入，打一掌，呵聲道："挣著眼看甚麽！張著口說甚麽！"其僧遂寤。問："何爲不生不滅坐此處？"曰："要去不能，只老母尚在，此一點意思掛在這裡。"陽明因教之下山養母。看來此種亦多，終非大教主，以其覺悟有限也。

成仙、成佛，性命雙修。道家雖言性，而所寶者命；釋氏雖言命，而所貴者性。道家以「長生延年」爲要，釋氏以「明心見性」爲宗也。孫襄。

釋鋭峰❶和予異菊詩，有衣黄、衣白之句，戲答之曰："區區已倦飛矣，和尚俗心猶未遺也。"既出門，謂襄曰："我失言，數日後必興報復之師矣。"已而數挑戰，先生不爲之

❶「鋭峰」，下有作「鋭鋒」者，暫依底本。

動。乃以所下轉語，與其徒清者争論之，請教先生，第謂不識。僧大屈服，云：「只此不識，大是玄微。」又曰：「善知識，不如居士遠矣。」孫襄。

湬鄉僧鋭峰，真在彼教中能窺最上一層道理。曾有三段話，吾皆記之。渠受付法歸，爲善知識，予訪之。請問，曰：「余不讀佛書，無可舉質，但就耳聞至俗鄙之説以相質。如所云『輪迴』者，豈人死後必有存者，以待再生？」曰：「此有何奇！不必遠求。以佛法觀天地，只以心法觀之。生死如晝夜，晝夜相循環，心之起滅無時，其起者即其滅者，有二物耶？」曰：「人作惡變爲禽獸，禽獸有善又變爲人，信乎紛然變化耶？」曰：「人一日之間，意念起伏，善惡雜亂，幾番爲人，幾番爲禽獸矣，何疑乎！」又問曰：「妄念不除，如公等信當下有悟，一絲不挂耶？」曰：「工夫何必急，但要願力發得大。願力大，悟也悟得快，去也去得净。居士問此，必有平日胸中打疊不過的事放不下，學道人要當下斬截，已往將來，有何牽掛？故曰：『學道必須鐵漢，下手心頭便判。直證無上菩提，一切是非莫管。』」又問：「吾儒所謂心性與佛不同，不知公教中所云『明心見性』者，可舉似其端倪否？」渠冥坐移時，曰：「善惡無記。今人有惡念羅列胸中，固不好；有善念羅列胸中，亦是累。不記善，不記惡，又不是昏然無記，此是『明心見性』。」此三説者，皆是彼教最精處。他日又曾問：「人修苦行，無所知覺，能入道否？」曰：「佛言：『此如磨麪驢耳，身雖行道，心道不行。』」

鄉僧有天問者，自余登科時，即入山最高處，人攀躋不到，十餘年不下，饑寒自苦，看經静坐。一徒在山下募米，人多施之。徒以酒肉之餘資給之，大蛇與居，虎見而走。予造訪之，用僕人以布挽之，後推之而上。問其所得，所言皆修來世宰官身，至粗至鄙之論。乃知「磨麪驢」之説信然。

吾鄉有二高僧，就所見，無出其右者。一號天問，一號鋭峰。天問枯寂，結廬于高山絶頂，弟子募緣山下，數日不歸，僧即獨處，魑魅、虎豹，皆所不懼。有來者，持呪驅之，亦旋去。有一大蛇，如斗粗，一夕，盤踞于床側，渠持呪驅之，亦去，旋復來，然卻無相害意，又依依不舍，久且安之。然智慧短，實無所知識，不過欲修來世宰官身而已。故佛家有言，或問世尊曰：「有能修行勤苦，不求了悟，而能證無上果者否？」世尊曰：「不能。如磨麪驢，身雖行道，心道不行，有何用處？」便已説盡。至如鋭峰，大有見解，能詩，讀經舉渠佛書中紛繁名目，皆能舉其辭。至五十一歲受佛子回。余一日訪之，有數條問答，雖未知與吾儒盡合否，要在彼教中，卻説得好。予問之云：「因果報應、生死輪迴之説，自如來傳教，便有此語，還是後人踵事增華添出？」曰：「此自佛即有，此非增添也。」余曰：「然則自上古以至於今，有人而禽，禽而人，生而死，死而生，皆一个套一个不成？一一籍記，何其不憚煩也。」曰：「且莫問冥世，居士想，人一日之間，妄想雜糅中，不知已幾番人，幾番禽獸，幾番生，幾番死矣。一念是人，渾然是人；一念是禽獸，渾然是禽獸，生理存則生，生理絶則死。由人而禽獸，由禽獸而復人，由生而死，由死復生，何所不有？」余又問：「『明心見性』，吾儒心性原明，説心性明，見原有工夫。佛家所言『明心見性』卻不相同。不知佛家所謂心性是甚麽？如何是明見？」云：「教我説心性是如何樣子，便不是。總是要去了善惡與無記。人終日擾擾，不是善念，便是惡念。善與惡兩無所着，卻又不是無記，昏昏的便了。三者皆不着，便是明心，便是見性。」予又問：「修行了悟，何者爲重？」曰：「二者皆少不得，卻不關緊要。緊要是發大願力，所謂『直證無上菩提，一切是非莫管』也。」即吾儒所云立志者。此三答皆好。至天問，亦曾訪之，渠便以語樵夫之語爲吾輩説法。言：「但掛佛門籍者，來世皆享爵禄，以修行之高下爲大小。惟在教中而爲非者，來生做梨園子弟。何也？亦有冠服，非真官。」其議論之鄙俚如此。然其孤峻高潔，甘心窮餓，有累日不食，渠亦安之。此亦不易得。鋭鋒在吾鄉，與寒門爲患難之交。佐先伯平大寇，實渠首爲此謀。及耿逆變亂，羣賊垂涎，吾湖口危如累卵，居人皆遷去，惟吾家父子兄弟子姪相保聚。鋭鋒不去，且爲言立高山，見吾家祖宗練鬼兵，有神火，自少而多，分合進退，一如營陣，以爲必有成，時來贊決。及余休假侍母，先母喜余在左右，伯叔兄弟亦習而安焉。鄉里笑余丙寅還朝，八月而復歸，有似探視然者。彼時皇上意甚好，別時賜宴，期以懸缺相待。余意以爲上以孝治天下，未有以侍養得罪之理。又雖競進者多，予不與争，而脱身局外，渠亦不須見忌矣，於是決計家居。而鋭鋒時時强聒，以爲家居不妥，禍福關頭。予時怒云：「和尚不過要我做官，何俗乃爾！」渠發火性，大怒，遂别去。雖不絶交，然數以書來駡，皆暗與俗字對照。今思其所言，真如見也。彼心清，想所見自不同也。晚年極欲招余輩入其教，此如何使得。見久不至而亦怒，榜其山門曰「何似者」，引周子爲韓文公所作句以示意。後死之日，小兒輒于半醒半寐時見之，語若平生。死時亦能不亂，了無憂苦。平生所見如鋭峰、天問之高明，施將軍之戰功，皆當記數語於簡帙者。二僧，余在家粗能使之得所，及余入朝，而天問遂至爲竊賊所毆，幾斃。近二舍弟始結茅于近地而居之。

安卿言：「僧鋭峰有見識。當耿、吴亂時，時時對家兄言，天下仍屬本朝，凡叛者皆草寇耳，無一成事者。君看誰有帝王之氣度者，即偏據亦不能也。吾全家爲林日勝❶所

❶「勝」，原作「盛」，據李清馥榕村譜録合考卷上十四歲條改。

擄，襲其營而與之戰，皆僧發其謀，而使其徒助之。家兄蠟丸進表，僧所見與暗合。高明多智，能詩文，説道理，奇偉人也。今年八十餘矣。又僧天問，向中枯坐山上四十年，夜有大蛇來眠其榻下，又虎豹與之馴習。今年六十餘矣。」

和尚家公案，有一僧問僧曰：「日間能自己做得主否？」曰：「能。」「夢時自做得主否？」曰：「能。」又曰：「無夢時能做得主否？」其人不能承當。鋭鋒時舉此語，以爲吾儒就差此一層，即所謂「過此以往，未之或知也」一層。這是胡説。這就是吾儒所云「至誠無息」，「純亦不已」。第此卻是他最精論頭，鋭鋒僧實有些靜工夫。

同年王梅谷維珍弟清俊能文，余嘗至其家，梅谷有事，則渠相對。一日，有一西人能推算八字者，極贊賞之，對梅谷云：「又是一翰林，但遲發爲善，太清早貴，便恐不長久。」梅谷云：「豈晚發便增壽耶？」曰：「吾見此等甚多，不知何故。早發不能大受用，功名遲幾年，便悠久些，一似定理。」壬子年，便登賢書。梅谷語術士，術士曰：「舉人還算不得顯達，翰林便算。」令弟入場無不中者，若信余，甯不入場，遲三科則大佳，余可斷其爲尚書、侍郎。不爾，兩科亦佳。遲一科斷斷不可不可。」梅公不聽。場後，榜前沈同年名尚仁者，能見鬼物，走報梅谷云：「爲君道喜，令弟已中，廿八日放榜。」梅谷且疑且喜。廿七日晚，命人邀沈曰：「吾欲與君共飲待報，如何？」沈欣然諾之。共飲至四鼓，果發榜，報至，中矣。先未報時，梅谷固問以名次，曰：「這使不得，余爲同年，對君説中已不是，若再言及名次，立遭天譴。」指空處云：「這些禽獸皆記余過失者。」及報已至，不説名次，王曰：「君始不允所請者，恐榜未出漏洩也。今榜已懸，請道名次。」曰：「可矣。」言之果然。又問云：「何人房？」曰：「閩中李厚菴。」亦然。遂點詞林，不數月而殂。

丙戌十月十九日，孝感與余同奏朱子書。上令諸内官俱退，呼余與孝感近前，云：「汝等知西洋人漸漸作怪乎？將孔夫子亦駡了。予所以好待他者，不過是用其技藝耳。曆算之學果然好，你們通是讀書人，見外面地方官與知道理者，可俱道朕意。」

十月廿一日，上又令内官等退，招予與孝感近前，云：「達賴喇嘛❶，人好傳其神通，爲活佛，累生不變，俱是佛身，能記累生事。都影也没有，予着人看來。若是要像漢武帝通西域，此時也容易，其國中亦不和睦，費力不過從而郡縣之，也不難。只是想起來，得了他也無用。得其地不足以爲富，得其民不足以爲用。汝等可傳與九卿大家知道。」

吾鄉有黄勿菴，人厭之者多，而吾記其言之可採者，數十年不忘于心。自言罷任舟泊錢塘江，未渡，天暑，在舡頭上坐，忽有兩三歲自生女，在艙中趴出呼爺云：「汝明日

---

❶「達賴喇嘛」，原作「達力黑喇嘛」，據清聖祖實録卷二百二十七康熙四十五年十月癸卯條改。

死。」余笑而不答。停時，又出呼爺云：「汝明日午時死。」仍笑而不答。又移時，呼云：「汝明日不死，我當死。」亦不答，並不告知家人。至明日，恐有風濤之險，遂托買什物一二件，遷移。過午，殊無恙。乳臭何知？作此語，有鬼物憑之。至今余不死，此女已出嫁有子矣。此言即「見怪不怪」之謂也。豈獨處鬼，並可以處人。奸詭之人多方尋釁，吾只以不見不聞應之。彼求吾一怒，即於怒乘間；求吾一喜，即於喜乘間。而無如吾之不喜亦不怒也，則伎倆窮矣。黄又見人分別畫眉鳥，取能鬭者，以硃砂眼、桐油眼爲上品，而眼青白分明者爲下。勿菴云：「何繆！畫眉之至呆者，乃硃砂、桐油眼者。了無緣故，爲人所搏弄，以生死決鬭，毛血紛籍，自傷以傷同類，此何爲者？豈不至呆？而人貴之，以數金市之。若青白眼者，不爲人指使，見健鬭者，則慄竦毛竪，退避不暇，而鬭者亦爲索興。自全以全其類，豈非至靈？而人賤之一錢不值。若余輩者，乃諸君之所謂一錢不值之人也。」此言殊合黄老家之旨。又一前輩黄君，自幼即以狀元自命。一日當午獨行，忽見一朱衣神，冠服儼然如畫，當廳事而立。黄君向前，俯首叩拜，祝以科名顯達。神點頭，其神傴僂入地而没。黄君自負以爲點頭矣。後入學歲考，點名不到，除籍。老又爲一别駕家教讀，别駕令復應童子試，尋一起鐵板數者決之，其數即排定。某年入學，某年除名，某年復入學，某年中狀元，復大自負。余時已爲庶常，歸，渠爲余查數，以前俱驗，以證其將來不繆。予語云：「可信是已往，但如其言將來，子作幾節零星死方合，何也？」幾个小兒算他丁憂年俱不對，何也？渠應試不進，數年後，見予云：「余老矣，無復能爲。只是少年有此親見朱衣事，頗奇，求記。」余諾之，言：「君厚德，不發於身，必發於子孫，自有驗時。」後其人死，閒時對勿菴言此，自咎尚未踐爲記事之言。勿菴曰：「此言必不可踐，是爲鬼所弄也。」叩其故，曰：「神之交必在夢寐，不在耳目；必在夜，不在日；必化而升天，不縮而入地。亦非他鬼，即此君終日呆想狀元，結成此物，所謂『種種由心造』也。」余爽然稱是，歎其能知鬼神之情狀。

楊椒山不過是箇不要錢，立氣節的。箇甯爾講胸中糊塗，學問可笑。從韓大司馬學樂，就將荒唐夢中語筆之於書，言：「大舞成，爲之叩鐘擊磬。」絕無道理。狂語、綺語，皆佛家所大戒，獨佛又自己説許多荒茫誕幻之事，雖或寓言，要亦非全無所見。是他精神耑一，逼出一段境界來。他卻自見得如此，無如人都不看見，總謂之怪而已。聖人見的，如今人皆見，所以妙。聖人所不見，則怪而已。予同年沈某，日與人同坐，起，渠見鬼塞滿人間，無時無刻不見。然人皆不見，雖謂之無鬼可也。猗氏衛師初從朱二眉學，朱令終日仰視天，凝神聚精，久之，則玉皇、諸神仙皆得目覩。衛師信之，曰：「想古人所云『顧諟天之明命』即此也。」又教衛師静坐，久之，昏夜不燈燭，見眼前有光，如錢大。

久之，漸大罩其足，如佛像之圓光。衛師如其言習之，果然樂極，以爲道在是矣。又教衛師挺腰運氣，已覺通身水逆上，過頂門灌下，快❶不可言。師曰：「想孟子所以『直養而無害』，即挺腰運氣之謂也。」一日，衛師立朝堂，忽覺體中水自下湧上，盛大非常。水上時，自覺身如泰山之高大，及自頂而下，便覺得身成兩開，不自知已仆地，不省人事矣。當時，李元振及劉姓扶掖師，久之始甦，面紫黑色。舁歸寓，予急候之，見師言語不能屬。頃之，李君至，始述其詳，大責師以不忠不孝。師天姿高明，遂自此棄其學。

❶「快」，原作「決」，據石印本改。

榕村續語録卷七

史

問：「一友時看智囊，有益否？」曰：「亦好。大約讀經要透，纔見得後世情僞之變無所不有，甚難。若讀史，則易見，亦練達人情之事。左傳尚不能全備後世人情，若前漢書則備矣。漢人筆妙，又形容得出，後人則不能形容矣。若後漢書，卻是學道成的人方看得。如盜賊皆知有仁義廉恥，此卻是前後所無。繇此看去，見得三代可復。」

史書自古惟尚書紀言，春秋紀事。司馬遷則一變而爲紀傳，因人以紀事與言，遂不朽矣。史記乃未成之書，班孟堅踵修之，遂爲完備。人能熟此，再將杜佑❶通典、馬端臨文獻通考、鄭樵通志二百餘本書，芟繁摘要，使大經大法，源流井然，因革損益，講究至當。存廿卷，亦能熟記，便好。予頗有此志，惜無二年閒工夫，奈之何哉！

❶「杜佑」，原誤作「杜祐」。

史記雖有偏駁，如孟堅譏其「先黄老而後六經，貴游俠而賤處士」，然稱道「其事覈，其文直，不隱惡，不虚美，故謂之實録」。自唐太宗看起居注，而後遂無良史，率皆不實，無足觀者。宋史益可笑，惟有看周、張、程、朱言語文字及軼事而已。

漢書中精核明備，居然可用以治天下。左傳、漢書真有用書，人能講貫明白，研究精熟，有王者起，便可佐命。史記卻不可以治天下。何焯云：「史記列游俠、貨殖，或亦有見，見得封建、井田、學校廢，先王㊀法制蕩盡，將來兼并吞噬，不在上而在下。嗣後，則俠猾貨殖者出而持世矣。以今驗之，果然。」師云：「如此，宜露其意以抑遏之，反爲之揚其波，無是理也。」

漢書最是一部大書，若做聖賢尚不足，若熟此爲詩文、經濟，皆綽綽矣。再熟一部左傳，經外通此，文壇中便所向無前。

班氏父子、姊妹、兄弟，自成一家之學。大家爲后師，而閨範肅然，天官、律曆反出其手，真非常人㊁。

㊀「王」，原作「生」，據石印本改。

㊁此條亦載榕村語録卷二十一，未爲盡確。據後漢書卷八十四曹世叔妻傳記，班昭號大家，所補漢書爲八表及天文志。律曆志則出其兄班固手。

班仲升條陳，文亦斐然，即至班勇，尚亦通文，范蔚宗闢佛，尚引班勇。身至西域諸國，録其山川風土，若有如此大法王尊峙西天，豈有略不一記者？此卻是一大疑案。此等議論，蔚宗未必能及，此或是范武子搜求也。此如我中國文中子故事，其中説確不可廢，至引當時將相皆出其門，司馬温公已疑。其在唐初，公卿皆其弟子，豈無有一語道及之理？且隋史即魏鄭公總其事，豈有受業其門，而儒林、隱逸中，不掛王通一姓名其中者乎？亦有以當時長孫無忌與王氏相惡，故當時修史者不敢入。魏鄭公亦非怕人者，這也是一大疑案。大約吾輩只認定有一作中説之王通其人者在，至將相出其門，河、汾間以爲聖人，作六經以續尼山，且略而不論可也。佛法只認定西國有一清修苦行、定空寂滅之釋迦在，而神通無礙，變相萬千，百萬人天繞坐供養，且略而不論可也。古文尚書其大經大法，微言奥旨，只認定有一古文尚書在，而字句之琢飾，經魏、晉之手，則略而不論可也。

文中子論史，只取三國志，而不取班固，以爲自孔子後無人物，雖董子皆不取。此意雖大賢不免。程伊川自以爲接孔孟，作春秋傳皆斷以己意。如隱公元年不書即位，左傳云「攝也」，穀梁子言「繼故也」；他書即位，正也；繼故而書即位，變也，與乎故者也。諸語本是，而伊川定不用。隱公末年滕稱「侯」，桓公二年即稱「子」，杜元凱以爲時王貶之也，正是。而伊川不用。此皆未免有輕薄前人意。

東宫問張桐城英，史記殷紀祖甲、祖乙直下，許多年代不載一事，但有帝名而已，想是年代久遠，無所稽攷之故。張對曰：「固是如此。然許多年代無一事可紀，此天下所以太平也。」東宫亦然之。桐城如此等語，實平生可傳處。

唐書叙事極不明白，然宋子京傳贊議論極好。韓文公贊又好，或歐陽公特地加意撰成也。

歐陽公以史才自命，幾目空千古，今觀其所作五代史，視班馬尚遠。即如子長論龜策極精妙，班固諸論皆有到處，歐公其中無有也，怪竹辨所言都解不去。韓退之筆下亦輕清而道理結實，如柳子厚所引論天處，皆韓子與戲語。韓子大頑皮，當時看劉禹錫、柳子厚、張文昌、李習之、皇甫持正、孟東野、賈浪仙輩，亦喜其能文，至正經大道理渠所心知者，卻不與説。或時詼諧以亂其聽，大有玩侮之意。

向日東海每推孝感，以爲今之朱子，其實與朱子何干！大冶、北門欲傾孝感，遂先打朱子，豈知打朱子，孝感並不痛。説朱子做綱目，貶夷狄，尊中國，罵金人。皇上最不平是續綱目奪元朝之統，元主不書「崩」而書「殂」，天下反不書「反」而書「起兵」。余廷對時，説朱子並無此説，皆後人不善續綱目者之所爲。至暴虐莫如秦、隋，秦、隋，朱子何嘗奪其統！天下無他主，不歸之統而誰歸？其分書者，各國皆稱大號，而其不正同，其殘暴又同，無可屬，只得分書。元大一統，至外國皆屬，宋又亡統，不屬元而誰屬？且論元雖非中國主，尚不至如秦始皇焚詩書坑儒者地位，秦尚與之統，況元乎！舜東夷，文王西夷，豈限地位？惟其德耳。朱子之意與皇上同。皇上近來大信朱子，言朱子説佛、老一些不錯，他各人修身養性，何必説他不是？但治天下一毫用不着。狠説得是。

余閣學時，上一日臨軒，忽問中堂及學士續綱目何如，時宛平、漢陽相公皆漫應云好。上轉頭問余曰：「何如？」余曰：「臣平生極不喜此書。朱子綱目義例所云：『統者，以天下無主，有以主之者，便以統歸之。』如秦、隋之無道，而又不久，亦不得不以統屬之。惟五代，地無大小，國無常主，無統可歸，必奪統也。續綱目于元而奪之統，不允。元已百年，君天下矣，宋之臣子若舉兵起事，還可以忠孝解説。凡百姓有一作亂者，即謂之起兵，已爲元之子民，而乃以叛民爲義士，可乎？」余素持論如此，不謂與上意合。隔數日鈎囚，問明中堂止廿餘件，他多者不過十餘件，問余五十七件。舉朝震竦，以爲殊異，遂陞掌院。東海由此深嫉，而設法中之，又播言于上曰：「李某竊聽余論而勦之。」其可笑如此。

問：「宋之天下，元已全得，尚以宋爲正統，安乎？」曰：「續綱目許多不得朱子本意。金時，以宋爲正統猶可議，宋已稱臣便難説。至元天下一統，凡賊皆曰起兵，尤不通。享國久，時皆元朝所生，又非宋之子孫臣子，其人又無大志，而曰起兵，是教人刻刻該做賊，如之何其可也！如今平心而論，金、宋只好分注，自然先宋而後金，不然朱子遂爲陪臣，豈學者所安？如三國先主固是漢後，看孔明體面亦有一二分。」

綱目所謂「正統」，統者，相傳之緒，非一之謂。正對偏安言，非變正之正。自記。

榕村續語録卷八

歷代

聖人非無過，有過而改，方是可爲千百世法。若聖人必定要無過，天下後世人，皆要學聖人無過，則聖人果難學，而文過者更多矣。堯知鯀「方命圮族」，衆人俱説他好，堯也就用他。用之九年，中間亦未必全無查考，全無成效，想是隄堰亦成，旋被水衝。如此屢屢，至於九年，總課成效，全無所益，故曰「績用弗成」也。堯、舜之知而不偏物，想是治水不能如禹，禮樂不能如夷、夔，曆象不能如羲、和，只是深曉其理，若動手制器，自不能如其專精也。禹亦非天生能治水，必是九年隨鯀相度形勢，采問人言，又親見鯀之所爲致敗之由，久之又久，得其條理，故能成功。

稷先出，故穀以稷爲長。周棄以之名官。按粢盛，粢稷也。

吴太伯、仲雍如何一至吴，便得衆心而君之？大概不私其利，又于事明白。立心公平，衆人感他恩惠，又明白事體不如他，又有争忿，他又公道不過，便歸之者多。如管甯在遼東，不過一老教書，遂能化人；如田子泰[一]疇，便能化一方人，立井田、學校可見。如今也不見人居鄉能公其利，爲長者之行，使一方人服信之者。大抵人能公其利，便自受其利。如山之出雲，本以爲雨，及雨下，則出雲之山亦被其澤，此自然之理勢也。若有心施一小利，便有望報之心，使不相干人一計較，便没趣。

周初人材固盛，後來亦有限。大抵仲山甫爲優，詩經誇美，自「天生蒸民」説起，到「德輶如毛」，與他人不同。尹吉甫文武兼資，至方叔、召虎、申伯、謝伯之類，想亦有限。

定九先生云：「觀孟子『武丁朝諸侯，有天下』，可見武丁未出，諸侯不可得而朝也。從來如此，總是王畿不亂，天下繫屬，各國委其自治，聖人公天下之意不過如此。不利其所有。」師曰：「商朝最好，雖屢播遷，制度修舉，叛亂甚少。大抵聖人取人不論形勢，能齊家，便能治國平天下。武侯一蜀，能得多少大，今觀其治得有條有理，便足羡慕。須知，使之治天下之大，亦是如此。」

孔子稱管仲「一匡天下」。當時總不知有天子，而管仲知尊之，不至爲秦、楚所併，即是一匡。其實何曾及天下，晉便始終不至。所同事者，不過魯、宋、郲、莒、陳、蔡、衛、邢，

[一]「田子泰」，原作「田子春」，據三國志魏志卷十一田疇傳改。

纔今山東、河南一區而已。葵邱之會，聲勢已大，晉獻公懼而來，中道有阻之者，遂回。而孔子許管仲爲「民到於今受其賜」，蓋尊王義重，周又借以延長，不然則思蠶食者久矣。周公居東，或以爲避讒，或以爲東征，斯二者皆有之。朝廷之事，託之太公、召公，既可無誤，且明示天下以無他也。又洛陽，天下之中，據形勢之勝，以制頑叛，二者兼得之。

孔子平時夢寐思行周公之道，至「畏於匡」，跨過周公，直言：「文王既没，文不在兹乎？」夫子平素極謙，至是自任却大。文王演易，包涵周公，却是自出意思，不板依圖書。然其必直通造化，代天爲言。看文王當日，自朝至暮，無非修德勤民之事，興學校，造就人材。至「大邦畏其力，小邦懷其德」；「燕及皇天，克昌厥後」；「其命維新」；「濟濟多士」，是何等力量！所謂大邦畏、小邦懷者，方伯之職如是，非圖殷之天下也。如後世齊桓、晉文服楚，是畏其力也；存衛、救邢等事，是懷其德也。「誕膺天命」，安民之命也。「承厥志」，承安民之志也。不然何以爲「至德」？

孔子攝行相事，如今皆錯説，觀家語自明。古者兩君相見，必用相禮之官，當時夾谷之會，欲命相，知禮無如孔子者，故以司寇攝之。司寇官尊，豈可相禮？故云攝也。朱子「孔子行」及温公通鑑皆錯，誤以爲行宰相之事。不知當時官，亦無宰相之名也。三月大治，即爲司寇與聞國政之時也。與聞國政，遂如此。古人如字句錯處，必不能無。朱子笑東坡誤引「孔子射於矍相之圃」，序點，人名也，而東坡以爲「行揚觶序典之禮」，竟以「序點」爲禮節矣。

一代人眼，原不足憑，到得千八百年，合之便是天眼。其初不過一二知己耳，知孔子者，宰我、子貢、有若；知韓子者，習之、文昌、持正、子厚。久之精光愈現，而異口同聲矣。

三代後，惟漢最近古，兵民不分，文武不分。丞相入奏，侍從居内，内外不分。君雖尊，臣雖卑，然上下猶不甚闊絶，官至加秩久任。文帝弛山海之禁，不興兵革，賈誼要立錢法，文帝不理。鄧通可鑄，吴王濞可鑄，天下士民要鑄，皆得而鑄之。尉佗據東南許大一片地做皇帝，文帝亦不爲意，但戒不相侵，要做便做，汝祖父墳墓在真定仍令官爲掃除。吴王驕蹇不朝，反賜之几杖。輕徭蠲租，衣食儉樸，大爲近古，真得黄老意思，培漢家元氣。後人都説宣帝刻覈，傷元氣，故不久亂生。今觀之，亦未盡然。當時綜覈吏治，久任循良，原好，至國短長，有天焉。可云堯舜不再世，爲堯舜傷元氣？周宣王旋有幽王之變，可云宣王傷元氣乎？唐、宋便蕩蔑古法，今視兩漢已若三古矣。

漢高祖入關，婦女不近，秋毫無犯，遂定霸王之基。杜子美贊明皇中興云：「不聞夏殷衰，中自誅褒妲。」不獨立言有體，道理亦足。朱子入對，便先攻孝宗左右近倖數人。孝宗云：「此何足介意？不過差伶俐給使令而已。朕豈聽若輩言耶？」朱子云：「自古人君受其蠱惑者，正惟以爲微賤，正惟不自以爲任用，而不知已墮其術中矣。」朱子終身不得柄用以此。韓侂胄彼時官甚小，定策與渠無涉，僅效趙汝愚之驅策而已。朱子爾時便力勸趙去之，曰：「甯使居外，此人頗有巧佞之才，此時一節鉞足塞其意矣。」趙不聽，曰：「此何能爲？公過矣。」朱子曰：「公不聽，當自受其禍。」趙卒不聽，後果然。聖賢於此處，見得破，斷得定，是扼要處不肯放鬆。聖賢要有不近人情處，朱子斷妓女，施以嚴刑，而判其從良。其實與妓女無關也，至今人爲口實。朱子彼時甯過於嚴。孔子將景公好梨園子弟而付之極刑，太公蒙面而殺妲己，何妨同道。

坑儒者，漢高也，非秦皇也；焚書者，蕭何也，非李斯也。高祖時，若肯引用耆舊，當時遺老如魯二生之類，自有見聞，而不用，可惜哉！蕭何原是做書辦人，但知收秦府圖籍，爲錢粮兵馬計，而經書皆棄置不問。項羽一炬，乃盡澌滅。當時所禁，禁民間藏書，非謂官庫也。所謂「王府則有」者，固在也。

漢文帝文字，未必不如賈生，且天下做事人，亂叫嚷便有限。若使賈生爲天子，恐未必如文帝。治安策開頭便言要處置藩王，其意狀如制强敵，意象極不好。孔子論九經，尊賢即次親親；書言堯德，必言親睦九族。如何是此種立論？當日以漢文帝爲君，以董子爲相，而以河間獻王調停其間，三代庶可復乎！仲舒第二策，余初未選，以其語意平常。細思其以皇皇求利爲言，皆豫見武帝之禍天下，與孔子要哀公立誠行政，而不直誨以在下位者，推言同意。先賢所見深遠如此。

漢文帝雖天姿仁厚，但不能興禮樂，致太平，所以易世至武帝，而幾危。宣帝綜覈名實，雖亦小康，不知禮樂，竟弄成一名法之天下。東漢明帝鋭意興復禮樂，然亦只是皮毛，然功效亦能使人尚名節。可見禮樂之功大，但終不能置斯民于三代。可見此事非聖人躬至，德從心中流出者，不能爲也。唐太宗慨然有志，而人倫多慚，不獨禮樂無本，而再世幾亡。甚矣！根本宜亟也。

何焯云：「長沙講積貯，却未有流弊。至晁錯言之，便有輸粟納爵，開搜括之端。其後納爵不行，只得告緡，告緡不已，只得自行鹽鐵。是勢之相因而必至者。」曰：「漢文以長沙傅梁懷王，而以錯傅太子，可謂誤於擇師矣。」

三代而後，諸葛武侯、董江都、韓昌黎，若使得賢君而輔之，其功績皆當在漢、唐以上。觀魏徵之佐太宗，便到貞觀地位。魏之才學，視三子無處比得。武侯文章，字字着實，無意爲文，不過如今説帖、告示，語語有實用，實至文也。後來惟韓文公極頂文字，可以幾之，如淮西事宜，字字可行，他人不能也。董子三策、韓子四原，日星河嶽，不可磨滅。次之，便要數賈長沙、陸宣公、劉更生、班固等。陸敬輿當不得，他真真樣樣曉得，民情土俗，軍國典制，無不精練。班固頗不尋常，一部漢書，何所不有，又議論皆是，多得要領。此人學識大，不可測，後人非其品行，此亦苛論。當日竇憲出征，朝廷命固從，固豈得不行？既與憲同行，憲有功而歸，要他作篇文字，豈能不作？何足爲累？劉更生峭直忠鯁，但恐略傷急躁。賈長沙不及董、韓處，就在不醇正，夾雜霸道。如治安策，開口立意便差，總是爲天子籌畫，刻刻怕人搶了天下去，急急剪除同姓封國，絶無公天下之意。文帝妙在自行黄老，總不聽他，静以待之，加之恩禮，待他自絶，天下共忿，方行誅除。若景帝再用此道，天下無從開釁，數年之後死去，一二桀驁者從容處之，自可無事，何至天下受此一番荼毒！景帝幸而成功，誅削同姓，馴至微賤卑弱，幽憂愁苦，不能自存。王莽一舉而奪之，無復有齟齬其間者。班生之論允矣。賈生之言安在？至當而不易乎？但盡其設施，整理振作，必大有可觀者。

定九先生云：「鮑叔牙之知管仲，蕭何之知韓信，皆是平日講究得透，故見之甚真，而信之甚篤。」

古人有事勢窮蹙而降人者，斷不可即殺其家屬，殺之便多受其禍。近今施烺之于海寇，可觀矣。李陵忠義，故不侵漢，不然渠若將一隊爲邊患，恐勝單于數倍也。然陵果如是，則漢書中豈復存一李陵傳乎？只可於衛律後附見一名耳。李陵、蘇武、霍光傳真是精神。陳梓言：「班固相去一百五六十年，何以能紀李陵事詳細如此？」何焯云：「或是司馬子長有此稿，亦未可知。」諸葛武侯待黄權、孟達可以爲法。

何焯言：「班固受禍，吕東萊言其爲習氣，甚當。蓋班、竇皆戚畹也。」師曰：「大凡君子立朝柄政者，苟非大賢，與之交好比附，未有不爲所累者。韓文公惟與裴晉公相與，所以無遺訾。朱子爲王淮所薦，到任即參劾其親黨唐仲友，六疏不發，七疏即劾王淮，甯爲所阻。而已與留忠宣原相好，居官即與之相争，義之所在，不得不如此。王介甫與周濂溪算相好，那時周子在外爲小官，固自無嫌，若並列於朝，須一斷以義，不得狥情。」

三代以後，崛起人君，多起于田夫，不讀書，惟漢光武、唐太宗皆是公子。光武爲南頓君子，太宗爲唐公之子。光武學問雖不深，然曾遊學京師。唐太宗雖擷六朝之精華，曉佛氏之糟粕，然到底知文義。故文章之盛，惟推二代，此其根本。若宋，雖有周、程、張、朱、歐、蘇、曾、王，却是天運，藝祖全無所以致之。又有偏安之君，可惜未成者，如漢昭烈、北魏文帝、周世宗，英才蓋世。朱子謂其生像便是不壽，信然。性太緊，度量窄狹。

昭烈少好美衣服，田獵聲樂，後方知從鄭康成、王彦方輩講究。然亦無大功夫，獨其立志不肯偏安。孔明亦然，却不是苟得土地有以自奉，且及時行樂，以觀天下之變，利於鼎足，互相牽制，冀得苟延。如劉表、孫權之輩，心事無論，其有拯生民於塗炭意思，必欲光復舊物，其名號甚正。若劉表、孫權等心事，不過是做賊情態。孔明「王業亦亡」之説，甚確。不徒孔明不肯一日苟安，就是姜維不肯安静，亦是豪傑。興亡，命也，人道却宜爾。若孔明閉關休息，自食地利，益州雖小，儘可享用，孔明不爲也。獨是鄧艾、鍾會來時，後主不當便降，甯可走。最好是孫盛一段議論，謂劉禪不當聽竪儒譙周之説迎降。當時軍民，懷先主、孔明之德未休，後姜維軍受詔歸降，衆人皆拔刀砍石，與吴隣領兵將士不肯降晉，見詔方聽命。若使當時相率而逃，未必有他内亂。蜀中重山疊嶂，水折山深，只須隔一界，便不能過。吴聞晉兵至蜀，已發兵來救，只遲一二日。若使劉禪依隣吴數處兵以爲固，姜維之軍亦自來會，勤王之師續至，蜀民不與鄧、鍾爲一心，晉軍深入，欲歸不得，糧日就盡，鍾、鄧方且不能自保，何爲不可？若説逢危，國君必不可逃，則句踐不宜棲會稽，申包胥不宜請秦師。與其繫頸歸降，何如光復祖宗之舊！

漢時，如孔融、華歆、劉表、劉繇、王朗之輩，皆負重名。孔明所謂：「論安言計，動引聖人者，却都無用處。」龐德公所云：「俗儒鄙生，焉知時務？知時務者，呼爲俊傑。卧龍、鳳雛，得一足以安天下。」俗儒鄙生，即指此輩。曹操年紀還長，至於孔明、公瑾、伯符、仲謀、士元、元直，皆一班少年，出世便知機宜。孫伯符知華子魚非其匹敵，取之甚易，但渠負望，對敵不雅，須華君自降方佳。正在躊躇，及伯符方入其境，而華歆已迎款道左矣。伯符大喜過望，執手道故。此輩雖無實用，大英雄必不輕忽他。孔明見龐德公，拜於牀下，執子弟禮甚恭，所以成就更不同。

孔明王佐，其兵屯處，與渭民雜耕而不相擾，真仁義之師。恩信服人，身死尚能鎮安數十年。韓信輩便不能，只得用背水法，方能得人死力也。

孔明若永其年，自不可量。文中子信其能興禮樂，程子信其三年不死能滅魏。

孔明平常不説誑話，其簡札云：「吾心如秤，不能爲人作輕重。」果能如此，已造聖賢地位。今觀習鑿齒贊其用刑之公，晉武帝聞其改過而無吝色，賞罰之信可感神明，知其語固非夸大。

經理世務人，設施固是不同。漢末司馬德操、龐德公諸人，負當世大名，諸葛忠武拜於牀下。然拜則拜矣，敢保其出來都無用，觀華歆輩可見。後出師表：「劉繇、王朗，各據州郡，論安言計，動引聖人，羣疑滿腹，衆難塞胸。」下云：「使孫策坐大，遂并江東。」空言無實，何益之有？

諸葛前出師表，倉卒之際，言有倫次。先要後主自己「開張聖聽，光先帝遺德」，「不宜妄自菲薄，引喻失義」，是脩身之意。次及「宫中府中，俱爲一體」，是齊家之意。宫中之事，交與攸之、禕、允等；營中之事，交與向寵，是亦尊賢敬大臣事。「親賢臣，遠小人」數語，伊訓、説命無以加焉。次及自己出處。次及南方已定，欲北定中原。由内及外，由近及遠。然興復之本，總在人君，故反覆於攸之、禕、允等進納忠言，而又切囑後主「自謀，諮諏善道，察納雅言，深追先帝遺詔」。後主後來失國之道，忠武固已見之矣。若此等文字，韓昌黎亦未做得。昌黎後爲國子祭酒，亦未見有條奏可方天人策者；爲侍郎時，未見章疏有如出師表者。要之，亦少忠武一段誠意懇惻處。

蜀漢中，張嶷、趙雲不獨有將略，而見事明決，持重老成，皆古大臣也。不識當日何以不以託孤寄命之事推之，武侯用爲大將而已。或我輩於書册中見之，未若親見之更的確。

本朝來，有許多剏前代所未有者，此之謂時務。漢末通經學古者甚多，如劉繇、王朗、華歆輩，皆名士，聲震天壤，而做事業如曹操、孫權等，視之若無有者，以其不知時務也，任以事必敗。然通經學古有德器人，終不可以其短於才而絶之。彼雖不適于用，却是事業根本。如昭烈之英雄，以與鄭康成談過，而記其語以爲治，以孔北海知其名爲榮幸，却不可無此本子。以孔明之智略，而拜龐德公於牀下，其所見卓矣。

有謂孔明前知休咎，好事者附會耳。孔明初上出師表，若逆知其敗，肯云「今南方已定，兵甲❶已足，當獎率三軍，北定中原」；又立軍令狀一般云「不效，則治臣之罪，以告先帝之靈」乎？此理非獨孔明不知，雖孔子亦不知，但略曉得大略耳。若全曉得，便何用人事？如人子當父母八九十病，心豈不知壽命有盡，然心又竊計，世豈無百年人乎？苟可以求醫藥者，無不至，人事宜爾也。聖人何用此學哉！

陳壽三國志，比諸葛忠武爲管、蕭，則曹又不與焉。然畢竟工部改評爲善，曰：「伯仲之間見伊吕，指揮若定，失蕭曹。」允矣。韓文公、杜子美，此二人不曾見用，若用時，皆有大過人處。其見解高卓，超出尋常萬萬。

考古論人，亦有氣類不相合者。邵康節獎許人物，如周亞夫、張子房、狄梁公諸人，無不及之，而獨不推服武侯。韓文公總不説及賈、董文章。送王秀才序，又知其祖王無功，而獨不見績兄文中子；盛推揚子雲，而不及班孟堅。口雖不言，蓋韓文公必惡。文之累墜調，自班開之，李翺所謂「麗華鬭葉」者。文中子擬論語，想亦韓文公之所惡。又

❶「兵甲」，原作「甲兵」，據三國志卷三十五諸葛亮傳乙。

李翱所謂「剽剥不讓」者，蓋述韓子之意也。于德業，又不及武侯，不知何故。

以術數前知，此非聖賢之所重。康節心既虚明，察于理，又精熟不過，豈有不知？却不以此挂口。「至誠之道，可以前知」者，不過因革損益，蓋見著龜動四體，禎祥妖孽寂然不動，感而遂通天下之故。武侯「成敗利鈍，非臣之明所能逆覩」，真有儒者氣象。康節與孔明，固是情好不同，皇極諸書，惟推留侯、梁公，想此老出世，亦近此等作用。至武侯，從不提起，惟至伯温，想因父之薄孔明，而至作論以排之，康節始呵斥之，以爲「豎子，烏知孔明之非王佐乎」！蓋聖人仁智兼隆，若智處太多，於道理上太占便宜，微與聖人隔。聖人略帶有些呆意方是。狄梁公有何可推，尊爲有數人物？其復唐也，在既没之後，而身爲武氏之宰相多年，似不若翻然遠去之爲潔也。程伊川便以周公、武侯並稱，不一而足矣。

諸葛忠武在蜀，人皆咎先主何不早任之治軍旅，不知忠武亦練習閱歷而後能之。先主與曹操争雄，亦是老於行間者。忠武小心收歛，却又能看出英雄疎略處，日加精密。又英雄只是心中氣識能任事，儒者又能思見其理，故聖賢皆見得最上一層。

汾陽出兵，十敗七八，全才爲難。孔明治國，如彼條理，及出兵，雖宿將莫能當。區區一隅，天下震動，雖周公不知何以加此。其託孤寄命，與周公不異，而民不流言之語，方且推之在周公上。

孔明未嘗與孟德角敵，勝負未可知，出師表稱其用兵「髣髴孫、吴」，然孫、吴之技擊，不足以當桓、文之節制；桓、文之節制，不足以當湯、武之仁義。孔明之師，節制而進於仁義者也。孫襄。

士未至達節地位，且當守節。孔明達節者也，管幼安守節者也。三國孔明第一，幼安次之，徐元直又次之。以元直之才，仕魏豈無所表見？彼固有所不屑焉耳。孫襄。

漢人尚風角、鳥占之學，而外孝經、論語。唐人貴制科進士，而賤明經學究科。又如不善歌者，使之習雅樂，可以觀世變也。孫襄。

魏氏之開國承家，無足言者，獨子建泥而不滓。當漢帝禪授，而數日臨哭，幾於自殺其身，亦可哀已。其後三四徙封，流播憂摧，終夭天年。延及懿親，並見疏斥。自記。

一帥敗，或譏其家本寒微，驟致通顯。先生曰：「今之負且乘多矣，顧所以守之者何如。讀幾句時文，以取科第，與此相去有幾？逆取順守，古人所貴。賈誼過秦論，到二世子嬰時，尚爲之計。宋藝祖得天下，與劉知遠、郭威無二，然有渾厚處，武斷處，本身有氣力，享年長久，亦天祐之耳。隋文帝未可云不順守，其子不肖。柴世宗何嘗不順守，國不延，無可如何也。」孫襄。

退之以陶公未能平其心，蓋有託而逃焉者，且悲公之不遇聖人，無以自樂，而徒麴糵之託，昏冥之逃也。其論正矣，然感激未能平其心。自古夷、齊之侶，何獨不然？謂其無得於聖人，而以酒自樂，則視陶公已淺矣。觀飲酒詩六首，每章中惓惓六籍，恐公之希聖不在韓文公下也。此與嵇、阮輩柰何同日而語？其不曰「樂聖」，而曰「樂酒」，則寓言固自有由。當晉、宋易代之間，士罕完節，況公乃宰輔子孫，無所逃名乎！稍以才華著，便恐不免，況以學行自豎乎！隱居放言，而聖人有取焉。惟其時也，觀謝靈運殺身於無名，則公之所處超然尚矣。自記。

論唐之天下，大局面不如明，而人才則過之。如郭汾陽、李西平之勳德，杜工部、李太白之詩，韓昌黎、柳子厚之文，宋璟之相業，歐、虞、顏、柳之書法，狄梁公之深心大力，皆非明所能及。兼之者其漢乎？雖末世，猶出昭烈、孔明其人，真是大體面，結局甚好。

某少時，先君命余讀宣公奏議，苦極，蓋以其排密，不疏爽，難背誦。韓文公出其門，平生無一字及其文，直至憲宗實録内爲立一傳稱道之。陽道州在當時亦是人物，諍臣論也貶駁得盡情，亦於實録内立一傳。其孝友忠鯁固奇，而迂怪呆狀亦全載，俸禄被惡少誇羨，便予之，而兄弟幾人皆不娶，以無後。此何爲者？當時如李鄴侯，真覺有仙氣，而韓昌黎亦從口不道及，想亦以其好怪也。韓文公真狂者，其眼目大在那裡？

工部情多，使此人得志，當澤及民物也。自記。

宋待臣子至厚，罷官猶得祠禄，不特超越唐代，蓋於漢有光也。士大夫生當盛時，以不得嶺表一行爲耻。孫襄。

王之下便是公，公者，無私之謂也。人一當國，那裡還記得自己許多恩怨喜怒事，所以要大公無我。范文正與諸葛武侯便有此意。

范希文生平好獎成人材，孜孜汲汲，好尚在是。韓魏公便不能如此。所以朱子自三代後，眼中只有武侯及文正兩人。文正宅有風水，有人相此宅多顯達，文正云：「一家好，何如一郡好？即爲學宫，於理勢應然。」一家貴盛久，未有不大壞者，但人却不能。杜子美詩好亦在此，一飯亦不忘君及天下治亂。説他是假，如何醉夢中所作詩亦不外此？雖用世，未知其能爲與否。然此段心志，與日月争光可也。

司馬文正由其言忠信，行篤敬，終身無失，學者翕然服之。只是聰明睿知處，少不足耳。

范文正學問亦有限，事業亦不較烜赫，而宋人重之，至與明道同稱。明道固宋人所稱服爲聖者，想見希文志氣大，做秀才便以天下爲任，言下便先天下而憂，後天下而樂，又心真誠懇切，人不得不推服之。

有一衣冠毁一正人，問：「或係其識闇，未必是邪人。」曰：「氣味與正人不相投，便是邪人。」問：「東坡與伊川不相投，東坡也謂之邪人？」曰：「觀他父子兄弟爲文，有一言近道否？以戰國縱横爲宗，治國則尚功利，處事則用機權，歸根則入佛教，立朝則黨同伐異。至今但見其議論風采，文章烜赫，而終不可與入堯舜之道。如孟子惡楊、墨，前賢闢佛、老，楊、墨、佛、老豈是弑君弑父貪財好色人，然而聖人惡之，反在吴起、白起、蘇秦、張儀等之上者。蓋以此人之不是，灼然易見，其罪不足攻。而惟其有以自立，足以動人，扇惑人倫，陰銷正教，其罪大，其流毒遠，人中其毒，而不自知爲惡也。明儒如邱瓊山，何嘗不卓然欲自立，而立朝亦是黨同伐異，便不足爲正人矣。」

十一月壬午十六日，上以宋高宗父母之恥終身未雪爲論題，考熊中堂、陳太宰、韓宗伯、徐詹事、揆凱公、勵副憲、查昇、宋大業、陳壯履、張豫章、滿保、何焯、查慎行、汪灝、吴廷楨、盧軒、錢名世，因論此題大概。聞上意，以宋高宗因父母在彼，若急進兵，恐彼殺之，故遷延不忍，非忘仇也。此固是矣，情亦曾想過。但怕他殺父母，不可進兵，但不知金人若必要高宗全獻南土，但竊負而逃，遵海濱而處方休，不則便殺其父母，將不從乎？抑棄祖宗之全土與之乎？且急進兵不可，而内自强亦不可乎？如諸葛公閉關息民，治兵儲餉，用好人，擇大將，固疆圉，普仁恩。金人若見其强盛，彼留此兩老人何用？又殺此兩人何益？未必不送歸也。又不進兵，又不自强，何爲耶？元朝不立法制，一切寬弛，官以賄行，蕩無廉恥。明太祖有天下許久，人民尚思元，如幼童憚嚴師而思寬惰者一般。明太祖立法太嚴，激厲廉恥，至三百年將亡，百姓尚富饒無比。

何焯言："明太祖曾遣人向天竺國取經，現入三藏中。又各王分封，則以一僧傅之，姚廣孝則燕王傅也。"師曰："洪武皇帝亦不信佛，但是人不能無所畏。當其分争時，匹夫匹婦皆吾敵也。至于天下一統，無外患可虞，而欲保社稷，長子孫，則懼鬼神，而思以邀福而除禍，未有不爲僧道所騙者。自非聖人，斷不能免夾襍念頭。惟聖人胸中瞭亮，道理見得透，知道我即天，天即我，天下豈有外于天者？坦然做去，有何畏懼！"

古人成功，後人便喜以事傅會之。如劉伯温，何嘗明知太祖起而已之爲佐命？如知之，何苦爲元用，作兩截人？諸葛武侯皆不知，即聖人皆不知。聖人見理精熟，幾未動必不輕爲，人見其若前知耳。惟邵康節先生，説不得他不前知。如上古黄帝、廣成子，後世陳希夷輩，皆另有緣故，是聖賢中又别出一小支，所以二程甚不喜邵此處。然亦只見理之後，又以氣機象數知其端倪耳。如伯温問康節如何不仕，康節亦只言宋興已太平百年，恐不能久無事。此只言理。後於洛陽橋聞杜鵑，曰："南方氣至，天下將亂。"臨死，伯温問避亂處，曰：「蜀中好。」伯温葬畢，即遷蜀。及陳希夷聞陳橋兵變，自己偕少年輩策蹇往，冀倖己之得爲也。聞太祖即位，乃笑而返，曰：「天下自此太平矣。」康節亦不能確然知亂天下爲誰，天下亂在幾時，陳圖南亦不能確然知趙太祖之必帝也。陳見太祖父道上，以籠担二子避亂，大笑，人問之，曰：「笑渠一担擔兩天子。」又見張益州在天上救火。大抵心静久，神遊九霄，不屑世間事久，自與天通。人之所爲，其幾動而事未形者，天已有象，蓋人世所爲，皆上帝使之也。上帝者，即天地之心之靈明也。問：「曰上帝既作主，何以使世亂而不治？」曰：「試問君有疾，豈君心之所欲乎？既有此心形體，即有陰陽五行之錯雜。只是當有病時，心之靈明尚在，或病甚時，語言顛到，手足狂亂，並心之靈明亦失之。然病去，而心依舊靈明。心未嘗不欲一刻病去，能調養保護之也。如『三后在天，王配于京』；『文王陟降，在帝左右』；武王『乃命于帝庭』。既有帝，即有帝庭。天之靈明何處不在，而必有栖聚之所。如人之心靈遍體皆是，拔一毛即知痛，何嘗心不在？倒底心有腔子在。人與天地一箇様，善言天者，必有驗於人。」

天下全以人才爲主，開國初有正經人物，便成一代好風俗。明朝三百年，諸事廢弛，學術荒蕪，風俗却好。立朝士大夫，雖樹黨悮事，要不可謂其無清節。大凡易代受命，須有前朝遺逸，如派頭傳來一般，所謂碩果也。明初，雖洪武猜疑，不能任人，到底有宋金華、劉誠意諸人。接以方正學，靖難死義者甚多。漢之二生，所謂碩果也，雖不用，所謂「雖無老成人，尚有典型」。世疑文中子有無不可知，因其攀援唐初將相，更滋之疑。然今觀房、杜、魏諸人，似覺有些派頭，或講究于河、汾，亦未可知。惟宋却無派，五季之後，天地昏塞，生諸大儒，真天開文明也。趙普諸人，皆匹夫耳。

姚江機智却有，若姚江爲武穆，恐十二金牌召他不回。人有好處，便有附會歸美者。如姚江疏，何嘗一字傷劉瑾？而云「瑾欲殺之甘心」，過矣。

王姚江却未見他講得治天下大規模，經學是其所疎忽者，故亦未能詳備。永嘉議禮，姚江其時家居，未嘗不以爲是。姚江若得志作相，大概是李德裕一種人，其心胸比李少開廓，而才亦相亞。孔明可以興禮樂，雖未知孔明講求如何，但其幕府有許多人在。雖聖賢，亦不能獨成大業也。

正學迂腐無用，若以王姚江處其位，恐永樂未必成事。姚江滿腹機權，故是英物。其平甯王，皆教官、典史、知縣、知府驅市人而戰，真是大才。

象封于有庳，却在今貴州地方。而廣東、雲南、福建，皆漢武帝時始開，人皆咎漢武之窮兵，由今觀之，此等地方亦何可少？瓊州亦在海外，內有人物，如邱瓊山、海剛峰等，如何泯滅得？周禮有「七閩」，不知是福建否？而閩中出讀書人，始于歐陽詹，閩詹前尚有林蘊也。將來臺灣亦自出人材。臺灣地方極大，今所得不過十分之一，天地日開，正未可量。

張浄峰爲兩廣總制歸，家惟一犂，躬自耕田。又蔡虚齋做學道，寄四兩銀子還家，細細剖分幾錢作何事，幾錢作何事，極言此銀子不易得。又好風水地，甚愛一塊地，須八金，而苦不能得價。此二札，皆載集中。渠輩想官物官用，視之與己無與。明時尊宋儒學問，其風俗之好，不下東漢。宋朝人才盛於兩漢，真是天開文運。

安卿言，其鄉先輩黄公克纘致仕居家，爲其親家趙公謙光死，弔之。趙之子，黄壻也。黄因密詢之：「君家三世仕宦，家貲畢竟幾何？」其壻以實告：「吾曾祖仕歸，有二百金産。吾祖自卿回，復增如曾祖數。吾父自巡撫粤東回，更好，增二百石租矣。」黄俯首歸，閉户不飲食者累日，舉家惶駭，跪而請罪。黄乃呼其子姪告曰：「趙氏三世仕宦，所得如彼，吾一代耳，竟至有三千金，負媿多矣，非汝輩罪也。」黄公五十年顯宦，除吏部，遍歷五部尚書，巡撫山東十二年，而以三千金家産爲羞，前代風教之厚如此。黄爲巡撫山右，清素不緇，夜不閉户，幾致「刑措」云。

蔡虚齋先生終身授徒於僧寺，有勸之講學者，笑而謝之。徒從中有異等者，升之於後堂，次者，則發文時次第其前後而已。升後堂者，則林次崖、陳紫峰兩三人而已。其文常居前列者，虚齋死後，無一不登進士第。虚齋提學江西，考試時，次崖看卷于署内，取舒芬壓卷，人譁然怪之。其郡守郡佐皆言：「或内看卷人偶誤耳。」蔡曰：「不然。今日即將諸人覆試，令予署内看卷者及舒芬同考。」次崖及舒一揮而成，諸人作果不如，郡守等皆氣沮。蔡因謂曰：「舒生乃此地之羅一峰也，他日當爲忠孝狀元。」人疑而笑。後死十數年，林與舒同榜進士，而舒果殿元，其直辭貶黜，與一峰之行蹟相類。

又有一鄉先生趙諱瑶者，爲粤提學，盡放一郡之諸生三等。諸生惶而請爲文之法，某曰：「文非無佳者，只是中有惡氣不祥，不欲爾輩入闈耳。」諸生苦懇之，因許其入闈。是年赴省試者，多溺于江，十有七八也。當時人謂看文曰：「虚齋聖，趙瑶神。」王遵巖令其壻林某爲文。林止爲小講，苦不能成篇，其表兄來，爲之代作中比去，其師乃爲成後比。王看之，分三段批：「小講尚書，中讀書不成，後乃教官也。」後皆如其言。

地方果生一人能自立者，上天之所加意也。其精神定有發露時，氣運亦隨之而盛。如蔡虚齋在晉江，林次崖在同安，平日皆盡心朱子之學。而流風緒論，二公之後，甲科之盛，每榜不下數人，乙科每榜數人。如此者，幾百餘年，號文物之地。

張瑞圖子名濳夫，號確菴，翰林，不仕本朝，極有品。其甥楊玄錫，十四、十五歲聯捷，亦高品不出，貧極。楊有姪亦進士，一日造之曰：「柰何連日米斷，旋買旋食，竟成楊維斗矣。」答曰：「叔還好，姪連日竟是楊升菴矣。」

鄭芝龍在明朝後，不過好獻與本朝，圖官大耳。黄石齋爲宰相，何元子爲總憲，芝龍加宫保，班在諸臣上，至其壻以都督，亦在東班諸臣上。何糾儀拉至西班，渠曰：「吾勳臣也。」何曰：「汝勳安在？」果拉之西班。芝龍大不平。何知不可爲，上章辭歸。帝留之，鄭曰：「何用此等人！」遂放歸。伏甲於路，何肩輿至，突出露刃，輿夫驚呼。何出謂賊曰：「知君所欲得者，吾頭耳，毋及他人。」伸頸命取之，衆愕眙許時，曰：「好一个都院，且取若耳可矣。」割耳而去，以已殺報芝龍。隆武聞元子被盗殺，哭幾日。當時人作一對曰：「都院無耳方得活，皇帝有口只是啼。」石齋曰：「吾死在明處，何用爲賊臣殺乎！」遂請命出關征勦。與兵一萬，七日而糧不至，諸軍餓散。黄曰：「我知之矣，汝等願去者速歸。」施爲小官，陳機宜大略言：「此等兵本無用，不如全散去，以公重望，藏身僻處，觀釁而動。義聲號召，尚可有爲，何徒取死？」黄呼之入，曰：「爾有異志乎？但不知吾心事。某此出，不過送一死，以盡吾事。汝等可爲此事，天下雖大，那有黄道周藏身處？明知兵散去，坐吾以失律之罪。然吾兼程進，一出關，便不復理渠矣。」至江西，諸生聞其名，争相號召起兵。本朝兵一遇而靡。本朝兵呼曰：「黄閣部在内，不許殺，必須生擒。」黄自出認，遂將去。

施靖海向余言，廿六歲從黄漳州領兵出，中途便上書與漳州，論兵機宜。漳州報書言：「君所言悉中窾要，但我受命而出，焉能中棄其軍？濟則社稷之靈，不濟但辦一死。」因言漳州只是一忠臣，却用不得，無經濟才。余因問施君所陳機宜如何，曰：「以余意，直行將所帶海兵棄去。内有鄭芝龍主持，糧餉掣肘，所帶海兵，習水戰而不習陸地，父母妻子悉在海上，烏合之衆，動輒離心。本朝兵初下，兵勢猛鋭，先聲已厲，如何能敵？不如散遣。漳州負天下重望，潛向江西、湖廣，聯絡豪傑，隨地起義兵團練，選擇而用之。黄公義聲遠播，兵若精强，四方必有應者，或尚可爲。如彼所爲，立見其敗。漳州書回，吾亦辭去，不復與共事。至今，漳州手書尚在余篋中。」

黄漳浦被擒時，詩極多，予曾記其一首，云：「諸子收吾骨，青天知我心。誰爲分板蕩，豈敢付浮沉。鶴怨空山淺，鷄鳴終南陰。南陽泣路遠，恨作卧龍吟。」一門生歸，索家報，黄裂衣襟，嚙指血書四語曰：「綱常萬古，節義千秋，天地知我，家人無憂。」黄石齋死難之詳，却是余會試時，住浙溪客店中，一鄰寓人爲人言，且説且哭，直達四鼓。問其人，云：「皂隸也，不知何處人。」言金正希先生擒時，摇扇迴翔，步于洪承疇大堂前，指斥駡之。言金、黄皆稱老爺，而洪或稱名，或稱洪亨九，或稱洪老。黄石齋先生被廷杖下獄時，諸刑俱備，身無完膚，已死仆于地。那時士大夫皆好。

黄東崖時爲侍郎，微服入黑室中，無所見，摸地上，得石齋，低呼：「石兄！」石齋已昏暈，不能復作聲，東崖以爲死矣，遂哭。移時，石齋復甦，問爲誰，東崖答曰乃某也。石齋云：「多勞多勞，有心人。」長嘆云：「不仁而可與言，則何亡國敗家之有！」東崖云：「兄臀被杖，瘀血凝塞，當爲用磁碗片割破，去之方可生，勉當自愛。」石齋厲聲云：「世豈有割板的黄道周！」聽之而已，亦卒不死。石齋生平直言極諫，已可死三次，而再起再諫，以次加厲，卒殉大難，氣終不挫，真是鐵漢。石齋死年六十二，門人見他自己看的命册，每年下皆先定註語，人多不懂。至六十二歲，遂無註語。充湖廣軍時，上問通樂律人，舉石齋以對，奏云：「黄道周人雖偏，學問好，天文地理無所不精，不止通樂律，故負天下重望，如張溥亦然。」明日，遂有中旨，免黄充軍。得歸家，足已跛，兩手指皆拶斷上截，餘下截，作書竟是全把矣。

成其範辛未知貢舉，余見之，問其刻日平吴逆及吴逆死，皆驗果否，曰：「有。」問其所讀何書，曰：「生平惟黄石齋三易洞機，三代以後有兩聖人。」叩之，曰：「一貴鄉黄石齋，一邵康節。」頃入闈，所携三易洞機又復熟，復數遍矣。吴璵銅川又向余推服李卓吾以爲聖人，曰：「人言藏書怪，吾求其一字之怪不可得，一片道理。」吾鄉此兩公者，後進率不服，而外面推尊爲聖者，却是山東一人，山西一人。石齋先生及門，吾猶及見之，問石齋先生教澤，曰：「渠自己讀書亦勤，清風介節自好，但從之學却不得其益。喜人諂諛而已，不問渠罵學而不問何益；問的深切些，又罵躐等，多所不達。」

鄭芝龍在明朝號一官，泉州南安人。興販于日本，娶婦生鄭成功，永曆賜姓，故曰「國姓」。鄭芝龍投誠本朝，成功獨念明朝恩禮，因帥數十人，去爲海寇，數招不降。康熙元年，乃殺芝龍于京師。成功始事，乃同安諸生陳永華爲之謀主。陳父名鼎，以天啓丁卯孝廉爲同安博士，代知縣守城，與本朝兵戰，城陷，不降，死于明倫堂。永華招集訓練，盡心區畫。順治末年，自金陵敗歸，乃奪紅毛臺灣而居之，死者數萬人。既定臺灣，成功志不在小，乃使其子錦受業於陳永華，令統兵居厦門，欲潛圖漳泉。去臺灣尚隔兩重大洋，得臺灣，本朝降去總兵馬信功最多，兵最盛。成功偶傷寒，馬信薦一醫生，以爲中暑，投以凉劑，是晚而殂，年三十九❶。馬信以爲成功死，則己得王其地矣。翌日，馬亦無病暴亡。成功第十弟自稱「護理延平王印」，永華與鄭錦聞信，即率兵歸。護理者即發兵拒之，各營兵將皆壁上觀，視勝者歸命焉。錦勝，遂立爲主。陳永華思護理

❶「三十九」，原作「三十三」，據考，鄭成功生於一六二四年，卒於一六六二年，終年三十九。

係至戚，不便自相賊[1]害，留伊亦無面目在朝班，可縱之降本朝。錦如劉後主，了不視事，國政一諉之陳。陳以永曆授官爲都察院，自稱「都院」。錦賦詩飲酒，聲色自娱，所著有東壁樓集。錦長子克宗，即陳壻。陳死，錦用事者，領内兵馮錫范也，擅作威福，大失人心。錦後自屯厦門，陳駐臺灣。錦繼陳亡，錦長子克宗英明，馮錫范忌之。劉國軒惑于馮言，按兵不動，馮紿克宗出，於道上夜繯死之，托爲自縊，其妻死節。兵圍陳氏第三日，錦母以陳氏無罪有功，太學生伏闕上書，乃釋之。立克塽，塽十四歲易制，又即馮錫范之壻。三年大旱，斗米銀五錢。而本朝閩制姚啓聖，用帑金賄結其心腹大臣，來降者踵至。本朝兵至，劉國軒、馮錫范勒其主降，國乃滅。初，國軒爲護理將校，兵敗，已縛就戮，陳永華奇其狀貌，釋而用之。康熙三十九年六月初六日，予同年陳還君錫爲余言之。還即陳永華孫、鄭錦之弟聰壻也。

李安卿先生云：「陳在臺灣，開疆立國，訓農講武，招商興學，廉潔有幹局。開誠布公，推賢讓能，蓋希孔明之風範者。自題其堂曰『媿胥』，故本朝招之不降。殁後枯旱三年，而鄭已國滅。後其子孫皆入正白旗。」馮錫范封伯，今現在。劉國軒爲總兵官，數年

[1]「賊」字疑爲「戕」字之誤。

亦封伯，皆入旗。馮今亦貧苦甚。詞臣陳夢球，即永華之少子也。錦，舍名經。

漳浦一支龍，入海起銅山，水落時則石骨見。前朝死難者，皆銅山産也。吾泉以節義見者，惟晉江蔡道憲江門先生，外此則何燮、郭承汾兩公，死節亦極烈。江門寒賤時，其父爲人家清客歌吹。江門自幼入學，後好修潔其容，簪花净衣，終日在戲場觀劇，人輕賤之。後遂發鄉科。會試時，至德州，聞本朝兵渡海，直犯保定。同袍聞信者皆回，江門笑之曰："諸公如此怖悸，將來居官，國家有事時，將如之何？無事時想人家爵禄，聞人家有事便抽身去，可乎？"獨策蹇入都，是年遂中甲科。還鄉後，謙下無比。遇其父所依託之家子弟，堅不對其子弟，苦辭曰："吾父之恩上也，如何敢對？"居喪如禮，人即器之。爲長沙府推官，張獻忠兵圍長沙急，太守欲逃，江門持之，急勗以大義。守不允，曰："事不可爲。"江門曰："願付吾印，吾爲公守，聽公去，易以招集兵粮。若成事，斷不敢自以爲功，仍待公還。"守感其誠，與之。卒潰。蔡朝服坐堂上，執而獻之獻忠，不跽。獻忠尚問其履歷，蔡看傍有兵器，遽搶而執之，欲手刃獻忠。獻忠怒，立剟成肉泥。

上言："今口外四十八家達子，四十家俱元朝之後裔，八家是其國人。"又紀載言擒正統事，本欲取北京，恐不能據。後屢欲送與中國，而景泰不要。後乃送入，不收，因置之而去。景泰乃迎入。彼國待之甚有恩禮，與之胡后，生一子。天順立，不取其后與子。其子孫，今亦爲八部落之一。上乃見其王而問之，渠亦自知爲天順子孫也。師問曰：「其人似中國人面貌，抑似騷達人面貌？」上曰：「騷達的狠。其母係彼國人，又數世相習，如何尚似中國人！」

黄石齋三易洞機，原無可解之理。吾鄉有一友人，欲算其數，後遂得心病。山東成其範，自言無一字一句不解其説，余亦不請教他，蓋的知其爲欺人。使石齋復生，令他句句作解，恐亦不能。

北地郭蒯菴棻在朝房閒話，予問其見前輩多，風度自殊，曰：「何嘗與今異？一班諸名人，在予家者甚多，惟黄石齋、劉忠宣念臺兩人風度好，也不過是如今魏環溪一流人。至如倪鴻寶，成甚麽人！竟是女郎。」叩其何故，曰：「至予家，一日而數換鮮衣，可厭極矣。」曰：「何以死難？」曰：「吾亦不知其何以死難。予時幼童，持綾十二幅求石齋書，石齋喜曰：『吾爲書之。』即磨墨書，乾，予復云：『求老伯落一欵。』嘆曰：『吾書不落欵方貴重。』卒未落欵。」

崇禎臨朝，問樂律，廷臣俱不能對。有人奏：「惟黄道周知之。」蔣八公啓奏：「黄道周不獨知樂律，天文、地理，以至禮樂制度、醫卜、星相，無所不通。」帝曰：「朕亦知其學問好，但其人太偏。」已而默然。時爲周延儒所救，已充軍在道。次日，下詔赦還。此癸未年事，甲申即國變。在海上出師時，漳有一諸生輕毁之曰：「没相干，不過又一洪承疇耳。吾知黄某久矣。」其門人等恨之，而無以難也。後死難信確，乃衆擒其人，倒懸之于儒學中，欲撻死之。已而有人共勸解，僅免。黄算命果驗。其生平著書，絶不可曉，蓋必得異人傳授，而以詩書文之，以見其非術數之學耳。至以五經配合，推算而驗之，真可笑也。然其既死，後人見其推算自己命薄，至六十二❶歲止。

人物亦隨山川。江南風氣，似勝浙江。古來人物，江南如范文正、朱文公，誰敢有異論？浙中極烜赫人物，如宋之金華、永康，明之方正學、劉青田、于忠肅、王文成，皆未能醇。本朝人物醇正者，陸稼書外，如杜肇餘、彭羨門還樸實。浙中學問，大抵好詆訶先儒，黄梨洲其尤者。萬家兄弟，三禮亦少自得處。如顧亭林之音韻、梅定九之曆算，真能有考究，不涉一字虚浮者，無有也。陸宣公、宗汝霖、金仁山、王龜齡諸公皆甚正，然而少矣。

安卿言：「平生見聞所及，有膽氣勇决者，鄭成功、施烺、姚啓聖、二家伯、三舍弟。藍理與劉國軒五戰而三勝之，亦勇將也。」

❶「六十二」，原作「六十三」，據考，黄道周生於一五八五年，卒於一六四六年，終年六十二歲。

榕村續語録卷九

本朝人物

生平見一好人，喜歡至不能寐，即一技之長亦然。與吾何與？生性如此。當日魏蔚州、湯睢州是如此人，近惟有楊賓實是如此。見人之善，如己之善；聞人之不善，如芒刺在背。湯當日聞某所稱道人，必亟亟覓晤，曰：「老先生必不妄。」如德子鶚者，湯問人物，以此對。湯曰：「聞此人無世俗氣。」吾曰：「直是黄農以上人。」湯汲汲見之，一見，得終日談而不相舍，遂成莫逆。

謂一滿大臣才極利，然滿面見才，又帶殺氣，終不能善終也。大才須韜斂，一毫不可見方好。前滿中堂阿蘭泰庶幾乎？將來漢人楊賓實未可量也。志氣强毅，臨事有擔當，外面卻如田夫野老，甚好。

楊賓實無魏環溪一段清明、開霽、和煖之氣，是天稟使然。魏之議論條暢，氣象開明，逢人説法，不擇高下。賓實則語言有格格之狀，嚴重之氣象多，便覺逼窄些。然楊之經制、文采，殆過于魏。賓實外冷而中熱，初入館，吉水荐之，至一滿洲齊色家教書。齊亦難相與者，賓實則視其子若己子，喜怒哀樂皆與相貫。未經年，而齊色夫婦及其子愛之如骨肉，不肯放，直至齊色往關東，始放。賓實爲人辦一事，便如自己的事，應承一句，盡心爲之。自己的事，要做那一件，窮日夜，盡心力，做一箇透。庶常將散館，余語之云：「散館高下，雖非要緊事，但翻得文字不成話，亦不好。」渠遂爲是晝夜不輟，眼幾爛腐，後來散館，故最高第。做學院時，其幕客笑其六月大暑，汗浹衫背，不暇浣濯，蒼蠅羣集，糞污萬點，而渠不省不輟。其時文、散文，生成筆氣，便似曾子固，氣甚厚，下語甚重。其讀五經，妙在不是好其文詞爲文章，卻有甘其滋味的意思，故能措之乎用。

本朝人物，以魏環溪、湯潛菴爲第一流，他兩箇實實有要天下好的意思。京江就少此意，澤州雖不與京江同，然亦少此意。

今日錢啓新所著易經象抄等六七種都有了，是其裔孫錢榮世所贈。略一掀，便令人笑倒。可見當時高、顧等都糊塗，將來常州地靈，要在楊賓實身上結一果。賓實較平穩多哩。錢公人品甚高，可惜其所學如此。

魏環溪見人便勸爲善，雖童稚下賤，皆與爲等視，現身説法，喋喋不休，不復覺已有年尊爵高之異。人感其誠，樂從之游。湯潛菴見人朴誠真率，告人必以實，蹙眉口畫手指，形狀憂苦。人亦感其誠，多從之游。衛老師見一人，輒與講書説理，汝不明，他不休，意思更好，只是後來頹廢急躁，舉措不時，亦不永年之兆。魏、湯到會議處，纔一語，雖不切，便有一段正經厚道意思。數公風度，於今總不見。陸稼書便孤清高峻，人難接近，然躬行實踐，立品不苟，故人尊之。

朱子便云：「有人聲色貨利都不好，耑好做官的。」可見世不乏賢。此等真斷，即以做聖賢不難，何爲看政事堂如仙宫瑶島，多坐一時也好？聞人要回，便吃一驚；聞人再住，一霎時便喜動顔色，却是何意？終日嘖嘖，至少有萬語磨來磨去，都是書辦所料理者。雖清苦勤勞，唯日孜孜，謂之自暴自棄也可。宰相之事，進賢爲大，觀今之君子所喜者，張寄亭之屬，而所惡者，趙松五之類，可以觀矣。其病根都在功利上。某生平於公卿内推重魏環溪，雖亦有偏處，學問尚少，但他卻滿肚要朝廷清明，天下太平。而致此者，非人才不能，實欲激濁揚清。又厚道，見一人，隨其高下淺深，而爲之説法。又善言，娓娓可聽，一味熱腸，聞者亦感動。却又不是以前輩自居，教訓後生。其詞氣卻是大家勉勵做箇好人的意思。就是後來懼禍不敢言，而這一段意思隱隱于胸喉間，説不出，忘不了。若腹内冰冷，就是自己清介孤高，與世不相關，何益於人？湯潛菴便不能如此。陸稼書亦少此意。近來，楊賓實有此意，做學院，見一箇好秀才，抓住便欲成就之。不特此，就是當日窮時教書，有子弟相托者，他便視同己子，恨不得立刻倒出自己肚腸與他看。他外似孤冷，而内裹卻滚熱，此是大人之根。若趙松五之清勤，外而督撫，内而户、刑尚書，都可做，少此一段意思。

賓實一日譚朝廷事，不當譏切當事。余云：「我輩如徒講，皆是無益耳。如今日，朝廷便全以天下事見託，一意委付，絶無疑貳，我輩自度可能承受否？設若如此，可能有頭緒不亂否？可能周知人情微曖處否？禮樂農桑，刑名錢穀，紛然而來，若何整頓？又不是可以暫時停緩，讓我學習再來理論之事；又非一年二年以學習而成之事。古人小學之後，入于大學廿五年，至四十，道明德立，始曰『强仕』，不過試之而已。又十年，『五十曰艾』，始服官政。我輩小學、大學何處得力，而遽當大任？欲以建功立業，爲法於天下，可傳於後世，能乎？不能乎？」賓實悚懼，動色而氣急，惶然自失，自是憔悴者半月有餘。自流俗觀之，最是迂腐可笑處，此便是大有根器處。

本朝宰輔，如現今京江張玉書之過于勤慎淡泊，真是大難。此人真是自成一家，其文其詩都是無氣概，你要説他不好，卻句句穩當。即如時文，雖無熊次侯、韓少宰之筆氣，然亦無甚敗闕也。作事專師法本朝洪經略，事事小心，三思不苟，雖細微，必躬親。中年妻死，遂不娶，無妾媵。不食家畜猪、羊、鷄、鵞、鴨等物，雖魚蝦野物，仍食死者。自朝至暮，無片刻暇。自公事至讀書應酬，每事必遲迴詳審，無大無小，百倍其思慮而後發。晚則合衣假寐，醒即起讀書。飲食男女，人之大欲存焉，卻説不到京江身上。以故生平少蹉跌，作官從來無降級罰俸之事。論其自十六歲發科，廿歲入仕途，宜其放肆疏縱，而乃如此，亦是賢人。但惜其讀書卻句句看過，如不看過一般，不識其大處要處。立意要讀盡天下書，便不是。其御事又太遲，有用心于不必用之憾。即澤州之慎守無過，後輩亦難到。大約澤州是錢塘黄機、漢陽吴正治一輩，但知趨避，自爲離事自全。余問：「京江可比益都馮溥否？」曰：「不能。以余所見，相國馮爲第一，寶坻次之，京江可比高陽。益都大節在進賢，相公動本薦人，自益都始。益都薦魏環溪諸人，有大好者。又會試主考，親近者亦不絶，門生有二三年不登其門者，他還指其名而贊之，以爲不奔競。又有鯁亮之氣。皇上怒高念東，有波及益都之意，向益都言：『若非汝薦乎？』益都直搶曰：『呀！此非臣所薦，如何坐在臣身上？』上曰：『非魏象樞所薦乎？』曰：『臣所薦者魏象樞，臣能保魏象樞而已，焉能復保魏象樞所薦之人？且皇上亦曾問高珩於臣，臣對以爲高珩若教他做詩、講修養好，做官恐非所長。皇上豈忘之耶？』上嘿然。寶坻糊塗已甚，只是卻有大圭不雕之意，一意天真爛熳，所以品格在諸公上。益都好在進賢。樂正子在孟子門中，不見他好，至今配享爲首座，以其好善也。益都此處又不及。魏環溪竟以此爲事，日日道人之善，真有願天常生好人、願人常行好事之心。湯潛菴尚不如。潛菴亦好，但看見不善之人，卻有他自不好可奈何之意。魏環溪尚有孜孜勸導，超度衆生之意，此爲第一。至陸稼書，一味孤高冰冷，不能成就人，雖自己做到聖人亦無用。」余曰：「京江比高陽清否？」曰：「高陽亦清。富雲老爲其本房門生，常言有人轉託書帕至百二十金者，即驚訝曰：『彼有事相求耶？有則明言，受之不能相爲，彼此俱有碍。』富曰：『實無。』曰：『何爲至百二十金耶？恐有他故。』宛轉懇切，言其無他，始受。又不許子弟進場，人問其故，曰：『吾主考三次，孰非門生？吾雖不請托，保子弟不鑽營乎？吾自有廕，但恐其不能做，豈患無官？』此等處，雖京江不能及也。但亦有他的弊病。」

北相惟馮益都有些意思，不以人之親疎爲賢否，不計利害之多寡爲恩怨，又留心人材。南相吴漢陽可比寶坻，而如益都者尚少。反復想來，惟徐立齋看不透他。他同做學士時，還讀書。爲總憲時，對上前時肯出言，今日無是也。上欲差滿洲三品大臣巡方，滿洲很願意。上臨軒説：「此事明朝有巡方舊例。」立齋便言：「明朝雖有巡方，不過御史，其秩卑，雖許他參劾督撫以下，而督撫官亦可參劾他。今三品官大，督撫不得彈摘，恐有貪婪者恣行無忌，便大是地方之害。」上曰：「難道差出去的都是壞人麽？」曰：「皇上自然是精簡出去的，但十百之中，間或有一二負恩者，亦不可定。倘如有一人，則一省受害矣。」上默然，後卒不行。其言大是。但健菴胆大，亦不能如此，所以人連立齋言也不信。健菴都是引經据古，聽之諤諤，而實有所私。魏環溪奏對時，倒常引喻，失錯處甚多，而其心非有所爲也，故人信而諒之。健菴已罷位，立齋一日進講義，中有「異端」二字，上曰：「甚麽是異端？我看起來，爲人臣而不忠，日日樹私人，爲門生、故吏、鄉親、同年營私作弊，尚口談道義，此即是大異端。有甚麽異端！」余時在起居注侍傍。若是健菴當此，便涕淚交流，巧佞百端，分辨不了。立齋不愧不怍，了無一言，並不免冠謝罪。又尚肯薦人，如修史薦姜宸英、黄俞邰之類，雖非大要緊人，亦還是有文名者。且歸去甚貧，雖日用，都仰給健菴。若久在相位，或可比北之益都，而惜乎受其兄之累也。

予所見文武大臣有風度者，魏環溪、施尊侯。而施雖驕，然生來骨驕，非造作也。僧人鋭鋒、家伯葆甫皆好。鋭鋒雖下棋言笑終日，而體貌不失。家伯善文章，寡言笑，卻終日有笑容，不疾言遽色，臨事有主意。至枯禪强厲自守，則陸稼書也。數人皆本色，不作態，風度可觀。

施琢公及見黄石齋，猶有明季名士風流。嘗言：「鄭氏竊踞島外，未遵正朔，殺之適成豎子之名。窮蹙來歸，大者公，小者伯，一門忠義何在？不報父弟之仇，乃以深報之也。」斯言也，誰謂琢公不學？

浙中三君子：杜肇餘、彭羨門、陸稼書。稼書雖然講學讀書，杜、彭二君亦真君子。當于振甲議開捐納時，獨羨門與余不畫題。于振甲賜第即在順城門裏，上朝下朝皆過其門，公卿無不奉觴上壽。不至其門投一刺者，惟余與彭羨門、杜肇餘三人。在九卿班，杜于不可行事，亦不争。事畢，獨向余曰：「這事是使不得，我們不畫題罷。」一日，余同羨門在翰林衙門出，是熱天，家人見一蝎子在地，欲死之。羨門狂奔盡氣而救之，已而余問曰：「蝎子害人之物，公何愛之深耶？」曰：「蝎子之在天下甚多，焉能盡殺之？他若螫了人，是有罪的，殺之可也。今在地上行，與人何涉？而殺之，他無罪。」其仁愛如此。又一日，背人語予：「于振甲等不能害我輩，公曾見有老虎咬死麒麟没有？」亦甚風趣。

浙東人又是一種學問，如黄黎洲、萬充宗、季野，淮人閻百詩輩，古文尚書、周禮兩部書，便是他們讐敵。人做人、做文章，誰能盡好？看是甚麽事，甚麽話。朱子文字也有平常的，只是膚淺，没甚緊要精采便了，决無悖理傷道。如人，他事有出入，不傷。此人曾不孝其父母，殘賊其兄弟，縱他後來勳業彌天地，也難着推奬。黄黎洲乙卯❶年爲典試

❶「乙卯」，原作「乙科」，據清秘述聞徐秉義任浙江鄉試主考，事在康熙十四年乙卯，故改。但據黄炳垕梨洲公年譜，則講學事在康熙十五年丙辰。

徐果亭、錢塘令❶許有三延請講學，便講泰卦。謂此卦是指祭祀，牽强没道理，還是小兒戲語。至論「人心惟危」四句，爲魏、晉人假造，但觀堯曰章，只有「允執其中」一語可見。魏、晉人因荀子説性惡，故曰「人心惟危」；荀子説禮僞，故曰「道心惟微」；荀子説攷索數語，故曰「惟精惟一」。荒唐至此。心與性何涉？又況有「人」字在。心、危又與惡何涉？道與禮何涉？荀子説「禮儀三百，威儀三千」此爲僞，不是説「道心微」，又與僞何涉？况孔子明説「操則存，舍則亡」，豈非危乎？人着此等議論，誰復論其他！季野晚年，識見頗勝其兄，張長史爲細説朱子不可罵，季野頗納其言，稍止。浙東人大概主自立説，不論是非，但立異同。陳介眉在朝堂與張京江辨論，云：「孔子後，孟子又自説出一段話，何嘗與孔子一般。周、程又説出一段話，何嘗與孟子一般。若前人説過了，何須後人重説；前人説的是了，後人便不須異同。則孔子而後，便當閉口，並書可不讀矣。是非有何一定，憑人説就是了。」不知道理是一定的，卻不是一定的。以爲不是一定的，古是此天地日月，今亦是此天地日月；古是此人物，今亦此人物。若説是一定的，唐、虞是一樣，三代亦是一樣；五霸是一樣，漢、唐、宋、元、明又是一樣。男女飲食何嘗有二，只是

❶ 據清史稿卷二百六十六許三禮傳，許所任爲海寧知縣，非「錢塘令」。

各人故是不同。道理只是這箇道理，一番講求一番新。烏能辨去定理定主，翻案方爲新異乎？湯潛菴亦向姚江，張武承❶烈全主紫陽。張每於朝堂與湯辨，湯不甚與人争，但冷笑不然而已。一日，張在朝班向湯殷勤云：「何許時不見？」湯曰：「頃數日閉門格物。」鬨然作笑，湯黨大喜，以爲妙語，至今筆之於書。其意蓋謂朱子説格過物，纔好誠正修齊治平，必須閉門格物了，始可開門應事也。其實此語亦無甚妙處。若部院有事，便當即事件上格；如做翰林無事，便當閉門格物，有何不可？朱子云：「或驗之事爲之著，或察之念慮之微，或求之文字之中，或索之講論之際。」事爲之著，開口便及，何嘗是教人閉門格物過，方纔應事。但此四句，次第卻與「博學」節不同。「文字」似是「博學」，「講論」似是「審問」，「念慮」似是「慎思」，「事爲」似是「明辨」，不知何故。想是朱子便恐人疑惑空説格物，當下事反似遺了，故云：「只説物字，便由性命，及倫常，及天地，及細微，卻確當易曉。」説書理惟張長史聰明，最善一翻轉，便是道理，真是俊物。如説「天地之道，可一言而盡也」，他説：「其爲物也者，即其生物也者。其爲生物之心也不貳，故其生物之功也不測。」又説：「『無欲故静』，若禪家，便説『静故無欲』。」真是妙。講西銘

❶「張武承」，原作「張成武」，據清史列傳卷六十六張烈傳改。

極好，説是當畫一直線，從直線分挂下傍線，直上是父母，兩傍便是兄弟；直上是祖宗，兩傍便是族姓；直上是天地，兩傍便是民物。未有人真能重父母而薄于兄弟者，未有能真能孝敬祖考而不恤及宗族者，未有真能心同天地而不民胞物與者。妙極之論。聖人説：「其如示諸斯乎！」指其掌，便是此理。賓實也算細心，讀書能思，有見解到得長史前，便覺得笨不可言。除了長史，便是賓實。長史小古文四六，亦天然華藻，若不死，翰林中誰是敵手？可惜三十一歲便死。松江風土薄，令他受氣如此不厚，遂至凶折。

安卿言：「邵子昆在臺中，予公車于輦下見之，冬内着老羊皮短襖，外新青布皮袍及外套。袍短而布新，行坐索索有聲，坐定則以一足加股上。至家兄寓，多言而粗率，動輒駡朱子，令人厭苦。陸稼書與家兄比鄰而居，内外只四家人相隨，閉户清寂，日讀四書註而已。四家人亦皆相安，真君子也。邵三任縣令，皆被參處。用刑雖酷，然所至則錢粮案牘無不清晰，百務皆舉，一錢不染。罷官則跨一蹇驢而歸，無復拖累。屢蹶屢起，卒不能擠之不顯也。」

陳紫凝骨氣太寒，秦龍光更覺枯槁。大凡有意思的人，都禀得此種氣，是天不欲開太平。若有意思的人，凑得着天地富貴福澤之氣，必有百餘年太平。

孟子説氣真妙。如今且如梅桐厓爲閩撫，梅公真是好人，但柔懦，恐爲勢所伏耳。

彭無山、郭華野本體豈能好是梱厓，但多一粗氣魄耳。義理血氣雖不同，只是這一氣。

天之報施必不爽，若是假人品，必定巧爲表暴，到盡才歇。如孝感嚼簽子事，當時人信之者少，就是鐫職以去，而人率謂由椒房之害也。倒是椒房成就他名聲。若孝感彼時便死，豈不一完人？到得再起，被徐健菴驅使。初，健菴結高淡人以譽孝感，孝感進，健菴又即囑孝感毁淡人，又聽徐健菴與椒房相結，以害北門。至典會試五科，把天下文風壞到不可收拾，底裏盡露，始教他退位以卒，豈不可畏？至湯潛菴，本來該死，適爲小人所弄，轉成就他一箇好名聲。當時潛菴原也氣運不好，即不遇風波，也未必不死。若云禍患能死人，則余當先潛菴而死久矣，都不相干。陸稼書命是外格倒飛天禄馬，已行必死之運。余謂被于振甲問箇死罪，皇上饒了他，又革職放回，可以算過。而實不然，卻到家就死，是命本該死。亦以上疏與小人作難，被人陷害，幫他成一箇好名聲。觀此等，君子、小人可以自立矣。

郭華野立朝，始終爲徐東海所用，卻不能如張運青無依傍，雖與索公相與，卻未嘗通饋問，受其指使。運青撫浙時，欲參督學周清源，鄭開極以索公之言而止，雖委曲，無大害也。大約論人，除以道統、王佐歸之，便須斟酌，不然其人到四五分好處，便當推贊。若刻論到十分，豈惟今人，雖古人完全者亦少。

張運青一窮秀才，做得名滿天下。九重稱其清，四海重其廉，只是一箇不要錢。甚矣，人貴自立。馬齊對上言「其成都甲第連雲」，皆妄相呰毁也。張蘧若與之連譜，典試蜀中，其太翁欽之。至其家，甚湫隘，飲食器飾俱尋常，細訪之鄉人，果無他田産。祭嶽時，一司官隨之行，回言其絶無貲産。如蘧若言，人好敗人之名也如此。人因其生平美官，知東昌府、鹽法道、浙撫、江南督學，遂謂其有所蓄。不知他人處此，百萬易易耳，今以運青，若有一二萬金，亦不害其爲清，然並此無有也。其去浙也，聞命即行，擔簦數肩而已。資槖安置耶？人有萬金，必不能掩，斷然敗露。如王人岳出闈，自己行李蕭然，而以萬金付一僕，遂爲僕人盡乾没之而去。運青所至，未有是也。

彭無山做官，無論真假，要亦是自己硬做去，未嘗尋牆靠壁。其子弟居鄉不法，非其罪也。人亦嘖嘖言其自己居鄉有可議處。如今人好毁敗人，非親見，未敢信以爲真也。

關中李天生、晉中傅青主，皆高品，雖學問粗淺駁雜，將來與顧甯人皆有名于後世，實能外利禄，矯矯自畀。李天生辭徵聘不得，到京。李襄白是其薦主，天生不與修弟子禮。襄白好聲氣，云：「以君之學，余何敢以常禮相求，同姓爲兄弟可耳。」天生長于襄白，見其往來之刺，天生爲「愚兄」。天生到館後，即上疏辭歸。傅青主見其所講易，全以歸之爐火，可惡甚矣。倒是魏伯陽講爐火附會易經，無所不可，從易經分出一股道理，爲彼之説，何所不可。但説爐火而以易附之，可也；説易而以爐火附之，萬萬不可。此固有辨。李中孚全然不通，非儒、非佛、非老，其論之淺陋悖妄，令人發笑。其人乃真高品，有孝行，而妄以聖人自命，其罪大矣。文中子何等學問，只以擬聖人，至今詬厲，罪案尚未定。此等事，玉皇大帝當爲提問者。

張武承❶烈，予同年友。其所著易，本之本義，再引不攘人，只是無大發明，與陸稼書差不多。人亦相似，二人亦相好，但自己主意一定，偏執到底，急切説不轉，難與相商量。但他們卻是在道理上講，卻不是在利上講，到底講到道理上，去不得也只得從人。武承以鴻博舉，當時鴻博如陳維崧、嚴蓀友、朱彝尊、潘耒等，于詩上原有幾年工夫，襍事記得些，便眼中輕科甲，科甲又嫉其以布衣而同館。到底不久都逿去，其存者還是科甲。如周清源，又是他各人謀爲，不關大局也。然近時人物，如陸稼書、湯潛菴、魏環溪、衛猗氏既齊，皆真君子也。陸稼書讀朱子書，外此皆不讀，覺得枯槁窄隘。然其立品卓然，人有騙之者，輒詣其處痛駡姚江、子静一頓，便敬爲上客。潛菴人樸誠，其樂善亞於環溪。衛猗氏師亦好善若渴，表裏洞然，勇於有爲，只是輕欲自見，意氣風生壞事耳。信

---

❶「張武承」，原作「張成武」，誤。見本卷前「浙東人又是一種學問」注。

幕客淮安人顧諟，酒後耳熱，掀鬚大言。撫黔時，今日一本，明日一本，上已厭之。復輕出兵挑洞蠻之釁，卒致大禍。今時如張運青之清，一文不染，可謂廉介。其次如杜秀水之淳厚，彭羨門之高雅；次之如韓元少之善全其身名，吴匪菴之向善類，皆君子也。黄機爲冢宰時，人皆惡之，予獨喜與之談。雖不是儒理，其所説卻是老子慎默之學，説得精采，令人汗下。其他李高陽霨，閲歷世故久，語有竦動處，竊亦喜聽其論。

藍理，戰將也；施琅，名將也。予薦施平海時，上問：「汝能保其無他乎？」予奏：「若論才略，寔無其比。至成功之後，在皇上善於處置耳。」上曰：「若何？」予曰：「其爲人驕傲。若要成功之後，能自斂約，兵民相安，端在皇上自有善處之法。」予薦藍理之時，上曰：「姚啓聖如何參之？」予曰：「伊參其貪，臣所言者武勇耳。」上曰：「果貪否？」予曰：「爲將者能清廉自愛，雖自古以來所少。如今，文職能皎然不滓者尚少，何況武臣。」後東海即乘此讒搆，謂余在上前特參此兩人。施已半信，藍終不信。世得云：「藍理與海賊戰，受五鎗腸出。藍自以爲必死，遂入裹之，欲復戰。施琅泣止之，卒不死。」

問施尊侯，其生平所見人物有奇士否。曰：「滿洲開國老將，或有能者，不及見矣。今日殊少，漢人亦少也。黄石齋先生自是忠烈，自幼鐵骨，肢體俱殘，百折不回，卒亦就義，雖文文山讓之。只是無用人，做不成甚麽事。」固問之，曰：「甯鄭國姓即成功也。剛果有治辨，次之得吾糟粕者，其劉國軒乎？吾爲總兵時，彼爲千總，吾即識其爲佳士。」後平海上，施爲余言曰：「劉國軒若自守險要，命將守澎湖，吾此行尚須兩番工夫。澎湖破，劉尚據守相拒。如自守澎湖，一舉成功矣。蓋一敗，則吾勝勢直前，彼不能敵矣。彼劉國軒果自守澎湖，全軍覆没，僅以身免。逃歸，其國人尚欲戰守，劉國軒曰：『無用。』遂欵降。」見施下拜，施與同拜，劉曰：「今日國軒俘虜耳，提督胡謙抑至此？」施曰：「敬君好漢。」曰：「好漢尚至此乎？」曰：「此君所以爲好漢也。他人不明白，斷欲送一方人性命。惟君明智，知吾勢不可敵，天命有歸，保身全國，所以爲好漢也。」

論朝分司琦，才分儘好，醫道頗通，與他論五經、古人詩，你念起頭，他便會接一句，只不能聯片接下。蓋他記姿好，一涉獵便記得。如隨皇上行水淀中荒湖之内，一走過便記得。若此人再知些道理，養之以厚重之氣，便不可限量。蓋人材之難，只是難在不識這通盤打算的大主意。若只在目前利害上算計，久後便只見得這些，落在小有才一邊去。其寔有利便有害，有得便有失也，必不能到頭完好。

滄洲劉果實師退，于癸未十一月二十三日，應撫聘請至保定，安溪師出晤之。言其自云：「乙卯鄉榜十八歲，二十二歲己未成進士，二十八歲乙丑爲徐健菴掌院試黜，對品調部屬，遂棄之歸。自度文藻治才俱不如人，決計不出。三十五歲喪妻，遂不娶。有一子，足繼先嗣。盡遣童婢，父子居一室，親自炊爨。爲親戚子侄看文字，受其供餽米薪以自給，取其無累而已。一歲所需無多，雖荒年也荒不到我。今行年四十六，自分以此没世。」

榕村續語録卷十

本朝時事

甲寅，耿精忠亂，泉州府、安溪縣皆爲僞官將。閩紳進士以上者，無不驅而爲僞官。其時不獨官迫之而出，即鄉里奸猾亦皆以此挾制作威，諸父老親戚，憂懼不知所以。惟先君立志不移，尚恐予有改心，皇上今日教忠之扁，先大人真當之有餘也。乙卯夏❶，予亦不能家居，爲僞官羣小所逼迫，將有宗族之禍。遷延至福州鼓山，以信通陳則震，陳紿以有心腹語相告，微行不妨。五月，予從二僕人，與家伯約，三日不至，便以先君病劇遞信，以便脱身；萬不能脱，若必强授職，則惟有餓死一着。一到陳所，耿已知矣，必欲留之以官。隨後果有父病劇信至，予遂自造耿。恰好遇其傳宣官甚好，是日爲端午日，乃耿太妃喪期年，不接賓客，傳宣見予詞迫切，即入爲言。竟許予歸，約以父病愈

❶據李清馥榕村譜録合考卷上四十五歲條，「乙卯夏」當作「甲寅夏」。

速來。則震以節日强留，予不敢過急。至次日，則震仍以王提督兵塞路爲辭。予徑回，臨行，則震有「予輩曾爲本朝官，終當黄冠野服以相從」語。予亦以百口托之，「果能相保全者，本朝恢復日，君之事予任之」。後二十餘日，耿逆遣四騎持令箭來拏，半途爲海賊所阻而返，未見其能保我百口也。徒以當日既有此語，予家既無恙，故後亦營救之甚力。甲寅春，家叔到省，托以祝壽致詞：「耿氛甚惡，宜來予鄉共守。」渠笑予言爲過：「所慮者西南謂吴逆。耳，此處皆庸奴，何足介意。」未幾，耿舉兵反，而渠身遭迫脅矣。乙卯年，遣家人來告❶爲畫三策，有手書與之。「一、時正海澄爲海寇所圍甚急，余已遣人往廣東取救，恐不能卒至。海寇敢于圍海澄者，與耿和，故不慮掣其後也。若年兄能鼓煽一言，有躡其後之語，則海寇必顧後而不敢前。廣援至，則大事定矣。果能此事，因敗爲功之大機也。一、賊勢不能久，年兄有爲本朝畫策明心語，或達弟處，或遣人從福甯州達李武定，爲將來湔洗之一據。一、則殘毁肢體，五官不復能具，以脱其軒冕，以表其誠。」則震盡闢其説，一字不見答。予五月密本就，與家叔謀之。家叔托以賣紙于汀州，送奴出汀州關，從江西至江南，輾轉至京。家叔問：「必欲上密本何意？一洩，大禍立至。」予曰：

❶ 據李清馥榕村譜録合考卷上四十五歲條，「來告」當作「張誥」。

「吾以一編修小官，上親考第一。京察時，官員畢集，無數大臣階下一過，獨呼二人至殿上，顧問慰諭，首爲余，次葉方藹也。今日本朝有事，以此請起居，致誠款，亦君臣之義當爾。且昔聞海兵至南京，後兵敗，鎮江鄉紳殺數百人。今日看羣盜舉動，亦不似能成大事者，倘異日如南京之敗，亦可免覆宗之禍。不爾，何以自明也。」家叔乃行。寇盜滿路，忍死而前，奴九月乃達京。丁巳年，大兵入，耿王降，則震苦甚。予至省，已陞侍讀學士。予爲則震計曰：「以予觀，閩中必再亂，蓋自親王、將軍、督撫之行事卜之，不能安民故也。年兄且緩，以余意，欲將年兄隸喇將軍下，立功爲昭雪地爲便。不爾，從予湖頭相與共事圖取，以禦再亂之賊，亦是一機會。」未幾，果賊大起，則震與予回湖頭。方至泉州夜，白頭賊已破城入一半，官兵盡力拒之，幸而賊退。則震膽落，及到予家，見予四壁蕭然，一二僕婢饔飧尚不給，謂余曰：「似此光景，君能舉何事？」予曰：「時候到，自有處。」則震堅欲自到京明心，索予書托魏環溪諸公，予與之。渠剛於戊午春潛至京，而予迎大兵，保全泉州，喇將軍本至。上于本批旨意有四五百字，褒奬予忠，舉朝驚嘆。魏環溪等命渠急回，曰：「如此，耑靠貴同年必能無事，無須余輩矣。」則震遄返。喇將軍上本時，乃康親王有諭言：「汝已失城，汝命當死，汝祖父墳皆當刨。今李學士讓功與汝，汝及汝祖宗如再生，再得骸骨，汝尚不上本乎？」喇將軍上本時，謂余曰：「陳君，先生好友，惜其不在，如在，君不難以功推之。」予曰：「予須此何爲？已陞侍讀學士，尚何他望？若能推與渠，有何吝惜？恨其在京，無緣相及。」共爲惋嘆。未幾，則震回到喇將軍處，召余。余時居憂，不得已往。渠便欲予上本，其時如何上本？絶無因由，余不從。則震不喜。予既不肯上本，則震便云：「此時上已有命，悉赦脅從，予無罪矣，當赴補。」余勸之云：「年兄不比常人，曾爲翰林官，即聖恩寬大，且俟人有補者，君次之何如？不可以首試。」渠大怒，必欲行，迫予作書與吴撫臺興祚及京官諸友。不得已作書付之。至省，余又遣信勸若能不去補官，目下制撫皆重余言語，當以年兄托姚熙之。目今有事厦門，厦門平，叙年兄功當大佳也。則震回言：「余心事不明，有何心緒治事耶？且以予觀，厦門何時平？諸公如此調度，望平厦門乎？至早亦是三五年間事。予明心後，再來圖功未晚耳。」吴重予言，與咨至都，上發部議，旨云「陳夢雷身爲侍從，率先倡亂」云云。吴撫落五級，則震駭懼，踉蹌復歸。則震甫去一月，而厦門平。凡其所爲，皆昏悖而躁。歸又執予仇仇矣。予服闋，庚申還朝，則震必欲跟予入，日來尋鬧。又爲東海所揶揄，始以呼號，既成仇怨，被纏不已，余上本保救，上不懌，留中。及予丁内艱，上正磨折時，渠來京，欲於此時乘隙中之。一日，語王藻儒云：「今日夢甚妖異，豈不宜與厚菴作難耶？夜夢與厚菴隔水而立，余見之欲過橋，與鬧。至橋中，忽風雨驟至，晦冥不見，橋下波濤，聲吼如雷，伏地惶懼。頃轉一念，曰：『罷，不須與厚菴作難。』開目已天氣清明，橋現五色，厚菴亦不見而寤，是何祥耶？」凡其所爲絶交論者，上親見之，而其語蚤達天聽。上曾命明公問予曰：「比上頗聞外論，於君有遺議，何耶？」予曰：「惟有一事似苟免者，餘無不可以信心。」明公究所以，余具述至陳則震家事，曰：「耿逆時，呼予至其衙前，予不能罵賊而死，巽詞托父病而歸，近于忍辱苟免，竊有不安。」明公曰：「君無職事守城，何爲求死？文天祥兵敗尚未死，况君無兵柄耶？」予曰：「雖然，公試爲奏之。」明公還奏，上曰：「這何妨？渠無職掌，又不守城，求死何爲？」向年，明公在永定河語予曰：「上前關東謁陵時，陳夢雷進詩，召見曰：『汝有與李某相怨語，盡奏聞不妨。汝錯過，尚能見朕耶？』陳將前語盡奏之，上問曰：『止此乎？』又推演前語再奏，上又曰：『還有再奏。』陳辭窮，乃曰：『李某事事負臣，實無負本朝處。』蓋謂無贓私受僞命事。上至此，乃仰視，口中咋咋作聲，命陳出。」

陳則震，同年中最相善。予請告于十月回，陳臘月歸。予與相訂云：「福州荔枝不足吃，明年五月可至吾泉吃荔枝。」陳允諾。及滇將亂，耿王日日練兵，聲息甚惡。予遣人至省，寫一札與之，言：「耿精忠甚可慮，省城逼近，恐不可保，君可託詣荔枝之約，至予邑同商保全之道。」陳大言云：「此豎子焉敢有此？」蓋輕耿也。不數日，遂變起，而陳已戴紗帽❶矣。陳後以書招予云：「耿大不能置君于度外，恐不測，柰何？君可來同商。」予密札云：「一至不能還，柰何？」陳云：「君騎一驢子，似行客至予家，語畢即去，誰知君者？」予如其言，至其家，無他語。予次日辭欲去，陳曰：「君安得去？一入城門，門卒即有報某某進城矣。」予曰：「柰何？」陳曰：「且見耿王再商。」不多時，耿精忠即諭其大臣，傳予至衙前，問予何故反。予立答云：「以予爲反，兵馬何在？反迹何據？且予信反，何故在此？」其大臣回復，耿言：「既不反，當留用。」予急甚，回至陳處，知其意頗不善。後有家書至，言父病危在旦夕，予即詣耿。見其少年傳宣，哀懇以父病告，求暫省視即還。傳宣入言，耿言：「此自大事，命伊暫歸速來。」予即出城，行兵間幾危。後予復進計於陳曰：「君陷于賊非得已，但既如此，須求自脱。如今耿雖與海賊暫和，然耿之不能遠出者，畏海上之乘其後也。如今本朝所恃者，海澄公耳，海澄公與海賊有父兄之仇，雖屈于兵力與海通，然一心歸向本朝。今海兵五萬攻之，此局壞，本朝無望全閩矣。君何不勸耿逆救海澄，與之協力敗滅海賊？耿無後患，可以進前，即大勝海賊。賊勢阻，亦無能爲。海澄公必歸心于耿，耿亦可由此恃海澄公而前進。君慫恿耿出征遠處，乃可

❶「戴紗帽」三字，榕村譜録合考作「遭脅從」，此處疑爲著者後人改竄。

思自脱。」陳不聽，且對予使張來❶言吴逆之强，本朝天下四分五裂，京師多變，無復可望。張僕信其言，回即辭予他往。先是隨予僕役者皆去盡，惟張僕隨，至是亦去矣。後蠟丸進表自通，蒙有優旨。耿逆平，予至福州，陳反責予表上何不掛其名，予唯唯而已。予勸其攜家至予處居住，予尚能供饋之，且言閩亂正未已，可伺便爲君計。陳言：「本朝用兵如兒戲，焉能有機可乘？」後亦隨予至安溪，適值泉州山賊起，陳即歸，以爲安溪不可居也。後甯海將軍及予平山賊，將軍曰：「若陳翰林在此，于叙功内開列，可以除罪。」而陳一時孟浪到京師。將軍爲予上疏，言供饋接應大兵，又蒙優旨。陳踉蹌歸，求予，予言：「且緩圖之。」後庚申，予同先慈入京，陳言必欲隨至京。予曰：「近姚總制重予言，有同年張雄者，亦曾事僞，予托之於姚，姚即特疏叙其功，竟以部屬用。君來，吾命舍弟逆君，至姚處，懇切耑託必得。當吾見上，再乘機言之于内，君事必濟。」陳回書不以爲然。予後行，至衢州，見李武定，詢予云：「君知貴鄉已平乎？」予曰：「有報乎？」曰：「有。姚總督已于某日破海賊，走歸臺灣矣。」陳若在此，大有機會也。陳屢不聽予言，堅欲上京，爲東海所搆，遂與予爲仇。言予不肯上章奏，所云面奏皆詐耳。東海又

❶ 據榕村譜録合考，「張來」當爲「張誥」。陳夢雷松鶴山房詩文集亦作「張誥」。

復至予處，爲陳言，予曰：「予非憚章奏，恐無濟于事耳。」東海云：「君不必求其有濟，但上章奏，爲朋友之事畢矣。」予曰：「信若此乎？」東海曰：「然。」予云：「予作疏稿，恐有不盡心，君可爲我代作一稿。」徐即成，予一字不移寫上。上對北門云：「李某何爲饒舌！」不喜者久之。

耿精忠甲寅三月反。于乙卯五月㊀，使人進蠟丸。丙辰冬，大兵入關，耿精忠降。丁巳三月，師始見康親王，陞侍讀學士。五月，進蠟丸人始還鄉。九月，丁封翁憂。戊午十一月，陞平頭學士。庚申，還朝。壬戌，告假回。丙寅，到京，七个月。丁卯，又告假回。七月十六日，到家。戊辰二月十六，自家起身進京。

予將回朝頭年冬，特遣人往陳則震家，説且莫要進京，與之書言：「汝欲白心迹，心不可見，且有一點形迹，據此而表心，方好立言。如今姚制臺等，早晚進兵㊁平海，打廈門，汝當即刻至，我着人送到姚處。俟廈門平，君有一點功，有迹可憑，則心亦不難白矣。」他回書大模大樣，極可厭。大約説：「我心迹能白于君父，雖肝腦塗地不惜也。心迹

㊀「五月」，原作「三月」，據榕村譜録合考並參照本卷「予五月密本就」語改。

㊁「兵」，原作「京」，據石印本改。

不明，我何心隨此等俯仰，低首下氣，與之周旋乎？」「此等」，指姚也。「且平厦門之説，有如夢語，等我心迹白後歸來，恐厦門尚如故。」及予還朝，纔出關，李武定向予曰：「恭喜。」予問曰：「何事？」曰：「老先生尚不聞乎？厦門已平，海賊走回臺灣矣。」即此一事，他若從予，何至有今日。當時，予同年張雄、宋祖墀皆從賊，予送與姚熙之，後列在臺灣戰功簿中。張雄竟得補部屬，官至郎中，宋亦無事。我平生不存人書札，若是他原書存，不知他今日如何開口。康親王與予令諭曰：「漳、泉被圍，八閩危在旦夕，若非該學士中流一砥，幾乎事不可問。本親王本應奏聞，但近奉旨，該將軍徑自題報，不必經由本親王。已令喇將軍奏聞。」此令諭亦不存矣。熙之見喇將軍本，語予曰：「海賊圍漳、泉，四路斷絶，漳、泉一破，親王、將軍無路可歸，勢必俱盡。惟有老先生一綫可通，尊札一到，小弟本欲自往，而議者皆云，大兵糧餉皆弟料理，不可遠離，故爾不行。大兵之入，由老先生之請，而又導引開路，老先生乃全功也。而喇將軍倒似他們領兵直入，老先生不過是嚮導人，費幾箇牛、幾石米犒師耳。豈有此理！我必上本聲明。」予止之曰：「老公祖不要如此。知我者謂我心憂，不知我者謂我何求。且漳、泉破，我之宗族、父母、妻子將何所安置？況恩命逾分，超陞學士，若老公祖爲之言，反似弟意有所干請覬覦也。事既濟，何足論。」姚自是大服，凡予所言，無不立行者。

陳則震至今鬧不已。他臨發遣時，魏環溪爲大司寇，杜肇餘爲少司寇，則震懷中出一紙告予說，蠟丸本是他做的，我删去他名字。杜最長厚，亦能窮詰他，云：「那時老先生在福州，他在安溪，中間關津頗多，老先生有此蠟丸稿，如何得達與李老先生？或是他差某人來，老先生差人去，將此人指出姓名來，就可質審。」他說：「他差人來，偶然不曾問其姓名。」杜曰：「老先生既有此稿，胡不自上？」曰：「此處難達。他那裏是海賊地方，關津尚疏。此處仙霞關，插翅也難度。」曰：「那耿、鄭相和，路途無碍，老先生何不遣人由李老先生處走呢？」曰：「那時我家大小人皆上簿，幾日一點名，如一名不見，便有不測之禍，如何敢遣人呢？」他如此皆是賴的話。那時他假歸，還有此地長班名郭同隨他去，耿王反，遂隔斷在他家。郭同倒勸他說：「小人可以往京中通一信，老爺若有疏稿與皇上，或有書信與各位大人，萬一本朝恢復，老爺尚可以自明心迹。」他不敢。郭同隔幾時，又請命到李武定處通一信，他疑他要回家，曰：「汝是要回去，我也少不得打發你去，且不必急。」何嘗家人皆上簿子。魏環溪云：「李老先生已爲君上本矣。」曰：「他本上何不將我進蠟丸稿說上？」魏曰：「朝廷將此案凌遲七人，殺十餘人，而老先生得生全出關，誰之力也？朋友上本，至以百口相保，亦云厚矣。如果有冤，頭上青天必有昭雪之日。況蠟丸事，老先生自言，亦無憑證，誰敢以無憑證事爲君啓奏？人品蓋棺論定，今日且登車。」陳始去。其實他説本上何不説蠟丸事，本即徐健菴與他自己做的，我何嘗改他一字？他自己説不上的話，却教我説，可笑。這都是上本後，徐健菴教他如此説，先前亦無此説。當決叛案時，明公問予曰：「徐學詩、陳起蛟、金鏡三人，皆老先生全活之。」予遜謝無此事，曰：「皇上看你情面，寬陳夢雷，若止寬他一个，像个看情面的意思，故此將這三箇陪他不殺。」已寬釋，耿案已定，次日，行本已下閣。上出海子，夜，四川賊報到，傳明公至，曰：「有此，不便殺降。」明曰：「現有張弘弼告首一案，藉此云俟此案歸結。」上曰：「好。」及賊平，張案審内有陳擬重罪，上曰：「吾前已許矣。」乃發關外。後來陳則震自關東回❶，楊道聲勸他不要鬧，他説：「我在鐵嶺，皇上教進帳房，屏左右，曰：『你屢次告李某，你今日在我前，有甚麽話一總奏來。』我因説他欺君❷賣友事，上曰：『還有甚麽話？』我又説他如何害我。如此兩三番，上作色曰：『你是箇罪人，如何見得我？你今日有話不説，自此後終無見我之日矣。』我因説：『皇上要奴才説甚麽話？』上曰：『就是李某的話。』我説：『李某負奴才千般萬般，要説他負皇上，却没有。奴才怎敢

❶「回」，原作「曰」，據榕村譜録合考卷上四十五歲條改。

❷據榕村譜録合考，楊道聲所述陳則震語，並無「欺君」二字，且就上下文意看，亦不涉「欺君」。此二字當爲他人改竄。

妄説？』上色即和，仰屋，以舌抵齒，作嘖嘖聲，已曰：『汝出去罷，我亦未嘗不爲他。』」楊道聲又云：「他要迫得老先生自認一个欺君負友之罪，向皇上説開釋他。」我云：「這却使不得，倒是欺君了。」其可笑如此。如今，王藻儒、張京江都還信他的話，京江偶談及陳則震事，尚曰：「想老先生爲他事僞，不便並名，故此删去。」我曰：「這却不妨。皇上那時，聽得賊有一个向本朝者，無不喜，我即不肯與並名，而本後聲説他一句，有何妨也？奪不了我的功。我如何删净了他？大兵一入關，有筆帖式名博濟，原在翰林院做筆帖式，認得我與陳則震。見則震，錯認作我，與之恭喜曰：『老先生本已達皇上，皇上喜不可言，早晚即有恩命矣。』他茫然不知所謂，歸而言之於陳年伯，一家狂喜，不解所謂。因想到『此必李年兄有本去，帶我們名字耳』。不安于心，次早即至營，復問博濟，博濟曰：『我昨錯認君作李老先生也。』則震爽然自失。後又復尋我底稿看，却無他姓名，乃大恨。那時他無一字及此，且我差張誥❶與他進三策，一教他關説耿精忠，使一枝兵牽扯海兵，以解海澄公之圍；一教他務通一信與李武定，以爲昭雪之地；一自己毁形，以

❶「張誥」，原作「來誥」，據榕村譜録合考改。下同。

求退。三説皆被他大笑駁倒。今日張誥現在此，子等可背我問之，便知其詳❶。我若强入其名，事不可知，萬一被人搜着發覺，豈不是我倒害他身家性命。如何敢着他名字？」

予亂後還朝，皇上隆重予。告歸後，徐健菴即狠下手結陳則震，云予本觀望也，使人到本朝也，自己到耿王處也，通鄭家，幸而本朝成事，他如今就算全節。至丙寅年再入，徐健菴即以陳則震絶交書送進。上疑團百出。一日，使北門問予云：「皇上也不信，但是人如此説，你也曾求仕于耿精忠，有否？」予云：「予于君父前，從不敢欺一語。到福州省城，是耿精忠泉州知府王者都薦去的，逼着不許還家，只得去。予見耿精忠事也多，無暇照管得此事，就托言父親病危，脱身而歸。如責備我既到耿處，即當駡賊而死，予則受罪。如説受耿精忠之僞命，實在無此。」北門入回奏，上云：「不過是鄉紳，又無城守之責，何必死？所争者受僞命不受僞命耳。」上意亦解。徐健菴又變出一段話，云予族衆萬餘，有事時，予本有霸王之志，坐觀成敗。其爲人臣，非其本志，故來朝輒去。即在朝，日與二三同心譏切時政。上遂各處偵探採訪，而不得其踪跡，至今方歇。予以百口保則震本，後來亦曾發部議，部中以無庸議覆。陳則震那時即不喜，云：「皇上就教我

❶榕村譜録合考無「今日張誥現在此」至「便知其詳」句。此十八字疑爲李光地後人所增。

如此而歸，有何面目還鄉里？」他還要做官，所以可笑。已經結斷，本發閣，皇上往海子。夜間，四川亂報至。彼時但有變，將反而降者，皆停決。至是，上又傳明公問：「本案處決本已批出，柰何？」明回奏云：「現有張弘弼出首各人一案，尚未明白，只説候此案一齊發落。」上然之。張弘弼所首，陳則震就是頭一个，説他倡亂，爲樞密院學士，又做他户部侍郎。後來所首之人皆殺，而則震以予保他，皇上特做一人情，饒他。又單饒他不好看，又饒兩人陪他。他發關東，在刑部起解時，大鬧，駡予無所不至。魏環溪諭之云：「老先生且去，自有還時，何必急？今日還該感君父之恩，朋友之情。」他厲聲云：「君父之恩，我怎麽不感？有何朋友之情？」曰：「李老先生至出疏以百口相保，非情耶？」杜秀水又詰難他幾句，他不能答，才歇。他以爲抓住我，便不得不救他，不知算計左了。惟其如此，我更難開口。不然，丙寅還朝，正值海上平，皇上喜不可言，那時閩中形勢，細及民情，何一不問？若爲之言，有何不可復還之處？渠自斷生路耳。前四五年，皇上在永定河舟中，又提起這話，云：「他要你一救，救他个完全纔快活。」予略奏云：「他説臣别的都可不辨，惟有兩端：説臣要做耿精忠教官，爲何不做他的大官？就當一名兵，也是從逆，何苦既從逆，又要做个教官？他又説臣上蠟丸書，是他定的稿，實無此事。果然如此，臣亦負心，實無此事。臣即爲朋友，也不敢揑造無影的事欺君父。」上往關東謁陵，又厲其辭色以問之，屢問，而則震不過還是將那絶交書上的話回奏。

榕村續語録卷十一

本朝時事

鄭芝龍雖是賊，也有五六十年稱孤道寡，即讖兆都有。某自十五六歲赴試，在親友間熟聞其語。鄭芝龍在崇禎時投誠，不過一遊擊加副將銜耳。其過江西見張天師，求判將來成事。那時，老天師想還有些須相傳道術，爲之批判，有許多話今不能全記，但「王霸之業，南面稱孤」，直到末有「木子乘舟，金雞一叫，龍種全收」之語，其説家傳户誦，人人皆知。後吾鄉有金雞橋已殘斷，大家都説想是海賊平，必須此橋復成。庚申年，予請給假歸。己未科敝鄉有一翰林莊延裕者來相見，諄諄道吴逆、耿逆既平，何不勸上就此將海賊殲却？不爾，到底我們地方遭他屠害，不得安寧。余曰：「他已去隔大洋，料難卒至。且驅人于大海中，事之成否不可知。而人命大事，吾不敢啓其端也。」過幾時，渠又來理前説，曰：「賊可平。」予扣之，渠曰：「『金雞一叫，龍種全收。』明年辛酉，正合金雞，非賊亡之歲耶？」予亦不應。後渠又促之云：「不特明年是金雞，且君姓亦掛其内，所謂『木子乘舟』者，焉知非君耶？願君毋忽。」其時絶不以爲意。後回京，施將軍時來説他的本事，海上可平。予亦不在意，以爲此人驕狂，未必能成事，亦未知其實際若何。後一日，在富侍郎鴻基家，談及丁酉❶海上寇南京事，大服其智略，然亦不敢語及此也。辛酉二月，爲施將軍求叙其長子施齊功，言施齊在海中，欲爲内應降我朝，爲賊所殺。上問曰：「施齊果以内附爲海上殺耶？」予對曰：「施琅既來，琅，海上所畏也，恐我朝用之，故彼用其子，以生我疑，不用其父耳。施齊後得便來降，復爲海上所得，知其必不能一心，故殺之。」上又問曰：「施琅果有甚麽本事？」予對曰：「琅自幼在行間，經歷得多，又海上路熟，海上事他亦知得詳細，海賊甚畏之。」上點首而已。後恰值總督姚啓聖、提督萬正色及喇將軍皆争言海賊可平。至五月，而盡來上本，言海寇不可平，大都是畏難有六分，而養寇以自重亦有四分。萬正色更有三難六不可之疏，中一條係言渠將劉國軒智勇不可當。皇上未免怒云：「我仗他有本事，委之以重任，而他却畏服賊將，不成説話。」至七月，忽一日啓奏完，上獨留予及北門在殿上，問曰：「海賊可招安否？」予曰：「不能。」上問：「何故？」曰：「彼恃海上風濤之險，一聞招安，他便説不削髮，不登岸，

❶ 據考，鄭成功軍北伐，直抵南京城下，事在順治十六年己亥。此處誤記爲「丁酉」，即順治十四年。本卷「人論本朝之將」條，即作「順治十六年破南京事」。

不稱臣，不納貢，約爲兄弟之國。豈有國家如此盛大，肯與爲兄弟之理？」明珠當日現住在那裏一年，便知其至呆至狡之狀。明亦奏云：「果然是如此。」上問曰：「然則此時可用兵否？」予曰：「聞鄭經死，其軍師陳永華亦死，此其時已。三世爲將，道家所忌，渠已三世爲賊矣。但向日滿洲兵不習水戰，上舡便暈，却去不得。必須南兵，習于舟楫，知其形勢，乃可用。」上曰：「陳永華亦死乎？」曰：「聞已死矣。」上曰：「聞澎湖，渠有重兵守之，其地又無井水可以駐軍。且臺灣去澎湖甚遠，即得之，亦無可奈何也。」予對曰：「是在得其人耳。井少不能久駐兵，至幾日尚可有水用。澎湖，他之門户，一失，必内亂來降。」上問：「汝胸中有相識人可任爲將者否？」予對曰：「命將大事，皇上聖明神武，臣何敢與？」上曰：「就汝所見，有可信任者，何妨説來。」敦問再三，予對曰：「此非小事，容臣思想數日後，斟酌妥即覆旨。」上曰：「很是。汝去想。」後數日，上使明中堂來問，余曰：「都難信及，但計量起來，還是施琅。他全家被海上殺，是世仇，其心可保也。又熟悉海上情形，亦無有過之者。又其人還有些謀略，不是一勇之夫。又海上所畏，惟此一人，用之，則其氣先奪矣。」上遂用之。既用之後，乃想施將軍却是辛酉生，海上是辛酉起事，那一年便生一施琅，又與金雞合。而施出京，又即是是年八月。壬戌一年，駐兵未動，因與姚總督議論不合，相持也。至癸亥年，予又給假在家。六月，因赴省城送巡撫教習老師董名國興起身，回避雨飯鋪中，與遇。其時，將佐及省中諸文武官，俱怨施不于十月乘北風，而執意于此月起行，蒸熱不堪，用南風，違背天時，眊亂不經。予扣之，且促之立功。余曾于上前有言，不敢以局外自視。施具言必當六月，襯南風之故鑿鑿，予大贊曰：「海賊平矣。」施曰：「何見許之易？」曰：「觀君如此了了，大功必成矣。」施曰：「不是總督掣我肘，去年已出兵矣。予適言九分可以成功者，其實可以十分把得定，那一分聽之天，萬一颶風作，則無可爲力矣。又予得一夢，夢關公手持一勅書與琅，口中分付語甚長，醒後都不記憶，記得『上帝有旨』一語。移時，只關公就浴一大桶中，予爲之擦背，而關公搦余足曰：『何小也！』此非惡夢，想是好兆。」予曰：「浴桶中者，大一桶也。予鄉音『足』與『爵』同音，嫌君足小，欲進爵也。」施大喜，相期曰：「七日可爲君取澎湖。」別後，果于十四日進兵。十六日，與劉國軒大戰，我兵不利，藍理被鎗，腸出日也。廿二日，即得澎湖，劉國軒全軍覆没。走回去果七天，鄭、劉俱降。中秋日，上衣錦袍，看月宫景物，登樓宴賞。適捷報到，上喜甚，即脱此袍賜施。自作一詩，寫一手卷，有序，俱述中秋賞月，捷到賜衣，將之以詩之故。詩云：「島嶼全軍入，滄溟一戰收。降帆來蜃市，露布徹龍樓。上將能宣力，奇功本伐謀。伏波名共美，南紀盡安流。」上手書所作詩，裱褙成以賜人者，施外，惟山西老于成龍爲直隸巡撫時有此，詩云：「自昔崇廉治，勤思吏道澄。郊圻王化始，鎖鑰重臣膺。政績開留犢，風期素飲冰。勗哉貞晚節，寵命日欽承。」乃知「金雞一叫，龍種全收」恰好驗，或六十年之賊亦關氣數也。丙戌年十月廿三日記。

鄭國姓用施琅如手足，其致釁也，亦由施琅。施有一卒，得罪逃，補鄭伍。施知之，不請命突入，在鄭前捉獲此人，即殺之。鄭怒，于是令人押之入水倉，欲殺之。彼時不即殺者，蓋施尚有一弟爲將官，守一關隘也。施行至橋邊，將押解八人皆用脚打入水而逃。鄭既失施，遂拘其弟與父入水倉。琅尚不忍遽去，秘以信問其父，父曰：「渠來無益也。不見伍子胥之事乎？俱死何補耶？」琅遂北歸。彼時，本朝帥亦英雄，一聞施琅來，便授之副將，予以三千人拒海上，海上便以爲苦。

李安卿先生言，曾面問施靖海琅平海寇事。曰：「朝廷威力，福命居多。」曰：「然則公之將略安在？」曰：「吾當初受命時，便爲君家學士言之。彼此相校，譬之下棋，賊知動着者，惟劉國軒一人。吾可勝彼三着，非誇吾之勇略也。即劉與予之智力相若，已有三勝之道。我朝廷新平三藩之福氣，一也；吾以天下之財賦，彼以區區之一隅，二也；以我之衆，百倍于彼，三也。且予非坐待天之成命也。人往海上，多用北風，避暑熱，吾反由廣東繞澎湖南，而用南風。六月十四日，自銅山發兵行。十六日，至澎湖。廿二日，告捷。俱極熱時候。以南風緩，夜更靜，海中無泊舡處，夜間以舡旋轉于波上，謂之拋洋。不敢直進，停五六日，用間諜偵探，知其的實，便可進兵。若出夏至前後二十日外，北風便起。北風日夜俱大，而夜更猛，不能拋洋，不能偵探，冒進即是行險。臨戰小挫，吾非不能救也。蓋欲借以張施號令，軍將賞罰，誅殺幾人，然後士氣肅而軍心固，致其決而鼓其勇。計劉國軒精兵不過萬人，而吾兵五萬餘。劉國軒遣副將吴山，領兵三千守砲臺，吾以一文官率老弱數百，日日擂鼓摇旗作登岸狀，吴山果不敢下岸助水戰。萬人去三千，置之無用之地，軍勢所以益孤。又計吾戰艦五倍于賊，遂下令軍將，能據上風，用甲乙兩船鈎住一賊船，先從吾乙舡順風放火燒之，俟兩舡火熾，士卒併來甲船中。如此不須俘獲，不須首級，便受上賞。若不能燒其船，有俘獲首級，吾斬之。二三日之間，吾船如雲，而賊艦幾盡。劉國軒遂遁歸。于是命人撈救賊之落水半死者，共得數百人，醫療亟遣之回。」曰：「何爲用此？」曰：「吾料劉國軒計無復之，惟有揚言于衆，語吾將報殺父之讐，到臺灣雞犬不留，悚恐衆人，盡力死守。吾撈起之人，問知誰爲藩下人，誰爲馮侍衛人，誰爲劉將軍人。云：『斷不報讐，當日殺吾父者已死，與他人不相干，不特臺灣人不殺，即鄭家肯降，吾亦不殺。今日之事，君事也，吾敢報私怨乎』！因折箭爲誓，厚賞之銀錢而去。又訪得劉國軒親信之人，厚結之，令與劉説，我決不與爲仇。他肯降，吾必保奏，而封之公侯。前此各爲其主，忠臣也。彼固無罪，吾必與之結姻親，以其爲好漢也。亦折箭立誓。劉歸，果以此恐動其國人。方爲固守計，而此輩歸，衆人聞之，遂無固志，關隘不閉，傾國款降矣。凡吾不傷鄭氏一人者，亦有意。吾欲報怨，彼知必不能全首領，即不能守，亦必自盡。鄭賊雖不成氣候，將來史傳上也要存幾張紀傳，至此定書某某死之，倒使他家有忠臣孝子之名。不如使他家全皆爲奴囚、妾婦于千秋，其報之也不大于誅殺乎？」因大笑。「且成功亦得防禍，若鄭氏滅盡，萬一有嫉忌騰謗之口，謂施琅得鄭家珠寶若干、美女若干，鄭氏無人，將誰與辨？今鄭氏全在，可以質問，爲自己禍患計，亦當如是。」

人論本朝之將，以趙良棟、施琅並稱。今觀之，趙雖御下亦有恩威，臨事亦有機智，若論能攬天下之大事，刻期成功，未必如施。予曾多與議，雖鄧禹之初見光武，孔明之初見昭烈，所言相似，而岳武穆之破楊么，不是過也。予初補官，渠時在京，名爲内大臣而困苦不堪，使人致意云，君來，上問，將千萬爲渠留意。彼時素聞其驕傲，不在意。後時常在鄉先達富君鴻基❶家會席時相見。一日，又在富家，適他客及主人俱不在前，主

❶「基」，原作「業」，據清史稿卷二百六十二李光地傳改。鴻基初名鴻業，通籍後更名。本書先前已作「富侍郎鴻基」，此處就不當再稱鴻業，故改。

人往吊内城，託予陪施，因縱談及海上順治十六年破南京事。予云：「當時，若海寇不圍城池，揚帆直上，天下岌岌乎殆哉！」渠笑云：「直前是矣，請問君何往？從何處而前？」予無以應。移時，又促之云：「從何處往前？」予曰：「或從江、淮，或趨山東，奈何？」施曰：「此便大壞。何言之直前？縱一路無阻，即抵京師，本朝勢能乘强兵決一死鬭，彼時打天下之大將尚有。兵家用所長，不用所短，海寇之陸戰，其所短者。計所有不過萬人，能以不習陸戰之萬人而敵精于陸戰之數十萬乎？不過一霎時便可無噍類矣。試看，想當年唐太宗、明太祖那樣謀臣猛將，亦無不顧形勢而徑前者也。須有一定打算，定有安身處，漸漸而去。」予爽然自失曰：「然則奈何？」曰：「不顧南京，直取荆、襄，以其聲威揚帆直過，決無與敵者。彼閉城不出，吾置之不論，彼若通款，與一空劄覊縻之。遇小舡而燬之，遇大舡則帶之。有領兵降者，則以我兵分配彼兵，散與各將而用之。得了荆、襄，呼召滇、粤三逆藩，與之連結，摇動江以南，以撓官軍，則禍甚于今日矣。」予聞之大驚，老賊如此着數，真梟雄也。蓋言言着實，如先輩作文字，侃侃鑿鑿，結結實實，説出幾句話，果然有精彩，必非尋常。施素不多言，言必有中，口亦不大利，辛辛苦苦説出一句，便有一句用處。後余力保其平海。至平海之歲，予家居，赴省歸，適避雨入謁舍，恰相值。渠時欲於六月十四日起兵，而羣然以爲不可，渠決意不回。相見時，渠先問云：「老先生還有下教之處否？」予曰：「予何敢益老先生之所不逮，但予曾見姚制臺、啓聖。林七兄總兵名賢。俱力言六月不宜進兵。姚公所言，皆無影響，不中兵機，予已忘之矣，不足論。獨林七兄所言，略有疑焉。」施曰：「老先生請出所疑，小弟能爲老先生一言解之。」予述：「林云：『澎湖乃臺灣門户，勢在必取，不取則舡無所栖泊。而澎湖溝通海之處甚窄，秋間北風多，此時南風多。進溝自南而北，北風則水順風逆，若利則順水而進，不利則乘風而退。南風則順水順風，有進無退，倘有不利，何處着脚？』此語不知如何？」施云：「天下有言語似是而非者，此其是也。十四日起兵，就是小弟秘訣。那時起兵，十分中有一二分勝，此時往，十分中有九分勝。海上風信，至秋則北風作，北風夜間大，白日小，南風則白日有，夜間無。澎湖溝未可輕進，若不能遽進，白日北風小，在水上依泊，至夜，萬一大風作，則雖舡百萬，可保得一隻不相見，四散漂流？縱聚得來，非一月之久不可，豈非僥倖萬一？一到直入，勝敗由天，此故謂十分中只一二分勝。此時風向，午時南風微微，至晚及夜，絲毫也無。計予十四日領兵，十六日可到。不知裏邊虛實，且在外邊游衍嘗試之。夜晚無風，則舡舡相銜，與舡旋轉不休，謂之拋洋。一日不可進，則拋洋一日，兩日不可進，則拋洋兩日，雖五六日無不可者。至五六日，則敵情斷無不得者。一入溝，則有進無退。古人尚沉船破釜，如今方順水而進，便想到乘風而退，豈不可笑！用南風，正是要審敵。若用北風，則無可審矣。如此，則十分勝可必。而予適言九分者，那一分便要留與天，到底人算只是人，天意不爾，無可奈何。倘風起不時，頃刻漂散，人力何施？小弟以人謀決之，七日可得澎湖。但恐劉國軒老賊不守澎湖，而別遣將，雖得澎湖，尚須幾日工夫。若國軒氣運不好，海賊該滅，劉國軒自守澎湖，一戰而勝，乘流直入，兵不再舉，臺灣即平矣。」予聞之大喜，云：「臺灣已平了。」施云：「何以相信？」曰：「着着勝算，語語中機，業已成功，可賀可賀。」後果於十六日到，十七日與劉國軒打一仗，互有損傷，藍儀甫腹受七鎗，腸皆流出。衆兵不力，施欲斬副將以狥總兵，叩求方止。施申明約束，每日挑探。至廿一晚進兵，劉國軒方整兵禦敵，望見一點黑雲從天末起，劉云：「不用排兵，但排酒來作戲。」曰：「立見來船漂没矣。」蓋黑雲乃起風之徵也。酒筵方設，而有殷殷之聲，劉愕眙顧衆將，曰：「何聲遽鳴遽息？」飲酒自若。移時，聲復作，劉云：「豈雷聲耶？」語未畢，而轟然一聲大振，蓋雲作必颶風起，雷作則風雲立散。劉用是將筵席踢翻，長歎曰：「此天也，非人也。」罷罷，速具舟楫！」乃自乘小船，而常所坐大船有櫜者，以別人乘之。其全軍覆敗，惟國軒遁逸。廿二日得澎湖，計其日果七日也。

施靖海六月十七日頭一戰，惟藍理死戰大敗，身被七鎗，大腸已流出，裹之復欲往。

施痛哭止之云：「汝乃我長子也，此時惟汝與我共性命。」他將領皆觀望不前，施乃申軍令，欲斬他將，諸將皆叩首決戰以贖。次日戰，乃勝。及叙功時，施遂將藍理名字删去，蓋藍理剛猛，不肯屈意事施弄兒輩，遂落其名。後仍安溪師爲上言之，上呼至前，驗傷，始官之。

安溪陛見，坐語甚久，因及施琅取臺灣事。至澎湖島，師遣許師賀施。澎湖十七峙，皆海水，苦鹹，惟一處甜水，僅可飲三千人。而施領兵三萬屯其中，時正六月，又不雨，皆以爲憂。忽遍地皆生甜水，許不信，試以手刨沙，皆甜水。又施兵入，劉國軒望海天有黑雲起，大喜曰：「不須布陣，試開筵飲酒，坐見敵兵覆没也。」蓋平時，雲起即作颶風，風作，雖萬船可頃刻盡，惟遇雷則解。劉飲酒聽有聲，曰：「此何聲也？」審知爲雷，因推翻酒筵而起，曰：「天意如此，誰能違之！」遂敗。上曰：「果有此事。朕前年征厄魯得，瀚海從來不雨，而是年雨不啻數四。及大兵至，草茂水甘。又其國妖孽，田禾穗中，每粒皆生一蚊蟲，其莖斷之，皆流鮮血。從臣以爲言，朕不信，親視之，乃知果爾也。」師曰：「聖人明知此等事，只口不言。」上曰：「非故意不言，不可恃耳。」

海上初平時，予赴官進京，上即問云：「如今臺灣已平，姚啓聖、施琅欲郡縣其地，如何？汝來時曾見之否？」奏云：「來時曾見之，臣議論與之不合。」上問云：「如何不合？」曰：「臺灣隔在大洋之外，聲息皆不通，小有事則不相救。使人冒不測之險，爲其地之官，亦殊不情。」上云：「然則棄之乎？」曰：「應棄。」上曰：「如何棄法？」曰：「空其地，任夷人居之，而納款通貢。即爲賀蘭有，亦聽之。賀蘭豈有大志耶？彼安其國久矣，事久生變，到彼時置之不顧，便失疆土。與之争利，或將不得人，風濤不測，便爲損威，終非善策。」上云：「目下如何？」曰：「目下何妨以皇上之聲靈，幾十年可保無事。」上曰：「如此，且置郡縣。若計到久遠，十三省豈能長保爲我有耶？」後又姚總督、施將軍請以萬人永戍臺灣，上面問曰：「此事如何？」予奏云：「以臣之見，不可。何也？試問，萬人如何永戍法？如令其孤身永戍耶，以萬人之衆，令其去祖宗之墳墓，離父母棄妻子，孤孑終身，是萬人皆流犯，彼能安之若素耶？若説遷其父母家室而往，是萬人即有十萬之衆不止。無論一臺灣之地，即屯種不足以供其食用，即可足用，而萬兵一無所繫戀于内地矣，何所顧忌！兵不换而换將，是爲將者如傳舍，而兵皆室家相保，婚姻相結，兵爲主而將爲客，勢必至弁髦其將，而加之以不堪，且繼之以叛據矣。如何行得？」上連點頭云：「是，是。」又云：「然則汝意云何？」曰：「不得已，寧不辭勞費。已萬人戍，而三年一更番歸省，一番三千人。」上諭中堂云：「李某所奏狠是，你們可出與細商，即依此票簽可也。」今其端漸見矣。

榕村續語録卷十二

本朝時事

乙卯年，海上圍海澄公，予使人進蠟丸疏請救，上甚喜，陞予侍讀學士，遂丁憂。至戊午年，劉國軒攻泉州，安溪已破，州城危在旦夕。劉國軒斷洛陽橋，則康親王兵雖欲救而不能，是福州救不能至。斷江東橋，則喇將軍兵雖欲救而不能，是漳州救不能至。予使六家叔請師，又使弟光垤從山路引康親王大兵，自永春來。遣二吴表弟，並從兄光斗，往漳州請寧海將軍，從漳平縣來。予令人開山路以迎之。一得回信，予募二人從水底通信泉州府張仲舉，武官楊鳳起見有予書，及親王令諭、寧海將軍書皆有印在上，而滿洲字，城中始有固志。再守十日，而大兵至。相去數十里，劉國軒遁去。蓋我兵已入死地，有進無退也。

工部行次昭陵詩曰：「鐵馬汗常❶趨。」錢牧齋以爲是用太宗。安禄山亂，華陰兵與崔

❶「常」，原作「尚」，據全唐詩卷二百二十五改。

乾祐戰，石馬皆汗。世間果有此事。予鄉白頭賊舉事，稱爲「崇禎太子」，皆稱爲「太子爺」。初，止有衆三千，爲安溪縣官李鈺所敗，恨之。後遂至萬餘，其勢甚大。戊午正月朔，先君喪中，安卿舍弟即早夢祠堂中，遠代祖有木像數尊，皆鐵甲流汗。先祖侍旁，示舍弟曰：「汝視各祖宗卸甲時，汝等即宜挈家走矣。」因舍弟平素夢俱不靈，亦不爲意。白頭賊春間竟圍安溪城，予時家僕不過二三人，何能爲？李令未被圍時，曾遣其家人持銀二百四十兩及盤費約三百金，往賀新總督到任，爲賊兵所阻，不能達。回安溪，又爲白頭賊所阻，因繞道至予家求救。予告之以不能，渠曰：「大相公能辦此。」蓋指葆甫家伯尚能號召向日所用鄉兵也。予曰：「亦曾謀之，彼殊不以爲意。」蓋有爲賊游説者，言君莫動，賊必不來相害，即保護鄉里，亦是好事，何苦發此難端，自焚其巢。蓋賊衆萬餘，曾用人挾柴一束以擲堡中，頃刻與堡平，順風縱火焚之，立時焦爛。故人懼之，無不擔負米粮以餉之。家伯亦惑其説。予無意中，對李僕發嘆曰：「如某有餉資，即自爲之，無煩央他人也。」李僕問曰：「所需幾何？」予曰：「二三百金足矣。」僕即應聲曰：「小人有。」因言其故，予曰：「好，可將百金來。」即刻散募，得百人。一族人與賊通，去對所募人曰：「何癡耶！賊數萬，而以百人爲之點心，何足以飽賊？彼書獃無所知，汝輩何速送死乎？」期次日早募兵至。正午不見一人。初不解其故，後聞此言，予即使人縛至，數其罪，欲殺之。有爲之解者，請立刻使募人皆至，以緩其死。予許而囚之，以待募兵之至。移時，果俱來，即令一舊爲賊投誠李老名治者率之而往。半路又潰歸，予因呼李老至，曰：「汝試揀其中有膽者數人，不須與賊交鋒。」賊萬餘人所恃，皆四方村堡送給者。予自寫告示數百張，遠近散。張言：「賊何能爲害，不過烏合之衆。大兵旦夕即到，予已練鄉兵勦賊。汝若送粮，亦是賊，大兵豈汝貸耶！自今已後，各保己寨，若賊徵粮，汝但云我不許汝。不與粮，害不在汝。倘賊平了我堡，汝再送粮不遲。目下若仍送粮，義旗即指其堡矣。」又分兵守其送粮要路，有即截斷。不數日，賊無從得食，大窘。向有家人投賊作鎮將者，至是領所部數百人來降，賊大懼，恐其鎮將有泉州人，皆生心圖之，遂惶顧欲走。又饑乏，不數日遂潰散，止二三千人，皆其親密者。至四日，家伯壽日，往拜之。忽有人報白頭賊至，彌望皆白，不知其數，已將下嶺。予即回，聚衆父老謀之，皆曰：「聚兵守堡。」予曰：「非計也。但守己堡，他堡必爲賊所破，賊即驅他堡人以攻吾堡，仍用火焚，無噍類矣。不若出兵逆之。」他堡而來助者，予遣之歸，曰：「汝但傾堡內大小男女，皆聚立堡外，有鉄器者執鉄器，無則竹竿亦好，有賽神旗揚之，無則裙襦亦好。不如令，即以賊論。」諸堡果依令行，而以鄉兵迎賊。賊見各堡旗幟人多，亦惶恐，復見鄉兵迎敵，竟止于山腰，隔水相罵。予聞之，曰：「事定矣。到罵時，其技窮矣。」是日，避賊將祠堂中，祖木像移至土堡樓上。是夜，風雨大作，屋瓦皆飛，風將樓上窗檻盡折，並將祖像座後木屏亦吹倒。舍弟、小兒急奔上樓護像，像纔尺許，而下木座輕，甚可怪也。鐵甲流汗之夢驗矣。賊遂退，予令三舍弟領兵尾之，莫與交鋒，不逼不脱。賊果窘，數日後，俱饑餒而散。白頭賊既平，予無餉養兵，遂欲散遣。張仲舉時爲泉州守，曰：「勿散，他賊正多，仰老先生爲干城。」發餉接濟，且得遷延。秋間，海寇大盛，劉國軒破漳州，滿洲兵全軍覆没，全漳州縣皆降，泉州州縣亦望風降。安溪父老白李令曰：「如山賊來，雖數萬，敢爲公保守。倘海兵三人至，予輩亦不敢與抗。」李令大懼，即率千總一人，收拾庫銀二三千，乘夜逃至予家，勸予走。予曰：「諸君可走，予不能也。有老母、兄弟、妻子在，將安之？且予在此，尚有依賴，纔出堡，即數轎夫舟子可以縛送海上矣。」予問令將何之，曰：「予往走京師，但見老母一面，任皇上立斬所甘心也。」予曰：「此真匹夫之見，所謂『忘其身以及其親』者也。」令問策，曰：「棄城固不好，與其到京取死，不若奔到康親王處求救。」渠曰：「王爺以予爲棄城，有何好處，不如歸死于朝廷耳。」予曰：「君肯去王爺處，予當付以啓，白各郡邑盡降，不當獨罪君也。」渠與千總曰：「待吾輩再商之。」因去就寢。半夜，來叩予門，予起問之，曰：「予輩思大老爺係鄉紳，尚爲守計，予輩乃守土官，竟逃不美，即死，無以見先人也。願助公守。」予曰：

「予亦無策，君何以助？」曰：「予現將庫銀攜出有二三千金，幫餉亦是急着。」予曰：「如此則佳。」即取千金至團練鄉兵。海上竟以劉國軒弟國昌爲安溪令，國軒用侍生帖來，字大如碗，招降。國昌亦娓娓千言，引劉誠意勸爲興王佐。予復書言「汝等數十年峕以擄掠爲事，未必能成大事。但將數縣，何遽及天下？天下亦頗大，何言之易！汝等莫來鬧我，我亦不能爲君害。末用所以軍灞上者，不過備他盜與非常耳。倘天命有歸，予尚能使貴君臣服其黼冔，賓于王家」云云。其書，海上人皆能熟誦之。予令六家叔至康親王處請救，王有令諭來，助餉銀一千，文武官劄付廿張。文官自同知以下，武自副將以下，皆許填給。有功即題授，餉與劄付再用再來取。又兩月，大兵來，予令鄉兵逆大兵，而以李令、千總與其事，而爲之言於親王，解其棄城之故，攜庫項以餉軍，團兵拒寇爲有功。王亦復其官。李令輩與鄉人及和尚鋭峰，皆言夜夜見有神火無數，如隊伍成行，坐作進退之狀。予曰：「焉知非鬼燐耶？」李老乃宿賊，曰：「鬼青神紅，予輩爲賊，視此爲進退。今者紅也，非青也，勝賊必矣。」

凡臨事利害來，度之於理不可避，再揣之於勢，有六七分不必避，那二三分付之天，天下事便好處。當予舉義兵時，合族人勸止，且問曰：「海寇百萬，君卒一百，能抗之耶？是又何理？」予曰：「予却有見。前者，耿逆未平，予豈敢爲此？今者，海兵即能困親王、將軍至於死，而力不能及關，關外兵計日可至。予兵雖百人，原不用之戰，止摇旗布散，以虚疑恫喝之，雖百人，而有萬人之勢。且度海賊數十年來殺人數百萬，而予家世未嘗害人。且渠非如他方自外來者，或氣厚力全不可知，海寇底裏，有何不可測處？而曰予輩即殲其手，天道人事無此也。」

事到頭，當自作主張，不可徒聽人説。丁巳歲，鄭氏有煩言，黄玉齋以狀來告。適侍先子坐中，不能隱其書，大兄因述謝維三害之言，謂當一出。先子素謹，慮禍及，命作書與瞿園達意。予既承命，而陰屬玉齋此紙勿畀。中夜，安卿披衣起，謂：「宜與老練者謀之。」予謂：「不然。我未嘗與彼敵，非吕華之比。家産聽其籍没，亦非所虞。琅嶠、淡水之行亦未必，然厦門恐不免耳。吾得見彼，則慷慨陳辭，士各有志，何必相强哉！或應至島上，天也。」

閩有油杉木，生長于地下，人偶掘地得之，以爲寶。做棺木試法，六月以生肉置其中，久但乾縮，不臭腐。安溪師爲太老師置一副，值四五百金。師選館在京師，泉州守欲得此以爲其母用，太老師不肯，遂屬安溪令逼索之，又不得，守甚怒。太老師懼禍，遂將板剖作二，予其一。令知其剖也，卻還之。及師假歸，到處作不平語，守與令遂大恨。未幾而三藩叛，守與令皆爲僞官。守與令先薦師，令耿王逼之官，師不起。又屢以文書報師清宦，叛起義兵。及海賊至，守與令又爲海官，復報師叛，身家幾覆。及蠟丸奏通，大兵入泉，有特旨不可屠城，恐有李學士在内。兵入城，沿門呼索李學士不可得。令聞之，遂出白師不在郡，在縣之湖頭。學士尹泰即令渠邀請，令銜命往。師已聞信，來遇於路，師仍温言相款，不計也。令辛丑進士，直隸安肅縣人，姓謝，未幾令于閩。及師督學時，安肅謝姓，凡諸生皆不與考。師久始聞之，笑曰：「吾意中，久不復知安溪有一謝令爲安肅人矣，何自駭如是！且吾欲報復，當日恢復時，略一動口，渠便虀粉，何待此時？且其姓何罪？」諭學官，補試皆照常發落。

予家居時，卻曾以一百人破二萬白頭賊，然賴神明之力，未可以自詡知兵也。先是白頭賊圍泉州，安溪甚危，府縣皆來求救，予不得已，呼召三十人，從險隘絶其粮道。數日，而賊窘解去，因恨予，從山上至予湖頭。衆倉皇不知所措，爲辦保守計，予曰：「惟有一戰，或僥倖萬一。」點集百人，孟浪向前，隔水而待，賊遂遷延觀望。予曰：「事濟矣，一卻便不復敢下。」午間，酒肉勞軍。至晚，令其守之盡夜，曰：「天明看賊不退，還如前守。如賊已退，即上山尾追，不要逼近，只隔四五里相隨，渠住亦住，渠行亦行。如有散歸之賊，不可傷他一人，任其逃奔。」次早果退，我軍如命而行。可恨賊初臨時，予即發人至縣中取救兵，知縣帶二百人，遊擊帶八百人來援，亦上山趕賊。甚欺官兵無能，一見官兵，遂駐札山頭，作戰勢。知縣、遊擊一見膽落，即刻帶兵奔回。予驚懼不知所爲，倘我兵亦隨之奔，大事去矣。即命三舍弟趨赴兵營，有一人退者立斬之。舍弟自立，露刃立山下。賊見予兵不動，亦即復向前行，逐日賊之剃頭而散者，不可勝計。我兵見之，但曰：「好，好，汝速去，我不汝戕也。」未及一月，賊止餘二十餘人，從漳州入海，不知所終。

張仁趾説泰州鹽賊孔文泰事，先生曰：「殺降最不可。即是其人極不好，有大罪，倘有功，亦須救之。予鄉李治，初爲賊攻吾堡，幾開。其人時爲賊偏裨，用力甚鋭。當予陷于林日勝時，渠時語林曰：『李家是風水的人家，如何殺得他死，不如放去好。』後賊平，渠投誠于海澄公。賊有一參將，投誠後復做官，遂揚揚歸鄉里祭祖先，寒家有暴戾子弟竟擒而殺之，渠遂不敢歸。一日，予至府城，渠來謁。又一二年，窮蹙甚，無所歸，攜家來投，鄉里人遂欲得而甘心焉。予厲禁不許，保全之。未幾，寇盜大作，予書生，調遣或略知，至行間之事，毫不知，大得渠力。渠經過，與不曾經過得差多。如賊來，予只空説不妨，以安衆心，未知所以備之之道。呼渠至，渠便有方。海寇劉國軒圍泉州，府已絶粮，危困甚。予請甯海將軍及巡撫吴伯誠兩路俱進，而患城中不支，倘兵未至而破，無及矣。與之商，渠遂薦二人，能没水行。府城臨河，至城下，夜呼，守陴者懸二繩以上，有予手書及甯海將軍清書用印三劄。時張仲舉知府事，識予手跡，合城歡呼。自爲堅守數日，大兵果至，劉國軒連夜遁去。其所用没水二人，乃鄉里中劇賊之渠魁。自此，予誡之以不得再蹈故轍，渠亦誓自湔洗。後予以鄉里凡有賊，皆委之，如有失，即責之捕獲。予時周其困乏，鄉里中遂可夜不閉户。其人向有大罪，至泉州城賴此而存，其功亦與相埒，如何復殺之？孔明不殺魏延，豈惟人才少。且每出立功皆是延，如何可殺有功？」

先伯將舉兵與賊爲難時，有别村一老人來云：「恭喜。」先伯問所以，曰：「吾昨夢境主即神主。云：『你們這幾時且莫來香火，我們都要幫李相公家去殺賊。』」先伯驚，遽曰：「此何言！吾方救死不暇，焉得有此？」及賊平，兵從此村過，其老人來迎云：「向者境主之言不謬。還有一奇，某等近往廟中燒火，但見境主膝間破損，視之，中有一炮子，揀出現在。」與先伯看。由今思之，賊三四萬人，火炮連天，不曾傷我們一根毛髮，我們一炮便中其要害，所傷死者，皆是先鋒、副將。其初，林日勝原不欲搶拿我們人口，而硬主張者，張吉、王士，兩人立下軍令狀來的。到破賊時，有一百鄉兵恨賊，竟將賊木栅已破斷兩三層而入，其勢不可當。某怕甚，賊死時自然先殺了某等而從死，肯相饒乎？忽聞鳴金收兵，乃先君止之，曰：「如此，吾子孫必不保。」鄉兵曰：「相公一家事小，如今不滅賊，賊出，吾數村無噍類矣。」先君曰：「這説不得。其初，若是諸親友舉事，我們自然從你。今日之事，我之力也，諸親友乘我之勢而至此。吾何爲哉？爲子孫耳。若諸親友不顧我子孫，諸親友是吾仇也，吾便整兵相向，不知其他。」衆人才歇。賊見吾軍退，又示武于衆，趕出寨來。寨傍伏二門鳥鎗，他亦不知爲何人，見賊出便放，一鎗打死的就是王士，一鎗打死的就是張吉，賊自此奪氣矣。可見古來佐命功臣説自己的功，都是貪天功以爲己力。一家尚如此，何況天命所歸。

予以掌院再假旋時，過福州，巡撫張義山憂形于色，曰：「貴省將又亂，山海之盜又生，奈何？」予曰：「何故？」曰：「還是舊賊無所歸，嘯聚耳。」予曰：「何怪其然。渠等平常皆稱鎮、稱藩、稱位，無論平民，雖鄉紳皆榜而笞之。一但爲編伍，不特舊日受其荼毒者得反乎爾，即安居伏處里巷，與之拱手復稱其鎮位，半真半假以嗤辱之，彼亦羞憤欲死矣。」張曰：「奈何？」曰：「如今有法，老公祖可秘訪，那些走卒莫管他，訪渠魁是誰，不過幾個。招致他來，在轅門與之署官，使之家口有安頓，有馬可乘，有肉可吃，豎子紳衿不得撻而辱之，彼願足矣。若有警，即用他鉤治擒縛，便可貼然。」張大喜，即請予疏所知者書數名姓與之，而屬訪其餘者。果用之而安，至今無亂者。衛房師撫黔，不知此法。見苗亂，即用吏役擒治，吏役被殺，即用官兵，卒至兵敗，問一死罪。是皆由讀書少，但看黄家賊事宜便可見。莫妙于以賊攻賊，不勞擾攘，而成功甚易。

鬼神有靈，皆人心所向也。不特往代如伍子胥、朱虚侯，近時關公如此，即如姚總督，本是一無賴光棍，竭民膏脂，用如泥沙，可稱窮凶極惡，而臨死半年之間，革除閩中數百年大當、里役諸事，貪官猾吏，勢豪劣衿，聞即參處，風力甚好，手段甚辣，人不敢犯。至今，官吏倒置諸弊政，久經禁革，勢亦不能復行。大當之事一到，萬金之家立敗，慘至有將祖父屍棺掘起暴露而賣其塋域者。姚熙之向予云：「予年已六十，算所蓄銀尚有百萬，計予盡意用，今生料是足用。至兒子輩，真豚犬，即有金山銀海，彼亦不能自存，與之何用！吾當立意，自今一錢不取，爲民興利除害。」一日，請藩司姓馬者至，命坐其座，用二力士掖之不得動。渠自下堂，拜之八拜，藩司窘極呼叫。既畢，藩司叩頭不能起。請其故，姚曰：「無他，要汝做好官，幫我而已。凡予所欲爲事，貴司幫我奉行盡力，不許絲毫欺蔽。」藩司領命惟謹。渠遂搜剔害民之事，盡行除去，即里長亦復革絶。予告之曰：「老公祖革去里長，亦屬太過。自明太祖立此，不獨通官民之情，地方官一到，亦須有一人服役應用，如何可去？」渠云：「老先生所言，乃儒者之常道。小弟所革，乃除惡務盡之意。」卒竟去之。貪官即刻參處，蠹役立斃杖下，惟作惡秀才未至處死，然亦聞風縮首革面矣。一日，到興泉，衆衿郊迎，姚見之，爲之下輿，執手道故，直呼若儕輩，云：「諸兄今來甚善。」自稱名云：「某大留意諸兄，欲諸兄用心讀書，做好人，爲國家用，爲鄉邦光。如某某者，其行事如彼如彼，訪拏之時，某意亦不欲生之，後轉念，倒底是吾輩一脉，故終寬之。諸兄當勉力仁義，何常蹈之，則爲君子。姚啓聖是何等樣人？乃無賴光棍，今竟翻然爲善。從前種種，譬如昨日死；從後種種，譬如今日生。諸兄但看姚某此後若何，倘若蹈前轍，諸兄再見，當唾之、駡之、打之，書其惡迹于通衢以恥之。」語畢別去，衆衿乃相率歡舞，半年而率民立祠。至今有官吏不肖爲惡者，相率而哭諸姚廟；雨暘有愆，相率而禱諸姚廟。人心所向，亦即有靈。然本是一不好人，壬戌、癸亥平海事，本是渠發端，施琅本與相好，又是渠所薦過者。至用兵時，上本令渠二人同事，及施爲將，渠生嫉妬，百般阻撓，施遂上疏欲自專其事，上竟從之。兩人大相惡。姚遂用三千金買孫蕙上本，説：「兵不可輕動，恐船入大洋，損兵辱國。」及予給假見之，云：「老公祖不須如此。當日施尊侯本老公祖所薦，他之功，即老公祖之功也。」姚曰：「老先生莫不是云小弟忌他立功麽？姚某雖褊也，不小量如此。但兵，凶器也，須動出萬全。他輕動躁猛，萬一颶風作，攝入大洋，喪師辱國。他是武人，我輩是文臣，如何不替國家慎防？」予云：「都門亦有孫御史爲此言者。某給假時，有旨：『今李某雖給假，明早令入啓奏。』次日，上云：『孫某本汝見過否？』予奏云：『兩日前見過。』予若駁其本，渠立刻便壞事。内有云：『或南風北風，皆可乘利，對上淡水，下淡水，依以爲固。』自謂工巧，不知淡水乃賊地，如何爲我所守？總是不明白亂説耳。予奏云：『孫某所言，不失慎重之意，但以臣度之，天運循環，無往不復。閩、廣、江、浙受其蹂躪者，數千里地；受其荼毒，百萬生靈；三世爲將，已道家所忌，況四世爲賊乎？且渠今内亂，我朝方盛，真天亡之時也。但雖天時地利俱好，而其中必須一點人事湊合。斷未有安坐不費一草一木，而賊將傾巢來歸者。』上云：『别的不須躊躇，只是恐風起，攝船入大洋，賊衆乘之，喪師爲慮耳。此語亦非孫蕙一人言之，定海將軍、姚啓聖皆有本來如此説。』予奏云：『此處，臣亦經問過施琅，施琅大笑云：「此皆不曾身經之言。若云兵有利鈍，不必大洋；若颶風作，入大洋，縱有百萬戰艦，至其中如一粃，我船不自主，賊船能自主乎？縱使偶然漂至一處，相去一丈，欲會合而不可得。予既不因之爲功，賊又安能乘之爲利？」施琅自言爲定海將軍時曾遇此險，三百號船俱入大洋，風雨三日夜。風雨少歇，施琅出望，語舟子曰：「那一點黑，當是廣東南澳，向彼處去。」遂抵其上。候至月餘，三百船皆至，無一損傷者。如遇此事，不過無利，亦曾無害。』上遂意決。老公祖所聞左右之言，亦不盡確，望更詳審。此朝廷大事，和衷相濟爲善。」渠終是心裏明白，自此遂解。及施琅後藍理被其參處，予雖爲救出，姚亦謂其梟雄，恐有扣閽事，屢以千金撫慰之。

調用，姚只不發，亦予言之而後發。到得了臺灣時，渠又不應搶先上本，説朱天貴陣亡，是他的標員，已成大功，像施琅全無作爲者。遂蒙優旨，施大銜恨。施遂蓄毒入鄭家，得姚一點陰利事，命陳起爵入奏平賊事，遂口爲上陳之。其實姚報捷内，若肯歸功於施，施本豈能删姚？且施曾爲姚薦，其功更大，渠不出此，致施爲此。上已心不懌姚，會姚二三日連上五六本，竟要更制立法，四海九州，欲自重加整理。而第四本，至有改冠服諸大論。以稿見示，予復書云：「頃有他語，老公祖功大蒂固，總不妨。今所上真不好了，第四本又不宜。」後姚復書云：「果以第四本奉嚴旨，乃服老先生高見也。」不數月，遂氣忿疽發背而死。人不特做不好事太急便有禍，作好事太急，亦少受用。人當大難時，雖聖人不能自持。如王姚江，也是做工夫人，及内璫譖毁，一夕對門生拔刀語云：「吾若見君，當以此于君側手刃此二賊，以身償之。」門人不可，乃云：「吾有老親在，獨恨無此一片土，可以竊負而逃耳。」朱子于韓侂胄逞凶時，亦大憂苦。

榕村續語録卷十三

本朝時事

丙寅還朝，是明公帶信説：「皇上問過六七次，不便再住。太夫人年雖高，君親一也，寧可還朝，後再商量。」予因入都。上大喜，召入，用待騷達王子禮，賜坐七重氊，不候缺即入閣辦事。時大治、東海、江都比肩而立於朝，大治、東海謀大拜，漢陽已受傷，真定索然無色。不久，少宰缺出，明公謂予曰：「老先生掌院，可大拜，從部堂，亦可大拜。大拜等耳，只是從部堂爲穩。今年少宰，明年不許升尚書麽？尚書即大拜矣。一到掌院，争之者衆，徐健菴必不相饒，説老先生福建人，學問一些不知，横生風波，斷乎不穩。但恐上意難回耳。」予顰蹙求救，曰：「看老先生造化。」上將出口，明公啓奏少宰缺，上問，明公答：「此缺應當李某升補，李某在内閣已久。」上曰：「他有甚麽不該升，難道郭棻與韓菼都開列，何況於他。只是我别有用他處，此缺與胡升猷罷。」明公出，謂曰：「老先生不妥、不妥。」桐城升，予即補掌院。後果一一如其言。予日有歸志，恰好同來一表兄、一僕、一婭俱死，傷心慘目，而小兒又亡，老母又病。信到，顧不得，只得又去。戊辰再來，爲德格勒事，明公亦中傷予，而東海構禍日急。張弼爲兵部司官，一日來語曰：「弼見索公，索謂曰：『李某喫虧，全是明某，汝知之乎？』」及見明，言及予，「明曰：『李某是真人品，予所最敬者。他雖學士，予敬之過於大學士。』弼愕然，徐問之。明因告以中情，曰：『豈獨人害之，連學生也有力。蓋德格勒，他不過見他講了書，説他有志向上，豈料一到皇上前，如此亂道。火上學生身，不得不自救。』弼曰：『然則今老師雖欲爲之挽回，無及矣。』明曰：『吾亦尋悔，如今在此爲他挽回，我所言者豈能自相反背？但對上别稱道他的功就是了。』」

戊辰，徐健菴聞予且來京，熊遜修亦將至，少後予。因包程赴熊，促令急進，遂日行三百里，先予五六日到京。見上，上問：「汝帶去李某書，與汝兄看，如何？」熊對以「不通」。上又問：「書不通，人如何？」；洒造作無影話，又出浙中探得福建門報，説予過省，總督王新命請予飲演戲，予獨點范蠡扁舟五湖一齣。上曰：「點此何意？」曰：「渠不過一去不復還朝耳。渠以功如范蠡自居，而以皇上爲可與共患難，不可與共安樂。」又言予在福州大演戲三日，皆一片荒唐。予過福州，張義山撫軍請飯一餐，次早即行，何從演戲？予到家，王新命並未嘗到任。核熊遜修不至是，皆健菴之布置造作也。到京前一日，上已命禮部上參本，予適至而免。上初聞熊語，怒不可解，曰：「李某何遽歸？」左右曰：「渠言母病。」上曰：「何嘗爲母病！果爾，如何在福州大演戲三日而始歸？」

予平生與人無怨恕，獨於徐健菴則不免略有之，蓋無故而必欲見殺，不遺餘力，可怪耳。高淡人亦有力，北門見傷不少。于振甲爲捐納事獨讐予，上問：「捐納可有人不喜否？」曰：「誰不喜？就只講道學者不喜，誰不喜？」學院之命由此。由今思之，反得此以占清流中，渠等自推予出户，非予與諸君立異也。當時，索盛時，予不曾謁索；明盛時，予不曾附明。徐健菴勢傾滿、漢，高淡人呼吸風雷，余大治、于成龍炙手薰天，滿朝誰不造之？獨予幸爲諸公所棄。于門不到者，惟杜秀水及我耳。今日月光照，雖欲粘予于數公之中而不可得，則當日之揶揄，其相予也多矣。

戊午居憂，即升閣學。庚申秋到京，壬戌給假歸。丙寅七月還朝，丁卯二月再給假。兩次來，皆額外即補。丁卯，託北門，北門極爲言喪子、母病之苦，上即准假一年，懸缺以待。予辭謝北門，北門曰：「君家居七年來補，八月而復告歸，雖太夫人年誠高，公誠孝，然在他人，恐有厚于親而薄于君之嫌。皇上以公平日之忠節，進言之誠信，故有此特恩。」予又懇以懸缺不便，實是終養，母年七十餘，而某纔四十餘，某事君之日長，事親之日短。北門曰：「公但去，俟假滿或再展限。某若在位，必左右之。且某之不留公者，亦别有故也。」四顧家人，令其退。移席促膝曰：「事勢有變。」予驚問故，曰：「浙江人可畏。不久予亦危，予無所逃。公雖恬退，上却嚮用，若等斷不能容公。閩人視予更孤危，苟可以避矰繳，何必以身當之？」先是北門語張雄見囑，曰：「今欲以尚書處李公，不識李公能於會議時内外照應否？」予當時對以：「某從來不能爲不由中語，若在九卿班，果知之真，無不言者。不爾，斷不能妄言。且爲我致謝明公厚意。即明公聲威震天下，而會議時，未必不爲人所欺，假其名以邀利，利歸人而名歸己，非計也。」張即以告，北門大感動，逾月不通賓客，門庭肅然。余佺廬累造不得見，大惶駭，賄覓其由，得之，大恨予。以此故百般陳説，明公又隨之如故。語畢，北門執手曰：「張某前語承教，某至今銘刻不能忘。但某甚苦，公察識，左右刻刻求索，不應即得禍。某豈懼飢寒耶？何須此纍纍？不得已耳。此時固知非公宜出時，俟可以措手，某即招請公出，虚席相待，共行一二佳事。令天下人謂明珠始雖無狀，幸能補過，某死瞑目矣。今雖欲改轍，可得耶？」予去時，上固問通易人，予以德格勒、徐元夢肯讀書對。去後，即命德子鶚進講。而東海終日以大義責其進言，欲去北門，以致太平。逢大旱，上令德揲蓍，得夬卦，因曰：「澤在天上，有雨，但決去小人，便甘霖立沛矣。」上曰：「小人在何處？」曰：「陰乘陽，逼近九五，乃得時得位者。」上曰：「如何去之？」曰：「『揚于王庭』，自然明正典刑。」上曰：「以予觀之，曰：『健而説，決而和』，『和』、『而説』，似不動聲色，而隱然去之，豈不更好？」曰：「『健』與『決』，似終從斬截也。」於是明公偵知之，大急窘，而東海又借此以傾予。北門乃下手德子鶚，而予亦遭其傾陷矣。子鶚三四夾棍，東海令大司寇圖訊誰指使者，意在予。子鶚始終無詞，最後對圖曰：「君爲法司，而用刑不嚴，予不痛，安得成招？」圖曰：「若何爲嚴刑？」曰：「夾予足，予何痛，一夾予即假寐，甚酣適。若移以夾予腦，庶其有怵乎！」圖知其以死殉，即復旨。抄家時，令班第抄之，班回奏：「其母亦恨其子之狂妄，但其家實無一物，敝衣糲食，窮苦不堪。」上云：「得勿有轉移乎？」曰：「不似。」一切稱是，故發訊時有旨，縻爛其皮肉無不可，但須留一活口。以此，圖納尚不敢殺之。徐善長雖夾，有囑大司寇者，故得輕。東海有書，隱約其詞，令予莫進京。而又嗾同鄉陳介石致書，謂「京師有老夫子再來，不值一文錢」之語以止之。東海日短予於上前，謂：「奸詐不可方物，在起居注，德、徐、李三人，背衆僚面牆吁嘆，非議朝政，日以爲常。皇上雖如此隆重渠，渠却無半點戀主心，謂今時非渠有爲之時，故浩然而歸。此長假，非短假也，至期必展限爲驗。」仲弟鼎徵來會試，予爲兩疏稿，一展假，一終養，命至京與徐健菴商之。時有同舍弟行陳孝廉仲遠者，一路主應上展限本，罵舍弟兩存之非。舍弟一到京，即趨至東海家，東海喜甚，以爲奇貨，即定計不㊀上展限本，而且爲改終養本㊁。意氣飛揚，喜動顔色。舍弟心疑，辭出，渠固留，舍弟曰：「安頓伴友，即來寫本。」一出，陳仲遠至同鄉仕宦家，衆口一詞，謂予大危，爲東海所媒孽。仲遠亟歸，面斥舍弟。舍弟悟與東海狂喜合，即潛避一僻處，寫上展限本。後予聞太皇太后大恤，即倉皇入都。予至省，張義山爲撫軍，延予入密室，語予曰：「聞王儼齋奔喪，日夜行三百里，可速行。建溪水險，試助公火炬人夫，可七日即出關。」至京明日，太皇太后梓宫即出，而上已命禮部具參本入矣。上命九卿科道，並内閣學士、翰林院同看問口供，且内出侍衛環之。徐健菴知予知其謀，勢必出其手書，比入，執予袂涕泣，白其無他，哀懇萬端，予遂許之。渠正爲大司寇，審時，渠不敢出一語，且密囑圖納，令莫問不早赴都，但問薦舉德格勒一事。予對：「臣薦德格勒，本不曾薦其爲人，但説他有志讀書。不曾奏明其人狂妄爲罪。」時京江據以復旨。移時，出宣旨謂：「李某從來奏事不欺，如平臺灣，舉朝無有建議者，而李某主其議。只有薦德格勒一節錯。今既服罪，令

㊀「計不」二字，原本缺，據石印本增。
㊁「本」字原本缺，據石印本補。

他還到掌院任。」其日，日食，問口供時，日食將既，人面才見影，天昏地黑。及旨意出，日方復圓。有以此爲言者，予曰：「天變乃一定者，與此何涉？」其人曰：「適值此，便是天意。」

先生語予曰：「庚申入京，遇吴老師玉騧於維揚，云：『子以編修，三年八❶座，可謂榮遇。此行也，吾覘子無論氣可卜遠大，然英氣亦害事。士無賢不肖，入朝見嫉，不可不慎。』予扣所以，曰：『不可與上私語。奏對須在人共見共聞時，設獨對，聲須高。』此二語，予至今守之。臨别又云：『内有一中書高士奇者，此時官雖小，然非久居人下者，君須留意。』後一一如其言。予初登賢書，隨衆見座主，吴偏觀，獨指予曰：『李兄第一遠大，其精神足，皆内斂。』示衆同年曰：『汝輩皆宜學此。』又特指予表弟吴曰：『君尤當學李年兄。』問吴年歲、家世、父母、子息，吴對無子。吴愀然曰：『父母之身，須當保重，亟學李年兄方好。』吴甚懼。丁未會試不中，回遇淮上舟中。衆見，又如此説。吴庚戌與予同登第，即卒於京。其神鑒如此。丙寅再還朝，不久即少宰缺出。上將出口，一日，予造朝第一到，移時，北門來，謂予曰：『少宰出，應君補矣。爲君謀此席甚好。』予不解所

❶「八」，原作「入」，據石印本改。

以，渠徐剖白曰：『少宰本折掌院，欲摇動，恐上以此相待。但掌院一席，渠輩争欲得之，以爲大拜地。君閩人也，渠輩肯以此相讓耶？且君之功業品望，何須以此爲重？推以與之，而自避於少宰，以君之受知在帝心也，少宰不過借逕。即日尚書，自尚書而大拜，誰靳君者？如此，人相安於資格，而不覺遽。而掌院，人既憤其司文章之命，又意上必即以掌院大拜矣，竊爲君危之。今日某入對，必極力推轂君爲少宰。果就，君當安枕，不爾，未得帖然也。』予曰：『我必得右宰，公之意則銘諸心矣。若大拜，豈所敢望？功名彌盛，必有禍咎，晚生深不願如此。』明日又見，嘖嘖曰：『掌院恐不免矣。昨聞少宰本下，問：「李某何如？」予曰：「李某有何不可，少宰者儘去得。」上曰：「去得何消説，韓菼、郭棻皆可爲，豈李某不可爲？但我尚留之，他有所用。胡升猷使於吴三桂，不屈節，此人可用。」即以胡爲少宰。』予曰：『掌院現有張敦復，公何云此？』曰：『敦復不穩不穩。』予曰：『敦復非江南人耶？』曰：『敦復是好人。』數日，張即落五級，而掌院缺出，開列啓奏。徐健菴、高淡人正要得此，託宛平，宛平甚爲之力。上問及，宛平曰：『正是此地要緊，必得文章學問實足以服天下，而又必須時近皇上，知道事體的，方纔不悮事。』上曰：『固然要學問好，也要人品端正纔好。』即指予曰：『我看這个學士就好，就做得。』予時急，卒不能有話奏。辭，隨班出，至内閣，羣默然。不數月，予即詣北門，一見，予云：『有所求。』渠前席曰：『願聞。』予告以母老，送母歸養。北門憮❶然嘆曰：『賢哉！學生頻年在政府，有造謁者，無非乞陞擢，欲爲督撫，從不見老先生一語及此。今日來，學生私忖，以爲或欲得浙撫耳。若然，學生無不盡力者。却又是告歸，學生今日真心輸服矣。君欲歸亦好。』予曰：『萬一不出缺，奈何？求老先生爲力出缺，則便假滿展假。』曰：『即不出缺，假滿時，先或以病辭。只是一去不通音問，則不可。或一年之間，必須有摺子請安，或著何書録呈，或曰請安皆不可少，摺子中即可言及老母須養事。』予曰：『本無用世之才，且某年適四十餘，所謂「報劉之日短」。烏鳥私情，苟得所願，老母百年後，當身以盡忠以報朝廷耳。』渠即許爲上語，果得請。丁卯歸，母病三次，冬始抵舍。予去後，東海日搆予。適德子鶚嚮用，因旱揲蓍，得夬卦曰：『澤在天上，而爲陰所蔽，決去小人，則立雨矣。』上問：『小人是何等人？』曰：『甚貴，甚近。』上曰：『說「而和」，亦不必急。』又曰：『必宜立斷。』北門偵知，危急之極，日夜用工，與東海合勢，因牽予入其内。丁卯冬，予仲弟攜終養、展假兩本稿，託東海裁決。東海力主終養，仲弟心動，出遇陳仲遠，知其陷予，連夜上展假本。至戊辰春，太皇太后梓宫將出，上已吩咐

❶「憮」，原作「撫」，據石印本改。

禮部具參本。本未入，而予已到。次日，九卿、詹事、科道、翰林，内出侍衛七八人帶刀環立，會問口供。四月初一，日食，昏黑。移時，上出旨，仍掌院，實出意外。後張右南、施尊侯皆爲予言，東海力託伊搜予居家事密奏。張廉訪不得。施曰：『渠薦我成功，而我害之不祥，且渠亦無可指者。』施已受東海譖，深怨予，然不肯爲此。後因齋戒，劉子端一日步月中庭，酒後慨然語予曰：『不知老先生如此爲人，何以人必欲殺之而後快？予亦不必指其人，老先生一到京，勢已解，未至時，合朝皆爲君危。罷官何足道，皆身家性命干係。』予問其狀，曰：『有人叫敝衙門動本，郭華野不肯，學生家人送本稿還在。予既不知君，但耿逆變時，君之志節，人所知者，誤參一好人，予輩終身之累，豈肯爲此！』予問：『何事？』曰：『何必言？自然是揑造語，豈患無詞？』張義山來京，語予曰：『君奔太皇太后喪時，承枉顧。問君行狀，君緩應之，予促君行，君曰：「何急乃爾？」予不便以實告，但以聞王儼齋坐飛仙舡，日行三百里，晝夜兼程，君似不宜遲，赶一月到京方好。君以建溪水滔，非半月不能。予思不宜水行❶，宜速陸行，助君驛夫四十名，夜則執火，六日而出關，始能一月到。太皇太后明日出殯，君先一日至，不然殆哉！其時余

❶「予思不宜水行」，原作「予曰宜思水行」，據石印本改。

大治幾回促予參君，言是內出意。後予知其語亦不創自大治。予亦曾熟思之，不獨不肖爲唐朝彝兩參，已幽沉海底，永無天日之望。得君爲上一語回春，百日重陰，頃刻開霽。自道官二三年即秉節鉞，無論張義山是有血性男子，如此舉動，狗彘不食其餘。即以勢❶撲之，予將參君何事？君居家又不與人訟事，又不强霸人産，又不説事得財，勢必假造款件。君立朝即有不好，非巡撫所得參。所得參者，必是瞅逆變時，守節不固，與賊通氣之事，揑詞成案。君之功具有檔案抄報，不是傳聞私語，上即怒君，亦未必見疏。即置君於法，畢竟差。大人審問，且上親鞫，亦或有之。我既出疏，是爲原告，一原一被，此是則彼非，此非則彼是。仇君者躲在一壁以觀成敗，而我與君好友，而爲死敵，殊無謂也。且勝負未可知，事皆虛揑，只恐君之勝分數還多些哩。予雖愚，愚不至此。』因大笑。予戊辰入京，不數月即左遷通政，不久即兵部尚書❷。不久工部尚書缺出，上亦有回心。而衛老師、陸稼書事起，牽予入。上曰：『蠻子那有一个好人，罷了，索性放一漢軍。』因放高爾位。後又稍解，而衛老師流黑龍江，又牽予入奸黨籍矣。上問北門曰：『衛

---

❶「勢」字原缺，據石印本補。

❷據李清植文貞公年譜，李光地終身未做過兵部尚書，惟於康熙二十八年五月左遷通政使後，至同年十一月改任兵部右侍郎。此處「尚書」二字，當爲「侍郎」之誤。

某發遣，道學亦怕否？』亦不言道學爲誰。所以予命宫自行忖度，日者推之，宜死臧氏之子，何力之能爲？陸稼書、衛猗氏豈亦有意害予者哉？己巳，南巡，孝感薦東海道德、文章、經濟兼之，古無其匹，此乃氣運極盛所生之人材，不用可惜。次之立齋，而韓菼時文，從來所無。極詆予一字不通，人亦奸詐詭僞，如鬼如蜮。高士奇招權納賄，王鴻緒亦奸猾鑽刺。東海年餘結撰，始成此局。孝感一奏，高已聞知，故爲不聞之狀。一日，上問高曰：『李某何如人？』高曰：『不與深交。這一番出來，邂逅相遇，看來亦還是讀書人。』上曰：『不然。熊賜履説他一字不通，且爲人奸僞。』高故作愕然，曰：『其然，人却看不出。以臣觀之，或詞章之學非其所長，到是讀些有根柢書，也還算个讀書人。』上曰：『汝便是公道人，張英也如此説。不特他，也有人説儞不好哩！』高故引罪曰：『臣學問很不成，學問、詩文，一切何嘗有處勝人，聖恩容恕，姑留在此，臣實無知。』上曰：『却不是説儞學問，到説學問還好。』高曰：『然則云何？豈言臣犯皇上法耶？』上曰：『恐是如此。』高故作不解，惶悚而已。東海時有即日爰立之望，中外震動，渠亦驕恣自得。不料日日延下，緩緩鬆脱，暗中高毒，不相東海，而相立齋。雖相立齋，却不安穩，仍帶掌院，凡有文章不稱上旨，必令其兄改定。俄而湯潛菴被讒，徐、明搆鬬，高、王羅入，郭華野參劾張汧事發。東有佛倫爲敵，錢閬亭一案牽連，趙高鹿馬，又有朱敦厚一案。

南有傅臘塔爲敵，起胡簡敬之獄以爲例，遂發徐氏之奸，徐樹敏問死罪。立齋一見傅疏，
即參明一本。明日，中旨立齋革職，驚悸嘔血而死。東海還山，仍日圖起用，韓、王、果
亭爲之兆，而不謂命之止於此也。」

師自庚申秋以學士還朝，奉太師母來京，壬戌夏告假送母歸，明中堂七次札來促還
朝，上問七次矣。李高陽死，上便問胡不至。是時，德子鶚已爲上講易得氣。丙寅，北
門促甚，只得還朝。此來，余國柱相見，師尚與之談，望其改轍，如姚熙之也，余亦順
說道學語，而實不悛也。師又見北門，以正導之，大感動。北門見張雄，大思改悔。大
冶見而懼，遂造語言譖於北門，以師日對人罵之。北門先不信，後德子鶚在上前直陳北
門、大冶之奸，二人急，始將師並下毒手矣。丁卯春，以告假省母病。冬，有太皇太后
喪。戊辰正月到京。德子鶚受刑配於遠地，北門、高士奇、余國柱、王儼齋一齊都去位，而
徐健菴亦爲于振甲所擊。張汧事已發，不久亦去，但雖去而氣燄如故。高亦然。時大冶、
北門合，與徐健菴爲敵。健菴又拉一孝感入夥。湯是誠實人，以爲健菴與大冶爲仇，自
是正人，因與往來，今不將湯入徐黨者，人諒其心也。故德子鶚在上前力攻明、余，而不
言徐，亦爲此。欲人主辨奸，難矣哉！

德格勒、子鶚。徐元夢善長。戊辰春罷事，安溪亦奔太皇太后喪至京，上命九卿、詹事、

科道、内侍衛圍門。是年，安溪隨駕謁陵，東海、陳説巖與張汧通賄事，于振甲發其私，而東海搆于振甲，旋中其毒。東海慮安溪發其寄不必復來京之札，圍門日，哀求，涕泗横流，安溪許之。而是日，東海已先囑大司寇圖納，但究薦德子鶚事，而不還朝只輕描淡寫。後回旨，仍命安溪掌院，東海大苦。謁陵，徐東海撰祭文大稱旨，上示于振甲言：「陳廷敬、徐乾學、李光地、張英、高士奇做出此等文字，汝可識字否？汝漢軍中有此幾人？」于大窘，自認不識字，説漢軍中那裏有此等人。議河工事，上忽令安溪前曰：「聞得德格勒説汝欲另挑一河，何處可另挑？」曰：「德格勒好亂説，臣不過説靳輔新開的河，若不淤塞冲决，粮舡行可免二百里風波之險。不過如此説，何嘗説欲另挑一河？」上曰：「即此河麽？」曰：「是。」又問：「下河如何？」曰：「臣不曾經那地方，不能遥度。」據靳輔説，海底高於内地，一開恐反倒灌。孫在豐等又説外低内高。這非至其地打水秤實，難得其高低之形，不能定也。」問黄河。奏曰：「這就看天了。」纔説這一句，上便點頭曰：「這是黄河只看天意。」蓋靳輔是時，終日以黄河泅險者，以淮水、山東山水、本身西來之水，若一水發無事，兩水發或可支，若三水並發，恐難保全爲言。予不知適合此説，故上一聞之輒喜。予退班，羣相譟曰：「李某之對皆稱旨。」東海愈急，營搆愈緊，而予殆矣。

予假歸，東海不欲予來，對上言我謗誹朝事，曰此時非我有爲之日，此去不復返矣。予不來，好實其言而殺之。渠自己與予書，婉轉其辭，又令陳介石與我書，云：「湯潛菴捐軀於前，徐善長畢命於後，朝士都有老師再來不值一文錢之語。」介石大糊塗，潛菴瘀厥而死，不可謂之捐軀；徐善長至今尚在，何謂畢命？又舍弟所攜本稿，健菴親筆爲予改請終養，不來奔太皇太后之喪，手蹟俱在。及九卿問口供日，予俱挾之而入。徐健菴知不好，要予於御馬圈處席地坐，自己辨白，泣涕如雨。予初不信，渠益急曰：「年兄雖不害予，予已是死人，何苦殺予自君手。」予曰：「君何至此？」曰：「張汧事發矣，予尚能保首領乎？」眼淚如膏。予遂曰：「發私書，亦非君子事。蓋亦救死也，君既如此形狀，我不出矣。」他又不信心，予曰：「予不肯，何苦相誑，君能强我乎？」圖納與健菴一日之交，受健菴囑，審時總不問予遷延在家一款，始終只問薦德格勒事。今中堂馬公尚問不來事。其時，馬爲總憲，畢竟在圖下，方纔發語，圖便亂之，曰「此事皇上已明白。但是德格勒如何好處，爾薦他」云云。健菴自始至終一語不敢發問，渠亦問官也。

己丑九月廿日晚，李安卿先生言：「予於丁卯年十一月廿八日，見德格勒子鶚於其家，其禍將發，而彼尚不知。十二月初，即詔獄。戊辰二月初二日，推鞫，三木竟日。問：『汝易經誰授？』曰：『易是我本經，自幼誦習，以此中進士，何必人授。』又問：『誰教汝妄言禍福，習曉揲筮？』曰：『易經前原有朱子揲蓍法，人人可能，何須人教。』又問：『誰同汝在起居注館中面牆而語？』曰：『一館中教習及翰林人俱在那裏，所言公則公言之，誰爲面牆者？』尚拷問不休，曰：『汝等不曾用酷刑，我如何肯招？』衆問：『酷刑尚欲何如？』曰：『此等夾棍一攏，我快活得狠，即睡去。君等試夾腦，則痛楚成招矣。』衆知其矢死，無他語。又上原諭問官曰：『可夾訊，要一个活德格勒還我。』故衆官以此復旨。而三月，徐乾學、張汧等案即發，渠等亦無暇搜爬此件，故亦少緩。三月廿九日，家兄赶至京師，哭於太皇太后喪次。初一日，發九卿、科道、詹事、翰林各官俱到，問口供，內發帶刀侍衛十餘人環立，從來未有。而徐乾學於是日五更，中途要安溪先生坐朝門洞口，恐其將渠勸且勿來京之書呈問官，懇泣備至，安溪遂許之。而圖納爲大司寇，惟徐乾學之言是聽。乾學囑圖納勿問還朝遲語，只問德格勒事。安溪曰：『臣只薦他有志讀書，而不曾說他做人狂妄，此是臣罪，有何辨處？』回奏，上因言：『此人説話，只有此是欺誑，他言俱不曾欺誑。如平海，薦舉人，合滿、漢官誰有擔承者？惟李某始終言可平，薦出施琅來用，果能有成。還教他到教習任去。』」

某自幼便有要天下太平，思見好人一點意思。及登第入館，孝感名甚盛，又得君，竊意致太平者必此人也。孝感氣概亦籠罩人，似不可遽窺其底裏。後頻造求見，每往必有徐健菴。及見時，又不説及學問，及問所疑，又不答所問，但以明末門户人語胡亂説過，心即疑之。嘗擬一書稿欲上之，大抵要本於至誠，喜正路人。此稿失火後始不見。爲陳則震所止而未投，曰：「不可與言而與之言，失言，熊老師豈道學耶？又是一路作用耳。」分房後，予即請假。前，上問孝感，選翰林中肯讀書人品端正者入内備顧問，熊即以張英、耿願魯❶及予對。予將歸，辭益都。益都曰：「君將大用矣，何言及此？」叩其故，曰：「今上惟熊清岳之言是聽，頃言學生命不該讀鼎甲卷，前番被落，及讀君卷又落。熊曰：『老師陋哉，得李某，尚何羨狀元哉？雖千狀元不與易也。』馮乃熊教習師。其推重如此。」予言之力，又曰：「雖然如此，倒底去見清岳，畢竟是知己。」因往見之，亦見留。予曰：「某必去有三，而貧猶次之。第一，父母老。本意一第爲支持門户計，初意不殿試，後爲人强勸就殿試，遂入館。夢魂中，有一不適，便累日驚疑，精魄消亡。遷延至散館，又分房，已爲忍心害理，今必不可復留。一也。老師疏云：『今日借債之人，即他日還債之人。』今門生幸賴同鄉借貸，至今尚未借賬，如今歸，尚可爲不曾借債人。二也。思爲朝廷用，亦須些須本領。讀書草草，腹中空虛，如今回，讀書十年，再來追隨

❶「耿願魯」，原作「耿顧魯」，據明清歷科進士題名碑録改。

老師未晚。三也。」孝感曰：「士各有志，君決行乎？」曰：「決矣。」曰：「君行意可也。」予遂歸。後還朝復歸。丙寅，德子鶚已爲侍讀，上問易經，德爲講，上問：「何所傳授？」德即以某對。上因問：「汝盡得李某所學乎？」德曰：「尚無百分之一。」又問：「李某尚有他學否？」曰：「性理各經俱精通。」上曰：「予諸經都看得，惟易不解。」欲召予，德奏曰：「即至矣。」上曰：「何以知之？」曰：「渠有信來。」時明公已着人帶信至，曰：「李老先生必來矣，皇上已問過七次矣。」予是年即至。明年再歸，因上問讀書人，某因以德子鶚對，遂有後來風波。

榕村續語録卷十四

本朝時事

本朝掌院大拜者多，故徐健菴切切圖之。惟孫在豐、葉方藹不永其年，高陽、益都、宛平、孝感無不由之。孫屺瞻雖與健菴同年，而早見知於上，何嘗眼中有徐健菴。作掌院，考翰林，其時擬徐青來第一，韓元少第七，健菴第九。健菴彼時已將騰起，内有高淡人漸漸用事，又清客戲子都受健菴之賄，散布流言，説孫屺瞻原是箇武秀才，又説他全不知文。上將卷子發南書房看，將健菴第一，韓元少第二，徐青來第九、十。因讒青來人品不堪鑽刺，孫在豐營求干進，因而淪躓多年。甲子，江南典試，徐家字眼帶去一堆，青來還縝密，看見湯潛菴在那裏，他便一個不染回來，健菴大恨之。青來稱健菴大師伯，曰：「湯先生在南，如何做得？一發覺，禍且不測。況北場如此風波，幸而南榜無君家子弟，若再有，恐上益怒。故某之不敢應命，非徒自爲，兼爲大師伯也。」健菴冷笑曰：「極感盛意。但是君爲我恩人，將我視秦留仙爲仇乎？」不悦而别。湯潛菴因而薦青來，青來大得其力。屺瞻改還侍郎，以葉子吉爲掌院，不極推健菴，又被健菴去之。後即張敦復，又爲健菴去之。接者即予，予又爲健菴去之。立齋接任，然每進一篇文稿，必拿❶與健菴看過改過，故立齋亦甚苦。人且有言其兄並欲去之者。到底健菴不曾當此任，徒然風波數年不休耳。愚哉！愚哉！健菴爲許三禮所參，上遣回。北門專力攻立齋，山東巡撫一佛倫，江南總督一傅臘塔，耑爲郭琇、徐氏兄弟也。傅臘塔先一疏參胡簡敬，次一疏便徐氏。立齋便劾北門害他，而其故皆爲渠爲總憲時，姚啓聖日輦金銀于明珠家，明珠止臣，臣不聽，故銜恨切骨。上發與九卿議，立齋革職回。王儼齋又爲鄭端所參。王儼齋進密摺，言徐氏害他。上又發與九卿看，曰：「我看江南亂鬧，不過徐、王兩家。不如兩家都教他住關東地方去，庶幾清白。」吉水奏曰：「罪狀自有有司審理，至其私家仇怨，亦不足仰煩聖心。聖恩置之不理，渠等亦自消歇矣。」上默然。鄭與立齋己亥同年，立齋泣訴儼齋於鄭，鄭誓爲劾死，以力鋤儼齋自任。後徐負王勝，鄭亦氣憤而死。

許三禮劾徐健菴，先以疏稿示許時菴。時菴乃有三本房門生。次日疏上，健菴邀時菴至，詰云：「許有三疏，與子同謀？」時菴曰：「此言何來？門生豈敢作此反覆事？」曰：「子昨晚至其家，以疏稿相示，子若不同謀，何不以告？」曰：「看稿是有的，若以

---

❶「拿」，原作「會」，據石印本改。

告，却不敢，蓋兩處皆是老師。此事，門生原不與聞，偶然撞着，老師持以相示，敢不觀耶？觀而遽以轉告，倘老師先下手，中以禍，則門生將置身何地耶？如老師彈劾許師，門生斷不敢與謀，若以稿相示，門生亦但觀之，而不以轉告許師也。爲門生者，職分如此足矣。」健菴仰天嘆曰：「人之不同也如是！當日成容若不過一同年友，每見必欷歔相戒曰：『家君未嘗一刻忘年兄，年兄其備之。』父子不顧，尚披露肝膈如此，而年兄遂忍不以告？」時菴曰：「老師若引此，門生知罪矣。門生誠然不能効此等肝膽也。」其實許有三此疏，皆有嗾之者，非天真也。故有三之超升，時菴之學院，皆非無因也。

高淡人、徐健菴、陳說巖三人，戊辰四月，已爲張汧一案俱革職。但高、徐自落職後，聲燄更熾，納賄更多，雖革職，尚留在京修書，日日入南書房直。至己巳年南巡，徐健菴又結搆孝感起用，教孝感薦某人劾某人。所薦者二徐外，如陳世安，劾者予不消說，王儼齋兄弟、徐青來，並高士奇亦在其内。是年九月，郭華野參明珠、余國柱、高士奇，許三禮參徐乾學。上亦知其招摇多事，遂次第令其出京。彼時陳澤州卻閉門修書，憂窘異常，上亦知之。故徐健菴方上通州船，而澤州已復職矣。

徐健菴主會試，題係「舉直錯諸枉」，爲北門也。徐與高淡人將北門、余佺廬聲勢奸利之狀盡告上，上曰：「似此何無一言者？」曰：「誰敢？」上曰：「滿洲不敢，漢官何懼？」

曰：「漢官獨不要命耶？」上曰：「有予作主，何懼？」曰：「皇上作主，即有敢言者。」健菴具稿，令淡人持入，言郭琇久具稿，但遲徊不敢即上。上覽之，令即上，北門、大冶皆落職。健菴主場房官，即命其自擇開列以進，勢燄赫赫。題目先有范光陽，乃果亭門生，其文即在健菴家做成、改定、入場謄寫者。以爲此會元，乃空前絶後，今亦不見其佳。場後，張汧與祖澤深相訐，馬齊、于成龍出審。而張汧盡發高、徐及澤州書，謂己原無爲巡撫望，諸公迫爲之，謂不成當便得奇禍。且復辭以閩中藩庫有虧，諸公曰：「當令新閩撫爲汝承認。」後張仲舉不敢不承認，因於捐免錢粮中，借使費名色扣還。後爲一參縣叩閽，而張公亦得禍。汧又言一爲楚撫，諸公又立參祖澤深，遂及于禍。于、馬回盡呈其原書，上盡識其筆蹟，因俱解任。但解任後，高、徐聲光更盛，日日入南書房修書。凡有文字，非經徐健菴改定，便不稱旨，滿、漢俱歸其門。健菴竟與北門鬬財力，勢均力敵，莫如之何。直至徐復謀高，而始兩敗俱傷矣。

澤州言，爲張汧事，京江亦呼其門人在臺中者，劾張汧有親戚在京爲之營辦，宜窮治。而東海賄上左右，爲上言，張汧用銀，又有送銀子者，陳廷敬也，收銀子者，高士奇也，與徐乾學實無涉。實在迫張汧做巡撫，要銀子，也是徐東海。後來銀子不應手，教人參他，又是徐東海。始終皆渠爲之。

丁卯年冬，上謁陵，于成龍在路上便對上發政府之私，説官已被明珠、余國柱賣完。上曰：「有何證佐？」曰：「但遣親信大臣盤各省布政庫銀，若有不虧空者，便是臣誑言。」是時，高士奇、徐乾學尚爲明、余所掩。上歸，值太皇太后喪，不入宫。時訪問于高，高亦盡言其狀。上曰：「何無人參？」曰：「誰不怕死？」上曰：「有我。若等勢重於四輔臣乎？我欲去則竟去之，有何怕！」曰：「皇上作主，有何不可者。」高謀之徐，徐遂草疏，令郭華野上之。劉楷、陳世安亦有疏。三稿高皆先呈皇上，請皇上改定。上曰：「即此便好。」次日遂上。這樣龍比，狠容易做。陳親告予。先一日，風聲已露，大冶造陳曰：「聞風聲甚惡，云君出疏參我，確有來歷？」陳曰：「老師信乎？」大冶曰：「某心正疑，始來問君。」陳嘆息曰：「小人之好離間如此。某受老師大恩，豢養何所不至，而敢作此負心事乎？爲此言者，亦大不情矣。」余亦疑釋。次日疏上，大冶在閣迎陳，執其手扯至一邊，問曰：「聞有參疏，信乎？」曰：「有。」問：「參誰？」曰：「參的便是老師。」問：「誰參？」曰：「人甚多，就是門生不得已亦在其内。」大冶失色。予回顧大冶，震懼已不能行，近閣不過數武，扶石欄桿一步步那移始能至閣。己巳六月，予左遷銀臺，徐立齋即大拜兼掌院，接余事。余去掌院，立齋還來顧余，久談。至九月，太皇太后梓宫在豫親王花園，羣臣四更皆至，上朝入哭臨。立齋覓通政燈籠至余所，藉草談，聽其所言，皆遠於時事之語，想是大兄所爲，即立齋亦不知也。

徐東海草疏稿，激郭華野言湯潛菴之死，皆由高淡人諸人害之，令劾之。稿纔脱手，而淡人已得之梓宫所，高即扯東海至僻處，曰：「老師何爲作此事？」東海欷歔，言人造端離間，指天誓日，攜其手覓華野。東海曰：「大奇，適高老先生忽云予做疏稿，令君參伊。今郭君在，老先生試問之。」郭華野曰：「學生今日至此，誰之力也？當日參明、余，非老先生左右，予焉得至總憲？天下容有爲負恩之事者，然何爲至此？真狗彘不食其餘矣！」高作且信且疑狀而散。徐搦郭手曰：「事急矣，先發制人。」次日疏入，參五人：高士奇、王鴻緒、陳元龍、王九敬、何楷，請立正典刑。而不知高先已將稿呈皇上矣。因上先見之，高遂受病甚輕。時張星法參錢朗亭。朗亭，浙人也。高令錢發東海、華野私書，錢因發華野等公薦一教官書，而趙高鹿馬之禍起矣。盛符升又與錢書，有「汾陽，東海長公不喜」之語。發審刑部，尚書圖納、總憲今中堂馬公實爲問官，今常述其事。圖與東海交親，翻清時，將「東海長公」翻作「常工」，竟不知爲何語以誤上。上言：「汾陽是郭琇，『東海常工』爲誰？」圖曰：「問盛，盛亦不言，不知爲何人？」恰好張汧事發，遣于成龍往審。張汧參祖道澤深，祖道遂訐張汧虧空帑藏。張汧遂發高淡人、徐東海、陳澤州之私，曰：「予已老，爲布政足矣，豈敢妄意巡撫？無奈諸公督促之，云若不爲巡撫，豈獨無布政，且不免禍。今其書俱在也。」澤州乃汧之親家，澤州亦大受此傷矣。于回，將各人私書俱呈上。許三禮先參東海，上不喜，意欲處許，而許情急，遂臚列狠款復參，東海遂不支。先時，高雖出而徐尚在京，聲勢益大。至此，東海不肯去，上謂高瓚渭師曰：「徐乾學是汝同年，胡不勸之去？」高向徐言之，徐尚不信，曰：「此旨意予敢造乎？且年兄在此，予輩所願也，何爲欲令君歸？」徐上本告歸，上即允徐去。後高爲余言，東海之去也，固請陛辭，上見之。東海刺刺不休，上已他顧，而東海近視不見也，仍嘵嘵然曰：「臣一去，必爲小人所害。」上曰：「小人爲誰？」曰：「滿、漢俱有。」上曰：「爾們相傾相害，滿洲誰害汝？」曰：「但要皇上分得君子小人，臣便可保無事。」上曰：「如何分？」曰：「但是說臣好的便是君子，但是說臣不好的便是小人。」上苦之曰：「我知道了，汝去罷。」始出。

郭琇先參明珠、余國柱，是高、徐先說明白，疏稿先呈皇上，上改幾字，而始上。在戊辰二月。郭琇再參王鴻緒、高士奇，是己巳南巡回，十月，亦徐爲之也。

大山云：「郭華野參高淡人、王儼齋之日，予正館健菴家。是日，忘爲何故，設四席酒饌，次座是黃子鴻❶，予在東。健翁南向橫頭坐。家人來報此事，健翁注酒成窑碗中持

❶「黃子鴻」，原作「王子鴻」，誤。黃子鴻，名儀，江蘇常熟人，時爲徐乾學幕賓。

飲，應聲墜地，謂其子師魯曰：『汝應去告汝師。』謂王儼齋也。今觀之，其設席，來報墜碗，皆有意洗謗也。」

明、余既罷相，權歸高、徐。徐又見高更親密，利皆歸高，於是又謀高，日與高相結，謀起孝感。己巳年，上南巡，徐先使人語孝感以故，而囑其皇上所不喜者爲某某，所喜者爲某某。所不喜者，高士奇、某及王鴻緒諸人；喜者，他兄弟其首也。喜者當極力推薦，不喜者當極力排斥也。又言上一到南京，必召見孝感，定有半日扳請，訪問朝臣殆遍。孝感初猶疑，其使者云：「家主説來年如南巡，一毫不如家主所言，太老爺便莫照家主所言爲皇上言之。果然是如此，再説不遲。」孝感且信且疑。上時屢云：「熊某之德何可忘？我至今曉得些文字，知些道理，不虧他如何有此？」及南巡，予隨駕至南京，果見孝感日中而入，上屏退左右，與語，至黄昏始出。上問孝感：「李某學問何如？」曰：「一字不識，皆剽竊他人議論亂説，總是一味欺詐。」上曰：「聞得他曉得天文歷法。」曰：「一些不知，皇上試問他天上的星，一个也認不得。」孝感才出，上便卒然上觀星臺。衆人奔擠上山，亂石嵯岈，通身流汗。上又傳呼，急切非常。既登，予與京江相攀步上，氣喘欲絶。上顏色赤紅，怒氣問予云：「爾識得星？」予奏云：「不曉得。不過書本上的歷法勦襲幾句也，不知到深處。至星象，全不認得。」上指參星問云：「這是甚麽星？」答以：「參星。」上云：「汝説不認得，如何又認得參星？」奏云：「經星能有幾个，人人都曉得。至於天上星極多，别底實在不認得。」上又曰：「那是老人星。」予説：「據書本上説，老人星見，天下太平。」上云：「甚麽相干，都是胡説！老人星在南，北京自然看不見，到這裏自然看見。若再到你們閩、廣，連南極星也看見。老人星那一日不在天上，如何説見則太平？」上怒猶未平，急傳一欽天監。彼人在寓飲酒已醉，又傳得急，放馬歸來，到山上跌下來死了。上猶責怒其遲，就有人説跌下馬來了。上云：「着燒酒灌。」哈哈駒子附皇上耳云：「已死了。」皇上即時氣平，言語都低了，因拏出烏金紙畫的星圖來與看。予奏云：「眼花，没帶眼鏡來。」上云：「汝眼已花了嗎？」因與講説，問「恒星天」的説話。予欲答，上云：「且止，令張玉書説。」張云：「不知。」予始云：「即古歲差之説。西洋人方説有『恒星天』。」上問：「誰是？」予曰：「似洋人説得是些。」上即回。至回時，便分付「漢官不會騎馬，各衙門滿洲人員，夾着各衙門漢官走，莫使蹉跌。如有事，與你們講話。」余被庫公夾緊下來，幸保全無事。孝感語予不知，淡人已透曉得。到高家堰看河工，上問淡人：「李某學問如何？」曰：「不相與，不知。」上曰：「豈全不相見？畢竟有所聞。」曰：「相會也相會，但是不深相與，如何知到他學問？但看來自是讀書人。」上曰：「有人説他一字也不通。」曰：「或者福建人見聞短淺，則有之，若謂一字不通，恐亦太過。」上曰：

「汝言公道，到底是讀書人。」又曰：「汝也要防備。」高佯不知，云：「臣有何學問？」上曰：「不是學問。」曰：「臣與人無怨無争。」上曰：「總是要防備。」到京，高見徐，自然顔面之間帶出此像，徐謀之益急。至九月，方使郭華野再參，其稿以徐健菴爲之。稿方就，而高淡人已得之。送皇后靈路上，高即詬徐，徐仰天嘻吁，言讒人相搆，至於此極。又呼郭華野至，告以云云，面質其事。别去，徐握郭手曰：「事急矣，先發者制人。」明日，疏遂上。然高已將本稿呈上覽矣。會許有三復參徐，皇上謂：「漢人傾險，可惡已極。」始俱趕出。徐、高哀懇求留，上固婉轉出之。此己巳年事也。淡人是年冬歸，東海直至庚午春始回。

于振甲做巡撫時甚好，余等甚敬之。對上曰：「天下官盡都賣完了，没有一个不用錢買的巡撫、布政。」上愕然曰：「何至如此？」曰：「皇上但使人將各省藩司庫盤一盤，若有一處不虧空，臣便認虚誑之罪。他將藩庫銀子買升巡撫，藩司焉敢發其奸？相習成風，都是用皇上的錢買皇上的官，豈不可惜！」上問：「是誰賣？」曰：「不過是滿、漢宰相，還有何人？」既參北門之後，高、徐引爲己黨，時致殷勤。及同馬齊去審張汧一案，回來又將高士奇、徐乾學、陳廷敬等私書皆帶來與皇上看，一時俱得罪。我雖爲徐健菴所中傷，猶打不倒，天光時時迴照。皇上送太皇太后靈，在路上，于振甲已爲諸公所中，皇上時時叫去，在宫門上罵，説：「他們幾个同我讀書的人，你必定都要弄了去，爲甚麽呢？」他亦笨笨的回答説：「臣爲甚麽？不過是爲要盡忠報國。」及太皇太后已安葬，皇上不肯剃頭，大家求剃頭。皇上着人來問：「有奏摺麽？」徐健菴那時候就對着伊中堂，鋪一張紙在石頭上，草成寫進。皇上問：「是現做的這樣快嗎？」伊奏：「是徐乾學在地上一筆寫成的。」上誇其敏，又叫于振甲到宫門説：「我左右動得筆的，是徐乾學、陳廷敬、李光地、張英、葉方藹這幾个人。這大文章，該是于成龍做，你爲甚麽不做，叫徐乾學做呢？」他又奏：「叫臣做，臣曉得甚麽？」那時于振甲甚可敬，直到陞進來做總憲，叫于養志不丁憂，説：「那个人不盡忠，還算得孝麽？」又力主捐納，始失人望。後來決裂，無所不爲矣。陸稼書于于養志奪情，便上疏參，及捐納事，又上疏參，所以于振甲恨死他，議他个死罪。

于振甲頗有膽，初在上前，盡道徐東海、高淡人等之奸邪。熊孝感前番罷歸，人皆想望其風采。于後尸捐納之議，流毒未已。孝感再出，大小事俱狼狽，今遂失望。

于爲都憲時，勢燄薫灼，公卿無不趨承，獨予及杜秀水、彭羨門三人不至其門，遇於朝，深拱而已。西邊捐納事敗，上臨軒罵王人岳：「汝往山西查捐，不過爲于成龍取些實收來，何曾辦得一毫事！董納都是于成龍走狗，汝爲總憲，如何不參？」又問于成龍：

「汝對朕説，捐納人皆説便，獨道學説不便耳。」于答云：「是臣説的。」上呼予名，予出班，上云：「汝説捐納事如何？」予答云：「皇上所見極明白。」上云：「汝意中到底有汝的見解，云何？」予奏云：「軍興時，是權宜，應開的。太平時，似不宜。」上亦不懌，顧中堂而言他。可見于之短予于上前也。

上南巡回京後，一日，又提起孝感説高淡人招權納賄語，而不顯言。高曰：「爲誰？」上曰：「即汝平日所誇之熊賜履也。」高曰：「即此可見，臣在皇上面前説人不好也，非與臣不好；説人好也，非與臣好。但是别人説臣還可，熊賜履説不得臣。臣雖不與之相交，然書札時常往還。他與臣書，説臣人品是程朱一流人，豈有程朱會招權納賄的？」上云：「書札何在？」高因取入呈上，上笑而存之。于振甲常爲上言高士奇不好，熊賜履好。上問于公：「汝常説高士奇是小人，熊賜履是正人。」于云：「是。」上將此書與看，于看畢云：「這就不曉得他們蠻子的事了。」健菴既歸，幾年不通往來，忽有書至，説陸稼書死，墓誌孝感爲之，墓表非某不可。稼書行事，許多關係，健菴欲借此興文字之獄。又特遣王原令詒親來，求拜門生。予復書辭之，王亦堅請之。予到底回健菴書，言：「此文非老年兄不可。」賻贈稼書以盃幣。徐計不行，而王亦大怒而去。及前年參陳汝弼，尚帶予一筆在内。

予初入翰林時，孝感望甚重，就是嚼簽子事，天下都不信，還説是索公害他，没有這事。使孝感不落東海套，竟不出，其聲名到後代了不得，却被此再用醜了。予問嚼簽子事，曰：「那時三藩亂，中堂閣學時常錯批，議罰俸。上都免曰：『他們心亂了，本無大事。』當時馮益都、李高陽、杜寳坻與孝感同在内閣，孝感偶然擬批錯了一件，被皇上檢出來問。孝感頗心動，次日五鼓，便先到閣，叫中書拏本來，又命中書退。看是自己錯的，見寳坻平素糊塗些，因將自己簽子嚼了，裁去寳坻别本一條批簽，易書此錯批于上，將寳坻不錯本入自己數内，而自書其批。寳坻來，孝感迎謂之曰：『老先生昨又錯批了本了。』寳坻這日却又精明，即取本看，自己摇頭作色曰：『學生不曾見這个本。』孝感曰：『老先生忘記了，非公而誰？』寳坻又審視曰：『昨日不曾見此，是何緣故？』厲聲呼中書林麟焻至前，駡曰：『吾不曾見此本，都是汝等作弊，予將啓奏，先夾起你來審。』林大懼，跪白曰：『與中書不干，中書爲何作弊？』杜問曰：『爲何這一條簽獨短些？』林曰：『不知。』又問曰：『這一條是你的字麽？』曰：『不是。』曰：『别簽是你字麽？』曰：『是。』曰：『這必定有弊了。』索在旁知覺，曰：『這容易，查昨日幾本、幾原簽，即可知是誰錯。』查少一原簽字，問熊。熊忿然曰：『這樣難道原是我作弊不成！』喧争太甚，一學士覺羅沙麻出曰：『熊阿里哈達何苦如此？某今夜在親戚家喪事守夜，過來的更早，在南坑上倒着，看見阿里哈達檢本，口内嚼了一簽子，如何賴得？』熊語塞。索遂必欲啓奏，衆勸不止，索拉寶坻竟啓奏，下吏部。那時北門爲冢宰，問口供，中堂都到，熊不出一語，曰：『公等如何落供即如何，某無可説。』索曰：『這本無大事，就是審賊犯，也畢竟要他自己親供，方可定罪。老先生不言，如何定案？』熊仍不語，索又曰：『老先生不要怕，就是如今吴三桂、耿精忠自己説出真情來降，皇上也只得歇了赦了他，何苦不言？』窘辱備至，因説：『罷了，就是如此罷了。』遂落職回。」及予爲學士，時東海方開坊。一日，皇上出門，東海來邀予曰：「明公平素來往否？」予曰：「相認。」東海曰：「予今日欲同年兄一往謁，還有話説。」予曰：「予來時已往見過，今日又無事，不欲去。」又曰：「年兄爲人，不肖所深知者，假如有一毫不正之事，不正之言，如何敢拉年兄同行？明公亦是可與爲善之人，還有心胸，畢竟求同一往。」予被纏不已，遂同行。中塗，問渠何語，因告予曰：「熊老師不出，天下何以治？其去之之事，全是椒房害之，絶無影響。今日吾輩，通是老師門生，非爲私情，乃是公議。求明公一言起之，所關不小，年兄其助我乎？」予默然。至明處相見，東海因言自古進賢爲國大臣之上功，果能進得一大賢，即千古之美名歸之。因言熊如何人品，如何學問，天下蒼生非此莫救，皇上已有要用的意思。求之之言，刺刺不休。明曰：「熊老師亦是小兒老師，學生豈不欲其復用？但向日嚼簽子事，是學生承問，也太做得醜些。上要用的話不確。」徐曰：「甚確。」明曰：「學生也曾提起，上曰：『莫提起，提到這裡連我還羞不過。』徐老師，汝是好人，報師恩自是厚道，待你未必好。」徐曰：「狠好。」曰：「不確。他在上前，説壞你了。」徐曰：「那有此？熊老師每常説門生學問第一。」曰：「何嘗不説你學問好，但别處不好，奈何？」至此，徐亦色變而别。出門，東海見責曰：「年兄總一言不發，何也？」予曰：「予生平不求人，亦不代人求，若是皇上問，自當以實對。覺得向此老説何爲？」徐曰：「老師比别老師不同，此非私，乃公也。方纔此老所説，上不欲用熊，又説熊在上前説壞小弟，皆没影。而年兄始終不發一言，殊爲負老師矣。」不怡而别。後來，東海遂去結連索公。索、熊復合，而北門、大冶懼。大冶爲謀，説孝感有學統一書，有毛病，宜進上覽，以開釁端。上覽此，亦不置議論，覺得他看的書多，畢竟有好處。北門又謀之大冶，大冶曰：「須得湯潛菴、李厚菴有一點不足論頭，即可爲上言。而予兩人不知也。」大冶在朝班時，以此書叩湯，湯好象山、陽明，而此書闢之，脾胃原不合，初亦不置褒貶。大冶終日探之，遂摇頭云：「此書偏。」大冶已得此間。明公時常以書中事見問，隨口答之甚多，不疑。一日，在内閣，遺溺出，與明遇於塗間，明即問：「能此書如何？」予應之曰：「大概好。」又問：「有人説此偏，果否？」曰：「也没甚偏處，大概是程朱，而非佛、老，有何偏？」又問：「難道盡善盡美？」

予曰：「只是中間將大聖大賢加之等第，似考童生、秀才然，覺得似鹵莽些。班固漢書原是狠好的書，只是將古今人物分成九等，後人以爲不是。我輩發明前賢之意，偶然評論則可，而遽品題等類，便不妥。」明領之而入。誰知渠即入告。一日啓奏，上獨留予問此書，予即覺，先説大段好。又問：「有人説偏？」予仍以語明公者對。上亦似有不滿其中語者，遂退。東海遂以予語，加添許多深文醜詆，無所不至，寄信與孝感。及熊遜修典試浙江，南行，上將予易經付遜修曰：「有人一部書，帶與汝兄細批來，不可與一人看。」及戊辰二❶月，予奔太皇太后喪，自福建抵京，一个月始到。命九卿、科道，内出待衛，環問口供，後認薦德子鶚的不是。上亦歇，説一个月赶到京不爲遲。禮部參本已上，發還，仍命掌院。東海益急。先是，東海聞予將至，兼程接遜修，日馳二三百里，先予到，繳孝感所看予易經，逐條批駁，無一是者。亦非孝感自爲，不知倩何人爲之。後發與我看，將我引人不以爲是的説話當我的説話痛駡，將先儒説的話也誤作我的話駁，都不曾細看一般。上問遜修：「汝兄云何？」遜修粗野不過，遽答云：「臣兄言，此書一字不通。」上云：「難道無一句好麽？」曰：「據臣兄言，果然一字不通。」上默然收入。七月間，

❶「二」，原作「三」，據榕村譜録合考改。

爲内閣令蔡方麓寫碑文，上嫌不好。平常這等事是掌院派，此番却是内閣令他寫，而上仍厲色斥訶予及滿掌院庫勒納，予亦不辨引罪。宛平媿而感之。及九月武會試，予典試，宛平報讀卷。上問：「何如？」宛平曰：「從來文武鄉會試，臣閲卷多矣，即極盛，也有一兩卷不通，有一二卷不完篇者。這一次，無一不完者不消説，復無一篇不通順，可謂從來未有。」上亦微異之。及傳臚畢，上命孝感上殿，命他人都退。問孝感：「李某所著易經何如？」孝感即糊糊塗塗，不知講的甚麽，東一句，西一句，説不好。上又問予曰：「汝云何？」予曰：「臣本閩人，孤陋寡聞。前進時，原奏過説不慊意，本是粗淺，因皇上説不妨令進，本不敢説是。」上曰：「到底有汝作書的意思，何妨説出？」予略説幾句，孝感搶辨，上曰：「讓他説完，你再説，如何不令人説話！」予又説河、洛之數，方起頭，孝感又攔予，曰此非予説，乃漢儒説。他又説漢儒之説如何啓奏得，上又嗔攙亂。予因説洛書一三九七，二四八六，三九廿七，二八一十六，五居中，建皇極爲君道，處天地之中。上明白算數，曰：「這是。」因諭：「令至館中，汝二人盡情辨明，三日後來覆旨。」孝感一到館，竟似取我口供，即當寫認罪供狀。予初不言，逼之甚，予亦忿然曰：「皇上令辨，非是叫老師向門生取口供。老師如何駁，門生如何答，纔有是非曲直。如何令門生自己出供？」渠亦糊糊塗塗，亂説：「這是旨意，怎麽樣可以歇呢？」他亦卒不出一語來問，竟全不懂，無處問起。兩日坐卧，亦窘極。張敦復來勸，叫予自駁其説，予不肯，曰：「這使不得，只是到上前，熊老師如何説，予不辨，認不是則可。」因覆旨。孝感仍是亂説。上問予，予説：「原不是。臣無功夫，本不成書。」上問桐城：「果然是如此否？」桐城曰：「是。」上指桐城曰：「嘖嘖！你便是一口兩舌人。你在宫中，你本説這書原有好處，今日又是這樣説。」遂又歇，直至甲戌年丁憂亂鬧時，上復發出，命張豫章寫一本存内閣，凌紹雯寫一本存翰林院，照孝感所批，亦用紙簽貼旁，原本繳内府。曰：「以待後世之公論可也。」則予書遂存之有司，藏之御府矣。然其書本非成書，極多不妥處。

昨日進朱子書，皇上又命同熊孝感商量，真是氣悶事。平生一味大言欺人，盛氣加人。皇上問他，他也有一法，不就所問字字對，只是大帽頭話亂説。上搶問他，他還是這樣糊糊塗塗的答。他又是世臣，無可奈何，只得歇了。這个人，罪又在徐乾學、高士奇上。主試多，傳許多衣鉢在世上。上不服他，却又不敢去他。馬中堂云：「某初入中堂不久，上問：『熊某何如人？』曰：『好。初見他滿口戲言，後見他臨事也還明白。』又問：『人何如？』曰：『還是正氣人。』上曰：『何得正氣？當日在内閣，嚼簽子事逼真，却是索額圖啓奏，與他打鬬，他亦説索額圖陷害他。後與明珠爲難，他兩个又不知何時相好。問可用人，索必以熊對，熊必以索對。這樣光景，豈是正氣人？』」皇上贊東宫學問，東宫又因他曾經在東宫講讀過，視爲己私人，獨親厚些。而熊又凡東宫問三教九流之書，他都記其目録、人姓名，大言不慚，揮斥指畫如爛熟者然。故東宫震驚，以爲自古無其匹，日與皇上言之，以至於此。此事，張敦復不得謂無罪，當日引入東宫者，桐城也。所以人以明理爲主，不爾，雖有賢人姿質，皆足以害天下。不明理，便有一種似仁而實不仁、似學而實不學之事，皆足以亂天下。故聖賢學問，必以格物、窮理、致知爲始務。

世得云：「家父初入館時，熊孝感力薦於上。後值耿逆之變，家父孤守，進蠟丸表至，上亦心異孝感之知人。但彼時疑家父常稱道魏環溪、衛猗氏太老師等，而並不及孝感一字。私問之，家父云：『癸丑分房時，熊爲大主考，見孫屺瞻房一卷，第三題「盡其心者，知其性也」二節文内，有云：「典謨言心而不言性，然言心即所以言性也。」對云，春秋誅心而不誅性，然誅心即所以誅性也。」孝感密圈此段語，欲置五魁卷中。予與屺瞻言：「果爾，則子大不利，何以解於人之笑駡！」屺瞻爲哀求不前列，乃免，仍中二十八名。以此心疑之。』然則近科之中，汪士鋐、王式丹爲會元，無怪也。」

孝感十九日。在南書房語衆人云：「予適在閣，對京江云：『吾去後，恐有他人閒言語，求老先生們周全。皇上如何遣官送學生回，亦是好事，爲諸位老先生將來恩禮之階。』京江仰天不怡，曰：『這樣回去有何好處？』」澤州即大詬曰：「難道人通該死在京裡及予今日不成？京江脾胃真另是一付。」孝感云：「似此也是奇人，天地間不可無此一種。」京江云：「影都没有。他在閣中就說：『學生去後，恐有閒言語，求老先生們留意。』予曰：『斷無，老先生但放心。』止有此語。試想，人非喪心病狂，如何出此語？難道皇上此等恩禮，還有甚麽不好處嗎？將來學生回，敢望如此遣官送歸乎？」以此觀之，孝感竟會生造語，在上及東宫前啓奏。當時，徐健菴便是此等善造逡巡酒，能開頃刻花。立時撰出一段話來，有問有答，又像其人之聲口，並其時地俱歷歷可考。在他口中語，一段温厚和平，至誠惻怛之意，都全在那人口中。一段矯詐不情，忍心害理之狀，令人可以怒髮衝冠。當時，予遭此輩媒孽時，不知如何造作，皇上尚優容至今，真如天大度也。當日，孝感中健菴毒氣，亦與之同心并力，由今思之，可畏也。言真了不得關係！易經說，言行「所以動天地」，前面都是說言起，行還是帶說。劉元城器之從學司馬温公，初見温公，教之以誠，劉曰：「誠大圂圇，從何入手？」曰：「自不妄言始。」劉甚易之，及退而檢點，無一語不是妄，大懼。因依以從事，七年而後成。真是切要工夫。「誠」字也是言旁，「信」字又是言旁，曰「言而有信」，竟在言上說。信雖是實心，而其發見，則莫切於言也。細思「信」字，一邊人，一邊言，其好言須是个人的言，言成个言，方是个人。

榕村續語録卷十五

本朝時事

湯潛菴先時耑意陽明之學，張烈武承耑意朱子之學，係宏博同年，而不相合。張遇一細事，亦必要格物，大瑣碎。一日，張見湯，寒温云：「數日不見。」湯云：「在家裡格物。」丙寅年，數與予往還。湯亦簡於言説，而是年，每至某寓，輙談論移晷。其實中禍，亦在此。所談者，經書之外，豈無及一二時事語？我家家人長班，都爲健菴賄買。次年，健菴秉詔責潛菴云：「日與一二知己譏議朝政。」即指此也。某曾爲湯效愚云：「老先生雖然用功于心性，是根本工夫，然天地間幾部大書，不可不讀。不特道理大備，人解得爲聖賢易，即不盡解，如有明一代，用程朱説取士，前半截風流篤厚，俗化甚正，就有功效。」湯即感動，向予借朱子文集看。數日相過，大贊云：「向來非不能買一部看，以爲朱子學問都在集註，守此而行亦足矣。今觀文集，誠不可不讀。妙在那裡，嘆賞不已。」一日，向予云：「學生不好哩，只怕要死。夜作一妖夢，今年九月，皇上遣人來賜死，命以午時死。某自想，今年是寅年，時是午時，九月是戌月，寅、午、戌會成一火局。某命最怕是火，所以不好。時尚未午，得死時作此想。俄而醒，恐不佳。」某爲解云：「以學生解，别有一説。蓋老先生以宫詹帶大宗伯銜，非真宗伯也。宗伯爲南宫，南方屬火，帶銜是活宗伯，即真是死宗伯。上命即下旨也。」湯喜云：「有是乎？」予曰：「天地間夢，無此直撞者。」彼時大宗伯爲沙澄會清，不數日，果有人參沙。湯與予遇於朝，笑云：「老先生前日所解之夢，得無驗乎！」其實那時上已有不喜湯之意，沙雖去，而却不升湯，其言不驗。至次年丁卯九月，爲蘇州海税事，爲徐健菴所中，上下旨切責，即九月至十月，而湯逝矣。

上常以湯與徐相比。葉子吉掌院時，上一日問：「湯斌與徐乾學兩人，那箇學問好？」葉雖與東海至親，却不相能，葉對云：「各有好處。」上曰：「倒底有優劣？」曰：「不同。」上又問：「何以不同？」曰：「湯斌是正經學問。」上曰：「徐乾學學問不正經麽？」曰：「也正經。湯斌是留心經書，講道理的學問，徐乾學是博及羣書，可備顧問的學問。」一日，又問：「兩人文章如何？」曰：「不同。湯是學者之文，徐是才子之文。」後湯不久出爲巡撫，而問❶用健菴之意少歇。徐大恨葉子吉，遂大用工夫，而葉子吉趕出爲刑部侍

❶「問」字，當爲「向」字之誤。

郎矣。子吉彼時即以掌院大拜，及遇此，痛哭而出，不久死矣。湯之入也，上意甚重之。北門、大治知徐東海與之爲難，上意方向東海之學問，因内召湯以擋徐。湯爲大治同年，又外不甚露鋒稜如魏環溪，故二君欲借一用。徐恐出己上，遂必擠之，下石即發動海關事。值廷議，東海先詬湯云：「今日之事，蘇州數百萬生靈懸於老公祖，主此議者，非老公祖而誰？」湯云：「某已進來，何力之有？」徐曰：「雖然，老公祖皇上倚重，又新在地方上來，知此事之切者，莫如老公祖。合郡生靈，敬以相屬。」及廷議，徐却不言，梁真定天真爛熳，即發此論：「湯老先生宜主此議。」湯遂云：「與民爭利的事，豈有與地方有益的？但只得其人還好，若不得其人，四處巡攔，害民無窮。」回奏，大家含糊，也不入此一段言語，不過是閑論語。東海入南書房，即增飾此一段話，入在皇上耳，謂湯言此事民甚苦。上召明公云：「湯某是道學，如何亦兩口？彼進京時，予問以海關事，彼云無害，今日九卿議，如何又説害民？爾問他。」湯被傳問，在途，大治附耳云：「有人害年兄，到閣可只伸説『得其人便無害』語。」湯如其言以對，明公即云：「我曉得了是了，公請回。」時予正爲内閣學士也。明又將此語修飾回奏，上以爲是，大怒東海，着人切責云：「都是汝蘇州鄉紳欲做買賣，恐添一關於己不便。上牟公家之利，下漁小民之利，死不肯設此，而又賴湯斌説害民。湯斌何嘗有此語？他説：『得其人便無害。』元是。天下何事不是不得其人便有害？」徐健菴絶不慌，言：「湯如何賴得？九卿實共聞之。不然，可問梁清標。若此語是臣造的，難道他在蘇州出告示安慰百姓，上有鈐的印，也是臣造得不成？」上問云：「告示何在？」健菴云：「臣家就有。」上云：「你明日帶告示來。」明日果將此送進，上大怒云：「元來假道學是如此。古人善則歸君，過則歸己，如今的道學，便是過則歸君，善則歸己。」彼時滿州詹事府是尹泰，上即命尹泰傳旨責問：「你是大臣，你説海關不好，部議不准，我依部議，是常事。果然不好，何妨再三爭？我未必就把你問罪。古大臣不避斧鉞，爲民請命，何遽不言，卸過於我，而云汝『愛民有心，救民無術』？將謂我無心愛民耶？」湯彼時還可解説，湯訥於言，只搕頭謝罪而已。此事由南書房轉奏，北門、大冶皆不知。徐又向湯云：「此告示是大冶拏進，北門、宛平不相容。」而他爲之憤懣不平，涕淚交流，一日一遍去安慰潛菴。湯至死不知其由東海也。如今人將此獄歸之北門、大冶，又移之翁寶林、王儼齋，全無干。翁、王不過見皇上怒，廷叱之，參劾之，以助上威怒而已，非起禍之由也。湯既死，健菴又激郭華野爲湯報仇。華野乃湯薦舉門生也。

一日，余見東海，問潛菴何以得罪，曰：「湯潛老自壞其事。海關事，他既在蘇州知其害民而題罷，及内陞見上，又以得好官管其事，亦通商利民。一日，余在南書房，上問及海關，某力陳其弊。余兄弟赤心報國，弗敢隱也。及上復令九卿議，梁真定言自不利於民，因諉於潛老曰：『老先生初自吳下至，宜主議。』潛老曰：『不曾立自然是不宜立，已立矣也就罷了。』又説：『不該立。』上乃使太監責某曰：『海關都是鄉紳專利，而假託爲不利於民。如果不便於民，湯某還是正經人，他來並不曾説不該立。』某曰：『他前在九卿班上，還説是自然不該立的，如何他又説該立？』上問：『九卿聽見麽？』某曰：『梁清標亦聽見。』上因傳潛老至内閣問之。明公宣旨，潛老曰：『何嘗是説不該立？我説未立自然不必立，既立，只是選擇好些的官去也不妨。』明公曰：『如此乎？』曰：『然。』曰：『是了。』因入，更加婉轉復旨。上曰：『湯某説的原不差，那一件事不是壞官做壞。』因傳某入，下嚴旨切責。此時幾不可保，某遂不能顧潛老矣，曰：『此語湯某如何賴得？前日的話，臣可以造，難道他臨來時，在蘇州出的告示，有印在上，也是臣假的不成？他告示現説此事，部議不准，本部院愛民有心，救民無術。告示現在。』上曰：『何在？』某因出諸懷中。上見果有此示，恨遂不解矣。」語畢，還囑予曰：「年兄你們要做正人君子，當始終一節，萬不可前後持兩端。」彼時也不知他如何以此自認，想是以立威見他能制人之死耶？

湯潛菴夢寅年戌月午日午時賜死，意殊怏怏。予語潛菴：「寅、午、戌會爲火，火屬禮，寅、戌東西，而午居中。公雖加銜，猶虚位也，其命公填實爲禮部尚書乎？」湯喜。

無何，沙會清去，潛菴爲予言：「信矣。」竟用他人。近聞潛菴得罪，於張又南、施琢公席上話其事，取歷日觀之，九月七日，果午日也，夢兆已先一歲矣。今兹之歲，非龍非蛇，環溪已逝，潛菴繼没，達太宰没於淵，徐善長自剄，遇救不死，子鶚重得罪。襄問：「聖賢處此有中道，善長何遽如此？」先生曰：「善長至此，求死不得。然滿、漢不同，盡言而斃可也。諸公甯速死，不敢出，此恐累及妻孥耳。君子見幾，遠之數十年，近或一二年。向邵康節洞觀大數，終身不仕。宋仁宗之世，幾回君子進而小人退，小人進而君子退。向者，環溪柄用，潛菴内召，天下事若可爲。今鄰園作相，上因地震罪己，又一幾乎？君有悔心，即天心之復也，帝、天豈有二？縱有之，其精英之上浮者與。」或問：「朱本忠召至京否？」曰：「天下豈少此輩人？士大夫家喜與遊，則此等踵至矣。若求直諒多聞之友，數年未必得也。」襄曰：「何君子少而小人多，治世少而亂世多耶？」曰：「君子道長，會當有時也。聖賢晦其明，晦而不明，則暗而已矣。」孫襄。

正月，得搬石飾山，大是好景。襄曰：「出處之局，亦至仲春方定。」曰：「安卿十一月至京信至，在歲終，遲則正月耳。」襄曰：「至京尚須較議？」曰：「不過十日。安卿行時，祈籤於關帝，籤詩得『官事悠悠難辨明』一籤。十二月朔，太夫人令人祈神，又得此籤。看詩意，似得所請。首二句，神教我謹奉教矣，煽惑固不乏。安卿正應尾句。諸公見我不去，聖上問及，我贊成就好了，但恐未必引向喜邊去。」襄曰：「上深知先生，讒何自至？」曰：「楊自西豈真賺餉銀四十兩？韓元少豈真向人跪乞殿試卷？然自西、元少猶得保全，無確據。潛菴則告示現存，又是刻的。然上待潛菴，不如我。潛菴初至京時，猶可，及爲健菴所中，聖眷已衰。上罕對學士説話，我爲學士二年，蒙顧問者百餘次，所言多不悉記。前在内閣時，蒙恩已出尋常，茲爲掌院，寵眷有加，讒言朋興。上亦披腹心爲我言：『虚公底人少，誰道汝好？都説閩人學識有限。』及求去，諸君子如徐立齋、李湘北有嘆惜之者。或以爲高其不同志者，亦釋然放牛於桃林之野，驅虎豹犀象而遠之而已矣。秉鈞軸者，亦有一片好話打發，如一帖金錢紙，送怪物去也。今出都已久，又不知動作如何，所恃有神靈耳。」孫襄。

立齋參姚總督，乃健菴、吴伯誠所買而爲此，故人不服。姚雖可參，而非出於公，若是魏環溪參，誰不服？及參姚不動，乃嫁禍於我。一日，姚熙之長子造予，曰：「家君與老伯相好？」予曰：「然。」又徐徐問：「家君近日有得罪處？」曰：「毫無。」又徐曰：「小姪聞前參本甚駭異。」予問之，曰：「都言稿出老伯手。」曰：「誰爲君言？」曰：「先時言者多，小姪不信，及見北門相公亦如此言，始不敢疑。」予曰：「然則此時予即苦口爲君辨，亦不能令君信，日久當自知耳。」及予再告假，北門良心發現，知此言即健菴爲之，何苦令地方一大吏害予。乃諭姚所親趙姓曰：「爲我告汝總督，前言大没影，是吴興祚買出來的，李某何干？我誤矣，李是好人。」

先生言：「東海索予贈詩，詩成，陳介石過寓，予示之曰：『如此稱揚，亦可謂極矣。』介石曰：『大誤，此何足當其意？』予曰：『據此已是一韓昌黎，還須如何？』介石曰：『須繼往開來，得孔孟統緒方好。』予以爲不然。及遇於朝，果有不悦之色，但曰：『君作好，最真。』曰：『真則太樸，實之謂也。凡人久假不歸，烏知非有，及至後面居之不疑，雖自己亦以爲實然矣。』」

宋大業在閣中云：「吾吴財賦大重，皇上向狠有加恩之意，而苦爲蘇公所止。蘇名赫，滿洲大冢宰。蘇對上云：『此是歷來老規矩，亦可不改。』」馬中堂云：「上何嘗以蘇君一言爲重？此乃貴鄉徐東海日在内廷鼓動，上遂有此意。而東海遂在外索本鄉高值，曰：『吾爲一省除數百年大害，自此子孫皆蒙福庇無窮。』欲有以酬之。揚言大過。皇上知之，云：『如此，則是功皆歸於此輩矣。』遂止。某每日在上旁，知之豈不悉？君舍君之東海而咎吾蘇公耶！」

健老自庚申年，即百端讒毁予，至丙寅冬始知。及丁憂，張義山來弔，始痛言其故。起居注凡予所奏對之語，無一載者，大約有人去之。

澤州語予曰：「當日潘次耕、朱錫鬯在南書房，與高澹人不過詩文論頭略不相下，澹人便深銜之。一日語予曰：『如此等輩，豈獨不可近君，連翰林如何做得！』予曰：『如此等人，做不得翰林，還有何人可做？次耕略輕些，至朱錫鬯還是老成人。』高往年還在監中考，爲吾所取，稱老師。是日，便無復師生禮，忿然作色曰：『甚麽老成人！』將手鑪竟擲地，大聲曰：『似此等，還説他是老成人，我斷不饒他！』我數日不入南書房，時爲吏部侍郎，上怪，問予何爲不入，又往遣侍衛招呼，予始入。一日，高澹人又謂予曰：『郭棻如何去得？』予曰：『北方如此人，還算好的。』高又忿然曰：『渠之得爲學士，誰之力也？皆予爲之左右得至此。從來不曾見他一匹緞、一隻銅盃，這樣人還説他好？』不久，果皆爲所逐。」去年，予隨駕至江南，朱錫老語予曰：「予適值高自都門回，病在舟中，往候之。高在床語予曰：『予病殆不起。』予曰：『何遽言此？』曰：『非誑也。年兄看予目雖在，毫無見，不過聞年兄之聲而已。』予曰：『老先生目無病。』曰：『竟無見。』後果死。」今潘、朱皆在，澹人安往哉？

陸稼書不曉事。當日，他上捐納本，上發九卿議。時已依他，永不開，于振甲爲總憲，也不能消除衆論。而稼書畢竟要將已往選過的官，一總限年去之。予時坐次與相聯，語之云：「老先生所云已依行矣，但得永不捐納，還少甚麽？已做官人，兵興時已藉其力。既做官，自有官評，不好的，督撫所司何事？好的，存之也無害。」稼書詫云：「捐納的官也有好的麽？老先生不曾做外吏，有所不知，半个好的也無。」死力争之。振甲大怒，入奏。上特命伊桑阿、阿蘭泰兩中堂獨問予。時李湘北❶爲大司馬，倉皇扯予至僻處，曰：「老弟又有禍事到了。」予問之故，湘北言其事，且爲垂涕曰：「今日要得從權方好。」予問：「如何從權？」曰：「須云君當初所以薦他也，只當他還好，不意今日狂悖如此，只得痛切詆之，而自認罪。」移時，兩中堂出問，單坐予一人於下，似取口供者然。予對曰：「某於覆本内已畫題，原説他不是。」阿、伊問曰：「畫題不過是隨衆，到底汝自己主意是如何？」曰：「陸隴其若論這个人的操守，臣今日還敢保他，但是於事務上却算不明白。這捐納，已做官人，自有八法在。好的，不見惡蹟，也難加以罪；不好的，督撫自參劾。將行不得的事條陳，又執己見，自然是有罪的人。」以此回旨。及下，李湘北云：「如此也好，但多『他的操守，到如今臣還敢保他』數語。」予曰：「這何妨？是實話。」渠曰：「若照這幾句説有何妨，但恐有藉端相傾者，得君語爲骨子，增飾抑揚，便當不起。」予曰：「此二中堂還可，不至此。」回旨，上亦無語。于振甲遂將稼書問死罪，減等爲流，上亦寢其

❶「李湘北」，原作「李襄伯」，據清史稿卷二百六十七李天馥傳改。

事，仍未革職。至甄别，始革職回。至回時，比問罪已爲輕。身無事，歸田讀書，未爲不佳，宜蕭散自得。及予一飯相餞時，穆書甚不樂，終席無言，近於抑鬱，未審何故。今觀其書，亦是皮毛，少心得處。捐納之事，振甲一力擔當，大行其道，自壬申以迄於今未已者，亦穆書之有以激之也。程明道所謂「新政之塗炭天下，吾黨爭之有大過，須兩分其罪」是也。

上加潘耒、尤侗職銜。當時舉鴻博，如潘次耕、朱錫鬯、嚴蓀友三人，學問雖無源委，要之記問醜博，所作詩文，自非諸翰林所及。潘次耕時常接談，其舉動威儀，天生不中程式。如今翰林，亦輕浮無體度，却又不是這樣。其言語無序，不當言而言，不當問而問，説話口中閒字太多，汎音無數。氣何以如彼其急，動止毫不端詳，故三徐皆輕之。潘在徐立齋家飲讌，行酒時，藝初執其耳而灌之，潘大不平，出惡言。立齋時作總憲，反向潘曰：「飲酒本風流事，何動氣乃爾？」潘益怒曰：「公爲憲長，家法不修，而子弟乃如此輕侮賓客，反祖護耶！」立齋亦强謝，潘次耕遂辭去。未三日，而東海令院長孫屺瞻參其浮躁輕薄而去。朱錫鬯忽點講官，東海恐其至南書房踞其上，遂嗾人爲上言其毫無所知，動不得筆，而人又輕躁，遂乃斥去。嚴見時勢乃爾，亦辭去。東海彼時，但見翰林有一人考向前，或上偶奬一語，立刻便禍之，使去位。

李高陽雖學問不深，在朝房聽其閒論最好。蓋其早達，經歷世故多，又世家，見聞廣，語皆徵實。一日，駡王弇州不通，曰：「做文字須使後人有所考，言官名、地名，一一改從古，竟使後人不知今時稱號，豈可乎？此雖舊説，却是。韓文公、柳子厚文，即稱本朝官銜，何嘗不古？」又云：「人好害人，天每行報。渠陷人於東穽，後渠自陷於西穽還不見得妙，恰恰就陷於此東穽。渠陷人於大穽，後渠自陷於小穽還不見得妙，恰恰就陷於此大穽。」歷歷指證，言之娓娓。即如予見，王司農隲至陝西賑飢，回報數過三十萬，上臨軒問曰：「以帑藏發賑，止得三十萬，不知當日富弼以一青州如何賑得六十萬人？」時王東侯現今山東巡撫國昌。爲内閣學士，進云：「盡信書，則不如無書。」上頷之，深以爲然。尋即陞擢。恰恰今日爲山東巡撫，去年小荒，已報賑過飢民二百餘萬人。今年又荒，較去年十倍，又不知若干。所謂「無言不讐」者，可笑可笑。

聞楚兵圍提督衙門，緣俞益謨帶陝西三百親丁時噪。楚兵云：「有吾輩在，豈復慮爾等如向時着呼譟耶！」蓋親丁只可暗用，斷不能反客爲主。彼路徑熟，客兵何爲？往時，予給假還，張義山巡撫吾鄉，時見予於内書室。屏語云：「貴省不可以語太平，山海處處嘯聚，奈何？」予曰：「此非他，即海賊也。有無數人，數十年來殺掠人爲生産，一把刀爲活計，今竄身無地，無衣食之路，舍此何爲？」曰：「何以待之？欲安插此數萬人，殊無此策。」予曰：「若請之於朝，其事難行。即欲使之屯田，亦不是旦夕有效事。大凡衆人聚夥，必有渠魁，此渠魁者，即衆人之眼也。人無眼，則入於溝渠，無復能爲。老公祖訪伺其豪長，收録用之。不過數人歸命，餘皆無能爲也，從容再商所以處之。」予告以二三人，義山深然之。不數日，已檄去置之標下，寇遂以平。

天下事再不可動氣，朱子火氣還重，惟周濂溪、程明道、諸葛武侯、郭令公不動氣。予初爲庶常，家中府縣官，作踐家君無所不至。予假旋，未嘗徵言發色。只是府縣見予顏色，他便覺，便先下手，趨總督范覲公處，苦訴予作害鄉里。范云：「渠方到家，焉能如此？」乃云：「渠纔到，他父親如何惡，如何惡。」未幾，耿逆反，他做耿逆官，便詳文説僞官：「李某才堪王佐，如不出，天下事未可知，必爲大王之害。」耿王即以令箭來調。及海賊來，他又做海上官，亦如此詳文書。當時幾不免於虎口。乃知幾微動氣，便有禍患。後來予爲侍讀學士，到安溪，縣官李鈺竟用眷弟帖來。家人大怒，回予話如何處置，予曰：「且慢。」移時，渠來，予曰：「適纔帖且不用。」他便曰：「該手本，想錯用了帖。」予曰：「不然。予與君同宗，同宗則認弟兄，何必用帖？」鈺惶悚云：「怎敢上攀？」予固强之，遂成兄弟。後來追白頭賊，接大兵，保護鄉里親戚，皆仗其力。泉州知府張仲舉亦如此，後來亦借其力。若是當日爲此小故，與角口絶交，後來一步不能動，他事也壞，我事也壞。自此後，再不敢動氣。魏環溪先生算好氣度，然還有氣。梁真定云：「魏環溪説書帕不該要，議論自正。但他有妻大舅，每年送他銀七百兩做盤纏，人人焉得有一妻大舅資助乎？只是魏環溪他應做清官的，彼妻大舅不知有何罪，而每歲罰銀七百兩。」高陽當日，亦持論與此相類。魏曾一日於客座間，有人道二公者，魏曰：「如此輩，何足道！」想亦不能忘情耶。

三藩變，壬子年，猗氏衛老師便給假去。猗氏去京近，聲息不通，直到戊午天下大定，三藩俱平，而後出補。皇上一字不露，但旨令照品級調外。後見其官居高，遂漸大用。而好上本，今日條陳，明日條陳。苗蠻事發，皇上觸起舊恨，遂發黑龍江。尋又與楊玉符瑄同賜環征厄魯特。時予時在憂中，窘苦非常，四下那借，亦捐四五個驢馬。楊玉符自浙江至京，捐三个，皇上便喜。而衛老師如許近，若不聞。則今日之返賠河工二千兩，未必無所自也。張京江，吴逆反時，本給假在家，而公選先生促之入都，令携眷俱北。此大拜之由也。李合肥亦然，上不言而心識之。杜秀水所以不大拜，李武定爲冢卿，又有大功，而當時正余國柱、王鴻緒嚮用，時日有人短之於上前，竟説得一毫無用的个人。余已越次大拜，後又大學士缺出，王又用力越之。内擬已定，而丁憂去。李武定不由廷議，中旨出拜之，曰：「是後用人，畢竟有功。」上意如此，則衛老師原有不是處。

澤州問師曰：「當東宮廢時，風聲惡甚，老先生何以守持平之説甚是？」曰：「理應如此。廢太子不妨，殺太子不可。文王舍伯邑考之子，而立武王太子，何妨廢？至於殺之，則不祥之事莫大焉。」

安卿云：「徐健菴雙目總不全開，即一目亦半截開，半截閉。兩目及一目，各半開閉互用，其一線光所露甚明。或大譚論，有時全開，反不光采，如塑泥神之目。」惟姚總督目光，正看不覺，左右盻則光射人，如猫睛。如今吾閩中到處廟祀，有威靈，人皆以籤卜吉凶。予至其廟，亦曾問籤焉。憶癸亥七月，公留予住數月，説其生平患難，出所作文集與予觀之。至其年所上七疏，皆人所不敢言。吾記其一爲請封明朝後，備三恪之禮；一請罷漕運，開山東、北直水利，以廣軍儲；一均賦役；一清君心之欲；一臺灣宜棄。予見之，以爲恐上不怡也。公曰：「此幾疏上之已數月，不發矣。」予亦意其不行。姚熙之天下丈夫也，當言者可不言乎？今天下大定，無所用吾矣。吾將死，留一段議論於天地之間可耳。」後其疏皆奉嚴旨切責。其年十一月果死。其用兵之際，糜帑數百萬，然皆四方協濟兵餉也。其用處，亦多買海上來降費去，姚公未嘗加派民間也。及閩亂少定，公則嚴束布政司，數月之間，民間積弊釐剔至盡。至今二十餘年太平，皆公之遺也，可不謂神乎！

榕村續語録卷十六

學

因論算法，謂：「周公真無所不知，無所不能。」予問：「周公之所知所能者，孔子大抵皆知能。」曰：「自然是如此。觀門人身通六藝者，尚七十二人，則夫子可知已。」予問：「身通六藝已了不得的人。」曰：「然。禮樂經天緯地，不消説已。射御以文兼武，書數之用甚大。身通乎此，其用備矣。」

王陽明講「立志」，及「人放下時須振起，人高興時須收住」，皆是其自己得力處，言之親切警動，亦極好。至於説萬物一體處，言：「見路人赤子入井，惻然救之，是赤子一體也。見禽獸被傷，欲活之，是禽獸一體也。見草木摧折，欲護之，是草木一體也。見磚瓦傾欹，欲全之，是磚瓦一體也。」其論甚精。又反面講：「瓦石所愛也，而有草木萌蘖屈抑其下，則不惜擲其瓦石而出之，覺心安而理得也。草木所愛也，使其有礙於畜牧之地，則不惜芟其草木而養之，又覺心安而理得也。禽獸所愛也，值大賓、大祭則殺而饗之，又覺心安而理得也。至於人尤所愛也，一簞食、一豆羹，得之則生，弗得則死。有人與吾之父兄並在前，而吾舍他人而活吾之父兄，覺心安而理得也。此皆非安排而有之也。」此論皆極精。何焯云：「凡此，皆朱子所已言而更精。」曰：「然。」何焯言：「王陽明語皆作意，便味短。朱子四書註平常説去，而探之不窮。」草木生於肥土而不驕，生於瘠土而不求。禽獸得食則争矣，然過而輒忘，食外則不計矣。人則蠅頭之利不肯讓人，盈千累萬，不知自止；百年將盡，不肯少休；睚眦之怨，没身不解。視禽獸、草木之惡，千萬倍之。似乎荀子之説不爲過，而烏在其爲「萬物之靈」哉？嘗細尋其故，蓋天以全副本領與人，原千萬倍於物，所以以不善用之。其機智才力千萬倍於物，故草木無知，惟供人之用，然不能有他助也。禽獸雖有蜂蟻鴻雁等知有倫常者，然褊狹已甚，烏在能有所裨益？至於人，自身而家，而國，而天下，真能修齊治平，財成輔相，彌綸天地，曰位，曰育，曰贊，曰參，皆實能如此。草木、禽獸不能也。有時天亦不能限量他，故曰爲「萬物之靈」。

何焯言：「師之説經，自宋儒後無此。門生之説書法，亦數十年無講此者，其模樣皆不是。」師云：「模樣最是要緊。如今時文、古文，模樣先不好。凡事須先定其規模，至於後面施爲作用，有精采，無精采，係其人之學力火候。若模樣便不是，後面尚何問其結果處？如湯潛菴、陸稼書等，做人亦是模樣不差，遂已有可觀處。」

草木無根，豈能開花結實？學問無根，不有心得，卻不相干。功名亦然。聖賢事業，悉從方寸流出，雖做得一匡九合，夫子猶謂其器小。此根即是天地之根。

有人贈予以武侯文集者，其蒐輯可云勤矣，而錯誤甚多。如今著書不錯者，唯梅定九、顧甯人兩公耳。此兩人書，必傳於後無疑。今人用心之多而勤，亦無有及之者。甯人妻不娶，子不生，僕僕道路，風雨寒暑不輟。梅定老客予家，見其無一刻暇，雖無事時，掩户一室中如伏氣，無非思歷算之事。算學，中國竟絶，自定老作九種書，（籌算、筆算、度算、三角形、比例法、方程論、勾股測量、算法存古、幾何摘要。）而古法竟可復還三代之舊，此間代奇人也。歷書有六十餘本，不能刻，七十二家之歷，無不窮其源流而論之，可謂集大成者矣。又樂善而虛，問則必盡其底裡而告之，惟恐其不盡。人有于此一言之當者，喜出于中，採而録之，亦此學中之朱文公也。此外如四舍弟，讀十三經亦卅餘年，無一日輟。日間如有要緊事，雖三更，亦必補完今日之課，至今如是。雖用心併於記誦，然近年胸中頗亦開悟，只是胸襟未能開拓。如我輩讀書人，豈能家計寬裕？此時急窘時且急窘，急窘未至時且囂囂，急窘方過時又囂囂。予爲京官時，有半年資用便大快活，得半年讀書，心地寬。間有兩三月資用者，有一月資用者。至止有數十日資用，便心着忙。然一有，便丟開。人生有當深謀遠慮，豫于未然者。如此等，卻又要當境付過即休者。若未來時，盤算過去，留滯終身，無用功于正經事的時節，這便是學者丹頭。予問云：「四世叔只是憂家計否？」曰：「雖不至于此，或時於無關係處，渠亦鉤棘，未能豁然。大抵是私心，聖人絶四盡之矣。所謂起于意，遂于必，留于固，成于我，我又起意矣。如元亨利貞，貞下起元矣。意似元，必似亨，固似利，我似貞。此四者，人之壞元亨利貞也。而萬念之不好者，此四者足以統之。總之歸于有我而已。無之便是聖人，半克之便是賢人。孟子告齊宣王，王如好色、好貨，與民同之，還是有自己一半在内。即『老吾老，以及人之老』，亦是有我在。蓋我亦是不能盡去，卻是推以及人之根。」

凡學問有真得者，未有不有傳派及於人者，或子弟，或門人，畢竟有些。如時文，唐荆川、瞿昆湖渠自己有些工夫，無論其子弟皆科第，相衍不絶，而門人法嗣極多。朱文公子，文公極不喜，大約是無可指望之人。使之從學于吕，遺之書云：「汝若能志於學，此間儘可用功。因看汝不可教，然父子之恩豈能棄之？謂父子嚴憚，或者就師友便可長進，故令汝遠從師。」觀此，是不好的。然先文公而殂，文公繙其篋笥，見其所作詩儘好，乃云：「汝生前，吾不知汝能作詩。」而同時前輩祭之者，亦還稱道之。邵康節子伯温，朱夫子説：「邵子學不傳伯温。」想亦是知道他是不好人。然如今看，伯温尚能註皇極經世，有許多議論亦不比尋常人。惟是負虚名無實學者，便流風餘思蔑如也。

朝琦分司子牙時，對人言：「予升侍郎，不患不尚書；尚書矣，不患不大拜。」或曰：「大拜亦何爲？」曰：「不患不得君。」曰：「得君何爲？」曰：「不患天下不太平。」當日徐乾學嫉忌害人，湯潛老至死不知其禍由東海。渠卻有害死人，而復能哭之慟，贈賻之厚，撫其遺孤，恩如平生伎倆。蓋日將李林甫、秦檜之傳熟讀而臨摹之者，其意中自許與朝琦一般。蓋王霸、義利之辨不明，便有如許見解議論。讀書人志大、言大固好，但言語過自夸大，亦是朝琦派。如黄石齋先生，門人問曰：「先生嘗言，文章宋不如唐，唐不如漢，然則先生又自言振古無比，何也？」曰：「是何言與！自羲皇至獲麟，是半部易；自獲麟至今日，是半部易，豈前代可比？」家伯批此云：「好大話，何開口之易！」問曰：「此是學術偏，久而居之不疑，中間亦自覺得有妙處。如此説，抑一味作欺人語。」曰：「欺人只十分中一分。石齋自幼不凡，十六歲應童子試，府考首擢，聞訃，太守使人致意曰：『盍入場始發喪？』石齋峻拒之曰：『是豈人所爲耶？今日天崩地摧，尚能提筆入場，非禽獸而何！不敢聞命。』人即器重之。既葬，廬墓三年。資性既聰明，想又能記，又有本鄉一尚書藏書極富，聞有奇童，遂盡借與讀。三年中，幾看偏天下書。十八歲作太咸，亦太玄之意。大約他看四書、五經文理通順者，一望以爲道在是矣，不須着意，不講道理，全在數上。人難曉者，穿鑿解會。後又通星平，得異人傳授，言頗驗。渠又嫌落術數小道，遂文之以易經，作許多不明不白幽晦之論。後復講天文、歷法、禮樂、兵戰，雜糅一團，可解不可解。久而自己亦迷惑其中，但覺獨得，遂以爲羲、農、周、孔俱是如此，他不足道矣。蓋悮在初不講道理，故他作詩尚恐先儒爲理誤。理能誤人，彼尚肯措意耶？只是一段硬氣，百折不回，萬乘不動，真是一奇男子。至今如藍理、黄性震，一些不曉得，他自己以爲前無古，後無今。漳浦人多如此。予少壯時，自命虚浮輕易，視人老不能行，見人踏定脚根能自樹立者，便真心敬他。返之於己，實知其不能也。敝鄉天問僧，在空山無人之境，忍餓受凍四十年不退抑，似有所樂於其中者。雖其教不正，而其力量豈可易及？」

爲名爲利，私己自便，既爲人，都有此。勉强克治之，便是賢者。只是好古樣讀書考論，日日所見高，俗見默默自化矣。

士大夫家子弟，總不見有磊落超邁者，亦是天下可憂事。

論某人登第後卻没進益，人如有真進益，便住不得。故聖人到後來，人以爲「生知安行」。如時人解「安行」，竟是飽食終日，無所用心。蓋聖人到功夫熟後，人以爲辛苦繁雜，而彼爲之如平常，自不能已，故曰安也。

小學生，最先要把「不勉而中，不思而得，從容中道」與他講明，並非今人勞而聖人逸説話。所謂聖人者，不待有所策勵，不待人勸勉，而始從事於道理也，孜孜汲汲，自不能已，勞悴勤苦，萬倍常人。試觀堯舜之戰兢惕厲，禹之勤勞，文王之亹亹、勉勉、翼翼，夫子之不厭、好古、一憤、一樂、不知老之將至，豈是坐卧優游之所爲？信如此，何以謂「天行健，君子以自强不息」乎？特學利者，必待有所觸發强制，而乃與天理合，如湯之制事、制心，武王之不泄、不忘是也。困勉者，則困心衡慮，徵色發聲，而後能作能喻也。此最要緊，習見之錯入其胸中，便爲暴棄之根，宜先與子弟破除也。

世得云：「費長房不能食糞，魏伯陽弟子不肯食丹而死，張道陵弟子不肯隨之墮岩下。諸仙人非欲人無故求死也，觀其信不信耳。隨之者何嘗是道理應如此，只是信得過師傳決不死耳。所以夫子亦云『篤信好學』、『信而好古』。韓文公伯夷頌『信道篤而自知明』一句妙甚，便是『求仁而得仁』的註脚。『信道篤』即是當理，『自知明』便是無私，一切好名、忿激、有爲之念皆没有了。韓文公立言每每暗中，皆有尊德性、道問學分股意思，與程朱論合。他人便不能如此。」

敬底工夫不大段着力，童子教之拜跪徐行，我輩静坐收拾，不放肆，皆謂之敬。入大學後，不須更説主敬了。教人超凡入聖之方，直從致知格物做起。若懲忿窒欲，必須猛力割捨，此克己工夫在力行界内。孫襄。

問：「既以懲忿窒欲屬之立志主敬，又説是力行，何也？」曰：「去病根在立志主敬，至忿欲起時，則須斬截，故謂之力行。如列栅、支更，所以弭盗，及盗來時，必操戈向鬭，豈調更夫、關隘門可使退耶？」孫襄。

私累之輕者，得諸天也。未見有拔本塞源者，固知克己之難。因説朱子語類，或問：「本源安在？」曰：「居敬窮理。窮理則識得病根，居敬則涵養久，潛移默運。」孫襄。

「積累」二字，知行俱要。「今日格一物，明日格一物」，程子之説也。「今日集一義，明日集一義」，朱子之説也。自記。

閩人聰明，非他可及。病在「執德不弘，信道不篤」。自記❶。

先生謂襄曰：「主敬諸説，汝讀過都理會，他人見此卻訝條緒紛然。」對曰：「素聞講論，所以略知指趣。」先生顧語鍾倫曰：「識得文章條理，亦是積漸工夫。」襄問：「庶常諸公，曾經開示，想俱了然。」曰：「也都憒憒。須知致知力行之外，朱子常説立志主敬，不識此意，見中庸『尊德性而道問學』，則以爲先行後知。又不曉首章言慎獨包知行在内，則位育爲中庸極功，果何修以致此乎？使一主敬而即能如是，亦何所用致知力行矣？」因

❶ 此條「自記」二字，石印本作「孫襄」。

舉大學慎獨、中庸慎獨是一是二以問，皆莫對。顧謂滄柱：「爛翻大全，致知是夢覺關，誠意是人鬼關，格物致知爲知，誠意、正心、修身爲行。然與？」答云：「誠意，自修之首，合當屬行。」曰：「陽明以敬當誠，公素闢陽明，而不知中庸慎獨即誠意工夫，則猶未離乎陽明之見也。」滄柱乃曰：「老師説是。」孫襄。

不知涵養，無以爲謹獨之地。然徒主敬而不能致知力行，如宋之高孝，雞鳴肅衣冠而起，做得甚事？孫襄。

賢智自涵養德性，爲中人以下説法。教他終日勤劬，到宵間倦，便思睡覺，即强起勿留戀牀褥，則能奪嗜慾，去忿争。孫襄。

經學生所作文字，不似讀書人所作，無一些滋潤之意。蓋人讀書不怕身頑，怕心頑。有聲色貨利，終身沈溺其中，一肯回頭，便能直入者。若口不絶吟，足不出户，經年誦背，終身無成者，以其坐馳也。往予祖表叔居一樓，讀書之聲徹於鄰里，數十年不間。至晚年，自頌其過云：「人皆知吾讀書，而不知吾之好頑也。」人訝之云：「子獨一樓，將與誰頑？」曰：「非身頑，乃心頑也。非有他聲色戲弄之事，只是中舉人、進士，如何榮耀，如何做官，如何歸里，如何享受，此一念無時不盤算，無時可休歇。以此至老，口雖讀，心未嘗在也。」人詰之云：「此事想其境界，數日可了，何至終身？」曰：「此境隨想所至，亦變化相生無窮。」此是最確語，以此終身無成，予幾乎墮此。自十八歲不進學，一日發憤讀書，以爲此心皆馳，將坐廢終身，遂勇猛向學。始知看書，初覺心難收，後有法以收之，無事他便散馳，時常思想書義，便足奪回。看易經「天一地二」一章，不得通，苦思力索十八日，始明白。自是將頭心奪回七八。蓋讀書心有不在，思則無不在矣。以思爲收心之法可也。

予年十四讀五經完，即入賊巢。十五歲出，四書、五經全完，重讀之。同學諸子聽讀四書白文，皆笑之，予不顧也。讀易經不解其圖象，已揭過，復猛省，言：「避難非勇也。」因復專意苦索十八日，而忽通其解。大凡讀書，必須有此一日。如伏雞火候到，一日能脫殼，必由漸致也。終身亦須有此時，不知能終身有此日否。朱子自謂尚未有此日也。

老師言：「人好書，好禮，皆有夙性，故佛家論夙緣，且任他說。孔子設俎豆，朱子八歲畫卦，彼其時，朱子豈果能畫之？不曾。但別的子弟不如是，他獨以此爲戲，却不是知到其中滋味纔如此，若似夙性者然。予七歲始讀書，五六歲時只好字，無字可認，自至關帝廟內認對聯。有不識者問人，輒用炭向地板上學寫，或顛倒點畫不顧也。六歲末上館，即識許多字。先君即出對聯，如『父天母地』，即能對幾十個，如『君乾臣坤』之類，『夫日婦月』之類。一日，癸未進士光龍字蟠卿。先兄，明末避亂于寒舍，偶出對命對。云『飛龍在天』，蓋以自喻。予不解，渠爲解釋其義，令對。彼時到底腹中無料，久不能對。六家叔比予長三歲，時九歲，已讀書二三年，雖在旁，不令他對。私囁嚅云：『我到有對了：游魚躍海。』予時窘極，被催促，又心知其不可一字不改竟剿襲也，乃曰：『游魚宗海。』先兄大喜曰：『「宗」字大妙，何處得來？』稱賞不已。六家叔大怒，泣云：『伊乃偷我所對。』先君❶曰：『汝何不先出口？』問：『汝云何？』曰：『游魚躍海。』先兄云：『便俗。他改一「宗」字便妙。』先君問云：『汝知「宗」字云何解？』曰：『不知。』曰：『不知如何用？』曰：『予見關聖對，有「三分鼎足人宗漢，一片丹心月在天」，以「宗」字對「在」字，故用也。』如此之類，有似夙習。」

人當病得狼狽時，且將此心鑾着。小兒病中不算自己的命，又言眼跳夢殀，千思萬慮不能自已。所以許魯齋云：「『頑』字有時用得着。」蓋憂患時，無可如何，且頑住此心，待有頭緒，再去料理。人見之此時尚不知經營，以爲頑也。吾輩此心頃刻萬變，聖賢自幼治此，七八十歲僅能降伏他住，真不容易。予云：「『七十從心』，可見孔子七十以前不

❶「先君」，原作「先生」，因與上下稱謂不符，故改。

能從心也。」曰：「正是。」問曰：「『三十而立』，可是不動心否？」曰：「是。此孔子早十年不動心也。只是頑住比從心差多。」

不知聖人臨憂患如何，大賢尚失常度。如今看朱子晚年所著書，如參同契、儀禮經傳解之類，多有疎漏舛錯處。渠精神未必老遂昏眊，自是日日因韓侂胄要殺他，雖然信命，不謝生徒，講學自如，畢竟有内裡着忙處，故比平時精細差多。下此者，則不堪矣。如子瞻在杭時，聞有朝命，震懼失措。楊億大年被丁謂召來中書省，以爲有貶黜，面無人色，不可言矣。

澤州聞匪人扳誣，惶遽，請於予曰：「老先生當患難時，能不動乎？」曰：「焉能不動？雖小事亦震懼。但生平也學得且蠻着忍耐一法。蓋所聞者未必確，遽然應之，卻未嘗如此，豈不可笑？且即與予相愛者爲我謀，未必是深謀遠慮，人所進多皮膚不切事情之語，徒亂人意。必定等幾日，外邊要事定，裡邊要氣定。事不定，則機巧中變；氣不定，則心不清明，所慮亦未必精當。」曰：「人亦言有當機不可錯，云何？」曰：「此爲小人而言者居多。彼有所以致之，事已破露，遂彌縫，只有彰聞，焉有消滅之理？若吾輩多無妄之災，非理之常，情事之變，未可以此論。」澤州大擊節嘆服。

田有大山做官後，一味頹唐無精神，也不好，少周易上一箇「惕」字。時時警惕，便不放倒，人便精采。時時有提掇起的一段意思方好。

予十八歲看完四書，十九歲看完本經，廿歲讀完性理，廿一至廿五歲，看陸子静、王陽明集及諸雜❶書。後無暇復尋繹，只就説得枝枝相對，葉葉相當，好做時文，也講得去，只是不是。後被德子鶚、格勒徐善長元夢纏住講四書、易經，也只就向來所見與之講，而被善長在理道上駁問一二處，覺得不是，遂思索二三月，作學的以示之。渠以爲得之，而不知非也。今乃俱改正，而善長不知也。

某人有狂疾，先生曰：「心病難醫，其靈明者，皆已汩没矣。一生與人計較處，極汙下。人爲萬物之靈，何至不能以志帥氣？生於禮義之家，若此所謂下愚之不移也。」孫襄。

蛇化雉，鱉化蛇，頸相似也。梅接杏，柿接玉蘭，葉相似也。蠶與馬同星，皆形似也。人以聖賢之心爲心，其去聖賢不遠矣。孫襄。

十月二十二夜，假寐中，如有人説：「静則清，清則明。」某意中云：「此説未盡。如水有静而不清者，如陂塘、溝瀆中有渾濁不能鑑物。更有清而不静者，如湍流急灘，蕩蕩不停，亦不能鑑物也。須是静而又清，則明矣。」醒思之，静者涵養之功，清則似精思之

❶「雜」字，榕村譜録合考引作「難」，榕村語録卷二十四亦有「某少時好看難書」語，似當作「難」。

效，然精思以涵養爲本，則雖云静則清，於理亦安。如水雖濁矣，欲清之，未有不静而清者也。程子所謂「涵養之久，則天理自明」者也。所謂清而不静，可爲氣質不定、遇事不安詳者之戒。自記。

有人常自尤云：「予於書，亦肯讀肯看，卻有一件不好，不拏他作實。」予謂：「此便是汝病根。只想弄錢，使身家寬饒，以圖受用。將讀書作第二義，便終身不得力。屺瞻便不如此，他就是學幾个字，看一首詩，也認真不苟且，要在這裡安身立命，開花結子，便隨便學問都有益。若是視此可有可無，以爲消閒之具，終必無成。即早年有些才華，也終歸於盡。如四舍弟，雖欠思索，然將十三經一年一遍温，認真讀，不肯忘，要以此勝人，只得算他一箇。」

襄呈啓稿，先生初看，顧鍾倫曰：「墉叔作賀道尊啓，用磔狗故事，在提起一聯，我令之改。雖出周禮，亦當知避忌。」看迄，曰：「極好。禮老凡事不倦，京報亦留心。敦舅、墉叔便不肯。墉叔惟讀古書不倦，於時事全不曉得。以烏龍江墜水之故，令我入告，當知設船渡馬，非渡人。此輩知他辛苦，賞之亦不爲過。近又强執一事，喻之方了然。」或言：「某人世事揀題日做。」曰：「讀書亦揀題目，要未能於小中見大，大中見小。致知格物，所以先於誠意、正心，學未至知至，則易爲人所愚。戴主簿僞作麻衣易，張南軒遂信之矣。」孫襄。

理學語録、詩文，皆以略名篇，蓋取於簡，又以寓謙遜之意。曰略有二義：擇焉而不精，語焉而不詳。孫襄。

顧甯人考訂古韻，以經爲宗，他書證之，精確不過。但等切字母，與伊吴下所用歌曲韻，似未究心。本朝顧甯老之音學五書，梅定翁之歷算，從古未有之書。然韻學不可不知，若曆算，適於日用，所需尤大。

醫家，外科名家尚有，内科便少。蓋内科若精，便通於養生，不獨明于草木金石也。外症了然，可見生死有一定。内科則無形無影，要見其所以然，而中其窾竅，豈不甚難？人之學問亦然。近時如顧甯人之韻學，梅定九之曆算，皆窮極精奥，又確當不易，雖聖人復起，弗能易者。蓋有聲有數，可得捉摸，所謂專家之學也。若夫性命之理，無聲無臭，下學上達，與造化爲徒，能造其閫奥如程朱者，有幾乎？

某天資極鈍。向曾學籌算于潘次耕，渠性急，某不懂，渠拂衣駡云：「此一飯時可了者，奈何如此糊塗！」其言語又啁啾不分明，卒不成而罷。今得梅先生和緩善誘，方得明白。予向看書，一部大學看二年餘，易經每一卦至半月餘，然得力卻也在此。舍弟每過而輒忘，予至今卻能舉其詞。

予向學籌算，亦能對卷明白，掩卷便忘，無他，只是生耳。人一能之，己百之，人十能之，己千之，雖愚柔，必明强矣。頃予覆之三四番，便熟些，不忘了。梅定九只是盤算的熟，所以古人説仁要熟，義要精。熟便精，精便神，熟能生巧。

六藝真是要緊事。禮樂不消説，射不可不知，但今之架式，要彎身纔好，看古人卻云「外體直」。至於御，今已無之，騎馬即御也。古時太守領兵，文武未始分，若是一旦朝廷以武事命之，不能騎射，如何使得？大將尚可，偏裨豈不殆哉！至書算，試看豈可闕得。本朝顧甯人之音學，梅定九之曆算，居然可以待王者之設科。

梅定九講算法，存古九章。渠言西學，總不出吾中國學内，只是中國失傳。定老必有搜輯，漢、唐、宋以來古法，以迄于今，最妙是此事。朱子於學問源流，自伏羲、神農，以至於當時之賢者，皆能剖辨其得失，精審其是非。而子静以爲道理有何古今，自我作古有何不可。故朱子遺之詩曰：「卻愁説到無言處，不信人間有古今。」故孔子曰：「好古。」

書何必多？禮記集説，南宋理宗時衛氏所輯，江、浙人所推重，今偶一繙閲，大可笑。絶無揀擇，但有人説着禮記，便採入，而前面序次人物先後卻是亂攛，豈有正經書如此？乃知徐健菴輩刻書，都是此君衣鉢。而南書房諸翰林，又承襲其派，其病都由於立心要欺人。若此浩繁，令人望而卻步，不敢涉其藩籬，又焉能窺見底裡？並以此施之官刻書，無不數百本者，教人必不能讀，只好備查。而又不精核，紕繆叢集，真是可惜。

典、謨、史、漢無論矣，若司馬公通鑑，一千五六百年事，才得一百廿本書，也不較多。真文忠大學衍義何曾多？袁機仲通鑑紀事本末也不爲多。宋人好多，也不過如此。不知至今乃如此。

大凡稱經之書，皆不多。如周髀、陰符之類，皆不多，多便是不明白。故徐健菴編書，動輒一百卷，我便知其胸中憒憒，不過以多嚇人，欺世盜名而已。

皇上向學，時把經學好道理澆灌進去，如今發出來自是不同。孝感之後，便接上張敦復、陳澤州、葉子吉，至高澹人、徐健菴，耑意破除道理、治道、經書，總是詩歌詞賦不相干的話。所以如今修書，部部都是甚麼菁華、詩餘、羣芳譜之類，擾攘不了，使皇上謂：「蠻子學問，不過如此而止。」誰生厲階？至今爲梗。我初給假，皇上問讀書，我一氣都奏了，該看經書，講道理，詩文只是曉得寫意罷了。我並不知高、徐諸公已在那裡說我一字不通。皇上才嘆息：「你們蠻子，没有這个説那个好的。還是我説你是个讀書人。汝是个福建人，誰把你説話當句話？」

皇上索性不發朱子書回，我甚喜，可見皇上是真自己看。如教翰林官看，説是自己看過，何難即發？前因害眼，我們有摺子請寬，即便去哨鹿。看即真看，不看是真不看，這就便一年不看，而無害於其爲看也。

因説孝感平生看書，執一卷書，但有掀揭，以爲已一目廿行俱下。予等未終一紙，而彼已百餘版揭過，自此終身不復覩此。以爲了此一書，其實並未嘗看也。享大名數十年，至傾動人主。予曰：「其讀書如此草率，生平倒未遭挫折。」曰：「此便是大不幸處。凡成一个人，皆被天地多方磨鍊。若天地不來磨鍊你，使之酣豢於衣食，而終其禄位，實棄之如草木，此固大不幸者。」

註一部書不容易，若單就一字一句解，有何難？須將一部看成一串，若不能如此，三行外便另成一意，與前矛盾。解至後，便與前相背，自己亦不解所謂矣。

蒙、存二書，近來節改者多，恐久便磨滅。蒙、存、淺、達，各有好處，中間不相干處亦多。有暇爲删去浮膚，存其精英，四家合一。四書、易經各留一部，亦存居鄉前輩之緒餘也。

吴永年才高，只是渠胸中有一段至鄙陋見解，以爲讀書人跳不出宋儒窠臼，便村陋，殊不知此真鄙陋也。宋人書，雖漢儒出其後，有不讀之者乎？但看明萬曆至啓、禎，凡操觚家，孰不與程朱爲仇？著書滿家，由今觀之，此輩何嘗有一字足存！其議論之庸陋悖誕，雖鄉塾小兒無有過而問者。蒙、存、淺、達，依傍朱註，猶然行世。西銘、正蒙、經世諸書，江河萬古。不盡其書之妙，而遽有易心焉，所謂坐井觀天也。

一孝廉著書，前面將名人所與書札，及序文中推奬自己之語，皆萃集之卷首。先生曰：「此便是俚俗筭命起課、賣膏藥招牌的派頭，是何局面？我思一書成，定然有序，亦不必古人之序皆有爲而作也，不然無用。」

圈所讀書，文不可多，甯可以次而加。多圈，譬如冒濫名器，賢者不顯。

讀書不透，多亦無益。然又未有不多而能透者。不知諸葛武侯如何？予云：「孔明戒子云：『慆慢則不能研精。』自是勤學。」曰：「然。」

自宋以後，讀書説理人，動輒輕藐前人，是一大病。如蔡介夫看韓文公，不啻一小兒，若從他讀書，還當撲責。可笑。朱子便不如此。

萬季野能記諸史，其腹笥不少，如何做出文字，三五行便欲盡，不似有學問人？何也？想都留心在人名、地名、年代上去了。此等學問便無用。

讀書博學强識，日有課程，數十年不間斷，當年吴下顧亭林，如今四舍弟耜卿皆如此。至於以義理爲先，開卷便求全體大用，不能也。全體者，性命之源也。大用者，就想在一鄉，如何化一鄉；在國與天下，如何化國與天下。其舉行也，規模若何，次第若何，實下工夫，實有利濟若何。

做官必須讀書。人學古入官，所以爲經，何必讀書？子以爲佞。觀春秋時，人亡政息，衰亂極矣。列國之公卿大夫，惟管仲、子産有一肚皮書在，其設施便自不同。

陳則震初入館，予勸之讀正道書，曰：「君言是也，但吾意却大要將天地間事都會得。如經濟、文章，人能我不能，也無味。我都有了，然後以性命之書爲歸根復命，末一着收結工夫。」某曰：「異乎吾所聞。古人本末先後，却是從此及彼，根本不立，就是華采，也不能極頂。」渠笑而不應。不料長兒在保定，教他讀正道書，他也如此説。某云：「正道書不是説俟外丹成，用此内丹一點，便飛昇。我輩日用間言行，便要檢點，應事接物，便要留意，節節零散做去，方能會總成得。佛家亦然，先參禪，心裡有些明白，方才檢藏博學。仙家有了内丹，方才説天上無不識字神仙，再看書求道。未有倒用工夫者。」問曰：「博我以文，就是格物窮理，不是誇多鬭靡，後來始歸天性。理一，不似如今人講一貫，先要積累久，然後尋一也。」曰：「然。但有了根本，這些也少不得。不然，顔子只該不遷、不貳做工夫，如何又云博文？夫子又告之以爲邦之事，何故耶？陸子静説：『夔亦未必能知禮，伯夷未必能知樂，工虞不能兼水火，水火不能兼工虞，只是心地純明，不害其爲聖人。』固是如此，然畢竟各有一長。如禮樂之類不知，子静長甚麼？如説心地純明，臨事便都會，如此則工虞亦可爲水火，水火亦可爲工虞，何必以一官世其家耶？子静一無所能，在唐虞時，恐亦是九官以外的人材，亦不足輕重矣。」

學問之道，最怕那地方派斷。派斷，後人就苦了。如李中孚，幼爲孝子，長爲高士，半世讀書，其所著論，堪爲笑倒，以關中派斷也。所以聖人之學，孟子見得透，甚重見知。論來見知之人，與傳道之人生得同時，相去不遠，有傳道正宗可矣，何用此爲？不知聖人著論，非人易曉。如孔子留下五經、論語，設若遽令我輩接孔子後，讀起來恐亦未知聖道之妙。妙在曾子著一部大學，子思著一部中庸，孟氏又接出七篇孟子，推闡尼山，不遺餘力，因此見孔子之書，高深精妙，昭日月而沛江河。孟子既没，直到周、程出，而其説大明。其中遥遥不絶如綫，幸賴董仲舒、鄭康成、韓文公撑柱其間，爲功甚大。而昌黎首建義旗，排斥二氏，其功尤鉅。若無數子，則佛教西來，聰明之士從風而靡，有不爲之奪統者哉？

陸稼書清品，讀書又正，只是少思，便精采少。請教他甚多，都無發明。獨有問他：「『鳶飛戾天，魚躍于淵』，前人都説飛躍處一團天機，便是道。可是否？」答曰：「飛躍如何是道？飛躍得是，纔是道。如翔而後集，便是道。自投羅網，如何是道？」此却説得好。張長史聰明穎悟，隨便拈一句，便透脱伶俐。如説「天地之道，可一言而盡也」，渠云：「某有兩句得意文字，云：『其爲物者，即其生物者也。』」講西銘妙極，已刻劄記内。太極圖説亦有説得好處，還是説氣化。至説他在監中試「無欲故静」題，他論中有説「禪家便説『静故無欲』」，真是大妙。「静故無欲」，勉强要静也；「無欲故静」，自然而静也。一日又問他：「世間千條萬緒，氣化相感，不可窮詰。先儒以爲有當然而不可易者，知其有自然而不容已者。」渠云：「以愚意，不如倒轉説，有自然而不容已，乃有是當然而不可易者。自此千條萬緒，皆有條理而不亂。如人忠孝之心，有一段不可解處，是自然不容已，纔有陳善閉邪，官守言責，視於無形，聽於無聲，服勞奉養之事。自此安則委蛇退食，危則鞠躬盡瘁，冬温而夏凊，昏定而晨省。條件不一，一是從氣上説理於此見，不如從理上説氣於此出，氣亦理之所生。」甚妙。

人不明白，便是禽獸所爲，而不自知。明白要緊，故曰：「明則誠矣。」人不明白，何嘗無本性之善？錮蔽太深，不能自見。到得一明白，好處本在我，不須他求。或讀書有得，或師友觀摩，固有之善日日來復。久之，則由勉入安，内外如一而誠。今人自己所行不好，却會評論他人。然其以善責人，此便可見其本來之性未嘗無也。

人憂患時，不特聲色之樂可厭，即平日所看史書，並唐、宋人小説，亦觸感生燥。惟經書、講道理書不動火。鑽研數日後，此内覺有以過，日龍以水爲宅矣。文王演易，聖人雖中有主，亦必以此自遣。子思作中庸之説，雖真僞不可知，要自有此理。王陽明患難時，亦就平時所讀經作意解，雖致良知人，到處亦覺消遣不得，仍藉此過活。後此書亦不見，想自己事過，亦見得多不確，故削藁耳。

明朝人樣樣皆求通，故皆不能透。程伊川、張横渠皆不能詩。記問博者，義理便不能精，如蘇子容是也。惟朱子善詩，又善書，實於此道有工夫。古文亦有工夫，其論古人文章，一絲不走，似比昌黎論文更醇。宋人即有譏伊川若要用世，當再看通典二十年始得者。

明時儒者，皆欲樣樣學到，不肯將這一件透，再學那一件，所以不好。朱子云：「有十件物，格透一件到十分，也好。九件物都格到九分，有一分不透，却不好。」這是學術大關要處。

人不能如三代，唐虞盛時，教化興行，孝友出於自然。但能守定「不癡不聾，做不得家翁」，亦可支持過，免得骨肉閒搆難。予向家居時，伯叔兄弟多分居，每處皆用人相偵探，雖有餽雙雞壺酒者，必有報。予獨不爾，間有僕人以他家言語詬誶陰訴者，予即呵斥之，不欲聞。彼已有成心而來，以爲予亦有此事在胸中，及彼見予時，並不象胸中有此事者，彼之所有亦漸消矣。若自己胸中既有矣，而欲做出不象知道的樣子，畢竟不可掩，又落權術，何用？只是不知道甚好。故那數年，雖亦被人欺瞞的事狠多，然終不開用私人説私事之竇。蓋明於細者，必闇於大；察察者，即汶汶之路；偵探者，即壅蔽之門。

初學未能選擇，看先儒之説，未論其是非，先盡其意旨。夫子到耳順時，猶不敢忽略，恐忽略處，即至理所寓。舜「察邇言」，正是此意。孫襄。

聰明人多，十中有二。記性人少，千中之一。孫襄。

朱子近思録，數日而就；楚詞辨證、參同契註，一成而不改易，皆非其至者。書成而多所更定，自爾精確不磨。孫襄。

看朱子全集，有一二年而識見頓異者，使天假之年，其進更當不已。熊青岳自言：「年二十時見到此，及今猶如是。」便迥不相同。孫襄。

編輯一書，先論體裁。體裁得，則思過半矣。孫襄。

文字太説得快暢，便非聖賢語。聖賢不輕駡人，所辨者，皆從根本上差之毫釐、謬以千里處着語。若流俗之人，皆知其不是，何待聖賢之爲諄諄乎？即如吾輩所與人講論者，亦必是事介兩歧，理在可否之間者。若打父駡母人，諄諄與之辨論父母不可打駡，亦覺可笑。故孟子當時，有許多善於戰陣，闢草萊，任土地者，皆不著其名。即儀、衍輩，孟子亦不爲之發一論，至於告子、楊、墨、許行輩，則喋喋不已，可以觀矣。啓、禎文，與前輩差處便在此。

聖人之言，極平極淡，張皇一分，身分便遜一分。孫襄。

邑令進謁，送出門即乘輿，或言其非。先生曰：「少年初仕，何知？孔子曰：『吾學周禮。』學當時之禮，與人周旋也。須學到老。」季父性甫嘆曰：「今日聞此大議論。」孫襄。

如今人説話，卻要隨機應變，因時取給爲妙。聖人卻安排下一定的个規矩，所謂「言前定則不跲」。「擬之而後言，議之而後動」，似乎板滯氣悶，到得「成其變化」，任你千伶百俐，却不能出他範圍。「立之斯立」等，何以能是？總要熟。所以先儒説，孔子于人事曉得个透，到做官寬也好，嚴也好，不怒而威，不言而信。所以格物，明善爲要。

人雖有聰明智巧，又周旋世故，而終動輒得尤者，大抵人自以言行爲主。樞機之發，最是要緊。

後生小子輩一無所知，滿腹不以長老爲然，率以長老爲迂闊不達時務，爲人所欺。渠自以爲聰明智慧，其實見得長者不好處，即是自己對病之藥。那一點小慧弄巧尖新處，豈惟壞了心術？即以利害論，未必不是取禍招尤處。得人陰私事，彼人一發口，即能一語塞之以爲快，豈如長老知之而不言爲深厚？就是不知也好。一番太平，必生如此篤厚之人。如今總不見後輩有如此者，所以可憂。莫説一兩人何關於天下，由一身而一國、天下，皆一脈相關。天若氣機不動，此一人從何而生？但看明朝，吾鄉福州林家，一門五尚書，皆祖孫、父子相承，都是禮部。有一命婦，隨舅夫子三到南京祭酒衙門，其子爲立三到堂于署内。其家之行事謹厚，至今人稱之。廣東倫家，解元、會元、三鼎甲無不全。浙江王陽明家，亦累世有德。其父狀元，禮部尚書，而陽明復以武功封伯。考其世，皆在成、弘極盛之世。李西涯弘治乙未科，會元即倫文叙，王陽明即第二，林庭㭿即第五。由此觀之，豈非與世運相關？宋家開國有吕蒙正，其後夷簡、公著、好問輩相接，暨南渡，與宋相終始。今觀其童蒙訓，其家之風流篤厚，正可爲師法。周有八士，不過其家之瑞，而繫之周，可見矣。本朝崑山徐氏，豈非科名之盛？而健菴所爲如此，令人窺見世運之未平。如今子弟尚未離襁褓，便要他做舉人、進士，做官賺錢受用。無論乳臭習於驕淫，貪婪敗法，罹於凶罪，即使其祖父能庇護無恙，而一方民命何辜？不須多，將無罪的人任意打死一个，已足干陰譴而促禄命。今之士大夫，勿云行，並見也見不到此，如何是好？今人動説道學容易講，也並不見有人會講。如今提起筆來，欲記平生朋友間好話説，少足録者頗少。言行，人之樞機，「庸言」、「庸行」，聖人都將言居行先，豈可忽乎！

周子傳太極與二程，年僅卅，已到聖人地位，真先覺者，惜不大用。周、程、張、朱皆不柄用，使後人疑其但能爲大言，而未必有實效，可嘆也。然聖賢之生，雖不用於當時，必有補於來世。蘇綽講明一番，開唐三百年太平，府兵諸制，皆本蘇綽。朱子講明一番，開前明二百餘年太平，四書、五經皆遵其解，其他亦皆多用程朱之議論。至陽明出，而學者靡然從之，詖淫邪遁，紛紛肆行，而國亦尋亡。所謂程朱當從者，非謂一字不可異同也。如禮記陳澔註，自然不如鄭康成；春秋胡傳，自然不如啖、趙三家之清通簡要。今折衷而存之，歸于發明聖經，此有何害？固程朱所心喜者。所惡於陽明者，直謂四書、五經皆是閒帳，直指人心，立地成佛耳。讀書人不思經義，株守傳註，字字膠執，牽經合傳，甚至并傳意亦失之，如近世陸稼書、呂晚村、仇滄柱等，真村學究。名爲遵程朱，何嘗有絲毫發明？當時如蔡虚齋、林次崖、陳紫峰等，已有是病，故陽明等厭之，而有反其道以治之之弊。不知其説固陋處，但就其説以破之足矣，何至大決其藩籬而不顧也？

耿逸菴稱冉永光爲今之程朱，永光即刊刷贈人，真是憒憒。古人見後起可畏，雖亦稱許，却有分寸。李延平是紫陽之師，極口推稱，亦只云：「自程子門人後，未見有此。」汪應辰乃紫陽父執也，極口贊許，只云：「自治嚴，爲道勇。」至於以古人自任，太高者鮮不敗。如王介甫、方遜志，果然博學修行，自命不凡，當時名望亦重。王介甫自己位置不在孔子下，當時曾子固輩亦推服之至。方遜志初被薦舉，洪武召而賜宴，方年僅二十四，禮部尚書陪宴，方據上座，若無人然。太祖命圖其形觀之，曰：「斯人何傲，朕不能用，留以爲子孫光輔太平可也。」二公至今不可謂之不好人，然用之輒敗，與自命者大懸絶矣。惟程伊川以孔孟自任，也不知大用之是如何光景，料自不同。孔明自比管、樂，當時惟崔州平、石廣元、徐元直二三人許之。樂毅未究其用，管子得君又久，可謂究其用矣，却不能如孔明，是孔明却自比不錯。或問：「孔明比管子是自謙處。」曰：「也不是謙。管子不低，他當時不以兵車，服楚便班師，不肯失信義，尊周攘夷，修方伯之職。就是孔明得權，所行大概亦不外此規模，難道就奪了周天子天下不成？只是管仲不知正身修德，格君心之非，由内而外，致君王道。其立意要富强，故孔子謂之『器小』，孟子以爲『無道』。孔子若得兵討陳恒，再没有奪齊國土、寶器之事，自然誅及罪人，置君而去，毫不爲利，義聲滿天下。不過如此數次，天下便仰而待命，如文王之世矣。孟子謂『以齊王，猶反手』亦是此意。公孫丑乃謂：『以天下王耳。』孟子正意，原不取天下而有之，是以齊之地，與民行王政，以救天下，而使天下歸心耳。斷不是并吞蠶食，利人之所有。惟爲方伯者，得專征伐。遇昏暴應滅絶者滅之，天子即以其地賞功，則又受之。或要荒之外，蠻戎之地，蠢動暴害者，取之可也。周家古公時，爲國甚小，後來便大，想是多得西戎之地，再没有聖賢利人之災，而取其所有，尚足以服天下而得志者。管仲便是又滅幾箇小國，駁雜不純。」

朱彝尊送梅定九詩中，間有罵朱子語，云：「毁棄詩、書序，割裂義、文編。」固是如此，你也要自己説出一段詩、書序不當棄，義、文編不當裂的道理來纔好。如朱子説：「齊、魯、韓三家，班固以魯爲近之。毛詩不列學官，後因鄭傳其學而殘之，遂傳之廣。使四家詩都在，如左、公、穀之于春秋，今得以並質其是非而斷之可也。今齊、魯、韓皆不傳，而獨信毛公，以爲字字移動不得，可乎？」此言本有理，又況詩序明明理有説不去者，如何可從？至易經先天圖自應表章，不消説，象、象自皆卦畫中所有，十翼所説自亦象、象中所有。然謂伏羲畫卦時，便都想到文王、周公所説；文王、周公繫詞時，便都想到孔子所説，亦未必然。分析得好，未嘗不好，如何便不當割裂？適足以見其胸之糊塗。大概浙東人都以自己立説爲足以千古，恰好明朝三百年，天亦幫襯他。洪武起時，如李善長、劉伯温、宋潛溪、王禕諸人；靖難時，方正學又是杭人；土木之變，于忠肅又有功；最後王姚江又是浙東人。蓋自以爲經濟真派，助其迷謬，而不自知其非也。

言語不可輕易，昔家叔舉一公案云：「鄰有編氓，貲財至三千金，即自負云：『人皆尊敬舉人，舉人所值不過三千金，吾何歉乎哉？彼爲虛名，我擅厚實，且不與易，吾自此不復視舉人如天上人矣。』異哉，此人纔在儕輩中説此一句狂話，天上已經聽見了。」予時笑，問：「公何由知？」曰：「次日官坐堂審事，渠亦隨衆人觀。其身著白衣，漸挨漸近，逼至堂前。官舉目見，即呼問曰：『汝貢監乎？』曰：『非。』『秀才乎？』曰：『非。』『然則何等人？』曰：『百姓。』官怒曰：『百姓敢白衣立公堂乎？』掌嘴二十餘，而逐之出。人曰：『公無輕舉人，即秀才亦可脱此難矣。』惟不答其臀，而掌其嘴，所以爲天之聞之也。」

劉思退云：「人于財色諸嗜慾，孰能生而不近？須習久便能不著。」某初喪偶，三二年來覺苦，五六年後覺平常，若固然矣。逮今十餘年來，覺得有之爲累。以此知事事須習，此學而一章所以弁論語也。又云：「讀書何須多，要在力行。果能行聖賢一二語，便足終身。」某媿不能體認者多。但年來只體認「無恒産而有恒心」七字，雖身子不受用，而心却安。

世得云：「聖賢學問，也不是高遠難能的事。只是子弟從幼教他端正讀書，到大了皆有些不屑的心，不忍的心，不敢的心，便是。三代如何千五百年，竟無絲毫隙空可以行得此等事？」

孝感還説不得假。如銅假銀子，畢竟有箇銅。蠖村石假澄泥，畢竟有箇蠖村石。連這箇也没有，所以苦。

一日予請于孝感曰：「老師閑道録何爲末綴歷兩條？」孝感摩腹行，掉頭曰：「以見其博。」可爲發笑。

楊道聲太翁自己講：「學生四子，大者大聲，命學詩古文，道聲治曆算、兵法、田賦，三窮索釋典、老莊，四講求書畫，都不許出應科舉之學。」大抵氣聚而掩藏者久，必發越更盛。楊氏若爲聖賢之學，本朝今六十餘年矣，其後必有興者。四者是學，本之則無如之何。弄得弟兄叔姪間都不和，至相告訐。元朝因文文山、謝叠山死難，通省都不出試。積至百年，明朝一興，江西科名人物半天下。氣鬱久必發，而況所鬱者忠義之氣乎！大抵不出自是，若時時想作賊，妄冀非分，又不是。

客有論某文學客某豪家，而不爲豪所尊禮，而尚不去者。曰：「論人最不可以如是。世衰道微，讀書人欲安頓此軀，不得過執小節。孔子『有見行可之仕，有際可之仕，有公養之仕』。衛輒拒父，人倫所不齒，孔子受其供養七年而始歸。衛輒豈尚可交？此七年中，豈絶無小節目失禮處？孔子不較，不得已也。孔子當初不脱冕而行，蓋君臣之禮絶矣。周流天下，道既不行，魯之君臣置之不問，孔子如何自去自返？當時孔子年既老矣，處於别國，去魯過遠，聲息更難相通。衛去魯相去差近，門弟子歸魯求仕，蓋亦爲孔子地。清之役，冉有、樊遲俱有大功，季氏問其戰陣之學所由來，而始幡然迎孔子以歸也。

孔子於三家爲父執，友哀公，微弱時而請教，棲遲幾年而卒也，困窮甚矣。當時不與相合者，尚有叔孫武叔耳，他人固皆以前輩視之矣。吾人立身，只當以聖人爲法，若如今人論，則孔子受衛輒之養，亦爲無品矣。孔子既不仕其國，又不與其謀，涅而不緇，有何害乎？如貧士處豪家，既不脅肩諂笑，又不助紂爲惡，授經於其子弟，而受其饋贈，有何不可？吾於彼不得失禮，彼於吾有小失禮處，恕之可也。特不可趨承失體，恬然受其侮辱而莫之去也，如此便一錢不值矣。」

王方若革職去，云：「也不論利害。上已數言其不稱，而不去，何也？理自當去。如主人已厭客，而客尚歡呼痛飲於其側，可乎？」查夏重又欲告假，或云：「上也未必不欲其去。」曰：「君子難進易退也，不須揣度上意。如今即使去，竟由此得嚴譴，也算計不得許多。只是目下理當去，就該告假。利害便不可定，不能自主也。」

「天地之生，人爲貴。」貴其能盡人道也，天亦不能爲之限量。蜂蟻之君臣，雎鳩之有別，就其一節，雖人有所不及，然而不貴者，天所賦止此，不能推之而盡其道。若夫婦之知能，何嘗與禽獸有別？然却限量不得他，他一旦要做聖賢，便能做，你却禁捺他不下。白額虎入城市食三人，羣起而噪之，以爲虎之罪大惡極也，人殺百虎曾不以爲非。人于此，要猛省自己貴重在何處。

朱子六十歲云：「假如去年死，便不知有今年境界。」至六十五六歲，又云：「到底有一層不透。」門人舉前語曰：「終是有一層不透。」想聖賢學問，如雞子一時不出殼，到底是雞蛋；婦人一時不産子，到底是大肚婦人。顔子未達一間，尚未有此一日也。孔子曰：「從心所欲，不踰矩。」此其是矣。自己覺得快活，只有孔子。孟子雖自任「舍我其誰」，只是言當今之世，曰：「惡！是何言也？」曰：「乃所願，則學孔子也。」煞是外敢自信，只是他才力大，真龍象也。韓文公闢佛，只是粗粗的争得體面，即程朱亦未得其要害。惟孟子與告子論「不動心」，佛家粉碎。七篇存，佛氏不須與他較論矣。蓋彼教以「不動心」爲上，吾儒亦是如此。渠意以爲彼「不動心」，便將吾儒虚氣闢去，言語文字闢去，似更直捷高妙。而不知彼之速於吾儒者，反不是也。蓋彼之不動，是頑空，是死的，其中無有。吾儒之不動，是寂然不動，感而遂通，是活的，其中無所不有。揠苗助長，未嘗不速於培養灌溉者，然而槁矣。「槁」字妙極。長則長矣，而已槁矣。直從源頭絶頂處剖開指明，洞中要害，萬古一炬也。何焯云：「孟子直見得此輩之害大而深，故闢告子，欲斷佛教之根。孔子未顯斥霸功，而孟子曰『仲尼之徒，無道桓、文之事者』，又欲斷功利之根。直當與天壤不敝也。」

敬我者，我當敬之。但處人之恭不甚喜，則處人之慢必不愠。在我固當有恒，然以之望人則不可。孫襄。

得處言義不言命，失處言命不言義，是爲守義而安命。自記。

人生在勤，勤則不匱。讀書底讀書，做事底做事。爲人教子弟，雖非己事，然勤勞上通於天，也有感應處。孫襄。

人要立品望，素日望全要養，臨事方能對得過。俗人未見面時，先聲已足奪人，渠已心懾，有四五分畏憚。見面，又威重，不敢發聲，又有一二分畏憚。剩一二分干犯的意思，就好打疊。若二者全無，單靠機智禦人，恐難得勝。

定九先生云：「孟子如此嚴厲，説聖人却寬，不恭與隘，不害其爲聖。」世得云：「智與聖，兩件都要有，只偏些不能到孔聖人田地，方可爲聖。如黄石齋先生，雖暗室、屋漏不苟，而終不可謂之聖。」定九先生云：「或『行一不義，殺一不辜，而得天下，不爲也』，尚能勾；『得百里而君之，皆能朝諸侯，有天下』，或未必然。」世得云：「大凡大聖人，不論才節，渾化于德。大賢，便論才節。曾子曰『可以託六尺之孤，可以寄百里之命』，是才；『臨大節而不可奪』，是節。『得百里而有天下』，是才；『行一不義，而得天下，不爲』，是節。『德』字有以起頭者，如『德之不修』、『君子進德修業』之類。有以結尾，如易云『所以崇德也』，『窮神知化，德之盛也』。德是聖人根本。本朝無『德』字，翻譯『德』

字，就是把『才』、『能』字合上來，便是。『子以四教：文，行，忠，信。』忠信是教得的。」黄性震若爲守、巡道，差比他人爲優。安卿曰：「能用之者難，黄刻刻自見其長。」予曰：「渠能清廉剛强，不隨人起倒，欲自見其長，何妨？只是爲之大僚者，不與渠争功，便無不可用。」曰：「何可易言？争財、争勢、争功、争名，君子一路人，可以去之。只是争根直從無始，刦中骨胎中帶來，如何能去？争者，所以立功也，在常人不必無。無争者，所以去己私也，惟大聖人而後有。」予曰：「『君子無所争』，夫子其謂是乎？聖人説人道，只説到『其争也君子』，便妙。如此而争，聖人其許之矣。」安卿曰：「然。」予曰：「禹之『不伐』、『不矜』，可謂無争乎？」曰：「禹之争根大矣，故曰『入聖未優』。舜其近之矣。舜之得力，全在少年爲瞽瞍磨折的七死八活。向與死爲鄰，舜又自怨自艾，以這一點不得通于父母，不可爲人，不可爲子。日日號泣，生不如死，又不可求死。直將此形骸意見，鍊到非我所有田地，只有一片精誠虚公，因物付物而已。所以人須鍊過人，比常人略高一等，亦是從百鍊而得，不然終與常人等耳。」余曰：「老師世叔爲林日勝所苦，十七个月，乙未三月掠去，丙申七月日奪歸。雖童穉，然畏懼便有憂危惕厲之根，未必無補也。」

榕村續語録卷十七

性命

命不專以五福、六極等爲命，孟子以「仁於父子」云云爲命，方説得盡。自記。

天命之性，即天地之性也。在造化繼善上看，最明白。在人物，則總屬氣質矣，所謂「纔説性，便已不是性矣」。自記。

朱子云：「仁者，愛之理；愛者，仁之用。」不如云：「愛者，仁之情；仁者，愛之性。」自記。

「安土」，公也；「能愛」，愛也。「安土」在「敦仁」之前，「能愛」在「敦仁」之後。細分之，公而以人體之則爲仁，恕又從公而出，仁又從愛而生。自記。

朱子云：「飲食，天理也；要求美味，人欲也。」只如此分别，人心、道心截然。自記。

中庸言「喜、怒、哀、樂」，禮運又言「喜、怒、哀、懼、愛、惡、欲」，此處須以中庸爲主，而以禮運之言參之。蓋喜屬春，樂屬夏，怒屬秋，憂屬冬，一如仁、義、禮、智與元、亨、利、貞之配，前賢既有定論矣。然樂之中便藏欲，憂之中便藏懼，懼與欲二者，便是人鬼關頭，升天入地門户。故憂之後繼以喜者，恐致福也；樂之後繼以怒者，欲敗度也。中庸戒謹恐懼，便是教人内懼以存誠；必慎其獨，便是教人防欲以克己。故朱子一則曰「存天理之本然」，一則曰「遏人欲於將萌」，有見於此也。此二情者，所繫最大，所趨懸隔。懼雖不中節，而不中不遠矣；欲雖或中節，流於過惡一間耳。中庸所以不列之情，而特於用功處提出，教人作心地工夫，嗚呼至矣！自記。

理氣

某五十一歲以前，亦不免疑朱子「理先於氣」之説。夫天地一氣也，氣之中有條理處即理，離氣則理無所見，無所麗。故羅整菴言：「理即於氣之轉折處見，如春生之不能不夏長，夏長之不能不秋成，秋成之不能不冬收也。不如此，無以成歲序而生萬物也。」蔡虚齋皆如此説。後乃見得不然，性即理也不明白，倒底便曉得理即性也。未感事物之先，原有此物，至結實一件物事，如春夏秋冬之何以爲春夏秋冬，春之何以不能不夏，夏之何以不能不秋，秋之何以不能不冬，皆因其理之必如是，不能不如是。是理非即性乎？喜怒哀樂，惟其有仁之理，故有喜；惟其有義之理，故有怒；惟其有禮之理，故有樂；惟其有智之理，故有哀。中乎仁之節，則喜得其理矣；中乎義之節，則怒得其理矣；中乎禮之節，則樂得其理矣；中乎智之節，則哀得其理矣。未發之先，此理充滿，堅實於中，若謂無此理，則何以忽然有喜，忽然有怒，忽然有哀樂乎？由此觀之，則有條理之處，固即未發之理爲之，而可謂之無乎？故謂之「誠」，謂之「至誠」也。

陰陽皆有淫，陽之淫在尾，陰之淫在首。喜、樂陽也，怒、哀陰也，喜、樂、怒、哀根於仁、義、禮、智，皆天理之所有。然在天、在人不同，天則春夏秋冬，無有差忒；人不能然，有過處多在樂、怒。易曰：「君子以懲忿窒欲。」記曰：「傲不可長，欲不可縱，志不可滿，樂不可極。」若憂與喜，雖聖人不能無。「樂則行之，憂則違之」，二者陰陽之正氣也。孫襄。

飛而騰者，陽中之陽；介而伏者，陰中之陰。陸之走陽，交於陰；水之躍陰，交於陽。飛之屬雄美而雌醜，雌受制於雄；介之屬雌美而雄醜，雄受制於雌；獸與魚，牝牡適均。惟人得天地之正理，長大之婦人不勝短小之男子，陽大而陰小也。孫襄。

余成雲洞中有潭，粘一教條：禁取潭中魚。一日，同衆往遊焉，五家叔欲取魚佐食，又適有鸕鷀船來，因命取之。歸語四家叔，四家叔云：「可食者多矣，何必失信於魚？」予聞「失信」二字，至今心疚不能忘，乃知「中孚豚魚」宜連讀。魚雖愚無知，然不可欺之。當時不禁何妨，既禁，令魚知其不取矣，而又取之，何耶？自記。

天地間，惟理不敝，雖佛氏之靈明，畢竟是氣之屬，有散滅之時。惟理則循環無端，無有無時。康節在數上見道，所以不如程子之正大。聖人合下便與天通，無有期待，只盡人事，便是事天。周公惟忠誠到極至處，遂至動天有風雷之警。假如周公亦如後世有幻術以致風雷，不惟不成爲聖人，而惑世要君，其罪不可勝言矣。

或問：「朱子以主宰謂之帝，孰爲主宰？」此處只須答應云：「天下何物無主宰？況至大之天乎！」自記。

上問一大卿：「天之體數四而用者三，不用者一；地之體數四而用者三，不用者一。不用之一以況道也，無體之一以況自然也。」嘿然無以對。門人問：「何謂？」曰：「邵子所謂：『道者，静也。』静爲動之根，自然者，無動静之可名也。」孫襄。

月在地，日在天，所謂地「竅於山川」數語，亦惟孔子知道。

人到危難時，便天人呼吸相通，至見於形聲。到平安時，又絶地天通矣。

天地氣運興衰，於所生人物覘之。物其粗者，精華全在人。人之形質又其粗者，而精華又在人之心。人諸凡不苟且，便是興盛之象。如開國時人，便厚重不苟，有數百年規模，是天地之精華聚也。

人吃不相宜藥物，及迷惑做傷生之事，便致病來，此是天還有意於我。到自己覺得爽快，而氣體日增肥盛，其卒也，將一跌而不可復救矣。

人心即天心，三代之後，何明時少而昏時多？佛氏説到天以外，此理却不肯説。聖賢不言，佛氏言之，何害？詩稱「監觀四方，求民之莫」。書言「乃命於帝廷」，又曰「眷求一德，俾作神主」。有是氣則有是神，有是神則有是管攝。蜂蟻有王，糟粕煨燼，微之又微者，況上天之大乎？但未必似人形耳目之狀，如火毬不類人間山水，月亦如是。孫襄。

福建來龍發於岷山，至大庾嶺矗起一大屏，自仙霞嶺迄連城，綿亘千五百里。閩以江西爲祖山，而不受江西一滴之水。大屏東西垂帳，上生浙西延、建，下生廣州、惠州，興、泉、漳三郡居其中，福州、潮州兩傍夾之。又有兩水，界限截然，福之内有烏龍江，潮之内有平和江。潮州當屬閩爲正，其音政與漳、泉相近。泉居興、漳之中，正當大屏最中之處。臺灣形如月弦，其長竟閩，上接福甯，下接南澳，而泉正望其王城，如弦之射弧背當出矢處。施琢公不用正西風，故不於泉州港。開駕南澳銅山，則南風一片帆，舳艫相聯。不爾，便當於福州發船，用北風。故知臺灣，福建之案山也。孫襄。

洞庭二山，其西多勝處古刹，居人乃在東山。役於大户，尚累百金之産，第宅砌石，數里略無合痕，雕飾人物，窮極工緻。童子六七歲，即以投石爲戲，如習射獵。有不事此，則羣詬之，以故無虚發。四面壁立，水石相激，泊船登岸，猶須半日。更五季以來之亂，其中晏然。天下大定，始盡輸數年租税。自洪武設科，僅出王守溪一人，餘不過明經。韓元少往遊，踰月乃返。孫襄。

襄陽真是險要。周時，惟楚先僭號，秦并天下，楚最後亡，然亡秦者，仍楚也。漢末之亂，楚地先去。唐、宋、元、明，無不如此。不特其地險，其人亦惡。凡深山窮谷所産人，便多凶暴，不獨得山川之氣爲其性，抑且負險爲固以成習，胸中便有「吾有險可守，渠將奈我何」之意，故恣肆無忌矣。

上言：「回回國在西北，回紇在西南。回紇即今達賴喇嘛是也。」問：「何以知之？」上曰：「見其國紀載言，唐時，某年中國以公主嫁之。查史，果有其事，因知即回紇國也。古盛今衰耳。」

舊時，笑先儒皆贊先天圖，以爲山在西北、澤在東南之説，以爲此不過是中土九州之語，合地之總勢而論之。如漢武帝所得西域諸國，皆内附，則西水自入西海，安得澤皆注東南乎？今思之，却不然。大概西北山多，山高則水就下，自東南流矣。

皇上言：「西海甚小，不過一大湖耳。」可見儒先之説不差。梅定九亦言：「西洋水與中國之海通。」

温州僧初至湖頭，登後山審視，稱一地曰：「此地發科甚速，五年之内便可登第。」是時，安溪先生曾祖諱几濱，字次禹，祖諱先春，字念次，與僧周旋，歲在丙子、丁丑之間。僧忽舉頭愕然曰：「彼山有異！」急往，衆隨之。至其地，諦視良久，曰：「惜不結。」及將歸，念次公餞之，酒間，僧極道發科第之速而美。念次公顧視其族姪❶光龍蟠卿曰：「汝苦心讀書，稱名宿久矣。屢困場屋，誠可憫，此地即贈汝。」僧瞪視曰：「君有器量如許，可以當此大地矣。」因言：「岷山北幹結金陵、浙西，南幹結兩廣，中幹浙東、福建。中幹龍發兩支，一支往浙東，吾尋至某縣，得之牟姓，已葬矣；一支入閩，尋之至今不見，不意結君後山。地太大，吾不敢輕出口，今可相贈。」明日即同念次公，叔諱兆慶，字賴甫，號惟念，即出安溪先生之贈公也，至其地，指示曰：「穴在兩石之間，五星歸垣。本村南峰尖上如火，北山如疊浪，東木形横山，西山正圓端❷，難在本身結正方形，土居中央，憑穴皆見。」因指左一小泉，味清而甘，源出不竭，曰：「此蟹眼泉，與出朱子地一般。此地大則聖賢，小則王侯，善承大物，毋忽也。」庚辰，念次公經商於外，急命惟念公葬次禹公於其地。初因不甚信僧，其穴亦記不分明，地師遂點他處。惟念公

❶「姪」字，當爲「孫」字之誤。李光龍與李光地同輩，李先春應爲族祖。
❷「端」字下，原缺二字，石印本同。因無從考明，故一仍其舊。

曰「僧指處不爾」，尋識兩石間穿之地，師不肯。公强命開鑿而遇大石，衆工束手，公羞憤且憂惶，徹夜不寐。其族人爲土工穿壙者，天微明，因修整鋤鍬，鍬柄倒撞石上以入之，石應手碎，石下五色美土也，奔白惟念公。公始不信，工固言之，因隨視之，果然。其餘用手起之，皆片片碎，公狂喜，命毋偏起石，僅容兩柩足矣。辛巳，惟念公即生一子。其庶母羅太君收生，見之，密語太夫人曰：「此兒異物也，方頤巨口，兩耳幾到肩，予理其手，過膝下，勿輕以語人。」五日而殤。是時，太夫人年幾三十無子，生此又不育，憂苦大劇。次年，姙安溪先生，惟念公赴省試，羅爲太夫人畫策曰：「汝臨産矣，可往汝家，男固佳，使復女，則就母家覓一子養之以歸，誰知之者？」太夫人如其言歸，生先生。生時，太夫人夢入山，大黑蛇當路，遍體鱗甲，身在山上，首飲山下，懼不敢過。道邊人曰：「勿懼，汝子也。」驚寤。光龍聯捷登癸未榜。又族間有數傳，止傳數人者，求僧指地，曰：「葬此。」人問曰：「富貴乎？」曰：「不能財，丁可耳。」問其家。曰：「葬誰？」曰某某。曰：「有子乎？」曰：「有二。」呼之出，摩其長者頂曰：「難爲難爲。」長者像極豐，葬後不二年，長者死。至今，其子孫至有四十餘人，頗有富者。又曰：「國家事不可爲，將鼎革矣。」言皆驗。或曰：「僧遼將，失機後爲僧。」

風水豈得云無？今觀我們所吃灤州鯽魚，過此地不遠，水仍是灤河，而魚已不及。

滄酒只西門外十里一段水好，過此便不佳。豈得云水土都是一樣？萬物如此，而況人爲萬物之靈。即如山僻處，百餘年不出一讀書人，而通都大衢，科第不絶，自是地氣。但迷於房分，拘忌陰陽，竟以禍福牽制，而終身不葬其親者，此則邪説之罪也。向葬先君時，有一蘇姓自以爲地仙，偶一日同登山，見一墳甚蕭條，問人知屬某姓，問其後曰：「原有二房，今絶一房矣。」予訪之蘇曰：「應絶何房？」蘇曰：「自是大房，無可疑者。」移時，山下中道有以雞子邨酒來餉者，在樹下領之。問其姓，與所見墳姓同。問其墳，即其祖也。問其族，曰：「兩房今絶一房。」問：「絶何房？」曰：「小房。」自云是大房。蘇默然。又葬予高祖地，乃族伯主政公償先祖逋負者。其形勢甚險怪，左尚有餘地砂抱過，右則斗巖擦面，宜長房發而小房絶。却是長房絶，予等皆小房也。此即開壙有無數土龜者。當時，先祖經營於外，先伯、先君都小，纔十餘歲，不過委之族間人及邨地師耳。至葬曾祖地，則浙僧所擇五閬山半，所云「穴在兩石之間」者，亦先君自己葬，並不用地師言。地師以爲此必無地者。後開壙，見一大石，衆工遂止。先君羞忿，經夜不寐。天將明，忽有一族伯爲予家做土功，其鍤柄腦鬆，族伯倒撞於石以緊之，石版應手碎，下皆五色土，來呼先君。先君踉蹌奔視，果爾。浙僧在當時以爲狂僧，今觀之，乃非常人。其爲先兄蟠卿諱光龍擇一地，許五六年聯發。先兄時爲諸生，壬午、癸未果發。又言「明朝天下有故」，渠時爲安溪令游客，言：「今氣運不佳，宜急歸。」遂卒於任。大言此地五星歸垣，小則侯伯，大則聖賢。初葬時，人皆爲危之，言大山之半，龍氣未脱化，必有大凶禍。但先祖前時做生意，必不能盈萬，至數千，則有事破敗。葬此地後，發至五萬金。後予全家十餘口爲賊所縛去，人又以爲凶禍，乃地之罪也。後全家回，一口不損，賊遂滅，人言又止。予入翰林歸，即罹耿、鄭之變，刻不自保，人又以爲地之罪。今乃羣然譽之矣。予輩將醫書及此等書也應擇一部好些的看一看，不是信其説，正好破其邪説，不爲渠輩所欺。總是風水一道，亦當以朱子爲主。朱子只是講到土厚水深，山環水抱，地氣暖而止。發如何的人，如何的福，房分如何，朱子不言也。如今信者，遂拘陰陽。不信者，又一筆抹煞，竟將父母遺骸隨便瘞於朽壞，亦不可。

佛書以中國爲南濟部洲，天竺諸國皆在南濟部内，東拂於逮、西瞿耶尼、北鬱單越四洲，總名娑婆世界。如是世界，凡有幾所，而娑婆世界獨居其中，其形正圓，故所生人物亦獨圓。其他世界，則形皆偏側尖缺，而環處娑婆世界之外，不得天地之正氣，故所生人物亦多不正。此即如今西曆之説也。西曆謂有亞西亞、歐邏巴、利未亞、亞墨利迦四大洲，俱環地。中爲温帶，在赤道之傍，太陽所照，和氣生物。其近二極者，則偏倚尖斜，晝夜長短不平，寒暑不和。自記。

唐太宗收至骨利幹，置堅昆都督府，其地夜易曉，夜亦不甚暗。易曉者，夏至前後也。冬至前後，晝亦甚短，但其地極北，矇矓景極多，故不覺晝短，而謂夜不甚暗是也。此理今西人詳言之。自記。

日主寒暑，太玄曰：「日一南而萬物死，日一北而萬物生。」月主風雨，孫武子曰：「日與月在箕、軫、壁、翼。」[一]又主潮汐。凡介之屬，隨月魄而虧盈。歲、鎮所在，則其國主吉祥；熒惑、太白所在，則其國主兵荒。木穰、金饑之類是也。孫襄。

日月無背照，前儒之説。日對照處極熱難當，凸處最近，正面如鏡，背或有瘢痕，未可知，非若珠之走盤。韓詩：「日月如跳丸。」中庸：「日月星辰繫焉。」聖人下字最斟酌。孫襄。

有定朔，無定望，猶二至有定，而二分無定也。蓋日月之有遲速也。孫襄。

陽生於水，盛於木，而極於火。陰生於火，盛於金，而極於水。故謂水木爲陽，火金爲陰。又謂木火爲陽，金水爲陰。以質而語其生之序，以氣而語其行之序，皆是如此。孫襄。

[一] 語出孫子火攻篇，引文與孫子十家注略異。注云：「日者，宿在箕、壁、翼、軫也。」

髮者心之餘，鬚者腎之餘，眉者肝之餘。火炎上，水潤下，木曲直，故横生。思慮多者髮先白，嗜欲多者鬚先白，然後知眉之後凋也。孫襄。

水氣升爲雲，降爲雨，凝爲雪。土氣升爲霧，降爲露，凝爲霜。自記。

地有瀦匯、沮洳，其民必富，故彭蠡、震澤之區，爲天下饒。閩中水流湍急，惟漳水安瀾，殷膴甲於諸郡。粵江可容巨艘，平流不波，與吴中運河等矣。孫襄。

吾鄉間地勢高下，水無停蓄，居人難致富饒。若出英才豪傑，將來未可知。孫襄。

榕實，爲榕父子祖孫之一氣也，藤枝粘榕，梅接杏，其根皮枝葉必有一處相似。梅上寄生，不必以氣類。輪迴之説，理或有之，但不無此子緣故。

欲知地氣，當觀物産。荔枝、龍目、橘柚之包，不能獨當也。有宋諸君子，上游四郡爲盛，蓋吾泉未有興者。孫襄。

花之枝幹入古者惟梅，梅花莫盛於西溪，而玄墓次之。玄墓當蘇州，多遊客。西溪四面不當孔道，去杭州十里而遥，梅皆千瓣，實大，用最廣。中多富人，而無縉紳，士大夫多避亂其處。杭之小桃源也。孫襄。

「梅花得早春」，此處乃開於冬月。「桃花三月浪」，所見乃在正月後。明道先生食韭菜，大致如此。孫襄。

生人可以驗氣數，覺得近來所生人，又不如前輩。不好者，奸詭尖酸俱現於外，即是好人，聰明外露，性情褊急，薄的狠，一些包不住。如秋冬開花，菊至九秋而花，一兩月不凋。梅花耐寒而久，即水仙至軟，亦一兩月開去。至春夏之花，如桃、李、海棠之類。牡丹、芍藥，不過數日而敗，即蓮花至清之物，經宿不保，氣已洩散故也。

安溪師受直撫之命，在戊寅冬末。至庚辰年秋，構屋三楹於署東。偏屋初成，西山墻近北虬門之横木上，生靈芝。初如露珠之攢聚，漸大而形如覆杯，又似蓮花瓣，兩端鋭而中窪，長可五六寸許，寬可三寸許。色初白，漸變至純黄，如檀木色。緣邊如倭緞，有絨細孔，又如錦中，如獐毛，如斧劈木横理，無根無柄，體着木，厚可三四分。至癸未年，上西巡過保，擬空署以待上之駐宿焉。各屋皆加飾，恐殘毁及芝，乃鑿虬門木而取之，盛以紙匣。至次年正月，忽有香遍滿於卧室。香如栢木，而微幽，芳烈異常。衣服、茶麓、書帙皆着，而莫知所自。後尋覓之，乃芝也。固知古人「如入芝蘭之室」，有見哉！不香者，不足以爲靈也。芝以在屋内，不受雨露之潤、日月之光者爲靈。他芝到處有之，如芝閣所言，皆非真靈芝也。神物固有真者，累世而後一見，故與鳳凰並稱。後皆以其似者而指名焉，此班固所以笑漢鳳凰之多也。

哈密國枯旱少雨，而暖如閩、浙。其種植惟賴水泉之利，所種甜瓜，中國尚得而食之。其西瓜之甘美異常，而中國至尊亦不得食。皮薄而漿滿，不能持之遠行，其瓜熟時，摘者一有言語，便遍裂無遺。摘時悄然無語，割之取起，則不復裂。上云：「初不信此語，遣人驗之，果然。」

合肥相公一日歲將盡，在朝班相遇，招予云：「退朝時，可至予處看花。」予訝之云：「此時安得有花？」曰：「甚多。」予曰：「總是炕上火逼出者。」曰：「然。」予曰：「亦能如春間自開之大乎？」曰：「不能。」予曰：「顏色不減乎？」曰：「不能。」予曰：「此花至他花開時，尚復能開乎？」曰：「豈惟不能，目今開過便枯萎，並根株皆盡矣。」予曰：「似此，何苦令其早開三箇月！」合肥愕然動色稱是，曰：「名言哉！」一日雪後，攜手入朝，至午門内圓橋，雪厚而凍，滑甚。彼此相牽，上時步步蹭蹬，至下時相戒欲速，一溜而下，至平處尚不能自止。合肥云：「上何難，下何易！」予曰：「道理自是如此。上來時原該難，下去時原該易。」合肥復瞿然竚立，道是不已。

茉莉花有千葉如酒盞口大者，色先緑而白、而紅，三日始落，爲奇品。獨出閩、廣，即萎，花不改色。草木離其鄉則死，禽獸少延焉，然亦不能久也。人則西洋、戎、羌入中國，終其天年，自若也，故人爲萬物之靈。道聲云：「人動物，故無害。草木著於土而静，故不利於遷。」安溪師云：「甚是。禽獸雖動，實不離静。觀生於山者，不可以入水；

生於水者，不可以登山，亦非活動之物。人則登山可，入水可，平地可，無不宜也。女人又静於男人，遷移不宜，於水土亦較柔脆於男人也。」

醫卜、星平之術，皆不足信。然以醫論，望面赤者知其發熱，聞鼻塞者識其挾風。野葛、砒霜足以殺人，謂藥無效可乎？種蒔如族人某，皆植以蕃，一術之精，蓋有之矣。今之精於道術者鮮也。孫襄。

木曰曲直，曲可使直，直可使曲，生與枯皆然也。凡樹之枝必指南，徙南者北向，則勢如團蓋矣。孫襄。

榕枝葉，北先零而南後。桃、荔支實，東早熟而西遲。通爲一體而分焉，孰爲之蔽也？以此悟風水之障空補缺也。孫襄。

先生見水中日影，曰：「注神看那處，便眼花也，是奇事。以爲日光，則水面何處無？日光獨正照處如是。」某曰：「眼鏡映日可以取火，恐是此理。」曰：「此非日也，可以悟幽明之理。鬼者人之影，謂之全無此影，不可。」世得曰「鬼見火不見日，太平廣記」云云。曰：「此楞嚴經中之旨，謂人死後一無所見，惟逐明處一點精魄與爲依附。遇犬豕即投畜胎，遇人即轉爲人身。帝王、卿相皆是有緣凑着，作小説者假竊佛氏之談耳。和尚終日思想上西天，近日士子讀書，預擬場中題目作一篇文字，便揣合時好，與釋氏皆計功謀利之私。此念最不是。讀書只辨本分事，若有天堂，自是君子登；有地獄，自是小人入。東坡臨終，佛印謂曰：『居士勿忘西方。』答云：『箇中無處着力。』正是着力不得，只好在本分着力耳。」孫襄。

鬼、神者，非理非氣處乎？理與氣之間，比理稍粗，比氣稍精，氣之靈也。一童子善屬對，或言有物憑之，先生曰：「但當自今以往，長存勿去耳。『神所憑依，將在德』。朱子釋菜先師，爲文乞靈。江淹夢還彩筆而才盡。若多財善賈，孰非有物憑之哉？」孫襄。

邵子入東林寺，僧言多怪，邵子曰：「吾未入門，已知之矣。取扁額『林』字兩木各添一鉤，其怪即止。以二字數畫，當某卦，故多怪。加畫，則卦畫變矣。」此似不可信，然天地間此類甚多。如景象然，不可執一，執一則膠固而不通。孫襄。

十月間，大世兄家報來，言鋭峰卒，大世兄夢見之，汲汲於身後之名。又自言：「吾已死。」凡此者，亦氣之靈也。

世得云：「鋭峰死，予初聞之傅爾耀，而尚不確。天將明時，睡不睡時，見鋭峰至，予心忖云，傅儼官所言荒唐，今渠尚在，何云死耶？予動念，渠便語云：『傅某所言不妄，予非生人也。』予又自忖云，此豈夢耶？渠又云：『是夢不錯。』予遂寤，然目尚未開，遂不欲開了。渠云：『某是某地一箇人，若言其前生，也是有根器來的。』予拊其臂而贊之云：『老子果算得一箇人，予他日能爲古文，當爲作傳。』渠亦拊予臂云：『還是汝。』而覺。」

或請卜日來學，曰：「子知學，鬼神避之，何待卜吉！」孫襄。

鬼魅精怪，無所不有，神明效靈，亂世尤夥。一當太平，則神靈多降而爲人以濟世。有形有像，明著功德，豈不賢於閃閃灼灼，若有若無之間，播弄光影耶？

安溪老師幼貧窘，未入泮，見太君憔悴，思所以爲禄養者甚切。夜夢至一府第，若吏役造文册者，安溪師索觀，吏曰：「可，汝有分。」見師姓名金書，繙至後，見其家老佃之子名亦與焉，但墨書。次日，每爲安卿世叔言之，以爲怪。安卿爲予言：「此時佃子游膠庠食餼矣，將來發祥雖未可知。農夫子爲書生，想亦籍在文昌矣。」

王梅溪説鬼説怪，朱子那樣推服。他自言其父之舅做和尚，爲善知識，時語其父曰：「汝這樣好人，如何無子？我若圓寂後，必來爲汝子。」以爲笑。一日，其父見之，亟起迎，而老僧入内，追之入室，聞已生子，呱呱聲矣。因想其平時語，急使人視之，而老僧死矣。王文集中數舉此事。僧大能書，而忽字極醜。王自幼能文章，聰敏無比，舉筆時，輒以筆管擊其頭曰：「老和尚，你纔睡了一覺，如何把一手好字都忘了？」即明朝敝鄉陳尚書鑑，平生清直有功業，高風亮節，亦人所推。而文集亦自記其鄉試中舉人、會試中副榜，皆有神告之七題，夙搆文字，入場果然。凡此等，皆不可信。偶爲人言不妨，人傳之便有信有不信者，自己筆之於書則不可。夫子不語怪，良有以也。夢寐事縱有鬼神，然各視乎其人，我若不誠，便有欺詐的鬼神來哄你。先君平生老實，故夢多奇應。癸卯年，予鄉試不中，未免憂苦。一日，曰：「子輩但讀書，只恐天下尚有事故。」叩其故，曰：「夢見關聖神，問時勢，神曰：『屯初一爻，牢記在心。』復請曰：『即是「盤桓利居貞，利建侯」否？』神爲點首，隨之入。神升座，見案上摺累許多黄紙文書，神看一紙，仍摺放案上。前問：『何事？』神曰：『泉州一大鄉紳來祈命。』問之曰：『可否？』曰：『不可。』」時黄鷗湄正病亟，三日内果死。又疝氣發，苦痛不可言，一日，向兒輩言：「疝氣向前或當愈。」問故，曰：「夜夢見一短鬼，腎囊極大，予知其爲疝鬼，扑之逃去。」自是疝果愈。一日，又語予曰：「夜夢見窮鬼，逐之而去，與五叔繆綢。予呼告之，五❶叔不應，親密不休。移時，見爲汝五叔書大旗幅，予竊視，見兩句曰：『中途任富貴，今日且風波。』只怕汝五叔要受累。」予次年中式，而五叔十餘年家之凶禍不一而足。又丙辰春，夢

❶「五」，原作「吾」，似誤，依上下文意並據石印本改。

文昌拜先兄光龍，自己不敢陪，伺其去，揖於肩輿前送之。文昌拱手回禮曰：「公郎該出來了。」又夢賽神，見一魁神手中把筆，先兄光龍謂曰：「何不求其筆與汝子？」先君踟躕，曰：「但一揖耳，何憚焉？」先君向前揖，魁神果曲躬，以手中筆付之。是年，予果登賢書。

乙卯三月，夢三烏居日中啄日，頃之二烏鬭，一飛，又一飛，一徬徨久之，亦去。日漸復光，覺身冉冉入日中，拜關公像，祝云：「頃毋乃耿、鄭交搆而離，吴逆亦孤立旋滅之祥乎？」關像一大點首。五月，鄭取耿汀州，交遂離。八月，大兵遂入關。戊午，吴逆乃滅。

戊辰二月十二日，夢入朝，忽傳語云夫子至，予竦息駐立視之。言夫子病，頃時衆人擁一夫子至，清癯少鬚，絶不似世間畫塑像，衣大青布舊直身，戴巾。心中作一念，鄉黨中言夫子入朝，張拱端好，絶好看。纔動此念，見夫子果如此，疾趨而前。予即拜謁，夫子不答禮，但見旁有一少年，癯瘦，面有幾點麻子，趨至，扶掖夫子而前。予亦扶掖其旁。至朝門，夫子却向守門諸官作禮。予心疑，予亦官也，尚尊於此輩，何夫子不見禮耶？繼而轉一念，予輩弟子也，若輩非其門下也，俄而覺。

己丑七月初十日，夢見簾外一紗帽朱衣人，影不甚真，心訝之，引人諦視果何物。

移時，竟爲人揭簾而入，向予曰：「汝有言欲奏天庭，吾當爲汝達之。」予心知其爲神，嘿曰：「願天生出幾個好人來用世，庶幾度過這箇世界，絶不及他。」但見神意已喻，其首微微連點，即化作一婦人，而便衣踟躕遂去。行幾步又回顧，見語曰：「吾幾忘一事。」手持一盆飯，自從一頭以口就食，自左而右，食數十口。呼予亦照其樣食，令自右而左，亦食十數口。乃將去。

予己未八月初八日，在家夢見洪武宣召，予趨往。太祖在堂上，予行九拜禮，太祖在上竟答拜。予望見之，雖拜完，亦不敢起。太祖曰：「禮畢矣，可起來。」太祖不坐，出至堂前，一手扶欄干立語。其言甚長，總是説當日用法嚴，非得已，當時不如此，天下斷不得清潔。予時回奏，竟用古禮，稱陛下，言：「陛下創業垂統，遠過漢、唐。元朝百年，賄賂公行，教化風俗，凌夷已盡。不用重典，何由蕩滌其污穢，使人知所警覺，發其天良？陛下高識遠見，得其綱要，故三百餘年，天下清明，風俗好義。」太祖大喜曰：「汝等亦知此意乎？」予答云：「豈惟臣知，天下後世共知之。」太祖若意外驚喜者。語畢辭出，太祖復送之出。太祖前行，扯予手，予不敢辭。送將至外門，撒手而回。予奏對時，不敢仰視，並不見其衣冠。及回，方從後瞻顧，見所着乃秀才藍衫，白領皀靴，如今梨園所着者。腰繫一汗巾。予時不知何以忽思扣其世系，追及問之，曰：「陛下世系出於何代？」太祖反顧曰：「出於炎帝。」予又奏曰：「恐是出黄帝。」太祖不然，曰：「出於炎帝。」前不見其面，及此回首，及見之。鬚不多，而大有威。時有一舍姪隨予，太祖入，予同姪坐前門房小歇。移時，予命姪：「汝試潛至上房，探視上入否？」姪回曰：「已入。」予纔與同出。乃寤。予意以爲還朝或職修明史已，却不然。

乙丑二月念三日，師在會場中夢入名園，中百花爛熳，殊異平常桃李。諸花皆大如掌，中有一株牡丹，西日斜照，紅光透射諸花，諸花皆欲語笑然。驚喜而覺。

師曰：「海上白頭賊來時，其村中數萬生靈及李氏宗族，存亡所繫。是年正月旦日，仲弟夢予家歷代祖皆擐甲列坐，先君子侍於旁，命子孫曰：『汝等但見祖宗卸甲時，便當逃了。』是年，白頭賊果然欲攻湖頭。是晚，大風雨，祠樓瓦蓋已爲風擡去，子弟蒙被，踉蹌登護。見樓大門及後屏門全倒，而以手探木像，則皆端坐不動。比子弟下言其狀，予曰：『是不卸甲之兆矣。』賊以雨大水深，火藥俱濕，不能進而退。又練鄉兵禦寇之先，每晚見神鬼之火，如燈無數；如屯兵忽分忽合，忽前忽却，忽犄角，忽張翼；如習坐作擊刺，及作陣勢然者。可見人之生命，刻刻與鬼神相依，此一點心靈即在人之天，須時時積善，培養保復。許魯齋所云：『養得此一點，雖鬼神莫如我何也。』是年，雖六月盛暑，設蜜糖果無一蒼蠅至，共相嘆異，以爲從來未有之事。」屺瞻云：「是豐年之徵也。」因及他諸異事。康熙三十九年六月六日記。

鬼神不敬人爵位，以理度之，亦是如此。吾輩略有意見，人尚不以勢權人入眼，而有德行學問者加敬焉，況鬼神乎？徐立齋宣麻之日，歸第，便見白衣鬼，見於室而不避。董默菴爲侍講時，即被狐精據樓，驅之移居。默菴不平，至面投以瓦石。後默菴忿極，禱於正陽門之關侯廟。其神憑之小奚立樓下，空作捋鬚舉刀勢，而狐見奚，數其罪，其家人欲擊死之。奚摇手曰：「不可。無他罪，斥之而已。」立齋還已，作相氣洩。默菴後爲學院，爲侍郎，爲總憲，爲尚書，爲總督，爲總漕，復爲總憲，七八任尊位，而狐遽敢如此。可見鬼神所重者，陰德也。然於關神之不令擊死狐精，亦可以見鬼神之用刑，稱其罪而止。亦惜其修行有年，不輕用誅，此之謂「天刑」。彼雖小人，然誅殛浮其罪，便不是。

范巨卿與張元伯事如此類，後漢書狠多人遂病其誣，而不知其事非虚也。予嘗親驗之。予庚戌同榜表兄吴曾芳，雖好賭錢下碁，而中藏無他，與予善，方登第即卒於京邸。予哭之慟，日没方歸寓，覺傷情就寢。方成寐未寐之間，見予長班云：「三爺來了。」言未畢而吴至，予瞿然以爲渠已死，何處來。見其體比在時豐滿肥大些，然狼狽，用人扶進予寓，席地坐。予問：「兄何往？」以手指天。曰：「兄何能來？」曰：「告假相看，欲説家事。」悲哽咽不能語，以面就地而哭，屢發屢哭。予請其叙談，而卒悲不能語。許久，予曰：「既不能語，不如歸。」渠即起，見門外騶從甚多，予轉一念，若送至門外，他去反難爲情，不如簷下作禮而別。遂作禮去。絶非夢也。

「至誠之道，可以前知」節，鄭康成解云：「惟天不欺至誠也。」語最有味。有此一語，下面許多俱不用註。蓋至誠不欺天，天亦不欺之。平時欺天誑人，鬼神亦從而欺之。其見乎蓍龜，動乎四體者，皆不足爲憑。鬼神之所以欺人者，更巧。當日予讀書茅菴中，有一張友同予坐。一日，至鄰館中，見一熟識人，踉蹌憔悴，困憊瀕死，問之，惟摇手云：「不可説。」因問之，則云：「予積有半年館金，一夕，夢亡兄云：『今年大比，宗師許童生衝場直入闈者，汝今年當中，不可失此機會，宜速往。』覺，以爲異，然殊以爲荒唐，不決也。次夜，又夢先父來云：『汝今年宜中，昨令汝兄來促汝行，何遲疑耶？遲則不及，宜速往。』遂乃瞿然而覺，以爲面告，非夢也，遂盡將其積橐行。次日，途中遇一行人，似讀書人，問其處，則漳平也。結伴同走，彼此不言所事。行久，彼人因問予何往，予不之告，但云：『入省探親。』予亦問其人何事，其人微逗出聞有童生衝場之説，故有此行。予乃具以實告。又復問予：『同道中有别人去否？』曰：『甚多，予以盤費艱難故遲遲行，他友去者久矣。』行半日，其人又刻刻思返。予問曰：『何爲既行又思歸？』曰：

『予盤費將盡。』予曰：『子無盤費，何以出門？』曰：『某處有予親戚可那移，至省城有舊徒，可無憂，惟是前途恐不能至，某親戚處便絶糧，奈何？』予曰：『不妨，且同我。盤費至令親處有那移，見還可也。』遂數日同寢食，僱一船同行。一日，至其親戚所住處，其人遂上岸，曰：『予那移到手即至，必不誤行也。』候至晚，杳然。予登岸訪其邨落，言並無人來。次日，復停舟候之，不至。及予再上岸踪跡之，不得，歸舟，則舟子已解纜，竊行囊去矣。予遂大徬徨無措，乞食山行，兩足血流，困餓至此，幾無生理。」鬼物之弄人如此。

吾鄉仙媽治病，吾所目見者屢矣。一日，入逆旅中，爲先叔夥伴營利者，其妻産七日不下，云胎死腹中矣，計窮，請仙媽來治。仙媽木偶耳，附童身，爲取藥荒野中，至藥肆攫藥數味飲之。頃其家大譁，曰：「愈矣。」問其由，曰：「服仙藥下氣，三而後定。」又一家耕牛下山仆，折足，農家以此爲命，遂請仙媽。仙媽附童身，合目執小刀舞蹈，直走至極高懸崖處，下臨深潭，甚危。歷崖而下，陡壁處石罅中，用刀剜石粉少許歸。稱二錢，將牛縛極固，用酒和粉灌之。但見牛痛楚，哀鳴一時之久，解其縛，牛遂臥，臥甦而起，如未嘗傷足者。後一人折足，請之，復如前用石粉服之，痛不可忍，而眠既覺，步履如常。其神速堪訝也。予家起屋，衆傭扛大木，一婦人素不良，臨溪搗衣，而伸足當路，恰木墮，其脛骨粉碎矣。人亦如仙取石粉八分，酒和飲之，即起，起速微又痛，又少服粉，遂如初。又先叔一轎夫，下山跌折股，問方于五房叔，叔取石粉付之。隔日，先叔來，予輩迎問：「昨傷足轎夫飲藥如何？」笑應曰：「此扛轎者，非其人耶！」其神速如此。又吾鄉一醫，治一病不效，請仙醫之。但見其取鉤吻一大節，即所謂斷腸草者，和某藥、某藥投之，立愈。醫遂疏記其方，以爲奇貨。復遇一症，如其症，百藥不效，醫乃與其家立券，索酬而後下藥。如其方投之，一劑而斃。其家縛送官下獄。予還朝時，尚聞其在獄也。此皆須記，見得周禮無所不有，聖人窮理之精，陰陽五行相生相制，俱是中庸實理。而神明靈氣，塞滿天地，小儒不知，由所見不廣也。韓文公學問尚未知天。

幽明之理一也。大凡天下經一番亂，便一番鬼怪横行，妖異顯見。朱子駡李延壽南北史純是妄誕事。作史固不可荒穢，然當世實是鬼怪百出。五代亂叛，世運可想。即「九黎亂德」之時，焉知其不如此？東漢明帝之世，佛、老皆起，是時而怪異之事爲多。至晉，則尤夥。五胡盤踞中土，中原人文盡遷江左。至今一二千年，南方風氣日開，北方頻遭侵占，氊裘氣多，此豈偶然？其實有何怪異，至怪異莫如人。曹操一匹夫耳，提百萬之衆横行天下，甚麽鬼怪有此力量？吾輩在世，一身所謂怪異處儘多，何必神怪耶？

壬午❶年十月，上南巡，至德州，東宫病作，駐蹕焉。一日，上語師云：「明初營造尺，竟是古尺。朕初不信，以西法驗之。立一架，四柱中相去分寸不得少差，中梁懸一銀絲，墜金坨，有分兩，不得輕重一絲。設炮於數里或數十里外，一看火光，將坨扯與内柱齊，放往，一往一來爲一優，數之。炮一響，便止坨，數共幾優或幾優半，半之中分多寡焉。一優爲一秒，六十秒爲一分，六十分爲一刻，八刻爲一時。炮設在近處，發響速些，設在遠處，發響遲些。每一優，計炮聲走七里，無論遠近置炮，一些不差。用此尺量里數，不差分寸。」師問云：「優先闊緩，後窄促，如何齊一？」上云：「便是奇。闊却緊，窄却慢，算來一般。朕猶不信，用黍驗之，亦未取羊山頭黍，即以京師中及關東黍之大而圓者擺，擺恰恰一百粒。又歷家云，天上一度，抵地上二百五十里。朕雖未細測，覺得有二百五十里。刻下已叫三阿哥自京中細細量來。三阿哥算法極精。如今至德州，雖少偏東，用鈎股法取直量來，釘樁橛以記之，再無不準者。」至念一日回京，語師云：「三阿哥已量來了，恰好天上一度，地上二百里。」師云：「若是這樣，以周尺八寸計之，恰是二百五十里當一度也。」上曰：「正是。余此行大有所得。少知得算法，又攷求

❶「壬午」，原作「壬子」，據清聖祖實録卷二百十改。

得明尺即古尺，存古人一點迹，亦是好的。」予問云：「如何明尺多周尺二寸？」曰：「周時原不曾以八寸爲十寸，原有兩樣尺。」對初云：「如今木匠彎尺，長者十寸，彎者仍是八寸。一百八十丈爲一里，三百六十步爲一里，五尺爲一步，營造尺合古尺。以爲地還，或疑優有遲速，黍有大小，今以天度驗之，一些不差，確然可信矣。十寸一千八百尺爲一里，一萬八千尺爲十里，十八萬尺爲一百里，三十六萬尺爲二百里。八寸一千四百四十尺爲一里，一萬四千四百尺爲十里，十四萬四千尺爲百里，廿八萬八千尺爲二百里，又七萬二千尺爲五十里。合上廿八萬八千尺，恰得三十六萬尺。」

皇上去年在德州，尚云：「漢人於算法，一字不知，我問張英：『王畿千里，有幾個百里諸侯之國？』答曰：『十個。』予笑曰：『一百個。』他不解。將算書與他看。看了三日，問他，他說一字也不懂。問他王畿幾個侯國大，他仍說十個。」

算學惟聖人精之，只「參天兩地而倚數」一語已妙極矣。

予問：「西法與梅法用籌算，不知古人算法有此否？」曰：「古謂掌算者曰『籌人』，想是亦用籌。」

算法重三角形，蓋員，天也；方，地也；三角，人也。三角起於員，人生於天也；成於方，成於地也。

上深於曆算，多是捷法，古法原不考求。當是看古法多迂闊可笑，如以律以策起算，果然不是根本之論。

西士天學可稱爛熟，簡平儀取適用，而天之體不外乎是。前儒渾天象七政圖却失本來面目。孫襄。

癸未八月念三日，燈下見皇上所看曆學疑問，小圈如粟米，大點如蠅脚，批語尚用硃筆，蠅頭細書，另書紙條上，恐批壞書本。又有商量者，皆以高麗紙一細方，夾邊縫内以識之。安溪師請上批抹，上云：「他用幾十年工夫做成一部書，我何以就一人意見輕行批駁？但此還是汝秀才輩，但能説理，不會布算。曆畢竟算得出來方好，空説無干。」梅先生見所圈點欲商者，亦大服其深通。老師因言：「壬申年，上問孝感曆算，律吕新書與鄭世子書孰是？孝感原不知道，漫應以季通書是。上大不平，曰：『管將以用之乎？抑但以著書乎？若測量天地大處，差得秒忽猶可，今以小管，便算得差了，如何可用？徑一圍三，是六角物件，如何可以算得？』因于次日召滿中堂阿蘭泰、漢軍于成龍、漢官熊賜履、陳廷敬、張玉書及師上殿諮問。又前一日，上不解隔八相生、三分損益之説，問張桐城，張桐城又錯將三分損益説入徑一圍三。上又大不以爲然，不得其解。是日，問京江，京江不能答，孝感蠻説蔡季通是，又不能言其故。上向于振甲云：『汝平日是公道人，汝以爲何如？』于云：『臣曉得甚麽？』上因云：『你們漢人，全然不曉得算法。惟江南有個姓梅的，他知道些。他俱夢夢。』是日出朝門，京江呼予云：『你還知道些，今要回旨，君莫去。』予因將隔八相牛爲活圖三層，轉换剖析之幾回。京江悟云：『予知之矣。』遂回，作文一篇回旨。那篇文字甚好，問他要來，將來本朝律曆志内可以改削入之。皇上真大聰明，我輩平日只知道隔八相生，不曉得隔八相生之根。上因不解，命道士攜琴瑟彈聽之，猜云：『或是宫、商、角、徵、羽及變宫、變徵，去七聲，八位便生次弦。』却得隔八相生之根子。余因偏試九位、七位、六位、五位，惟除去二變聲，六位合，添二變聲，八位合，餘俱不能合到次位。」

安卿自言：「曆算之學，至今尋思能記憶者，皆是自己苦思得者。若楊道聲爲予言者，雖精微，當時俱醒得，如今都不記得了。梅定九先生扣予算學，許可曰：『深。』既而見予舉其詞，率有艱澀之意，又曰：『生。』深不敢當，生則確之至。且學士明其理足矣，何必熟其術？」曰：「非也。熟方有用，生便用不來。熟便熱，熱便足以化物。聖人之學只是熟，便不厭，學不厭，便教不倦。如今我們何嘗不學，便只是會厭；何嘗不教，便只是會倦。熟則欲罷不能，隨處引人入勝，高下淺深，逕路皆熟，因材而教，自不能已。今予自己子姪前，從不敢説自己知曆算，恐扣之而不達，耻己之不熟耳。然又不肯做透，只是惰，無他故。」

安卿言：「天地輕清者四散，重濁者縮緊歸中。惟縮緊歸中，故人物皆緊粘地上，離則無所着也。欲知曆學，當先將書經『期，三百有六旬有六日』註讀之爛熟，自己精思算明，問人得其解。再將後漢書律曆志講明，再於前漢書律曆志講明，便明白。此後日可自己看書，神算人不能欺之矣。」

曆象本要是家兄廿年前書，若如今爲之，又不如此。同升經差、斜升緯差，有其理，而其象不似。五星視行，其象似矣，而無其理。予欲去此三圖。曆學須讀尚書堯典「三百有六旬有六日」蔡註及後漢書曆志、元曆法。

安卿言：「戊辰會試，京師有一相士，價甚昂。一日，予往求相，相畢，衆譁而問之曰：『已往皆驗矣，量此後亦能皆驗乎？』渠曰：『不能。』衆曰：『後不驗，何貴？』相曰：『此非予不驗也，君自不驗耳。讀書人不知心像乎？心像改，則外五行之像皆改矣。吾能使君之心不改乎？』」

人聲不拘一端，畢竟中律者爲佳。某生平所聞於人聲音，一李高陽相公，響震屋宇，但其中有石雷霹靂之聲；一魏環溪，清亮壯厲，但帶勇猛慷慨，是商聲，皆非黄鐘、大吕。

予時耳間呼吸，覺得出入聲息甚大。少年，一夜如此，大懼，恐是怪病。天明，急白先君，先君曰：「此是龜息。龍聽在角，龜息在耳。李百藥産時，鼻中無息，李氏單傳，大夫人甚懼。百藥又多病。一日，抱示老人知相術者，老人候其鼻，果無息，候於耳，得之。賀曰：『兒可得百歲。』耳息也，此乃壽徵，何病乎？」予始心帖。至今尚時作息。

揣骨瞽者吴名揚，亦有不着時，説着者亦多。謂李吉水位至尚書，今驗矣。又謂予頭是虎頭，尻骨是鳳尾，必封拜。又云：「當日惟洪經略是虎頭麒麟尾，平生揣骨只此二相。」予問云：「先封後拜？抑先拜後封？」曰：「先封後拜。」予曰：「天下如此太平，何得封侯？」曰：「骨相如此，奈何就不封侯也？須還汝一箇三邊總制。」想是如今做了幾年直隸巡撫，即算過了。又贊予之脉：心脉圓，膽脉壯。云：「從來心脉圓如珠者少，惟公爲然。長不好，粗不好。」予問云：「長是好，如何云不好？」曰：「心多有何好處？惟圓難得。」説「膽脉壯」時，陳則震夢雷在座，則震素極輕予，至是笑云：「你的膽也算壯麽？」吴名揚云：「老先生你説粗猛的算膽氣麽？惟小心把捉得定的才是膽氣。」吉水問：「予與李老爺相似否？」曰：「你是吃肉的老爺。」指予云：「這是受苦的一位老爺，如何相同？」吴三歲即瞽，而口中談吐大通文，問之，曰：「不過道聽塗説耳。」但是術家憑他如何神驗，我們不甚信他。蓋吾儒日用間，却有察微知著的道理，舍了不講，到信他的渺茫吉凶禍福，豈不大差！且如禍來，預先圖避，他既是一定的，如何避得？且避的道理，到底在人事，若平時處處檢點，不至走向危險污賤路上去，豈不好麽？就禍來，也憑他。如有好處，預先知道，何爲？

人有命相，鄉座師吴，在閩，予與吴表弟同薦賢書，謁見時，師見表弟大不怡，曰：「兄弟幾人？有子嗣否？」又云：「此身父母之身，要保重。」臨别，向之指予云：「汝學他便好。」及丁未落第回，遇師於淮上舟中，同榜多人，列長座坐定，各問姓名畢。又語吴表弟宜保重，指予云：「汝看李子，精神全收歛在内，神宜藏，不宜露，散在外却不好。子宜學李兄。」至庚戌，吴表弟便自怕見其父，遇命相之士便逃避。是年，與予同登進士第，向予云：「吴師只教學汝，汝呆不過，如何學？如今汝試教予當如何學汝。」予謙讓再三，渠固問，予曰：「如今子已通籍，要汝閉門面壁，齎嗇精神，誠不能。子好下碁、賭錢，勸子即從此二事爲學，如何？」渠瞿然問所以，予曰：「子平生下碁，勝則狂呼，誇張終局，後並不耐數子跳躍，稱快而已。負則混合其子，斷不肯終局。賭錢，贏則如勝碁，輸則疾首蹙額，投骰碎牌，無所不至。自今下碁，勝固欣然，不致狂叫，敗亦終局。賭則輸贏時有，不致輕喜暴怒。由此及他，便改向好處。」渠亦極口稱善。及臨時又發，不自覺，雖自恨，終不能改。未幾，病發，即卒於京邸。生相不好，若能改，便自造命。敝鄉史相公繼偕❶，爲童子時，一善相者見之云：「好一箇少年科第，可惜！可惜！」其父兄請問其故，曰：「看他一雙眼及肩如此秀，豈有不早貴者？但其身體如此輭，豈有不短折者？」史公聞之，語其同學云：「身體是吾之身體，輭硬隨吾，要改硬孰能禁之？人一翻能改，便佳第，恐生就改不來耳！」史即立志改之，脊骨挺然，翔步舉手皆不輕佻。至登第時，便如一節竹。卒之位極人臣，壽登八十餘。予以内閣學士召起赴京時，復見吳師於維揚。時師已病在床，尚設筵演戲，請予至其家，曰：「兒輩以予卧陪不便。」予曰：「師生不比常客，何妨。」世兄即卧榻相伴。酒闌，呼至榻前，密語云：「入朝見嫉。汝今去，皇上自喜，必問閩中用兵情形，宜斟酌奏對。」又云：「近南書房有一高士奇，汝可聞否？」予曰：「不知。」師曰：「此人宜備之。」予曰：「南書房一向是張孟敦，門生常識之。」曰：「此人是老好人，雖不識之亦何妨。高此時乃中書，但其嚮用之勢不可測，宜備之。」予曰：「如何備法？恐非一路人，難以相與。」曰：「是一路人，便不須預備。」予曰：「不惡而嚴。」師曰：「也是如此意思，權衡在心而已。」屺瞻云：「渠尚是明末

❶「繼偕」，原作「維階」，據明清歷科進士題名碑録萬曆二十年條改。

人，見過局面的。」曰：「即其命相，亦是見過黄石齋諸公，到底不同。」黄石齋先生十六七歲時，便欲歷游名山，遂結伴三四人，策蹇往羅浮。偶步溪澗，值雨後大水發，伴侣及黄所乘驢漂没，而黄獨自登岸。黄反自喜，隱有所見，人以爲有神授以書。及彼渡夾江，又舟覆，江深無底，死者多。而黄又起，又自喜，微洩語親知者，水底有造一新宫殿，而空其中，外榜曰：倪黄，故鴻寶與石齋相結極密。黄石齋乃莆田人，而移漳浦，其算命莆田有派頭。黄算命有秘傳，其以易經卦爻相配者，乃不欲以所學落於術數小道，乃文之以周、孔之書。其實如何扯得來？老實説得别傳反光明，此石齋之過也。吴玉隨、玉騧兄弟，在邗江，爲楊維節❶太守或司李得意高足。黄壬午過揚，楊命二吴執贄焉。暇時，以二吴命請，黄看畢曰：「俱好，皆甲科。小者，今年即發聯捷，做科道。大者，却是本衙門中人，但遲耳。」又云：「小者，鄉試極高，可以發解。」過幾日云：「汝不能榜首，頃見盧生命，乃南直鄉試榜首也，汝但五名内耳。」及秋榜發，榜首果爾，玉騧乃第五。癸未聯捷。本朝，來做科道。玉隨至戊戌却中榜眼，入翰林。

❶「楊維節」，原作「維揚節」，據石印本改。

榕村續語録卷十八

治道

天生民而立之君，若不爲民用，君何爲？故孟子一言道盡，曰：「得乎丘民而爲天子。」窺見此意，便覺得湯、武革命，應乎天，順乎人，方有把鼻。

漢書以之治天下，可以爲漢文帝、唐太宗矣。用程朱之書治天下，可以爲殷高宗、周宣王矣。周子之書，聲希色淡，道理已盡，即用以治天下，無能出其範圍，蓋亞聖也。

古人有粗迹處，是他做事規模，定要守着，不然日日講精微處，反滑過了。

聖人爲政惠而不費，不要百姓感恩。其實恩往那里去？其感人也更深。故明國變時，有以乞丐殉義者。自己踐土食毛，或因祖父曾經出仕，此豈能强人施恩乎？不報之地，成功于不言之中，受之者再不欲忘的。如吾輩或那人窮急時，有一飯一金之惠，吾輩那裏記得？幾年之久，忽然見面，他致謝殷勤，吾輩茫然。渠身受者不能忘也。但有望報之心，便不好，就有限了。豈惟不望報，心裏記得有此，就害事。治天下者定要知此。

洪武畢竟身親見元末之官貪民困，不勝忿怒，以爲我得志，須當痛改。故即位後，以殘勝殘，以殺去殺，其誠心切至，遂成三百年國脈。

人生日用修爲，大約精勤便是興旺之氣，怠惰便是衰廢之氣。明季士大夫，白晝安眠，夜中飲宴。而本朝太祖、太宗，忍勞習勤，惰怯者便殺之，其氣之精鋭，焉能不有發洩時？即庶人家，上承祖父付託之重，亦非小事。若怠廢，則日就衰颯矣。

總是講求用人要緊，不任人而任法，講求一萬年亦無用處。

自當年魏環溪欲分别流品，高陽相公便與爲敵，説人都是一耳目口鼻，有何好歹？只説心包在肚裏，誰是好？誰是不好？至今數十年，士大夫間還持此論。此真可憂者。只説都是身家性命，功名何必壞人的？不知既做了人，又做了官，如何與放生魚蝦一樣看？皇上舉錯，皆欲其賢愚混爲一區，便嬉嬉然各得其所。稍加澄别，衆便深憂驟駭，若無所錯者。如何是好？

朝廷一免江南銀米即二百萬，自古無如此之多者。只是天地間却不見有寬裕潤澤之氣，是何緣故？總是無好官。前朝雖不能官盡清廉，十人中有一二狠貪者，尚有七人好者。無人共理，雖朝廷之力，一人獨辦也做不得。又民於平居無災害時，休養生息，如人保養，不致病來。至有災祲始謀賑救，却是有了病去醫治一般，醫治得好也纔得平常。畢竟教他平常壯實方好。

甲申二月，予南歸，安溪師遣健丁陳得功護送。途間，爲予言馬見伯一事，有器度。征噶爾丹時，撫標有千兵隨征，遊擊葛永芳領之。時馬見伯爲于成龍效用，葛有家丁劉忠者，見馬見伯偶繫馬於其主寓屋之門廊，怒礙其出入也，拔佩刀割其韁，鞭其馬而逸之。葛爲將主，馬固無如之何。師旋，葛陞滇副將，劉忠遠不能隨，遂留爲撫標卒。于成龍調河道，安溪抵任，薦馬于上，上器重之，即以守備爲中軍遊擊。而劉忠恰隸其下，馬諭之曰：「爾無以我爲宿嫌畜怨也，但汝騎射好，才薦拔汝，汝勿疑懼。」尋擢以爲隊長，薦之安溪，爲健丁。真可法也。其爲中軍時，即欲盡汰老羸者，日事操練，兵亦苦之。其整頓太急，故有山西之事。

戊子三月廿三日，臺灣有應陞遊擊于化龍引見。上問曰：「汝總兵好麽？」曰：「好。」又問：「怎麽好？」曰：「兵民相安，管兵狠好。」上怒罵曰：「汝總督有密摺來參他反，汝還説他好，着兵部看守。」先生曰：「予當初進平海策，已再三奏明此處難守，即目下無此，終必有事。書經有云『有熊虎之士』，即接云『有不貳心之臣』，到底以忠孝、義氣爲主。中庸云『取人以身，修身以道』，以誠實自處。以此印子去印人，方是此種人來。若是自己權術，即要以誠信取人，亦不能得。氣味不合，如何相招呼？而況取人即以權術爲招牌乎？此輩人但知有身家爵禄，脛間有瘡移之於股，不在己所管轄内，足以藉口塞責便了。若吾儒做事，却在根本上講。王姚江學術雖偏，然爲朝廷辦事却識大體，其平蠻所至，即立郡縣，便清其根。回兵所到，即順勢平其所未奉詔者，而臺諫乃紛然譁噪，治其擅兵之罪。可厭之極！大抵以權術爲先，最不可。曹操以此自負，到底賞鑑一个司馬懿與他一般，終是自己吃虧。」

如今最苦，是朝廷用一清潔自好不要錢人，便羣起而謗議之，造爲蜚語。聞其善則疑，聞上意不然之則喜。如趙申喬到湖南，果將數十年積弊剔除，而京師人預言趙某一到，楚中必竟逼反。今幸而一年，楚中尚帖然。文志鯨爲浙提學，傳言考秀才，六等每至二三十名。今其書來，杭、嘉、湖三府，六等共四五人而已。楊名時爲直隸提學，謗其滿洲皆狗情面。都是無影話，可恨！可恨！

上問：「吴隆元選在汝所屬地方，聞此人學問好，果何如？」奏云：「不知道他，聞説好。皇上放他爲有司，試驗也，此法極善。即使學問好，會做得一首好詩，皇上裏邊如此等人正不少，正不如驗之以百里之任。百里之任稱職未易，若果才守好，即可大用。不特有司爲降黜之階級，就是皇上考中的，轉出試之以民社，亦是使他有體有用。皇上用人原不限以資格。」上亦然之。大抵此輩聚一大堆在那裏，忍餓鑽刺，貪緣無所不至。且使他有路轉動，誘之於功名之途，或可造就出一二人材來。

姚熙之總督閩、浙時，其前面罪過通天，其贈送賄賂，揮手便是數千滿萬，帑藏爲虚，剥虐無厭。海上平後，一日對予云：「少年頗有圖王定霸之想，今髮如此種種矣。」捋其鬚云：「此人如此，位極人臣足矣。但如此安身立命，還不好，丈夫當尋一去路。」予問其故，曰：「某做官不好，軍興時，本處錢糧何嘗不够用，浙餉來，都是吾與吴伯誠、藩臬諸官瓜分耳。予做人也無他不好，總是光棍氣，如此何以自立？雖然，仁義亦何常？蹈之則君子。從前種種譬如今日死，從後種種譬如今日生。老先生從今日起，將地方利弊盡情向某説，某有過惡亦盡情説，如有一毫虚誑，便落萬劫地獄。」予等平昔爲言里役大當之害，每一輪及，萬金之家産立盡，甚至賣及妻子，掘祖宗之骸骨而賣其墳地者。欲除百年之弊，若不猛厲，或陽奉陰違。自此，姚公果夜聞善事，張燈而行之。拏來衙蠹，立斃杖下者十餘人；即刻露章參拏者十餘官。故號令所到，風行草偃，不敢有絲毫依違。半年之間，積弊盡除，至大當之害，竟爲除盡。施將軍將發兵時，予入城見姚公，謂之云：「老公祖里長去其實是矣，奈何並去其名？然則官長到任，掃地鋪席，詢問地方事，亦須有一人答應也。此謂之矯枉過直。」然如此留一點根，他便會復。去疾莫如盡，今斷其根，他時縱復些，人還可受。今果有里長之名，而其實害去其十之九矣。百姓歡聲如雷，其感之也淪肌浹髓。不一年而姚公死，今敝鄉立大廟祀之，香火之盛無比。有地方不平事，青衿羣哭姚廟，雨暘必禱。倒是别處人還有知姚公之豪蕩而非醇正者，福建羣然稱之，竟忘前半之貪虐矣。予入補官過省，聞知其廟，入拜之，其容宛然如生，真一姚翳子也。先時，予教習師姓董名興國者，在巡撫任，嘗憤激云：「吾安能與此人共事！上靡帑藏如糞土，下視民命如草芥。渠又在予上事事掣肘，予將發其惡，而渠之黨援頗盛。不爾，予亦將氣死，如何可久？不如去官。」遂告病歸。董到任後，亦參數箇壞官，出幾張好告示，民心向之。姚公由此心動，以爲渠所做好事幾何，予豈不能耶？因發奮至此。敝鄉爲之謡曰：「古董不如窰變。」人謂：「天生姚熙之，所以平海也。」以爲海上之平，雖施將軍之兵力，而實姚公多財，買其左右，親密離散，故能一鼓而下也。此却是外人揣度之辭，却未必然。然革去大當之害，其功則倍於平海矣。海賊當日雖不平，今觀其子孫、君臣、人物，亦何能久自存？而姚之功則拔去百餘年牢不可破之害，其廟祀百代也宜哉！

士大夫倒是行事有限，説話要緊。貪贓壞法，只是等那一件事過去便了，有那句不好的話入在人心裏，急忙去不了，流害無窮。當日，内有明、索，外有高、徐，皆創爲鄙俗小巧、破壞道理之説，至今爲梗。目下乾綱獨攬，兇詭持權，賣官黷貨之人，亦無矣。而其論隱隱流布，所以可畏。如云：「官俸原不必給，謂既與他官做，豈有不賺錢之理？

其所賺之錢盈千累萬，其視百十金之俸，真泰山之於鴻毛，豈稀罕此物？真是無益之費，故可裁。」宛平相公不過看戲要錢，陰毒害人如高、徐之類，尚無之。但有湊趣幾句鄙俚語，如云：「這都是幾箇道學人的説話，由他去，只是不採他便了。」此等亦爲禍不少。李高陽云：「魏環溪好分别好不好人，我看世上都是个人罷了，誰臉上挂着好人、不好人牌子不成？我不知誰好，與我好的便是好人；我不知誰不好，與我不好的便是不好人。」都是妖言。

州縣官與民親切，若盡心做好，真實惠及人，中無閒闋，欲立功名於世，儘足以不朽。漢時將相無數，至今烜赫者，文翁以教化治蜀；召信臣行水田於南陽耳；黄霸反以爲相，減治郡之聲。作官在自立，豈必達哉？

朝廷設官，本取德，故云「三德」、「六德」；又云「天命有德，五服五章哉」；又云「以德詔爵，以功詔禄」❶；又云「德懋懋官，功懋懋賞」。若庶人在官之有勞績者，止禄之、賞之而已，不官之也。後世動言才能諳練，則古者府史胥徒之具也，今之六部書吏，皆可爲正卿矣。

❶「以德詔爵，以功詔禄」，原作「以德詔官，以能詔禄」，據周禮注疏卷三十一改。

如今六部堂官，信書辦「成例」二字，如聖旨、大訓一般，也不是無威。有人問朱子做官用威，朱子云：「威不必説，只是要明白。若不明白，汝好用威，書吏即以術用吾之威，而爲弊更甚。」所以聖人「威」字加一「德」字，「明」字亦加一「德」字，最妙。威不本之於德，便是作威；明不本之於德，便是作聰明。

如今做官人，都説漢人無權，閣部事漢人何曾有一點權？我嘗平心説，也不必如此説問。但即盡歸政柄於漢人，不知盡從公道爲之耶？或不免與滿洲一樣行私耶？如做學道、學院，何嘗有人一押着你做來？却也賣秀才，無所不至，却是爲何？如今但當自己做得無私弊，令滿洲人自服，便是正經道理，與之相争相傾，則禍烈矣。還有皇上力在這裏持平，不爾，久已大水火決裂矣。所以朱子説：「如今把責備皇帝該做的事，先自己省察克治，做得來，便是道理。」唐時，盧藏用❶聲名不好，今日偶檢舊唐書，見其所以上疏却好的狠，心竊疑之。因看完，乃知其勸上正心節儉，而自己驕淫貪黷，奔營權貴，無所不至，自然狼狽。

居官者動言體統，以爲規矩如此。此規矩誰爲者？料理自己便是規矩，一身整齊，

❶「盧藏用」，原作「盧日用」，據舊唐書卷九十四盧藏用傳改。

便不惡而嚴。近世居上官者，武夫前呼，羣騎後擁，吏民欲言者，止之於百步之外。深居簡出，人有萬里之嗟。吾思此皆後世奸胥、蠹役設爲此，蔽塞官之視聽，使耳無聞，目無見，上下、内外隔絶不通，遂乘權舞文，顛倒玩弄之於股掌之上。二世問山東賊盜猖獗，趙高以爲此等細事，安所得入至尊之耳？夫所謂皇帝者，稱朕不聞聲。二世深然之。夫亡秦之緒而後世不廢者，總以好自尊大，人之積習固然，而小人因其勢而簸弄之耳。

冀州知州崔懋，始予莅任時，問其治盗方，渠云：「自某承乏八年，無一盗案。」予訝云：「盗不入境耶？何至此？」後察其所爲，乃徧結其渠魁，約爲兄弟，只不至冀，保全我功名。他處有關提汝者，吾亦能庇汝。以此，故盗皆他侵，成一大逋逃主，更可恨。凡事善否總分於誠僞，仁義禮智悉本於信，一僞便無可言。父子兄弟皆以術馭，何處得好？

陜供應西巡，復競勝於晉。聞上終日怒對督撫云：「山、陜百姓極不好，孝弟廉恥全無，朕果知爾者。雖汝等赴闕請行，亦必不至也。」前上出都時，晉撫噶禮母叩閽，求殺其次子、次女，子又與禮不協。上此言不徒爲民發也。噶進四美女，上却之曰：「用美女計耶？視朕爲如此等人乎！」又密偵得左右皆受此餌，悉加之罪，海青亦逐回。鹽商來接駕，上傳問云：「去年差户部侍郎王紳祭告禹陵，曾將浙商詐騙得多金，汝輩皆聲氣相通，頗聞此否？」衆商答云：「果有彼處信來，皇上聖明如此，但不知其數若干？」

孝感去在丙辰，復召在戊辰。

某初到保定時，相期將來去任時，不求百姓攀轅臥轍，但求無持瓦礫相擊者足矣。及予入都，果然士民熟視如平常。意中以爲公之去留，不足爲重輕有無也。此便是王道宜然。大官有好處，何由使民知？地方官好朝發而夕見矣。若大吏行，百姓挽留哭踴不近情，必非無故也。若天地然，人但知衣食之物皆資於地，知感天者便少。其實地之功，皆天之功也。嬰兒在懷抱，但知戀母，若父之出入往來，兒如無睹。其實母之德，皆父之德也。驩虞之弊，至於行詐，可惡甚矣！

山西撫噶禮迎駕，出至慶都，並率百姓百餘人來邀請聖駕。百姓皆夜間露立，問之，云：「票押不敢不來。」轎頂及鈎瑣皆真金，每一站皆作行宫，頑童、妓女皆隔歲聘南方名師教習，班列其中。渠向予輩云：「行宫已費十八萬，今一切供餽還得十五萬。」

壬辰七月初四日云：「皇上復問：『納捐亦非好利也，一免錢糧便至三千餘萬，若愛惜銀錢，何如少免？』大概以爲免錢糧是大事，足以救百姓，開捐納是小事，原與百姓不相干。算來免錢糧却是小事，開捐納却是大事，此事須細講方明。於今科甲，果然个个要錢，且舉人、進士用銀子買，也是暗地裡的捐納。也未必一止了捐納，天下便治。只是且止了捐納，存了國家一點大體，再商量官俸。添起來，再添得二百萬作俸禄，也就復明朝之舊，就過得了。如今通共文武官俸止六十萬，如何過日子？添得二百萬，翰林官一年有二百金，中堂一年有二千金，便可支撑。連士子也要加些恩養。大約一年添得三百萬，便綽綽然有餘矣。官俸既足，然後教他廉，獎廉懲貪，也要一番猛厲，方得肅清振作。皇上問❶，亦云：『武官比不得文官，自然也要占幾名兵糧，不然吃用何從來？』是明知文官俸禄而外，多有掊克，而不必禁。武官侵扣兵糧，而不必問，但只不可多耳。開其端而欲其有節，能乎？徐乾學、高士奇却説：『就與俸足，而彼之所應得者，豈能使之不得？不若省俸之爲寔際也。』此以便其私，而害中於根本，可恨！」

士大夫有見得錢財輕，至子孫科名相繼，以爲好事。因緣假藉，使之發達，將來不受人欺。這便大不明白。澤州因言火倉姦利事，曰：「惜此事不追求向前十二年，若向前追來，則某之行事可以稍見。某爲户部、吏部總憲，彼時諸陋規多存，至有屬官持千金至，以爲舊例而强委之者。以爲尚多委曲，開慰辭之，卒忿忿而去。當時，亦非見得道理不可，還有要做名士的見解在胸中，以爲做个人也須略有體面，他門拏來的銀子，我

❶「問」字原無，據石印本補。

如何知道他的來頭？萬一事發，便是贜，如何可受？當年有一老友向某云：『做官交際都不妨，交以道，接以禮，原無罪。惟衙門裏的錢拏不得。』某問：『如何是衙門錢？』曰：『如庫帑的錢是朝廷的，因事得錢，是作弊的，求是贜，如何拏得！』某謹守此言，凡遇錢糧，便記得此語，以故在仕途略知自好。」予因與論子弟爲之營求爵禄之不可，渠問曰：「這想是天資澹泊者方能如是。」予曰：「非也。要算計得到。凡人若算計得到有大害處，明知而明甘犯之，便無此人情。如今説我的子孫不得些功名勢利，便怕人欺，不想必無百千萬年都教我的子孫欺别人，不受别人欺的事。況我們起自艱難，還知道怕懼，子弟席寵藉勢，不知稼穡之艱難，只有欺人的，再無被人欺的。周公營洛邑曰，使後世子孫有德易以王，無德易以亡，若留在那裏害人，而祖父且爲之地，是爲虎添翼，如何使得？況子孫到不肖的田地，他便知作惡也，並不知有祖父，何嘗是我的子孫？周公此言，豈惟有天下者應知此意，連我們庶士人家都憑，應存此意。所以蕭何他們去古不遠，尚知此意，不肖免爲勢家所奪，是確不可過的話。我們發達過，子孫自己修德讀書，能接續去豈不好？若不能，即時貧困欒卻之後，降爲皂隸，都做窮教書苟延去，未嘗不好。何必使其有財勢可仗，作害鄉里，罪大惡極也？間或受人的氣，全要忍，忍過此時，便有無限好處。如疾風暴雨，且須躲過，少不得到白日青天時。因此忿不顧身，便走别路，後來苦不可言，萬事瓦裂，收拾不來。故君子有終身之憂，而無一朝之患也。」澤州問予：「撫直隸時，無錢送要人，如何免得凌辱？」曰：「也受馬五有一二年的氣，後來就好了。當其時，當面折辱自然悶氣，想到我們原是爲守庫帑，惜民力，受侮有何妨，是榮也。只得將孟子『與禽獸又何難焉』幾句話頭來抵當過。若那時便受不過，即想動庫項與交結，到後來虧空索補，潰敗不可支矣。」問：「後來如何又好些了？」曰：「他奈何？他看見皇上待的好些，他也没法。某再教地方官見時，禮貌恭敬他，他也就好些了。」我們鄉風不好，自明季來，鄉紳家相吞相奪，結訟不休，至於操兵相殺。自我與富名鴻基❶老先生相約，始革此風。大凡士大夫雖在京，不親爲惡，而子弟僮僕在家，無所不至，亦由士大夫信其言。他争不過人，便寫信來，説我們被某家欺壓得如何，又説被某光棍凌辱得如何，其父兄便從京中發符去。再不勝，更怒，益發使力量，與自己作惡何異？如今我一概不聽，大凡與人嘔氣，我一概説自己不是，非過矯枉過直也。我們現在京裡做官，那無勢利人必無故向有名位的人作仇之理？畢竟是我們子弟欺人，把這一邊壓倒到十二分。其實以情理論之，才剛得其平而已，若與之平，已不平矣。

❶「鴻基」，原作「業鴻」，誤。

守道高必宏交代，應參遲延。因接駕、隨駕兩番，新守道無暇，若據實啓奏，必無寬理。予在行宫啓奏：「高必宏已陞江蘇按察，宜於限内交代，但部限是兩月，與州縣官同一扣限。守道所司錢穀頗多，限迫故不能交清。今兩月限滿應參，臣自照例題參，但遲延却不是有虧空，故此奏明。」上即傳旨云：「汝即傳旨到九卿，將此例重議。」皇上涖事多年，於天下事亦儘明白，又説得有理，不惜改以隨人，無奈左右未能以正道語上聞。上何嘗不刻刻與廷官商議，何嘗不事事令廷議，無如諛從者多。去年九卿議州縣虧空倉糧，以爲年久浥爛，勢所必有虧空，應限一年補完，如後有一年不完，革職留任，再限一年，如再不完，革職，變産追賠。又御史徐賓言：「各處倉糧，以年久收貯，州縣借此虧闕，追催紛擾。不如一總變銀交藩庫，年饑現買賑濟，官民兩便。」春間，自南巡回時，迎駕，上即問此事，予啓奏云：「此二條，臣意俱不以爲然。」上問：「如何？」曰❶：「皇上寬恩，念倉穀貯久，浥爛不免，憐其無辜，非縱其侵蝕也。究之州縣虧空，多因侵漁，即浥爛，亦是州縣官無調度。前南皮縣知縣有黄光會，升任時，接署官要盤倉，他即聽其盤量。署官每盤一倉，皆多二三十石不等，至七倉，署官廢然自止。臣見之問云：『汝不虧欠已

❶「曰」字原缺，據石印本補。

足，何緣多出？』他實説：『不敢瞞，非有他法，只是知一縣之事，如此等事，開倉發晒，原守令之事。必須一開便報上達部，皆自己要侵那，好借作名色。卑職于應晒時即晒，既開倉，便何所不可通融？看糧將有壞意，或糶，或借，或發作衙役工食，即通變補足。如有餘息，亦即入倉。卑職刻刻作離任計，恐接手官簸揚及雀鼠之耗，甯可有餘，省得臨時周章。又卑職不肯多放，縱一旦降革離任，所放原粟不能收補，不過二三百金，尚可挪賠。』臣思假如州縣各如此，倉粟只有多，焉有少？如今皆是自己用去，一經審訊，都托言借給百姓。再問欠户，便云俱是窮民流亡，無可踪跡。臣愚以爲，即有浥爛，大約一萬石不過幾百石，便多不過千石。今再推廣皇仁，寧寬勿苛，盡量至三千石以内，仍照九卿議限年補完，如二年不完，即革職審追。如三千石以上，仍照舊例，即革職提問。又變銀之説亦不妥，如今變銀之時，州縣官乘以爲利，賣一兩只報五錢，説穀米霉爛不堪。駁來駁去，所增不過幾分。至買糧時，五錢價值便報一兩，説彼處糧價昂貴，不同他處。駁來駁去，所減不過幾分。如今已是如此，好歲不須賑濟，賑濟必年荒穀貴。變價時，只得十分之五六，到買粟時，價又高昂數倍。又買貴穀時，有司又復捏報多增，是每石粟實不過得一二斗矣，豈是備荒本意？」此番皇上見時，還記得前言，云：「汝言今日已驗。若倉穀俱變價，如今米價這樣騰貴，吃虧多矣。」大凡公卿，不徒不欺也，要胸中明白，自己雖忠心無二，無一點經畫，用之悮事，言無可採，也不中用。

子牙、漳河分司朝琦，除晉藩司，辭。上召至密室，屏左右，問：「直撫果不要錢乎？」曰：「論他待奴才，將許多勞苦事不直陳於上，却是不應如此。若説他操守，實是不要錢。守、巡供米、食物及零星用度，是有的。若要此外送銀子及金銀器皿不收，衣服或收件許，珠寶不收。」上問：「汝何從而知之？」云：「奴才自己送過，看他手頭不足，送些銀子。渠云：『且拏去，我用着再來，此時不用。』各屬所送吃食，收些，也不全收，他物概不收。」上云：「我亦知道，但渠輩皆輕看滿洲，如華顯一流，他們還看着罷了。如巴錫、貝和諾❶輩，他們皆輕賤他不堪。汝應好好做，爲滿洲吐吐氣。」

我輩遇一件事，咨問人如何處分言論，名位高下，不可少此一段意思。天下事理不講不明，國家免錢糧動數百萬，而民不感，民不受惠，想是官不好。上有法紀，他有法徵。州縣歛之以貢府道，府道歛之以貢兩司，兩司歛之以貢督撫，督撫又有交際及辦差諸事，宛轉歸上，民窮日甚。今日澤州言其苦，幾至淚下。此是國家元氣，大臣愁餓死，殊非美事。今之官雖非賢，而其地位則賢也。「大烹養聖賢」，删詩録北門。官盛任使，

❶「貝和諾」，原作「貝和若」，據清史稿卷二百七十六貝和諾傳改。

尊其位，重其禄。士者，四民之首；官者，萬夫之望，蓋蚩蚩之民本無意見。幾个大官説，小官傳之；小官説，紳衿傳之；紳衿説，百姓傳之，愚民以士大夫爲耳目。若執定「得乎邱民而爲天子」，以爲民心不可歸於官，而一出於朝廷，其弊不可勝言。官好，丘❶民方能得也，好名之弊，與好利同。今人祈晴雨，以爲此神道之力，不知感天地。天地若與百神争功，疑百神市恩，不成其爲天地。其實白神亦天地之百神也。廓然大公，賤貨貴德，意向歸一，崇儉朴，立法度，舉賢才，不過幾十个好人布列在天下，而天下治。至易至簡，比之雜霸，省事多矣。今日不要行，就是知得此意便好。所以學要講，此處一闇，後處説起，但得此等話可以出口，便是好消息也。

官俸不足，士大夫實不能自給。我做京官時，就自己身試過。家有二十日糧，看書便有精神，對客亦歡笑自如。假如只有三日糧，雖然看書對客如常，心便時常竚在此件，時時有着忙意。其所以盤算經營者，率皆非本分内所應得矣。久之，豈有品行乎？如今官民皆無恒産，人所自給者，皆本分所不應得者，如何是好？

今日皇上臨朝不喜，想是孝感昨日辭，又有甚麽不相投語。

❶「丘」字原缺，據石印本補。

上説：「北直秋審不好。」有一人，年十七八，將一人推下井，又將磚石打下死之。予審時，渠云：「曾被他雞姦過，如今大了，他還要如此，予羞不肯。渠拉我同跳井，過井邊，因推之下。他罵的很，我因用磚石打他。」予問之云：「無論雞姦處無見證，就是你已推他下井，水灌飽了，如何會辱罵人？且既下井，你得脱身，就罷了，還在那裡聽他罵，又下磚石，何也？」大約如此事，只好緩決，不須矜疑。又一婦人在旁，而姦夫殺其本夫，婦不曾動手，便作矜疑。上云：「姦夫力不勝本夫，而婦人始同加功。姦夫已死其本夫，婦人何須動手？此等亦可入矜疑乎？」此二條俱駁得是。天下刑名、錢穀，上無一條不看過，真是精勤。

今公卿中，求其胸中有條理，可以做得事者，甚少。惟張運青律例稍明，大主意不錯，還可料理得事，只是不能展拓得開。京江相公雖纂修律例，頗熟於科條，而議論之謬到至處。渠謂：「如盗賊已殺人，何苦又殺他，多殺一人？即不能放他十年、五年，斃於監足矣，何必加之刃乎？」不知十年、五年不決獄，則牽連無辜者，亦十年、五年不得寧處矣。其論類皆保護稂莠以殘田禾，至田禾若以爲人人知愛，反不消加意也，其可爲訓乎？合肥號稱長者，全不知官如何做。漢軍中，居大僚、才名赫奕、功業彪炳者，其胸中全憒憒。

如今禮樂，且不須論其好歹，但禮樂不出於正陽門，太廟之外，民間全無聞見。但得制一禮，頒一疑❶文，令民間冠昏、喪祭、閨門、鄉黨許用之，使民有所稟命，然後再討論其當否耳。

正蒙謂，祖考精神既散，必須三日齋，七日戒，求諸陽，求諸陰，方得他聚。到得禱祠既畢，誠敬既散，則又忽然而散。朱子然之。古人惟不忍其忽然而散也，故祭之明日有繹。今人祭甫畢，而誠意怠散，不知此理故也。自記。

子祭封君墓，某從曰：「薄於土神，非禮也。即視祖先稍殺焉，不應如今人之菲也。」某曰：「墓祭，非古也。」曰：「今已隨俗而行矣，先魄之所依以爲安也。如逆旅然，一夕之繫命，猶與其主者周旋不怠，子盍酌而行之。」孫襄。

鍾倫曰：「遠則疏，所以香燭熒熒。」曰：「散者使之聚，有所依則常存。老子云，子孫祭祀不輟。」孫襄。

鍾倫言程子祭始祖，曰：「始祖，今亦何人不祭？三代之禮，不可行於今。諸侯廢，大夫無世禄世官，有身爲元輔，子孫降爲皂隸矣。所謂『葬以大夫，祭以士』；『惟士無

❶「疑」字當是「款」字之誤。石印本作「戲」，似亦不合。

田，則亦不祭』，皆空言耳。有志復古之士，則亦推行於其家。以長房長當宗子，人情不服。如我族譜序中所言『尊王、尊祖』，『尊王』則貴貴，『尊祖』則宗子、老者。以此三者相爲權衡，介子進士，宗子舉人，老者秀才，則推宗子、介子。翰林宗子，老者進士，知縣介子，雖與行禮列名，亦先宗子。若介子中堂、尚書，宗子翰林，必以最貴者主鬯。禄賜愈厚，則先祖更藉其榮。不富則不能備物，不貴則不能備禮。將來採輯一書，與同志放而行之，然亦依稀髣髴而已。欲悉合於古，則必如周公之禮。朱子禮書不爲不多，偶質所疑，或無可考。」孫襄。

父爲子報服三年者，禮爲小宗，子於長子、長孫也。於衆子即不爾，衆子於己子亦不爾。今吾泉人，凡父皆爲子孫報服，殊無稽。

立嗣以弟爲子，却不妨。僖、閔之躋非也。以兄爲子亦可，況弟乎？蓋以祖宗臨之，大宗、小宗所繫，雖叔亦可爲嗣，不獨兄弟也。

聖人行事決絶，妻不好，便出之。如今平常人行之，便許多不妥。須知孔子時，猶有出妻之禮，犯可出之條，即得據禮行之，人不得而議。而今無此禮，若行之，便起非議。曾子固言：「後代人事業掀天，家庭間許多不調治處，皆内治無法。」果是如此。凡事經聖人行過，便是法則。

建儲大事，須講究，慎重爲是。一立後，起居服物一同帝制，到底不妥。故連儀注也要斟酌。

上問隔八相生之義，命取天壇二十五絃之瑟，指之曰：「莫非以一絃至第七絃，至第八絃則又以宮起麽？」某因贊之曰：「此却能指出隔八相生源頭，古未有及此者。」蓋若以五六之數生之，却不能。

惲遜菴云：「呂覽黄鐘之管三寸九分者，謂黄鐘管長八寸一分極短，至應鐘管四寸二分，自四寸二分至八寸一分，爲三寸九分，諸管上下損益相生而得之。」此説爲前人所未發。律呂中，候氣之法最不是。朱子語類所記論樂數十條，無及候氣者，可見朱子不信此説。新書因蔡氏所論著，禮書亦仍之而未革耳。自記。

候氣之説決不可信。占八風之氣，和不和亦爕理。陰陽之事，但因律以驗氣，非縁氣以知律也。孫襄。

六十調、八十四聲，隋時猶存。蓋中華雖失其傳，而裔夷猶有知者。自牛弘、何妥恥受於蘇祇婆，而遂亡矣。今所存者，只黄鐘一器之調。孫襄。

耜卿曰：「李文利言黄鐘三寸九分大謬。」曰：「魏徵作隋書已有是説。」世得曰：「九寸以漢斛求之。」曰：「以漢斛量周釜，周釜量黄鐘之宮，知是九寸。」孫襄。

言兵之經，盡之於易、詩、書；言兵之權，盡之於春秋内傳。六經，兵法之祖也。「上帝臨汝，無貳爾心」，乃「陳於商郊，俟天休命」。大哉言乎！斯其至矣！孫襄。

朱子嘗云：「兵甲，詭名不可免。善兵者，有一人可用，便令兼數人之料。軍中若無此，便不足以使人。故朝廷只是擇將，責其成功，不宜屑屑計較。」極是。岳少保曾以此被論，然此言亦只用之多事時耳，却非常法。如周禮徵發部署，都有定數。自記。

後世用兵，不過於勇敢之士推食解衣，吮癰調藥，號令刑賞嚴明而已。雖唐太宗輩亦只如此。惟諸葛武侯不然，總不見其用私恩小惠顯示威福，但見將士用命，所過之地，秋毫無患，兵民相輯，而井竈、藩溷皆有成式，雖一宿不苟。蜀人全用步軍，能敵魏人兵馬而制其命，三代以後，稱仁義之師、節制之師者，惟武侯一人而已。後世鑾戰，苟決一勝敗，則覆没殺傷無算，所謂「以不教民戰，是謂棄之」。孔子云：「善人教民七年，亦可以即戎矣。」真是至語。孟子推衍其説，如發政施仁：「深耕易耨，修其孝弟忠信」；重其家室，信愛君上，真如子弟之衛父兄，手足之捍頭目；鄰國陷溺其民，豈有不歸我者？武侯卻用此法，故魏人響應，街亭敗回，拔❶三千户以歸，則可見矣。

❶「拔」，原作「撥」，據三國志卷三十五諸葛亮傳改。

有天下者以馬上得之，未可以馬上治之。後世人君，勤勤練武，又加以恩，直曰可以御亂焉。治亂不由彼，自當以興教化、善風俗爲本。當時耿逆作祟，時大帥、小帥誰不從風而靡，予却與之鬧，只是一家居編修耳。漢高祖定天下，戡亂者皆猛士，如黥、彭、韓、陳皆然。大風歌思守四方，尚曰「猛士」，不曰「忠賢」，此予之所以不録也。先主遺詔一字不及兵事，但教後主爲善讀書。大哉王言！此真識卓矣。陝西李自成、張獻忠後，所出人尚多凶暴，此可慮。天地之心曰仁，地方興，必人多寬慈忠厚之意。剛悍疾急，便是死氣。

三代不可復。觀朱子所論治天下之事，惟法漢爲近古。官制，外官自太守上便無官，太守得自專誅殺，其僚佐得自辟，由内銓者寥寥。疎節闊目，只要太守得其人，而天下治矣。極好。又兵民不分，天下有事，用虎符調發，事平則復爲民，無所謂兵也。分兵民爲二，使其坐而食之者衆，爲之者寡，竭百姓之力，挪百官之俸，以養之，此大弊也。分兵議者以爲壞於宋，今觀韓文公條奏，言召募之不善，可見自唐已分爲二。既名之爲府兵，是有兵矣。宋時俸雖不薄，然朝廷空乏，至廢郊祀，其時中國之弱，即由於此。蓋兵民不分，則人人習騎射技勇，無定兵也。有一兵執其事，則民不習矣。天下兵少而民多，天下有不罷軟無爲者乎？故三代以後，富强莫如漢。省此養兵之費，又非積之府庫。散之百官，豐其廩餼，養其廉恥，貪墨則嚴刑處之，官知廉恥，則不朘削民，民有不富者乎？然後興禮樂、教化，育賢才，美風俗，則三代可幾矣。大約弊端有一人開之，承其後者便不能變。如今焉能去兵？但得輕得一半，便去一半之費，亦是好事。明朝用屯衛，是寓農於兵也。然久之則兵亦化爲農。此自弱之道，不爲良法。

古者農隙講武，守望相助，民間各有軍器，各自備，不須另設兵。只是邊防宿衛，存些兵甲。省餉以增官俸，養官之廉，養士待用，天下庶幾可爲。今各直屬共養兵費一千三百餘萬，而滿兵尚不在此數，計復倍此。計俸銀自王以至典史、驛丞，纔一百廿八萬零。此弊自秦始皇不許民間蓄軍器，銷鋒鏑，墮名城，後世因分兵民爲二。自宋以來，流弊至今，深是大蠹。當日此事曾發九卿班上議過，當日孝感云：「不消得如此。禁軍器者，爲其能反也，反亦不須軍器，用手作勢云，便可揭竿而起。」渠自大笑，衆亦哄然。

興水利，復民兵，此二事，皇上亦極口稱善，但云：「且慢，恐做不成，爲人笑也。」予予云：「要得人。不得好官，行且無成，而有害。上所言是。」師曰：「正是。」

洪武皇帝立心要整頓綱常好，只是也有許多不好，不任相臣，官俸薄，皆自洪武始。問：「洪武如何減官俸？」曰：「養兵費重。漢時兵皆屬太守，兵民不分，故官俸極厚，一博士便五百石。博士官小，如有五百石，還少甚麽？」予問：「彼時兵如何練？」曰：「太守自有拏賊時，拏賊即是練兵。兵皆爲民，是以愛護鄉里，且賊之所出，再瞞不得本鄉人，兵有緝賊之責，豈容賊在本鄉？又兵皆有田賦，以之出戰，必無土崩之患。何也？太守所管，逃將安之？妻室、父兄、田土俱在，豈不顧惜？故漢武動以百萬之衆，窮塞屢出，而不見有逃散之兵，以太守爲將也。兵自爲兵，縱練得人人驍勇，一可當百，而一潰不可復稽，精亦何用？今日只操得兵會射幾枝箭，有何用處？如今不能復三代，只復得漢也就大好。兵民不分，文武不分，官俸厚而設官少，大官權重而小吏多。天下之大，如臂之使指，是一片的，豈不大好？如今也不算全無條理，只是根本大綱領説不起。」

本朝費揚古領兵真好。漢武帝時，衛青有何能處？非韓信輩果有機謀可比，只是辦得忍饑受寒。三軍不得水，大將軍渴亦不飲；三軍不得飯，大將軍餓亦不食，便能得士心。小人不知大計，如此便歡呼感激矣。此亦最要緊。施將軍可惜於此處稍不足，到急難，渠亦用此法，平時却不能。

安卿云：「施靖海於丁丑年死，施平常與武官不肯談，惟向秀才讀書人説其生平。予問：『將軍韜略臨時自足乎？抑平時學問乎？』曰：『自有臨時相幾調度，然君輩謂今日出山，明日臨戎便不敗，亦無此事。要經練久，予十七歲便作賊，故能曉其形勢也。』」

京江問先生曰：「頃聞閩、廣海寇爲患江、浙，倘上問，策將安出？」先生曰：「以鄙意度之，江南、浙江、廣東俱有提督，福建有陸路提督，又有水師提督，各處有一提督足矣。金門、厦門一鎮，一副將足矣。水師不必耑管福建，可易爲横海將軍，四省海寇交付之。蓋提督，各處率以本管一省之寇爲所發之毒，而以别省爲内症，或通同結約，或虚聲恫喝，但得不在本境，即以鄰國爲壑而不顧。有一耑管海寇將軍，南風發則巡上游，北風起則巡下哨，一年兩處游巡。訪渠魁之姓名、住址，頒賞格，明告諭，募黠者結之以恩，以知其情勢。就撫者，擇其有用者而官之，不馴者擒而殺之，又安插其無賴者。如此不惟海寇可靖，而臺灣可保。不爾，渠輩太多，必求得一塊土而居之。今臺灣名爲萬兵，其實天下兵名萬而實五千者已難，况臺灣鎮標去幾千，副將以下各分爲營，其勢甚散。倘海寇盈萬登岸，則臺灣必不能支。臺灣，内地逋逃者無數焉，往而不得其爲百姓乎？彼何惡於賊之爲其君耶？今日不議所以處之，則臺灣可憂。但是，横海將軍須先得一不要錢人，甚難，教我薦人却不敢，都無可信者。若劉國軒在，便可用，劉頗清正，不要錢。」

馬見伯整頓山西營伍，而兵皆譁然站隊，噶撫遣太原守趙鳳詔慰諭之。馬見伯，予以爲有將才也，而何以如此其無序？凡到那處要有興革，要使他不覺，以漸而來。第一要有同心的人，如爲將官，到彼擇其中才幹技力有用者，已得其心，使爲頭目，頭目皆我之人，則其下勢已分，安能動乎？此所謂機也。凡兵變害及大將者，皆自己成一獨夫，衆叛親離，即無仇怨者，亦袖手旁觀，而事乃不可解。藍理其語言之不檢無比，臨時又全無謀，其軍中有以自見者，惟是輕財重氣，結交與之共死生者，有三百人。以此三百人爲耳目，兵雖欲變，頃刻發覺矣，如何至於不測？由此觀之，有人問：「韓信何以能多多益善？」先儒曰：「無他，分數明耳。」尚未盡然。或「陛下善將將」之言，姑以此歸美高帝。其實信之作用亦在此句。此事有似吾輩讀書，書但得有一部熟者，以此貫穿運用，他書皆爲我用。人見其博，不知雖强識人，亦安得種種皆熟？只是有熟者，便能運用不熟者。朱子云：「天地間不可相無者，即其不可相有者。如有君無臣，有父無子，有夫無妻，使不得。然有臣便多欺其君，有子便多耗其父，有妻便多累其夫。然君臣一德，父子繼美，夫婦倡隨，不可相有者，又即其不可相無者也。」參同契中極説此理。凡姦邪成黨時，切莫與争。彼既成黨，釁將自作，吾急之，彼反合勢，緩之，則自相攻擊必矣。乘其敝而去之，則事半而功倍。如會拳棒人，看以手勢來者有疎漏處，吾亦借他來勢以朴之，不必氣力相等也。將帥於盜賊，中國於夷狄，君子於小人，皆當如此，俟他自壞而爲之、取之，便是。

北方人不喜作稻田，嫌其費力，亦地勢自古爲然。三代井田亦不全是稻田，高黍下稻，黍稷、二麥、菽粱爲多，只是溝渠斷不可不開。

古者方里而井，井九百畝，如今一里止得五百卌畝。又古尺小，今尺大。前年特奏借帑金二十萬開溝渠，因上躊躇云：「是極好事，但只是萬一做不成却如何？」忽止。然不可開的地方，誰要他開？可開者便可一成。只是北方人好懶，即可開者亦説不可開。如教穿井，他説土鬆不可穿，不知就是好土井，也要修理，隔幾年不修，好土亦壞。就是土井，亦着葦蘆竿障泥方好。即如房屋，人所不能不住，然數年不修理，獨不倒塌乎？可謂房易倒塌，便可不蓋乎？

古人成法斷不可易。井田、溝洫，無所不利。即道路難行，如安肅、涿州、良鄉之類，一遇雨濘，行者艱難萬狀。定興依吾言治路，兩旁開溝，昨部使來，問其路濘之狀，渠言：「惟定興路好，餘俱難行。」其效已見。路旁有溝，歲取溝之土以益路，溝日深而路日高，雨水即洩溝中，路自易乾。不爾，年久路深，旁俱民田，田不可行，路中積水無所歸，行者如何不苦？予云：「于振甲欲趕響馬賊，兩邊打墻，更可笑。其實溝之截賊更妙，墻成聚水而路廢，又易倒缺，賊終不可截也。」曰：「正是如此。」

靜海廣福樓河，如今開四五年，靜海人初死不肯，今已大收成幾年。拚不得廢地，並高阜處同淹，固所甘心，真愚民也。今安肅史家窪，地亦有二三千畝，未知容菴所説利少害多之語果確否。當日廣福，自非親勘，何由知也？委官不中用，能不以私受請託，不爲浮言所動，而認真爲這件事權利害者狠少。當日岳文肅正乃此處漷縣人，以大學士出爲福建興化太守。有涵頭村無數膏腴之地，而無水，旱常十之七八。文肅云：「閩中水泉多，何苦旱耶？」民間言：「泉水不經走此地，奈何？」文肅因便行山間，打水平曰：「萊溪水源高，何不可引灌耶？」紳衿曰：「鑿斷地脈，壞人風水，不便。」文肅不聽，曰：「地脈如何斷得？水來更利於陰地，何不便？」當日無督撫，上面止有布政，況渠係大學士降官，便獨斷行之，用民力鑿之二十里，士大夫及民俱譁。文肅曰：「百年後當思予，怨曷恤焉！」渠成，恐淤淺，又製小舡，秋收後，南方不冰，佃用扒撈河底泥。滿舡撑依岸，以人力抬舡，將泥覆田中，田不糞而肥，河不挑而深。公自爲教之，二三年，人皆師之。今二百餘年，人受其利。鄉試時，若肩輿熱燥，望至涵頭，如望歲然。至則坐小舟，兩岸皆岳公植榕樹，濃陰覆幕二十里，如登仙也。天順復辟，歷數舊相，欲用之，皆不當意。至文肅，曰：「岳正倒好，但忒大胆。」因其奏事，至牽帝衣，而鬍多唾沫星，間及帝面，帝謂之「熬精鬍子」。有傳其語至興化者，文肅自題其畫像曰：「岳正倒好，但忒大胆。維帝念之，其心有感。如或用汝，再敢不敢。臣當學聖賢之學，蓋至死而靡憾。」

開溝洫是一件大好事，使旱可灌田，澇可洩水，響馬不得縱橫，菱芡魚蝦多利。禹治水後，大約功夫全在此。故孔子稱之，不曰「盡力堤岸」，而曰「盡力溝洫」；不曰「盡力江、淮、河、漢」，而曰「盡力溝洫」。蓋盡力堤岸，洪水之所以湮，鯀之事也。盡力溝洫，四隩之所以宅，禹之事也。于振甲向爲直撫時，竟行令民築墻于路兩旁，以斷馬賊。真可笑。皇上那時亦以此勞民，往陵上去，在通州駁問他，尚駁不得盡。云：「汝能保得柳都栽得活麽？」渠云：「柳如何不活？」上云：「終是病民。」令止。其實墻不修，纔築即倒，若修，不勝其煩。又北邊路率窪于平地，平時雨多，便積潦難乾，何況用兩墻一束，雨水無歸，是治路成河，行旅大困，勢必别走他處。賊不可治，而路廢民勞，真可笑。與他要開捐廢科甲，是一樣經濟。前年曾密摺奏借帑二十萬，欲北方開溝洫。上將此摺交朝分司琦云：「你與巡撫説，這極好事，但千餘年古人不曾做得。事要斟酌，看準了再做，莫要做不成惹人笑。」其實此事可以做得成，實皇上于此尚未思透。若不借朝廷力量，此事如何做得？

河撫徐青來潮言，亦在彼興開溝洫，渠言：「彼處溝洫止可備潦，不足備旱，水易乾涸，今歲已得溝洫之益。」予云：「上于此明白到根原，便❶可行事，不爾，雖欲舉行，有

❶「便」，原作「何」，據石印本改。

阻之者，即可以不利于我之戎馬爲辭。」師云：「正是。如甲子科，高澹人、徐健菴見上欲認真廓清科場，便言：『此事窮究不得，章皇帝治丁酉科，便致有海寇抵南京之禍。』上欲定服制，滿洲言：『壬子定服制，便有吴三桂叛亂之禍。』譖言何所不至！」予云：「不透曉得根源，聞此等議論，雖不全信，亦有姑存此一説的見解在胸中，便決不能舉行矣。」師云：「正是。如今要曉得海賊至南京，就是科場不清之故；吴逆叛亂，就是服制不定之故，方好。」

聖人治天下，只行所無事。如治水，再莫要與水争。鯀「陻洪水」，五行之所以汩陳也；禹「濬畎澮，距川」，九疇之所以錫也。惟「九澤既陂」，用隄者，僅可施之湖蕩耳。如今費幾百萬金錢，滿天下做起堤岸，總是效鯀，河道如何不決潰？如今我做直撫，只須交我三十萬金，不要户部稽查，不要朝命牽拽，遍察地勢，開濬溝渠，水患便可去十之七八，而田亦可增無數。我細思，元朝不要此地興溝洫，或是不利戎兵；明朝亦鼾睡三百年不一理論，可恨。其中百餘年太平，以我觀之，亦天厭亂開太平耳，何與人事哉？即賢相修名節，然腹中經理天下之具一些没有，做得甚麽事來？如吾鄉李文節，是祥麟威鳳，做些甚麽？直隸田無阡陌，買賣無契券，一遇田地争訟，問官立窮。故孟子云：「仁政必自經界始。」如今四書、五經道理略熟些，閲歷事務漸多，覺得不依周、孔治天下，總是亂做，愈紛愈擾。覺所讀五經、四書，一字不可違悖。自幼讀書，至今又開一生面。

北直興水利是極好事，但不可經部議，一舉行，便催升科，終索不了，人誰敢興？非三十年後升科，不可行也。道聲曰：「極好事，朝廷行之便壞，總以無治人也。朱子社倉何嘗不好？通行便壞。」曰：「朱子爲主，豈有不好的？王介甫青苗法，初行之鄉黨，何嘗不善？推而行之天下，弊便不可勝言。故周公周禮亦是欲王畿行之，不過千里，周公可履畝考稽也。他國君相，能行者行之，不能行者亦聽之。其法太密，恐他人亦難行也。」

賈讓三策，以「增卑倍薄」爲下，最妙。蓋水無遏止之法，鯀之罪以湮，禹之功以成，曰濬，曰導，曰決，曰疏，曰瀹，曰排，曰行所無事，曰水之道。近日靳輔等力闢讓説，此皆惑世誣民之甚者，然以決知其説之不能行世也。賈讓策，語語着寔，學者皆當熟讀。盤庚遷殷以避河，此能得禹之意者。

治河不用隄，用隄而壞，鯀已試之矣。潘印川河防一覽，不知而作也。潘印川乃一不偷錢糧的靳輔耳，其實何所知？凡人窮經，要知得自人事達於天道，施之於用。古聖人所行，有一成式，不可違背他，又要精思其所以然之故。不得其所以然之故，恐人有執他一説以相難，無以應之，則已易揺，而聽之者易惑。盤庚豈不能用民夫築隄障以暫禦？而顧至於遷都，寧棄其地與之，其所見甚精。當時臣民浮言，未必非隄障之説。「八索」有壅，有防，田間無不可用，大水萬萬不可。賈讓無他文字，只三策一篇，賈捐之只罷珠厓疏一篇，已足千古，正不必多。賈氏自賈長沙後，家學固是不同。

勵覲公以書來，屬築隄障水，不獨但求静海免患，以霸、保、文、大四五州縣爲壑，爲不仁，即静海何嘗受其賜？渠向嘗啓奏，上命郭昌伯❶爲築隄。郭不度利害，即爲築之。而于廣福樓開一垻以洩水，使大城諸處不致爲魚鱉，而静海士民及勵老嘵嘵不已，以爲此處貽害。不知静邑地勢當衆水下流歸海之處，豈能使水不行？此地士民率言，向未築隄時，還可收麥，及堤後，廣福樓之害更甚於往時。渠不知此乃隄之害，而非獨廣福樓之害也。蓋不築隄，則受水地廣，水平漫而下，力分弱，隨地高下以爲淺深，不能刷深成渠，涸出亦速，或麥可早種早收。又無大堤，民各作小堰，小堰多，足以禦半漫之水。堤築，愚民以爲可恃，不復修堰。水勢聚，則蓄怒而力猛，一潰則溜急，刷深必成大渠。即開一二閘垻，其力亦聚，行水處必成渠，廢地已多。水入堤内，不能反出，受水之地

❶「郭昌伯」，原作「郭長伯」，據清史稿卷二百七十五郭世隆傳改。

轉窄，停蓄反久，麥不能早種早收，明年水又及麥矣。往時奉命看河時，紫垣親拉予至高家堰上周家閘地方訴寃，曰：「君是公道者，當日潘印川將此處四十里不築堤，名之曰『天然減水壩』，使水灌入淮陽，各州縣人曾無有一怨詈者。今予勞役數年，爲築四十里長堤以護民田，僅留六七閘壩洩水，而淮陽紳士、百姓譁然讒怨，可謂有天理乎？」予問：「潘公何乃空置此處？」靳云：「殊自不解！或當時銀不繼，或時勢有阻，未復成功使然。」予時竊心是之。歸而語諸淮陽之在朝班者，皆糊塗作怨詈語，曰「靳某之言烏足信」而已，予幾欲爲啓奏。渠自分辨上前，予亦止。乃思得之，即靜海築堤之害也。

問建都形勢。曰：「畢竟是中州。周公定都於洛邑，何嘗是爲周室？聖人舉事，皆是爲萬世。漢文帝時，烽火達甘泉，明朝都今京亦然。帝王之都，爲何履險？胡虜一來就到此，豈長計？洛陽無論四方之貢，道里均，即以形勢論，何嘗不險？以太行爲後背，左齊右陝，天塹在外，重臣鎮之，卒有不測，隔有重險，可倚爲固。奈之何自臨危，以扞難損威重哉？」

定九先生云：「柳州封建論，是爲藩鎮之害而作，其論終不允。」先生曰：「後世人止把天下作一自私自利，世爲己有之物，許多算計只是從自己利害説。柳州説，俗論也。班固則善矣，然猶是第二層，猶不免於從利害起義。指臂相使，唇齒相依，屏翰爲蔽，苞桑鞏固，周之所以長，秦之所以促。可惜最上一義，班固亦未説得。其寔聖人只是要天下安，是自己的、不是自己的，有何大關係？將土地、人民分封與人，爲彼世守之業，自非大不類之人，畢竟要此一塊上許多人活養自己及兒孫，不然民竄田荒，己之貧敗立見，豈有不顧念的？不比今之郡縣，其爲官也如傳舍，罷者必去，陞者亦必去，知最久無十年相守之事。下不信其上，上不恤其下，官吏日夜思爲，盜劫搶掠以肥其身家。必得大賢，始念朝廷之命、牧養之義，此人如何多得？諸侯各與其民爲一體，而天子不私其所有，此封建意也。故郡縣之流毒，有不可勝言者。」

封建，良法也。秦、楚何難搶一周天子去？彼以爲天子即去，旋而齊來争矣，又旋而晉來争矣，去一周，又有一周，無用也。周已小弱極矣，晉文公勤王，又逼取其數邑，真不仁極矣，故夫子惡之。班固論封建極善，柳州開口便錯，曰：「非聖人意也，勢也。」聖人又何爲有行不去之意？

何焯言：「荆公保甲，非如今之五家相保而已，蓋五家出一甲兵也，所以不能行。尤甚均輸，亦斷不可行。如青苗法，令程朱諸公行之，有何不可處？」曰：「正是。天下事大概如此，不得其人，未有不弊之法。如周禮一書，但立王畿千里一州之法，他八州置之不問，正是此意。那時王畿之内，有周公、召公、畢公、芮伯諸聖賢盈於朝宁，朝夕可以巡行，恁甚詳密之法，無不可行。其外諸侯，若强之行，有必不能者。但立一箇榜樣，有欲倣而行之以治其國者，天子未嘗不嘉與之。不然，亦止五年之閒，察其人民土地、風俗貞淫、在位賢否而已。是聖人識大體處。孔明治蜀獨詳密者，亦是蜀地小也。若使九州盡如周禮，雖聖人有所不能。三代以下，不能復三代，要當以漢爲則。顧寧人曰：『小官多則治，大官多則亂。』其言甚確。若地方有事，督撫行藩臬，藩臬行道府，道府行州縣，州縣仍取憑於里長、保正而已。是里長、保正之權，甚于督撫也。今動云革去里長、保正名色，以爲善政。其寔不能不用，徒將略好些的人革去，所用者盡是光棍。是上所查問之事，盡憑光棍以爲據，焉得得其理乎？漢時，縣有十鄉，鄉有三老、嗇夫掌錢穀，游徼掌盜賊。鄉有十亭，亭有長。今之鄉約是三老，今之里長是嗇夫也，今之保長是游徼也。漢之時，此等皆列之官，今之世，皆視之不啻奴隸，而用下賤之人爲之，豈不悖乎？予嘗言之，亭長一鄉長，設欲貪贓，每一家歛銀一兩，歛至四五百金，則怨聲騰沸，必有不可言者。今以充一藩臬、監司，一身之所着尚不足。可見小官貪，所得小而易敗；大官貪，所得愈多而其勢復足以自固。復何取於督撫、司道之纍纍乎？故漢時，鄉亭之長，朝廷亦知其名，而以一太守制一郡，其治遂爲三代以後之最。不亦宜乎？」

滿、漢分別。滿洲生齒日繁，勢不得不圈外地。百畝則失一人之産，千畝則百人，萬頃則萬人失業。今日圈地何下數十萬頃，此失業之民，將能安其室而無怨痛乎？旗下衣好、食好，游手無事，民一投旗，則好帽一頂，好衣一身，靴一雙，斷不可少。何也？欲其異於齊民也。外邊州縣打旗人有罪，犯軍流則鞭責，渠亦自以爲應安坐而享福，其敝也風俗侈靡。子女之費、婚喪之費無所出，不能自給時，雖欲自己趁食，而一出境則爲逃人，欲投靠則無主敢收。此旗人與人民兩敝之道也。天下事莫如打開了做，算定了滿洲兵應用若干，則註籍若干，其他宜盡行聽其自便。弛滿、漢之禁，令其佃傭、商賈，活動則通流，犯法則有司與民一例得而刑罸加之。州縣佐貳，漢軍可做者，滿洲亦可做，亦與漢軍人一例黜陟。何必拘聚於京師，共怨困頓哉？如此，則民有營生之路，而官失驕倨之資，生計漸廣，而人才亦出矣。

如今五百里以内，上不許人官其地。近者有例，則遠者何獨無例？亦當定例，二千里以外者不得官其地。如今萬里一官，苦不可言。州縣官，宜於五百里以外，二千里以内，許其除授。如此，則道路險遠得免，一也；妻孥得至，二也；親族音問，不至經歲斷絶，三也；且民情俗尚，語音食物，相習而易通，四也。銓部不能疏通，宜用明三年考滿，家居候陞之例。如今即不必三年，加一倍六年，亦勝十五六年而尚滯一官，居其位者困於下吏，待缺者又苦其不遷。大官聽其告休，知道國計，講求治道，朝廷所不可一日離者，有幾？其他旅進旅退之具臣，亦當有進禮、退義之例。使之有去就，則官方不滯，而廉恥亦生矣。

阮亭見予于朝班，曰：「公督學京畿，竊有兩語奉頌明公，曰：『以正學端士習，以寬大培士氣。』」

科場關乎主司。陸敬輿榜，有韓文公、李絳、崔羣、歐陽詹輩。至歐陽文忠主試，道學則程明道、張横渠、吕藍田，文章則二蘇、曾子固，恐亦不亞龍虎榜也。宋室人材之盛，全在此時。文章則歐、蘇、曾、王，事業則韓、范，書法則蔡端明，理學則程、張、吕。人材，國運所係，宋亦以此時爲盛。

如今人才不生。予做學院以至今，留心人才，雖童子有知覺者，皆着心。而求成一人物者，甚少。有文翁爲之教，須得相如爲之師。梅先生曰：「當日蜀中，幸而有相如，亦不幸而有相如。倒底有文君事，所教者亦不過詞章之學而已。」師曰：「正是。」

癸未三月廿八日，師言：「上臨軒，問熊中堂：『汝在場中看會試文章，是自己獨斷，還是衆人商量？』熊云：『是衆人商量。』其寔熊定會元後，許時菴私對吴容大説：『這文章不通，如何做得會元？』聲微高，熊聞之，大怒曰：『老先生新膺聖眷的人，自然識得文字，學生那認得文字，學生請出。』吴從旁挽留勸解而止。聞此番陳澤州始終不看一卷，只是説病。辛未場，予同京江一房，阮亭、澤州一房，王、陳亦俱説病，實是精神短，非有故也。然大家尚争論，講書旨，既受命，且先敬其事。京江于未進卷三日内，皆看前三題大全。到京江定惠周惕爲元時，王阮亭見之云『中説子路、顔淵皆貧人，那裏有裘馬勞善』，嗤云：『甚鄙俚，如何做得元？』京江從之。又張孝時擬元，阮亭嫌其太平，亦遂已。後定楊名時爲元，已三日矣。一日，澤州侵早忽至予與京江房。渠不敢輕出門者，予與京江即迎入。坐定，澤州語甚悦容，曰：『昨會元文字，三場力量俱足，文字亦似蘇、曾體，但學生覺得略放些，與我們初入場時，要正文體、出條約所言，似覺稍背些。愚見如此，未知是否？』京江尚未答，予即和之云：『甚是，如今再搜。』澤州又云：『搜之不得，即用此，如有好於此者，易之。』於是京江見予將張瑗卷經文字圈滿，蓋張易經文多直抄歸震川者，故覺得不同。京江即熟視其四書文字，謂：『此可作元。』予云：『亦可舉。』視陳、王皆以爲然，遂定。全要争論。由今觀之，張瑗三作，果勝楊名時，豈不得澤州之力？又阮亭薦吴昺卷甚力，欲置五名内。京江躊躇，阮亭即怒云：『難道這樣卷子，你好不教他中麽？』京江亦怒，點頭低答云：『也有這箇意思。』阮亭即擲卷于案而去。京江向予言：『鬍子可笑，這卷子文字可中，只是中有三篇，結語皆虚句。老先生試看此三語，何處不可着？近時常有用此爲記號作弊者，原有可以不中之處。』予云：『老先生不要如此，蓋我們在場内，總憑文字，若如此搜求，却搜求不盡，而又恐未必盡當。況此卷做會元不得，却是我們這一榜狀元。』京江遂默然置第八。阮亭潛使人伺京江不在，旁問予曰：『適那一卷怎樣了？』予云：『已中，且在十名内。』使回報，阮亭方喜。是科，戴有祺狀元，乃上科補試，而吴昺榜眼，實此榜之狀元也。京江當日聞予言，並不駭問，想亦覺得此卷有當貴氣象。由今思之，澤州、阮亭真胸中毫無一物，空空洞洞。京江大有所掛牽，畢竟江南人，以此爲人生不可少之事。如惠周惕，昔游阮亭之門，師友至密，而打落其會元者，即阮亭也。」予問：「如今科會元文字，或東宫尚能別其謬？」師云：「東宫震于孝感，不敢置疑。」予觀東宫，向予云：「孝感學不得，真從來無此人。」予窺之，總是爲熊公大言所讋耳。蓋孝感與南京黄俞邰皆是一種。凡書總不看其文義，只記其書之序文、目録、著書人之出處、作書大旨一二語。如今我們所知之道學，明朝不過知道王姚江、胡居仁、吴與弼、薛文清，後來高、顧諸家而已，他便能指數如羅一峰、羅近溪、馮少墟、周海門、王心齋，一數一大堆。又鑾自武斷，硬云某還有某兩句説得好，某全不是，其某處所云已大差。可謂全然不知。如道書、佛書，我們只説得看過的，人皆知道的，如參同、悟真、楞嚴、法華、金剛、華嚴之類。而他一數某經、某書，輒至數十百種，問之，他皆道其一二語。大略不知者，自被他嚇倒。予初入館，見孝感如此恢闊，心甚敬畏。薄姚江，尊程朱，心中以爲雖然，扶一家，殺一家，倒底我們爲甚麽扶這一家，殺那一家？如亂時奴尋主子依靠，也要棄暗投明，擇木而棲。及問他優劣之所以然處，或混話應過，或不答。予彼時亦不敢疑，以爲或有深意。及孝感見上問予所著易經講説，命録進，孝感托人欲予編入渠幾條。視其所論，無一字足録者，還之，渠大銜恨，遂對上云，予一字不通，凡所著述皆勦襲他人現成語爲欺謾。又言余所説揲蓍不是。上因諭孝感及予：「二人在内閣覿面辨論河圖、洛書，蓋在朕前或不能盡其辭。」奉詔：「不得拘師弟之分，命辨三日，盡録其語以進。」命王熙、伊桑阿如監試者。張英從旁聽之，王、伊促之辨，熊不發語，予亦不便發語。熊窘極，託張語予云：「老先生倒底存師生之分，不要破面皮爲是。」予遂許之，「但教熊老師説我那處不是，我便要認就是了」。張云：「回旨時，熊老師他虚虚的説兩句，老先生不辨就是了。」予云：「即如教。」一日，許有三到閣裏，看見河圖、洛書，説河圖是相生的，洛書是相剋的。熊隨口云：「怎麽是相生？怎麽是相剋？」移時，扯許有三入房，悄悄問他相生、相剋，有三爲他講説，予方知熊公讀書乃如此荒唐。及至第二日，熊公恐予騙他，在上前仍有辨論，又令桐城探予，予云：「豈是如此反覆人？」後回旨，熊又用混話答應云：「他也是箇看書人，只是不精細確當。」上問桐城云：「汝云何？」桐城云：「臣所見亦如此。」上面斥云：「你就是个一口兩舌人，你向我説李某説得揲蓍俱是，今又這樣説？」桐城大没意思。由今思之，廷争而至於説書，説書而至於談經，談經而至河、洛。河、洛無形無影，作就説一番，何處得是非了然？誰爲判斷？故當時不置詞亦是。

八股取士弊壞極矣，離却四書、五經不可。周禮，經也。公、穀于孔子爲近，與左氏當列于學官。首場試經説五篇，令學者述先儒之異同，而析其孰爲是，孰爲非，皆所不可，則自出己意。四書説三，經説二，只此，足覘窮經，多則敝士子之精力，無謂也。二場論二篇。孝經雖聖人之經，卷帙最少，不如易以性理、通鑑。表判可去，恐聲病之學遂廢，兼採唐制，試詩二首。三場策三道。首場試畢，取三倍人數進二場，餘皆罷歸。復取二倍進三場，刷去者亦如之，而後登其半。又以五年試大科，俾兼通數經，習三春秋、三禮者，得殫所長。登斯選者，授以館職，如殿一甲之例，亦不過數人而已。即以其年試天文、律曆，專門名家，分别録用。如此，則士皆務實學。或疑二三場如試武業、馬步，有不入闈之人，恐滋弊端。予謂：「弊之有無，原不關此，要在主司得人耳。」徐健菴爲總憲時，予慫恿之，欣然具疏，爲湯潛菴所阻而止。

方靈皋云：「始初與安溪先生談，以爲得志，真天下才，今殊平平。」先生聞曰：「吾何能當『平平』二字？罹於罪戾者多矣。古人上一等人不出來做，如朱子，只守定古法，你是這樣我做，不是這樣便罷，寧使千秋萬世説我是迂腐不通世務無用人可也。然一二有識者，已服倒矣。二三等人，方委曲出來救人。邵康節見新法行時，諸賢皆退，曰：『天下有事之時，正賢者盡心之日，百姓寬一分，即受一分之福，奈何皆去？』然他自己爲何不出來？是明以三等秀才視司馬君實、程伯子輩也。故程子直謂其『不恭』。」

鄉約須整頓一番。舊講六諭，只稍提明，不煩疏釋。今講十六諭，每條詮解四句，多不過十句，務簡明。歌詩也要更定。

古以河南爲中土。江南自漢後，東晉文物所在，遂至今爲大邦，天下視之爲中土。若江南人心風俗日變而上，天下便大可望治。何焯云：「江南更不如前。自捐納開，讀書人皆去管勾當，希圖小利，日益污下。」師曰：「病根只在不讀書。孟子云：『上無禮，下無學。』此六字下得甚結實。如今做京官，誰肯退朝來即閉户讀書者？富者恒舞酣歌，以爲何爲此苦事。貧者曰：『吾救死不贍，何暇爲此？』如此，是貧不讀書，富亦不讀，不知何境界始是讀書境界。」

天子要做聖人，狠容易。漢光武、明帝成甚麼文教，不過略有一層皮，在體面上略略行些，然天下文風之盛，超軼前後。況文、武、成、康而濟之以周、召乎？倒是布衣做聖人難。孔夫子若有走一步路不是，門人便不敬他。天子好處不耑在細事，大事皆做得來，便是聖人。

張運青自從入爲尚書，耑講和平。許嗣興❶爲閩撫，運青舉薦他，頻頻教許時菴寫字與他，教他和平。許嗣興先從一點操守上和平起，弄得不成樣，以之爲龍又無角，以之爲蛇又有足，以至於敗。前日，見順天府尹屠沂，又勸他和平，屠對我述其言，我云：「從來不聽見年兄你有不和平處，不知這和平之藥可對年兄之症否？」

有言天津、滄州俗侈者，何焯云：「因縉紳家住其地者多也。士大夫取科第爲仕宦，無有率其鄉人積學種德者，而惟誨之奢靡，可恨也。」師曰：「果然。予應童子試入郡城，乃端午日，競看鬭龍舟者，兩岸惟見人面如山積，層累而上，何啻百萬。然紳士無着綢緞者，極麗色新興服，則月白色布袍而已。惟有一楚藩子爲諸生，則内着綢衣一件。及楚藩歸，攜資數十萬，其子弟、親戚、門客、僕隸無非綺紈，始相率講求衣服、飲食、器具之精好。士大夫家從風而靡，不五六年間，人無貴賤貧富，一皆綺紈矣。風俗之壞實由此輩，而其易若此。聖人删詩最妙，唐、魏儉至於陋，而聖人録之。嘗疑葛屨、蟋蟀見其勤儉，而山有樞殊不類也，似欲奢侈淫逸者，不知此正見其儉處。衣裳自宜曳婁，車馬自

❶「許嗣興」，原作「許興嗣」，據清聖祖實録卷二百四十改。

宜馳驅，惟不肯曳婁、馳驅，故徹底打算到生死之大故，而後決計也。其吝嗇之意，言外可掬。」

於今我們歸家，既做一箇大鄉紳，也要略略的在本鄉做得一點榜樣。先從本族整理起，先要自己清心寡欲，禁得子弟、僮僕不要欺詐鄉里。即一族子弟，你若無一點恩惠到他，但要約束他，他也不服。一族人多，焉能養活他？只是病無醫藥者，死不能葬者，年長不能娶者，欲向學而無資者，少不得有一點周贍他。然後立一點家規，使身死之後，有幾年流風餘思，爲人所稱述，可以効法處方好。

三代以後人，力量少，不敢行事，亦恐行不來更壞，只是與民休息，不去剥削撓亂他，聽他自生自息，便就好。予云：「若不是立有品制，今尚儉朴，如現今侈靡相誇，了無分别，彼此相耀，婚嫁喪祭不如此，衆以爲鄙嗇失禮。非特立獨行者，亦勉强就之，以避親友咎責。欲民生日厚，難矣哉！」師云：「正是。漢文帝不獨蠲租而已，自己綈衣，一臺之費亦不肯用。商人衣飾逾制者，有厲禁。洪武視貨財如瓦礫，教民耕種，懲官之貪，訓士以廉，游惰置於重刑，故風俗淳朴，而國祚久遠。諸事自然法古方萬全。立制行法，恐滋擾亂者，如王荆公亂行，自然不好，若是順民情、因時勢而行之，有何不可？倘如今日，要遽復漢官之威儀，固覺孟浪。設於一頂帽分别貴賤，他俱不必禁，則前門外奴隸光棍，自漸不衣錦繡矣。何也？如今王公與厮養同一衣服，渠不過恥爲厮養，以衣飾假作王公耳。一帽已定，走出來便知其爲何等人，雖衣錦繡無用，且自覺其不稱，亦廢然而止。此必然者，有何不可行？一番定服制，便有人向皇上説，大家都不穿有何趣味？覺得忽然蕭條冷淡，豈是好景象？不知天地間要熱鬧，須忍得幾年冷淡，如冬天何等枯槁冷寂，不得此，春間着甚麽發生？人朴儉了，方能富厚，亦如此。」

經館中有不佳數人，却不消逐之去，留之亦妙。天地間不有高下，人無所勸懲。在吾上者有人，便思跂而及；在吾下面有人，便自覺亦有不如我者，便不自隳心，不獨其不善者改之之爲師也。所以「鶴鳴九皋」之詩最好，「樂彼之園，爰❶有樹檀，其下維穀」。有穀却能益顯檀之德，又恐人止以穀爲襯貼無用之物，而曰：「他山之石，可以爲錯。」

許志進上疏，言大計年，外官輦金帛入京餽送者無數，宜禁絶，宜令九卿、詹事、科道稽察。此借禁餽送爲名，而欲九卿、詹事、科道擅權爲實也。如此，則餽九卿、詹事、科道豈不更多？所謂「觀於木瓜，而知苞苴之行久矣」者。書吏一點紙筆之費，雖唐虞時，亦未必全無。我爲巡撫，即不敢禁屬官不收節禮，爲此沽名而不切實之言。如今俸薄，

❶「爰」，原作「園」，據毛詩正義卷十一鶴鳴改。

交際禮繁，又加動行捐助，公家絶其餽送，勢必增其派累。人至窘急，何弊不作？當更甚焉。董默菴爲直隸督學，即盡以學租公費入國帑；徐健菴做尚書，即將外省硃墨之資裁革。此二公居官豈廉者耶？定九先生立旋久，悟陽明先生一段言語：「有一官僚，見陽明，稱曰：『公初仕時，即能革公廨養猪之供贍，風裁便不同。』陽明滿面發赤曰：『此予少年欺天罔人之所爲，尚齒及之耶！』常不解其所謂，或即此意也。」

言官采事，亦知其大略而已。若將外官某日批何文書、行何牌票皆臚列彈章，反似有意羅織，必有所爲。當年明相爲欲駁熊孝感，時常譚數學。一日，予至其家，渠忽問：「『至誠之道，可以前知。』易經卜筮，是聖賢亦以此爲重？」又問：「邵康節是好人否？」予曰：「豈獨好人，是大賢人。」渠故愕然曰：「如此又何以有『不可前知』之説？『若人前知，必遭陰譴』，此言非耶？」予曰：「皆是也。所謂前知者，知其大略而已。如予與公相與久，君家門逕如何，屋宇若干，人口之衆寡，用度之豐儉，無不知者。有人問及，予能道之。然此亦大略而已，縱其中有不足于君者，或議其僕役之過多，或尤其用度之過侈，君雖知之，亦不以爲怪也。若件件鈎棘，着人窺伺，君家凡有錢財之出入，吾必知其數，内房之曲折，予皆能言其形，此何爲者？君知之，有不心忌發怒而成仇恨者乎？夫帝天亦如是也。」明乃撫掌稱嘆曰：「真真高明。」

予在皇上前，一語不及讐怨，皇上固問之，亦淺淡説一二句。不是要見度量也，是恐觸引皇上長出忌諱報復之心來。

上言捕蝗之事，云：「人有實心，則天意可回。」大哉王言！人只不肯實心，奈何？及當虚處，又不肯虚。實者虚之，虚者實之，奈之何哉！

天下做得事來，都是不要做的人。急躁，便易敗。

敝鄉某氏，本朝科甲特盛。一祖之孫，鄉科至十餘人，甲科三人，而鄉人視之如無有。亦非爲其學問于濫時文之外一步不窺也，因其嗜利無行，雖胞兄弟，一文錢亦計算，而相視不啻路人。可見斯民三代之直猶在。

上于向年巡視永定河時，閒話間云：「汝輩漢人，説予向征噶爾丹時，不必如此窮黷，身蹈不測之下，太平當休養生息。此都是不知事務語。本朝以四十八家爲藩籬，噶爾丹自恃强勝，扇動四十八家，那年深入内地時，我軍雖不較勝，他見兵馬之多，火器之精，矢鏃之利，固已心懼。但他立心要想天下，若四十八家爲所扇誘併吞，我兵出則彼去，我兵歸則彼來。中國人説胡人秋高馬肥話，都是『盡信書，則不如無書』語。其實騷達子的馬，四時皆是肥的。汝皆讀書人，如漢時虜人爲患，不獨漢武帝竭天下之力，中國虚耗，即如文帝時，何嘗不戍邊？噶爾丹邊釁一動，兵疲於奔命，民窮於轉餉，欲休養生息，得乎？所以予不憚親征，去此大害，今而後庶可言『休養生息』四字。」皇上此言甚是，但此時却該講究休養之道。捐納不識字人，殘民命而滋巧僞，部院官苟且漁利，爲事却不好。予于此番隨駕奏對時，亦啓其端説：「皇上於安不忘危，雖千把弓馬，必經考驗，他處不可知，直隷武弁威容器械，近頗可觀。巡幸所至，地方官或亦考試，皇上聲靈，與臣等教戒不同，一經聖心，便各成風。文官以文爲名，不識字，文書詞狀皆不通曉，如何牧民？請于幸駕所涖，將親民官，不論捐納❶、科甲、旗員，不必詩及時文，彼或借口未習，或生疎，即就本地方事問之，或如策問以時務，令臣輩閱定，恭呈睿裁。但可存者，原不苛刻，實不識字者，自應去之，渠亦無詞以自解。即不必真有學問，就是日夕學習記誦，策料中亦必有可用語。他在那裏也有懼心，不比酣豢無事，淫逸剥民也。教官一官，闒茸無能，真如虛設。其等有二：一爲數十年廩生出貢，再候二三十年做官，小者七十，中者八十，老者至九十，疲癃殘疾，焉能董率訓教？一爲十餘歲童騃，做童生不足，而爲師焉能領袖諸生？莫如亦以考甄别之。教官怕考日吚唔于學校中，不患其弟子不從之吟誦也。」皇上亦云：「正是。」大概治天下，内而中堂部院親近皇上之人，

❶「捐納」，原作「捐約」，據石印本改。

外而與民相親州縣官，真是要緊。得其人則治，法不足恃也。州縣官有百里之地，此百里須視如門内，敝車羸馬，一飡不擾民間。周巡熟閲，勞民勸相，耕耘之及時與否，各鄉之習俗善否，水利、紡織、義節、貞孝諸務無不周知。有姦民、有互鄉，一一心記。盜發必心知其人。無情之詞，必忖知其故。所謂「民之父母」如此。雖周濂溪爲令，不過如此。大臣部院大臣久任，雖皇上篤於故舊，眷顧老臣，是忠厚開國一點根本，其實亦有弊。大臣在位久，無建白能勞，亦當引退，以厲廉恥。

上亦當視吏部果能爲國澄别流品，户部果能會計盈虚，禮部果能興教化、正文體，久任更妙。如不能爾，令其告休。如今滿洲皆將這幾箇老人家煅煉得如木偶，若再换一人，不知其性情如何，從頭煅煉，又費工夫，不如仍舊恰好凑着此時顧愛留戀老臣之時，遂致日擡大轎，酣睡于部院，數十年而不知其中絲毫事務者。此亦大弊。但這却是皇上至厚處，我們斷不宜破他這一關。但用賢而兼此，則更妙矣。

事有宜急者，有急不得者。如朝廷目下，於科場作弊、捐納這兩事，真該一刀兩段，急急斷絶的。至於海賊，則不必急於斷絶者。必不能斷，急亦無用。科場作弊與捐納，原不該有，可以斷者。海賊不能不有，無可斷之道者。何也？海中有賊，猶平地有賊也。平地之賊，自古至今，有斷之時否？天上都有他的星，如人身上跳蚤、虱子，天地間有虎豹、蛇蝎、蚊蚋、蝱蠅之類，豈能使之無?防備、揮斥、驅除之而已，欲斷其類不能也。豈惟急之無益，抑且急之有病。如前年，皇上於投降海賊陳尚義，招徠之，待以恩義。敝鄉目下即有惡少，結聯三五十人，竟打劫一回商船。既有案矣，你說他不是賊不得。於是才出來投誠，橫行鄉里，索詐富户，莫敢誰何，連范總督都不敢問。幸而滿撫院還知大體，竟着人訪拏，方才好些。這不是講求急於斷海賊的害嗎?向年海賊雖平，出許多光棍，假冒隨征臺灣，買人一張劄付，部裡使費些銀子，就去做大武官。如浙江總兵仇機、現任山東總兵李雄，都是這般人。藍理言，仇機乃浙江剃頭人，一關差筆帖式喜其剃頭好，帶他進京。他買一功，加都督劄付，便選一遊擊，一陞，便是副將。一日，見鎮江將軍馬三奇，藍理在座，而仇機不識。馬問其功勞履歷，仇機便說與藍總爺同打臺灣，共在一船。馬指藍曰:「這便是藍總爺。」仇方倉皇向前作禮，藍反周旋云:「汝看我老了，也不認得了。汝之面蒼，我亦竟不相識矣。」仇唯唯而退。李雄劄付，即我家大房舍姪買的，向藍理要憑赴都謁選，藍云:「汝面白，身材小，太不像武官，如何?」於是爲他薰晒，而面愈白。既不能赴選，遂賣與今山東總兵。予向見李雄名，即詫異，後以爲偶同名耳。昨見藍儀甫，言次及之，始知即是物也。皇上以爲沿海重地，自然用當日平臺灣、習水戰者，而不知其爲此輩。只吴群雖然亦是買人劄付，他當日倒底做過賊中大爵，尚有一身武藝，又非他人可比。

柳子厚古文各體好，詩復各體好，書法在當時亦極有名。韓吏部云：「吾友柳子厚其人，藝且賢，蓋無不精工也。」予問：「子厚當日未嘗附伾文作壞事，何以終身淪落？」曰：「柳子厚當初不過是功名心盛，自負才大，可以借伾文之勢行自己之道，暫爲伾文用，而將以用伾文也。不知一爲小人用，便已爲之用矣。八司馬之名，至今烏能剖别哉？」此種見解，古今一轍。士大夫功名心熱者，極易持此見，而至於陷溺。聖賢却無此作用門路。小人得志時，也不須與激撞生事，令他看得我們迂迂闊闊，孤孤冷冷，毫無所用，便足自完。若一見才，示其可用，便不妙矣。初，北門屢以事見屬，予左右籌畫不決，務推求無弊。渠不耐繁而止。復又使人言上欲用作部堂，會議時令予唯唯，予不可，復止。後即勸予假歸，予即如其言，渠亦深相傾吐，周詳爲予慮後。及别後，東海巧發難端，以德格勒彈擊北門，遂逼北門合勢，借予以摧德格勒。北門切膚之痛，不得不俱傾之，大治復從而加功，而潛菴及予乃至于不可支。然予等而爲明公所排，不得指爲同黨矣。

今日文風，予意轉屬之屺瞻、武曹輩。蓋今日公卿一典試，便看汪、何選本，故選家議論，正未必不足回天下之狂瀾也。故易有大畜，有小畜。大畜者，聖君在上，正名定分，布德發政，天下風靡。小畜者，如太甲、成王爲君臣致匡輔，如瞽瞍及鯀爲父子乃幹蠱。如一家之中，夫蕩家産，婦勤紡績，始雖勢逆，積久有效。故自上而變下者易，自下而變上者難，然固不可謂不能變也。故小畜云「既雨既處」，積之既久，陰陽亦合。但大畜功成，身名俱泰，故曰：「何天之衢，道大行也。」小畜功成，便宜引退，伊尹所以戒「寵利，居成功」。周公雖勤勤懇懇，然亦曰：「兹予其明農哉。」而召公則引退之決也。蓋以陰畜陽，若不知止，過亢也凶，故曰：「婦貞厲，月幾望。」東漢之末，東林之盛，皆處士横議，遥執朝權，競勝不止，故致傾覆。孔子身爲布衣，何嘗不將文、武之道好好修明，爲萬世扶人倫，崇正教？然當時在定、哀之世，處季、孟之間，斂鍔韜光，見幾而作，不俟終日。當季桓子逐昭公時，孔子在魯，計其時有門弟子當不下數百人。若如今秀才，動輒哭廟，孔子當帥弟子出揭帖，動公憤，與季氏不並生矣。孔子却閉門讀書，如不聞也者。在出公時，受其公養凡五六年。輒拒父，孔子食人之食，此何等事？而不出一語以規正之。此若大不允者，而孔子却安然處之，亦置之不論。安卿曰：「于此見聖人之作用。」曰：「説聖人作用使差。却要於此看出聖人確當，未嘗不在利害計較，究歸于中庸不可易的道理，方好。説却不得力，却要看孔子謹嚴一絲不走處。季氏逐昭公，孔子未嘗食君之禄，非我事也。分所不屬，何爲多事？理當如此。孟子曰：『鄉鄰有鬭者，被髮纓冠而往救之，則惑也，雖閉户可也。』以常情論之，孟子似無情者，細思之，道理却顛撲不破。鄉鄰本非至親，往救而不力，則詐。往救而力，則代鄉鄰而與之鬭，傷生被辱，以危父母，皆不可知。即不至身受其災，如今日律例，打死人在傍邊不救者，亦有不應問擬，拖帶作人命干證，有何好處？雖閉户可也。的確該如此。夫子在衛，其初不過住歇店一般，其君知之，餽些柴米，受之可也。出公已犯其父，成事不説，言之何益？若是出公信孔子，委國而聽之，夫子自有正名一番設施。君既不信用，何爲以局外之人爲不入耳之諫？那時夫子已老，歸魯心切，惟衛與魯鄰近，他國無可居，又遠于魯。夫子當日不脱冕而行，已與魯絶，又不便自歸，故待季氏之請而後歸也。彼時地位道理，應當如此。」

安卿云：「家永州總兵叔具有眼力，平常佻達，喜游俠好事，至三藩變逆，却安坐不動。鄭、耿方熾時，渠潛至海上覘之，歸曰：『無能爲也，皆乳哺小兒也，焉能成事？惟有劉國軒，將來尚作哽噎耳。』復潛至耿處，歸曰：『行尸坐魄耳，烏能爲？惟有一姓曾者，瘦而有神采。』後曾養性果爲江西害，劉國軒殲我朝兵無數。」

家政

先君性情篤厚，雖老，思及先祖猶痛哭。當家中貧窶不能自存時，有宿糧，皆以供祠堂之費。緣門募化，竟二三千金。重建祖祠，倡議捐祭田，爲族人營婚葬，不一而足。明末，閩中學者飲酒讀史，崇尚李卓吾書，舉國若狂。而先君篤好性理。赤貧赴考時，十金買得一部内府板性理，喜若重寶。歸而督予讀之，遂開子孫讀書一派。而天性之厚爲根本，天性厚，豈獨是自己根本，並是子孫根本。

先叔生平不喜宋儒學問，而視黄石齋爲聖人。若使聞浙江人以所薦鄭鄤爲真不孝而淫惡，必揮拳相向，以爲黄石齋先生聖人也，豈有聖人妄許人耶？先叔有巧思，凡人家有吉慶事，求其命堂額、贈聯帖，皆應口就，而玲瓏切合。熟通鑑，幾能成誦。先君三十一歲始生予，極喜，所居地名下地，故命今名。先叔于彌月時，以銀泉爲賀，鐫其文面背曰：「金馬中人，玉麟下地。」類如此。

有以油杉木爲器車者，予平生所見祥瑞，如油杉、五色靈芝。油杉木親試之，冬日，以瑞香花未開者置油杉匣中，數日開視，居然開放。得此木而用之者，大約有福命存乎其間耳。先君得一付，不意爲泉州知府王者都所逼要，分開已薄，王怒而不受。後共分爲三，先伯一，先父一，先母一。先祖先得一，皆大福。他姓得一付，後死于兵，不知此物歸何所。吴給諫得一付，死，其婦悍妬異常，曰：「老厮詎應得此！」留爲己用，竟不與。後經兵火，亦失去。如此者多，得之既難，而用之者尤難。先母善知水味，喜黄河水與京城水，以爲味厚而甜。屢卧醒，自詑身旁卧一大魚，頃之而失。先母孝而知理，先君直，不過一意向善，百折不回。此人之所不喜，而神之所喜也。

予年來與子説，當勸小兒作時文，豈是要他急中進士圖科名？要他讀吾儒書，把心地引到正處，雖用心深苦，而自有一段和粹之氣。大凡人之心，必有所寄。如人君，不寄在賢士大夫上，便寄在宦官、宫妾上。宋太宗終日下棋，罷，即看太平廣記。人諫其太勤，曰：「吾以此避六宫之禍耳。」真是名言。小兒嘗言，欲以二三年且學算學，待他年再回頭，專精於儒書。我叫他讀正經書，也不是要他做名公，做經師，正以五經、四書時時刻刻安頓吾身心之物，豈容有待？吾之喜怒哀樂忽失其常，不合聖賢道理，便當自省，便當懼，必有緣故。所以左傳記一人一言之失，便占人吉凶禍福，是此意也。渠生在吾家，有祖父一脈傳下來，少差些便不妥。如藍儀甫一路升官，誇張喜躍，到老無事。若我輩如此，早已化爲灰燼。覺得心纔略放些，當日必有不開交的事來。此可見天之待人，竟是各色各樣。

榕村續語録卷十九

詩文

古人本傳載其詩文，即此便見古人妙處。可見平生所作止此，不浪作。今人一年刻一集，有何益處？妙在天地間所傳，多者與少者一般，絶不因作者多而傳遂多。

凡作詩，須看何題，要與古人某詩某詩相似，玩他立言體裁是何等，以爲規模，但不大差，只是不可鈔寫耳。如此模仿久，即自作亦中規合矩矣。如曾子固做古文，每篇或摹韓，或即摹歐，皆有成處。讀古文亦是要記樣子，樣子多便不窘。

顧寧人讀得書多，古文與詩都可觀。但詩落筆便要不朽，不爲詩經，亦爲詩史，這个見解存在胸中，亦是病。何屺瞻亦然。信如是詩經，至今還可删去大半，「彼采葛兮，一日不見，如三月兮」，有何關係？蓋詩與文章不同，所以道性情，性情誰不有？屺瞻聰明，此却須與説破。

王守溪以氣之靈明爲性，正佛氏之説。守溪未必學佛，正坐終身繁華，於理上欠研求耳。本訝王、唐、瞿、薛未能立極，蓋經義必須與程朱脗合無間。或有其人矣，而不肯爲此，又或辭不足以副之，筆力不高，類於訓詁語録，如虚齋先生者。看來制義總無有一人立極。文立極有韓昌黎，詩立極有杜子美，又好幫手，漢有馬、班。司馬遷雖不及古史，紀傳一體是他開創自作底文字，秦楚之際月表、漢興以來諸侯王年表，後雖有作，不能及也。使韓昌黎與之打滚，定當折脚骨。「遷、固雄剛」，此評不虚。又如賈、董之條對，諸葛武侯人物，敢道他不立極？即以文章論，零零碎碎皆極好。張留侯亦是立極人物。揚子雲有重名，然少遜，就論文字也拖沓，既不及董子之醇，又不如賈子之快。六朝無人物，書法立極，自王右軍而外，亦多善書，非後代所及。明無一人立極，僅一陽明收拾結果，不及古人。學不如宋，文不如韓、柳，詩不如李、杜。擒宸濠一節，乘機遘會，如此者多。若論勳業，則郭汾陽、李臨淮，赫赫前日矣。孫襄。

論世元詩品，許其清新。世得問：「清而不新，可乎？」曰：「以時文論之，歲生中式文字清而不新，亦有新而不清者，要之得古人一節，皆足以豪。」孫襄。

張籍祭退之詩，與李翱祭文，俱絶調。退之平生自處，首在於排二氏，翱篇端發揮，而此詩終韻無一語及者。文昌早年曾勸退之著書矣，豈晚乃悔，遁而之他耶？退之與孟簡書，籍、湜輩未知，果能不畔去否？而不及翱亦可疑也。自記。

問：「韓子論諸經皆當。」曰：「程子云：『退之説他不知不得，「春秋謹嚴，左氏浮夸，易奇而法，詩正而葩」，皆明理之至。』程子説：『禮一變而爲夷狄，再變而爲禽獸。』春秋於夷狄斤斤然，韓子以爲謹嚴，深得其旨。看來以浮夸評左氏極當，蓋左氏叙事過於鋪張。『上規❶姚、姒，渾渾無涯，周誥、殷盤，詰屈聱牙』，也贊得是。」問：「『詰屈聱牙』四字，亦類『周誥、殷盤』？」曰：「如某人與某人語，即學其聲音。退之不獨學周誥、殷盤，爲樊紹述墓誌，通篇效樊紹述文，爲柳子厚墓誌，亦類柳子厚筆意。」孫襄。

种與穆伯長皆受業於希夷，而傳其理數之學者。伯長又篤好韓文，爲學者倡。元之則首作杜體詩。一代人文，權輿於此時矣。自記。

孔安國尚書序，朱子以爲不類西漢之文，看來是孔子家法。孟子七篇，猶有國策習氣，論語則絶不類左傳、國語矣。孫襄。

鍾倫問：「西漢文章尚有流弊否？」先生曰：「何弊之有？秦不如漢。若國策則有弊，一變而爲蘇子瞻。」又問六朝流弊。曰：「六朝之弊已極。」孫襄。

予與屺瞻言：「文章不要求古，無論不似，即似亦無足取。所以古人謂東坡嵩蓁戰國策，便非文之至。從來無所謂古文也，只是就這一事，意思見得透，説得出來，只將閑

❶「上規」，原作「上窺」，據韓愈進學解及舊唐書韓愈本傳引文改。

字眼芟得箇乾浄，便是好文章。如今謂南宋文字不古者，非以其過於條達明顯，形貌不似也，不過是以其閒字句太多耳。」

道理已是見得如此，却要放在那裏，數十年寫出，方好。不特差錯者須改，即是者亦要爛熟，久之枝葉渣滓盡去，自己不消多着語言，而自朗然。即聽者，不待我言説之畢，而已自領悟。此境非可强取，所以用工須少時。程子言：「某十七八歲時便見得如是，至今仍見得如此，却意味自别。」要之意味别，則所見亦定别矣。

何焯云：「宋人文字皆偷人的説話，本之於經者，循其根柢，皆有味。本之莊、列、國策者，察其源本，已自索然。」曰：「六經道理，平正深厚，平正則無弊，深厚則不窮。故古人原本於此，則耐尋味。且後人本此不爲剿襲，乃爲發明。若莊、列之徒，存其言足矣，何足發明？既不係發明，則爲剿襲。即註疏内字有不相粘者，但年代久，經前人用過者，便覺得有些古雅。柳州學西漢，昌黎學周，故文特古。吾於八家内，欲選韓、柳、曾、王四家文行世，亦以其近古也。易註疏看了，亦于易不相干，周禮註疏最好。」何焯云：「書、易兩註疏極不好，禮記註疏甚好。」

世得論昌黎師説中，有説「愛其子」，使從句讀之師，至「傳道」、「解惑」之事，便不肯從師。蓋今人原有於技藝外面之事，轉向人求學習，至身心性命之學，則置而不問。

無論厭其迂而畏其難，亦有四書、五經自幼學習，何至老大尚以問人之恥？後又云：「年相若也，道相似也。」今人明知自己身分不如人，却以年大不便俯首師人。又彼人有絶技，我以爲我固知大道，何屑屑以此屈節於人？如程夫子便不肯請教康節易數。孔子却問官、問禮，不立界限。乃信昌黎之文至爲切實。

平淮西碑有但書日，而不書年月者，豈非大闕漏？但書經却有此體。大抵名號書法，惟春秋當法。春秋年下書時，時下書月，月下書日。有以兩日赴告者，則書兩日。有雨雹、災眚經幾日者，則書某月某災幾日。有無關輕重者，則不書日。楚及吴、越，慎之又慎，不使見經。到後來，列國策告俱有他，他實與中國盟會，不得不書，則書人。其後日益張大，竟主盟，不得不書其爵，然但書子而止，必不予其僭號。至於子，則概稱之曰「公子」，蓋公亦可通稱。至楚雖王子，亦稱之曰「公子」，真正謹嚴。

柳真工於爲文，隨筆寫去，書札數百千言，無一字可增損，直到班、馬地位。至韓文公駕而上之，直追周文。柳、劉輩皆知昌黎必然千古，柳當時語人曰：「子勿以大唐人物爲易，目前如班、馬者便有三四人，如崔、蔡者便有二三十人。今自不信，後當自見之。」今其言果不虚，如韓、柳何愧班、馬？而元、白之流，何愧崔、蔡？

韓文公順宗實録，質實得經意。無虚詞，無遺事，方是實録。彼正不屑學史、漢面貌，而人至以爲訾議，乃不讀書人也。

如今人讀經、史、古文，隨人道好，所以然好處，問之茫然。如韓文公平淮西碑，誰不知好，然無知其好之所以然者。如其中叙事之始末不分年月，却是何意？蓋淮、蔡之在唐，不過一隅耳。以叛逆之臣据一隅之地，用天下之全力圖之，四年之久而後成功，其爲辱莫大焉，故略而不書。聯片讀去，有似一時之事。其立意高處，爲得春秋之義。而駕漏聯貫，不用編年，却用書經體。昌黎之文，本之六經，所以高出於兩漢之後也。

韓文公、王荆公晚年極熟時，每作一文，令人書之，衝口念出，寫者不給，一字不可點竄。司馬温公稱介甫高才博學，真無書不讀，即舉子投以程式文，有一二佳處，亦無不記誦，故晚年遂造熟境。看介甫生平無事不傲，獨至文字，真虚心服善。子瞻作表忠觀碑，介甫得之，賓客皆以爲荆公必因其異己，銜恨毁之。荆公迴翔數讀，累日不舍，謂客曰：「子瞻此文若何？」衆唯唯。徐曰：「西漢文也。」衆以爲然。又問：「可比西漢何作？」衆不能定。又曰：「異姓諸侯王年表論贊也。」舉太史公最佳文以方之。范蜀公死，温公爲作墓誌，盡將蜀公不喜新法及新法之不好直筆盡書。彼時正荆公流竄諸賢，威懾朝野時，蜀公子見之而懼，急密礱石，納之礦中，不知小人已早購石工得之，以獻荆公。荆公讀之不已，粘屏壁間反覆雒誦，語客曰：「君實此文，西漢文也。」荆公不喜蘇氏諸論策，何嘗不公道？子瞻初中時，傾國傳誦其文，獨荆公絶口不道。一日入朝，寮友問之，曰：「全是戰國策文字，安石爲考官，必黜之。」於是蘇氏大恨。可見荆公所以望蘇氏者甚大，蘇氏自待亦不小，不然，如今人以戰國策許之，便勾了，如何尚銜恨？

荆公清修有學，復孝友，能文章，不幸做宰相。武侯不出世，不過是管寧一輩人，幸而做丞相。管幼安著述，至今無一字傳世。漢人學問，多是黄、老、讖緯，不肯耑心周、孔。忠武若老于南陽，其學術恐仍是漢人家法。廣川之學至純粹，而説災異太煩瑣，亦是習氣。荆公上皇帝書，本欲選入古文，因其太長，故汰之。然宜删節之，庶可令子弟讀也。

王荆公真工於文，其周禮序三篇，雖柳州不能也，惟昌黎辦此耳。宋朝萬言策，亦以介甫爲第一。

南豐文，以梁書目録序爲第一，次學記三兩篇。

古文以句句有實理，有實事，簡净踏實爲上。若多用「也」、「矣」、「焉」等字，氣一住便弱。歐文每有此病。予見子弟讀歐、蘇文者，輒勸沮之，以文太卑耳。昌黎之文，周文也；柳河東之文，漢文也。近年有彈駁柳州文者，由於不解其佳處耳。朱文公朱汴墓誌，何讓班固！其他便卑冗。想文字隨氣化，雖賢者亦流轉其中，而不自知也。

倫兒近知於古文字字求其着落，由此而上，求之經書便佳。何焯云：「漢、唐人文字還禁得敲打，宋人文字若如此，便無一足存者。」曰：「漢人文字亦難敲打。大抵古人力大，於身所見高，無起不收，無呼不應。即有一段放空，如天外一峰，亦必有緣故。」朱子大學序云：「俗儒記誦詞章之習，其功倍於小學而無用；異端虛無寂滅之教，其高過於大學而無實。」如東方朔之流，腹中書記得一大堆，即方言俚語無不記的❶，是多少工夫？徐、庾、沈、謝耑事雕花刻草，風雲月露，工於製詞，竭一生之精力爲之，是多少工夫？如今梅定九算，不過一年可盡其術，豈不是「其功倍於小學」，而確乎一無所用？日用之間，應事接物，記誦詞章何嘗是刻不容少之物？異端之教，至於連身子都抛了，父母妻子都抛了，耑要成道，豈不是「高于大學」麽？而確乎皆是落空的，並不可以治天下。文公如此等句子，真是字字的確，古今名句，惜乎以排偶出之。予問之：「排偶有何不好？」曰：「不古。」予問：「文章只是道理足，何用句調古？」曰：「修詞亦少不得。如六經亦用排句，而字面不對。漢書及東漢文章，有對句，而字面亦尚參差。然昌黎不喜班固，想即以此。南宋文字，苦在枝枝相對，葉葉相當，如『異端』對『俗儒』，『虛無寂滅』

❶「的」，疑當作「得」。

對『記誦詞章』，『其高過於大學』對『其功倍於小學』，『而無用』對『而無實』，便開八股之宗，便流爲時文體。」

朱、程文字拖長，不簡净；昌黎理未透至十分，所以文字不能如語、孟。

朱子、王陽明皆能文，而晚年故意不爲文。此正不如孔子處。孔子愈老文愈妙。

明朝人真不肯讀書。古人文字，看去簡古，零零落落，若不可解，久而讀之，脉絡井然，一字不妄下。後人文字，如七八歲童子作，看去無不了然，然尋其字眼亂下，語無倫次，意不相接，多不能通。

王姚江、王道思、歸熙甫皆有好文字，但不多。

明朝古文，王陽明、方正學爲首，次宋景濂，再次歸震川、唐荆川、王遵巖。

世得云：「明朝自萬曆年間，讀書人看古人文字，最怕分語意，前如何説，中如何説，後如何説，以爲文字要飛舞錯綜，隨意絢爛，不得尋章摘句，分立言次第，句句有歸，令節節斷續。今見一明朝名公批國語某處云：『不必求其語脉，不過是鼓舞筆端。』此風一開，便使學者不講道理，而求文工，讀書終身，茫不加思，如墜雲霧，心益昏蔽，毫不能辨天下事。此禍至今爲烈也。李于鱗爲某人作序，云：『文寧失之於理。』此可爲明朝人做古文不好的供狀。」

何焯云：「泰州人但知有王心齋，却不知有儲柴墟。」柴墟古文甚温雅，無虚套，又無理學語録句樣。明時古文，亦是成、弘盛時好，如王濟之、邵二泉、李東陽、儲柴墟皆好。至王遵巖、歸震川已衰矣。柴墟與友人書云：「當今經學甚衰，海内惟蔡介夫、王伯安爲正路。伯安已告歸，介夫亦不久將返海濱。君必須見此兩人。」如今人皆知陽明、虚齋兩先生，當時尚未定論也。而柴墟兩屈指焉，不必問其文之佳否，即此便有關係，足存。又送介夫歸序甚好，似歐文。如今應將明朝古文選存一帙，未必不精采。從來文集成一家言，可以千古者原少。文章以西漢爲盛，班、馬累世成書，古今不多見，其他亦不過有幾篇而已。若就漢書中擇可讀者，亦不過一二百首，惟選者具眼難得耳。吾想選文，吾以爲佳，人未必以爲佳；吾今以爲佳，後人未必以爲佳，奈何？惟是字字與他核實，自肺腑中流出有關係者，便存可也。海剛峰上世廟疏調雖軟靡，然却有氣，中有實際處，可存。亦有文雖長，事雖美，而不足存者，楊椒山疏是也。羅一峰劾李賢疏恐亦不足存。何焯云：「椒山疏中無條理。」

問：「龍守珠、獅戲毬，意何爲？」曰：「如今人一部文集，精神命脉所在。」孫襄。

古人終身不得幾篇好文字，著一書，便終身精力，數十年功夫。今人動輒成集，不數月便著一書，如何得好？渠見孔子詩、書、易、禮、樂，都是成於二三年間，不知孔子周流天下，多見多聞，遍舉歷叩，已數十年功夫，不特腹藳久成，只恐改訂之本亦不一，至此時纔了無疑義，遂爲定本。朱子四書集註，不知經幾番改竄纔定。

作文須識體裁。初擬選館時，試申飭督撫薦舉廉能以興吏治詔。中有一人，衆望所服，競就問焉，予不爲動。吴孫若述其語，起處用「奉天承運皇帝詔曰」，止處用「布告天下，咸使聞知」。予謂：「此敕詔體，不可從。直起竟可，不然只用『詔曰』兩字。『布告天下，咸使聞知』是決用不得。」同考五十八士，與我意合者僅七八人。及納卷，大爲魏柏鄉所笑，謂：「申飭督撫，如何布告天下耶！」孫襄。

文章不講立言體裁，便至鄙俚可笑。清苑郭蒯菴爲李高陽作傳，有云：「太皇太后崩，公入臨，聲徹殿陛。人皆以爲公忠誠所結，而孰知其爲公位極人臣之符也哉？」蓋高陽聲高，遂如此立言，豈非笑話！若將此作文章餘波，如所云眉目如畫、戟髯若神、目有紫光之類，有何妨？一日，李剛主過予，貽以祭萬季野先生文，通篇皆道萬如何稱奬他，豈有此體！

一畝泉李令求朝分司作記，分司便牽扯大中丞長，大中丞短，許多支詞。我最不喜如此，面阻之云：「我説開井好，汝説極無益而勞民。今又説是開井好，豈不是行與言違？何取此不實之言？汝各自逞文采，便自作，不必干與我，我便不管。若干涉我，又不説實話，却不許。」如今文章不好，便是此病根。無其事而爲文，雖馬遷之筆，不害其爲不好。若字字核實，雖今人作，亦古文也。

澤州以生傳見命，而渠門人爲渠作年譜，纍纍數萬言。大概如錢亮工爲陸淡成作墓誌，所云「大抵先生之學，以窮理盡性爲宗，以正心誠意爲要」，至今日以爲笑柄。予將爲作書後，實實道他同作考官，不受關節，平生耿介，老而好學，手不釋卷，他自然不喜，我也不要他喜。

檢討高其偉，因大山寄性理諸論請教安溪師。師曰：「凡做此等文字，須似質所疑惑，求解不得，方是真讀書人用心於内，而體裁亦佳。遽然直下判斷，是非古人，學識不能到這裡，而聲勢如此，便不過是要做文字以自炫耀，非真欲明理而求自得者。用心於内者，文字雖不高，而其中却有條理；務外者，雖多話説，而條理少。此作文理亦無不通，然却還是這一種，不是那用心於内一種。」

桐城論文最好，説「昌明博大」是矣。但其所謂「昌明博大」，不過多些長些便是，却不好。文字肯切實説事説理，不要求奇求高，都有根據，天下便太平。明末，如金、陳、黄陶菴、黄石齋，俱高才絶學，而其文求其近情理者甚少。觀其自命，幾幾分坐尼山，後亦歸結忠孝。到底文字不好，真是關係氣運之物。

臺垣爲澤州製錦屏祝七十，求師銜呈，文稿乃呂履恒捉刀。師笑曰：「無論文字難通，即通篇以聖人歸澤州，予何至於此！雖至愚之人，亦不敢以此自居。當日予六十，京僚爲予索文，看韓慕廬一篇，已不成文字，何況其他？他文皆不敢觀。張長史死，將來後輩爲文者，只有一陳季方，雖氣薄，還乾净。」問：「何屺瞻何如？」曰：「未嘗見其大篇，不敢定。渠未搦筆，先有一个必定要不朽之意在胸中，是於爲文之外又多一意矣。即詩亦然。古人作意者固多，隨筆成文，衝口而出者亦不少。全是雕刻一種，自然瀟灑之意全無，有何佳處？即渠看詩文，亦似捉虱子一般，好搔抓細碎處，益處固多，通體算來亦是病。」

四家叔亦是知己。予假還，卅餘歲，只是讀書不已。四家叔向二家伯等云：「人生天姿靠不得，厚菴少時，天姿平常的狠，如何比得二兄與五弟？無奈他只是讀書不歇，如今定何如。」二家伯云：「難道我如今做得文字不好麽？」四家叔云：「怎麽不好？只是也壓不倒厚菴。」拉將軍將班師，泉州人感其不殺，立功德碑。予求二家伯爲之，二家伯允爲之。四家叔又促予亦做一篇，云：「汝二伯文雖古，泉州人未必領略，算不得當行。汝試爲之，擇用焉可也。」予亦成一篇。二家伯文成，古奥難讀，幾不可以句。四家叔觀之，云：「倒底用厚菴的。」二家伯曰：「他的也好，我此作畢竟也是奇觀。」四家叔始終不肯執定，仍用予作。予問曰：「倒底立意如何？」曰：「子文中，一段表揚其不殺鬧熱些，汝二伯文，未免將此意平叙去了。」

家四弟作古文，不偷韓文公。人讀的大文字，都在墓誌碑版文中竊取，恰有何屺瞻耑留心碑版文字，盡被他捉住。漱鄉有一人，作詩極熟杜工部，自作也竊取杜工部人不讀的詩，亦被人捉住。屺瞻看古文，不從議論文字入手，先讀碑版文字，亦是一病。古文自是議論暢達，後漸縮斂便妙。韓、蘇少年率如此。孫樵、劉攽、黄山谷輩，文字不能成大家，就是此病。如今看小學生文字亦然，下筆千言，汩汩不休，有論頭便有成。短短的亦成章，也有一二語有筆意思路的，到底有限。屺瞻古文亦長碑版，教他做叙事文字，便不能出色。碑版文字須簡古莊嚴，難開展。

如今所謂古文者，亦不求如韓、柳模樣，那就不好，字字核實，如其人、如其事而止，文從字順便可傳，便是好古文。然文字句調古，覺得惹人愛重，以其中有不可輕處。如一般銅器，有幾片朱砂、翡翠瘢點，便耐人摩挲。

周卿弟未嘗肆力於古，然於文之古今到識得，此亦山川之氣。孫襄。

陸稼書文字氣短，與萬季野一般，直撞便完。雖長篇大章，而氣促無益也。以上論文。

向嘗語韓慕廬以時文奇，不如平。明末文畢竟是有詞，氣不如成、弘。公試看東漢之末文字，何如西漢；中、晚唐詩，何如初、盛；南宋文字稀爛，何如北宋。自然太平時文字正氣。公乃風氣之家，何不選一部前輩文風行天下，使人變而之上？韓亦首肯。後東宮令選一部時文看，渠都選成、弘以前文字寥寥數行者，東宮嫌其太淡而不觀。惜其不久病而死。

洪、永、成、弘間，先輩大結，其長幾與八股埒，於道理却合。述聖賢説話，不過數言可了，正須以我意論斷耳。如今之描畫口角以求擬肖，聖賢肯爲之哉？我所以欲變經義，意正如此。孫襄。

時文要字字可以講得方妙，一片雪白。虚字體貼虚神，實字如鐵板推搬不動，如經傳一般。無一字無義理，方是正宗。又作文要詞調不離樣，屺瞻時文要字字有出處，讀來却不似時文，作古文則可，時文斷不可。小學生初作文，要得有詞，有了詞，又要有氣，有詞氣，再要他有法，終之要他有理。成人不如是，第一須求理，理足而法、氣、詞具焉。此正法也，百餘年不講矣。成、弘間人有此，至正、嘉便肥肉多，然尚是有血氣的。但文體已壞，所用五經句，似是而非，捕風捉影，就寫上全不典切矣。

明末時文，看其議論氣勢，直欲淩駕前人，掀天揭地。由今看來，卑鄙無味之甚。以其理不足，於題不相干。大約時文之壞，由不肯看書起。不肯看書，則於題理懵然。

理不勝，則思以詞采勝。以詞采勝，則求新奇靈變，以悦人之目，遂離經叛道而不可止矣。

予欲輯語略、文略内外篇，外仍欲輯制義略。蓋制義無論爲一代取士之制，其精者羽翼經傳，至者語皆如經。如顧亭林「且比化者」一節文，直駕守溪而上。蓋字字有來歷，精於經學，而其辭又能補經之所未備，而不悖於經，亦可爲經矣。守溪周公兼夷狄文，論者推爲明朝第一，果然。瓊山因見其中間補奄、飛廉，遂補出五十國，似爲密緻。然守溪不補非漏也，五十國夷狄在内也，邱程反覺有痕迹。至於説「百姓寧」，真經語。蓋「兼」字非後世窮兵黷武，犂庭掃漠，不過内外有限，各安疆界。而「驅」字非「放」字，後人講成猛獸一似要依人，而周公斷不容並處之象。不知猛獸亦苦在園囿之中，以縱之山野曠闊處爲樂，亦非後世禽荒之比。觀其「天冠地履，華夷之分截然」；上恬下熙，鳥獸之類咸若」，詞義精粹，氣象正大，昌明俊偉，可觀世運之盛。其「上」、「下」字及「若」字，俱出尚書，無一字杜撰也。如楊慈「武王纘太王」節文，中間出「身不失天下之顯名」，字字醒出而無痕迹。蓋此句與「必得其名」句有别，又緊承「一戎衣」。蓋天與人歸，雖欲辭之而不能，故下「一」字。文中「牧野之師方會，而前徒已倒戈」四句，字字精神，通篇正大醇厚。田中台吾豈若，使是君文皆文之至者。若擇一代之可久傳者，或二百篇可得也。

王文恪時文已看過千篇，三百年中真第一人。論道理，雖不能登朱子之堂，入伊川之室，要無出其上者。其文似淡實有味，似疏實周密，似少實足有等。題目天生不可裝入説話的，只是就題下得幾箇虚字妥帖，不生出語病來，此天下之至文也。

王守溪文字登峰造極，然有以後人心思偶然可以相近者，便不須存。如「奔而殿」，任後人窮思極巧，無可復添一句。至「許子必種粟而後食乎」一節，文法已備具。細思孟子因其種粟後食，有食必有衣，故問衣褐；有衣必有冠，故問冠。又問釜甑、鐵耕，引出「以粟易之」，爲下文折辯之地。是「冠」與「冠素」生於「織布後衣」，而「爨」、「耕」生於「種粟後食」也。文尚漏，此巧。

守溪自然算時文第一手，本是一極體貼好講章，又創出許多法則。其安頓亦極好，極費經營，而絶不見有巧處。此所以好。若一見巧，便不好。制科本意，不過如此。到如今，耐推敲者惟守溪，不是他精神才力能讋服人，是他用功到得是處。故孟子曰：「聖人先得我心之所同然。」「然」字妙不過，大家皆以爲是。不曰我心之所同奇、同妙，而曰同然，與上同視、同聽、同美，分大小之官者以此。千百萬人心合起來，便與聖人同，所以善不善，久自論定。

老師言：「崇禎末，時文鬼怪。有一提學至閩，非此不録，通順者率置劣等。時有泉州府學歲試，第一題是『何事於仁，必也聖乎』，破云：『東周不可以玉帛之會，會夫夫者，願天嘗生聖人。』既發落後，同儕率不解，叩所以，其人曰：『此最明顯，東周即天子之都，焉能人人皆主玉帛？此指不能施濟也。下句破「必也聖乎」』。其人姓范，皆呼之曰『范東京』。又一老生作次題，爲『滄浪之水清兮』四句。前後文皆用平常語，苦於腹儉無可填寫，而深懼置之末等，乃着二句云：『滄浪之水清且粲，中有鯉魚長尺半。』提學閲其前作，已置六等，至此二語，則加點，爲升之四等。又一童生完卷後，與其親串看，親串曰：『如此平常，恐不能得志。』童生曰：『已完，奈何？』反覆不得已，於篇末綴尾云：『亂曰：「邛若登，乾復坤。」』其意蓋曰，我名若能登案，則天下而地上矣，甚言其無進學之理。提學二作已平點過，將置之，及尾見此，乃密點之，遂得入泮。國家將亡，妖孽晝見。閩中邪神祟鬼，昏暮輿從擁道過，入家酒食。而土木神像自起行走，人家祖先木主，人但於座下動之，便能自行於几上。先君、先慈每夜起，看天上刀弓劍戟之形，常經月不散。與時文言妖並見於時，可畏哉。」

看楊用九時文，不怡，云：「大凡文字畢竟説得出者，其人便有方寸。」

孫燕及平生最感一老童生。及發時，諸親族都未照管，先爲老童生謀進一學。此老童生自己不會做文章，却會看文章，平時見孫文章，許可而有未足之詞，曰：「文章已好，只是尚未長出眼來。文章到大好時，不要人看他，他便會生眼睛來看人。到得這裡，便能一路騰達而去，不留行矣。」孫至中舉人之年，其前妻餓不過，竟捨之而改嫁一屠户。孫哭之累日，自思哭死無益，仍讀時文，作文字，希圖教書過日。此老童生一日又過之，見其文，大驚曰：「了不得了，子文通身是眼矣。論其常，豈獨進學，當即聯捷而去。」其年，孫即進學，即鄉會聯捷。孫終身感之。

賓實如今若教他做一部時文稿，自當駕歸、胡而上，以其理透也，渠且會安頓題目語氣。王文恪等好處亦是如此，書理既明，想出如何托出聖賢口氣，而法出焉。賓實却與冥合。

大山文雖比韓翁純正，然也有一病。都是讀書時見有一段好意思，好議論，做這一篇文字不是空空洞洞，説這是箇難題就做，逼出來的文字，如此纔有一段生新意趣。秦龍光文字，所刻學、庸一帙，殊不如往時。問：「病在何處？」曰：「其根仍是見理不真，臨文時又要人見好，便有假氣。作文時看書已不錯，又要我做成這一篇文字，必定雅俗共賞，不特理路好，就是文章也是古今不可廢的好文章，如此便帶假氣。蓋臨文時無暇作此念頭方好。向王原令貽文字，是陸稼書評次，句句都要合朱子説話，何嘗有差錯？却不是真文字。」

何屺瞻時文只是不做，故生，若常做，自然比他人好。他腹中倒底有許多見識。渠只欲一做便到不朽地位，方出筆，豈有此理？韓文公亦只是不厭不倦的做，倒成了，人自存其足傳者，即有不好者何害？先不好而後好，更妙。若天生能文，幼而出筆便足傳世，乃王德用所云：「貌類藝祖，父母所生，己有何功！」況決無此理。如寫字一班，只是寫。詩文只是做與人看，切摩講貫，讀書不已自佳。

讀八股者不辨美惡，第見其爲刻本，誦不絶口。人飲食將以求肥，而噉泥沙非徒無益，其必有害矣。一少年登科刻窗稿，求叙文於予，斥而拒之，病其速成也。令以一部奉吾家某者，必珍而讀之，其文不勝某也。十二姪見館試諸卷，知其平常。諸庶常皆極一時之選，執牛耳者仇兆鰲也，有文名者胡作梅、汪灝也。當其鋟版行于世，則豈有非之者哉？孫襄。

先生問：「吴元木何日撤館？」曰：「二十日。」曰：「可謂勤矣。去家半日就館，未可云遠。讀書須有跋涉意，又稍不聞家中事正好。」問：「某人文字何如？可望入泮？」未答。曰：「有章文在進學時本事。」先生曰：「章文在今日，本事亦差向時不遠，苦心體認處，自有其弊端。亦如釋子念念不忘西天，見古文正經書，視之非不隆重，但不敢入目，恐其浼己也。傳一部新稿，幾篇新試牘，則急取披誦，以爲真可以取富貴耳。故我嘗有中平素之説，謂某文不利場屋，但苦學有年，到時脱胎换骨亦未可知。有平日文字好，而當頭不滿人意者。亦有文字不好而售者，償其勤勞，中亦論不得。黄歲生鄉墨清，不失家數。」孫襄。以上論科舉之文。

榕村續語録卷二十

詩文

選詩舊未登楚騷體，今取瓠子歌、秋風辭、長門賦、自悼賦若干首，則諸體俱備。且三百篇中已收此，如「旄邱之葛兮」是也。六朝無可録者。昌黎閔己賦、别知賦，朱子感春賦當入選。孫襄。

古人以詩教爲先，孔子曰：「不學詩，無以言。」觀孔子言語，與他賢不同處全在此。孔子論學曰「不亦説乎」，「不亦樂乎」；「不亦君子乎」。巧言令色何有於仁？而尚曰：「鮮矣。」有子辭氣稱似夫子者，曰：「好犯上者鮮矣。」曰：「未之有也。」已硬些了。如夫子患難時，極自信話，亦止曰：「桓魋其如予何？」曰：「文不在兹乎。」極其責備，如曰：「無❶乃爾是過與。」「是誰之過與。」「則將焉用彼相矣。」「吾恐季孫之憂，不在顓臾，

❶「無」，原作「母」，當爲「毋」字，此據論語注疏卷十六季氏改。

而在蕭牆之内也」，反似替季孫籌畫語。極其刺譏，而曰：「何如其智也。」曰：「再斯可矣。」人而不仁，尚曰「如禮何」、「如樂何」。極其痛詆，而曰：「是可忍也，孰不可忍也。」曰：「奚取於三家之堂。」如此等處，不可勝數，真是得力於詩。以類求之，無不如是。雖詩如「蘇公」、「暴公」、「寺人孟子」，亦直截盡露。夫子如駡宰予晝寢，朽木糞土，其言切直似之，下截却又以聽言觀行説寬些。如駡子路：「野哉，由也！」峭直極矣，下却以君子正之，詳論名正言順道理，到後來令人意銷。至孟子「泰山巖巖」，語氣如排山倒海，兼帶有戰國風氣。伊川被人請吃茶看畫，則發怒云：「予從來不好吃茶，從來不識畫。」朱子與人語，反覆傾倒，不盡不休。比之孔子猶遠。故詩者全要含蓄藴藉，意在言外。故曰長於諷諭，「主文而譎諫，言之者無罪，聞之者足以戒」。宋人詩，病正在説盡事理，不如作文，何須詩？詩至七言律，又與古體絶不相蒙，全要柔軟，一硬便不是。昌黎古詩，何等奇俊，及爲七律，便全用柔軟。昌黎詩自命千古，所以當時人不識，昌黎亦不屑與之同。如今看來，果與當時體不同。韓、柳詩律最精，當以爲法。杜之外，惟此宜學之。

「天生蒸民」四句，將道理大頭腦説透。若下面如何解「物」、「則」，如何解「秉」、「懿」，便是文字，不是詩。作者意却用此引起人有好德之公心，皆知仲山甫好處而已。

下面便説「天生仲山甫」。如「維天之命，於穆不已。於❶呼不顯，文王之德之純」。下面再講文王如何與天合德，又是文字。下却説「假❷以溢我，我其收之。駿惠我文王，曾孫篤之」。朱子詩不到處，即在説事理太盡也。問云：「邵子云：『自從删後更無詩。』想亦是見得此意。」曰：「又不好如是删却後代。蓋三百篇獨絶千古者，亦是豳風鴟鴞、文王『於穆』、『蒸民』等幾篇。聖人作者，非後人所能至。他詩如春秋時所作，何必盡過漢、唐人？漢、唐人亦有勝之者。」

漢、魏至今，原有詩，蓋性情無古今也。某嘗欲選詩略，若止就詩論，而工者須千首，若止存其可以接三百篇者，則嚴爲割舍，止可五百首。詩經後人做不出者有限幾句，如「天生蒸民」四句，「維天之命」四句，「上天之載」四句而已。詩不須句句將仁義禮智字填入，如性理中入朱子詩之例，盡削去朱子好詩，而止載其有此字面者。何妨一篇流連景物，止一二語見性情，及寄托全在言外者，更妙。如「采采芣苢」，何嘗有一字説到室家和平，化行俗美上？

---

❶「於」，原作「嗚」，據毛詩正義卷十九維天之命改。
❷「假」，原作「何」，據維天之命改。

朱子論詩，以周、漢迄初唐爲詩之權輿，盛唐至本朝爲詩之翼衛。愚竊以爲未安。齊、梁及陳、隋衆作，等蟬噪。盛唐，詩之最盛者也。降自中葉，卓犖猶有數家。謂唐不如魏、晉，非定論也。予則以樂府古風爲權輿，近體爲翼衛。樂府諸體俱備，五七言所自出也，古詩之至者。今人直追古人，何分世代？逸詩，孔子所刪，雖佳不録。鍾、譚詩歸，蓋祖述朱子之旨。孫襄。

凡詩託於室思者，多自寓己志，蓋以夫婦興君臣之際。此體盛於離騷，然亦肇自大易「妻道」、「臣道」自然之對也。於後相沿，興託皆同。益信離騷「求女」爲爲君求賢，而非以己求君矣。自記。

蘇、李詩，五言之祖也。選者多以爲二子相贈答之作，然玩其詞義，正不必盡然也。故今但以古詩目之。首變詩、騷之調而曰古者，自後代近體泝之也。自記。

蘇武忠節，固漢人所壯，以爲盛事，而李陵之志，世亦悲之，故有疑其詩皆爲後人擬作者。然相傳既久，自杜工部、韓文公無異詞。又蘇之典故明習，李之悲歌慷慨，具見漢書，則其文采風流，兼其事，以取傳於世，無足疑也。自記。

蘇詩饒醇厚之氣，「骨肉」、「枝葉」數語，足以彌縫人倫，樹扶教道，故予詩選編之詩首，非獨爲其更號也。李詩清宕豪壯，爲古詩之絶調，後有作者，皆其餘音。自記。

蘇子卿詩四首，首章謂骨肉之親如枝葉之共根，本不必言矣，即朋友結交，亦非無因而然，必其德義之相孚，心膂之相契，則與同氣者無異，故曰「誰爲行路人」也。交之深者，又如連枝之樹，雖異根而合并，豈非共爲一身者乎？二首或作留别妻，三首、四首皆送人之詩，與首章意同。自記。

梁父吟二桃殺三士事，有無不可知，詩亦難辨其真武侯作，然從容寛大之氣，特可玩味。蓋譏晏子爲大國之相，不能驅駕智勇，而以權術殺士也。故魏延、楊儀輩，皆得終年命於武侯之世。器之大小懸矣。管、晏並稱，而所自比曰管、樂，可見也。自記。

氣盛詞肆，如曹子建上責躬詩之作，僅見耳。杜子美咏懷詩頗似之。韓子所謂「卓犖變風操」也。自記。

曹子建薤露行「王業燦已分」者，言自孔氏删詩、書以來，則帝王之業已粲然分寄於文章矣，故我今日者懷王佐之才而不展，亦欲馳騁寸翰以垂芬於後也。此詩述聖自道皆得體。如李白之「絶筆於獲麟」，則妄矣。自記。

怨歌行，有感於君臣之際而作也。書「周公居東二年」，或以爲即東征殷叛，然中外之疑未釋，而擅命專征，以實謗口乎？故先儒以爲避流言而居東。此詩實傳經之作。

靈芝篇，思親作也，此等詩高出兩漢矣。自記。

子建好士，故贈别諸詩，皆有哀其貧賤而振拔之心，而每以不能爲愧。贈徐幹詩，以寶棄爲和氏之愆，自責也。又言良實晚收，懷美愈耀，以致勗望之意。自記。

喜雨詩「風從東北來」，則雨自西南，則不雨，故雲之西南。征者，雨候也。七哀詩云「願爲西南風」，樂府改爲「東北」。按詩云「習習谷風」，夫婦和合之象也。若化爲東北，則當以陰以雨，而志遂矣，安得君懷之不開乎？故知改竄文字非小故也。自記。

煮豆詩當以朱虚侯種豆之歌比而觀之，蓋漢、魏所以興亡也。自記。

陶淵明示周續之祖企謝景夷三郎詩，譏苟就也，公之學行、志節見於此矣。自記。

觀靖節停雲、時運、榮木諸詩，人但知其清高曠達，豈知其隱居求志如此哉？自記。

贈羊長史詩，此當是劉裕入秦時也。不致匡復之望，而長懷高隱，公蓋知時代之必非矣。自記。

歸田園居「狗吠深巷中，雞鳴桑樹顛」，直用漢樂府句意。退之推鮑、謝而遺陶者，此等處耳。然意之所至，豈必詞自己出乎？不本於性情之教，但以不沿襲剽盗爲工，非至論之極也。自記。

淵明擬古章，道出本意，不能掩矣。朱子曰：「陶元亮耻復屈身後代，自劉裕篡奪勢成，即絶意不仕。」此爲知公之深者。使當其際而後收身，則不可得矣。翫味末句意，公正自幸沉淪之早，而今日所處之義得以無悔耳。而故婉其詞曰：「當山河未改之時，而不處高原矣，況際此而漂流，豈有悔乎？」自記。

公宗尚六經，絶口仙、釋，而且超然於生死之際，乃有讀山海經數章，頗言天外事，蓋託意寓言，屈原天問、遠遊之類也。自記。

詩選存郭璞遊仙詩及惠遠報羅什偈詩者，以仙、佛之本指盡於此也。淮海之禽微生安，足慕頽山之勢，世義在其中。讀者至此，宜深致思索焉。自記。

謝靈運送孔令詩「和樂隆所缺」，賢人去，則國家有所缺也。「在宥」二語，言時方清平也。是時，劉裕勢成，靈運有去志，故因餞孔令，而以「愧」、「喟」亂章焉。自記。

任昉厲吏人講學詩，首四句述其老而好學之志。「暮燭」，用「秉燭夜行」語也。「南畝將落」，言晚節不勤，恐無收穫也。末句則言「尊賢用衆」，乃詩「爰有樹檀，其下維穀」之意。王仲淹言任昉「有君子之心焉」，此詩可見。自記。

律詩始密於唐，然如陰鏗新成安樂宮詩，已無一字之非律矣。故詩選録以志始。自記。

録徐陵出自薊北門行及裴讓之公館讌酬南使。徐陵二詩，不獨見彼時鄰交，而南北詞調風氣何其均也。自記。

王勃倬彼我系詩「緊我祖德」一段，謂仲淹也。司馬温公以隋史儒林、隱逸不載爲疑，然觀此詩則無疑者，家傳乃後人粉飾。自記。

陳子昂感遇四首，前三首皆於佛教有微辭。「昆侖」猶「渾淪」也。天曰昆侖，地曰旁薄一首，言陰陽會合始於虚無，以生萬物。魏伯陽云：「當此之時，天地搆其精，日月相撢持，雄陽播玄施，雌陰化黄包。」即此意也。萬物之化，有生於無，則「推太極」、「貴窈冥」者盡之矣。「西方」之説，其論愈高，而實「無明」也，「空色」既皆「寂滅」矣，「緣業」亦將「何成」乎？觀其教雖盛行，紛紛藉藉，然生死之化不爲之停足，以知所謂「寂滅」之非真矣。二首刺窮民力造寺刹，亦有感於時事而作。「夸愚」、「矜智」二句，尤誅心之論。不獨末流之弊如此，其教之發源便有此病。韓文公詩「乃知仙人未賢聖，護短憑愚邀我敬」，亦此意也。三首慨聖人之教陵夷，與前二章相應和。韓文公推「國朝文章自子昂始」，固爲文詞之高，然亦豈於此等有合？與唐初傅奕輩流，雖未闢老而不附佛，皆所謂逃墨歸楊，齊變至魯。末首則歎勢利之不可居，而欲遠引也。漢書云：「膏以明自銷，香以薰自燒。」故以蘭膏自負而感激生怨者，惑也。衆之所趨，明者所避；時之所棄，道之所存。因自慨既離雲淵，而入羅網，復將誰論乎？唯應守固窮之節，狎魚鳥而忘機也。自記。

子昂排律數首，唐人首唱。自記。

王昌齡、錢起七言詩佳，學者且造錢起地，方學子美。孫襄。

江夏使君叔席上贈史郎中詩，此白遇赦還時作也。唐人品題白詩至高，置之工部之右，惟元微之之論不然耳。蓋杜詩兼漢、魏、六朝之體，以其沉奥雄厚，是以出羣。李則意眇建安而上，雖作近體，絶無蹊徑，清超擺落，直如古詩然者。此等可以觀矣。自記。

詠懷、北征，不獨爲少陵大篇，自漢、魏以來未有其比。蓋其心期志操不讓古人，而醇氣古節眇兩京而直上，六代俳儷綺靡之習，掃不見迹矣。自時厥後，惟韓文公贈張籍、寄崔二十六、歐陽文忠重讀徂徠集三詩可以相亞。自記。

凡一件事，要真知狠難。看得古人文字不明白處，正當留心。予初年看八股，最不喜王守溪，不知其佳處安在。今觀之，其不討好處，纔是真好，道理平實妥當，而體製近古。初看詩，了不知所傳爲好詩者有何好處，只得用自己意思覺得好者便以爲好。看杜工部最有名者，有句中字覺得不妥者，即改之，自覺得意，不過以爲文從字順。今思之，大不然，其不從順字眼，正是唐人用工處。蓋如此下字眼，方有言外之味，不爾便是帖括體。如「人烟寒橘柚」，改作「人烟圍橘柚」，豈不可笑！李、杜、韓、柳四家改不得，他家便有可改處。四家真缺一不可，不能相兼。李詩，雖王荆公嫌其全詩不過脩仙喫酒，如所謂飛仙劍客者。然其擬古如長干行之類，雖工部不能無奈其不像。惟青蓮像漢、魏，豈惟像，更覺得飄洒。杜之五七言古詩，初年倣摹漢、魏亦似，而晚年自開派頭，冠絶今古，一空依傍。韓詩要追到漢、魏以前，古文欲造希微淡泊田地，雖極服杜工部，卻不摹倣，又自開一派。柳詩最後出，竟有集大成意思，漢、魏也有些，六朝也有些。工夫獨到，四家竟觳了。他如陳子昂、韋蘇州、王摩詰、張曲江、儲光羲、孟襄陽、張文昌、錢起、劉長卿，不過數首，焉能全佳？至白香山、李義山諸人，雖詩集甚大，而力量氣味差之遠矣。然此事予至今尚不能認得真，古文從少讀，又比詩認得些。

予前選詩，總以好句爲主，氣格尚不識，何况性情神理？蓋詩亦與時文相似，淡者爲佳。如建安七子詩，其老氣逼人，出於自然者，真不可及也。詩之難看，亦惟漢、魏詩及杜工部詩，其渾古處，急切不得其解。魏、漢間又或有訛誤。杜詩一集之中數篇，一篇之中數句，有難解者。大約人將一部杜詩都解得透明，於詩已思過半矣。

古詩亦須對偶多，方合體。世得云：「亦有所以然之理，古詩中不對者更難。如工部北征、奉先諸詩中有不對處，皆至情充溢于中，坌湧而出，不暇留意琢雕，方稱急不擇言之意。若點綴景物，閒中取致，便須排偶。蓋此處不整暇便無節制，覺得散緩不收。若情非急切，何須如此？」

杜詩送從弟亞赴安西判官云：「踴躍常人情，慘澹苦士志。」及送高三十五書記：「人實不易知，更須慎其儀。」皆千古名言也。騏驥不駕鼓車，言當大用也；龍吟，蓋以武侯相比，且承騏驥意來。自記。

北征是工部乞得省家之作。前輩謂唐人詠馬嵬事，獨杜工部最爲得體，是已。然須知是忠愛懇切迫索而出，非擬議成言也。其事實自陳元禮發之，故又叙其功，以不没其實。大得詩、春秋之法。自記。

看來韓退之贈張籍似學北征，而寄崔二十六則倣詠懷也。然杜志在憂時，而韓以學自任，各言爾志，是以相似。若就其言求肖，則如優孟衣冠，逐人悲嘆者，又安得真種乎？自記。

少年而席高門，據清要，負盛譽，莫非悔吝之媒也。工部送李校書「衆中」四句，正見愛之深故誨之切。夕惕者，少年所難，公欲以爲贈，故先以身歷者警之。羡其能者，正慮其未能也。自記。

李白以永王璘之累竄逐南方。公每作詩懷憶，蓋身雖完節，而於故交如李與王、鄭者，猶惓惓然表其心迹，不忍遐棄。此蘇、李之遺音，厚之至也。自記。

述古詩二首，一首自喻也，二首似諷時政。蓋用人則如農夫之務本，蒿莠去而穀生也；任法則如商賈之競末，敝其精神而益己損人多矣。此詩涵蓄深厚，蘇子瞻以爲稷、卨口中語也。自記。

閬山歌，根之幽奥不可知，觀其氣敵嵩華，則有鬼神之會必矣。此善言物理，韓子所謂「萬類困陵暴」者。自記。

古柏行，材堪棟梁之用，而重若邱山，送致甚難。故悲其受螻蟻之侵，乏鸞鳳之顧，而知材大之難用也。朱子答陸子静書曰：「區區之憂，猶未免有『萬牛回首』之嘆。」蓋亦言其論高，而世難用爾。自記。

壯遊詩叙述平生最詳，是工部小譜。「榮華敵勳業，歲暮有嚴霜」者，言雖有勳業，而榮華之償足以敵之，猶未免於晚節之凶危也。目前之事，則房琯、李光弼是已。介之推、范蠡皆有從主同患難之功，而遁之山林江湖以去，故公引以自比。他篇謂：「回首黎元病，争權將帥誅。山林託疲茶❶，未必免崎嶇。」亦是此意，而加顯斥。自記。

公崎嶇避亂，困乏屢空，真氣不回，而憚干請，早發詩足以明志矣。因詩、書而厲廉恥，故曰「斯文亦吾病」也。首陽歷聘，皆賢者之事，而未知所適從，故曰「疑誤」。此二

❶「疲茶」，原作「疲茶」，據全唐詩卷二百三十二改。

病，因疑致誤，則其終守困窮決矣。自記。

收京三首，一首推原始亂，明皇入蜀之事，二首叙聞恩詔之事，三首正言收京而有善後之慮焉。「汾陽駕」，解者引莊子「堯之汾水之陽，窅然喪其天下」之語，或當是也。「飛燕將書」，則以禄山反於范陽，遂爾引用，不必苦求事實。「羽翼」二句，亦謂此詔之下，贊助出自老成，而德音發於聖心耳。古人多以「文思」作「文詞」字義用，諸家解者鑿説也，必以爲規切肅宗父子之際，則與上下文意理不屬。至「雜虜」二句，方微有殷憂深慮焉。蓋回鶻西戎縱横内地，而將帥跋扈之萌，公之寓於詩者，不一而足也。故曰萬方雖送喜，而聖躬無乃更勞於計慮乎？蓋頌不忘規，喜而思懼，立言之體，臣子之情，固如此。或曰：「當時廣平王方收兩京，而建寧王已被讒賜死，李泌引黄臺之辭以爲前戒，『羽翼』句似指此。」如此，則下句當爲思憶上皇，蓋明皇入蜀時，亦下詔罪己也。自記。

杜詩觀安西兵過赴關中待命云「老馬夜知道」者，經多而熟也；「蒼鷹飢著人」者，時至而厲也。臨危即用蒼鷹意，久戰即用老馬意，兼此二者，用意始能如神。蓋練事明而決機速，兵家之要盡於此矣。自記。

謁先主廟詩，起四句言草昧之際，非英雄不能分土。次六句叙寄託武侯之事，而悲其功之無成。又十句叙廟宇長存，人懷舊德。其發之以「錦江」兩句者，亦言蜀與秦、楚接壤通道，故四方之慕義者皆得瞻仰，而祠廟因以不廢，見非一州遺愛之私爾。又四句言己往來經過行跡。又四句復以武侯起興，而詠歌先主之盛德，應「復漢留長策」一段意。言當日誰與關、張并力扶漢，而鄧、耿中興之勳，俯仰垂成乎？蓋雖氣歇運屯，而中原之略可以不負所託，故歎息於先主應天之才不小，而得士之契無與爲鄰也。末四句復道己懷，言遲暮之身，豈復堪帷幄乎？但飄零鈞縉之間，而灑憂國之淚而已。蓋終搖落風塵之意，而隱以武侯自比，與古柏行寄託正同。自記。

詠懷古跡詩「三分割據」，以弱攻强，固煩於「籌策」矣。然鞠躬盡力，萬古人臣之則，蓋雲霄之羽可用爲儀，不以成敗論也。「運移漢祚」句，即結「紆籌策」意。「志決身殲」句，即結「一羽毛」意。自記。

觀諸節度入朝數首，以汾陽亂篇，則中興之功已有定論。自記。

元結春陵行及賊退示官吏二詩，杜工部所欽服，有詠篇在杜集。道州前有元公、後有陽子二賢，接迹相望，爲萬世吏者師。自記。

張巡守睢陽作，觀末兩句，則死守之志決矣。自記。

世固自有仙道，自韓子言之，則皆鬼魅所爲也，信乎！曰：「其入於鬼魅者多矣。」故謝自然詩首曰：「凝心感魑魅。」後曰：「木石生怪變，狐狸騁妖患。」而中叙其昇舉之候風寒幽晦，則非休徵可知。然韓子本意雖視仙道猶鬼道也，故曰：「莫能盡性命，安得更長延？」其記夢云：「安能從汝巢神山？」則直謂世無仙道，但窟宅巖崖，羣彼異物耳。自記。

文公秋懷詩，首言其汲汲求志，而患日之不足也。又言淡古之音，世無知者，低心逐時，性所不堪。如乘風之船，不能自返，故惟有讀書以自樂，苟暫得甔石之儲，便浩浩乎無求矣。自記。

韓詩送文暢師北游，先叙文暢求言，而當日作序，極陳古義以破其惑，即今集中送文暢序是也。中言被貶陽山，自幸還見親識，而僧之往來尤密。後乃勸其逃墨來歸。以詩文爲緣，足以自致，且與爲異日相從之約。自記。

李太白便謂：「建安之詩，綺麗不足稱。」杜子美則自梁、陳以下無貶詞。故惟韓文公薦士詩之論最得其衷。雖然，陶靖節詩蟬脱❶污濁，六代孤唱，韓文公略無及之，何也？此與論文不及董、賈者同病，猶未免於以辭爲主爾。自記。

文公在陽山有區册，在江陵又有區弘，皆相從不忍舍。故弘之從公於京，而歸也，詩以送之。惓惓訓勗，歸於正直，可詠可感。自記。

---

❶「蟬脱」，疑當作「蟬蜕」。

所非磊落人所湜蓋爲摭拾涉獵之學者，故文公於安園池詩書其後以規之。爾雅蟲魚，非磊落人所宜措心，故後喻言己之不觀蟲魚，亦是指書史叢雜，非真語池水也。先嘲湜之「不自閑」，而後又言「君子不可閑」，蓋湜之掎摭污穢，爲枉用其智思，而用舍行藏之業，則不可一日而不汲汲。此其首尾相應處也。自記。

贈別元十八協律六首，元生蓋將桂林之命，而從龍城柳氏來者。六詩兩頌桂林，兩及子厚，首章、五章褒勉元生。貶竄之際，辭義和婉，公初年詩所不及。自記。

昌黎晚寄張十八助教周郎博士及題張十八所居二詩，在古與律之間，悠然絶調。自記。

祖席二詩爲文公得意之作，聲韵在辭句之外。自記。

佛骨一表，孤映千古。而示姪孫湘詩配之，尤妙在許大題目，而以「除弊事」三字了却。自記。

韓詩量移袁州張韶州端公以詩相賀因酬之，末句取諸離騷，所謂「跪敷衽以陳辭」者，有蒙難正志氣象。自記。

司馬相如封禪詩、韓愈平淮西碑詩，録之爲碑版之體。子瞻表忠觀，不免用詩經成語。看退之此篇，肯道着詩、書一字否?「改竄堯典、舜典字，塗改清廟、生民詩」，可謂知言。孫襄。

問：「韓詩亦似太直。」曰：「渠欲以文爲詩，有意闢一路逕。」何焯云：「他每句尚有兩三層解説，故自不嫌直。詩有説盡而不爲直者。如宋人詩，雖不説盡，而體亦嫌其直。故宋詩、明人詩學不得，以其下面没有了。明朝詩，初年數高、楊、張、徐四家，後來亦無有能過之者。成、弘間，作者雖多，不及也。然四家詩有局面，而其中無甚緣故。」師曰：「即成、弘時文，亦不能好如國初，只是較後來好些。」

韓昌黎「陳言務去」，亦是六朝之後，詩家推陳出新，故能詩則知選辭。子曰：「不學詩，無以言。」記曰：「情欲信，辭欲巧。」明道先生、朱子稱爲「龍德」，今觀其文字，猶在人意量之中，似不若姬公周禮之書，豳風之什。司馬遷、班固有何本領，翕然宗之，辭之不可以已也如此？孫襄。

子厚之謫永州，傷悱見於詩文者多矣，然未有如哭連州凌員外司馬詩之哀者。其志可悲，而其事可戒也。自記。

張籍祭退之詩，是效文公早年贈己「此日足可惜」之節而作者，故用韵亦相似。然終以冗長爲累，雖叙交情，不消如此委細也。韓又是倣杜工部北征體，比北征亦稍煩絮。自記。

李商隱重有感詩，感諸侯不能勤王室也。當時節度使劉從諫三上疏問王涯等罪名，王茂元、蕭弘皆勒兵備非常，故有竇融、陶侃之比。然竟無能爲，使至尊制於螻螘，而狐鬼之羣莫之搏擊也。天官書「兩河、天闕間爲關梁」，正義曰「闕邱二星在南河❶南」，「金、火守之，主兵戰闕下」。末二句言神人悲恨，覬望雪寃也。自記。

義山贈送前劉五經映詩，序經學興廢意極剴至，語尤清警。自記。

宋詩畢竟不如唐人，其最著名成家者如王介甫，才氣大者如東坡，尚不能及張文昌，何況其他？張文昌與韓文公兩書已妙，惜其文集不可得見也。

元之坐劾妖尼，貶商州團練使，隨量移解州，進拜左正言，直弘文館。酬种放徵君詩，當是其時作也。氣厚詞直，綽有杜、韓風味。自記。

歐陽修重讀徂徠集，宋代第一篇古詩。自記。

荆公詩文，筆力在宋人中最高。詩則極佳者，在寄憶兄弟與自道本懷之語。蓋荆公篤於友愛而恬於勢利，故其心聲爲不可掩。自記。

介甫司馬遷詩，詠遷能忍辱成書，以舒其發憤之氣。其詞高古，而且以直筆見稱，

❶「南河」，原缺「南」字，據史記卷二十七天官書正義補。

非後阿曲者可比。故異日論史之敝，而曰：「以彼其私，豈能無欺於冥昧之間耶？」正此意也。自記。

老杜賦詠武侯至矣，而未及其用兵制勝，且曰「割據紆籌策」，曰「嘔血事酸辛」，豈猶惑於舊史之異詞耶？當日魏、吴皆讐國，如袁準之身在行間，張儼之旁觀勝敗，所論如彼，足以見司馬之非敵矣。陳壽以奇謀將略短之，此非詆訾，識不逮爾。弈之劣者，必以殺敵多收子爲勝。國手不然，侵地固本而已，迄於終局，收子無多。此所以爲節制之師，强衆莫能當也。詩選存荆公諸葛武侯詩以此。自記。

荆公答陳正叔詩，言志士而困局束，如驥駕鹽車，況又行於勢利之途，傾覆相乘乎？身名危辱者，千年之羞也；苟得富貴者，一朝之歡也。誰能避世而自處於平寬，如古之考槃者乎？今子則誠有志於是矣，然我未得如子之爲者，蓋爲貧而仕，迹異而心所安一也。自記。

詳❶定試卷二首，首章言同事之議論多，則可否難以專主；朝廷之檢衛嚴，則動有嫌疑，不得坦然而行公道也。「誰何」，秦、漢間，夜巡者呵問誰氏，何、呵通也。又言即使

❶「詳」，原作「評」，據臨川先生文集卷十八詳定試卷二首改。

文章無纇，猶未能保其畀日之勳業，故疑有隱逸高尚之徒不屑俯就者。二章言詩賦之事，揚雄所悔，當日賞賚與倡優等耳，今日則將相之材盡出其中，可乎？因筆墨而致客卿，細已甚矣，其術比於爾雅蟲魚，又其卑也，故言此法之決當改。其後柄用，遂售其言。按公之變詩賦爲經義，未嘗不是也，然其體則亦唐、宋議論之餘習耳。朱子謂當令歷舉註疏説義異同，而後以己意斷之。此爲設科明經本意，後世必有取焉。自記。

張良詩極賦得子房從容處，然宋室之存亡，猶未在俯仰中也。而荆公如是其褊迫，何哉？抑此詩其亦有悔志之萌乎？自記。

程伯子陳公廙園修禊事席上賦並郊行、即事兩詩，龜山嘗舉以爲學者法，爲其温柔敦厚，異乎文士之牢落怨誹者也。「未須愁日暮，天際是輕陰。」憂時者當知此意。「莫辭酒盞十分勸，祇恐風花一片飛。」愛日者當知此意。自記。

温公通鑑託始三晉之侯，爲王綱嘅也。然周之失政，其來已久，自春秋所造端而王迹熄矣，豈待獲麟之後，又百年而始歎嗟乎？然三晉之事系於左氏之卒章，温公首編之意，蓋不敢繼經而繼傳，以示讓也。朱子於紀事本末跋深取斯義，至綱目亦無改移。齋居感興詩首章所詠，特言其發論之未周全耳。自記。

「東京失其御」章，欲以蜀、漢繼統而黜魏也。言晉受國於魏，其史宜帝魏耳，後人仍之，可不正乎？自記。

「晉陽啓唐祚」章，病歐公於唐史之中雜以周紀也。按王莽之篡，漢世中絶，班固尚能黜之於列傳以紀事，况中宗尚在幽居，而遽奪唐之世，表周之號，可乎？「公在乾侯」，此春秋之二三策，綱目所以竊取者也。其説實啓於范祖禹唐鑑，蓋用伊川之意，故云。自記。

「飄飄學仙侣」章，斥仙道也。曰：「盗啓元命祕，竊當死生關。」則固不謂無其術矣。卒之以「偷生詎能❶安」，至極之論也。按朱子晚年，亦每與蔡季通講論參同契，而且爲之考異，豈誠有意於斯與？蓋悦其文辭之淵古而議論之剴至者，每足以起予耳。自記。

「西方論緣業」章，斥佛道也。朱子之意，以爲佛在西方，不過以緣業之説誘導愚民，其初卑卑，無甚高論也。入華以後，展轉崇信，遂相與附益，增成其書，張大其教，至於凌空摩虚，不可究極耳。指心性則似至精，超有無則似極妙，所以人悦其逕捷而争趨之。然不知心性之爲實理，有無之本非二，故虚空無實，如荆棘之塗，趨之者躓。誰能息邪説，以承三聖者，必將爲我焚其書也。自記。

---

❶「詎能」，原作「之不」，據朱文公文集卷四齋居感興二十首改。

卜居詩，方欲卜築武夷作也。自記。

卜居及游蘆峰詩，夷猶高遠，其體氣則倣陶、杜而似之。自記。

朱文公蒙恩許遂休致一章，爲七言律詩之冠，唐人不及。孫襄。

陳傅良讀范文正公神道碑有感即事詩，説著文正好處。自記。

王新建長於七言律，集中所作獨多。

襄承命爲黄文簡繪像詩，有云「百里翻瀾蚪龍戲」，先生問：「用何故事？」襄對曰：「無。」先生因舉陳説巖所贈詩，有「青史數行滇海事」之句，曾向説巖詢來歷，答云：「不過道雲南之亂耳。」孫襄。

陳説巖詩已造中晚，如「每思慷慨堪流涕，實有聲華到索居」。自慚名迹清流外，尚恐交遊汎愛中」，可見又工駢語。自陳疏有云：「雖糜隕百身，莫逭尸榮之咎；而栖遲三載，已寬幽黜之期。」孫襄。

近人做詩只讀詩，所以不能大家。前人不獨識見、人品、性情高於後人，其於經史工夫深矣。不爾没的説，終身只描情景不成？

問今之詩家。曰：「詩要通事理，一點事理不知道，焉得好？縱好，亦只做幾首送行、上壽、詠景物的詩而止。試看杜工部他們，一肚皮性情，不消許多道理，事體了然在那裡。大約工於詩者，便不止是詩人。看李、杜、韓、柳、王荆公、蘇東坡，豈是只講究詩的人？」

對初初做詩甚不好，予語介石曰：「詩文要聲口好，聲口清貴便佳。」渠曰：「此是天生，一壞便不可治。」曰：「此可以逼出來的。如吾鄉教劇演的師傅，遇小兒有秀俊伶俐者，却喉嚨聲音不佳，其舌强者，則揀舌音字，如辣、里、落、落、辣、里，滿洲打都魯體因天、雞因金之類，日日囀囀，久則舌靈矣。聲音浮者，則捏其喉，令出聲，聲若從顖子頰吻出，則痛打，定要叫他從丹田中出。如此久之，則聲亦沈實矣。」後教對初熟讀一部韓詩，遂陡然一變。可見聲口都可以逼得出來。

皇上駐德州，雪，令詞臣賦詩。予觀之，惟陳壯履有二句似詩，餘俱不堪。大抵亦如今之時文，全是就如今人所做相套相演，全不去講究成法，窺見古人源流。陳壯履些須有些家學，還有影響。予問：「澤州詩好麽？」曰：「澤州天姿好于阮亭。阮亭講究體制、聲病工夫多些，又通聲氣，四方問業者多。問業者不過利於得他一篇序文，可以爲刻編之光，故聲名較大於澤州。澤州閉門謝客，覿面冰冷，以此聲名遜阮亭，實在也不差甚麽。本朝大老，能詩者四人：立齋、儼齋、澤州、阮亭。澤州還去看古人詩，久後亦逼得出幾句，有些古人氣味，便覺不同。三徐一時並稱，其實惟立齋詩略有幾句耳。杜秀水是三等秀才，文字一些没好處，要他有只管有，只是再考不上去。」問：「與李合肥何如？」曰：「一般。合肥全用獺祭。」予問：「汪文升德州詩如何？」曰：「不好的狠。大率鬭凑久，胸中本無綫索，便會到不通田地。屺瞻于詩極有工夫，讀得多，只是也有些填凑的毛病。蓋詩言志，志之所至，詩以言之。今若爲一詩，畢竟就要把天地間好議論、好故典都要用上，便無瀟灑寫意、意盡言止、興會悠然的光景。詩却要不盡，如賦物便不妨搜索要盡，三都、兩京，他還有那些在那裡，如何少得他？」予問：「屺瞻言新城直頭不通。」曰：「便是如此等議論令人不服。蓋今人動以自己有五分，便説自己有十分。如今論若過厚些，寧可多説他一分，説他只好有六分，不然照實説他有五分，便已可矣。因其欺謾，而矯之太過，並説他没有五分，他便不服。又矯之甚，説他一分也没有，他更不服。」以上論詩。

音韵，古人四聲並叶者多，不然詩經、易經便不可讀。可見鄉音雖同文之世不廢也。如「遇人之不淑矣」，「淑」字詩叶「歗」字。今孝經稱「叔」還稱如「歗」字音，豈不是古音之鄉音？予問：「湖廣如何有古音？」曰：「彼處與中州近，古時大抵全是北邊的音，及五胡來，便雜之以胡音，而古音反雜。又五代，中原人多渡江，蠻音又反存有古音。如吾閩説話，有將『此』字錯去，竟不是一母一等者。若是念書，古音甚多，如有閉口，有入鼻，有輕唇，無重唇，有輕齒，無重齒之類。當日顧寧人每來訪問閩音，大稱是古音，而人不知。」

毛大可但見「維予侯興」蒸與侵韵合，「鴥彼晨風」東又與侵韵合，以爲古通，不知古今音義不同，又或偶有錯誤，皆不可知。如何以偶然一字遂强取作證，以破從來之藩籬？大可自作詩又用此，此書真無用也。楊升菴韵書之謬，士子家斷不可留置案頭，誤人不淺。六部之分，韓昌黎古詩便如此用。及本朝十二烏珠，其音類悉與六部合，異哉！其餘六部，有三部是閩、廣音，半用半不用，有三部係滿洲音，漢人全無用，其他六部，與才老之分同，乃知昌黎不謬也。又韻部率以「東」字貫鼻爲首，極無道理。本朝用歌、麻冠。等韻率以「見」字爲首，又無理。本朝以「影」字冠。皆超出前人，蓋「歌」字從丹田發聲，而「影」字從喉中起聲也。性理中已載有，惜不見元人用韻書語。本朝所用，即太宗取元朝書用之也。度曲須知，詞曲家決不知其深義，要當搜其根。

顧亭林音學五書是不朽之書，今之知之者鮮。顧亭林足跡幾徧天下，而本鄉崑腔家所謂度曲須知忽略未見，無惑乎怪駡退之錯用韵。此聖人察邇言也。夫毛稚黄之論本此。

余問：「算學通于性與天道否？」曰：「天下豈有性道外的事物？如謂五性不足統天下之萬事，則五聲亦不能統天下之萬聲。如阿、厄、依、烏、於，彼此往來相求，相反相切，而萬聲無不盡於是。蓋古人只講喉、舌、齒、唇，無出口音，『於』字便無。古人念『雨』字皆作『五』字，『餘』字皆作『吾』字，所以『麻』字皆作『模』字。出口音率是夷狄入中國始有之，大約加❶高響耳。『阿』字今人麻，古亦念，似北方❷人之所云惡者。顧寧人辨之極是。天下總是五件便包括得萬件，如五行便包盡天下之物，喜怒哀樂便盡天下之情，皆是。」

本朝如梅定九之歷學，不特精中西之法，能表章出周髀，爲西法不能外，及顧寧人韻書，真不刊之業，千古傑出，前賢未之有也。毛大可作書駁寧人韻書，淺陋至甚，所謂不自知分量者。毛稚黄書卻與寧人互相發。寧人吴人，而不知唱曲。稚黄則本之度曲須知，可叶之管絃矣，然稚黄又不知天地元音。元音惟本朝得之。音聲起於歌麻，反切起於影曉，本朝起於外地。徐文定及西洋人講求一度越千古之歷，而本朝用之。自古以來，韻學不知有元音，而本朝合之，非偶然者。人須知古韻，又知唐韻，又須知今所用韻。凡學問皆須如此。

顧寧人音學五書不過韻學一節，人能於書學考訂妥當，亦是一要緊事。須是兼通篆

❶「加」字，原作「如」，據石印本改。
❷「北方」，原作「此古」，據石印本改。

籀，不是註釋篆籀，明白此，然後纔可通如今楷書之不可通處。如古字「之」字下着「心」字，謂之志，心之所之也。「之」字下着「日」字，謂之時，日之所之也。如今楷字「志」字上作「土」。若作「士」尤不可，上畫長便失之。旹，時，上作「山」，因篆字「之」字似山也，不然妄求解便差。王荆公費盡心力字字着解，便是可笑處。須知六書當分作兩大股看，便易明白。一曰象形，如日月之類。有形所不能似者，二曰指事，如一上加卜爲上，一下加卜爲下之類。又事所不能盡指者，三曰會意，如止戈爲武之類。此三者皆以形起義也。至意所不能盡會，則四曰諧聲，因南地名水曰江，而以工配水以諧之；因北地名水曰河，而以可配水以諧之；西北人名水曰渭，而以胃配水以諧之。如因工、可、胃而求解，豈不可笑？聲所不能盡諧者，則五曰轉注。六曰假借，即一字而另用，又音相同而借用。如「哉生魄」，漢書皆作「霸」，「霸」、「魄」相近故也。此三者皆以聲起義也。

唐律用八庚韵者絶少，因誦孟浩然登岳陽樓詩❶，又曰：「清情不入九青，不可曉。」或言：「世主何不遂易沈韵？」曰：「以天子之尊，不能奪沈約之權。宋藝祖作中原雅韵，

---

❶ 據考，孟浩然未作登岳陽樓詩，所作登嵩陽樓則非八庚韵。疑爲杜甫陪裴使君登岳陽樓，杜詩既詠岳陽樓，且用八庚韵。

明太祖作洪武正韻，其意皆欲變江左之侏離，遵同文之雅化，作詩者終守故轍不改。中原雅韻無入聲，其病有甚於沈約者。向作六攝百二聲，未有證據，胸中疑。殆蘇州得度曲須知，近又得杭州毛稚黄六朝穿鼻，見此二書大快。將來只依其舊本，有不合者爲之改正，不爾必有譏議吾閩音者。如莆人李文利作律書，爲天下所笑。」鍾倫曰：「律吕中豈復有閩音乎？」曰：「然。」孫襄。

韋孟在鄒詩，以「陋」字、「舊」字叶「朝」字。蓋古詩平仄合用，三百篇可見。自記。

傅毅迪志詩，此等詩猶是三百遺音，用韻亦未變古。如「誥」叶「學」，正猶風詩「造」叶「覺」也。自記。

應瑒侍五官中郎將建章臺集詩，此韻通用支、微、齊、佳、灰等部，足爲作詩律令。然詩、書古音亦稍變矣。自記。

約精於四聲八病之學，古今之體自此分也。蓋諧聲去病，即成近體矣，白馬篇等詩已具大致。自記。

議者謂，古六十調之失自何妥等始。然觀「嶰谷調孤管，崙山學鳳鳴」兩句，似猶知黄鍾之宫自爲孤管，不與學鳳之十二律相溷者。自記。

凡平聲通用者，其上、去、入三聲則隨之。真、文、元、寒、删、先，古韻通，其入聲則質、物、月、曷、黠、屑也。雖三代、秦、漢入聲多轉去聲，別有部屬，不與此同，然自江左之季，至於唐人，律令則然矣。惟老杜守唐法最嚴，凡仄韻古詩，毫無走作。自記。

杜詩天末懷李白，首言有文章者多窮，故曰：「文章憎命達。」人有過失，則鬼魅往往以爲喜。此公陵暴萬類，雕鏤物理之句也。解者失之遠矣。「過」字平，反聲，古人蓋通用耳。自記。

韓詩此日足可惜一篇，首叙與籍相遇之初，中言汴州之亂，避難至徐，復與籍相見，而惜其去也。按詩、易、書、春秋及秦、漢以上古文用韻，東、冬、江爲一部，陽一部，青一部，庚則半入陽而半入青也，蒸自爲一部，支、微、齊、佳、灰爲一部，而支韻字半入歌，歌、麻爲一部，而麻韻字半入虞，魚、虞爲一部，蕭、肴、豪、尤爲一部，尤韻字又以其半入支與虞焉，真、文、元、寒、删、先爲一部，侵、覃、鹽、咸爲一部。此長洲顧寧人氏所區別，凡十部以合古韻。其援据詳明，而證驗的確矣。顧氏譏韓公不識古韻，蓋謂此詩及元和聖德之類。然顧氏之學，以質於詩、書古文，合者爲多，至聲氣之元，歌樂之用，古人所以協律同文之本，則似有未能明者。蓋東、冬、江、陽、庚、青、蒸七韻原爲一部，以其元乃一氣所生，而用之以協歌曲，則收聲必同故也。真、文、元、寒、删、先及侵、覃、鹽、咸皆然。至支、微、齊、魚、虞、歌、麻諸韻，又各部之根，凡各部中字生音起，韻皆從此而得，應自爲一部而通同之，欲其源派分明，故亦別爲三部：歌、麻也，魚、虞也，支、微、齊也。然魚、虞之韻，能生蕭、肴、豪、尤，故蕭、肴、豪、尤與魚、虞同一收聲而可以通用。支、微、齊能生佳、灰，故佳、灰與支、微、齊同一收聲而可以通用也。至歌、麻與魚、虞，雖別部而尤相近，蓋古人讀「魚」、「虞」字皆如「模」字，讀「麻」字皆如「歌」字，緣歌、模兩部相近，其收聲亦頗同，則魚、虞可通於蕭、肴、豪、尤者，歌、麻亦可通矣。如東、冬七韻，真、文六韻，侵、覃四韻，雖亦支、微、魚、虞、齊、歌、麻所生，然翻轉於齒、舌、唇、鼻間而得之，非喉音直切所生，如蕭、肴、豪、尤、佳、灰者比，故各自爲部，而不可相通也。退之此詩，正用東、冬等一部，聖德詩則用歌、魚、虞、尤等上聲一部，謝自然詩則用真、文等一部，皆極本窮源，得古韻之精意，其學博而見卓矣。且三代、秦、漢古書，如此者頗衆，第主於先入則不察耳。歐公以爲有意泛入旁韻以見奇，又或以爲當以叶聲求之，此固淺近之論。而顧氏之顯爲譏斥，亦未免苟訾也。自記。

字以晉人爲宗，當時無一人不佳。唐初又有晉人筆意，至顔、柳而變，歐雖露筋骨，猶未變也。孫襄。

字畫須去結核，又非豆生之謂，點、畫、拖、撥，須善排布。王雅宜雖爲衆所賞，然吾終嫌其有豆生體。寫字又須識制字之意，草書無所本，不可以意爲。酒肴之肴，從爻、從月，有上一乂，下草「有」字者，雖出名公之手，有識者棄之矣。孫襄。

善書者多不能文，趙子昂是也，董玄宰、文徵仲亦然。孫襄。

世元字，乃爲衛老師所許，稱其楷法精妙。尤有奇者，同門十九人，闈中抄原卷，各有私批，不甚取，充數而已。閱評則曰：「書法精楷，潦草不成字。」乃見推。及殿試，幾大魁。衛老師自喜其先見也。孫襄。

數人之聚，無一箇會寫字，也没意思。十二、倫英已近似，須時看帖，讀書時也無寫字工夫。三英字近稍開闊，亦要臨摹。黄庭忒長，樂毅論、十三行，短底臨一二遍。孫襄。

理學叢書

榕村語録
榕村續語録

中

〔清〕李光地　著

陳祖武　點校

中華書局

榕村語録卷之十五

春秋一

古史書事，月日而已，無以時者，惟魯之舊史名春秋。意者，魯史記事以時歟？自記。

聖人删述六經，都是一以貫之。春秋，游、夏不能贊一詞，直是聖人胸中權衡，絲毫不差，游、夏等下筆便恐不能不錯，柰何。

觀「筆則筆，削則削，游、夏不能贊一詞」，則知贊易，定禮、樂，游、夏尚能爲助。至春秋，門弟子以爲可存者，夫子却去之；以爲可去者，却存之。裁決精到，非游、夏所能與。

孔子作春秋，一筆寫成，所謂「筆則筆，削則削」，兩「則」字，見他快。人情天理，歷代禮文，明白精熟，不假思索。聖人用功却在大易，看「韋編三絶」可見。

春秋最是難看，無一點文采，不過幾箇字眼，顛倒用得的確，便使萬世之大經大法燦然具備。微而顯，顯而微，一歸義理之精，無非自然之則。

一部春秋，不過幾個字換來換去，數之可了。這幾個字忽如此用，忽不如此用，忽用，忽不用，參互錯綜，遂千變萬化。曲曲折折，精義入神，不可思議，又至穩至當，極合人情。即以此盡天下之事，類萬物之情，通性命之理。

論語有十數章，便是春秋義例。如八佾「雍徹」，「陳恒❶司敗」，「崔子、子文」，「冉子退朝」，「正名」，「爲衛君」之類，不獨大義朗然，即詞語輕重婉直之間，都是義例，如「臧文仲竊位」舉其大，「微生高不直」舉其小皆是。别的經書，都是據理而談，待人以事實之。此經却是現在日用間事，立朝理家，往來酬酢，大經大法，微文小節，經權常變，一舉一動，一名一號，無不本之天理，合乎人情。直是人生要緊切務，斯須不可離者。

孟子曰：「晉之乘，楚之檮杌，魯之春秋，一也。」孔子曰：「其義則丘竊取之矣。」學者緣是，謂夫子周游諸侯之邦，采其國史而作春秋，誤也。如果夫子參采乘、檮杌之文而修春秋，楚文以上，晉獻以前，剪並諸姬，滅翼作晉，其事甚章，夫子何用隱之而没其本乎？荆於莘之役始書，始通也。晉、秦以暨吴、越，凡其入經之先後皆然。推此，則有

❶「恒」字疑衍。論語中無「陳恒司敗」章，似指「陳司敗問」章。

赴告而後有書，舊史有書而後春秋有筆。不以他史益國史，故事有沿故而遺，其以聞見覈所因，故事又有革舊而審且信也。自記。

春秋一書，直是人生不可須臾離者。凡説夫子竟操二百四十二年南面之權，是非褒貶，怎生峻厲，都是膜外話。夫子不過是該稱君，該稱臣，還你個本分便是，所以説「必也正名」。當時禮法蕩盡，冠履倒置，聖人不别作一書，即用現成魯史，爲之筆削。君君臣臣，父父子子，各止其所，各得其安，不過不肯一毫苟且假借而已。吾輩作文章，第一件是不要揑造粉飾，有一句説一句。稱乎其人與事，凡稱謂、官爵、名字、年月之類，無一不停當，便是一篇好文字。

春秋字字皆經稱量，又義精仁熟，恰當事理，字面上下增減，變不變，稱名辨物，俱是化工。如陳司敗問昭公知禮，曰「知禮」，爲尊者諱也。及司敗指出娶同姓，輒自引過，所謂「父爲子隱，子爲父隱，直在其中矣」。娶同姓爲非禮，固昭然不没，而臣子之分亦得。此便是春秋義例。又如唐平淮西，前後四年工夫，而韓文公作碑略之，似今日發兵，明日即捷者。及後，又有詳叙日月處。淮、蔡内地，聚天下之力，四年而後克之，作文者尚鋪張揚厲，豈不辱國？此等處直學書經不書年月體，一跳便跳過許多年、許多事去，其義則出自春秋。

史書惟春秋當法。年下書時，時下書月，月下書日。有以兩日赴者，則書兩日；有災眚經幾日者，則書某月；有無關輕重者，則不書日。

古書於字句間不能無錯，惟六經無錯處。春秋于本文錯者仍之，却無奈他何。孔子于子陽曰：「吾知之，此公子陽生也。」子貢云：「既知之，何不改之？」子曰：「如不知何？」孔子問人「如何以報德」及「如不知何」，都令人不能答。温公作通鑑，自以爲得春秋之遺，而其中不合者無數。如生前即稱謚，此最不可。春秋未經筆削，想亦是如此。邾儀父與隱公盟時，未有爵也，至齊桓公請於王而命之，始稱子。如何於未有爵之先，即以爵稱之？書曰邾儀父，稱其名，得其正矣。問：「春秋若無傳，不幾廢乎？」曰：「惡！是何言也？二百餘年事，不曉得何妨！如今何曾曉得五帝以前事？聖人存其大經大法，以扶世翼教，事蹟固不足論。」

有言某治春秋，於比例上差有工夫。曰：「此最要緊。豈止春秋，凡經書皆然。同中之異，異中之同，不是相比，則道理不能見得確實。況比事屬詞，春秋之教乎？聖人文章，隨處不同。褒與貶不同矣，貶之中亦自不同。有貶至十分者，有九分幾釐者。又不是特意做文章，恰是事理應如此。所以説春秋王道之權衡，是秤量過的，絲毫不差。如今説昌黎文爲六經之文，其道理如何比得六經？而作文之法，却有六經之意。字不虛下，言有倫次，惟六經爲然。文章要得此意，有當多説者，有當少説者，有當删去不説者，其前後次第，都要安排妥當，最是要緊。」

胡文定解春秋，豈爲無功？只是説夫子那樣嚴刻利害，却不然。看來純是一片忠厚之心，有一絲合於善，便獎許之恐後，其仁愛至矣。至「托之空言，不如見之行事之深切著明」，皆説作聖人託南面之權，爲見之行事，非也。謂他書託之空言，不若春秋皆是列國實事，有可考證，功罪易見，義理易明耳。史記：「易本隱以之顯，春秋推見至隱。」説者謂春秋由事蹟上推見人之心曲，所謂「誅心」，其實非也。「見」字讀現，與上「顯」字同。易言造化幽微之故，以至於人事；春秋則由事蹟之顯著，而至於精微。句法少一「以」字，不與上對耳。見，即所謂「見之行事」也。陶元亮云：「矻矻魯中叟，彌縫使其淳。」此老學識殊未易到，四書、五經，聖人總欲挽世風之澆漓而還之淳也。

友言：「馮定遠先生云：『人熟讀了春秋，自能做古文。』此言必有來歷。」曰：「某平生即有此論。無論大經大法，即年月、稱謂、序次、體裁，不知春秋，下筆便錯。」

左傳隱公在，公子翬便稱隱公；史記武帝在，便稱武帝，極有名史尚如此。試看字字著落，一毫不差，一毫不假借，除春秋更無有二。

朱子自謂：「此生不敢向春秋問津。」門人問：「何處不能了然？」朱子曰：「即開頭一句『春王正月』，便不能了然。」絶妙，點醒人機鋒。其實春秋明白得「春王正月」，便都明白了；中庸明白得「天命之謂性」；大學明白得「在明明德」；論語明白得「學而時習之」；孟子明白得「王何必曰利？亦有仁義而已矣」，全部便可豁然。易之「元亨利貞」，禮之「毋不敬」，亦然。

人起於寅，物生於春。春者，蠢也，言萬物蠢然生動也。若十一月，木凋草枯，謂之發生可乎？春秋書「春王正月」，便見得天序不因王制而改。若是尊王，何不書「王春正月」乎？堯典劈頭説「欽若昊天」，「敬授人時」，可知必以興作人事起頭爲歲首方妥。夫子「行夏之時」，乃是「祖述堯舜」。

問：「周公如何不用夏正而用周正？」曰：「聖人學問，雖無有二，然各人亦似各有得力處。周家學問，都似在建子著意。文王後天圖，用處在震，而發端則在乾。」

隱無正者，二年以後無正月也；桓無王者，十八年之中，十四年不書王也。正者，諸侯所稟於王；王者，正諸侯者也。下不稟則無正，上不正則無王。桓弑其君，王不討焉，而生死恩逮，是之謂不正而無王；隱終其位，王命四至，而朝聘奔會無一者，是之謂不稟而無正。然則他君異於此歟？曰：一經之始，於二君見義焉耳。春秋書法，見義者，義明則止，其餘以常書。自記。

春秋之初，猶以取邑爲重，故隱四年莒取牟婁，桓十四年宋取牛首皆書，而後則不書。非春秋以爲常事而不書，乃諸侯以爲常事而不告耳。自記。

卒稱其本爵，葬從其僭號。却有兩説：一世情，一道理。世情者，其國來訃，稱其僭號，我因其訃而記之於我史冊中，則我爲政。我爲政，則何必依其僭？直云某爵而已。至葬，則我往其國而會其葬，以彼爲主，吾非天王，安得入其國，對其臣子而貶其君父？殊無賓主之禮。公羊所謂「卒從正，葬從主人」也。以道理言，先正其罪，後紀其實。不書本爵，何以見其實？不著僭號，何以見其僭？前之義例已明，而後隨其常稱，兩相印證，所謂「微而顯」也。此竟是春秋一通例。如弒君之公子，先皆削去屬籍以著其惡，義例明矣。至慶父之後，皆稱公子而不削，亦是此例。見得弒君者竟公子也，則無父無君之罪更甚矣。如吴、楚先書國，後書爵，亦是此例。先儒以爲進之，非也。惟吴、楚之喪，止於其來訃時書其本爵而已，至葬，雖魯君或在，亦不書。蓋葬雖從主人，而斷不可書曰某王，故寧闕之。

近看春秋，見得一片天理人情，只苦來日有限，未能卒業。其中義例紛然，變化錯出，思之皆有妙義。如亂臣賊子，初則削其籍，稱其名，後乃稱其爵，或稱其國，或稱某國人，或稱盗。蓋初則疾惡之至，絶之非其臣子也。既乃並存其爵，若曰此爲其某官，爲其世子，而至爲此事也。史官如董狐、南史者甚少，焉能皆死其官？使弑君之賊，皆如趙盾、崔杼之不能逃其罪，史官既不能死其職，則弑君之賊必秉國鈞，安肯以已行弑計於諸侯？勢必另舉一人以實之。如魏高貴鄉公之事，司馬昭問陳泰曰：「今日之事，何以處我？」陳泰曰：「惟殺賈充，稍可以謝天下。」昭問其次，曰：「泰言有進于此者，不知其次。」論首惡則昭也，乃誅行刺之成濟而歸獄焉。朱子灼知確見，故書曰：「魏司馬昭弑其主髦。」假使考之不確，既不能無所證據，而以大惡加人，若書其歸獄之人，却令首謀者漏網，後世將竟不知其爲某某也。夫子于此等，則書曰某國，罪其大臣也；曰某國人，則與謀者多也；曰盜，宦官宮妾之類不足齒數也。不書其名，一以見闕疑之意，一以使後之人不知所主名而推求之，則其人亦不能以歸獄於他人而卸其罪。此等義例，信非聖人不能創。若綱目，則大賢之書，成例一定，依此書之，不敢屢變矣。晉乘相傳前代尚有見者，其書河陽事，竟曰「周襄王出會晉文公」，是誠何語？夫子改曰「天王狩于河陽」，何等嚴正。

稱國人以弑，傳云：「罪累上也。」此義大不穩。春秋中，諸侯之有罪者，莫過于三靈：楚靈、晉靈、陳靈，未嘗書人也，此是大義例。蓋其人當權秉政，或訐不以實；或自己欲掩其罪，而亂指一人以代其辜；或重賂一人以抵其罪，我國何得依之以蔽其奸？然史之闕文，孔子所謹，即明明知爲某人，亦不便竟以其人實之。故作不結之案，曰某國有人弑君，隱然屬之其人。其人時自驚心，後人又將究其人以實之。如有賊犯拏不到，他亂推一人，或買一人來抵罪，官府不肯與他結案，寧可懸以待捕，令他終身不敢出頭露面。所以不學春秋，無以斷事。春秋乃刑書也。今之懸案，即是此例。

論人止就其事蹟，不必鈎深索隱。鈎棘得之，未必不差。如用刑，寧失出，毋失入也。孔子論人，以及春秋書法，皆是如此。春秋如今日檔案則例一般，凡大事須查案定擬。韓文公云：「春秋書王法，不誅其人身。」但得王法不泯便好，何用又推深一層？如今覺得春秋千變萬化，都是平平常常情理。

說春秋莫太高，放平些好，總是人情物理。其中王法森然，一字不可假借，極寬大，極謹嚴，温而厲，威而不猛，變換無端，各當其則。如魯君逆不稱夫人，而曰女，未成禮，則爲他邦之女而已，烏在爲我夫人？且以著其父母之國也。及其來則成禮矣，乃曰夫人某氏至自某。周則不然，往即曰逆王后於某國。蓋王者無外，誰非臣妾？天王曰某爲王后，則王后矣，及其來，却不稱王后，而著其國與姓焉。名已正矣，乃本其所自生，烏得泯其父母之國乎？大法精義，動筆斯在，周詳委至，神化難儗。人取我國之土地不書，諱之也。至濟西則書，後卒歸也。不書則後歸無因，既歸則不必諱矣。戰敗不書，諱之也。至乾時之敗則書，長勺即勝也。

高子來盟，楚屈完來盟，舊説未是。聖人妙盡人情，都是内本國而外他國、内中國而外四裔之意。大凡魯君與諸國之大夫盟，皆不書公，惟書及某盟而已，不肯以我君與諸大夫等也。魯有難而齊輕之，故使高子來。桓公率衆諸侯以臨江、漢，傾天下之力，興問罪之師，而楚子不親出，僅遣屈完來，皆可恥者。故不著其君使之來，若彼國無君而其臣擅來者，非吾之辱也。獨成公于楚師之臨，孟獻子、季文子不敢出，公自出與公子嬰齊盟。書公者，所以著季、孟主憂王辱之罪。

春秋初，諸侯兄弟多字，蔡叔、蔡季、紀季、許叔之類是也。其後，率稱公子，例已見前也。叙伯叔者，著親親之恩；繫屬籍者，寓上下之等。春秋之初，國命未移，故親親之詞厚。其後也，世卿踰恣，故上下之語嚴。奉君命則曰兄弟而名之，對上之稱也；殺若奔則曰兄弟而名之，存親之實也。叔肸稱公弟於其卒，無列也；季友字于其歸，非對上之稱，且賢之也。無列何以不稱公子？則以爲於時之公子未有不貴者也。自記。

載詞稱「同盟」，而以同盟告，則同盟之矣。其所謂「同尊周」、「同外楚」，或當日在盟諸侯有此意，因加此字於誓詞之上耳，非夫子所加也。自記。

春秋固謹内外、上下之分，然所謹者，大義大法而已。晉、楚國勢之强弱，權籍之去來，于春秋何與？說經者必先去此一病而後可。自記。

觀春秋所書，女以姓而男以氏，則知周禮。自記。

春秋存首月者，一時無事者也。隱、莊三月有事而存首月，爲元年雖不即位，而有朝廟告正之禮。自記。隱公元年。

月而不日，常事耳，則衆紛紛而鑿爲之說。「會戎于潛」，時而不月，乃寂無說焉，何歟？范氏之說又不明也。程子因舊史之說信已。「會」之見書于春秋，于「盟」略，故或時而不月，或月而不日，亦猶侵伐之于戰滅也。自記。隱公二年。

内女嫁爲諸侯夫人，未有書逆者，紀伯姬書逆何？曰：「逆女而在鄰國，則身親之者也，使大夫，非正也。春秋之時，親迎禮廢，紀、魯不敵，猶不身親，餘可知矣。書此示禮之變，餘不悉書也。」「逆不悉書，歸何以書？」曰：「歸者，内辭也；逆者，外辭也，詳内而略外也。其不書歸者，先儒以爲皆有故也，遭出者也。爲諸侯夫人者，書歸不書逆；爲大夫内子者，書逆不書歸。」自記。隱公二年。

求賻不稱使，當喪未君也。「武氏子」，略辭也；「仍叔之子」，詳辭也。何詳于仍叔之子？蒙王命之稱也。自記。隱公三年。

春秋書臣弑君者，州吁始也。書子弑父者，商臣始也。繼弑君者，宋督是也。繼弑父者，蔡般是也。春秋盟會多矣，無言其故者，曰「成宋亂」，爲督也，曰「宋災」，故爲般也，則曷爲不于州吁、商臣見義乎？曰：「商臣之弑，不責諸侯之誅無父之罪于無王之域，若曰楚之自絶諸夏久矣，諸侯力不加焉，此其可恕者耳。州吁者，蓋屬辭書事而已明也，諸侯之罪已見也。」自記。隱公四年。

州吁者，王不能殺，諸侯不能殺，而使衛人殺之。王不能爲衛立君，諸侯不能請於王爲衛立君，而使衛人立之，故書曰「衛人立晉」。其傷無王法也大，其罪衛人擅立也微。自記。隱公四年。

「邾人、鄭人伐宋」，長邾于鄭者何？春秋之初，未有伯者，故序侵伐，以主兵者爲上；序盟會，以志者爲先。自記。隱公五年。

公、穀皆曰：「春秋之法，君弑賊不討，不書葬，罪臣下也。」此理甚精。然求之全經，多不合者。左氏曰：「不書葬，不成喪也。」蓋有亂臣賊子貶其君父而不成喪者，有國亂略于禮而不成喪者。貶其君父而不成喪，欒書、崔杼之葬厲、嚴❶是也。國亂略于禮，魯人之葬閔公是也。齊桓公曰：「魯可取乎？」危亂可知，宜乎不成喪也。隱於二者何處也？

❶「嚴」應作「莊」，此處誤沿漢人避諱改字，不妥。

曰：「殆羽父因其攝，殺其禮，與于貶其君父者云爾。」或曰：「羽父弑者也，豈肯貶公以章其罪？」曰：「不見意如之别昭公于兆域之南者乎？故孔子曰『章夫子之不臣』。」自記。隱公十一年。

王之不稱天，自伐鄭始也。據傳，周、鄭交質、交惡，王之失柄甚矣。不行于畿内之邦，朝之卿士，而能遠有乎？或曰：「此如朝于王所，語勢之順也。」曰：「不然。不朝于京師，不朝于方岳，而朝于盟會之處曰所者，失所者也。不稱天，皆微詞也。」其曰「天王狩于河陽」何也？曰：「于其召也，尊王而没其實，以互諱；于其朝也，退王而寓其實，以交譏。」自記。桓公五年。

以「寔」爲州公者，非也。蓋本稱爲來朝我，而冬先過曹，州公之失于禮也，故書曰「寔來」。寔，是也。冬過曹，而「春正月寔來」，語勢如所謂「西傾因桓是來」。自記。桓公六年。

凡春秋書事繫日矣，其下有不月日而事者，則非復蒙此日，而蒙上之時月也。武父之盟，衛侯晉之卒，兩事適同日，故特兩書日以别之。自記。桓公十二年。

上書突奔、忽歸，此書突入，自是以後，鄭君屢易。忽、亹、儀、突之際，春秋無一書者，或以爲不成君也。夫三君相繼，多歷年所，弑逆大惡也，立君大事也，春秋悉削之，而獨成簒位之突，必不然矣。蓋魯桓黨弑君者，故如宋、如鄭，必列會興師以定其位。當時鄭通赴告，突也，非忽、亹、儀也，故三君之存亡，莫得而書焉。自記。桓公十五年。

夫仇有内外，公、穀以爲，賊不討而書葬，「仇在外也」，「不責踰國而討于是也」。何以謂之不共戴天乎？此條義例，未必春秋意也。自記。桓公十八年。

賵仲子，會成風，一事也；聘桓公，錫桓公命，一事也。皆名冢宰于前，王不稱天于後。胡氏之説當矣。范氏曰：「『天王出居于鄭』，不可最大。『使仍叔之子來聘』，『使家父來求車』，皆不可也。三者皆言『天王』，明非義所存，舊史有詳略耳。夫不幸而有内難，播越出居，義不可厚非。求車、求金，皆小過也，豈得與紊亂三綱之道同日語哉？使仍叔之子，其過不在于使非其人，爲聘桓有罪焉耳。然而所以無貶者，義見前矣。」范氏之説，是未知事同則舉重，義明則以常書之法也。舊史詳略，他當仍而闕也，無端而增削王號，夫子奚重而不更乎？然則伐鄭及朝諸侯於會所，二事于出居甚乎？曰：「于瀆三綱則損，而于出居甚矣。夫交質亂分，交惡起戎，暨乎害禮傷尊而會覲者，皆傷王綱也。自齊桓則汲汲乎定王之位，于出居奚尤哉？冠王于事而不稱天者重，因事言王而不稱天者輕。」自記。莊公元年。

管仲不死，程子「去就輕」之説，是。胡氏以爲「徙義」。事不濟而背之，「徙義」于此時，不亦晚乎？害義之大者。自記。莊公九年。

陳人殺萬，不書。胡氏以爲宋賂而得之，「宋失賊而陳受賂，與魯之共仲同，故春秋不與其討賊也」。其説委曲，未必合于經意。愚謂閔弑、萬奔，書，宋來告也。殺萬、葬閔，不書，宋不告，魯不會也。魯、宋連年不睦，前有管之戰而敗宋師，後有北杏平宋而魯不與。萬嘗獲于魯矣，莊公豢而歸之，其弑也，又以釁魯啓釁。吾想其服刑也，宋將問魯故焉，而因有憾于我也。是故宋不告，魯不會焉爾。共仲之事，則又不然，季子蓋死之而未以討令也，與其酖叔牙同，立後亦同。春秋將同叔牙之例而卒之歟？何以不没其弑也？將書刺而又未以討令也，則有不書其卒，以不殁其弑。疑于奔而不返者，而罪乃章顯。故韓子謂：「孔子之作春秋，深其文辭也。」自記。莊公十二年。

「同盟于幽」始，蓋無王有伯之初也。禮樂征伐自諸侯出，非小故也。我公非諸侯歟？則未知斯盟之爲是邪，非邪，故没之也。其或同、或不同，何也？因其舊焉爾。存乎載書者，或曰同，或不曰同。自記。莊公十六年。

四時無事，則書首月。今以五月首時，何也？昏禮之失，未有甚于莊公者也。娶讎人之女，當喪而圖昏，親納幣以固之，觀社以尸之，丹楹刻桷以飾之，大夫宗婦覿用幣以侈之，禮之失未有甚于莊公者也。周禮仲春會男女，周之四月，夏之二月，昏姻之時也。昏姻之禮不正，義繫月，故去月。昭公娶同姓，義繫時，故去時。自記。莊公二十二年。

畿内之臣不稱使者，皆自來朝聘也。祭公、祭伯來不言朝，朝不可言也。「祭叔來聘」，聘可言也，尊王朝也。自記。莊公二十三年。

「曹殺其大夫」，胡氏曰：「方其交政中華，會盟征伐，雖齊、晉上卿，止録其名。至于見殺，雖曹、莒小國，亦書其官。」愚謂會盟之類，總言諸侯之大夫者，有之矣。見殺者，書官之下未嘗不名也。此何以不名？或曰衆也，或曰無命大夫也，或曰義繫于殺也。專殺大夫，非制也，無罪而殺，尤非義也。蓋殺大夫之罪，不著名者爲上，著名者次之，稱人殺者又次之。削大夫者，殺者幾無罪矣。自記。莊公二十六年。

「如楚」乞師，乞之得不得，未可知之辭也。「告糴於齊」，猶曰如其移之于國中云爾，知桓公之不遏糴也。自記。莊公二十八年。

「季子來歸」，以爲旌其賢，亦可通。然諸侯兄弟，有稱字之例。以君命出入則名之，君前臣名之義也。出奔則亦名之，絶也。非此族也，則字之。自記。閔公元年。

以仲孫、高子爲天子之命大夫，于理爲長。蓋是時齊威首行尊王之事，故請于天子而命之。自記。閔公元年。

以前皆稱荆，外之也。至伐鄭之役舉國號者，將有齊桓膺懲之事，不得復舉州也。

欲有其末，先具其本，故變州舉國。自記。僖公元年。

「滅夏陽」，「執虞公」，晉人必將有辭以告于諸侯，故得而書之也。滅虢，滅虞，晉人諱其事而不告，故不得而書之也。自記。僖公二年。

江、黄不與伐楚，管仲明知楚必服，而又恐其就近蹂躪江、黄，或不能救，以速江、黄之禍，故姑令勿與。此與問包茅南征，同一權宜也。自記。僖公三年。

虞、虢之滅，晉人蓋修其祀而不以滅告諸侯也。春秋之作，「其文則史」，不告滅，故不書滅。然實則已滅矣，故夏陽不應書「滅」而書「滅」。又書「晉人執虞公」，比于滅國執其君之例，則兩國亡之實録也。自記。僖公五年。

僖公賢者，凡常事會盟，概不行告至之禮。伐楚、伐鄭，兹兩役也，荆、舒是懲，史克爲之作頌，公蓋自以爲功，而魯人大之也。故獨書「至」，行告至之禮也。自記。僖公六年。

荀息啓伐虞之役，不諫申生之殺，導君不義，陷君不慈，區區擁立孽而殉之，誠哉其匹夫匹婦之諒。孔父、仇牧、荀息，聖人據事書之耳。其死之優劣，攷其事實可見，書法不得而異也。自記。僖公十年。

先儒言，殺里克不以其罪，故不去官，固是。然克自與他弑君之賊不同，雖見殺于惠，國人猶或哀之也。朱子謂克自不當安于奚齊、卓之立，但不可殺之者，庶幾可與權之論乎？自記。僖公十年。

春秋之書「螽」，穀梁子謂：「甚則月，不甚則時。」恐反言之，時當甚于月也。自記。僖公十五年。

六鷁書「是月」，不止嫌與隕石同日而已，如止嫌同日，何不更著其日乎？或者「六鷁退飛」不止一日也。自記。僖公十六年。

「滅項」，公、穀蒙上文，以爲齊人滅之；左氏以爲「公有諸侯之事，未歸而取項」，則魯人滅之也。胡氏例：「内諱滅曰取。」此不諱，公在外也。諱者，臣子所以施于君父。以納三叛人不諱例之，胡氏之説然矣。或曰：「例以『城楚丘』，烏知非齊滅也？」曰：「『城楚丘』，義也，且有我在焉，故使如内詞。『滅項』，非義也，如齊滅而非我也者，使如内詞其可乎？」自記。僖公十七年。

蔡服屬于楚舊矣，齊之盟，其非長楚明也。班陳、蔡于楚上，于楚始會盟而正之也。然則鄭何以後？曰：「桓公没，鄭首朝楚，斯役也，其鄭贊之歟？鄭畿内之邦，非陳、蔡隣楚者比也。春秋惡之，故仍其下楚而下之，曰是甘爲服屬者云爾。」自記。僖公十九年。

「梁亡」誰以告，而春秋書之？蓋秦人具其事實以告，且避滅國之名也。實非秦罪，故仍之而書「梁亡」。白記。僖公十九年。

雨不足以沾渥曰「不雨」，純無雨曰「大旱」，猶「無麥禾」與「饑」也。自記。僖公二十一年。

僖之「至自伐齊」，公蓋自以爲功而告至耳。危之説不可施于召陵，久之説不可施于此，故又有罪之説，鑿矣。自記。僖公二十六年。

圍宋之役，楚首序于諸侯之上矣，故君在行而人之也，不與其長諸侯也。公從而會之盟，不諱公何也？没楚即諱公。自記。僖公二十七年。

晉文入國，不見于經，曰不告也。其定王室爲求諸侯動，未有不告者矣，而不書，惡而削之也。以求諸侯故迎王，受田請隧，威取畿内之地，功微而過積矣。自記。僖公二十八年。

歸不言其所自，衛侯鄭言「自楚」，惡其于楚而自乎楚也。自記。僖公二十八年。

元咺復歸于衛，書「自晉」，惡其所自也，倚强國以訟君也。自記。僖公二十八年。

曹伯執不名而歸名，與衛侯同義，皆始疾晉侯之專擅，而終乃本二君即楚去夏之非也。胡氏又蒐「貨筮史」爲義，曲矣。自記。僖公二十八年。

前年書「公朝于王所」，「諸侯遂圍許」，不以王所致而致圍許，猶成十三年「如京師」，會「伐秦」，不以京師致而致伐秦。蓋魯人告至，原以圍許、伐秦耳，非夫子特筆。自記。僖公二十九年。

殽之敗，恐當從左、穀作秦師。三傳經文同異，苟非其義確然不易者，則從二人之言耳。自記。僖公三十三年。

榕村語録卷之十六

春秋二

責當喪以朝禮，晉其狄乎？曰：「晉處父如介葛盧、倪黎來之比耳。」自記。文公二年。

文不書「八月雨」，後時也；僖書「六月雨」，及時也。自記。文公二年。

「躋僖公」，汪氏説斟酌于情理間，極不可易。蓋惟兄弟同廟，而意欲躋僖，故遲遲作主者，議未定也。夫作主，則當告祔于所宜祔矣。今欲以僖繼閔，則當祔莊；欲以僖繼莊，則當祔桓，此所以遲遲而未作主也。及逆祀之計決，然後以主祔桓而不繼閔矣。然不繼閔雖非，而兄弟昭穆同廟，則祔桓未爲失。故作主之時，未有逆祀之形；祔祭之時，亦未見升僖之迹也。必于大袷之際，然後逆而躋之，則新主入廟之後，同堂異室，而僖居閔上，不待言矣。「作僖主」，亦以末録本之義。自記。文公二年。

春秋有稱王去「天」者，王姚江謂偶爾遺落，朱子亦嘗云然。思之不爾。王非天也，加他箇「天」字，見得有一毫不似天處，便不是。天既可以添，便可以去。此等處非孔子手段下不得，故曰「游、夏不能贊一詞」。却非孔子意爲之，其「祖述堯、舜，憲章文、武」，無一字無所本。禮記于君之亡，稱天以誄之；周禮太師述王行事，稱天以謚。宜幽便曰幽，宜厲便曰厲。厲王之子宣王尚賢，不敢改也。若曰此天之爲也，聖人行事有怕人處，似不近情理，却確不可易。如子繼大宗，所生父便降服，厭于祖也。魯躋僖于閔，春秋譏之，君父一也。嘉靖身繼大統，便尊興獻于正德之上。試想，正德在時，興獻稱臣否？生稱臣，而死遂踞其上，安乎？所以漢朝幾百年，尊一部皮毛春秋，亦是好的。未必即是聖人之意，然據之以斷事，大樣不走。如光武之父，始終不敢僭帝號，止稱曰南頓君，何等嚴肅。然光武却似太過，既係中興，追王有何不可？魯閔公既爲君，雖弟，父也；僖公雖爲兄，既曾爲之臣，則子也。雖叔姪猶然。此等事，須與同志考據折衷，有一篇議論，一以聖賢經傳、古人成案、大儒論斷爲準。吾輩在今日爲今人，後人視之便是古人，不悖于禮而定于一，最有功于名教。鄭康成豈必賢于朱子？而朱子議祧僖祖廟時，不記得康成一段議論以爲遺恨。苟得此，其有助豈淺鮮哉！

冬「救江」，而明秋江，滅晉之不能，救江明矣。然若只書「伐楚」，不書「救江」，則無以見其不能救江之意；只書「救江」，則處父之師，實向楚，不向江，故書法如此。傳謂「王臣行而不書者，責在晉也」。自記。文公三年。

書「晉侯伐秦」于「楚人滅江」之下，見其重於修怨，輕于救患，無攘却之善也。救江則遺處父，伐秦則身親之，侯伯之職安在哉？于秦、晉往復之間，非褒貶所繫也？自記。文公四年。

孔子曰：「天下有道，則政不在大夫。」趙盾柄政，政始頽于大夫矣。後乃尤而效之，故扈之盟，斥晉大夫而略諸侯，若曰自此，諸侯大夫班矣。自記。文公七年。

書稱「徐戎」，詩稱「徐方」，皆與淮夷、蠻荆並舉。蓋自西周而不服王化，非一日矣，非自夫子夷之也。自記。文公七年。

「壬午，公子遂會晉趙盾」，「乙酉，公子遂會雒戎」，只越三日，其爲以兩事出無疑矣。而不以繼事書，此謹内外之辨，春秋書法也。自記。文公八年。

春秋因事而見義。宋王者，後得自命官，故因司馬殺、司城奔而書官，則知列國之不書者，僭也。其不名，啖氏以爲不失節，或舊史失其名也。其後再書「司馬華孫」，餘則以常書。自記。文公八年。

「毛伯來求金」，不稱使，不但爲未君，直諱求金耳。自記。文公九年。

楚椒以禮來，故爵其君，而著其臣名，書法之宜也。胡氏「漸進」之説，是若漸强而須假以名號，則是夫子畏其强也。自記。文公九年。

惠公仲子、僖公成風，恐皆只是並隧、並賵耳。仲子、成風，自是不當賵、隧，故宰咺名而秦略，其君臣不必特系之惠、僖而後見也。但僖公之薨已久，不應至是始隧，故孫、胡有是説。自記。文公九年。

自殽之後，秦、晉交兵，是非曲直相半，雖然晉遂不能制楚，而楚以競秦爲之撓也。使夷夏消長于是，則春秋之所惡也。是故於晉之敝於秦，而楚乘間以得諸夏也，則狄秦以見志。其後河曲之戰，又人之，何也？曰：「晉稱人，故人秦。且深貶者一而不再，凡爲主者書『及』，河曲之戰，不書『晉及』，亦猶惡秦焉耳。」自記。文公十年。

盟王，臣罪也。女栗之盟，獨公與盟，故諱之。自記。文公十年。

春秋之教，所謂「比事」者，以同類之事相例也；所謂「屬辭」者，攷其上下文以見意也。「自正月不雨，至于秋七月」，則無壞道也。而世室屋壞，此屬辭而義見者也。自記。文公十三年。

趙盾悔子雍之迎，而弗克捷菑之納，皆能徙義者也。自記。文公十四年。

「執單伯」，「執子姬」，再舉「齊人」，男女之別，不可並書。自記。文公十四年。

前書「司馬」、「司城」，至「華孫來盟」，乃著其姓，未知何意？或者見殺與奔，義不繫人，來盟之人，則例無不著也。凡來盟不稱使，皆其君未有成命，其臣以權出而行之也。齊高子、楚屈完之例是也。自記。文公十五年。

子叔姬之歸，不書「齊子叔姬」，而曰「子叔姬」，無異于未嫁之詞，則知以叔姬爲舍之母者，非是。三傳于此一事首末，似俱未可信。自記。文公十五年。

諸侯未盟扈之前，「侵我西鄙」，曰「齊人」；盟扈之後，「侵我西鄙」，曰「齊侯」，則見諸侯不討商人弒君之罪。自記。文公十五年。

一歲兩見侵，反汲汲求盟焉，而又不得，於以見魯爲齊弱之效也。不諱者，耻在大夫，且不以商人之侮辱爲耻也。自記。文公十六年。

若果有疾而「不視朔」，春秋何以書哉？穀梁説是，左、公皆未可信。自記。文公十六年。

「毀泉臺」，左氏于事或有之，不如穀梁「緩喪」之義正。「緩喪」，猶云不專意於喪耳。自記。文公十六年。

前此「盟于扈」，此「會于扈」，而書法同，皆以不討齊、宋之弒君也。春秋之初，成宋亂序諸侯，責諸侯也。至是而政在大夫，其聞鄰之有不禮于其君者，豈獨不怒于色而已？於是諸侯雖欲討亂而不成亂，勢且不能，故略之而義已足。自記。文公十七年。

赤亦不地耳，與隱、閔何異？其不日，以其未成君，稍略之，殺於成君者。然或舊史因遇弑不得其日之實耳。自記。文公十八❶年。

婦人嫁曰「歸」，故常事歸寧。則内夫人曰「如」，適外之女曰「來」，不言「歸」也。姜氏無罪，不容于魯而去，言「孫」則非惡，言「如」則不還，故取「歸寧」之「歸」爲義，而變文以書之。自記。文公十八年。

宣公夫人與出姜俱稱「婦」者，皆有姑之詞也。彼諱喪昏，故没夫人，使若不知爲夫人者。此則過有大焉，而不諱其細，故夫人之也。彼書「納幣」，此不書「納幣」，何也？書「納幣」，譏在喪也，在喪「納幣」而猶譏之。此書「逆女」于「正月即位」之下，則「納幣」不足譏矣，舉重之義也。自記。宣公元年。

史畏襄仲，不書殺惠伯，則必書其自卒矣。夫子不仍舊史書其自卒，而但削其事，則非卒可知。所謂「諱而不没其實」也。自記。宣公元年。

「楚人侵鄭」，繼「伐陸渾」之後，則是移陸渾之師也。不以繼書「戎、夏」之詞也，戎非鄭比，故又一「子」之，一「人」之。自記。宣公三❷年。

❶「十八」，原作「十九」，據春秋左傳正義改。下條同。
❷「三」，原作「二」，據春秋左傳正義改。

得臣之卒不日，胡氏謂「貶其與仲遂之謀」也。夫不日何足以貶？且不貶仲遂而貶得臣，何也？蓋高固方來，宣公爲之大用嘉禮，雖卿卒不以聞，故不日耳。自記。宣公五年。

仲遂之卒，不稱公子，以爲蒙前文，固也。然實於其歿也名而絶之，如翬於隱之例耳。其或卒，或不卒，不可以爲褒貶。惠伯之不卒，必以爲貶，可乎？名翬於隱朝，則意見矣。其不卒，或舊史失之，非義所在。自記。宣公八年。

春秋書「猶繹」，而檀弓有「卿卒不繹」之言，則仲遂之功罪姑無論矣。所謂「書王法而不誅其人身」者，此類也。又案周官，大臣死有廢祭之文，則不但繹祭也。自記。宣公八年。

殽之役，書「及姜戎」，此與白狄伐秦，不復書「及」，累晉也。連兵結怨，與戎、狄而伐婚姻之國，曰「狄道」也。自秦、晉之兵不解，而荆楚强盛之勢成矣。繼書「滅舒蓼」，亦因事屬詞法。「蓼、六」之蓼，臯陶、庭堅之後也，此則羣舒之一。自記。宣公八年。

内失地不書，我納於彼而非力取，旋復歸者，則書之，濟西田及讙、闡是也。歸讙及闡不言「我」，旋取旋歸之詞也。歸濟西田則遠矣，故言「我」。其取也，何以不言「我」？取不言「我」，而歸言「我」，臣子之詞也。自記。宣公十年。

稱「齊侯使國佐來聘」，其忘哀之罪自見。自記。宣公十年。

楚子縣陳而能悔，入鄭而不取，此所以變而書「入」、書「圍」，各降一等書之也。自記。宣公十二年。

邲之戰以晉及楚者，畢竟是内晉外楚之詞。得臣避晉侯，故稱人。林父不避楚子，故稱名。自記。宣公十二年。

入陳、圍鄭、伐宋，屢書「楚子」者，見累年會盟征伐，中國諸侯皆無復身親之事。政在大夫，宜其不競於楚也。自記。宣公十三年。

朱子曰：「歸父會楚，宋及楚平，春秋責其叛中國而從夷狄耳。罪其貳霸非是，春秋豈率天下諸侯以從三王之罪人哉？」愚謂朱子此言，一空衆説之陋。文定猶屢以盟主爲言，皆不足以訓者也。自記。宣公十五年。

滅赤狄、潞氏稱「晉師」，滅甲氏及留吁則稱「人」，前猶粗有名焉耳。於是士會爲太傅，晉焉得有太傅？蓋官制亂矣。自記。宣公十六年。

宣榭之火，周來告也，告則列國猶書，況周乎？經未有斥言周者，此言「成周」何？以王朝宗廟之重。言「宣榭」則疑魯，言「京師」則不親，故舉國號以書，若曰此非異代之榭也。公羊「新周」者，「親周」也，故知程子以「親民」爲「新民」者甚確。自記。宣公十六年。

爲國重民命，舊史書「大有年」，則聖人緣而書之矣。必以爲紀異，可乎？宣公饑饉洊臻，税重而民困，喜「大有年」，則幸而書之矣。何必曰紀異也而後爲志乎？自記。宣公十六年。

肹無列于朝，則「叔」非氏也。「叔」非氏，則是春秋字之也。内兄弟字者二，季子、叔肹是也，皆取貴于春秋者也。友不稱公弟，前以公子之屬書矣。友爲大夫，肹無列也；肹有通恩之美，友有存社稷之功。或謂「友討共仲，而爲之立後，釀成三威之勢」。此非其疵者，管、蔡、霍皆邦其嗣，周公以來未之有改也；田氏六卿比比于世徵三威，異姓之卿其不興乎？自記。宣公十七年。

「箴尹克黄」，則君在也，安得與歸父同例？君在則殺之者君也，命可逃乎？君死則殺之者三桓也，可以無死，死傷勇矣。自記。宣公十八年。

一甸之民五百餘家，而出一乘，則七家而一人也。丘出一乘，幾於人盡兵矣。乘有甲士，故云「甲」。自記。成公元年。

齊侯戰敗而窮，求盟者齊侯之志也。然不曰齊侯使國佐來盟者，欲以賂免，非專盟也。不曰國佐及諸侯之大夫盟，而曰「及國佐盟」，以我師存焉，則有内辭矣，且以見實追及而盟之也。自記。成公二年。

凡會外大夫不書「公」，非諱也，存内外君臣之體，蓋史法也。獨會楚公子嬰齊書

「公」者，大夫之執國命舊矣，盟會征伐專之屢矣。獨是役也，楚寇臨境，臧孫不行，孟氏請賂，以憂貽君父，而使與强楚之大夫盟。不据事直書，則無以見大夫之罪也。自記。成公二年。

蜀之盟，從楚者十有一國，自成、莊之盛，未有若此者。諸國皆卿大夫，惟公在焉，故「人」之諱也。諱則何爲不没公？繼乎會蜀，深著魯大夫之罪焉耳。荆楚强盛如此，故公之會盟，出于不得已而無足諱。楚、秦在諸侯上，以强大相先也。經仍赴告之文，無所更改，惟蔡、許見削，則左氏疑爲得之。自記。成公二年。

據古廟制，考宫非特作廟也，新之而遷舊主，易以新主焉耳。如是則新主雖未入，亦安得不哭？況新主未入，則舊主在焉，但舊主過期應遷，不可復以其謚名宫耳。如此則尤宜哭也。劉、胡之説，亦未知然否。自記。成公三年。

傷則免牲，死則無牲可免矣，卜日後而免，則曰牛。穀梁凡所謂「亡乎人」者，皆無可奈何之意。自記。成公七年。

伐郯之役，蓋吴始稱王，加兵小國，而又赴告中國以示威也。告至於魯，是以季文子聞而哀之。自記。成公七年。

凡史例有詳略，古史雖不可見，班、馬以後，皆以人之賢否繁殺其詞也。伯姬有賢行，舊史蓋録之獨詳，故聖人因之。欲厚伯姬，不得不書伯姬之歸；書伯姬之歸，不得不書其始，皆緣末録本之義也。必皆以爲譏非禮，過矣。「媵」微事猶書之，況「納幣」乎？自記。成公八年。

當時晉既通吴，欲以病楚矣，恐非以剡事吴而伐之也。其諸剡事楚，而吴、晉交加以師歟？自記。成公八年。

書「來媵」，程子謂「以見姬之賢」是也。然將以見齊媵之失禮，故先録衛、晉。何言乎失禮？異姓一也，一娶十二女二也。自記。成公八年。

成公十年，公羊經無「冬十月」三字。愚謂三傳皆同，則必有説，如只一傳獨異，必文之缺、字之誤也，不可據以立論。自記。成公十年。

晉徵魯師多矣，至郤錡之來書「乞」者，苟非其同惡，則必以義驅之，然後伯者之令行矣。秦、魯東西遥絶，無惡無義而徵諸侯，患其不至，卑其詞請以私而曰「乞」。自是以後，雖有義舉，沿襲爲之，至晉悼之業成而後一變。自記。成公十三年。

公及諸侯朝王于京師，曠事也。經不書，及諸侯朝王，而後又以「伐秦」致，明本不爲朝王動也。削劉子不書，諱王師也。僖朝王所何如？曰：「以晉文猶能爲王動也，然譎而不正。又召王而會之，竟無可取。故書『天王狩河陽』，以正晉文之失，而僅以朝予魯而不予諸侯也。若書劉子會伐，則須列晉侯上，疑於朝京師，奉王命而伐秦。故没王官，則知此師爲晉動也。又踐土河陽，志朝王而先會後朝，其詞若先會盟而朝者，以責下也。此志伐秦，而先如後伐，其詞若因朝而伐秦者，以存上也。踐土河陽，實與而名不與，此則名與而實不與。自記。成公十三年。

如傳説，則華元未至晉耳，安得言「自晉歸于宋」？蓋河上已是晉境，故云「自晉」。又魚氏所以復之者，懼其以晉討也。則稱自者，亦著其所自復與？自記。成公十五年。

前伐秦，劉、成二公不書，故王臣會伐，自尹子始。所謂「挾天子以令諸侯」，至是方顯然彰著。自記。成公十六年。

「九月辛丑，用郊」，猶曰「用」，此時以郊云爾。自記。成公十七年。

納寧儀與納魚石，均惡也，二子力不足以自還，故著楚納。魚石實致楚師，而力足以叛，故以自入爲文也。各舉其實而已。自記。成公十八年。

「叔孫豹、鄫世子巫如晉。仲孫蔑、衛孫林父會吴於善道」，二事恰相連，一旅見于晉，一並受命於晉，否則兩事皆造晉，而聽命受命焉者也，是以不書「及」。凡書「及」者，内爲志，必受君之成命以往也，而後書「及」。自記。襄公五年。

魯屢受莒侵伐，前又與之會盟而不校。蓋孟獻子等方柄政，故以釋怨休兵爲事。自記。

襄公十年。

城楚丘戍陳，猶有所蒙也，虎牢之戍，上無所蒙，與專内辭無異。與專内辭無異者，其非貶可知。自記。襄公十年。

楚屢救鄭，傳説也，據此以求筆削之意，間有不通而强説者多矣，王仲淹所謂「棄經而任傳」是也。今斷之曰：「傳事或不可盡信，或救而不及則不書，或諸侯惡而削其籍則亦不書也。當是時，楚、鄭方與中國爲敵，其興師伐救之事，不訃可知，但憑列國諸侯在會者之紀載耳。他時楚救，蓋諸侯削之矣。獨此既戍虎牢，則有扼吭拊背之勢，故著楚救以叙功。舊史如此，非義理所繫，因而不改也。」自記。襄公十年。

伐鄭之後始會蕭，魯不以伐鄭致，與僖公從桓伐楚之致殊文者，外楚而内鄭之詞。且雖與屈完盟，不可言「至自會」也。此類疑聖筆所修。自記。襄公十一年。

伐秦之役，左氏曰：「于是齊崔杼、宋華閲、仲江會伐秦。不書，墮也。向之會亦如之，衛北宫括不書於向，書於伐秦，攝也。」夫以墮不名，殊無理，傳不足據。彼謂人者大夫也，名者卿也。人齊、宋、衛，而序莒之上，不應大夫先卿而爲是説耳。當時之序，主盟者爲之，大較以强弱爲先後，齊世子光先下於附庸矣，後乃列諸侯上，況大夫卿之間哉！自記。襄公十四年。

凡侵、伐、圍無書「同」者，魯爲齊弱，未有若此數年之甚者也。藉晉攄怨，十二國之師，四面環之，魯人盛大其事，而書「同圍」，春秋因之。自記。襄公十八年。

「九月，庚戌朔，日有食之。冬十月，庚辰朔，日有食之」。史官互也。簡策所書非一人，有曰九月者，有曰十月者，有一誤焉。而春秋謹所疑也，兩書之爾。甲戌、己丑「陳侯鮑卒」，蓋此類。自記。襄公二十一年。

「欒盈復入于晉」，不言自齊；「入于曲沃」，不言以叛，著晉過而稍損齊、盈之罪也。齊、盈之罪不見奈何？曰：「書齊『伐晉』於盈入之後，則助叛明矣。下書『晉人殺欒盈』，不曰大夫，則討賊可知。」自記。襄公二十三年。

書「孫林父入于戚」，而曰「以叛」，則罪林父過欒盈矣。謂盈仇范、中行氏，而林父與君敵也。前是未著孫、甯出君之罪，以罪君也。至是一書「弑」，一書「叛」，則前罪亦因以明，所謂「罪大而不可解，惡積而不可掩」。自記。襄公二十六年。

衛成公、獻公，皆出也不名，而復也名之。權衡自應如是，蓋如是而後爲平。自記。襄公二十六年。

剽非正也，而喜以爲君也，是其君也，不得以反正之辭與之也。喜賊也，而衎以爲臣也，是其大夫也，不得以討賊之辭與之也。自記。襄公二十七年。

子札褒貶之説棼如。愚謂春秋于札無褒貶焉耳，褒貶者必于事，于來聘而褒貶其生平，遠矣。札在國，必曰王子札也。其稱于我，亦必其王子札也。春秋所惡於吴、楚而外之者，僭號焉耳。惡之，故夷之而加夷號焉。吴伯爵而子之者是也。故季子以諸侯兄弟之貴，降從術椒之例，夫亦惡乎其號也。或曰：「如楚大夫之稱公子，不亦可乎？」曰：「始通也，楚累而後書。」其累而卒書之何也？曰：「義顯而止。」自記。襄公二十九年。

澶淵之會，宋儒所論當矣。蓋繫此于葬蔡景公之下，而特書「宋災故」，以見其意，則曉然著明矣。或謂：「春秋弑君者多矣，何獨於此特筆乎？」曰：以世子弑君始於此也。楚頵南蠻也，不可責天下諸侯往而正之也。諸夏之君，自蔡般始。春秋之初，君弑有不葬者，非臣子隱而不成喪，則弑者不以君葬之，否則諸侯猶知其爲弑而不會也。般既無隱痛之心，又不敢不以禮葬以蓋其事，然而諸侯皆往會焉，則不得不以葬書也。書「葬蔡侯」，則諸侯會葬定賊可知矣。書「葬蔡侯」于上，而著以「宋災故」大會于下，比事屬辭，春秋教也，爲此類也。臣弑君而諸侯定之，自宋督始；子弑父而諸國定之，自蔡般始。故兩書所會之故，爲一書之大書特書。州吁何以不然？曰：「州吁誅，卒不定也。」又書「葬景公」，則我會可知。會其葬，不討其賊，而豹會諸侯大夫以謀宋災，以爲大惡也。故隱内卿而目會故，所以遍非諸侯大夫也。或曰：「隱内卿，内無罪也。」伯姬卒于災，于我有哀焉。」自記。襄公三十年。

晉、楚之會兩先晉，皆爲天下諸侯，隱存内外之坊，非於晉、楚有薄厚耳。自記。昭公元年。

莒、魯争鄆日久，春秋書鄆，悉未嘗繫莒也，則意此邑疆界未明，與繹爲邾邑異。自記。昭公元年。

展輿爲弑君者所立，故去疾得繫之國。自記。昭公元年。

觀圍戮齊封徇諸侯，數其弑君之罪，則弑麇之跡，當日必甚秘。以僞赴于諸侯，齊封之對，乃發其私也。春秋嚴亂賊之法，而不輕與人以弑君父之名，傳疑一也，略于蠻方二也。自記。昭公元年。

越惟于伐吴之役書「人」，或謂許伐吴，或謂責諸侯，皆非也。純外越，則是内楚也。越蠻也，楚亦蠻也，子楚於上，則不得號越于下。以後皆號之也。自記。昭公五年。

留有罪，不曰陳留何？目「世子」殺于上，則著「公子」奔于下。自記。昭公八年。

君臣同謀則稱國，此時陳無君也，何以不書招殺？過與招同罪者也，若書招殺，則疑過爲非招之徒而見殺者也。然則何以不書陳人殺過？招實殺過。書殺過，則疑以討賊與招也，不去大夫多矣，里克、甯喜皆是也。自記。昭公八年。

圍惡耳，討賊疑於善也，是以先書「滅陳」，用知志在滅國，則雖討賊非善也。招不去氏，不與楚討之義也。自記。昭公八年。

晉假道鮮虞，遂入昔陽。秋滅肥，冬又滅鮮虞。此與獻之滅虢相類。春秋惡其行詐也，故不書滅肥，猶不言滅虢，書「執虞公」之意也。行詐，狄道也，執虞公時，晉首入經，不得與荆、吴無別。故于伐鮮虞也號之，且繫楚滅陳、蔡伐徐之後，無興滅救患之師，而尤是效，屬事而觀，宜君子所深惡。前此晉執虞公，傳者專責虞公，非經意也。亡國之君甚於公者多矣，何足罪哉？凡執人者與所執者，書法每相配，爲均有罪焉耳。人晉而爵虞，乃上下之稱，賊晉而非責虞，審也。惟滅下陽以虞首惡，則自取亡滅之罪已著。自記。昭公十二年。

兩言「誘」，皆惡楚也。名般，故名虔，使虔與般同罪也。子楚，故亦子戎，楚、戎等夷也。自記。昭公十六年。

止非弑君者，因其自狀而書之曰弑君，蓋以戒夫天下後世之爲臣子而不謹其君父之疾者。三傳之説善矣，然而與凡弑者無異，奈何？曰：「春秋世子弑君三：楚商臣、蔡般，立乎其位者也；許止，弗立乎其位者也。此比事而可知者也。許方遷夷，又遷白羽，實楚之縣耳。虔能討三弑以掩其罪，棄疾亦弑君者，豈舍止哉？繫于遷後，此屬詞而可知者也。蓋三傳事實同者，即不得而苟訾其僞。故程氏有斷案之説，歐陽之論果哉。」自記。昭公十九年。

因閏八月，故昭二十年十一月得有辛卯。或言春秋時閏皆十二月，此處却是閏八月也。自記。昭公二十年。

惠、襄二王之亂，不詳于春秋，不告也。惠不告，故本末俱脱。襄告矣，而其初致亂之由猶不聞也。叔鞅在京師親見聞，故詳焉。自記。昭公十二年。

雞父之役，吴實敗楚師。當日吴、魯姻也，必告，告必以敗楚爲詞，春秋何以諱之乎？于時中國通吴以制楚，陳、蔡、許諸國附楚以敵吴，若書吴敗楚師，疑吴果爲諸夏動者。春秋惡吴甚於楚，故特削楚之敗以外吴也。自記。昭公二十三年。

書「宋公卒于曲棘」，所以發人之疑，問其故，則知以如晉而將納公也。自記。昭公二十五年。

「居於鄆」，與「天王居於狄泉」同文，春秋主魯故也。在他國則復立一君必矣。終昭公之世，意如猶未敢立君也，故時猶稱魯爲秉禮之國。是時夫子年已近强，學徒大進，何忌承父命而稟業焉？曾未聞三家有所咨諏，聖人有所論白，蓋勢不可爲，而不在其位故也。可以見處亂邦之法矣。自記。昭公二十六年。

齊滅譚，楚滅弦，狄滅温，君奔皆不名。吴滅徐，徐子奔則名。竊疑譚、弦、温其國皆不他見，其君之名蓋不可考也。滕、杞之屬，屢與中國盟會，于其告卒也猶多失名，况譚、弦、温也。徐則與三國異，故得其名耳。自記。昭公三十年。

諸小國滅皆不書名者，憐之也。徐子章羽書名，惡其僭王自徐始也。徐稱王在楚前，紛紛毛舉他過以當之，殊無意味。書名所以惡徐，非善楚也。自記。昭公三十年。

「城杞」，晉之私事也；「城成周」之會而書其故，天下之公事也。以此揆之，楚丘、虎牢，蓋亦天下之公事也，故以公事書之，而不目其人耳。公之出亡，惟叔孫氏差爲無譏，故婼繼公書卒，俾考其所以卒而哀其志也。仲孫能率伯命遠「城成周」，而未聞有勤其君之志，與季氏分罪矣，况與陽虎而伐鄆乎？經没不書，定、哀多微辭。自記。昭公三十二年。

榕村語録卷之十七

春秋三

晉人之執宋仲幾，傳稱「歸於京師」。未嘗不歸於王也，不請專執，故雖歸王不書耳。自記。定公元年。

凡盟必日之。拔之盟，不日而且不月，又夫子當時之事，非遺失也，無亦非魯以大夫盟邾君，故去月日以見慢歟？厥後句繹則如常書。自記。定公三年。

臯鼬之盟不日，亦當時事，非遺失也。著衆志已涣散，怠於禮而略於事矣。自記。定公四年。

許于夷、葉、白羽、容城凡四遷，皆楚令也。如是，則許幾爲楚邑矣。前侵楚之役、臯鼬之盟，猶有「許男」，何哉？此時楚以吴故，頗不暇於諸侯。許雖遷白羽，猶不敢違中國之徵召，故楚又遷之以自近歟？自記。定公四年。

劉卷之卒，赴不以日也，其卒前乎此矣。若是此月卒，來赴往會，周、魯之間，其事不應同在一月。自記。定公四年。

柏舉之戰，言救則美在吴，言以則自强雪恥，其美在蔡。自記。定公四年。

「歸粟於蔡」，穀梁子曰：「不言歸之者，專辭也，義邇❶也。」然則城楚丘、戍虎牢，亦豈義邇乎？蓋皆公辭也。春秋所深與也，事無遠邇，惟其公而已。功邇而德遠矣。自記。定公五年。

「於越入吴」，于是楚以秦師敗吴，皆不書，非楚不告也，直春秋略之耳。蓋吴之可貶，在于入郢之日，而不在敗也。自記。定公五年。

鹹之盟不日不月，我不在焉，故略之。沙之盟同。「沙」、「瑣」古蓋同音。自記。定公七年。

以「暨齊平」、「及齊平」兩處事實考之，「暨齊平」之後，我往涖盟，而齊人不報使；「及齊平」之後，兩君好會，而且來返侵田。則「暨」爲强彼，而「及」乃彼我同欲明也。汲汲者，彼此俱汲汲也；暨暨者，彼此俱暨暨也，非以一人言也。辰出奔時，佗、彄蓋爲所牽率也，故曰「暨」。其既則同惡共謀，彼此欲之矣，故及其入蕭，則書「及」。自記。定公十年。

❶「邇」，原作「通」，據春秋穀梁傳注疏卷十九改。

以時卒時葬者，赴既簡略，會亦如之，葬薛襄公是也。自記。定公十二年。

告至則致，成特境内私邑，而且無功，豈亦告至乎？蓋時夫子相魯君，行必告至，不以近而略其禮。叔孫武叔之毁，疑即在此時。蓋讒毁而欲去之，非特無故譏笑也。叔孫毁于内，孟孫據邑阻兵于外，僅一季桓子信之。故孟子、公羊子皆有行焉之言。及其受女樂而無禮于聖人，夫子雖欲不去而不可矣。自記。定公十二年。

蛇淵之築，比❶蒲之蒐，皆夫子去魯後事。自記。定公十三年。

十三年春，魯有事于郊，膰肉不至，夫子去魯矣。至十四年而無冬，蓋傷王道之不成也。則曷不於十三年去冬？曰：「其春夫子猶在魯也。」故于此年去之，王道無成而不終，不猶之天之歲功不究者乎？自記。定公十四年。

孔子去魯，子貢實從，而「邾子來朝」，子貢有觀焉之事。則知夫子在行，弟子蓋往來其間。自記。定公十五年。

以「八月，庚辰朔」推之，則葬定姒之日，不應在九月。以爲閏九月，則明年四月又有辛巳也。蓋實閏九月也，辛巳爲閏月之朏，計大小盡，明年四月二十八日下辛也。自記。

---

❶「比」，原作「北」，據春秋左傳正義卷五十六改。

定公十五年。

哀公元年，楚入蔡，而僅書「圍」，吴滅越而削不書，或曰不告也，或曰皆報君父之讎故也。自記。哀公元年。

伐晉之役，以傳考之，我師及鮮虞在焉，不書，諱也。春秋何厚于晉！百餘年來，冠蓋相望于宗周，猶有臣節者晉耳。春秋之外楚，爲僭王也；内晉，爲尊周也。自記。哀公元年。

晉趙鞅帥師納衛世子蒯聵于戚，罪聵也。齊國夏、衛石曼姑帥師圍戚，罪輒也。圍宋彭城者，主晉之辭也，善晉義也。圍戚者，主衛之詞也，誅衛志也。晉義善，則華元無惡矣；衛志惡，則齊夏無善矣。自記。哀公三年。

魯之桓、僖，晉之文、武，蓋皆竊附于祖功宗德之義者。自記。哀公三年。

稱「人」以執諸侯，而諸侯不名而爵，皆下執上之詞，深惡執之者也。晉人執虞公，其盛也，執戎蠻子，其衰也，而皆大惡，故以上下之詞書之。自記。哀公四年。

荼與奚齊同，而不曰君之子，何也？曰：「君之子者，不與奚齊之爲君也，謂其殺世子而立之也。景公者，群公子耳，非申生、奚齊類也。」自記。哀公六年。

歸邾子於後，則不諱獲于前。正如歸濟西、讙、闡於後，則不諱取於前也。自記。哀公七年。

宋滅曹也，而以「入」書，先儒以爲罪曹，誤矣。春秋于諸夏之邦，言滅者，邢、陳、蔡、許是也；不言滅者，紀、虞、虢、曹是也。紀與虞、虢，先儒以爲猶存其祀，安知宋之不存曹祀乎？戰國之時，猶有曹交也。自記。哀公八年。

吴不挾陳以叛楚，何用救哉？陳之禍，吴爲之也，救庸足多乎！此與楚救鄭一耳。蓋争諸侯，非救也。季子自言之矣，文定未免穿鑿。自記。哀公十年。

凡侵伐之類，多書時而已，如國書伐我之事，爲夫子歸國之年，非不詳其月日可知。下伐齊，則書月者，例凡戰必日，不可下有日而上無月也。自記。哀公十一年。

艾陵之戰大捷，魯必告至無疑矣，而經不致者，非削也。是時夫子在魯，君卿有事必咨焉，子貢、冉有之徒時有論建。蓋雖不能遏會吴之役，猶能使知會吴，殘與國之不足榮於廟也，而不告歟？故傳稱季孫勝而懼。自記。哀公十一年。

甸甲不足而丘之，丘賦不足而田之。傳紀季孫使冉有訪于仲尼，而夫子之言曰：「行度于禮，施取于厚，事舉其中，斂從其薄。如此，則丘亦足矣。若不度于禮，而貪冒無厭，雖以田賦，將又不足。」季氏卒不聽，蓋冉子與其謀也。鳴鼓之攻，其此時歟？自記。哀公十二年。

先生常舉耜卿云：「『孟子卒』，禩記明明説『夫人之不命于天子，自魯昭公始也』。可見春秋據實書，而紛紛以爲貶，以爲諱，皆未必然。」近是。哀公十二年。

春者，歲始也，麟者，仁獸也，于歲始而仁獸來遊，至仁之應也。春秋不書秋冬者累累，而此年又止于春，春或書王，或不書王，而此年止書時。蓋氣序雖有亂時，而生生之心長在；王道雖不行，而天之所以爲天，萬古不可變也。自記。哀公十四年。

五石、六鷁，都謹書甲子，如何春秋以獲麟終篇，却止書春？又不是遠年之事，豈難咨問而得之？此不得謂之無意矣。或者夫子以此開萬世之太平，所以春秋一書，始于春，終于春也。公羊傳，人都笑其在年月日時上穿鑿，恐怕他有傳受下來。哀公十四年。

春秋周三家：左氏、公羊、穀梁；唐三家：啖助、趙匡、陸淳；宋三家：孫明復、胡安國、張洽。注疏，周禮第一；大全，春秋第一。以下論三傳。

治春秋者，某嘗謂宋三家不如唐三家，唐三家不如漢三家，漢三家不如周三家。其實左、公、穀好，而穀梁尤好。或云：「杜注不免太疏略。」曰：「且寬寬的説在那裏好，穿鑿就不是。如滕降而書『子』，程子謂是因其後服屬于楚。豈有因子孫服屬于楚，而先貶其祖宗之理？且終春秋不見滕有服屬于楚之事，蓋因孟子『滕，小國也，間于齊、楚』而誤耳。文定不安于程子之説，又謂其首朝弑君之賊。不想春秋中，弑君之賊尚不貶其爵，而貶朝弑君者，有是理乎？且貶止其身可矣，因這一朝，遂終春秋而不復，何也？朱子又不安其説，而從程沙隨，謂當時小國之君，因霸主會盟征伐，供億不來，故自貶其爵。但滕降子時，會盟之事尚未多有，況隱十一年，滕、薛來朝，方自崛强争長，豈有逾年而即甘自貶之理？惟杜元凱寬寬一句，説爲周所貶，原是。胡文定見程子不從他，便駁云：『如周尚能削人之爵，則春秋可以不作矣。』夫吴、楚之僭，齊、晉之横，天子不能問，而所貶者，惟滕、薛、杞諸小國，此春秋所以作也。如門祚衰薄之家，紀綱之僕，尾大不掉，惟汲爨下役，朝笞而夕搒之，適足以啓輕侮而已。且杞及邾，或貶或封，當時皆請之天子，何獨于滕而不能削降耶？載書曰『無有封而不告』。既有封，即有貶矣。至春秋之後，晉之三卿，尚不敢自爲諸侯。故綱目書曰：『初命晉大夫魏斯、趙籍、韓虔爲諸侯。』何春秋之初而不能貶滕耶？如不書即位，穀梁所云至精，曰：『書即位，正也；不書即位，故也；繼故而書即位，與聞乎故也。』即位是朝見于廟，有許多事，世次相及，自然行正禮。若有篡弑不正之故，則先君不正其終，世子焉得行吉禮？有故而又書即位，是即位之人，亦與乎變故之謀。故意欲掩飾其同謀之罪，反行吉禮，若不知然者。此却終春秋都是如此。先儒又都不從，另出一箇論頭，及難通，又變一箇義例，都不是。」

程子謂公、穀次于左氏。今觀公、穀儘有好處，須如朱子之論方平。自記。

左氏非丘明也。左氏若是孔子同時，如何所紀六卿分晉，已是孔子卒後事？古者左史記言，或者以官爲氏耶？蓋因傳春秋而附以己之見聞。胡文定于春秋時事不見于經者，明知道是不經赴告，夫子無從而書，又時自忘却，説此事左傳有之，經何故不書？倒似左傳即魯之春秋原本，爲夫子所據以脩者，此最有關係。

左傳不可不讀，其中有許多三代典禮，及二百四十年事蹟。又文章古雅，不讀，覺得看經益無依傍。國語一書，是左傳未經剪裁鍛鍊者，想從列國隨便採來。其中如吴、越迥與他國不同，唯魯、周差近，齊一味誇大，晉如今日劇演一般，塗飾點綴。左傳則貫串簡鍊，文采斐然。韓氏評以浮夸，亦確不過。

「孛入北斗」，左氏：「叔服曰：『不出七年，宋、齊、晉之君皆將死亂。』」宋上公，齊、晉侯伯，皆應北斗之象，爲天紀綱也。七者，斗之數。自記。文公十四年。

侵鄭之役，盾不與楚遇，而汲汲于還，蓋君臣之際，疑貳形矣。盾憂内變之將作，而志不存乎諸侯焉耳。自記。宣公二年。

點、線、面、體，事事離不得。從此點到彼點，便成線。將此線規而圓之，便是圓。四折便是方。三折便是三角，都成面。將此面積厚，便成體，體成則天下之象數備矣。左傳「物生而後有象，象而後有滋，滋而後有數」。象即是點，滋即包線、面、體。「滋」字妙，生生不窮。

鄢陵之筮，似是遇復之明夷，其繇曰：「明夷于南狩，得其大首。」離，南方也，又爲目，爲戈兵，離明見傷，故曰「射其元」，「中厥目」，而「南國蹙」也。傳聞不詳，故史失之耳。自記。成公十六年。

襄之十四年，距夫子生時尚九年，而伯玉，夫子友也，奈何此便從大夫與聞國事乎？據傳崔杼壽亦太多，俱有未可據者。自記。襄公十四年。

伐陳之役，子產不敢深言陳即楚之罪者，鄭亦即楚故也，與齊不敢問楚人僭號滅國同意。王道無諸己而非諸人，春秋諸侯，首尾橫決，爲辭令以相諼而已。雖有敬仲、子產，何所措喙焉？自記。襄公二十五年。

季札觀樂，前面都是歌某歌某，後面乃言舞某舞某。蓋魯備六代宮懸，止存舞耳。故韶箾亦言舞。夫子至齊始聞韶音，所以韓文公以「三月」爲「音」字之誤。自記。襄公二十九年。

史趙言：「亥有二首六身，下二如身，是其日數。」蓋今算馬六作ㄥ，亥字下有三ㄥ，而上乃二字。下其二字于旁，則爲刂，亦算馬也。自記。❶

❶ 此處應補注：「襄公三十年。」

買朱鉏，「密州」兩字，切音也。莒，夷也，語譯而通。自記。襄公三十一年。

「郯子來朝」，時夫子年二十七，魯禮樂已盡學矣，而又好問好察以廣其智。又兩年，遂適周而窮文、武之道。自記。昭公十七年。

左氏于昭二十二年十二月有「庚戌」。是月癸酉朔，烏得有庚戌乎？自記。昭公二十二年。

公羊傳「自内出者，無匹不行；自外至者，無主不止」。「自内出」，似以祖言。匹者，匹配之匹，祖妣是也。「自外至」，似以神祇言。主者，賓主之主，天祖是也。自記。

宣公三年❶。

敬嬴，公羊作「頃熊」，音之訛也。自記。宣公八年。

胡傳誤以叔弓爲叔孫氏。叔弓蓋公弟叔肸之孫。自記。昭公十年。

大全惟春秋最好。永樂命儒臣纂集四書、五經、性理大全，只限七箇月俱成，故當時只得將現成本子略加改換。春秋是用歙人汪克寬所纂，原有條理，所以好。

某平生于易經外，一部書不敢動手。大凡著書，有一字不安便不好。朱子不敢注春秋，便是爲此。其大綱如何不知，不知如何作綱目，只是零碎處不曾透曉得。

❶「三年」，原作「二年」，據春秋公羊傳注疏卷十五改。

孝經

程朱提出學、庸、語、孟，直是功敵天壤，只少一部孝經。孝經道理好到至處，朱子疑其有左傳語。雖未知其言之先後，總當以道理爲主。

聖賢著書都是提尖，如大學一書，欲成天下之人才，同天下之風俗，非此不可。子思時，已有邪説異端，如講老莊、刑名之類，子思見得天下道理平平實實，高者空虛得不是，低者又淺俗得不是，只是「中庸」二字，切近精實，故作此書。至孝經，亦是提出大道理的要領來説。天下道理只是仁義，義又出於仁，義不是冰冷的仁，心之有節制處便是義。道理説到仁，已頂尖了，只是囫圇説箇仁，難道墨子「兼愛」亦算做仁？佛家「慈悲」亦算做仁？仁之道，却要從孝做起。「親親而仁民，仁民而愛物」，極其至，「通于神明，光于四海」。

五性缺一不可，單拈别的還有病，只是孔子説仁，斷無流弊。仁包四德，是我生最初所得的道理，然猶恐其泛也。孝經又專説一「孝」字，更妙。前人多説孝經文字淺易，不知聖人説話原不要深，只此已足。世上有一種鄉人，止知愛敬其父兄，而惡人、慢人。又一種好虛名者，外事結納，而内薄骨肉，更是無根。由惡人、慢人一種，便有楊子「爲我」一種學問；由不愛親、不敬親一種，便有墨子「兼愛」一種學問。異端不過此二事。孝經儘是精密，此書縱不是夫子自作，必是曾子之徒所記。生吾者父，由父而祖，而曾，而高，而始祖，以及始祖所自出，非天地而何？非天地與吾爲一體而何？所以太極圖下二圈，一箇是天地生人，一箇是父母生人。父母，人之小天地也。吾有一事自覺得好，不必問定知父母喜之，祖宗喜之，即天地亦是喜的。我有此身，父母之心在我，天地祖宗之心亦在我，是以呼吸相通。問：「祖宗年代既遠，未知尚有魂魄否？至天地，却舉目可見，是現在的祖宗。」曰：「祖宗魂魄原在天地，有我他便未亡，我盛他亦盛，我衰他亦衰。『孝弟之至，通于神明，光于四海』。道理不到此，原未完備。孝道不到愛盡天下人，亦不算完得孝道。中庸由子臣弟友，説到鬼神之德，大孝達孝，直到郊社、禘嘗，説得實實精到。如今説微之顯，都説屈實有屈之理，伸實有伸之理，纏來纏去，都是皮膚語。誠即理也，如心有愧怍，面便發赤，人都知其慚恧；心中快活，便有喜悦之色，人都知其得意。此何以故？其羞愧者，必是理上打不過；其喜悦者，必是理上做得順也。我們誠心果到，祈禱便應，以我有此心，彼亦有此心，故相感。若一有而一無，如何能感？何以能感？此心有此實理也。理便是性，性與祖宗、天地、鬼神一也。有此理，便有此氣，便有此象，如何掩得？往日看中庸此章，殊如贅疣，今見得如無此章，前面位育，後面不顯其德，都無著落。人知此理，便見得暗室屋漏，刻刻有神明臨之。自己知得念頭不好，便是鬼神察你；自己覺得此事無愧，便是鬼神許你。到得暗室屋漏，不欺神明，尚敢欺天下之人而凌虐之乎？故曰『治國如視諸掌』。」問：「不知當日賈誼與漢文帝説鬼神是如何？」曰：「必説不到此，此理到宋儒纔説得明白。」

程朱大段與孔孟若合符節，所謂「先聖後聖，其揆一也」。若微文碎義，安能處處都不差？若使不差，伊川何以亦有不依明道處？朱子何以亦有不依二程處？蓋主於發明道理，不爲人也。即朱子于四書注，至垂絶猶改，可見他亦不以自己所見爲一定不移，何況于人！朱子疑孝經，某便不敢從。孝經所説道理，實在完全。説孝爲「至德要道」，下文「德之本也，教之所由生也」，即解説「至德要道」。五常之性，德也，禮、信、義、智皆統于仁，而仁之最篤處莫過于孝。這箇根剪不斷的，極殘賊兇暴之人，説到他父母，未有不關心者，所以爲「德之本」。惟其爲本，故謂之「至德」。五達道所以爲教，知愛父母，自然愛兄弟。因是「長幼有序」，便見得上下尊卑之分，宗祧繼嗣之大。四者必賴朋友講明聯絡，教都由此而生，所以爲「要道」。世上原有只知自己父母當愛敬，而不知别人父母亦當愛敬。又有一種人，不愛敬自己父母，轉交結别人。孝經云：「愛親者，不敢惡于人；敬親者，不敢慢于人。」又倒説回來：「不愛其親而愛他人者，謂之悖德；不敬其親而敬他人者，謂之悖禮。」不愛敬别人父母，似無與于己之孝，不知不能及人，便是自己的不足。詩云「孝子不匱」，不匱是取之不窮，用之不竭也。若惡慢于人，畢竟自己之孝有限。程朱極推西銘，不知却從孝經脱出。如云：「事父孝，故事天明；事母孝，故事地察。」是「乾坤，大父母」也；「通于神明」，即「窮神達化，以繼志述事」也；「光于四海」，即「民胞物與」也。又易言天地之心、天地之情，不有性，心、情從何而見？惟孝經云「天地之性」，是最大頭腦，他書都未言及。又孝經書名便好，是道德頂尖處，故以爲經。經非孔子自命也，以其爲孔子所言，而人稱之爲經。至云「吾志在春秋，行在孝經」，自稱孝經，則不可信矣。書名如「易」字，洪範「範」字，大學、中庸，皆妙。若「忠經」便不是，忠已包在孝内。

前儒謂西銘乃原道宗祖，吾謂孝經又西銘宗祖。西銘言人皆知孝父母，而不知孝天地。其實如此等去孝天地，就如此等去孝父母，還是比例相同的意思。若孝經，則即此便是「事父孝，故事天明；事母孝，故事地察」。直上直下，一以貫之。孝經只是推將去，收將來。初由敬愛父母而推之，欲其盡敬愛天下之人，終必盡敬愛天下之人，而後爲敬愛吾父母之盡。如人家在一鄉一邑，雖在家中無失意於父母，苟得罪於鄉邑，令人辱及父母，便是自己有以致之，即爲不敬愛其父母矣。若人人皆敬愛其子，因而歸美於親，咸曰某人生此賢嗣，即是以衆人之敬愛敬愛其父母矣。至合「萬國之歡心，以事其先王」，亦是此意。所謂「一朝之忿，忘其身以及其親」；「好勇鬭狠，以危父母」，皆是此段話頭的反面。此書開口説「至德要道」，下文「夫孝，德之本也」，即是解「至德」。仁義禮智皆德也，然「元者，善之長」，仁以親親爲大，仁之實，事親是也，豈非「至德」乎？「教之所由生也」，即是解「要道」。司徒五教：父子、君臣、夫婦、昆弟、朋友，何莫非道？然有父子然後有君臣，有君臣然後有上下，假如父子不立，他教何從而有？故曰「教所由生」，豈非「要道」乎？中庸曰「脩道以仁」，「親親爲大」；孟子曰「事親，事之本也」，亦有此意。然無用此意衍成全書者。此書是生人之本，如何可少？朱子疑其中有左傳語，然安知非左氏用孝經耶？如「元者，善之長」數語，左氏亦有之，可云易經襲左傳乎？此書道理至足，不當于語言文字間疑之。

「天地之性，人爲貴」。貴其能盡人道也。蜂蟻之君臣，睢鳩之有别，就其一節，雖人有所不及，然而不貴者，所賦止此，不能推之而盡其道。若夫婦之知能，似與禽獸不能大段差别，然却限量他不得。一旦要做聖賢，便能做，你却禁捺他不下。白額虎入市傷三數人，羣起而噪之，以爲罪大惡極。人殺百虎，曾不以爲非。人于此要猛省自己貴重在何處。

榕村語録卷之十八

宋六子一

滄洲精舍中祠七賢：周子、二程子、張子、邵子、司馬氏、延平，獨延平稱師，即稱謂間亦不苟。後稱六人，則去延平。後稱五賢，並去司馬。當時伊川與邵子終不相合，明道亦説邵子于學全不識。問：「以邵子之虚明精究，何以謂之全不識？」曰：「程子論其學微雜黄老之意，便是不識。邵子若不得朱子表章，恐亦要減色。」問：「論理學，司馬自不如延平，何以六人去延平？」曰：「想是以其氣魄小。聖人的派，胸中是滚熱的，逢著人便要成就。延平口吶，有所得，默默自己進修，人無知者，他亦不求人知。惟其實有所得，脉絡不差，故感召得一箇朱子來。康節從遊者便少，明道責其不授徒，曰：『人都不來學。』明道曰：『堯夫故是悠悠。』」

佛家有經師，有法師，有禪師。經師是深通佛經，與人講解；法師是戒律精嚴，身體力行；禪師是不立文字，參悟正覺。儒門亦似有此三派。鄭、賈諸公，經師也；東漢諸賢，壁立萬仞，法師也；陸子静、王陽明，禪師也。程朱便是三乘全修，所以成無上正果。

太極圖説、西銘、定性書、好學論四篇，相連看去。太極圖最下兩圈，與太極一樣圓滿，此理未曾暢發，却得西銘一滾説出。西銘事天功夫實際，即是定性書中「大公」、「順應」二義。然必細分知行始密，又得好學論發之。四篇相足，聖學備矣。清植。

象數可圖，理不可圖也，而周子以圓圈圖之。凡四方、三尖、六角、匾長之形，同其尺寸，實之以物，皆不能滿，惟圓則滿，充實無欠。及至陰陽之中小圈，五行之下小圈，皆即上大圈，如水中之月，即天上之月，本無有二。此下又將氣化、形化作二圓圈，與太極等，直是大手段。人告以身從父母生，即性亦從父母賦，須當守身盡性以爲孝，人都信得及。若告以天地爲吾大父母，必笑爲迂遠矣。惟使他由父母，而推之于父母之父母，累進而直上，溯至厥初生民，非天地之氣化而何？西銘即是此二圈圖説，故曰：「乾稱父，坤稱母。」不謂之祖妣者，祖妣年遠爲鬼，「鬼者，歸也」，歸則不及撫摩恩勤矣。乾坤却是我大年難老之父母，故曰「日監在兹」，「及爾出往」，「及爾游衍」。至周子，雖言「君子修之」，未嘗言如何修也。試思天地開一大世界，日月升沉，山川融結，却是爲何？無非爲生人之地。即萬物皆陪客，如菓樹然，枝幹花葉，雖然無數，其歸只是要結實。天地生人，非是要你美衣豐食，驅役萬類，暴殄天物也，要你贊助天地耳。西銘自知化窮神，直説到厚生玉成，所謂「窮理盡性，以至於命」。工夫皆備，又「定之以中正仁義而主静」。何以定？何以静？亦未明言。却得明道定性書闡之，「所謂定者，動亦定，静亦定」。然「廓然大公」者，仁之所以爲體；「物來順應」者，義之所以爲用。體在於大公，即所謂主静也。但工夫節次尚未詳密，又得伊川好學論補之。其曰「真而静」，静即「主静」之静，真即「無極之真」之真，實本太極圖説以立言。至下文「明諸心，知所養，然後力行以求至」，指出「知」、「行」二字，而塗轍具矣。四書合而首尾完備，代造化而爲言，非偶然也。

程子不請教邵子的數學，邵子亦不請教程子的道學，其所講論都不見，這是公案可疑者。到朱子大開城府，你有一點好處，我便收來，我有一點好處，便思公之于衆，洞然無可疑者。伊川難講話，想是明道還肯説，故邵子云：「伯淳之言條暢。」邵子生平不敢有外道語，儒者到底不敢推出他去。二程有幾段説陰陽天地甚精的，想亦互有資益處。只是前人傳藥不傳火，火候不肯就傳。

二程十五六歲便欲學聖人，朱子廿來歲學仙、學佛，遍參歷扣，其立志之高，才氣之大，自是第一等。然幸得濂溪、延平把他點化得低下來，便脚踏實地，卒有成就。不爾，一向高闊去便狂，狂之不已便至於妄。孔子大聖，只曰：「述而不作，信而好古。」於老彭，且曰「竊比」，何其德盛禮恭耶！王陽明儘有氣，可惜同時無人能點化他，故終入邪魔。至死之前一年，尚作詩云：「影響尚疑朱仲晦，支離羞作鄭康成。」何其妄也！一齊抹倒古人，獨立天壤間，便不是聖人氣象派頭。程子説「吾學有所受」，朱子言必稱延平。陸子静便從來不説師法何人，似從孔孟以後，千餘年不傳之秘，至子静出而忽自己得之。即此便見差路。以上總論。

朱子作濂溪祠堂記，直以道統歸之，而以程子爲「見知」。于學、庸兩序及孟子篇末，則但提程氏而不及周子，無不允當。

觀明道贊堯夫異於横渠，贊横渠又異于濂溪，銖兩不差，便知其淵源有自。「昔受學於周茂叔」，「吾學有所受」二語，源流何等分明。自記。

伊川於明道墓表，既以之接孟氏之傳，於横渠，則曰：「自孟子後，只有原道一篇，西銘則原道之宗祖也。」又曰：「自孟子後，儒者都無他見識。」或疑程子所以尊濂溪者，反横渠之不如。然其所以表章西銘而不及太極，原有深指，朱子言之悉矣。其評論語次，雖未聞以孟氏以後之統歸之，然孔、顔之樂，乃程子自言授受之要。非其實到仲尼、顔子樂處，豈能開端指示，使學者尋之哉？夫得孔、顔之心，而不得孔孟之道，未之有也。濂溪之心得者深，明道、横渠之友教者廣，亦猶顔子潛德於孔子之門，孟子修業於戰國之世。故推尊之論，各有攸當，未可執一以疑其二也。如後世多稱孔孟，未聞有以是掩顏子者。推是，可以論伊洛淵源之際矣。自記。

人能將太極圖說、通書句句明白，看四書、五經都有入處。

太極圖直發千古所未發，從來人不敢圖理，而周子圖之。天下惟圓者方滿，凡圓物，中間積實便飽滿。如其大而方之，便少。又三角之，更少。此上圈之妙。天下道理俱包在太極內，十分滿足也，若動静不相生，則有息時，而太極亦破。雖分動静，而中圈自若。此第二圈之妙。至下二圈，一是氣化，一是形化，人只知到父母生身，當全而受，全而歸，不知一步步推上去，其初生者爲誰，非氣化而何？既爲氣而生，則乾坤非吾大父母而何？亦當全受全歸。論父母之生，即天地之氣化，此必讀書明理者方知之。若其初之爲氣化，雖愚人而知之也。西銘却好發明下兩圈之理。周是順流下來，張是逆推上去。某嘗說幾部書相接得妙，張子不知有太極圖，做一篇西銘，恰好接太極圖。大禹未必知有易經，作一篇洪範，恰好接易經。周公做一部周禮，恰好是洪範衍義。

向疑太極圖不如先天之自然，其爲圈爲白黑，爲左右交系，皆似出於人爲。今思之，始知其妙，妙在最上一圈與下二圈，中間陰陽五行，却是過脉。大抵天地位，便生草木，後生禽獸，最後生人，人生而天地結種矣。正如木之根而幹，幹而枝，枝而葉，葉而華，華而實，至所結之實，與所由生的種子一般，而木之事畢矣。此圖下圈與上圈，無絲毫欠缺，無絲毫參差，一樣圓滿。見人與天地之性一也。

問：「説太極，畢竟又説無極，何也？」曰：「易有太極，原不須説無極。因老莊諸人，將太極説似形像未分、精氣渾然之時之謂，未免落有朕兆，故加『無極』二字，以明不有朕兆者。這是因時立言，看下言無極之真，不更言太極，可見太極即無極，非有二也。」

「五行之生也，各一其性」，似把太極剖作五片。其實箇箇具足圓滿，請以孝爲太極、喜怒哀樂爲五行觀之。如親有得而吾喜，則孝心全體在喜，不必夾以怒哀而後爲全也。親有疾而吾憂，則孝心全體在憂，不必雜少喜樂而後爲全也。無餘欠，無彼此，皆以此意求之。如生意是太極，春温、夏熱、秋肅、冬寒，無非生也。不但春温時生意全在，即夏熱、秋肅，生意亦全在熱内，全在肅内。至于嚴冬，生意或幾乎息矣。其實冬不冷，春來如何能發生？如人夜間不睡，明日都無精神。是睡似不辦事，實乃辦事之根。天下無性外之物，即虎狼之父子，蜂蟻之君臣，雎鳩之夫婦，他固不能相通，然既有那一件，太極便都全在那一件。向來都將「理」字訓「太極」，還有説不去的，惟以「性」字訓，則皆通矣。

太極圖説言：「生水火木金土，五氣順布，四時行焉。」似説倒了。五行在四時裹面，故火炎于夏，水旺于冬，木生于春，金盛于秋。如周子説，却像五氣、四時是有了五行後纔有的。大抵賢人的話，便説得極好，比之聖人，到底差得些子。孔子説五行曰：「天秉陽，垂日星；地秉陰，竅于山川。播五行于四時，和而後月生焉。是以三五而盈，三五而闕。」日月星辰，雖皆是懸象物事，然實以日星爲紀，所以日近得來便暑，遠了去便寒。四時俱看星舍，惟山氣起去便成雲，澤氣起去便成雨，却是地下的事。月雖是懸象，其實一半陰，一半陽。曆家説九天，惟月天最近。炎夏時節，日光當頭晒透下來，所以暑；隆冬時節，日遠了，只剩他一箇冰冷的在上面，所以寒。邵子以夏屬日，冬屬月，朱子説他不是，實却是如此。至風雨以月爲驗，萬物孕育亦俱以月爲節，孔子言其「三五而盈」，以從陽也；「三五而闕」，以從陰也，故曰「和而後月生焉」。清植。

太極圖説是從繫傳首章運化出來，然有一處可疑。開首「動而生陽，靜而生陰」，陰陽是指著甚麽？若是指天地，則「動極而静」、「静極而動」兩句難説。繫傳只從「天尊地卑」説起，方漸次説向摩盪上去，便無弊。問：「圖説極精，然看來不如繫傳尚有數處。『五氣順布，四時行焉』二句，既不如禮運『播五行于四時』語意圓渾，而雷霆風雨，日月寒暑，一切天所藉以生生之功用，亦未曾數説得盡。至『化生萬物』，緊頂男女來，便像只從二氣交感説起。又不如『乾知大始，坤作成物，乾以易知，坤以簡能』，是從理上説起。即推本『主静』一層，論理固是，然生出後人許多論議，亦不如繫傳『易簡』二字，只坦白放在那裏，便不用更説『主静』了。」曰：「然。」清植。

巖問：「『與日月合其明』，似是智，如何是禮？」曰：「日月是外明的，火是外明的，三千、三百都是燦著于外的。水是内明的，智是藏在内的，鬼神是幽暗的。『與天地合其德』四句，朱子將第一句配太極，二句配陰陽，三句配五行，四句配男女。但夫子如何知道有太極圖説，不如配仁義禮智有根。如今舉成語以實之。『天地之大德曰生』，故曰仁；禮者，『嚮明而治』，故曰禮；『義者宜也』，時也，得其序，舒慘合宜，故曰義；鬼神，『善必先知之，不善必先知之』，又曰『幽則有鬼神』，故曰智。」

太極圖説所引「立天之道」、「立地之道」，是應動静、變合、五行、四時等句；引「立人之道」，是應男女善惡、中正仁義等句。又引「原始反終」二句，却與上意不相粘合。蓋陰陽剛柔，不外仁義。人之道，即天地之道，原見在人道之始，反見在人道之終，便知死生之説，即西銘「存順没寧」之意。至此，方是全受全歸，不爲虚生浪死。死生信是大事，夫子所云「朝聞道，夕死可矣」，是大要緊處。必説到此，纔成全箇人。「寧」字最妙，只是心中帖然，吾事都畢。

通書四十章，字字純粹，雖無一語闢佛、老，求其一語似佛、老者，亦不可得。

程朱説性命許多話，似還不如通書誠上章爲盡。聖人盡性，而性者自然之實理，故曰：「聖人之本。」既云聖人，以在人言，不以在天言。「誠之源」，言在人之實理所從出。如「天命之謂性」，「大哉乾元」，是乾始一點至潔净、無所爲之心，萬物資之以始者，這就是「誠之源」。云「萬物」，則自聖賢、庸愚，以至昆蟲草木，皆得此理，無有彼此厚薄之異。如天下雨一般，何嘗于江河多些，于溝渠蹄涔少些；于清流處清些，于臭穢處濁些？都是一樣。「乾元」只是生理，至云「乾道」，則有陰陽矣。有陰陽便有變化，錯綜交互，無所不有。「各正性命」，正不對邪，猶云成也。到此，如江河自然得雨多，溝渠蹄涔自然以次少；清流覺得清，穢處覺得濁。然無論大小清濁，皆有此雨。極惡人亦斷不了此理，所謂「純粹至善也」。「繼之者善」，「繼」字妙，説予偏屬天，説受偏屬人，惟「繼」字，恰是天人之間相授受處。如父以家業付子，而子方承受之時，無不善者，及搬到各家便不同，所謂「成之者性也」。所以繫傳緊承上文，言：「仁者見之謂之仁，知者見之謂之知，百姓日用而不知。」以此説「各正性命」最明白。如此講，與「性相近，習相遠」一樣語氣，不必又説「義理之性」與「氣質之性」矣。天道之元亨，即此「誠之通」；天道之利貞，即此「誠之復」。上言人性，此言天命。朱子以陽繼陰、陰繼陽爲言，則「通」與「誠之源」複，「復」與「誠斯立」複矣。「大哉易也」，是説此理備于易，非取交易、變易之義。「性命之源」，是雙收上文，語氣與太極圖説結句一樣。

「堯舜性之，湯武反之」，「反」即「復」也。「性」、「復」兩字，從孟子來。「或安而行之，擇善而固執之」，「安」、「執」兩字，從中庸來。自記。

「理性命」一章，説得極高，却有實理。「厥彰厥微」，朱子言：「彰底微底，非靈皆不能明。」某意「微」字是此節眼目，即物上見理。次節眼目在「中」字，即偏處見全。末節眼目在「一」字，即萬中見一。清植。

「聖人之精，畫卦以示；聖人之藴，因卦以發」。程、邵都説不得如此簡當。上句先天也，下句後天也，其精理不可見，則畫卦以示，顯之于象，皆可見矣。既有卦，則天地間事物之理，因卦都發出來。「精」字、「藴」字、「示」字、「發」字、「畫」字、「以」字，無一不穩當恰好。

「易何止五經之源，其天地鬼神之奥乎！」五經所言，盡乎道矣，天地鬼神之奥，豈能外之？「何止」二字，略有語病。清植。

「春秋正王道，明大法，孔子爲後世王者而修也」。淺淺説得甚明白。亂臣賊子都是死人，雖誅他，他亦不知，「所以懼生者于後也」。大法即在王道中，道尚寛，法更嚴切。

以上周子。

横渠説明道可比顏子。鄒志完稱曰：「使斯人得志，可使萬物得所。」范淳夫曰：「『不遷怒，不貳過』，惟伯淳能之。」即至强梁如荆公，惟明道與辯論，他便受，亦以忠信許之。使濂溪、明道、朱子得用于世，以視武侯，其細密、敏慎、虚公，俱可信得過，且自然更純。

某以定性書繼西銘後，就其文章觀之，渾渾淪淪，似無下手處，其實包得許多物事。「廓然大公，物來順應」，凡「中和」、「忠恕」、「誠明」、「敬義」，都是此段話頭。「敬以直内，義以方外」，便是下手處。朱子解只順文義詮釋，倒是他自己語録内有一條，説得親切，只是不曾分剖得知行明白，故某又以伊川顏子好學論繼之。其言「知之明則信之篤，信之篤則行之果，行之果則守之固，守之固則居之安，動容周旋中禮，而邪僻之心無自生」，仍歸到敬上，直是有源有委。

明道作定性書，纔二十多歲，未必擬議經書，出語自然吻合。所云「天地之常以其心，普萬物而無心；聖人之常以其情，順萬事而無情」，便與「乾始能以美利利天下，不言所利」一般。人心一有所私，便待親厚的好些，待不親厚的不好些，圖甚麽便用情，無所圖便不用情，如何能普濟萬物，打通人我？惟「乾始」一團好生之心乾乾净净，一無所爲，故能醞釀流溢，隨物賦形，自然公普。到得天下皆受其利，他亦不言所利。其初原無所爲，後來自無可言。此「乾始」之心，在人即不忍人之心也。不獨聖人有是心，人皆有之。孟子最形容得親切，見孺子入井，便生惻隱，自家孺子如此，即人家孺子，甚至仇家孺子，亦皆如此。此要救孺子之心，若是爲納交要譽及惡其聲，便有相與者與没相與者不同，人見處與没人見處又不同，救之後畢竟要自暴其德。惟無此意，所以只覺得必要如此，自己那一段不忍之心纔過得去，他無可言者。「天地之常以其心」，即「乾始」也；「普萬物」，即「以美利利天下」也；而「無心」，即「不言所利」也。「聖人之常以其情」，即「乾始」也；「順萬事」，即「以美利利天下」也；而「無情」，即「不言所利」也。他天資高，直見得到此，想亦能行得到此。夫子「不怨天，不尤人，下學而上達，知我者其天乎」，即此心也。古之學者爲己，不爲名，不爲利，闇然無色，淡然無味，寂然無聲，泊然無臭。學者如是，聖人如是，「上天之載」亦如是。

看來好學論稍遜于定性書，以不曾指出「敬以直内」一層工夫也。篇中只言致知力行，所云「正其心，養其性」，只是撮總語。大抵言「知行」，不若言「敬義」工夫較備。

上蔡記明道語：「某學雖有所受，『天理』二字，却是某拈出來。」朱子改云：「『天理』二字，是某體貼出來。」「體貼」字，便像是程子創造。此二字，樂記中已有，只好説「拈出」。因程子受學濂溪，太極、通書中却未見此二字，故曰「拈出」。「天理」、「人欲」，這樣字，非洙泗不能如此粘合得妙。理屬天，欲却從人而有，精當無比。

伊川太方嚴，須是三代方用得他。朱子和平寬大，留心人才，一長必録，如陳同甫粗疎之極，而始終交好。東坡恨伊川，在自己盡力詆毁。伊川如無聞也者，終身一字不及東坡，此東坡所以傷心也。大概洛、蜀分黨，固起于門人，而積釁多開于小處。蘇家父子入都，一時盛名，王荆公藐之曰：「不過戰國之文。」所以蘇氏嗔嫌到底，新法猶是波瀾也。

「忠信」是直内，「脩辭立誠」乃是方外之事，明道却帶直内説來者，誠即是忠信内存實心，必從實事上體當，而誠乃立也。故云：「惟立誠，纔有可居之處。」自記。

問：「程子言『器亦道，道亦器』，何謂也？」曰：「此條以『誠』字爲主，以『天』字爲客，忠信進德，即是對越上天。何者？天之所以爲天，誠而已矣。『其體謂之易，其理謂之道，而其用即謂之神』，神不在道之外也。子思言性、道、教。孟子又就中發出『浩然之氣』。氣亦不在性道之外也，故中庸言鬼神，充塞如此，而歸之于誠，則神氣與道之妙合也顯矣。徹上徹下，總一實理而已，豈有他物哉！夫誠也、性也、命也，形而上之道也；天也、神也、氣也，形而下之器也。然亦辨道器之分，不得不如此立言耳。實則道器渾融，何處分别？君子而能存誠，則道在是矣。道在，則異世而同神，何有於古今？殊形而同體，何有於物我？『忠信』、『乾乾』、『天且不違』，蓋爲此爾。程子又曰：『毋不敬，可以對越上帝。』又曰：『誠則無不敬，未能誠則必敬而後誠。』然則事天以存誠爲本，而存誠以居敬爲先。」自記。

問：「『生之謂❶性』，本告子之言，程子乃述之，而曰『性即氣，氣即性』。何也？」曰：「性與生俱生，故其字從心、從生，非生則不名性。生者，氣也，而性在焉。是『性即氣，氣即性』也，辭同而意異，不可以辭害意。」問：「又言『人生氣禀，理有善惡，然不是性中元有此兩物相對而生』。何也？」曰：「言既『生之謂性』，則人生所禀之氣當有善惡。然善惡差殊，非性也，氣也。性即理，理則善而已矣。氣禀用事，而理之具于是者，或過不及焉，善之反爲惡，非其初相對而有也。上節合性與氣言之，此節離性與氣言之也。『理有善惡』，『理』字，行文虛字。」問：「又言『善固性也，惡亦不可不謂之性。蓋生之謂性，人生而静以上不容説，才説性時，便已不是性』。何也？」曰：「此申第一節。言『善固性也』，惡雖反焉而悖於性，然『亦不可不謂之性』者，蓋性者以有生而名，人生之

❶「謂」，原作「爲」，據孟子注疏卷十一告子改。

前屬乎天命，自不容説，才説性時，便兼氣質論也。」問：「『凡人説性，只是説「繼之者善」，孟子言人性善是也』。何也？」曰：「此申第二節。繼者，流行繼續之意。『繼之者善』，謂天命流行，無有不善，即元亨利貞之德，太極之緼是也。其理在人，則爲仁義禮智。雖不離乎氣稟，而有不雜氣稟者存。故謂今之言性，乃指其原于天命純粹至善者言之，孟子所謂性善，蓋主此耳。」問：「又以水流就下爲喻，而曰『不可以濁者不謂水』。何也？」曰：「又申第一節。『猶水流而就下』句，與孟子以水之下喻性之善不同，蓋是行文虛句。言天命流行而賦於物，正如水之流行而趨于下也。命之理無不善，及賦于物，則有善有惡；水之流無不清，及趨於下，則有清有濁。清濁皆不可不謂之水，則善惡亦皆不可不謂之性明矣。」問：「又言『水之清，則性之善之謂，不是善與惡在性中兩物相對』。何也？」曰：「此亦以水喻申第二節。蓋澄治之功至，則水復其本清；學問勤，則性復其本善。水之清濁，非從源而有；善與惡之在性本，豈相對而生哉？」問：「又言『自天命以至于教，我無加損』。何也？」曰：「命之於天，循之則爲道，修之則爲教。聖人盡其性，以至盡人性、盡物性，則道教備矣。然豈能有所加損于性哉？無他，性善故也。朱子文集中，有解釋此條注，語類中，與門人講説尤詳，然所分段落似未甚清。又以『繼之者善』爲『就人情動處言之』，蓋因下句引孟子之言，故轉生此解。然伊川固謂孟子言性，是極本窮源之性，則以合諸大傳繼善之旨，又何疑焉？朱子又謂先以水之下喻性，復以水之清喻性，爲譬喻叢雜，亦似非立言本意。」自記。

問：「程子言『學者須先識仁，識得此理，以誠敬存之，不須防檢，不須窮索』。何謂也？」曰：「此條要緊在『識』字、『存』字，識則愈存，故不須防檢；存則愈識，故不須窮索。反身則識矣，誠則存矣。訂頑備言此體，即萬物皆備之存也，以此意存之，則識而存之也。上言訂頑乃仁之體，學者其體此意，令有諸己，體亦識也，有亦存也。識又先于存，故能體，則不患不能守也。然此所言，皆是庶幾于中心安仁之事。學利以下，則防檢窮索又烏可已？」自記。

問：「程子言『學者不必遠求，近取諸身，只明人理，敬而已矣，便是約處』。何也？」曰：「此條合易爻、孟子，及所答横渠定性書，與平日涵養致知之説，而一以貫之。蓋明人理則用行，敬則體立，近思約守，不待遠求。易之直内、方外，即其事也。雖言賢人之事，然敬即閑邪存誠，忠信進德之功；義即言行謹信，脩辭存義之業。乾之龍德，亦若是耳，豈有他途哉！其有他途者，穿鑿以害理，繫累以害心也。豈獨聖人，雖天與人，亦只一理。浩然之氣，至大至剛，以直天地正氣，即吾氣也。持志集義，直養無害，則天人一矣。苟爲私心所蔽，則不直不方，而浩然者欿然，何其小也！『無不敬』則内直，

『思無邪』則外方，斯二者，傳心之要也。定性書廓然大公，而戒自私之累；物來順應，而惡用智之鑿，即此意。然未直指用力之方。此揭敬義爲言，入德之途可謂明矣。首末先言明理慎思，而後言敬者，識得此理，然後能敬；存敬則天理益明。二者相爲首尾。」自記。

「主一」非寂守此心而已，隨其所在而主夫一焉，坐立言行，無非是也。「無適」言不去而之他，申「主一」之義耳。自記。

問：「程子言『心是所主處，仁是就事言』。何也？」曰：「事猶理也。心是身之主，仁是心之理，不曰理而曰事者，仁合内外，兼體用，故以事言之，欲其易曉。問者聞仁就事言，故疑是心之用，程子又正之，謂就事見仁則可，謂仁者心之用則不可。仁者，心之所以爲心，一而二，二而一者也。偏言則一事，專言則包四者。故但言心，則專言之仁也。中包四端，猶身之有四體也。故言四體具於身，四端具於心，則可；言四體身之用，四端心之用，則不可。惟其具之，是以用之而已。」問穀種之喻。曰：「以心爲穀種，以仁爲陽氣，則失之遠矣。或人蓋未喻程子之意，而終以用處求仁也。然以穀種喻心，則固已得之，但未明性情之分耳。苟知發處是情，所以發處是性；性是仁，發處是惻隱，則性情之分明，而心在其中矣。此條剖析心性情與仁，極爲精切。」自記。

堯夫問今年雷起甚處，伊川云「起處起」，言從動之端起也。蓋語得要領，與明道「加倍」之對同，故堯夫皆爲之驚愕。自記。

伊川於明堂禮成，不往哭温公，亦以明堂大禮，温公分爲臣子耳，非直爲慶吊不同日也。自記。

「在中」之義，言不著于喜怒哀樂，而在其中間也。中道在事，此「中」字在心，字義雖同而用不同者，體用之分也。季明因「在中」之義未明，故復問其意。程子但以「不」字易「未」字，而便以爲中，蓋即無所倚著之謂。然終不明言，使深思而得之耳。季明因程子言不發是中，故疑中無形體，所以名道。然中和皆以人心之德言之，則中雖無體，而已有象矣，所謂「未發時氣象」是也。程子既言中有形象，則異於泯然無迹者，故季明復以有無聞見爲問。然雖未有聞見，而聞見之理自在，以此揆之，則未有喜怒哀樂，而喜怒哀樂之理自在明矣。季明因謂既以未發爲中，則是惟未發之時可名中耳。程子言中之道貫於動静，「何時而不中」，蓋雖和亦中也。未發之中，乃時中之根本，故程子因問又發此義。季明言固是動静皆中，然觀于未發之前，氣象自别。接事時則心著于事，未必有此氣象矣。殊不知動静時也，静時無著力處，亦無容觀處。有著力之意，有觀之之心，其分皆屬已發，而非未發矣。故觀中者，觀之未發之前，不如觀之已發之際之爲善。程子既正季明求静之失，又見其下一「觀」字，知其於動静之界尚未甚明，故還以静時如何問之。季明謂静時固無物，然自有知覺。然則知覺者，即其所用以觀氣象者也。程子言既有知覺，則屬動而非静矣。如復卦一陽始生，雖朕兆于中，未發露於外，畢竟不可謂之静，乃動之端也。天地之心，動乃可見，中之氣象未發，於何觀哉？問者既聞程子之言，故謂静時氣象，既須于動處觀之，則静中功夫，莫亦須於動處求之否？程子前既有存養于静時之説矣，於動上求静之義，則未嘗及，故亟然其説，而以爲此段工夫最難也。釋氏所謂定，却物者也，求静于静也；聖人所謂止，因物付物者也，求静於動也。付物則理得而心安，却物者强遣而已。物之善惡自在，善之惡之之心自存，名爲無累，而所謂物者，隱然凝滯於冥漠之中，非真静也。艮之爲止者，蓋天地生物，理既完足，各正性命，則寂然不動，而有以爲發生之端。故曰：「終萬物、始萬物者，莫盛乎艮。」人心應物，能使事事物物各當其理，則亦寂然不動，而無偏倚留滯之處，欲其不静，得乎？程子嘗言「不專一則不能直遂，不翕聚則不能發散」，蓋動根于静也。此條所言，則又静根於動。動静相循，如環無端，儒者傳心之妙，盡於此矣。朱子養觀記備言此意，然似以復、艮兩卦分未發、已發，故其言曰：「方其未發，必有事焉，是乃所謂静中之知覺，復之所以『見天地之心』也。及其已發，隨事觀省，是乃所謂動上求静，艮之所以『止其所也』。」細詳程子答問，其舉復卦爲言，正以復「見天地心」之爲動，明既有知覺之非静耳；明静時未有知覺，則未發之中不可觀、不可求耳；明未發之中不可觀、不可求，則但當存涵養之意，而於已發之際觀之、求之耳。故言復卦爲静極而動、艮卦爲動極而静則可，言復卦爲静中之動，艮卦爲動中之静，則於程子之言有毫釐之差矣。就中庸首章論之，養其未發之中，正艮之所以「止其背」也；導其方發之和，正復之所以「見其心」也。且所謂静中有動者，惺覺之體，似與復見心之意異；所謂動中有静者，付物之妙，似與艮止背之意異。蓋惺覺又在見心之前，止背又在付物之後。艮静復動，其大分不可亂也。或者聞程子言中有形象，又言静無知覺，故以「未發之前」動静之分請程子決之。程子答以「静而有物」，則雖知覺未形，而義理渾具，端倪未露，而氣象全呈矣。前言平日涵養便是，至此乃指出「敬」字也。其言敬以「主一」，本兼動静，因季明之問，故就思慮應事言之，亦動上求静之意。或因程子言静非知覺，然雖無見聞，而見聞之理在，故復問「物之過乎前者」見與不見。程子言若是祭祀之時，或不聞見耳，若平日豈有不聞見者？蓋聞見與視聽不同，未有心於視之、聽之，雖聞見不害其爲未發也。問者更端言主敬之時雖有見聞，莫不當留。此又失於有心求静之過，而非所以言敬。故程子正之，言豈不曰「非禮勿視，非禮勿聽」乎？惟非禮者則勿之，豈可概弗見、弗聞乎？敬通動静者也。自記。

在人之性，即所以爲人之理，則在天之理，即天所以爲天之性。性也，理也，一而不二，故原其所自來，則粹然至善而不雜矣。當其寂而無感之先，氣未用事，所謂「人生而静，天之性也」，亦何不善之有？惟發不中節，然後有惡。是善其本然，惡其後至，故曰：「謂之惡者本非惡，但或過或不及便如此。」自記。

孟子言人之有不善，「非才之罪」，程子又以爲「有不善者，才也」。其説若相反而實相備，且因是以知氣質之説既自孟子發之，蓋所謂才者，即氣禀也。孟子未嘗不言氣禀，但以爲不足以牿人性之善，使其有己百己千之功，則自不至于倍蓰無算之域。惟不能盡其才，而以爲未嘗有才者多，故謂「天之降才爾殊」耳。豈才之罪哉？蓋不歸咎於氣質也。今講家以才爲性之用，如所云「良能」者，故謂「孟子言理不言氣，其説未備」，則失孟子矣。且孟子所言性善，謂人性也。人受天地之中五行之秀以生，故其性獨善。此便是兼氣而言，非指天命醇粹，人物同得之初也。故曰「異于禽獸幾希」，又曰：「犬牛之性猶人之性與。」既謂之人，則聖人與我同類者，我與聖人，非如犬馬之與我不同類也。故人類之中，才質雖有高下，不足以牿吾性明矣，故曰性善也。程子兄弟往往以孟子言性皆指天命之初，又以孔子言相近爲氣質，孟子言性善爲極本窮源，皆啓後學之疑。豈知相近之即所謂善乎？夫禽獸與人絶遠，而人與人則相近，堯舜與途人相近，則性誠善矣。豈必窮極本源論之哉？如果窮極其本，則萬物之一源，凡有血氣，皆與无妄。何又曰「異於幾希，而違之不遠是懼」？且曰「犬牛」，曰「犬馬」，推而遠之，惟恐相混焉。程子又曰「才禀於氣」，乃用孟子「才」字而開氣禀之説。其曰「自堯舜至途人一也」，即孟子「堯舜與人同」之説。二子豈不知堯舜之異途人哉？亦言其同類而相近耳。既以相近爲善，則孔孟言性之未嘗有異也，其旨彌顯矣。自記。

問：「程子云『有主則實』，又云『有主則虚』。所謂主者，是性爲主？是心爲主？」曰：「性爲主。」清植。

程子遺書「極爲天地中」一條，言地是渾體，隨人所處，無適非中。若以爲有一定之中，則其邊際必有所窮。以測景之法推之，去中國一萬五千里，應已得地形盡處，何以天地之運彼此無殊？故知地之體勢，高下相因，隨處爲中，無有定在。此條深得周公遺意。自記。

程子遺書中，「日之形似輪似餅」一條，言地無適非中，則無適非日所照。蓋日陽精，非形也。如是形，則似輪似餅，其大有限，其光亦有限矣。且果行於地平三萬里之上，則非中土而處於極東極西者，取日既遠，朝暮必有不照之時，而又安得有此理乎？因引莊子語，以明日爲精氣而非形，又引佛家語，以明舊説之是。舊説，即周髀也。周髀謂地如覆盆，天如蓋笠，日月遶其傍而行。此與佛經之説正同。北極之下，地如覆盆，傍陀四穨，即佛所謂「須彌山」也。程子言：「今曆家謂日只在地平升降出没，不如舊説言周回遶中心者之爲善。」蓋周回環遶，則東之夜即西之晝，南之子即北之午，無所適而不爲精矣。後又申言之，惟其是精而非形，所以到處有光，精神常新，無有微盛。如火光所燃，其能熱物皆然也。精之所在而氣隨之，若人之志一動氣故生，物之理居可知也。自記。

程子遺書「極須爲天地之中」一條，首半言兩極因人視而有低昂，實則南北隱現，隨地遷變。後半言寒暑之氣，亦當隨地遷變，而有冬夏反易之理。蓋極星雖爲天地之中，然大地間，四方上下之遠近，無不適均而相直者。相直，則循環不窮矣。曆法所言極星高下，各就其地所見言耳。然有南極見而北極隱者，可知天地之中，未可以所見定也。天地道里，既不可窮，然測景有三萬里之説，則是南北東西皆一萬五千里也。而中國迤西，萬五千里之遠，於此測日，仍在三萬里中耳。天地之中，果可以一處定乎？此以東西言之，則南北可知矣。下又言寒暑只因向背日耳，不緣地也。高下謂南北，既寒暑因乎南北，則氣候在在推移，各以日之向背遠近而已。漸推漸遠，至於赤道之南，則氣候須正與中國相反。雖未實諸聞見，然總之有冬有夏而已。確有其理也。自記。

問：「遺書言：『氣行滿天地之中，然氣須有精處，故其見如輪如餅。譬之鋪一溜柴薪，從頭燃著，火到處，其光皆一般。氣充塞無所不到，若這上頭得箇意思，便知得生物之理。』此一段如何？」曰：「滿天地間都是氣，而日爲陽氣之精，到處有光。出於地上，地上有光；没於地下，地下有光。如火之著于柴薪，非有一物推之始行也。氣塞滿天地，陽精到處，氣即隨之而聚，便生物。所謂『日無適而不爲精』，至確之論也。」

遺書「言有無則多有字，言無無則多無字，有無與動静同。冬至前天地閉，可謂静矣，而日月星辰亦自運行而不息，謂天無動可乎？但人不識有無動静耳」。此一段亦説得好。説有這箇無，多一個「有」字；説無這箇無，多一箇「無」字。無即静也，静不是空滅，原都有在那裏，一提起便都在。以形器而言，何嘗無有無？當其思慮時，便是有，思慮不起，便是無。試問無時果竟無乎？任甚麽生平事，原都記在那裏。老子開口便言有無，其所謂無，即吾儒所謂未發也。伊川謂「静中須有物」，極精。雖然未發，豈得謂之無喜怒哀樂乎？天地晝夜，古今死生，即是此理，一箇樣，無一些差。以上程子。

榕村語録卷之十九

宋六子二

世人于可愛之物，必欲得爲己有，轉眼便屬他人。此身尚不得有，又何者爲吾有？此吾儒至粗道理。佛家却以此呼呵人，總由愚者多也。康節于此見得最透，程子乃譏其於學全然不識。至横渠，雖譏其力索强探，然謂自孟子後，都無他見識。其所言「爲往聖繼絶學，爲萬世開太平」，都是實話，非屬誇大。若只曉得剥、復、否、泰自然之理數，非人力所得與，便超然自了，何賴于人之立命邪？果見得横渠與康節不同。大抵此心雖要撒脱放下，又要振作扶起，方是聖賢之學。

光坡問：「『存吾順事，没吾寧也』，只説『寧』字，到底是何歸宿？若説不消散，像個不安寧的；若是消散，又似與常人無别。」曰：「但以人生行事驗之。這事做得不愜心，翻來覆去只在心頭，睡著亦不安帖。若做得妥便放開，明日又好做别事。聖賢生順死安，便是如此，雖似消化，却是長存的。如喫飯一般，無病時，飲食都消化，腹中一無所有，又好喫那一頓。前此所喫者俱已無存，然穀肉之精液補益血氣，精生氣，氣生神，何嘗不存？若是喫一顆米，存在肚裏，飲一口水，亦存在肚裏，像件件爲我所有，却飲食不納，氣血日損，形神枯瘠，而日就滅亡矣。」

通書可繼中庸，正蒙可繼孟子，只是正蒙略高些便差。其曰：「神不可致思，存焉可也；化不可助長，順焉可也。」極精。朱子嘗見羣雞出卵，就中有一艱難者，提他一提，雖然出得容易些，後來竟長不成。以此見助長不得，只有順其氣候而已。人没神彩，是著意强不來的，惟存之久，則神明充足，自有威光。問：「存神即是存心否？」曰：「是。」

佛家何嘗不有所見？他見萬物皆有人性，故云皆有佛性。豈獨禽獸、草木皆有？豈獨草木、土石皆有？既與人同此性，如何殺害他？不殺生，何嘗不是？只是非天下之達道，便行不去。但爲之節制，無故不殺，所全活已多矣。蜂蟻之君臣，不能通之父子；虎狼之父子，不能通之君臣。即雞彘初生子，如有人傷其子，其母便向前來鬬，曾不怕人，何嘗無父子之親？其子自爲一羣，何嘗無兄弟之好？如何漸大漸不認得，又護自己的子，不知護他鷄豕的子？惟人知道終身慕父母，又知推之他人，「老吾老以及人之老，幼吾幼以及人之幼」，所以異于禽獸。若少則慕父母，知好色則慕少艾，有妻子則慕妻子，仕則慕君，把父母漸漸忘了，便與禽獸何異！所以孟子説：「人所以異於禽獸者幾希。」經書後，果然太極、西銘兩篇極好。西銘是一部孝經縮本，縮得好。太極是一部易經縮本，亦縮得好。孝經是就孝上説全了爲人的道理，西銘是從孝上指點出一箇仁來，知乾坤一大父母，則天下一家，生意流通矣。所以孟子説擴充，説善，推其所爲，即人異于禽獸處。

季方言「不愧屋漏爲無忝，存心養性爲匪懈」兩句，似是一意。諸友方在疑難反覆間，適賓實至，因質之。賓實曰：「『無忝』是盪滌其邪穢，『匪懈』是充長其天良。易曰『閑邪存其誠』，雖閑邪，正所以存誠。然閑邪止是打叠教乾凈，至乾乾不息於誠，却大有事在。」先生聞之，大以爲然。清植。

有稱「神化」二字，張子言以「仁義」，朱子言以「中和」，可謂實體。曰：「然以愛子言之，只此愛心，一神也。而或飲食之，或教誨之，則一神而兩在也。然飲食此愛也，教誨亦此愛也，均之一愛，所謂兩化而推行于一者。」光坡。

「一故神，兩故化。」如呼吸、語嘿，皆是兩箇。呼來則吸化，吸來則呼化；語來則嘿化，嘿來則語化。其實化即生之根，兩即化也。然呼吸總是一氣，語嘿總是一心，此之謂神。神非太極，太極理也，非神也。雖神亦由於理，然却有界限。人多將心性混説，以性爲心，將性説成知覺；以心爲性，將心説向虛寂。大抵理、神、氣、形，原有分際。形是至粗的，運於中者氣也，氣之精者神也，神亦由於理。如心之不息，亦理之不息，畢竟説不得心即是理。問：「『一故神』，『神』是不測之謂，似非實字。」曰：「是實字。妙萬物而爲言，静而無静，動而無動，神也。即説神妙不測，何故不測？亦由于神。」「所過者化」，如「言出乎身，加乎民，行發乎邇，見乎遠」。「所存者神」，却是意之所動，人便覺寤；心之所注，人便感應。「見而民莫不敬，言而民莫不信，行而民莫不説」，是「所過者化」。「不見而章，不動而變，無爲而成」，是「所存者神」。張子又不如此解，以「合一不測爲神」，「推行有漸爲化」。化是過去的便要消化。如暑過，熱氣消了，寒便成；寒過，冷氣消了，暑便成。如吃飯然，若先吃的積在肚裏，斷不能再吃，消了前面的，方好吃後面的。又不是消了就没有，却有在那裏，其精英具存也。陰陽、寒暑，相反而實相成。萬物若不經歷過，必不能成就，如是者何也？原是一箇，不是兩箇，故曰「兩在不測」，又曰「推行于一」。所以知變化之道者，其知神之所爲乎！

翻書人翻性理精義，至「天體物不遺，猶仁體事無不在」，照常解，言有一物，便有一天在裏面作主，如「體物而不可遺」一般。至尊云：「這道理極深微，恐未必是如此。朕意將此『體』字，作『體恤』、『體貼』的意思説，如何？」地初聞之，未能即領會，再對下文一想，確是如此。若照常説，下引詩就該引「天生蒸民，有物有則」，如何却引「昊天曰明，及爾出王；昊天曰旦，及爾游衍」，竟是説「無曰高高在上」，「日監在兹」一般？天刻刻在人身上檢點，大雅原是説「敬天之怒，無敢戲豫；敬天之渝，無敢馳驅」。且「體物不遺」，亦未必不是如此説。你説不見不聞，他却體察萬物而不可遺，使天下之人，「齊明盛服」，如在上，如在左右。下所引詩，亦是言：「相在爾室，尚不愧于屋漏。無曰不顯，莫予云覯。」乃曰：「神之格思，不可度思，矧可射思。」

東銘洗發「君子不重則不威」意，極是要緊。戲言豈徒傷德，且多賈禍。以上張子。

邵易似從太玄悟出，故甚重其書。如元首八十一、策三十六，邵子便説：「卦八八而蓍七七。」自記。

明道謂：「堯夫之數，只是加一倍法。以此知太玄都不濟事。」洵所謂「一言以蔽之」者。又搜根及太玄，是能捉百原底真贓。蓋先天生卦造圖，法全用玄，却是出藍之青。自記。

朱子尊崇邵子，只是重先天圖。此圖自是有傳授，至他所説易，却是教外別傳。故明道説他學全不識。有問擊壤集于朱子者，答曰：「比他皇極經世好些。」可見程朱皆不甚尚其所學。大抵孔孟不講的，便可不學。

邵子把天地間物事，都配合作四件，却是仁義禮智、喜怒哀樂、近裏著己之處，略而不講。所以某于中庸餘論中補之，此却是天人相關至切至要處。

問：「經世何故分四件？」曰：「原是四件。易經開口説元亨利貞，只是聖人所言皆精髓，邵子所言却是羽毛鱗甲耳。若再搜根歸到仁義禮智上，便更好。」邵康節「有水園亭活，無風草木閒」二句極好。人心存在這裏，如有源頭活水，無處不靈動。自已心裏不作風波，自然所遇皆安静，所謂「不作風波于世上，自無冰炭到胸中」也。

「隱几工夫大，揮戈事業卑。」似儒家大言，却是實事。如漢祖、唐宗，熊虎百萬，開數百年基業，就一時論，視儒生學究，何啻天淵？然周、邵、張、程、朱子，雖寂寞一室，一編研摩，却道通天地，思入風雲，由今看來，漢、唐事業可能與比否？大抵當前之與後世，似隔壁一般。如鄰家宴享賓客，笙歌樂舞，自其親賓、僕婢觀之，華盛無比，自隔墻人聞之，了不在意。假如有一書生，貧苦不能自存，却在那裏書聲朗朗，若奏金石，便生羡慕。隔了一壁，身在局外，便各自一好尚。

康節之數，不如程子之理精。張昺問曰：「理數一也，豈有離理之數，無數之理乎？」曰：「固是。但内外精粗，畢竟有别。如一果子，皮果也，肉果也，心亦果也，畢竟皮肉與心不可説是一般。康節將五行參錯配搭，大而天地人，細而昆蟲、草木，形形色色，無不融貫聯合。要之將以何爲？不過要見得透，得以安静快活，不犯手耳。程子便不須此，只是講理，所謂理者，只是吾身喜怒哀樂與天地通。其性仁義禮智，其道君臣父子，内而天德，外而王道，天地位，萬物育，何等功用！何等精義！便覺數爲皮殼，無所用之。」問：「邵子前知，另有學問否？」曰：「他看得世間物事零碎處，俱絲絲有條理，心又虚明静細，算數又精熟，更以所值時勢參斷，自然不差，非别有奇怪也。」

吴張温爲權所殺，武侯初聞，未知其故。思之數日，曰：「我得之矣。其人清濁太明，善惡太分。」此極有學問語。清濁善惡，胸中豈可不分明？但外面不要見出來。文中子曰：「心跡之判久矣。」此語未必不是，邵子特贊爲造化之言。如「内健而外順」、「内文明而外柔順」、「盛德容貌若愚」，皆是程朱譏之者。以説在荅憂疑之後，竟似悲天憫人，都是外面粧幌耳。問：「邵子取之，何意？」曰：「邵子竟是胸中快樂，一毫不掛，看當時政事之得失，賢否之進退，一點浮雲過太虚。其遇禍患而不怡者，如避霎時風雨，不得不然耳，心中實不相關。」

程子不肯窮究邵子易學，朱子謂「孔子便不如此」，極是。邵子謂程子，若學，「須二十年工夫」。此語亦不是。朱子教人，當下便予人一條路，不如此嚇人。

邵子不能文，觀物外篇乃陳瑩中所記。

邵子學問有弊，其立言太誇。程子雖亦有自負語，然却有著落。如言：「絶學不傳，却還他有箇絶時。」邵子則曰：「得不謂之至神、至聖者乎！」此語尚虚，或者不是説自己。

至謂生于冀方，長于豫方，自號太極，天地尚不足道，這是何説？邵子惟推留侯、梁公，想他出世，亦近此等作用。至武侯從不提起，及伯温作論排之，始加呵斥。大抵聖人仁智並盡，若智處太多，於道理上太占便宜，便微與聖人隔。看來聖人却不妨略帶得些呆意。

古人成功後，人便以事傅會之。劉伯温何嘗知明太祖起，已爲之佐？果知之，何苦爲元用，作兩截人？此等即聖人亦不知。只是聖人見理精熟，幾未動必不輕應，人看來若前知耳。惟康節説不得他不前知。如上古廣成子，後世陳希夷輩，皆另有緣故，乃是聖賢中又別出一小支。二程不喜邵子，正是此處。然亦只因見理之後，又以氣機象數推其端倪耳。大抵人世所爲，無非上帝作主，故其機動而事未形者，天已有象也。問：「既是上帝作主，何故有時使世亂而不治？」曰：「試問君有疾，豈君心所欲乎？既有此形體，即有陰陽五行之錯雜。只是當有病時，心之靈明尚在，或病甚時，語言顛倒，手足狂亂，并心之靈明亦失之。然病去而心依舊靈明，心未嘗不欲一刻病去，調養而保復之也。如『文王陟降，在帝左右』，武王乃命于帝庭。既有帝，即有庭，即有左右。天之靈明，何處不在？然必有栖聚之所。如人之靈明，遍體皆是，拔一毛即知痛，到底心在腔子裏。人與天地一箇樣，善言天者，必有驗于人。」

嘗疑元、會、運、世之説，如謂自開闢至堯時已到巳，已歷過數萬年，此數萬年中，人皆昏昧無知識，恐未必然。或曰：「當彼時，人都糊糊塗塗，殊大可厭。」先生曰：「是何言歟！譬如赤子，四五歲以前，雖無識解，却天機渾全，浩浩落落，無有壞處。視長成後，奸僞萌生，豈不較勝？即以人驗天地，人長成後，所不記憶者，僅四五歲以前事，自六七歲後，便能記憶。今堯舜時事，已自斑斑可考，想彼時去開闢不爲甚遠。人生百歲中，止四五年不明白，豈天地自開闢至混沌，十二萬餘年中，遂有數萬年不明白邪？就是十二萬餘年一番混沌之説，亦大不經。想來小劫數，不過是水旱、疾疫、盜賊蠭起，繼以明主數十年休養，便可復舊。或者經歷萬千年後，遭值大劫，凶荒兵火，重叠並至，竟致人凋物盡，率土爲墟，只零星存得一二於山崖窟穴中，牝牡相生，延綿漸廣，亦未可定。未必到彼時，便天翻地覆，日月山川盡數更换一番也。孔孟程朱只説理，雖似把捉不定，看來倒準。邵子論數，却未必準。由堯至湯，湯至文，文至孔子，俱五百年，自孔子五百年至光武，又五百年至貞觀，又五百年而生朱子，亦未大差。至堯、湯之間有禹，湯、文之間有武丁，文王至孔子中有宣王，而光武前亦有高祖，貞觀前亦有孔明，朱子前亦有藝祖。自朱子後有洪武，至我朝又五百年。大抵天道三年一小變，五年一大變，故易曰三五以變。看來大概是如此。」

人只要實見得到，某却見得康節説性理處，比程朱隔一層。其説元、會、運、世，恐未確。問：「以晝夜觀之，或者混沌亦不能無？」曰：「便有，知到幾時是如此？其一代不如一代者，如一年有春夏秋冬一般，到得這一年完，又從春來，亦不可知。總是聖人存而不論的，就不消論。」

康節説：「元、會、運、世，往而不復。」某却不信。孔子云：「文王既没，文不在兹乎？」自孔子來，其統歸之于下。五代之後，孔孟之學澌滅盡矣，宋興，風氣忽然淳厚，生出許多大儒來。此豈人力所爲？天恐此道遂微，生數公以發之，殆有所待而行也。以上邵子。

明道生平無著作，耑在日用言行間著力，時時處處還他箇道理，以單讀書爲玩物喪志。孔子却删定贊脩，事事不放過。後來，朱子恰是孔子家法。十八歲成進士，已將韋齋所托三人之學盡傳將去。不厭其欲，又學于謙開善，後乃歸依延平。生平事事不見他放過，即做古文，官爵、地名，必書見在；詩用故事，於古名號講究甚悉；至字法，亦有幾年工夫。而孔、孟、周、程之書，皆賴之以明。其居官，凡大小事，毫不厭煩，都有區處，雖幾句文稿，亦覺得理足。周、程、張、邵不得他，恐不能如此烜赫。

韋齋本托孤于劉屏山、劉草堂、胡籍溪三人，其後，草堂以女妻朱子，屏山養朱子以至登第。後來朱子溯淵源，却單認李延平。延平亦韋齋交好，想因相去遠，故未及相托。朱子年長，記得韋齋嘗稱延平如秋月冰壺，乃往事之。滄洲精舍祀七人：周、程、張、邵、司馬及延平，意可見已。延平受學於羅仲素，仲素受學於楊龜山，朱子於楊、羅皆有微辭，獨延平無間然。

朱子生于尤溪，故小字沋郎。其字從水、從尤，讀如由。因「沋」字不多見，後人遂誤作「沈」，某人所編朱子年譜，亦襲其訛。清植。

問：「學儒多叛而之佛，未聞有僧悔而歸儒者。」曰：「朱子蚤年學仙，又師謙開善，及見延平，疑爲非常人，始暫將舊學擱起，虛心請教。延平只引他向低處去，久之漸見得那邊疎漏，又久之大見其破敗，遂改師延平。此非奪佛而入儒者乎？若失此一豪傑，如何了得？延平奪統之功甚大。朱子因是曾從那邊透過，所以身外之物，俱不足以動之。韓文公便是少此，故見大顛便心折。朱子既從心地上立定根基，又歸于正學，所以妙。」

程子說書，都是將書返之身心，做起工夫，及實有所得，即將心得處說書。所以道理泡透了，融洽會通，觸著即拈出。於書之精藴，一絲不差，而于本文字義，却多不管。後賴生一朱子，闡發著實，不然遇不善讀者，便可流爲禪學，有「六經注我」之意矣。孔子教問却不爾。朱子正是孔子傳派，其於經書躬行心得矣，而解說處，却字字依文順義，不少走作，纔無弊。

周子從來不闢佛、老，所以人將其太極圖斥爲道家之流。至朱子，一切門外議論都不管，就書論書，力歸正統。

榕村講授内，將揚雄、文中子、邵子語編在一處，他們都有要爬在人頭上的意思。陸子静便不肯在先聖先賢脚底下盤旋。惟朱子只在孔孟脚底下盤旋，是孔子家法。孔子便只在堯、舜、文、周脚底下盤旋，所以云「下學而上達」。孔子只到患難，方説「文王既没，文不在兹」，是實信得及，學者如何學這様話？門人傳朱子，前面都不虚，只末語後有「作者弗可及已」便是閑話。天地長久，倘又生箇孔子，亦定不得。宰我説夫子賢於堯舜，子貢、有若言自生民以來未有夫子。看曾子便不同，「江漢以濯之，秋陽以暴之，皜皜乎不可尚」，意味深長。顔子「仰之彌高」數句，又是從自己用功，説夫子善誘。此等處都好體會。

世有自厲風標，清風高節至不可攀，而無流風餘韻在人間者，無此段關切世道意思故也。敝鄉李文節公家居十餘年，總只閉門，一人不接見。蔡虚齋便肯教導人，其流風餘思，至今未艾。有言某人及門無人材者，先生曰：「想是不肯講。就是二程夫子，高簡方嚴，多端坐，從之者便有弊。楊、謝都近禪，游定夫竟爲僧。朱子便日日與門人講説，成就了許多人，後來教人都正道，無一箇差路的。」

事必師古方好，若謂自我作祖，前無古，後無今，呵佛罵祖，不掛一義，直是無忌憚。孔子教門，定從古人考來，心心相印，有憑有據，不爾寧闕也。朱子亦然，所以有根有蔕，摇他不動。近人事事苟且，其根都在不信古、不考古耳。

朱子平生篤信好學，守死善道，有道則見，無道則隱，「國有道，不變塞焉；國無道，至死不變」。又留心天下事，大綱細目，無不講究明白，斟酌妥當。

朱子居鄉，待人以誠，接引後學，勤勤懇懇，興社倉以濟人困，建陽風俗皆爲之厚。後來，雖爲侂胄所疾，卒未被禍，身後亦安全，則言忠信、行篤敬之效。

朱子看得明白，總不肯出仕，不得已應命，便辦得生往死歸。所以當官一毫不肯假借，直來直往，行不去便求退，浩然之氣，塞乎天地。亦是宋朝規制、風氣，尚可以進退自由然。今之傅山、李顒終身不出，亦未嘗不聽許他。

朱子經濟之才甚大。二十來歲主同安簿，尚是佐貳，便事事講求，即祀典，無不考訂詳明，聞一常人議論有可取者，即筆記之。有鄰邑丞，自言當年奉秦太師量田令，因心未曉了，且不舉行，閉户讀之累日，督促者數至，丞不爲動。及條理分明，乃集同事議之，彼此論駁之間，事益有緒，於是僚屬皆明。又集吏役、耆民，使縱講之，爲之剖析，至吏民皆洞曉，然後舉行。丞不出署，不踰時而功成。當舉行時，他屬有將報竣者，及丞畢役，而他屬尚推敲較正于詔令之合否，奏績迄無有先於丞者。朱子遂記其事，及後自遇此等事，即倣而行之。所謂「聞一善言，若決江河」，自蚤年便任天下之重如此。其論事，酌古準今，無不可見之行。使當時有委任之者，功業當在諸葛忠武之上。

聖賢有似不近人情處。朱子斷妓女，施以嚴刑，判使從良。其實罪不關妓女也，人至今以爲口實。朱子彼時寧過于嚴。孔子將景公梨園子弟付之極刑，太公蒙面而殺妲己，何妨同道。

朱子太極圖注即以「正義」爲静而主之，世多以此爲疑。不知朱子晚年，將聖賢書義字字落實，如「戒慎」、「恐懼」兩節，初年以静貫動，言雖紛擾於外，而中有不動者存，又遇物皆成三角。至晚年不安此説，乃將動静劃分，如與人言是有所聞，中間停息時即不聞，即言之静。下平列善惡，而上有不可以善言之善；下平列動静，而上有不可以静言之静。至晚年不安此説，乃將動静劃分，如與人言是有所聞，中間停息時即不聞，即是未發，即是大本。與人相對是有所睹，其不與人對，即不睹，即是未發，即是大本。不然一日之中，未發之時有幾？問：「中間停息時，還須全無念慮方是未發，抑打點説話亦是未發？」曰：「但未出聲即是未發。如心氣不激不躁，將所言之事，籌畫簡當，皆言中節之本也。推之於行，亦是如此。喜怒哀樂雖皆有未發，最是憂懼哀戚時，覺得萬念灰冷，平生嗜好一時都提不起，故朱子狀『敬』，惟畏近之。可知『戒懼』是歸根復命之學，而『主静』即屬『正義』一邊，爲密切也。」

讀書須返到身上，見得果然如此方好。朱子圖解「五行一陰陽」，五殊二實，無餘欠也。若在物上説，急忙不得明白，返之吾心，則了然矣。五行雖各成一件物事，實在只陰陽二者。如人之性，有仁義禮智信，其實只有仁義。仁是慈愛，似乎不分善惡，一總都愛；無義便愚，義却有分别。道理不出此二者。禮者仁之發，智者義之藏，三千、三百，是人心中相親相愛發出來的。智非他，即義之分别處斂而入内者。信即理之實也，且如喜怒哀樂，實亦喜怒二者而已。樂者喜所成，哀者怒所深，二者已盡，無復餘欠。「陰陽一太極」，精粗本末，無彼此也，粗中有精，末之起根處便是本，有何彼此！「太極本無極」，「上天之載，無聲臭」也。質固有形，氣亦有形，即神亦不可謂之全無。其昭昭靈靈，能爲光景者猶是也。唯「上天之載，無聲臭」之可言。

太極圖解，美矣，善矣，尚何敢議？略有疑者，「君子脩之吉」，似當兼直内、方外説，朱子只提「敬」字，想是對上「主静」來。惟聖人始可言「主静」，故提「敬」字，使學者有可把捉。但細思，「主静」乃成功，非用功也，用功却在「無欲」二字。至注「原始反終」處，疑非周子本意。周子引此，或以開一篇西銘之理，乾父坤母，物之始也；存順没寧，物之終也。不足以父乾母坤者，没必不寧。意極懇到，理極深切。朱子以仁義詮釋，乃是從静悟中來。朱子見得塞天地間皆是仁，仁則盎然萬物皆生；遇事截然處便是義，義則止而不動。其説至精，雖未必是周子本意，但此等處殊不可輕議。至西銘解，以「知化」節爲樂天事，「不愧屋漏」節爲畏天事，「惡旨酒」以下，遂都散去。恐未必然。某意欲照孟子盡心章分之。「知化」節，「知天」也；「不愧屋漏」節，「事天」也；下數節，「立命」也。天生人，人承天，所以踐形盡性，莫明切於此，故張子用爲節次。「志」、「事」兩字，是從「天地之塞」、「天地之帥」分頂下來，一爲形，一爲性。形應乎物，故有事；性統於心，故曰志。「不愧屋漏」是事，「存心養性」是志。至「富貴福澤」四句，不善讀者錯會「將」字、「庸」字及注中「所以」字，便以「富貴福澤」，是天故意予我，以使吾之爲善也輕；貧賤憂戚，亦是天故意予我，以使吾之爲志也篤。果爾，天何不盡予人以「富貴福澤」，却又予人以「貧賤憂戚」？誰是該當爲善輕的？誰是該當爲志篤的？大抵天有正命，因有真心。天將自己至精至妙處盡數付畀與人，無一些留餘，這是正命。刻刻望人成就一箇人，全受全歸，完他生這人的本意，這是真心。但天以正命予人，不能不假陰陽五行以成形，既有陰陽五行，他便混亂拉雜攙和，以致貧富苦樂，萬有不齊，天亦無可奈何。只是你既「富貴福澤」，天之所喜也，却不是喜你得以恒舞酣歌，窮侈極欲，「將厚吾之生」，而使之爲善也輕。你既「貧賤憂戚」，天之所矜也，却不是因你窮相，就不望你成就。乃望你安貧樂道，動心忍性，刻厲獨立，如利刃淬鋒，愈磨愈光，「庸玉成於汝」，而使爲志也篤。「富貴福澤」、「貧賤憂戚」，四字須讀斷，不可將下句連讀，便似天故意以此予人也。問：「若是天故意以此予人，天便不似父母。父母豈有要兒子貧賤憂戚者？如此看，天地真箇與父母一般。」曰：「然。」

朱子處己、處人，何嘗有一語藏匿？人稱其詩、易諸注，曰：「吾之得力略在四書，至詩、易，所得如鷄肋然。」但即此鷄肋已勾了，都在大處見得到。

律曆事，朱子自謂不知，與蔡季通書言之不一而足。瓊山定謂：「朱子若不知樂，則十二萬九千六百年無復知樂者矣。」這却不必。唐虞命官，典樂特推出后夔來。想是禹、皋亦未必精于樂，何害其爲禹、皋？朱子即不知樂，不足以爲病也。

纂書比自著爲難。著書任著己意，隨力量所至；纂書便要知前人的意思，又身分須與他相埒，方可著手。真西山讀書記，門目便極繁亂。就是近思録，亦未停當。至儀禮經傳通解，初欲以儀禮爲經，禮記作傳，無所歸者彙附於後，極好。後乃變例，自分門類，竟作自己之書，欲盡將胸中所有吐出。大凡編書，欲自道其胸中所有，便不妥。

論封建，自班孟堅後，曹冏、陸機、柳宗元輩各有佳處。某心畢竟歉然，爲其只説到利害，終非聖人心事。封建行，則久於其道，民與相習，不至朝更夕改。又以其國付之，是自己物事，便與之一體。孟堅諸人，俱無有從民人大公處著議論者。及讀朱子之論，則某意仍是第二層。其曰：「封建者，聖人大公無我，達君臣之義於天下者也。」妙極！天子於諸侯爲君臣，諸侯於大夫爲君臣，大夫於家宰亦爲君臣，乃見得君臣爲五倫之一。不然，凡人所得有者，只是四倫而已。漢、唐以來諸論，總是欲使天下長久爲吾家物，聖人却無此意。堯舜當身便以與人，何嘗要久？倒似至今還是堯舜的一般。

韓昌黎從來稱揚雄，而不及董江都，説詩稱建安七子，而不及陶靖節。至東坡，始推獎靖節。而朱子大表章之，至與張留侯並著。數千年人物，須得朱子出而論始定。其心公平，其論精正。如今人都説宋儒刻薄，幾於古無完人，都是未曾細讀朱子書。如馮道，温公以爲仁先管仲，揚雄則更燀赫。此等人，寬之何補？諸葛武侯，排譏者頗多，程朱出而武侯、郭汾陽、陶靖節輩洗雪，與日月争光。即狄梁公爲武氏宰相終身，五王皆身後之事，朱子猶予以復唐之功，何等寬厚！世論悠悠，不足與語。

朱子每事議論都當行，一點不錯，如詩表章陶靖節，文推史、漢、韓、柳之類。

宋初有一等猖狂議論，如李泰伯之毁孟子，東坡之訾武王。就是周、程議論，亦似有過高處，張子尤高，邵子竟落數學。朱子出，將過當者一槩駁落，其高遠精微者，一裁之以平實，又氣象生得好。

少時只見得朱子好處在零星處，却不知其大處之妙。如今見得他大處之妙，轉見得他小處有錯。可見知其小處，便不能窺其大；知道大處，便小處都識得。

朱子語類所標門目多不確。論爲學，只當分四項：一曰立志，一曰居敬，一曰窮理，一曰力行。儒先顯然説有此四項，不可偏廢，有合論處，則歸之總論，庶幾稍有條理。又所記皆出門人手，問有錯聽者，有措詞不確者，竟有大相背謬者。

之鋭問：「語類有不穩字，可改否？」曰：「説是如此説，如何敢改？某平常説『太極者，本然之妙也；動静者，所乘之機也』，『妙』字似不如『性』字爲穩，細思，終是『妙』字好。下面有『各一其性』，如何此處先道出『性』字？『妙』字，見得太極不是箇呆板物事，又可聯屬『無極』，且與『誠』字相應。況前已有『誠者，聖人之本，物之終始，而命之道也』。此處不説『性』字何害？」

朱子解書，雖有訛錯處，不得爲表裏光明。朱子幾於孟子，但偶有滯處。孟子則渾脱瀏渮，如琉璃屏，無絲毫障翳。

明道廿二歲作定性書，伊川十八歲作好學論，已到至處，真天授也。孔子、朱子又不如此。孔子自志學至不踰矩，逐旋精進。朱子少時遍參佛、老，廿餘歲始見延平，三十外已爲人師，尚無卓見，至四十外始通達，五十外始議論不錯，六十歲自嘆所學始透，至六十五、六歲，又復自云「不徹」。可見其疑而悟，悟後復疑，黑一陣，復明一陣，明一陣，又黑一陣，乃是日進無疆，自强不息，與天無極。欲立教于萬世者，必須如此。故子貢不曰「天定之爲聖」，而曰「天縱之將聖」。「縱」字妙，言不爲限量，所至無涯。

窮鄉僻壤有一邪説，不知何以數年後便行之天下，信是妖言。此若有憑之者，然亦可見一種下地，必竟出葉開花。若是果有一立德立言，經德不回之人出，必竟有發露之日。某近來頗不信元、會、運、世之説，見得孔子下一大種，至今尚不曾用，難道生周、程、張、朱等空衍其説，便算了事？夫子當日下種，意不如此。夫子雖不可得，但得朱子那樣人，得志行道足矣。必有這一日。以上朱子。

諸儒

解經在道理上明白融會，漢儒自不及朱子。至制度名物，到底漢去三代未遠，秦所澌滅不盡，尚有當時見行的。即已不存者，猶可因所存者推想而筆之，畢竟還有些實事。不似後來禮壞樂崩，全無形似，學者各以其意杜撰，都是空言。此漢儒所以可貴。

董江都、劉子政學皆醇，其微疵處，是好言災異，必推某事以實之，便有難通處。

董子應五百年而生，班孟堅度其時而爲言，於史遷、董子、劉向、揚雄諸人，皆所指擬。看來似尤屬意于劉，而終不能定。以今觀之，則江都是。

董子不獨深于春秋，亦深于易。其云「道之大原出于天」，非深于易，安能説得到此？

董子説得好，「到得天行肅殺，已是無物可殺」。試看雪霜嚴寒時，萬物成實皆已收藏過了，只是一片白地，全無所有。一交春，百物發生，天便全是和氣。如人肅然整齊，却是在無事之時，到得與人相接，却不可如此。所以明道先生獨坐時如泥塑人，至接物，全是一團和氣。蓋天道是如此，孔子所謂「嚴威儼恪」以事父母，父母亦不安矣。然無事時，此一段肅然整齊又不可少，所謂敬而後和，肅而後雍，有三冬之閉固，而後有三春之發生也。

春秋繁露自是贋作，江都所著尚多，今不傳耳。然三策已足，何必多？其論性命云「天地之性，人爲貴」，論治道云「陽居大夏，而陰積于空虛不用之處」，皆極精之語。漢書不可少，許多三代遺制在其中。若法言，世間便無此書，亦不爲缺欠。至康成註，却不可少，無此，三禮無從看起。

鄭康成學問博，其説亦多自造，當時孔北海甚服之，然已謂其多穿鑿矣。

王輔嗣注易時，計年方二十許，後來即以伊川大儒，眼空千古，自非大悖繆者，即不敢駁之。聖賢不忘本始，其厚如此。輔嗣之前，視易或作曆日看，或作讖緯看，言理之竅，開自輔嗣，其功甚大。韓文公雖云非三代、兩漢之書不敢觀，然未見其于經有所發明也，故某嘗竊論其人終是文章學問，聰明極頂，未嘗思透義理。雖自言：「處若忘，行若遺，儼乎其若思，茫乎其若迷。似周公之繼日待旦，孔子之不食不寢，而終歸于陳言之務去。」是所用心，皆在立意造語。所讀書，皆是觀其文法，因天資高，遂見到古人作文意思義理上。生來又原自正直，故闢佛、老，立節概，不是單在道理上索求。故其評經，如「奇而法」、「正而葩」、「謹嚴」、「浮夸」等語，雖無一不當，而於諸經究不能有成書。漢、唐以來，有議論不決者，當以董、韓爲斷。韓子不獨學問文章好，其人亦不說欺人語，生平闢佛、老，只在日用倫常、禮樂文物上說。他豈不能作精微之論？只消如此說，而精微之論已盡在其中。詩、書所言道理、宗派，正是如此。四岳之稱舜也，「父頑，母嚚，象傲，克諧以孝」。益贊之，亦惟曰「號泣于旻天，于父母」，「夔夔齋慄」。禹之自叙，但曰：「啓呱呱而泣，予弗子，惟荒度土功。」舜了不異于人，不過如匹夫匹婦哭泣依戀于父母之前；禹不過是要蓋前人之愆，汲汲皇皇做些事功；即堯之大，至于則天，而堯典所載只尋常事，而其實感天地，格鬼神，至誠大聖，已立人極。老、佛談玄説妙，都是人用不著的，何嘗是道？

韓文公二十來歲數傳道，多一揚雄，三十歲作送文暢序，又少一孟子，都是識見未定。到四十歲作原道，便斬釘截鐵云「軻之死，不得其傳」，卓有定見矣。至與孟尚書書，乃是晚年之作，尚提出孟子，以爲功不在禹下，而自己幾幸續在後，荀、揚半字不提起。學識精進如此。孟子亦然。其先方自以爲當名世之數，自疑自問，到晚年，纔知得孔子便接堯、舜、禹、湯、文王之傳，而己乃孔子之見知也。韓文公原道幾句，開周、程、張、朱之端。周、程、張、朱如日中天，韓公則東有啓明也。千秋萬世，韓公之從祀，再推他不去。

唐時佛教盛行，不得韓公大聲疾呼，再過些年，竟將正教矣。韓公胆氣頗大，當時老子是朝廷祖宗，和尚又是國師，韓公一無顧忌，唾罵無所不至，其氣竟壓得他下。歐陽公亦闢佛，氣便弱。韓公闢佛，雖不若程朱之精，然是先鋒驅除。到程朱，便據有城池矣。

周子通書，三十歲便成。程子易傳，至晚年尚不敢以示人。蓋自寫胸中語尚易，而發明經傳最難，要不失作者之意，不及則漏其本義，過則溢于本文。文須簡，簡須盡。韓文公著述自命，終身注論語不成，真明白人。

柳子厚謂昌黎勝似子雲，此是確論。陳梓云：「想於易義、曆數，昌黎不及子雲？」曰：「子雲曆數，承襲漢曆，都是錯的。昌黎易學，雖不知如何，但如『奇而法』，及諍臣論所引釋，皆深知易者。又如『春秋謹嚴』，及『春秋書王法，不誅其人身』等語，便見其精于春秋。春秋之作，是孔子爲萬世人倫起見，絶不關那幾箇人，只要大經大法常存天壤便是了。至所貶斥之人，其死已久，有何誅殛？後人呆將這幾箇人窮其本末，搜求毫毛，不直一笑。」

韓文公説他要做官，他並不曾入伾文黨；説他不能耐貧，亦不見他受誰不義之財。而諫佛骨，使庭湊，曾無一毫虧折，至其文字中所見道理，直如日星河岳，千古推仰。將數百年尊尚之佛教，一旦出孤力以麾斥之，是何等見識！

人不近小人是大端，韓文公生平與當時權要、姦邪，臭味不投，絶不沾染。歐陽公生平幫靠，都是韓、范一邊，直至濮議，方與司馬温公異。歐陽公既自説不曾讀過儀禮，如何便議大禮？後來張孚敬竟用之，而興獻之主直入太廟，壓武宗之上。此千古未有之事，而永叔爲之倡，但永叔止議尊以帝號，未謂便可入主也。孚敬因此將永叔從祀孔廟，可笑。

伊川謂退之却倒學了。大要韓子是理義與文章兼營，非如歐、蘇專以文章爲事。即曾子固，想亦是將此事略入思議，其梁書目録序，非曾用心者，安得有此？鍾旺。

司馬文正言忠信，行篤敬，終身無失，學者翕然服之，只是聰明睿知少不足耳。上蔡見識高明，説得精彩，想要打起精神，説高一層出來，故有「程門醉人」之誚。鍾旺。

龜山終日坐在門限上，或説是門前石上，不是門閾。大約性情寬緩，看他劾王介甫，却摘其見鷖章解可見。鍾旺。

以虚心與立志並言，北溪所見自是。心最要虚，方能容受得許多義理。不虚，則中自壅塞了，一切嘉言善行，皆格不入。鍾旺。

朱子後儒者，真西山、許魯齋氣象最好。真醇正，許篤實。鍾旺。

朱子之後，語録無有過于許魯齋者。魯齋説理大有警醒處，他語録不過二三十張，近閩中所刻，却將幾條好的删去，可笑。

魯齋不曾全見朱子各樣好書，却是躬行精到，其見理已到透處。陸稼書不得謂其不壁立萬仞，某督學至靈壽，見其生徒文字荒謬，問陸，則瞿瞪目如隔世人。古人到一處，憑他地方荒僻，人才鮮少，必定淘沙揀金，有些教澤。陸在靈壽七年，行取入都，何至使本治毫無流風餘思？魯齋做幾年祭酒，後來人才便多出其門。

河南懷慶府出韓文公，又出許魯齋，山川靈秀，非他可比。人以龍門出子長，又出文中子，又出薛文清爲盛，較之河南，未爲過也。韓子勝子長，魯齋可兼文中子、薛文清。

胡雲峰在元時，極爲有名儒者，説書專用巧，彼此鈎搭，如今人做巧搭時文一般。最有可喜處，亦有可厭處。

文中子是要擬論語，故東説一段，西説一段。薛文清讀書記，何故亦不以類成編？論、孟是門人彙集，亦略以類相從，間有相因而附者。若自己作書，自然要有條理。

吾鄉蔡虚齋、林次崖、陳紫峰先生，於四書、易經皆有數十年工夫，近來節改者多，久便磨滅。某嘗欲去其支蔓，存其簡要，爲一帙書，而未暇。

宋末有善相者，一朝臣引至閣中，歷相諸公。出云：「首座極顯，末座凶不可言。」首座乃留夢炎，末座則文山先生也。聞留子孫以遺像求題於蔡虚齋，題云：「狀元兼宰相，屈身事讐胡；遺容猶左衽，畫工是董狐。」前輩直氣如此。文集中又載一僧人以三教圖求題，虚齋題云：「三人行，必有我師焉，擇其善者而從之。」又曰：「自生民以來，未有孔子也。」觀此，則留題當有之。

昌黎論一事，便一事透徹，此人煞有用。明朝人學問、事功都不透，想是讀書不專之過。只有蔡虛齋專精四書、易經，而年只五十七，又貧不能多得書，如朱子語類都不曾見，故到底不明白「理氣」二字。然薦廿餘人於王三原，皆有成就，識寧王必反，便拂衣歸，已不是無用人。

榕村語録卷之二十

諸子

管子「士鄉十五」。士鄉，即農也。朱子謂：「若民皆爲士，則無農，故鄉止十五。」非也。工商之子，俱不許出仕，惟農之子得爲士，故謂之「士鄉」。

管子有「畏威如疾」之言，未必脱略，規矩定須精嚴，但根本曠闕耳。自記。

管子云：「一年之計樹穀，十年之計樹木，百年之計樹人。」句句都好，若再加一句「千年之計樹德」，更完全。問：「管子不解道此，想即是他器小處？」曰：「然。他見處只到得樹人而止。」

武經七書，孫子外，餘者皆僞。子書如天禄閣，乃明代蘇州一秀才所作，何友具知其名姓。

自漢以來，荀、揚都與孟子並稱，惟韓文公斷爲「擇焉不精，語焉不詳」。至司馬温公、邵康節，又推尊揚雄，幾在孟子之上。後來一被程子點落，而人翕然信之者，實見得到也。

見得性善，則人我一也，便能感化人，成就人，故曰盡己性，則能盡人、物性。荀卿當日聲勢大于孟子，孟子日漸尊崇，荀卿日就消歇。至今孟子爲吾教宗祖，而擯荀卿如路人別派，以此。

荀子文字，比揚子還條暢。其論事甚精采，但說性惡太可厭。

董江都後，韓昌黎前，惟法言、中論、中説三書表表，中多名言。

揚子仕莽固可罪，但法言中殊有可採。且當其時，遂知推尊孟子，亦必有見。未可以其人而廢其書。鍾旺。

太玄中顯然頌莽功德，所云「漢公」，分明是安漢公，温公注云：「公與功同。」不知下面「阿衡」字如何解得去，豈漢天子之功如阿衡耶？注書若此等最不可，朱子斷無此病。

王氏盛時，天下皆知其將變。梅福幺麽遠吏，尚知逃避，揚子雲自謂心通造化，獨濡滯不去。看來亦非全爲利禄，特以京師聞見廣，好讀書，覩于外夷來朝，必細問其土俗風物可見。又其人呆，見莽謙恭下士，即實以爲周公。到後來，事已決裂，便是怕死，不復敢與之異。

司馬文正謂揚雄過于孟子，曾、王又推服之，以爲箕子。至程朱出，而論始定。其實揚雄罪過，不必到事莽，就是作太玄，將羲、文、周、孔一齊都做了，罪已不容于誅。王荆公罪過，亦不必到行新法，只以春秋爲「斷爛朝報」而廢之，罪亦已不容于誅。這都是心病，可見其無忌憚。

偶看譚子化書，極有名理，第説到盡頭處，只説得神氣。惟孔子，説天地，便説他的德。揚子雲著太玄，思入風雲，實亦只説到神氣而止。皇極經世儘精妙，程子謂其「洩漏天機」，尚不離此窠臼。聖人言道只説理，言天地只説德。

洪範「五福」首「壽」，偉長中論中有説：「一係得之于天者，一係得之于王澤者。得之王澤，是帝王養育出來的。」此段議論極好。子書自法言、中説之外，如中論、申鑒，儘有好語。

文中子説「公旦爲周」一段甚精。周公之風雨綢繆，似欲使子孫相繼，天下永遠屬之我家，迹近于私。不知世無賢聖，既不可行堯舜之事，若子孫之世及者，又不爲啓沃輔翼，使稱其位，則害及于人矣。故曰：「安家者，所以寧天下也；存我者，所以厚蒼生也。」人心、道心，本在一區，要人簡别。後世便是寧天下者，所以安家也；厚蒼生者，所以存我也。周公謂宗社安而天下安，子孫存而百姓治，有何不好？若是子孫不賢，不如速亡。故遷都之議曰：「洛邑之地，四達而平，使有德易以興，無德易以衰。」即如人家子孫，果能繼述祖宗之志事，便使科名接踵，豈非好事？若罔上賊下，惟利是視，要他富貴何用？倒不如使他貧賤困苦，既不至害人，或者動心忍性，反有向善之機。道理原是如此，此條比韓子對禹問，説得更詳盡。

中説「問聖人有憂」一段，程子譏其「心迹之判」一句果然有弊，只是曲爲彌縫。亦自有説。如天有陰晴，倘或淫太，何嘗不咨嘆憂苦，祈禱紛紜？至其上一層太虚穆清，有何雨晴？天下皆憂，聖人亦憂；天下皆疑，聖人亦疑。至于樂天知命，窮理盡性，有何憂疑？如此説，亦未爲悖繆也。

文中子謂「天統元氣，地統元形，人統元識」，邵子宗之。不善讀者，便謂天地只是形氣，惟人有知識，是天地無知識也。連「人者，天地之心」一語，都錯會了。謂天之心全在人，如天之視聽全在人之視聽。其實人之視聽，皆天之視聽，人之心，即天之心，非天無心，惟人有心也。

朱子于文中子推許不小，荀、揚不足比，即韓文公尚不如其懇惻而有條理，此是何等地位。只是世人將他與揚雄並斥者，爲其僭擬夫子也。

文中子元經是假的，中説内有幾條假的。

文中子鼓蕩之什，門人皆沾襟；象山白鹿洞講義利，聞者多揮涕。何以能爾？想他皆有許大精彩，聳動得人。鍾旺。

陸子静才本大，其爲荆門州，至境内無賊，路不拾遺。又明敏于事，造一城，估計五十萬人者，他用五千人，尅日而就。若不死，便大用，必有可觀。故朱子謂：「渡江以來，惟我與子静八字著脚，做著己工夫。」子静亦稱朱子爲「泰山喬嶽」，于立社倉法，劾唐仲友，皆稱之不遺餘力。使子静爲相，必用朱子；朱子爲相，必用子静。若論學術道理，就使子静成掀天事業，到底朱子是，子静不是。

陸子静要人把心地打掃潔凈，若一肚子熬糟，讀書亦不相干。但只空空的無一點物事在内，終日江、漢濯，秋陽暴，濯暴些甚麽？畢竟朱子有把捉，孔子家法是如此。

問：「陸金谿不喜人説性，其意云何？」曰：「想是厭性中分仁、義、禮、智、信許多條項。但無奈性實心虚，心只空蕩蕩底，言性則道理鑿鑿實實，心方有憑據。」鍾旺。

陸子静只在吾道上説得過些，王陽明方可謂之「詖淫邪遁」，子静只是賢知之過。

或言：「朱子與陳同甫書，其理易明，似無容深辨。」曰：「是第一皮義利關頭，速須痛與截斷。」鍾旺。

姚江所編朱子晚年定論一書，羅整菴細查年分與辨，姚江詞屈，乃曰：「當時在留都，學者争鬧，不得已以此權教一言虚誑，他皆無用。」天下後世如整菴者豈少？知此之爲權教，無不疑爲權教矣，誰肯從之？

明儒無及宋儒者，即姚江亦不如象山遠甚。象山是要仁義忠信，乾乾净净，只是學術不是。姚江便有權詐習氣，直是奸雄，故作用錯處多。問：「可方張乖崖否？」曰：「不止，自當突過。合曹操、荀文若爲一，庶其似之。」

張净峰極不服姚江，年廿五時，親至其家與辨論。净峰曰：「如何言『明明德，在親民』？」姚江曰：「欲明吾孝之德，在親吾之親；欲明吾忠之德，在親吾之君。」净峰曰：「如此只説得『明明德』省察一邊，不可以該存養一邊。」姚江笑而不答。净峰遂大喜，以爲難倒姚江，其文集中，首載此條。不知到得親親、親君，存養已在内，如何説該不得？特爲姚江所不屑辨耳。當日只應就文義折之。大學云：「大學之道，在明明德，在親民。」未嘗言明明德之道在親民也。且即其言而反之，言欲親吾之親，在明吾德之孝，有何不可？即此便可窮之。姚江又分首節爲生安，次節爲學利，三節爲困勉。佛家有上、中、下三根，姚江處處提闡，可笑。

姚江才氣好，事起倉卒，驅市人而戰，若使當風塵時，正未可測。問：「使他爲相何如？」曰：「使不得。用其偏見私説，廢蔑古人成法，害不可勝言。」友云：「最可惡者，末年附會永嘉議禮，希望起用。」曰：「這卻是懸斷誅心，未免深文，或者他見解即是如此，亦未可定。只是殺遲仲容降賊三百人于宴席，卻是爲何？嘗問施靖海以處置降兵之法，渠謂有老板成法，任他多少，編入吾軍伍中可也。降賊即慮其反覆，殲厥渠魁足矣，盡數勦戮，可謂忍心害理。至桂萼輩深嫉其學，彈章詆毁，極其不堪，此卻不可爲據。」

淝水之戰，雖屬僥倖，然人氣不動，便有勝理。陽明撫贛命下，季明德聞之，知其必立功業，人問之，曰：「某觸之不動。」孫北海承澤，極惡陽明學術，嘗舉陽明與學徒講論，其夫人忽鬧出，掀其几案，抛其書帙，曰：「諸君勿信此老厮誑。」因枚數其平居奸私事。門人竊窺陽明顔色和霽，如不聞者。久之，夫人入，陽明徐整書案，復理前論，若無中間一段事者。以爲非人情。某曰：「恐即此已足以擒寧王矣。」北海爲失笑。北海又時舉正德實録中人參陽明與寧王交通，及閨門穢事，某曰：「吾輩評其學術不正，只論學術可已，此等謗誣，恐不足憑。賢豪豈能免此？」

所惡于姚江者，爲其以四書、六經皆是閒賬，直指人心，立地成佛耳。其流毒無窮，王龍溪已不像樣，萬曆以後，鬼怪百出，姚江作俑也。讀書人不思經義，株守傳注，字字膠執，牽經合傳，甚至并傳意亦失之。姚江因厭薄此等，故反其道以治之。不思此等固陋處，但就其説以破之足矣，何至大決藩籬而不顧耶？

道釋

孔子之教，自與天壤相敝，除是不以君爲君，不以父爲父，孔子之教便無用處。欲壞孔子之教，先破君父之説。佛氏不隨世法，是無君；父母反拜，是無父。此乃出來欲壞孔子之教者，而卒之忠孝根心，如何壞得！楊止無君，墨止無父，而佛氏兼之。此事前人闢之已盡，吾儒但當自反，把我們這邊做得好。

孔子教弟子，只以仁爲宗，又復發揮孝道，都是從根上説，正與佛家對針。佛氏無根，故先從父母妻子上斷絶，一路差去。

孟子叙道統，曰見知、聞知。道豈不貴行？而云知者，正派要緊。如領路人，領差了，行更有害，當下不覺，到歸宿處便大壞。

楊、墨被孟子指著病痛深切處，曰：「無父無君，是禽獸也。」故其書遂無傳。范蔚宗西域傳贊、宋景文李需傳贊皆是搜佛之根，其人其書，多是中國人假托增飾。有憑有據，並不與他嵓辨道理，所以中其膏肓。

莊、老滅教，佛滅道，禪滅性，其所見一耳。議論則以漸而深入。自記。

佛氏善言心，老氏善言氣，都説得精。吾儒言性，他那兩件便都包在裏面。

佛以心法觀天地，老謂開口氣便洩，皆吾儒所當資取者。

問：「桃源中了無文物，不幾于禽獸之食息乎？」曰：「彼中有純氣，自有人倫。淳朴恩愛，與禽獸别，若有文物，純氣便有發散之意。」問：「有人豈能不争？無主焉能和輯？」曰：「若争，便是純氣將散矣。文物固是氣之發露，然氣既漓，又須以此維持之。如人受參芪之補，便是元氣有虧，然元氣已損，又須以此補之。老子曰：『聖人不死，大盜不止。』不知世既生盜，聖人雖死，又焉能止？老子所云，説了一截，脱了一截。」

老子生十有三，死十有三，出生入死十有三。「有」字不是「又」字，解者都指出十三種以實之。如周禮息偈十有二，亦枚舉以實之，支離牽强不可通。十有三者，十分中有三分，實三分三，去零數耳。十有二者，十分中有二分，亦二分半，去零數耳。必有寢衣長一身有半，不欲露體耳，非齋服也。半此身之長，短衣也。朱子謂長視身而又得半，亦太不便矣。三分天下有二，幸而有其字，不然亦將謂三分之外又有二分乎？

老子惟「貴大患若身」難解，只是生于憂患之意，易所謂「貞疾，恒不死」也。「寵辱若驚」者，以寵來辱我，故若驚大患來，便貴之若愛其身者。以爲有此，便可不放逸怠傲，以至于死也。卻是愛其身，不是要害其身。然又不是以平常之養身、奉身者爲愛，又要不有其身，所謂「外其身而身存」也。聖人看得道理熟，平平常常説出來，他們窺見些子，便以爲秘妙，又做奇文字楦出精彩來。

道德經雖亦有意理，某卻不甘爲之發明。初意欲與參同契、離騷爲三奇書合刻，今看來非二書匹也。如「道可道，非常道；名可名，非常名」，聲口總不正。又如「將欲取之，必姑與之」，總流爲機權陰謀口角。若參同契便無此惡態。陰符經撮道德五千言爲三段，不是没見解人。握機經亦是傳古陣法者，非泛作，大約是戰國鬼谷子之流。

「爲善無近名，爲惡無近刑，緣督以爲經。」「爲惡」兩字太險，豈教人惡亦可爲，但莫近刑乎？嘗與澤州陳先生論此，以爲「爲善得無近名乎？爲惡得無近刑乎？只是緣督以爲經」，澤州大喜。數日後，又得一解云：「爲善何必即有近名，湮没者不少；爲惡何必即有近刑，漏網者亦多。不因名而爲善，不畏刑而不爲惡，只是緣督以爲經耳。」澤州又大喜，以爲更好。

至尊常諭：「朕看參同契，恐俱是説人身上的話，未必是説别項。」地奏曰：「臣向來正是如此説。如陰符説『絶利一源，用師十倍』，『絶利』，是將諸般利慾都斷絶了，只在源頭上專一用工，便如『用師十倍』。『三反晝夜，用師萬倍』，是説工夫不斷，刻刻相續，便如『用師萬倍』。」復蒙諭云：「正是如此。」又奏：「臣有一親戚好道家説，臣嘗問之云：『鐵亦好物，可以定子午，道家總不貴重，只説丹、砂、鉛、汞。豈以其爲鑪鼎之用，烹煉大藥，可以服食耶？』他應曰：『然。』臣曰：『以愚觀之，殊不爾。蓋銅鐵煉到底，只是銅鐵，惟砂裏有金，鉛裏有銀，都非從外覓得，可以煉出寶來。以喻人血肉之軀，有至寶存焉，天之明命在其中，可以煉得出來，只是要不斷火。如所謂『必有事焉，勿正，勿忘，勿助長』也。」又蒙諭云：「如此方是他本意。」因説「絶利一源」「源」字好，不然，便向別瓦礫中尋寶，如何能得？但須「三反晝夜」，不斷工夫方好。「絶利一源」，吾儒之「持敬」也；「三反晝夜」，吾儒之「集義」也。時甲午四月十六日。

某因參同契悟得易經道理。參同契只説一身，其實一身即天地。凡陰皆魄也，凡陽皆魂也，陰以陽爲本，陽以陰爲基。天之神氣，包乎地外，然離地便散漫無歸，卻要貫注地中，以成歲功。地若不資天之神氣，便成頑塊，何能生物？如人之形體，不禀命于心之神明，則五官百骸，皆不得所。然心神若不宅此形體，何以爲寄托之地？故魂守魄，即魄拘魂，初無二候。

「乾坤合撰，天地同符。」但看世間凡氣所貫，皆天也，地在天中，初非截然天爲一物，地爲一物也。説易者皆以乾爲君，坤爲臣，即以君臣論，君要留心臣民，所謂「天道下濟」也，亢則有悔矣；臣要一心王室，所謂「承天時行」也，否則有咎矣。其理亦是如此。參同契以人身言乾坤，則神魂其乾也，體魄其坤也。神不得形，何所附麗？故爲「游魂」；形不得神，何所作爲？故爲「滯魄」。惟刻刻相守，合而爲一，形即神，神即形，則

「丹還」矣。此即「天地交泰，水火既濟」之理。從來説易者，卻不曾説到。又發明出先天圖位，故知其傳授必有端緒。

參同契取象龍虎，是竊用周易龍馬而變其號。龍取變化飛騰，卻潛藏于淵，以譬人心騖八極，一收便在腔子裏，是魂也。虎伏于山林，人不能見，然一嘯風生，卻威猛不過，是魄也。但馬比虎更覺穩妙，馬本是乾，而坤爲牝馬，如牡馬行到那裏，牝馬亦行到那裏。本是一物，但有牝牡之分。更精。

參同契向日分章段頗不錯，今又見得明白些，其警發于吾身心者甚切。大約先黑，方白、方黄，而終于紅，是謂之丹。日之出也，先紅而白、而黄、而黑。人與草木之生也亦然。而道家工夫反之，所謂「順則爲人，逆則成仙」也。他的黑，是收視反聽不説話，將耳目口三寶閉塞了，直使形如槁木，心如死灰。久之，黑中生出明來，便是白，所謂「虚室生白」。到得「魂守魄」，「魄拘魂」，魂不游而魄不昧，便是黄。後來一團純陽真火，陰邪之氣都燒化了，所謂「童顔」是也。這便是紅，紅則丹成矣。吾儒工夫亦然。以中庸言之，「戒懼」，黑也；「慎獨」，白也；「致中和」，黄也；至「天地位，萬物育」，紅也。佛家工夫亦同。其云「發大願力」，即吾儒之「立志」；其云「悟」，即吾儒之「致知」；其云「脩」，即吾儒之「力行」。明儒説三教源頭本同，但工夫各别，卻反説了。工夫卻同，只是源頭不同。發願力同，爲甚麽發願力便不同？吾儒是大公的，從天地萬物道理上起見。道家卻只爲一己，只要神氣常存。佛家看這箇猶粗，只要此心光明，照徹乾坤，亦是爲一己。不特佛、老，就是市井人，亦必先發願要做財主，方講求取利之法，然後經營力作。所以「元亨利貞」四字，夫子作四項説，極當。亨與貞都是同的，元與利卻不同。佛、老與百工技藝，俱有做到亨通之時，只是問他大不大耳；俱有守之而不變處，只是問他宜不宜耳。吾儒便大、便宜，所以五性最重仁義。問：「道家如此用工，果能使此身常存否？」曰：「亦不知如何，想必神氣久長些。他並不是糊糊塗塗做神仙，他儘千思萬想，天地陰陽，萬物變化，人身形神，都要知其故，亦不是尋常人。」問：「『魄拘魂』，『魂守魄』，如何用工？想亦不過定心。心不放，則魂魄俱安矣。」曰：「『魂守魄』，即『魄拘魂』，無兩層。心定自是主宰，亦要明魂魄之理。」問：「他亦千思萬想，豈不耗心氣？」曰：「他所思想者，即是他的事，不是游思妄想。如一想魂，即如見自己的魂；一想魄，即如見自己的魄，與尋常思想不同。若是心如頑石，只像勞山上人，嬾久神氣足，不須飲食。年歲長遠，一無所知，不過如土石、黿、鶴耳，有何足取？」問：「他只説黑白黄赤，是水金土火，何爲不説青？」曰：「想是怕人戀住生氣。他結末卻説丹成後，須要在人世立功，功行圓滿，方能升天。吾儒將仁放在頭上，他將仁放在尾上。」

參同契道理，就是吾儒亦用得著一半。其要在慎言語、節飲食、懲忿窒慾而已。慎言語與懲忿爲一邊事，懼耗氣也；節飲食與窒慾爲一邊事，懼損精也。至那一半成仙事，卻用不著。如孫、吴兵法，亦有一半用得著。整行陣，嚴紀律，衛民保境，是所用也。其説得疑鬼疑神處，便爲吾儒所不道。

參同不取銅、鐵之類，而取丹、砂、鉛、汞者，取其中有至寶，以喻人軀殼中有至寶耳。丹，朱砂也，中有白金。砂，即披砂見金之砂，中有黄金。鉛、汞中皆有白金。四者不加淘洗烹煉，不過是丹、砂、鉛、汞，一加淘洗烹鍊，便有至寶。人不去修鍊，不過是一皮囊，與草木朽腐，一經修煉，便可成聖賢。豈非至寶？問：「『還丹』何義？」曰：「丹原非一件物事，不過是赤色。謂之『還丹』者，初丹，後不丹，復歸于丹，故曰還。人初生本紅，故曰赤子，後長大漸白，由白而黄，死而黑。凡草木之芽，先紅，後青白，後黄落，後枯黑。日初出紅，後白，晚黄，夜黑。仙家當人紅白時，他只守黑，所謂『玄之又玄，衆妙之門』。到得人死時，他活起來；人黑時，他亮起來。一直復還嬰兒之赤，故謂之『還丹』。」

參同契言甚簡易，其言天地陰陽，即吾身之陰陽也；其言黄老清静而天下治，如吾身之虚静，水火調伏而壽命長也。其下手工夫，不過「魂守魄」，「魄拘魂」。魂者，靈明動作，但任其浮馳，則爲「游魂」；魄者，寂嘿堅定，但任其昏頽，則爲「滯魄」。當魂放逸時，須把心捉來，不許妄爲紛雜，是爲「魄拘魂」；魂爲魄所拘，則魂常精明不散，而魄亦不頽然昏惰，是爲「魂守魄」。問：「參同契之説易，與吾儒合否？」曰：「彼不過仍漢儒之言耳。漢儒言易，以六十四卦，配合年月日時、七十二候、二十四氣，雖逐日之陰晴，皆爲豫定。又不是推得一年，便可印板鑿定，明年又有活法。又參之以人事，如人事變易，象亦應之。參同之言易，仍是如此。」問：「修煉工夫，何以與此相應？」曰：「有死子午，有活子午。死子午者，天之子午也。自子至午爲陽，宜飲食動作；自午至子爲陰，宜閉户守中。活子午者，吾身之子午也。但倦怠時，是子也，便宜吐氣運行，不使冥昧；覺得有放逸蕩散意思，是午也，便宜收視反聽，寂然不動。」問：「與七十二候、二十四氣有相應處否？」曰：「亦相應。到那節氣换時，比常時工夫又加謹。若後來道家『爐丹』及『守庚申』諸説，皆誕漫不經，參同無是也。妙在與吾儒説工夫處，都是一樣。即佛家亦是如此。大約三教工夫，都是從收放心做起，而吾儒看得一草一木，遂生得所，無一不與我性分相關。佛、道兩家，連自己父子、兄弟、夫婦，亦視爲膜外。此處道理大不相同。」

參同契首尾武，中間文，與吾儒工夫一樣。初時立志，要勇猛直前，及末後直達天德，竿頭更進，又要武。中間勿忘、勿助，卻要文。

道家從漢便分兩路，魏伯陽修心性，張道陵講符法。佛教兼此兩種。大約釋道二教，其初亦是隱居修道人，因他枯槁清寂，巖居穴處，恐招異物之害，故學些術法以禦之。及其苗裔欲爲表章，遂説玄説怪，張皇附會，無所不有，卻失了他本來面目。

「致命遂志」，致吾之禍福壽夭于命，而必求遂吾志也。如「致其身」，亦是利害生死，悉置度外，非以殞身爲致也。古人説「命」字，都是指天命，今以屬人，如身字一般。經書中無是也。此想起于道家，道家以心之靈明、元神謂之性，身之元精、元氣不死者謂之命，「修性」、「修命」是兩樣工夫，兩者俱進，是性命雙修。「命」字屬人矣。問：「『修命』者，務一切不管，心死而後氣足。倘『修性』，則必窮理致知，苦思勞心，豈不有礙于『修命』之説？」曰：「觀參同契説『千周萬遍』，可見窮理致知他都有。只是窮他『修性』、『修命』之理，致他『修性』、『修命』之知耳。如此，焉得有礙于『修命』乎？」

某深信得人有長存之理，萬物之生人爲貴，草木有數千年不死者，禽獸亦有千年者，豈人之壽止于百年乎？蓋人之不死者，在神明，而不在形骸。聞山左勞山、湖廣武當山皆有數百年不死之人，不飲食，不水火，身輕體健，如鳥獸然，躡峻跳澗，如履平地。然此乃道家所賤，彼言修煉，亦重神氣，不貴此也。由此觀之，聖賢自有長存不敝者，神明耳。

李文節閉户多年，做一部百鍊草，許多軟調，不見精采，何也？友曰：「他只在那裏鍊自己的，若讀前人書而鍊之便佳。」先生曰：「是可知道家修煉無用。」

陰符經著語太險，不如參同平易渾穆。其書只虚説在這裏，隨人用，用他修道亦可，用他行兵亦可，用他治國亦可。分那一段是説道，那一段是説兵，那一段是説治國，便呆了。只是以陰爲主，便露殺機，乃黄老之指，非聖賢之道也。

陰符者，以陰爲符，得陰則可以招呼羣有，指揮如意，即陽亦爲用矣。殺機正其所取，猶吾儒言克己之意。故曰：「天發殺機，移星易宿；地發殺機，龍蛇起陸；人發殺機，天地反覆。」都是説殺之爲用大，今人都解作殺機不好，大失作者之旨。

傅弈闢佛，語亦諦當，但卻篤信老子。至戒子孫，猶以道教當從，與聖人之書當讀並舉。不知佛氏即脱胎于老子，故韓子原道、新唐書李蔚傳贊皆從老子説起。佛精于老，禪又精于佛，其實禪學何嘗是西域來？就是中國人替他粧點，李蔚傳贊最説得透。朱子釋氏論，文筆雖不古，精當第一。

闢佛幾篇名文，該彙在一處：范蔚宗西域傳贊，傅弈表，韓子原道、佛骨表、與孟簡書，宋景文李蔚傳贊，朱子釋氏論。佛氏無所逃匿矣。

四十二章經是佛家原文，儘有名理。如「磨麪驢，身雖行道，心道不行」；「無禮來犯者」；如「對風揚塵，持梃擊空」，皆是妙論。次之佛遺教經。他皆中國人傅會爲之。

佛子從西來，不立文字，直指人心，清净虚無，一切皆空。其視世儒馳逐于功名富貴，緣飾于名跡語言，直與衆生一道看。所以高明之士，被其煽誘，湛溺而不返，只覺得他的是，不知吾儒原是如此。但既有了滌去己私這一邊，又要有推以及人那一邊纔好。聖人之道，本末兼該，物我一體，平平正正，萬古不磨。直到周、程、張、朱，此理纔説明，把向來推與佛教那一邊的道理都收回來，所以其功大。

人心、道心，本在一區。愛，私也，我必自愛其親，乃知人皆愛其親，推其愛親之心以及人，則公矣。貨財，利也，我必自資于貨財，乃知人各資于貨財，推其資于貨財之心而不相奪，則義矣。佛家弊病在斷截此心。事皆無根，焉能有物？

譬喻最難。佛家説：「心性之體，如明鏡一般，物來必現，隨物見形。」然鏡内空空的，一無所有，冷冰冰全無生意。惟程子「心如穀種」一喻極妙。蓋穀種内，根荄、枝葉、花實無所不全，而其中一點生理則仁也。心屬火，仁屬木，是滚熱發生的，與金之寒冷不類，所以鏡取譬不得。凡陽一邊都煖，陰一邊都冷，佛家以鏡喻心性，所以斷絶身累，齊向空滅，好説鬼神，厭煩人事。

「息心」不是人心當息，道心不當息。喜怒哀樂未發之時，亦「息心」也。朱子云：「有滅息之息，而後有生息之息。」甚妙。寒冬閉藏，來春發生之氣，全在此時蓄養。就是禪家，亦破枯禪，云：「不可有惡心，不可有善心，亦不可無記，無記竟枯滅矣。」但他所不欲枯滅者，心之神明。吾儒所云不可枯滅者，天命之性也。佛家不是一槩滅絶其心。朱子説告子「冥然無覺，悍然不顧」，究其歸自是如此。他做工夫，亦不如此。

儒者心安理得，静亦定，動亦定，各止其所。佛家忍心害理，强行割截把捉，豈獨空爲頑空，即明亦是頑明。

問：「佛教説不去，行不去，如人盡從他，一世人類便絶。」曰：「他原説不要人盡不婚娶，就是這樣亦説不去。聖人教人，是自己行了教人行。如説婚娶是好道理，他就該從人。若説是不好道理，如何又教人行？天地間無此道理教法。」

和尚説來説去，總是爲自己。吾儒講的事，都是世上用得著的。即此便分公私。

釋氏之「發大願力」，是吾儒之「立志」也；「要常惺惺」，是吾儒之「主敬」也；「遍參歷扣」，是吾儒之「致知」也；「戒律精嚴」，是吾儒之「力行」也。但他之立志、致知、力行，都是他的事，與吾儒絶不相似。凡吾儒之所宜有事者，他都以爲大戒。如人從父母而生，故篤愛之。他便不認父母，是斷愛根，揀極難處一刀兩斷。他以爲人之愛，都是生于習染，即愛父母亦是私心，不過貪其乳哺鞠養之惠而已。假如自幼無知時，養于他姓，受其鞠育，亦便愛之，可見都是有緣之愛。不若從無我中，發大慈悲，普度人天，方是無根之愛，其愛也真而大。孔孟卻說世上豈有無根之人，即從根上愛起。吾儒與釋氏不同處本易見，不知前輩何以都說不透，見得只是不分明。

釋氏說「三寶」，亦說得好。如我們古來有堯、舜、禹、湯、文、武、周、孔，以爲宗仰，便是「皈依佛」；聖人留下幾部經，孜孜誦法，便是「皈依法」；有周、程、張、朱幾箇儒先，視爲榜様，便是「皈依僧」。

佛家輪迴之說，即循環始終之理，亦無足怪，只是說得呆了，便不可信。春夏之發生，都是冬間閉藏之氣；人記得書多，便會做文章；窮得理明，便論理不錯；平素更事久，臨事便諳練；喫飯多，精神便强旺。受之于内的，即是發之于外的，只說得不呆，便不妨。

嘗問僧鋭峰曰：「輪迴之說，無乃誕幻？」僧曰：「此有何奇？不必遠求。佛法觀天地，只以心法觀之。生死如晝夜，晝夜相循環；心之起滅無時，其起者即其滅者，豈有二耶？」又問：「人有惡，變爲禽獸；禽獸有善，又變爲人，信乎？」曰：「有此理，便有此事。但看人一日之間，念慮起伏，幾番爲人，幾番爲禽獸矣。」輪迴之說，以是思之，覺得此説殊有理。如我們起一善念，便覺光明正大，不獨念頭是人，耳目口體無一非人。他人看亦如此。若起一惡念，不獨念頭是禽獸，耳目口體無一非禽獸。造化在我，何必閆王？又問：「做工夫，以知識爲先乎？修行爲先乎？」曰：「『發大願力』爲先。」問：「假如識見不到，修行不到，空有大願力可乎？」曰：「也好。菩薩不是一樣，有初地菩薩，便是他願力既堅，雖功夫未到亦不妨。既有此願力，識見纔是真識見，修行纔是真修行。」問：「願力發來多不能久，是如何？」曰：「此有二病：一爲從前不曾用功，覺得今日難從半路做起；一爲力小圖大，恐後來工夫不能接續。須得此願發時，從前種種，譬如昨日死；從後種種，譬如今日生，前後都要截斷。」問羅漢與菩薩分别。曰：「羅漢見人不善，發嗔怒心；菩薩見人不善，發悲愍心。」問所存心。曰：「亦不存于善，亦不存于惡，又不是昏然不醒。」此便似吾儒未發之中。又嘗舉公案，有人自許心能做得主了，僧曰：「醒時做得主，夢時做得主否？」其人曰：「也做得主。」僧曰：「有夢時做得主，無夢時做得主否？」其人便不敢自許。凡此皆彼教中之至精至粹語。

佛家説心亦好，只是上不能通諸性，下不能通諸事。須知心如此，乃是實理如此，又要把此事處得當，方好。

佛家以佛爲「轉輪王」，蓋以心轉宇宙，實有此理。孟子云塞乎天地之間，人意思到那裏，氣即到那裏，不然如何充得？

林次崖存疑闢陽明數段，卻不中其要害。他的病根，在「無善無惡心之體」。但觀有道君子，于事物未交寂然端坐時，滿腔無非善意，通身都是善氣，豈得云無善？若無善，此等氣象從何處來？問：「佛家説『無善無惡』、『善知識』，氣象何如？」曰：「一看莊肅，細看冰冷，固無惡狀，了無善容，即與其『無善無惡』相應也。」

或言佛教能使人外形骸，見危致命。然唐人多溺于佛，卻沉没聲利，不見其清廉節義者多于後世。及朱子之學興，殉節者皆視死如歸，宋、明以返，可以觀矣。

聖人説「經綸大經」，是一段「肫肫其仁」所發，實是從化育中出來的。聖人所言所行，都是爲此。吾輩聞有人呼風唤雨，卻不生景仰心，聞得忠臣孝子，可師可法，便心悦誠服，即此便見得天地之心亦是如此。左慈、周顛仙、冷謙，殺亦殺他不死，岳武穆被秦檜一殺便死。然今卻不羡慕左慈、周顛仙、冷謙，而景仰武穆。左慈果是手段大，何不除了曹操，别推箇賢臣輔漢？顛仙亦不能除陳友諒，終須洪武動兵。可知此種毫無所用。就是畫一道符，誦幾句呪，拘得鬼來，亦只是未散呆魂。問：「符呪何以能拘鬼？」曰：「朱子説得好：『公既信佛，鬼即公輩，如何不信？』今有一異狀之僧，便傾城往觀，施舍駢雜。這些人死了，如魂魄不散，自然還是如此。須知幽明、人鬼一也，看得極平常，方是道理。高一邊的人，説世無鬼；低一邊的人，説是事皆鬼爲政。聖人説道理，因拈『中庸』二字，最妙。」

漢時，六經皆有緯書，光武因「劉秀爲天子」一言，便尊爲聖經。桓譚言其不足信，輒罪其非聖。直至隋文帝始燒除之。聖人極數知來，不過推之以理，如寒往暑來，乃感應之必然者。癡人以爲，聖人于後世某一箇人姓張、姓李，名甲、名乙，皆知之，不直一噱。聖人之訓曰：「將興致祥，將亡致孽。」確然實理實事。遇灾異則恐懼修省，不此之務，而耑以禳報爲事，至終日在吉凶上作無益算計，勢必爲鬼物所愚，有當凶而反致祥者矣。

陰陽雜術，某閲歷多矣，何嘗有驗？即有驗者，亦是説得多了，偶然撞著耳。惟聖人之教，一以人事爲主，你學字會寫字，學文章會做文章，如人喫飯會飽，不喫會餓一般，何等切實。大約人之精神魄力甚大，雖偏僻之學，逼出一段光怪，亦能驚動人。子雲作太玄，口中吐出白鳳，劉更生喜言神怪，藜火老人感之而至。若聖賢平正學問，卻無是也，蓋其氣已與日星河嶽合矣。

友言：「明太祖曾遣人向天竺求經。又各王分封，皆以一僧傅之，姚廣孝則燕王傅也。」先生曰：「洪武亦不是信佛。大抵人不能無所畏，當其分争時，匹夫匹婦皆吾敵。至天下一統，無外患可虞，欲保社稷，長子孫，便懼鬼神，思以邀福而除禍，未有不爲僧道所愚者。自非聖人，斷不能免夾雜念頭。惟聖人胸中瞭亮，道理看得透，知到我即天，天即我，坦然做去，有何畏懼？」

鄧文潔説他不要學聖賢，亦不要學天地，不知要學甚麽？其刻苦至終日跪庭中，石上漬血斑斕，到底不見他怎樣超妙。王鳳州、季明德輩，後來做出文字，都通不去，所謂「自誠而淫，而邪，而遁，必至于窮而後已也」。

朱方旦初至京，傾動一時。猗氏衛先生在朝班，極詆之，適史子修聯坐，色殊不懌，猗氏並責之。子修曰：「我非孟浪信從其教者，彼實能起死人而生之，雖欲不信從，得乎？」猗氏詢其詳，子修曰：「吾妻病已三年，委牀待斃。聞朱至，往叩之，朱曰：『俟吾察其命盡與否，君姑還，余即至。』某問：『先生能遽來耶？』朱曰：『不須余來，病者自知。』是夜，妻竟安卧，又聞室中有異香。至鷄鳴時，妻欠伸而覺曰：『汗透矣。』索衣易之，勸其少間，妻曰：『我愈矣。適夢至一公廨，有大官命吏檢簿，須臾吏白曰：「史鶴齡妻壽限未盡，但災厄甚重。」忽聞屏後有人曰：「既壽限未盡，令其夫婦皈依道教，以禳解其災，可乎？」大官起立拱諾，曰：「受朱先生教。」因命余歸。』遂蹶然而起。」猗氏聞言悚然，遂與子修俱詣朱。朱曰：「余閉目見諸賢聖，開目見天，注想既久，自然與天及賢聖同歸。公輩讀書而不知其何義，『顧諟天之明命』，非此之謂耶！」猗氏遂亦大服，嘗邀某同往修謁。某先索方旦所著書觀之，得其中説、質言二種。書中別字無數，想來天上無不識字的神仙，遂堅辭不往。後方旦被罪，行刑于湖廣市曹，監斬者即其弟子王新命也。將斬前一日，尚慰其弟子曰：「毋怖，明日午時，當有赦至。」其怪誕至此。問：「當史家求禱時，何以能然？」曰：「妖術本不足論，但以吾道推之，何妨如是。當其清修苦行，或者鬼神亦甘爲所驅役，逮至奉儗王侯，驕淫過度，則鬼神棄之矣。至所云『注想』，亦有可取。我輩平生何嘗注想一件事，都是悠悠忽忽，老死而已。用志不分，乃凝于神，有能晝夜不忘，念念不舍者，吾未之見也。」

有行取官許三禮者，放言高論，開口便説人莫要錯了路頭，一大聖，一大賢，一大儒。環極魏先生者，冲虚君子也，聞其言，爲所悚動，乃謂某曰：「余不能測其學問高深，君當一見之。」及見頃，三禮言其宗旨云云，某問之曰：「所謂大聖者，必孔子也。若大賢，則顔子；大儒，則程朱也。」三禮曰：「然。」某曰：「程朱去孔子千五百年，不能得師，或至錯了路頭。顔子親見孔子，孔子何不指以大聖路頭，任其錯走？豈顔子天姿僅可以賢，抑孔子秘而不宣耶？」三禮無以應。翌日，爲環極述之，環極深爲稱嘆。久之，某入朝班，猶聞三禮向人稱説云云，可見其糊塗一世。

人言語不近情理，都是言妖。今見得佛、老果不足辨，雖不曾細讀其書，但既不是我們的道理，便不是。此道理外，更無道理。曹武惠兵已過江，南唐始焚卻佛經，曰：「今而知舍周公、孔子之道，無足以治天下者。」二氏説玄説妙，我們治天下，著他一點便害事。

榕村語録卷之二十一

史

古時史官當其職，以死守之。馬、班雖不及古，至今讀其書，於漢何嘗肯輕假借？明太祖見修元史，有醜詆的，悉令改訂。雖是盛德事，要非古義。此是爲天地間存一公案，既付之其人，隨彼舉職，不須更行監制。

某四十年紀不喜看史，以閲歷世故未深故也。頃看通鑑，甚易爲力，祇以身經者多。看他處得如何，有處得高出吾輩者，有反不及者。須是四書這一邊先看得有箇底子，看史方有益。如無一些把柄，便讀盡廿一史，道理都不著實。

看史、漢、三國傳紀，必須以類相從，長者短者，分者合者，詳者略者，有以此人事蹟列彼傳中者。又如稱名爵，年月日時，或載或不載之類，皆要講其體例緣故。總之，要先治春秋，纔有根本。某常説做理學文字，不能離學、庸、論、孟、易經；學古文，不能離尚書；學記事，不能離春秋；學詩，不能離三百篇。五經是各樣文字的根本。

四[1]漢史内，但是有名人傳，俱應檢抄熟看，長人學問。不單取其好處，就其不是處亦可爲鑑。

史書總是公修便壞。古者以此爲耑家學，馬、班皆父子相續而成，就是歐陽公、宋景文，亦聽其自出手筆。當修史時，朝廷但資廪給而已。唐書中，歐陽公所任惟志，其餘盡係景文作。景文拙於序事，書成，送與歐公改訂，歐公以其前輩辭之。看來新唐書到底不算好。

作史不是易事。史、漢二書，俱父子相繼，尚未及成。史記中或書「沛公」，或書「高祖」，稱謂俱不一。朱子謂因未成書，不曾一例改正是也。漢書又經大家補得許多，方成。清植。

左傳中有先王典制，亦有小道鄙説，有君子格言，亦有小人謬論，大略可與史記並稱而已。凡稱「仲尼曰」者，多不確。如趙盾越境乃免，殊不爲當。史記載伯夷叩馬事，歐、王皆辨其妄，亦有理。二老久受養於西伯，何至叩馬時，乃似初識？又前云武王告於文王之墓，載主而行，後卻云父死不葬，不葬安得有墓？潁濱譏子長「淺陋不學，疎略輕

[1] 「四」字，四庫全書本作「兩」。因作者有佚著四漢文目，故「四」字似無誤。

信」，朱子以其言爲當。子長時，古文尚書、周禮、左傳俱未出，子長所見但國語耳。至孟堅時，古文尚書、周禮、左傳皆出，而劉向父子從内府得許多秘書，孟堅亦得觀之。其識見筆力，又能運鑄諸書，只是文字骨氣，雄健處遜子長耳。實則學問之醇，識見之卓，殆有過之。

某未領鄉薦時，曾將左傳分類編纂，言禮者一處，言樂者一處，言兵者一處，言卜筮者一處，嘉言善行一處，如此容易記。未及編成，以人事而廢。昔蘇子容記得史熟，東坡問之，答曰：「吾曾將某年某月下，將事繫之，編得一次。復將事下繫以某年某月，又編得一次。編來編去，遂熟。」東坡曰：「吾何嘗不如此下工夫？畢竟公記得。」大槩欲史熟，須如此。

凡文字不可走了樣子。史記創一箇樣，後來史書便依他。叙記諸文，韓昌黎創一箇樣，後來亦便依他。其初創爲者，都非常人，若後來不是此等人，生要創爲，便不成樣子。太史公文字，似不如昌黎一字不可增減，然其不如處，正是好似他處。太史公無意寫出，昌黎有意裁剪也。韓文力去排偶，太史公却似隨筆寫下，自不排偶。常有三四件事，一筆寫去，自然各樣句調。班史便煉作幾句相對。太史公與昌黎，覺有天人之别。

班馬史贊，議論亦多不錯。班固揚雄贊，褒貶俱當。司馬項羽贊，突以重瞳，爲舜

「苗裔」，殊無脈理！至結末，論自不刊。

司馬子長筆力，周衰，諸子不及也。其文渾渾噩噩，結構處大，人莫知所措置。昌黎較周密，論筆氣，到底史公高。班孟堅得劉向、揚雄、班彪諸人講貫議論，意理自較完備，筆力卻不及史公。

史記大都剪裁别人的多，就是當代列傳，恐亦有底稿。自著者，只有諸侯王年表諸篇，却便見他筆力。傳贊一兩行，有説得不是的，亦有没甚意味的。班孟堅文多排語，至如禮樂志等，便不用排，豈讓子長？所以老蘇云：「遷、固之雄剛。」

問：「人言漢書爲史書正體，看來畢竟史記爲正。史是紀事之書，史記自己不肯多著議論，如周紀，前引書，中入左傳，後入戰國策，剪裁其文而已，此正體也。至伯夷傳，人動云變體。列傳爲太史公創體，豈有自創一體，開頭一篇，即用變體者？其所謂傳，即據舊傳文而云然也，前後著議論而已。」曰：「極是。宋史不好，便是坐此，有許多好文字不入，却自己填上許多話。但史記，於賈誼不録治安策，董子不録天人三策，却不如班史爲善。」

史記議論誠有翩躚處，然其志歸於尊孔子。謂「先黄老而後六經」，其自序作書之意，何不祖述黄老耶？

朱子謂「史記强似漢書」，果然。近來因輯樂律，見漢書律曆志，許多没要緊語，如「鍾，種也」，「陽氣種種」然而生也[一]，竟是混語。史記要去他一個閑字亦難，字字都是骨子。

漢書節人文字多未工，如治安策，中間項款皆不清。太史公秦楚之際月表「以德若彼，用力若此，蓋一統若斯之難也」，孟堅節作「以德若彼，以力若此，其艱難也」。「其艱難也」四字，總承上兩句，與史記原不甚異，但使讀者連「以力」句讀，意指便混，不若史記明快。又孟堅歸重在秦以暴故失之易，而漢興之速，史公却歸重前代以封建故得之難，秦以郡縣故失之易。漢興以來諸侯年表言因封地太闊，以致僭逆，其後分封子弟，始得强幹弱枝，歸於「以仁義爲本」。可見史公胸中大有見解。只是游俠、貨殖之類，皆崇獎之，以此讓孟堅出一頭地。班氏父子兄弟，自成一家學，天官、律曆，乃出大家之手。友曰：「史記列游俠、貨殖，或亦有見。見得先王法制盡廢，將來兼并吞噬，不在上而在下，則俠猾争攘者出而持世矣。」曰：「如此，宜露其意以抑遏之，反爲之揚其波，無是理也。」

[一] 漢書律曆志作「陽氣施種於黄泉，孳萌萬物」。

孟堅文字雖不如子長雄健，然識見醇正，議論皆是。韓文公絶不見提起，想以其勦襲揚、劉議論耳。文公果不勦襲。然孟堅正未可輕。其評論二劉及董仲舒、揚子雲諸人皆精當，戰國文字之氣習、識議，至孟堅始變盡。子長亦非戰國文字，其高視闊步，中有斷處，而穿田過脈，皆有針線，高出左、國之上，但議論多是戰國耳。

漢書乃孟堅湊籠劉、揚諸家而成者，殊可觀。十志惟天文、五行穿鑿，餘俱典實淵茂。後世情僞之變，無所不有。讀史乃練達人情之學。左傳尚不能備後世情僞，若漢書則幾備矣。

「爲天下除殘去賊，宜縞素爲資」，留侯之謀於漢高，此爲第一。自記。

陸象山有武帝優於文帝論，以爲拊髀之歎，不如輪臺之哀，至謂：「二帝三王之心，吾於武帝見之。」使帝誠存二帝三王之心，平生所爲皆宜自訟，何時貳師喪敗爲可悔，雖悔而猶有恥諱之意哉？推其詞指當見之。以此便爲優於文帝之決，欲窺堯、禹用心，亦好奇之論。自記。

漢書於孝平后下云：「安漢公太傅大司馬莽女也。」此只宜用「莽女也」三字。自記。

婁敬言周公營洛，是「欲令以德致人，不欲阻險，令後世驕奢虐民」。見解直是儒者，能知聖人之心，豈辨士乎？至贊和親之策，而曰：「冒頓在，固爲子婿；死，即外孫爲單于，豈敢與大父抗禮？」則失之迂矣。既知冒頓之殺父，何謂其不敢與外祖抗也？自記。

史稱「良多病，未嘗特將」，非也。良之智慮深長，固如是耳。自記。

賈子所云「糾纏」者，言糾之急則轉亦急，翻覆久而後定也。應説未盡。自記。

鼂錯欲教太子以術數，此等議論皆戰國、亡秦之餘酷。習俗溺人，故雖以文帝天資粹美，而不能辨也。以錯爲太子家令，顧反以賈生傅梁王，豈不輕重失宜之甚！自記。

李廣蘇建傳贊，「心」字與「隣」叶，非是。班史中如此類極多，古韻至漢時已差謬。自記。

韋玄成傳中諸奏，宜與郊祀志相聯綴，以備一代之議，以應古者郊廟之本文，不當於韋傳見之。蓋作者文重思繁，未及釐正耳。自記。

劉更生之獻鴻寶苑秘書，乃少賤好奇，不足爲更生累。自記。

李尋傳「日將旦，清風發」一段，乃有師授之言。左傳中有「明夷之謙」一段，可參看。自記。

谷永黑龍之對，俱是爲異姓游説。漢以火德王，如何更以黑龍爲同姓？至攻至尊之惡，固是爲王氏蔽護，然充成帝之行即微王氏，能久安乎？春秋深探其本，而反自貴者始，雖有伊尹、周公，不得舍此而彼是攻也。永則可議矣，庸可謂此言之非是乎！劉子政懇懇於同異姓之間，而格心之論無聞，亦缺事也。自記。

揚雄贊以序爲論，瑕瑜不相覆，極妙贊體。自記。

酷吏傳贊於甫刑「報虐以威」之意，不可不揭爲世鑒也，惜未之及。自記。

貨殖傳「貪賈三之，廉賈五之」二句，孟説似未是。貪賈以十計而三之，謂得十之三分餘也。廉賈以十計而五之，謂息十之二也。自記。

西域傳中「天篤」，天竺也，即身毒。明帝迎佛在前，班傳曾不一及，故知其事本微，後人張大之。其云日所出、日所入之理，史中未明，蓋未通周髀之説耳。自記。

孟堅西域傳贊，立論如彼，而定遠竪功西海，白首僅還，豈其家庭平昔議論，漫相乖剌耶？故自古功名之會，違厥素心者多矣。西域諸種何辜？而仲升積年薙獮之。唐王龍標筮筷引發此意。自記。

漢書叙傳中「窮達有命，吉凶由人」二句精極。若以爲窮達由人，吉凶有命，則大謬矣。自記。

叙傳中，律曆志贊可謂潔净精微。自記。

漢書十志，天文乃曹大家所補，五行多荒誕之説，郊祀叙漢武事太繁，然三叙亦精，餘七志俱好。自記。

房中歌云：「簫勺羣慝。」簫勺，即消爍也。晉灼謂「簫，舜樂。勺，周樂」者，非是。又云：「安其所，樂終産。樂終産，世繼緒。」「所」字與「緒」字叶，兩「産」字相叶。又云「澤弘大」，「大」字，恐「久」字之訛。下文「德施大」者，弘也；「世曼壽」者，久也。「久」字便與「保」、「壽」叶。自記。

禮樂志循首迄末，議論純粹，孟堅儒術之文。自記。

刑法志因井田而制軍賦一段，當採以補周官少司徒之章。自記。

漢文除肉刑，而張蒼等於「當斬右趾」者忽進以死刑。求輕反重，議事鹵莽至此。自記。

漢書食貨志云：「有賦有稅。稅，謂公田什一及工商衡虞之入。賦，共車馬甲兵士徒之役，充實府庫賜予之用。稅，給郊社宗廟百神之祀，天子奉養百官禄食庶事之費。」康成注周官甚差，得此正之。又云：「約法省禁，輕田租，什五而稅一，量吏禄，度官用，以賦於民。而山川園池市肆租稅之入，自天子以至封君湯沐邑，皆各爲私奉養，不領於天子之經費。」此漢家致太平根本也，猶有古者公天下之心焉。自記。

所云律曆志者，因曆法用黄鍾起筭，故前半説律，爲後半算曆張本也。後行四分曆，便不與律相干。史記分爲二，何嘗合來？後世修史者不察，遂俱云律曆志，豈不可笑！

自記。

「黄鍾之宫」，另爲一管，非十二律中之黄鍾也。與京房之準、梁帝之通正相似。長亦九寸，而以三分之法穴其旁吹之，若今簫篴之類。可據以爲準而定諸律，故六律、六吕，此管皆可以生之，而爲律本也。月令十二月皆有所中之律，中央律中「黄鍾之宫」，蓋謂此耳。緣今吕覽錯互「三」、「九」二字，讀者遂不得其解，而妄爲之説，紛拏喧豗千餘年於此矣。只細讀漢志自見。自記。

律曆志言丑未居其衝，乃陰陽之要妙，諸術莫不用之。自記。

漢志云：「玉衡杓建，天之綱也；日月初躔❶，星之紀也。綱紀之交，以原始造設，合樂用焉。律吕唱和，以育生成化，歌奏用焉。指顧取象，然後陰陽萬物，靡不條鬯該成。」蓋日在子則斗建丑，日在丑則斗建子，日在午則斗建未，日在未則斗建午。「綱紀之交」，謂子丑午未之際也。周官大司樂分六樂而序之者，是律吕唱和，一歌一奏，分祭之樂也。下條「圜鍾爲宫」，乃「黄鍾」之誤。用黄鍾祀天，林鍾祭地，是以「綱紀之交」，爲陰陽之首，大祭之樂也。此條文義至深，莫得其意。又曰：「此段説樂至精，蓋周官祭

❶「躔」，原作「纏」，據漢書卷二十一律曆志改。

祀，天神、地祇、人鬼，用三統之律爲宫，而四望從天，山川從地，祖妣同饗，故云『合樂』。其樂，天用黄鍾，地用林鍾。今周禮天作『圜鍾』者，與宗廟之文互也。想班氏爲志時，尚未差失。『綱紀之交』，謂斗建與日躔相遇交互處，乃子丑午未之間也。其時陰陽初生，造化萬物，故大祀天地則用之。其餘分祭，則天地、四望、山川、先妣先祖各有歌奏。如奏黄鍾則歌大吕，奏太簇則歌應鍾。以其合辰之律相爲唱和，因其陰陽終始生成，以取義類。此則分祭之所用也。二祭皆因依法象，使陰陽萬物條鬯該成者也。」自記。

律曆志「嘉量」一條，與周官考工㮚氏章，今所據以定黄鍾。知其以積實爲主，而不紛紛於圍徑之誤者，賴有此耳。故皆曰「聲中黄鍾」。自記。

律曆志以權屬水，衡屬火，矩屬金，規屬木，繩屬中央。須云木規金矩，水準火繩，而土爲權衡，以生四者，乃與篇首之義相應。自記。

律曆志云：「壽王候課，比三年下。」只言其歷最疎，課最下也。顔注以爲「下獄」者，非。自記。

太初法，至朔同日爲章，交蝕一終爲會，分盡日首爲統，統首日名復於甲子爲元。其日法，以八十一爲分，又十九之，以一千五百三十九爲小分，以三百六十五日又小分三百八十五者爲日周天之數，以二十九日又小分三百一十七者爲月會日之數。十二會不盡歲氣，而閏餘生焉。十九年七閏，則氣朔分齊，是爲一章。然每月合朔，不在周道之交，則會而不蝕。曆法，五月二十三分月之二十，而一近交，凡一百三十五月，而一當交，當交則蝕分盡。章之日月，雖會於冬至，而不當交。積二十七章，然後朔日冬至，交會分窮，故謂之會。以日法計之，一歲全日之外，小分三百八十五。比之四分曆法而稍贏，蓋侵小分四之一也。章會至朔之分，不在日首，積之一千五百三十九年，恰贏小分三百八十五。其明年景復，則去酉入子，而冬至交會，起於日首而無餘分矣，故爲一統也。然甲子者，日名之始，必氣朔肇於此日，乃得曆本。故初統而得甲子，次統而得甲辰，三統而得甲申。三統既盡，復值甲子朔夜半冬至。揚子雲所謂「章會統元，與鐲俱没，則後元之端也」。三統曆，劉歆因太初而作者。又云：「所謂去酉入子者，四年而景一復。」初年冬至在子，次年冬至在卯，三年冬至在午，四年冬至在酉，第五年始又復於子。今一千五百三十九年，則四年之數未盡，是冬至當在酉也。然有日分所贏之小分四之一者，積至此時，恰贏小分三百八十五滿四分日之數，則冬至已不在酉而在子矣。自記。

黄帝得寶鼎、神策。神策，即著策也。此一段傳聞，只是黄帝作歷事耳。黄帝得策作歷，正與取竹造律同一符應，卿自不解。自記。

子長於武帝時事多不諱，故論史必推史、漢，不獨文章佳，以其出於直也。文中子以三國志爲勝兩漢。看來魏、吴有底本，便多文飾，不能簡實。惟蜀志則承祚自爲之，字字不虛。

作史全要簡潔，蜀志後主二年，終歲止八字，曰：「勸農殖穀，閉關息民。」只此的是良史才。

魏、吴二志，皆有底稿，不能盡如承祚意。至蜀，不立史官，反得盡己之意，筆則筆，削則削。如張嶷傳載其與費禕書，戒其太簡易，恐有姦人不測之禍。又與吴諸葛恪書，戒其根本不清，但欲立功於外，恐爲人所圖。後來皆應。只此二書，便顯出其人，他不足論。何等有識！關侯傳載關侯爲曹操所得，操使張遼説降。關侯曰：「吾極知曹公待我厚，然吾受劉將軍厚恩，誓以共死，不可背之。吾終不留，吾要當立效以報曹公乃去。」遼報曹公，曹公義之。只此一段，三人身分皆見。

蜀志最好，魏、吴二志俱不如，吴志尤虛華。只是蜀志亦有太簡處，裴注斷不可少。

問：「三國志於曹操未建國之先，雖稱太祖，至爲魏公則稱公，爲魏王則稱王；曹丕未篡時亦只稱王，明其爲漢王公也。至吴，則未稱帝之先只書名。惟先主始終稱先主。似承祚意中，已將蜀作正統，如朱子之見。」曰：「亦未知其意果何如。或者承祚是蜀遺臣，故書法稍別。然此書爲文中子所推重，不爲無故。」清植。

隋書天文志極好。唐書天文志是張燕公筆，詞采太勝。

沈約所作宋書，其志中説天體處最詳明。

韓文公順宗實録，質實得經意。無虚詞，無遺事，方是實録。彼正不屑學史、漢，人反以爲訾議，何也？

唐鑑議論，及新唐書論贊，朱子俱稱之。今看來，叙事不及史、漢，至論贊，兩漢後未見其匹，比五代史尚覺差勝。

五代史無人物事蹟，底子不好，故覺得闇然無色。

通鑑從韓、趙、魏爲諸侯起，朱子雖有詩譏之，言履霜堅冰，其來已久，不到此時，王靈始下替。然又稱他不直接春秋，留空一段，是不敢僭妄處。左傳終於智伯之滅，而通鑑接此，自居於傳，却有體。史記雖多可議，亦自有意思結搆。如世家始泰伯，列傳始伯夷，貴讓也。即尚書首二典、詩首文王、春秋始隱公之意。

通鑑於己所不喜者，并其人削之，如屈平是也。於己所疑者，輒删去之，如隆中對是也。昔人評孔子作春秋，録毫髮之善；温公作通鑑，掩日月之光，指屈平也。

通鑑遺漏者甚多。如關侯對張遼數語，全載不過四五行，便精采動人，義氣凜然，何必剪裁！武侯拔三千户而歸，賓僚都賀，武侯愀然不樂，謂：「普天之下，莫非漢民，使之困於豺狼，皆亮之罪。」那一段氣象、議論甚好。孫權下令，稱武侯「信感陰陽，誠動天地」。雖是異國之語，都應登載，何爲削去？若斟酌裁減，再查閲廿一史，增入要緊處，別成一部小鑑，狠好。惜年老無工夫，奈何！

錫言：「某門人陳大章最熟通鑑，檢得其中疎誤處，便作一篇文字辨駁之。聞其師謂之曰：『不消如此，只註其下云應作如何足矣。宇宙間幾部大書，譬如祖父遺訓，萬一偶誤，只好説我當日記得是如此。若侃侃辨證，便非立言之體。』」先生曰：「正是如此。今人讀程朱書，於其道理精純處毫不理會，至於地名、人名、制度偶然疎舛，便當作天來大事，狂呼大叫，累幅不休。雖説得是，亦令人厭，所謂辭有體要也。」

春秋是當日史書全本提綱耳，不然僅存此，教人如何看。綱目似亦不必加目，只云通鑑提綱，即以通鑑爲目，何等好。如今目覺看不得，某意當編一小鑑，全要簡，如夫子删書，不妨架空多少年無一字。但須識見大，又博學，方可做此事。友云：「通鑑如許大部，而隆中語却不全載，殊不是。」曰：「正是。若編小鑑，如天人策、出師表之類，須立例在前，云爲世傳誦者不載，不然恐太多。」

千古選書，如易、書、詩、春秋，各具一體裁，爲萬代文章之祖。朱子不安於文中子、司馬温公之所謂統者，而修綱目。止綱爲朱子所定，目便付之門人，多欠商量。所輯小學，許白雲雖極稱之，但恐其中忽載一段極古雅經傳，忽載一段常言俗語。義理何嘗不佳，論體裁未免雜。

綱目尚少剪裁。春秋好在没要緊事，删削一空，存其大經大法而已，多無爲也。

文中子於南北朝，奪統歸北，亦有意思。晉雖篡弑，然既一統，其子孫播遷江東，中國衣冠文物在焉，得不以爲正統乎？宋、齊、梁、陳相繼篡奪，年代復促。晉滅，恰值元魏興於北，修明禮樂，慨然欲復古制。春秋之法，中國用夷禮則夷之，夷進於中國則中國之，天意無中外也。後分爲東西，高齊無復人道，宇文能整理，則以正統予周。隋恰好承周之後。此以人事體貼天意，頗亦有見。至朱子則一總細註於下，不分正閏，萬代可行，自更簡易正大。若其次，則文中子也。通鑑不妥當，不及文中子多矣。

舊唐書把張曲江、杜工部、韓文公傳，都説得不成體面，所以有新唐書之修。然新唐書亦爲武后立紀，何耶？綱目於三國時，以統歸蜀；於武后時，書帝在某處，已是眼高千古。前五代，王仲淹以統歸北，歐陽公又欲奪以歸南。至後五代，有言南唐爲唐後者，歐陽公以爲無據，反以晉、漢相篡爲正統。雖有予之以統，正所以著其罪之説，畢竟牽强。温公因之，大約都認做天有一線的統串下來一般。朱子始創分注之例，妙絶。天至此時，亦未嘗有所專屬矣。至「熒惑守心，惟魏應之」，無論災祥之説不確，即果爾，亦是天氣，非天心天理也。

通鑑有狠不妥處，如以曹氏爲正統，卻書「諸葛亮入寇」。其立例，但篡得共主位者，便爲正統，起自他處者，則爲賊。文中子於五代時，忽奪此與彼，忽奪彼與此，只爲每年要存一年號，便没擺布。朱子忽想一例，只書甲子，分注其下。雖聖人復起，不能易矣。

綱目大體，已無可議。只有秦家十餘年，竟當準王莽例黜之，班孟堅所云「餘分閏位」也。其年數既不多於莽，而莽罪在漢一代，秦惡毒流萬世，復浮於莽。若以秦時無他姓爲主，莽時亦無他姓爲主也，不過以莽後仍爲漢，秦後不爲周耳。實即以漢繼周，有何不可？

綱目於楚、漢之際五年間分注，先楚而後漢，似不可依。楚、漢並起，漢先入關，仁暴復異，自當先漢。

因論呂后事，曰：「後儒偏固之論，最是廢后事，斷定以爲不可，如譏光武廢郭后是也。假使當時高祖廢呂后，未見呂后之惡，後儒亦必譏之如光武矣。出妻，聖人所不禁，至如『國本』之説，亦不盡然，要當視其本如何。秦始皇外扶蘇而内胡亥，隋文帝廢勇立廣，善惡顛倒，此自不可。若如漢武立孝昭，有何不是？天下大事，果然太子狠不好，却説萬萬動不得，難道舉祖宗之天下而喪之，其可乎！此類須有斟酌。光武之過，不在廢后，在不任三公，而柄歸臺閣；不先六經，而篤信讖緯。一壞政事，一壞名教。此論，俗人以爲迂闊，其實切近。後來明帝遂求佛教。魏伯陽之參同，張道陵之道術，都起於東漢，光武焉得辭貽謀之過。」

後世必謂太子换不得，皇后廢不得，似覺太執。只是换得不當，廢得不當，便不可。此處當兼賢否論，不全以嫡長論也。如昌邑不道，則宗社爲重，霍子孟尚可廢立，何況君父。堯舜人倫之至，欲爲天下得人，竟舍己子立他人。他人尚可，何況己子擇賢而立。光武廢郭后詔云：「宫闈之内，若見[一]鷹鸇。」果爾，如何可爲后？方正學譏之云：「糟糠之妻尚如此，貧賤之交可知矣。」「羊裘老子早知幾，爲向桐江釣煙水。」他一生迂拘不能成事的本領，盡見於此。嚴子陵一段極有趣的事，被他説得冰冷無味。試看權文公詩：「能使薄者淳，持此報故人。」識見議論，豈不比正學較高？范文正云：「非先生無以見光武之大，非光武無以成先生之高。」雖略夸張，却是實事。

問：「漢孝獻廢時，蜀人誤傳已崩，先主謚爲孝愍。綱目既以統予蜀，帝謚似應以蜀

[一]「若見」，原作「有若」，據後漢書卷十郭皇后傳改。

爲正。」曰：「想因蜀是謚於生前，故姑仍通鑑。或是朱子偶失檢點，亦未可定。」清植。

綱目是非褒貶，雖稍嚴些，然大要不差。以某之意，如曹操、司馬懿，倒底不曾正名。即依律固是死罪，但死之中，亦要分別，與王莽、朱温不同。莽、温自應立斬，操、懿還可秋後處決否？

古今言莽、操，若以孔子援情定罪，畢竟操少别，倒底不曾篡。雖曰「苟天命在我，吾其爲周文王」，然比莽身爲之，則差矣。若使操後接以陳思，終守臣節，則操豈至被此名哉？

某於朱、程議論，有不敢附和者二條。程子論管仲與魏鄭公不同，恐未然。桓與糾俱是奔竄，管仲隨子糾，非奉先君命也，不過急時合夥，原算不得君臣。魏鄭公所輔者太子，上尚有高祖，受高祖命輔之。建成死，太宗召之，鄭公神色自若。太宗責之，鄭公曰：「太子若聽徵言，豈有今日之事？」其分不過至此而止。若高祖命他輔太宗，他即輔之，有一君無二君。管仲尊攘之功，與貞觀之治，亦差不多。貞觀之治，鄭公之力爲多。若以功準過，二人相彷，不得優管而劣魏。朱子進狄梁公而斥荀文若。武氏立周廟，改唐年號，梁公爲之宰相，徒以中宗尚在，勤勤以姑母曉譬，薦五王成身後功，遂謂「反周爲唐」。至荀文若，初佐曹操，削平禍亂，操未遽有逆謀也。及欲加九錫，文若即憤恚至死，未見得有共謀篡弑之端。若不論迹而誅心，心亦何據之有？且後來魏受漢禪，功臣配享，無文若在内，則魏之外文若明甚，何所憑而謂之「漢賊」哉！只好責備他「不識人」，「不見幾」。孔明謂曹操「挾天子以令諸侯」，周公瑾謂操「雖漢相，實漢賊」。英雄識人，預先見得甚明。程子責揚子雲不能見幾，法言中尚謂王莽爲周公。不責以死，而責以「不識人」，便無詞矣。只是程朱到此等處，見得明，把得定，處得是。伊川一見哲宗，便有去志。朱子於寧宗亦然。如此立身，方可責備人。

梁公與姚、宋皆事武后，武易國號，廢唐廟，已是移祚。諸公俯首爲臣，豈逆知有五王在後耶？君子論人須恕，後既成事，諸公賢者，足明無他。荀文若猶爲漢臣，未爲魏臣，至自戕其生以求免於大惡，其志亦可悲矣。而朱子罪之不已，謂其爲唐衡婿。文若方二歲，唐衡已死，則結親乃其父爲之，何以爲文若罪哉？自記。

近看續綱目，令人悶絶。「續綱目」三字就不妥，何不續春秋？綱目正不易續，寧各自爲一部書可也。綱目之有發明，後人爲之。商素菴輩，自作而自發明之，又贊曰「續綱目作而亂臣賊子懼」，豈不令人破口？況其議論刺謬，尤不可言。陳洪進值五代亂，盜據漳、泉二州，宋已平海宇，洪進獻二州地，正與錢鏐同，而尤之曰：「春秋重死守社稷，故貶之。」春秋諸國，受之天子，傳之先君，洪進之地，誰予之？誰傳之耶？此例一開，是必欲使爲賊者，雖已四海清平，尚負固拒命，殺人盈城盈野，力窮勢盡，而後就縛，始爲合春秋之義耶？

宋史應重爲之，三百餘年人物，實過前代，卻蕪蔓若此，豈不可惜。作史要有剪裁，我輩生在後代，便要依傍彼時人品學問之可信者。如朱子語類、文集、言行録，極是要緊書。某自幼聞得長老言，朱子説秦檜有中興之功，岳武穆强横，即任之果專，亦恐不能成功。及後讀朱子書，何嘗有此！此乃瓊山乖異之説也。朱子到浙東，即檄毁秦檜祠。門人問：「中興諸人，有在岳侯上者否？」朱子尋思有間，曰：「次第無人。」如此痛惡推服，乃以瓊山之論加之，何妄誕至此！但是朱子有褒貶過，便當依他。只有張德遠，却要斟酌。魏延、楊儀，不過有才，武侯尚終身愛護。南渡人物，以李忠定、岳武穆爲最，德遠乃彈劾忠定，與武穆亦嘗有隙，卻是爲何？班史有可爲萬世法者，史記内不必改的，漢書即全用之。今如要傳濂溪、明道、伊川，豈能加於朱子？有不備者，論贊中增之可耳。言行録成，朱子悔之，曰：「黄魯直孝行敦篤，惜未入。」然存此語，已與入同。

友言：「某觀宋史亦易修，只把幾箇大人物、大姦惡作主。其餘不關於國勢綱常者，都附其下，數語而足。略有聲欬者，便多幾句，不必盡立傳。」曰：「如此，便省許多閑話。只揀其關係萬古綱常者，記在那裏，豈不乾净？人間之史，便是天地紀簿。如人有得意事，提起足以悦心，大不如意事，提起足以警醒，便勾了。宋史儒林外，又有道學。揚子雲云：『周公、孔子，一儒也。』不知道學如何又在儒外？」友曰：「董江都在漢另立傳，不混在儒林内。倘修宋史，周、程、張、朱當彷此例。」曰：「然。就是史、漢立些名目，原不古，可傳者傳之，何以名目爲？」友曰：「歸震川云：『人嫌宋史太多，吾尚嫌其太少。』爲其事實多所遺漏也。今人因此竟謂宋史尚宜增添，直是痴人前不可説夢。又人謂五代史太少，某却謂其太多。五代原無人物，何必立許多傳？以某看來，如綱領分明，宋史亦不難修。」曰：「此元不是易事，真箇明有人非，幽有鬼責。只是宋史前面人物，朱子都秤量過，便可據以爲準。如邵康節傳，便用明道志；周子傳，便用朱子狀。此類不必另做，不備者，贊内補之可也。史遷書已不滿於文中子，謂其『記繁而志寡』。只看唐虞之書，所存幾何，想爲夫子所删甚多。故史不須繁也。」

凡律算等書，當直截説明本旨，不可牽扯陰陽五行、八卦配搭。豈必無理，但無益於本義，都成閑話。

古來史書不可盡信。某今有一法，若修後來之史，只據人之可信者信之。如程朱心平理明，其褒貶自當不錯。再據其人自著之書，如姚江自有文集，破敗百出，未有自誣之理。想春秋、戰國時，異説自是無數，孔孟一舉删之。秦漢間邪説亦多，太史公於不雅馴者，删去許多，尚有好奇之論。班孟堅始淘汰歸純，可以爲法。

欲搜廿一史中，取其有關於修齊治平之要者，彷東萊大事記爲一編；又搜歷代典制沿革，及後世如何可以通行者，略彷通考各著爲論，爲一編。但恐無此歲月耳。

榕村語録卷之二十二

歷代

舜葬蒼梧，是廣西已入版圖；禹會塗山，是浙東已入版圖。不知宣王中興，赫聲濯靈，何以淮、徐即呼爲戎、夷，江南、湖廣，春秋時皆擯爲荆吴，非我族類？大抵諸侯各君其國，天子有道則來朝，否則職貢不至，聲教遂阻。定九先生曰：「觀武丁朝諸侯有天下，可見武丁未出，諸侯不可得而朝也。」總之，王畿雖爲萬國繫屬，而各國卻委其自治，聖人公天下之心原是如此。

武王取商，不聞商家有死難之人。當時箕子、膠鬲以下，自然尚有其人，因武王處得好，大家便相安。並不見膠鬲出爲周用，周亦不曾强膠鬲使爲己用。這便是兩盡其道。

管仲器小，且不須推説到正心修德，致主王道上去。假令孔子請討陳恒，魯從其請，斷無奪齊國土之事，不過誅其罪人，置君而去。至義聲滿天下，自然四方仰而待命，如文王之世矣。孟子之以齊王，亦是以齊之地，行政救民，使天下歸心耳，斷不是要奪周家天下而有之也。古者方伯專征，或天子以所征之地賞功則可受；又或要荒之外，蠢動暴害者，取之可也。古公初時國甚小，後來便大，想是多得西戎之地耳，斷没有聖賢利人之有，而攘而據之之事。管仲便是又滅幾箇小國，駁雜不純。

問：「使孔子爲君、爲相，亦如堯、舜、周公足矣。」曰：「只怕比周公更渾然無跡些。孔子乾净無比，事事穩，又收得好。雖曰『危邦不入』，他卻曾入；『亂邦不居』，他卻曾居。所謂『磨而不磷，涅而不緇』；『江、漢以濯之，秋陽以暴之』。」

商鞅開阡陌，可見以前阡陌尚存。三代田制，如何急忙變得盡，直至鞅始無遺？又人之爲兵，亦鞅爲之，信是千古罪人。不過要變换新法，奪人相位，就做出此等事。商鞅、李斯當不得位時，好讀不正之書，著不正議論。及得志，便惡飲滔天。所以讀書要正當，莫著怪僻之論，有此一段怪論，便恐有發作時。

孟子言「好善優于天下」，大學之「一个臣」，便是此二字注脚，有此二字，無所不有。蕭何與高祖同起豐沛，良、平皆後進，高祖任用之，何無幾微不平之意。自己老老實實的管糧餉，又薦一韓信，賴以成功，故功爲諸臣冠。

人但知焚書者李斯，不知蕭何不爲無罪。何原是吏，故從入關，止知收圖籍，爲錢糧兵馬計，經書皆置不問。至項羽一炬，乃盡澌滅。秦人所禁，禁其行于民間者耳，所謂王府則有者，固在也。

韓信之敗，就在聞酈生下齊，自恥不如，遂襲而取之。功必欲自己出，敗之根也。

韓信等之善將，如蛛之結網，蜂之釀蜜，他的偏長是天生的。亦有學問，他學問于這一路，偏容易，偏在行。

程朱身分高，又見得到，直眼大如箕。三代下所推者，不過幾人：董江都、諸葛武侯、文中子、韓文公，餘則稱陸敬輿、郭汾陽。如韓魏公，則曰「間氣」；范文正，則曰「才氣老成」。

某看漢儒中，如江都、武侯，實在做得事來，次之便算賈長沙、劉更生、班孟堅。孟堅一部漢書，何所不有，議論又得要領，後人議其品行，似屬過苛。當日竇憲出征，朝廷命固從之，豈得不行？既與同行，憲得功而歸，要他做篇文字，豈得不作？更生峭直忠鯁，但略傷急躁。長沙不及董、葛醇正，夾雜霸道。

漢文以長沙傅梁王，以鼂錯傅太子，可謂誤于擇師。

客言：「王莽未篡時，覺得天下無他伶俐。既篡位，一日呆似一日。」曰：「便是。古人説得好，欺天者天亦欺之，罔人者人亦罔之。穆穆之天，未必做此伎倆，鬼神便有許多駁襍的來弄你。」

鉅鹿、昆陽皆以少勝衆。項羽一戰而驕，諸侯膝行而前，氣燄太露。光武一味收斂，伯升爲更始所殺，夜間淚濕枕席，平居卻不露聲色，便是成事氣量。

古來高隱人，不盡是忘世，多是志願極大，見不能然，遂決意不臣人。武侯不立史官，他自看得功業不上眼，故不屑記。如不遇先主，自然高隱終身，孫、曹豈足掛眼？嚴子陵便是看得光武未能十分像意，所以不肯出。即邵康節先生，亦是英霸之資。

耿、鄧輩贊光武，以弘濟艱難，不過保全天下之人身。子陵高風峻節，不污新莽，亦不臣光武，乃能激厲天下之人心。東漢末，宦禍、黨錮頻興，而赴仁蹈義者，視死如歸，子陵之力也。于易「蠱者，事也」，故皆曰「幹」，至上獨曰「不事王侯，志可則也」。蓋所幹者更大，不可謂非事也。定九先生曰：「孟子答士何事，曰『尚志』，正是此義。」

弔嚴子陵詩文，以權文公、范文正公爲絶唱。權詩直説到風尚爲淳，而曰：「焉用佐天子，持此報故人。」高闊純粹，又是實事。范記兩邊説得到，一邊高，一邊大，包涵甚遠。明太祖著論，乃曰：「子陵若在，難乎免于今之世。」殊欠度量。王姚江自以驅馳王事，而以荷簣譏之，意亦褊淺。

方正學作子陵詩極可厭。古今君臣惟此最飄灑，是一段佳話，有何放不過，定要説得掃興至此，況郭后又安知其無可廢之道。友云：「其實麗華卻是糟糠，郭后反是後來所立。」至呂東萊以宋弘語爲諷郭后事，宋弘薨于建武六年，廢郭后乃十七[一]年事，安得預爲諷耶？古人亦有憒憒時。

漢宣綜核名實，雖小康，竟弄成一名法天下。至孝明，始鋭意興復禮樂，雖止皮毛，然已能使人尚名節，可見禮樂之功大。

鄧伯道事，小學採之，其實有過處。弟子固要保全，己子縱不能兩顧，聽他追隨不上，萬一得活，亦不可知，何必縛在樹上，使賊戕之？郭巨之子，必不得已只好聽他饑餓，埋之殊屬害理。這都是漢、晉人好名之弊。

客氣用事，好名作威，其人必不可與共事。李元禮爲司隸校尉，宦官之弟已避入柱中，便當住手，乘此以懾羣小足矣，何必破柱殺之，以致激變？武侯事事嚴肅，卻又肯放過，所以妙。

漢之高、文、武、宣、明、章諸帝，天分皆不及先主。先主遺命幾句，語似平常，而所見甚高。「勿以善小而不爲，勿以惡小而爲之」，是何等胸次識解。高、文、武、宣諸君，都用不得武侯，即唐太宗好自見聰明，亦未必用得。

[一]「十七」，原作「十五」，據後漢書卷一光武帝紀、卷十郭后傳改。

項羽精采，最是沉船破釜，能斷而行，所以成破秦之功。其無用之狀，全見于鴻門之宴。非謂卿子冠軍與高祖皆宜殺，祇于適合機宜與不中機宜處見其大概耳。項羽起手殺太守，便規模不好。昭烈舉事卻有度，不輕殺人，其于督郵也，鞭之而已。口不離仁義之言，遺詔數語，老靠決斷。

先主不忍東征之舉，後來武侯收拾，便如人遭瀕死大病，雖已痊可，元氣終未能復。假令當年能忍，姑與吴和，俟曹操死後，以先主之英偉，加武侯之幹濟，據河、渭上流以争天下，必大得志。人不能如聖人之大公，便須堅忍。一能堅忍，成就便不可量。孟子以太王配勾踐，總押在畏天上説，銖兩不差。

帝王總以知人爲要。昭烈論學問文采，智謀勇略，俱不及曹操，當時陳元龍、鄭康成輩皆推重之，可見他認得人，得王霸之要。又名義正，得一武侯，增多少氣燄。後來又肯讀書，至遺詔，乃己筆，在漢詔中爲第一。大約大英雄，未有不學問者。

孟子言：「行一不義、殺一不辜而得天下，不爲。」故曰：「善戰者服上刑，連諸侯者次之，辟草萊、任土地者次之。」辟草萊、任土地有何妨？爲其惟導世主以富强，勢必至奪民之利而歸之上也。其論獨夫，直推到天生民而立之君，原是爲民來，都是透頂議論。近來讀史，將此意一觀，覺得三代下不堪著眼。曹操之惡，不消到暗移神器，誅戮忠良，只看他報陶謙之讐，將徐州鷄犬不留。一陶謙耳，徐州之人何辜？這便是賊盗所爲。昭烈逃至長坂，已是臨危，尚不忍棄百姓。武侯便有孟子家法。朱子論其拔三千户而歸，云：「是皆歸命于漢者，不爾恐魏人屠之，非因街亭之敗，欲以此遮當其罪。」其論確矣。武侯之外，如郭令公、范文正公、司馬温公，皆實有孟子之意。但武侯做得來尤一毫不苟，能令司馬懿老姦宿猾不敢動手，爲儒者吐氣。不然，那一輩盗賊，以爲儒者竟無用，但空言誇大耳。

曹操挾天子以令諸侯，名目甚正，當時天下士翕然歸之，逆節並未萌也。武侯不往而反南遷，静中已窺見其底裏矣。當時形勢人物，俱看得了了于中，本意拚得終身不出。及見先主帝室之胄，赤心白意，可與共事，方肯委身。此其出處合于聖賢者。三代後，武侯是箇小周公，朱子是箇小孔子，具體而微。武侯才大器宏，通身絶無火氣，雖以伊川之刻覈，每與周公同舉，亦尊之至矣。

近世惟朱子八面打開，光明洞達，無一點黑暗處可以起人疑惑。武侯亦是如此。其求救于吴，而曰：「若事之不濟，此乃天也，安能復爲之下！」此是實話，出于至誠，若如戰國策士之掉口舌，權亦黠猾，豈能受其揶揄？法正一飯之恩必酬，睚眦之怨必報，人以爲言，武侯曰：「主公之在公安，進退狼跋，孝直爲之輔翼，令翱翔不可復制，如何使不得行其意！」武侯立法甚嚴，自律極謹，而權于人情，又極寬明，是爲情面，即直説無復遮護。人説陳壽與武侯有仇，故説他「奇謀爲短」，不知此句卻是武侯功臣。九合諸侯，不以兵車，管仲即不用奇謀，何況武侯。武侯行兵，竟是太公、方叔之遺。孫、吴一片詭詐，成何局面？妙在武侯又不迂闊，口中亦不説不用奇謀，只似引繩墨，切事情，而所行都是直接三代之事。如今尋武侯一點黑暗處亦没有。

武侯有手段，後人以司馬温公比之。温公是箇好人，才具焉能比武侯？當時曹操雖死，謀臣猛將尚多，兵經百鍊，三分天下有其二。武侯用彈丸之蜀，三五年間，魏人慄慄，應舉者都不應舉，以待蜀漢之至，是何聲勢！觀所以治蜀，一事不苟，惟取益州一節，被人議論。朱子到此，亦嘆息云：「便是後代聖賢難做。」武侯本意倒要先主受劉表之讓，當時若受了荆州，荆、益相連，劉璋闇弱，聲罪西征，何等光明正大。後來據荆襲益，畢竟虧理。只因先主爲主，武侯未必把持得住，如東征之役，亦不能止，君臣之際難言之矣。武侯去既去不得，不取益州又無站脚處，奈何！

昭烈之取蜀，武侯不設一謀，不著一語，然隆中之對，未嘗不以此爲言。大槩武侯即取蜀，亦必有道，不肯不光明正大耳。

朱子謂：「漢、唐來，做事密者惟武侯，猶未免有疎處。」不知朱子説他疎處安在？豈以荆州單付關侯，及用馬謖之類耶？關侯與先主如骨肉，必不容他人監押，荆州之任，又非關侯不可。馬謖雖敗，更見衆整。武侯軍見前面敗而不動，所以魏人謂之「動如風，止如山」。

吴臨川言：「不聞聖人之道，雖德行如司馬文正，才略如諸葛忠武，亦未足以興禮樂。」此是宋人習氣語。錫曰：「文中子云：『孔明無死，禮樂有興。』然横渠有云：『若不聞性與天道，而欲制禮作樂者末矣。』然則武侯能聞性與天道乎？」曰：「禪家有悟而修者，有修而悟者。湯、武反之，亦是勉勉不已，功夫純熟，透到性天上來。武侯不是粗節豪傑，看他一言一動，毫不苟且，安知其不直透上一層？若李忠定，便疎節闊目，饒使才略大，極其能事，不過做到恢復，使天下富强而止。禮樂要無私無我，至誠大公，本之躬行心得之餘，薰蒸流溢，人人皆信而從之，合下便『郊焉而格，廟焉而饗』。不是但考核制度，須行天下，即算得數。禮樂不是闊遠事，自日用行習，家庭微曖，何處不是？能興禮樂之人，須時時事事，無一不合禮樂。又須詳考古來因革之變，紀數音節源流之故，審時度務，合于變通損益之宜。博學詳説，至精至當，方可見之設施。」

後世用兵，都不能出孫、吴之外，惟武侯脱去此窠臼。管仲伐楚，不問僭王之罪，而尋摘至小不可考校之事，朱子謂是不肯殘民之意。樂毅威力本可下齊，其不進，或亦有此意。故文中子許夏侯泰初「善發其藴」。武侯自比管、樂，必當有見。武侯節制之師，法令嚴明，其兵與渭濱之民雜處，而若不知，是何等調度。文中子云：「孔明不死，禮樂有興。」今以臆度之，若興禮樂，恐武侯不及朱子考求得精細。然就其設施，凡廬舍供饋，井竈溷厠，皆井然有法，已是禮；内外和輯，上下安服，遠近感動，已是樂。即以意爲之，必不大差。

武侯，同時人無不服，身後人無不服，雖讐敵如魏、吴亦無不服。先主目空一世，計見武侯時，年已四十餘，武侯纔二十六歲，一見便傾倒。世謂陳壽與武侯有隙而貶之，大謬。陳壽進諸葛文集表，前説「管、蕭之亞」者，漢人眼孔耳。後面比之召公，又謂「以佚道使」，「以生道殺」，尚有何不足？如今想他不及聖人，卻不在據荆取益，倒是勸進表。雖非出其手，畢竟武侯爲首，中間填許多讖緯。若是程朱，斷有斟酌。又手寫申、韓以授後主，申、韓有何佳處？此則聖人不爲也。豈所謂「天民之未粹」者，亦近之乎？

立朝與僚屬同事，最不可露出我是正人的意思，害事最大。東吴張温被罪而死，武侯聞之，疑訝不得其故。久之曰：「我得之矣，清濁太明。」此便是武侯大處。不如此，不能用人，不能成事。

時務隨事不同。春秋書楚爲「子」，假令孔子厄陳、蔡時，楚子發兵救之，圍既解而延見，畢竟不得稱他爲「子」。孫權稱帝，正是漢賊，孔明不討而稱賀，此類正可參想。

問：「程朱自然都做得事。當時伊川若交付他西夏，朱子交付他恢復，未知能如武侯否？」曰：「朱子自然做得來，只是像武侯不像武侯，未可知。」問：「伊川畢竟如何？」曰：「須是從人主，以至宫中、府中，一切都依他整理一番，他纔做，不然便罷。若是從劉先主，先主略不依他，他自然即回隆中去了。武侯既被先主折節下賢，從他出來，不大差，亦便隨分做了。聖人中如周公，既有聖人之德，又通身才藝，自是不同。若伊、吕，想其作用亦未必遠過武侯。管仲才大，又有學問，只是較之武侯，卻許多不如。非是説他必然繼周而王，纔算功烈不卑，只『尊攘』二字，他便做得有限。桓公四十年中，並不見朝王一次，至以天下諸侯臨楚，不過數説他兩件没要緊事。雖朱子替他原情，有『不肯殘民』之説，終是不能制楚之命纔如此。武侯亦賀孫權即位，卻是事機當然，必如此方好并力于魏。魏滅，不怕吴不服，與管仲不同。」

孔明有巧思，木牛流馬亦是想出來的。脚用四小輪，容易行動，棧道路窄，車大難行，牛馬卻步窄，前用一人牽動，其後十數俱可牽連而行。

静中工夫，惟閒時可用。孔明自廿六歲出來，日倥偬于戎馬之間，曾無刻暇，而曰：「學須静也，才須學也。」想他天資高，時時將心提起，用著實落工夫來。

朋友要取直諒，自己受益，不受盡言者，始于予智，終于至愚。夫子稱舜好問好察，不必賢智之言始足聽也。耕問奴，織問婢，他所素習，必勝于我。武侯天資高，曰「廣諮詢」；曰「聞過必改，而無吝色」；曰「吾心如秤，不能爲物作輕重」。故功雖未成，而信格神明，勢傾天下，當時稱服，了無異詞，後世傳誦，久而彌光。

武侯以區區之蜀，能抗衡于吴、魏者，得人之力也。「宮中、府中須一體，不宜内外異法。親賢臣，遠小人」，不過淡淡數語，實則千古治亂之經，故可與伊訓、説命相表裏。徐元直説：「俗儒不知世務，識時務者爲俊傑。」武侯云：「劉繇、王朗，各據州郡，論安言議，動引聖人。今歲不戰，明年不征，使孫策坐大，遂據江東。」正所謂「俗儒」也。朱子謂陳羣「爲賊佐命」，詞嚴而義正。荀攸自應入此例。彧雖爲操謀主，至與操謀篡，必無其事。彧之侍中，原是漢官，未嘗仕操。操建國稱魏，則彧死而後操爲之。彧阻董昭以致殺身一節，亦自可取。若其婚于宦官，則彧方二歲，其父爲之耳。彧之罪，當從末減。鍾旺。

龐士元論人才，不肯求全責備，這箇心胸，便可以稱「鳳雛」。

蜀漢雖小，年數不多，卻有可觀。人物之盛，亦不止一武侯。即如關侯對張遼言：「吾極知曹公待我厚，但吾受劉將軍厚恩，誓以共死，不可悖之。吾終不留，吾要當立效以報曹公乃去。」何等磊落！趙子龍不受第宅，曰：「霍去病尚曰『匈奴未滅，何以家爲』，漢室未復，無所用此。」又謂：「漢賊曹操，非孫權。」都中義理。張翼德釋嚴顔，奉之上坐而受教，何等風誼！受劉子初之侮慢而不怒，何等氣度！至後尚有蔣公琰、費文偉，即姜伯約亦有意思。朱子以正統歸之，允當。「熒惑守心」之説，渺茫不可知，惟以人道大義爲定，方是正理。魏之人物，惟曹子建耳，仲達輩不足道也。江東人物，惟周公瑾，次魯子敬，餘不足道也。

趙雲、張嶷不獨有將略，其見事明決，持重老成，實古重臣之選。

問：「管幼安名望甚重，果是何如？」曰：「其人未免雜些黄老氣，本傳中載他一篇文字，細檢便見。」清植。

司馬懿有功于魏甚大，其耐得定處，便是他的本領，便是高手。

作事要箇底子。如行兵，古人有幾句不可易的説話，若「頓兵堅城之下」，「置之死地而後生」，「窮寇勿追」之類，至「兩軍相抗哀者勝」，則又片言居要矣。鄧艾已至蜀，是死兵，自宜堅壁清野，勿與交鋒。諸葛瞻遽與之戰，全不知乃翁兵法者。

知人任人，是人君大事。取人以身，從根本做下來者頗少。如苻堅淫昏無比，爲用王景略，便能立國。唐武宗任李德裕，亦有效。只是錯的狠多，所以知人是難事。

唐太宗天資英發，若有人引他到正路上，便當他不起。因爲他只學得駕馭人之法，雖聳動得外國人聞其崩而剺面，終不是「至誠動物」也。凡人處事，都不消自己暴白，只這點心，萬古人皆知之。

唐太宗事事料理過，又承蘇綽之後，所以治效爲三代以下所僅見。但大根本已錯了，又所謂「敷求哲人，俾輔于爾後嗣」者，絶不加意，所以再傳而有武氏之禍。

立言最要謹慎。魏鄭公、顔魯公，爲人忠亮節義如此。魯公爲文，往往雜于浮屠之説；鄭公作李密墓誌，感密舊恩，猶之可也，更稱贊楊素，極其推高，豈非失言！鍾旺。

商、周之際，除夷、齊外，微、箕且就武王之封，商容亦受武王之表。書録微子，易繫明夷，詩歌白馬，孔子亦曰：「殷有三仁。」總量其心之無他，而一于仁也。是心非可假托，而人遂信之也。皎日齋月，萬夫皆見。狄梁公親相武后，反唐又身後事，而儒者諒其爲唐。蓋當日無可退休之勢，只得委蛇以圖濟。又自下位以至爲相，皆有清惠及民，故經世所推者，子房、梁公而已。大抵天生民而立之司牧，非徒以榮之，將使助天而生養斯民也。苟以救民爲心，雖湯、武之放伐，大易以爲順天應人；管仲之事讐，聖人以爲仁。孟子曰：「民爲貴，社稷次之。」所見精矣。

遇時勢極難處，只有一無依傍，聽天順理，不作主意而已。施將軍説：「飄洋遇風者，只有砍倒大桅，隨風所吹，或得近岸，不爾無不覆者。」郭汾陽善用此法，抛置生死于度外，倒得身名俱泰。當時若欲萬全，久無汾陽矣。此理周易説盡。

汾陽純忠無私，然才具略短，不得臨淮相助，恐難成功。郭、李素不相睦，及郭爲帥，李乃自縛請罪。郭驚謝之曰：「王室多難，豈修私怨時耶！」遂兩相交契。此等處，實高人數等。易傳以孔明與周公並舉，而以汾陽次之，果非等閑。

唐人設科，有「學窺孔、顔」、「道侔伊、吕」等目。終唐之世，惟張曲江中伊、吕科，孔、顔一科，竟爲虚設。紱問：「『窺』字，不爲十分深造如韓退之，還可充得此科否？」曰：「退之果能窺見，然終是狂，不是孔、顔底氣象。」有間，又曰：「若將退之充孔、顔科，陸忠宣充伊、吕科，亦還去得。忠宣儘有經緯。」清植。

易言「有親則可久」，即盛德至善不能忘之意。大凡久而不忘者，須是德至誠感人，纔能久而不忘。宋時，有書生弔仁宗詩云：「桑麻不擾歲常登，邊將無功吏不能。四十二年如夢覺，春風吹淚過昭陵。」「吏」下著「不能」二字妙，寫出含容寬厚，與漢武非武健嚴酷，惡能勝任者，不啻逕庭。此亦是「有親可久」，但不能「有功可大」耳。當時賢姦迭進，用人無常，安能立功？如何不受西夏的氣？總是明白要緊。既有誠心，又要明善。所以程朱説格致那樣鄭重，看來如鳥雙翼，缺一不可。

顔魯公忠義强直，至死不變。陸子静推唐有三人：顔魯公、杜子美、陸宣公，而韓文公不與焉。朱子爲王梅溪作序，所推剛者五人：漢之武侯，唐之杜工部、魯公，宋之范文正公及梅溪。其人爲朱、陸所稱，豈偶然哉！問：「文正聲價，竟在韓魏公上。」曰：「天地間，最重是成就人材。宋之道學，派是文正開的，其心量光明廣大。歐陽公亦喜汲引後進，然近于詞章意思多。文正則理學氣節、奇才異能無不兼收，所以聲光烜赫。」

富鄭公、文潞公，看來不過是有學問的老實端正一邊人。范文正事業不必勝人，而爲第一流者，功在推獎人才，故陳止齋謂「百年用其餘」也。王荆舒人品何嘗不高，而罪不可赦者，以其摧殘人才也。要造就當下人才，要培養後來人才。武侯不得培養工夫，且造就當下的，忠厚者用其德，技勇者用其才，所以能建功立事。

伊尹云：「匹夫匹婦，不獲自盡，民主罔與成厥功。」天地間道理是公共的，人説不妥，到底有些毛病。所以武侯只要人攻其短，不是故意如此。他高明，直見得事理無盡，非一人之見，便能至當不易。裁斷雖是一人，衆議必要周盡。竟是「以能問不能，以多問寡；有若無，實若虚」的本領。此卻是聖賢窮理治事根本。王荆公只爲少卻這段意思，便萬事瓦裂。武侯在草廬，見龐德公便拜，身爲將相，見許司徒亦拜，此是何等意度！王荆公于韓、富諸公，皆視之若無有，日對明道先生，猶謂其「言如上壁，兩目不見人」，如何成事？凡做事，與人商量有好處。推與衆人，即是與人爲善之意。

荆公變科舉之制亦是，如何將孔子所定之經，竟欲重加去取？去儀禮，又去春秋，至詆爲「斷爛朝報」，而自己作三經新義，盡廢前人之説，幾幾欲奪孔子之席。狂妄孰甚焉！論理如此，其見之事可知。程朱雖疵駁前人，惟至漢而止，然漢人有片言之善，何嘗不録。如「望道而未之見」，漢儒解作見殷之天命未改，賢人尚多，望太平而未之見。温公至據以疑孟子。此等不辨，是護漢儒而疎孔孟矣。事有同行而異情者，此類是也。

王介甫若治一郡，比東坡强。介甫事事留心，實欲立事。東坡輕財重義，清廉高闊，文采風流，至民生政務，不似介甫有實心。

宋神宗之用荆公，明建文之用正學，皆非前代所有，惜其敗事，令儒者短氣。建文時，本無人。神宗對著明道，寧宗對著朱子，而嘆無人，其然，豈其然乎？

神宗升遐時，邵伯温問明道曰：「時事將如何？」曰：「司馬君實、吕晦叔相矣。」曰：「果相如何？」曰：「君實擔當不曉事，晦叔曉事不擔當。以熙、豐之人，除熙、豐之政，以漸則可，不然衣冠之禍未艾。」後一一如其言。然朱子謂明道「爲之則可，不然君子小人亦難雜然並處」。大約明道卻能如此。孫盛稱諸葛「威略，能撿衛異端」。撿者，知也；衛者，行也；略，撿也；威，衛也。惟「知、仁、勇」全而「至誠」者能之。

李忠定每用輒效，次第井然，只是略急些，竟是一粗武侯。武穆歸來時，風色已可見，入作樞密，何如且韜晦自全。如王沂公之于丁謂，徐文真之于嚴嵩，忍耐以待其變。大抵君子欲攻小人，則小人之黨必固，不如且放鬆，其黨必自相攻擊，乃可相機而動。

古今兩大恨：秋風五丈原，一也；金牌十二道，二也。一天爲之，一人爲之。武侯正命猶可，武穆直枉死牢獄，且並其子戮于市曹。然至今三尺童子莫不知尊武侯、武穆，亦莫不切齒秦檜。人心即是天心，可知及身之事，乃氣數之雜耳。敝鄉蔡京子孫，都認作忠惠公子孫；吕惠卿子孫，俱不肯認惠卿爲祖。有子孫而滅絶，然則天之性其可違乎？

門人問：「中興將帥，還有在岳侯上者否？」朱子凝神良久曰：「次第無人。」所貴于聖賢者，以其言可信，使人物事蹟，千載下據以得其實耳。武穆死時，朱子已廿餘歲，豈有見聞不確者？邱瓊山説秦檜有存宋之功，武穆不死，亦未必能平金人。後人錯記，或指作朱子語，可笑之甚。

張德遠爲宋齊愈劾去李忠定，齊愈何人也？乃首出張邦昌姓名，擁戴邦昌者。自是忠定終于不起，而宋祚遂終于臨安。後又不喜武穆，全是私意。雖朱子爲作行狀，不敢謂非徇南軒情面也。問：「此亦可見南軒差處。父既官至將相，功罪須付之史官，與士大夫公論，何用粉飾表暴？」曰：「然。程子于大中，朱子于韋齋，毫無溢美。大中當承平之世，不汲汲仕進，一見茂叔，即知爲非常人，遣子從學，是何等人品！韋齋獨先排擊秦檜，是何等氣節！而其子不多稱焉。蓋如此，然後人信之，若裝點些無實之事，人便非笑。然則非自非笑其父也，一間耳。禹言『四凶』舉其三，諱父惡也，道理不過如是而止。是非者，天下之公，非可以私情移也。」錫曰：「此事流弊甚遠。馴至于今，守身誠身都不講，甚至供養俱不周，惟于親死之後，架空撰爲志狀，或經營入鄉賢祠，便以爲孝子尊親之至。以致學宮之内，儈伍叢雜，賢者恥與爲列。迺知道理一錯，其弊有不可言者。」先生曰：「然。魏公後亦復薦忠定，魏公得罪，忠定亦救之。大抵魏公尚是正經人，但糊塗太甚耳。」

張魏公平生只管誤事，朱子每多恕詞，或以南軒之故。吕舜徒❶仕張邦昌，則不可訓。雖以東萊力爲迴護，亦不得不直其辭。鍾旺。

胡康侯以秦檜爲王佐，這病就見在春秋傳上。論古人不著古人，則看今人亦不著今

❶「徒」，原作「從」，吕祖謙祖好問，字舜徒，據改。

人矣。大約知人從虚公窮理上來的，便不差。亦是天分居多，各人眼神不同。又單講辨事而不論根本，便易錯。

薦賢育才，上聖之美節。王荆公見得人皆不己若，得位行政，總不得賢能之力，便是規模器局小。規模器局小，則才亦小矣。先主從不識武侯，聽徐元直語，就懇切求見，屈躬三顧，卒收其效。荆公聞濂溪名，一再相訪而不得見，遂忿然不復往。胡文定提舉湖北時，謝上蔡爲應城令，文定因行部欲往謁，先之以書，上蔡不報。文定未至其縣，即止從人，入境徒步往見。上蔡見之于公堂，坐定，文定見兩旁隸人如木雕，遂稟學焉。文定之視荆公，其賢遠矣。

南宋不可與東晉並論者，以有朱子，遂增重十倍。孔明之在蜀亦然。以知聖賢之益人國者在千古，其一時之裨助，猶淺之乎爲見也。

相傳文文山初中狀元，一相者潛至朝堂瞰，歸語人曰：「在某處立者大貴，在末座年少大凶。」在某處立者，乃留夢炎，末座即文山也。後留果爲兩朝宰相，而文殺死。有人薦一日者于陸子静，子静問曰：「齊景公有馬千駟，算得出不？」曰：「算得。」「夷、齊餓死首陽，算得出不？」曰：「算得。」「齊景公卻死之日民無稱，夷、齊卻民到于今稱之，算得出不？」其人無以答。

三綱五常整頓起來，便天地日月亦覺添許多清明。明太祖知得此意，故靖難時，忠烈之臣極多。至亡國，猶忠義如林。一統太平二百餘年，宮闈間極乾净，可見此是天地之心。

人材之興，端由學校，太學爲四方觀瞻，尤屬要緊。洪武雖不讀書，卻能以此爲急務。每日下學，聽諸生講誦，即偶不至，亦令畫工暗圖師弟子作何營幹。諸生有歸省者，必賜之表裏，至廩餼居處之細，件件理會周到。迄今勒石學宫者，猶可考。直恁專一誠切，故雖經永樂及魏忠賢之摧殘，而節義滚出。大率培養之力居多。珦。

元時，人多恒舞酣歌，不事生産。明太祖于中街立高樓，令卒偵望其上，聞有絃管飲博者，即縛至，倒懸樓上，飲水三日而死。雖立法太嚴，然所以激厲頹靡處，志氣規模果不尋常，竟有「一人横行，武王恥之」之意。不然，天下已定，習俗已久，何苦使偷惰者反有故元寬大之思。但使聖人處之，必當有道，不至如此過于苛急耳。

古君臣相與，其善者都是榜樣。如留侯與高帝，忠武與昭烈，鄭公與文皇，皆好。方正學年方廿餘，被薦到京，太祖命宗伯陪宴于禮部，乃白衣據上座，以師道自居。太祖令畫工暗圖其像，曰：「斯人何傲，吾不能用，留爲子孫光輔太平。」遂送伴蜀王。是皆可爲榜樣，惜後僨事，遂減聲價。

方正學就所著文字，便有許多糊塗處。當時皆以爲曠世一見之人，國家留爲伊、周者，後用起來，當靖難時，著著都錯。這就是他學問有病。才高意廣，好説大話，實用處便少。只要自己位置一箇，古人便不是。但看武侯，何嘗有絲毫要做伊、周，不過當下且做得不至敗亡，踏踏實實，做一件是一件，無暇高自期許。後來人卻以伊、周許之。

客有論宋代人材優于他代，明卻人材少，想因太平年久，英華散了，所以不生人。先生曰：「亦是靖難時摧殘太甚，上帝怒而不生。秦始皇把幾箇讀書人坑了，直至國亡，無一人爲死者。只有一東陵侯，後來亦爲蕭相國諸公門客。就是新莽、隋煬，皆有死節人，獨秦無之。」

洪武起自農家，只教人力田讀書，深惡貪污，卻博得士大夫知廉恥。嘉靖以前，無攜宦貲歸家營産者。蔡虛齋既登第，不求仕，惟在開元寺授徒。一日爲其母畫像，母久不出，虛齋往請，母曰：「汝成進士十年，我尚不得一新布衣，不欲出見客也。」虛齋大傷之，即赴選。在任心動，告歸，不久而父逝。後又貧，不能自給，求得南京部司，以去鄉近也。到任又心動，復告歸，其母亦不久即逝，人以爲孝感。虛齋提學江西，寄四金以周其寡表嫂，丁寧告誡，萬勿浪費。當時人雖窮，卻窮得熱鬧。如春天樹木，何嘗盡有花葉，覺得有生意；冬天何嘗無寒花，覺得枯索。蓋樹木亦要小草來幫襯，便有氣色。

百姓細民，乃士大夫之小草也。

有明一代學問，凡前人説過的話，便不屑説，卻要另出意解。鄭世子、韓大司馬、楊椒山講樂，一無承受，直接虞舜；王陽明講學，便似從孔子後，到他方明白。孔子像豫知後來有這般人，所以説「述而不作，信而好古」。以此定人之學問，百不一失。有所承受，一路考訂來者，便是。作而不述，不信而好古者，便不是。

季本明德初讀律吕新書不了徹，乃扁舟請教于章楓山。楓山曰：「此是絶學，吾友程篁墩無書不讀，亦不能知。」明德歸而求之，卻明白了，著幾篇論，極乾净。

黄石齋就擒時，門人多相隨，石齋一再辭之，曰：「我爲大臣，義宜死，諸君無爲也。」猶不去，石齋乃曰：「諸君踐土食毛，義亦可死，但未食禄，亦可以無死。今與諸君訣，甘殉難者止，否則各有父母妻子，毋爲冒不測也。」衆乃泣别，惟七人願從：江西四人，福建三人。是時遭逢仁恕，令前代遺臣梗不服者，得請方行刑，毋許專殺。由是石齋師徒皆下獄以待。石齋入獄即絶粒，大帥憂其蚤斃也，百方進食飲，皆不顧。乃募漳人之賈于江寧者，至獄，以鄉情相慰藉，猶不食。于是邀與游于市，扶攜以出，入飯肆，强之不可，乃入酒肆，共酌以獻。石齋曰：「酒以合歡，今鄉井相聚，小飲可乎，但必毋過三爵。」衆皆喜諾，遂飲三爵。更一肆，則又三爵。以此，閲數日不至于斃。及就義之晨，二官入謁，拜如儀，曰：「爲公送喜。」石齋曰：「吾國破君亡，何喜之有？」二官曰：「已得請，許公就義矣。」石齋笑曰：「是誠可喜，但汝輩安能解此。」因歷數二官之家世閥閲也，而呵其罪。二官皆浹背趨去，不敢仰視。頃之，石齋乘小車出，七人從。中途，石齋返顧後車，七人者皆無人色，石齋笑曰：「怖乎？毋庸。忍一刻即千秋矣。」七人皆應曰：「然。」比至西華門，石齋忽墜車下。一指揮趨進掖之，且慰曰：「毋恐。」石齋瞋目叱之曰：「是何言歟！天下豈有畏死黄道周哉！此地爲輦路所經，吾不可以乘而過，因絶食足弱，下而致仆，吾何恐哉！」指揮愕然易容，因跪曰：「此地萬人瞻仰，公又困憊，即就大事可乎？」石齋四顧曰：「善。」遂命布席。南向拜訖，一老僕請以數字貽家，石齋躊躇曰：「無可言者。」固請，乃裂衣襟，嚙指血，書曰：「綱常萬古，節義千秋，天地知我，家人無憂。」七人者亦血書一幅，云：「師存與存，師亡與亡。」石齋體故昂藏，立而受刑，又義風凜凜，行刑者手慄，刃下不殊。行刑者大悸，急跪曰：「公坐。」石齋頸已中刃，血淋漓，猶頷之曰：「可。」乃坐而受刑焉。其時大帥亦閩人也，大書牌云「僞閣部黄某首」，巡示沿江。一兵以他首易，而匣藏之古墓中。後數年，石齋子至江寧求遺骸，有以兵事告者，其子詣之。兵人款至浹月，乃與到古墓，取匣開視，面尚如生，遂以歸葬。石齋雖當時用之，恐無益于亂亡，救亂須有體有用之人。石齋每于晚食後，始排書案，及漏下，雙眸烱烱，手不停披。服役者令繙書帙給使令，皆不得閒。至四鼓，僕從憊甚，乃就枕。其夫人善書畫，書法甚與石齋類。

徐偉長中論，有一段論行不及知處，不爲無理，若看得透，便大槩不錯。明代士大夫如黄石齋輩，煉出一股不怕死風氣，名節果厲。第其批鱗捋鬚，九死不迴者，都不能將所争之事，于君國果否有益，盤算箇明白。大槩都是意見意氣上相競耳，行有餘而知不足，其病卻大。

某聞郭蒯菴棻言，黄石齋濃眉高顴，面帶風霜，温體仁方持朝綱，開口輒呼「温賊」。明自正、嘉以前，程子全書、朱子文集、語類尚未盛行，學者所讀，只是大全及性理而已。而其時士風質實，雖或膚淺，卻少背戾。嘉靖後，一派務高，遂釀成明末那樣風氣。鍾旺。

宋家一代，風流篤厚，臣子表奏，率從君身上直詞批糾，毫不委婉，曾無被誅者。韓侂胄雖怒，諸賢流竄耳。沈繼祖請殺朱子，朱子得朝報，不語而散行庭中，既而曰：「我這頭，且暫戴在這裏。」移時，又曰：「自古聖人不曾被人殺死。」聖人果無被殺者，就是大賢，亦只比干一人，是路窮了方如此。伊川晚年便謝遣生徒，曰：「各尊所聞，各行所知，足矣，不必及吾門也。」漢之黨錮，明之東林，多太過，便是要以死求名，聖賢無此法門。

東漢之末，東林之盛，是處士横議，遥執朝權，競勝不止，故致顛覆。孔子當昭公被逐之時，韜光斂鍔，閉門讀書，如不聞也者。及老而居衛，適當出公拒父，此何等事，而孔子受其公養，住五六年，亦置之不論。安卿曰：「于此見聖人之作用。」曰：「論作用便差，要看出聖人未嘗不在利害上斟酌，究歸于中庸不可易的道理。又要看出他謹嚴，一絲不走處方好。虚説卻不得力。季氏逐昭公，孔子未嘗食君之禄，分所不屬，何爲多事？孟子曰：『鄉鄰有鬭者，被髮纓冠而往救之，則惑也，雖閉户可也。』以常情論，似大決絶，然細思之，道理卻顛撲不破。鄉鄰本非至親，往救而不力，則詐；往救而力，則代鄉鄰而與鬭者爲讐，或致被辱傷生以危父母，皆不可知。即不然，如今律例，鬭毆殺人，在旁不救者，亦有不應問擬，就是牽連作人命干證，亦屬無謂。『雖閉户可也』，的確應如此。夫子居衛，其初不過住歇店，其君知之，送些柴米，受之可也。使出公能委國以聽，夫子自有正名一番設施。既不見用，何爲以局外之人爲不入耳之計？夫子當日不税冕而行，已與魯絶，不便自歸。至老，欲還鄉，惟衛與魯近，只得居衛。彼時地位道理，止當如此，故曰『聖之時』。」

孟子説「伯夷隘」，非是説惡人之朝應立，惡人應與之言。他當殷、周之際，並無職守，優游西山，亦可卒歲。乃見得世非黄、農，便過不得。朱子平生不肯出來，一過分水嶺，便爲生往死歸之計，直與君相争執到底。及罷而歸，便讀書會友，不問朝政。假若看得一片武夷山仍住不得，除非是死，儘可不必。魏忠賢之禍，諸賢赴湯蹈火，自是忠烈。但韜晦些以存此身，未始不可。易經「以杞包瓜」，道理甚好。瓜乃易腐之物，豈能耐杞？小人兇惡已甚，自然敗在眼前。及其敗而吾輩在，國尚有人。直弄得到後來，元兇已去，無人可用，而國之受害酷矣，亦「伯夷隘」之流風也。

榕村語録卷之二十三

學一

陳北溪論工夫節目一條，蓋朱門學的也。朱子千言萬語，只此數事。然所謂「虚心」者，又初不外乎「立志」而已。若張子所謂「大其心以體天下之物」，邵子所謂「翫心高明」者，如是而志豈有不立？而心豈有不虚者乎？雖然，此非朱子之言也。立志居敬，即中庸之「尊德性」也；致知力行，即中庸之「道問學」也。廣大高明，蓋立志之事；涵泳敦篤，蓋居敬之事。知行則錯綜乎其中。精微知新，致知之事。中庸崇禮，則力行之事也。古聖之書，莫備於中庸；近賢之説，莫備於朱子。若周子之誠幾德、乾損益，程子之涵養進學、居敬窮理，以溯夫古訓之制心、制事，直内、方外，中和、誠明之指，雖語有繁殺，義有偏全，先聖後聖，其揆一耳。近世於敬、知行之説，頗有能言之者，往往未免於判然兩事、截然二時之差。故或頑心絶物以爲存養，曰我將以爲知之基；或泛涉博攬以爲致知，曰我將以爲行之地，而不知古人之精義、集義，初非二事；直内、方外，本非二時也。自記。

學問須將大頭腦處通透方得。姚江主先行後知，虚齋、次崖則主先知後行；姚江引「尊德性」節爲宗指，蔡、林求其説而不得，乃謂先知後行者用功之序，先行後知者成德之序。不思注中明説「聖人示人入德之方，莫詳於此」，安在其爲成德乎？不知敬在知行之先，貫於知行之後，朱子已經説明。佛家所謂「主人翁惺惺著」者，他連父母妻子都不顧，忠孝之事都不行，何況其他！而惺惺自若，豈亦力行乎？有此，然後讀書窮理便是致知，身體實踐便是力行。若無此爲根本，致知力行都做不來。只是致知亦是存心，力行亦是存心，存心工夫亦不離乎此耳。

當年曾夢大兒向某屈指云：「一指活，二指拙，三指存中心，四指言詮明，五指思議絶。」後來舉問鋭峰僧，渠云：「禪家並未有此成語。」細思此却是幾箇關頭，「活」是源頭活水之謂；「拙」是用心於内、剛毅木訥之意；「存中心」者，主人惺惺之旨；三者皆要緊事。至「言詮明」，則默而識之的光景；「思議絶」，則過此以往的境界矣。「拙」字甚妙，凡有廉恥，不苟爲世俗事，皆拙也。

看語類門目，便見得朱門無大賢。問：「勉齋在内否？」曰：「不在内。但他的中庸説，亦絶不得朱子之意。他説首章只説戒慎，是以敬爲主，未及知行，後説到不明不行，纔是知行工夫。如此是單主敬，便就已天地位、萬物育了，知行儘可不用，何須更説知行？且苦纏住生安、學利、困勉説，甚無味。至謂『正是教人莫要學生安，那是人學不到的』，尤爲不確。後人不善讀朱子書者，竟像主敬了幾年纔致知，致知了幾年纔力行。難道主敬時，遇事來便推開不管，曰我尚未致知。如此使得麽？知行何嘗無先後，但不是這樣分先後。如目與足然，於今行路，眼看著路，脚纔好走，一邊看，一邊走，兩相須，兩不相妨。豈有先看幾日路，不干脚事，到走路，又不干眼事之理？」

吾學大綱有三：一曰存實心，二曰明實理，三曰行實事。高忠憲、劉蕺山，都是明季學問，不佛不儒。常州惲遜菴，亦是如此。錫曰：「昔高齋業師，曾與忠憲門人丹陽周季純爲友，言周能端坐竟日，心了不動，只是夜間熟睡時尚有囈語，其語甚或不免有鄙瑣處。」曰：「這尚是和尚之粗淺者。吾鄉有僧天問，坐空山中十餘載，蛇虎皆與馴習。小兒曾往訪之，云其言多鄙俚，不過是尋常因果之説而已。大概團聚心靈，精氣相守，便可以有光怪。又所處既久，與異物親，便與異物爲化。此乃狐媚妖螭之能事，原無足怪。其荒誕處，至謂『三千大千世界，百萬人天，皆在座下』。天且爲之下，則父母反拜不足言矣。人爲天所生，爲父母所出，乃是根本，他却要踞其上。聖人之道，便從孝弟做起，終則與天地一般，或有助天地所不及處，故曰『參贊』。此理徹上徹下，同流並運，乾坤即毁，而此理不滅。道理至此已極。若説到空處，上下四旁，往古來今，各無窮極，何處是邊際？故惟聖人之道謂之中庸，過此即爲隱怪。此是實理，此是實心，此是實事。即淺即深，即粗即精，無大無小，無内無外。

朱子嘗言「始學須静坐」，又言「不可偏求之静」，當合兩條之指而深思之，其義始備。自記。

聖人論學，先要「忠信」，無此便諸事無根。然既有實心爲本，倘不博學考問，推廣擴充到盡處，孔子亦放他作第二等人。如「宗族稱孝」、「鄉黨稱弟」，爲士之次。

國手於棋，亦終身之事。他刻刻不能離棋，可見一藝成名，也要至誠無息。若有一日放得下，便非第一流的本事。堯舜已將天下讓與人，自然尚是「勅天之命，惟時惟幾」，一息尚存，此志不容少懈。人的學問，總要不斷，這是一點真源。有源之物，便會大。陸子静於此却有所得，故云：「易簡工夫終久大，支離事業竟浮沉。」但只是真源不息矣，又有他水來會，豈不更好？到得衆水合流，不得謂此水非他本來水也。子静正苦打作兩截，非合外内之道。

某爲詩文，只略見得從心源理路上説，雖舊日所讀書，大都忘了，就所記的，還能驅使得動。這便是自家一點本領，不爾不能驅使他。只是有這點本領，又要記得多，有得運用更好。敝鄉西面高山上有一泉，源僅如汗，一滴一點，稍遠便成細渠，半里外成溝，里許便成瀑布，飛洒巖下，聲聞數里。山上並無他水來會，不知何以自己會大。想他既是真源，便能呼噏一山潤澤生氣。安卿曰：「不止一山之氣，就是霧露雲漢之氣，他都收納得來。」先生曰：「然。只是有此真源，再有他水來會更好。有他水來會，而我却無真源，如有客無主，所謂『溝澮皆盈，涸可立待』。若謂我只求真源，便可流注不窮，斷不要別水來會，這却是偏，乃陸王之見也。程門問經史中許多話，伊川總不答，良久曰：『某學問却是無中生有。』明道於史書上纖細事，皆能記得，門人訝其博識，明道曰：『我若求記，便不能記。』二程非禪學，却用禪機。」錫曰：「此便是孔子所云『一貫』。」曰：「然。」安卿曰：「此還是一，未説到貫。」曰：「本是一，到生有，就是貫了。」

源泉一勺耳，及其漸遠漸大，便成江河。問：「一貫之義似此。」曰：「然。有了源頭，愈多愈好。江水一路來，無限諸水會之，然只成其爲江，不聞品江水者，以爲此中雜某某之水也。河水一路來，無限諸水會之，然只成其爲河，不聞品河水者，以爲此中雜某某之水也。有源頭的物事，他物入其中，皆成自己的物事。」

仙家明日成仙，今日尚不知，總是要工夫不歇。如雞抱子，呆呆的只抱在那裏，火候一刻不到，不能得他出來。朱子六十歲上，自嘆假如五十九歲死，竟不聞道矣。後五六年，仍歎與道無分。門人援前言以問曰：「想是爲不得行道而發。」朱子曰：「非也，就是眼前道理尚遠耳。」汝楫曰：「然則下學何時窺見津涯？」曰：「此仙家所謂『大丹』也，然『小丹』亦不可不結。想來顔、曾、思、孟，有顔、曾、思、孟之丹，周、程、張、朱，有周、程、張、朱之丹，如董、韓，亦有董、韓之丹。成得無上天仙固好，不爾，就是地仙，亦强似虚生浪死。」

地中有木升，山上有水漸，蓋陽氣方盛，一出而不可遏。及形已成，則長便難。觀筍與竹可見。學問亦然。其初便是凡俗與聖賢關頭，一變迥然不同，及至充實美大，則難矣。

爲學須步步踏著階梯，得尺主尺，得寸主寸。朱子言子静門徒仰視霄漢，此當爲戒。鍾旺。以上總論。

夫子十五志學，便是志到「從心所欲，不踰矩」田地。二程十四五歲便鋭然欲學聖人，便是要學到二程田地。立志成德，一以貫之。然下學之功，亦有因師友學問，而心漸開明，志漸恢廓者。趨向亦一步進一步也，要在勉力不已。鍾旺。

震象傳曰：「君子以恐懼脩省。」一經震動，便惕然畏謹起來，斯爲立志。而萬行都從此出，風霆流行，庶物露生，是何氣象。鍾旺。

精神大於身，極是要緊。每見人之神周於體者，必加精警。然志立則神日生，要在提撕之力。鍾旺。

凡人一藝之精，必有幾年高興，若迷溺其中，見得有趣方能精。如先存一别有遠大，何必在此駐足之意，斷不精矣。某人别件都能領略，只是文章不進，每自云，只要求得心裏明白，明白後自然説得出，便是辭達。此即是他心病。文章如何能達？却也要剪裁，有材料，不然「言之無文，行之不遠」。藝文如此，況於聖賢之學。非有一段毅然專致之誠，安能有得？

學者要有千古自命之意，所以韓文公云：「譽之則以爲憂，毁之則以爲喜。」然此亦是狂者之語，若聖賢，却只要自慊於心，合於理而已。中庸説得渾厚，云「百世以俟聖人而不惑」，可見聖賢只是自己精進檢點，没工夫計較到人的毁譽。然却有一層「徵諸庶民」的道理。蓋論到全體，必俟聖人始可不惑，若零零星星湊籠將來，則合衆人之公，便是一聖人。公等試看我們文字，心裏有一分疑，看者便有一分疑，若説得確，看者亦便洞達。聖人所以説「徵諸庶民」，韓公却不曾見到這一層。

達磨一老癯，對著壁坐了九年，幾奪吾儒之席。胡安定在泰山讀書十餘年，其後學徒之盛遍天下。伊川於周子猶呼其字，獨安定必曰先生。凡人有十年著緊工夫，其聲光氣燄斷然不同。

銳峰僧議論極有好處，常說偈云：「學道必須鐵漢，用力心頭便判。直證無上菩提，一切是非莫管。」此彼學所謂「發大願力」，即吾儒之「立志」也。願力發得大，即悟亦悟得快，脩亦脩得到。朱子有云：「書不記，熟讀可記；義不精，細思可精。惟有志不立，直是無著力處。」即是此意。之銳。

道理是公共的，不是一己的。舜之居深山之中，與木石居，與鹿豕遊，于野人之中，聞一善言，見一善行，若決江河，沛然莫之能禦。難道野人勝似大舜不成？白香山詩，令老嫗讀之，老嫗說不好便改。全要解得此意，道理原是天地間公共的。

人心虛則明，明則虛，虛以受善，便可到明。惟其真知，自然服善。學問之事，以道爲主，不當論年齒之大小，官爵之尊卑。王陽明尚有古義，當日泰州王心齋方廿餘歲，陽明已封伯，心齋見之，抗賓主禮，譚三日而心齋服，四拜爲師。後數日，心齋又不服，陽明于是還之四拜，仍爲賓主。後心齋又大服，乃復拜爲師。吾鄉張净峰諫武宗，在午門外晒五日，罷歸，過謁陽明。净峰年亦廿餘，相見亦抗賓主禮，數日卒不服，陽明亦聽之。王荆公見司馬温公爲吕公所作墓誌，譏切新法，人謂司馬禍不可測。荆公乃以粘於屏風，歎美不已，曰：「此西漢之文也。」某向作「學而時習之」文，有友爲塗乙數次，某皆即時改定，每改一次，畢竟覺得好些。最後復問之曰：「尚有宜改處否？」友曰：「似宜拈出『性』字。蓋時習説，朋來樂，凡學皆是如此，提出『性』字，方是吾儒之學。」故註曰「人性皆善」。又曰：「復其初，拈出此字，則次節以善及人，三節成德之名，皆有著落。」如此議論，實爲精透，非再四講切，不聞此義也。又常作進呈詩文，稿成，同鄉諸君觀之，紛然指摘。諸君不必盡善詩文也，然因所指摘改之，便覺視舊較佳。可見作者自己不明，旁觀比自己不同，合衆人之見，比一己之見又不同，所以虛心要緊。

世間有才的人，多見得自己身分高，輒敢横下斷語。即如三蘇，才氣蓋代，有許多開天闢地論頭，自以爲高出千古，今觀之都未確。無論千秋萬世，中原有人，就是你現在一言一行，至平常人心裏不服，便是你有不穩貼處。人心都有此同然之理故也。舜知之，故好問察邇言。

人説王荆公剛愎，此猶其次。所見原不曾透徹明白，人明便虛，虛纔能受。某人答子書云：「汝所云，不爲無見。我所行，一毫不差。」凡事只見得自己不差，便會錯悮。武侯周諮博訪，只要人箴其過，所以人稱其「聞過必改，而無吝色」。同朝，某便推服魏環極先生，人有所辨駁，他却閉目細聽，於是處便點頭，有疑處即張目問幾句，仍復閉目。及人盡其詞，乃歎曰「是事都要與人細細商量」，便欣然有喜色。其次便是湯潛菴、陸稼書。某人常示某以稼書所批時文，某駁其批語有未合處，其人以告，稼書深以爲然，次日即以所記大學相質。其説儘有好處，如説格物，主「物即身心意知、家國天下，格即格此」，極是。但又云：「程子一草一木也須格之説，是旁意，非正意。」却疎脱。某駁之云：「草木豈在家國天下之外耶？」問：「稼書先生細心讀書，如何還爾疎漏？」曰：「思路不圓，他拘縛在一字一句上，不能見到四面八方去。只看得道理在書册内，耳目之前，都似看不見的一般。」問：「思何以不圓？」曰：「思不出其位。『切問而近思』，思在近處方得力。」問：「稼書先生所思自不外馳，何以不圓？」曰：「正坐不能近。草木即在天下之中，豈非耳目前事？他不能見，却思到别處去，愈思愈遠矣。即如人問『自天子以至於庶人，壹是皆以脩身爲本』，庶人如何有新民之責？朱子曰：『異日爲士大夫，豈無新民之責？』某意不必如此説。庶人自有家，『刑于寡妻，至于兄弟』，訓子以義方，即外而和睦鄰里，皆新民也。人以爲近處容易明白，不知舍近而求遠，斷無明白之日。遠處不明白，却要就近處思想。譬如天地鬼神，高深幽微，無論見得未必是，即是了亦難信。惟就自己身上體貼，合著的便是，合不著的便不是。萬物皆備於我，天地鬼神不可通之理，都要從人身上體貼方親切。」

某在涿州病發時，公私之事俱不在心。惟讀書一生，到底不曾透亮，糊糊塗塗，虚過此生，此念纏攪不已。乃知「朝聞夕死」一章，喫緊唤醒人也。人生功名富貴，過去輒了。子孫昌熾，固有定數，若加意營謀，必更得禍敗。只於我生道理明白透徹，有可信心處，少少許便足。當下能到一箇是處，是要緊事。以上論立志、虚心。

静以養敬之原，存義之本；動以觀敬之發，著義之施。若有義而無敬，有敬而無義，皆不足以體動静之神，而通性情之德。然以敬言之，動處熟，則静處愈斂，而終以斂者爲之根；以義言之，動時當理，則静時愈有所存，而終以存者爲之地。况敬義夾持之後，則止而止，行而行，静亦定，動亦定，是時雖有動静，而心則一於静而已。此大易「艮背」之學，周子「主静」、程子「定性」之微意也。自記。

「毋不敬」是持養，「思無邪」是謹獨。

存養之功，蓋取諸乾，説卦曰：「戰乎乾。」終日欽欽，如對大敵，非戰則無以爲存也。天德流行，純亦不已，非健則無以爲養也。省察克治之功，蓋取諸巽，説卦曰：「齊乎巽。」巽者，入也，非入則無以爲察也；齊者，斷也，非齊則無以爲克也。清植。

涵養是築城鑿池，省察是詰奸禦暴。自記。

静而存養，動而省察，打作兩截，是黄洵饒、饒雙峰語，朱子無是也。居敬以窮理云者，猶言用心以讀書。又如教人出力以挑擔，雖有内外，却是一事。

義以爲質，禮以行之。又曰：「以義制事，以禮制心。」蓋由乎中而應乎外，制於外以養其中也。自記。

敬是在内的，義之根雖在内，但此時説不得義。若敬，則嚴、恭、寅、畏時説得敬，省察時亦説得敬，作事時亦説得敬。中和、誠明、忠恕皆然。保合太和，中内原有，但未發時説不得和。至中，則在未發爲不偏不倚，已發爲無過不及。中雖心亦無偏，但主性一邊説。忠雖實理亦在，却主心一邊説。

凡爲學，只在日用喜怒哀樂上用功。中即大本，和即達道。夫子許顔子好學，不是終日講求四代禮樂，却説「不遷怒，不貳過」。濂溪、明道終身無疾言遽色，是何等工夫！邵伯温出仕，伊川謂之曰：「打人自一板以上皆立案。」蓋有案，則其罪有等，不得乘以吾之意，及乘以吾之氣矣。人之爲學，從此脚踏實地，所謂「易簡而天下之理得」。

自孔孟後，心學不講，漢、唐儒者，雖讀儒書，只以讖緯、文詞爲事，講到經濟、氣節而止，將孔子合外内之道遺却一邊，全不從天命之性、自己心上下工夫。所以佛家窺見此意，從内裡打叠，便將來提唱叫唤，人都從風而靡。孔子未嘗將「心」字作話説，然説孝、説弟，「執事敬，與人忠」，「言忠信，行篤敬」，何處不是説心？到得立則見其參於前，在輿則見其倚於衡，竟似養成一箇嬰兒，隨處現形一般。此學不講，便無是處。從何處説起，這却不難。將要説話時，覺得放易，便收住；覺得神氣飛揚，便斂入身裏來。不過言語容貌之間，時時整頓，久之自然熟了，就心存不放，形神不相離。豈可忽過？

忠信有在根本上説者，如「主忠信」之類；有在一事上説者，如事君以忠、交友以信之類。事君之忠，主事説。臣事君，不是爲爵禄，是要辦事。此事不是一己的，亦不是君的，是天地間當做的事。人看此事是公共的，所以不盡心者多。如今把作自己當做的，便忠。交友之信，主言説。相與朋友，是要勸善規過。其尊不如君臣，其親不如父子兄弟，易得不信。

忠信算不得兩件，亦算不得一件。如人有心本淳厚，偶然説話不循其事理，略浮漫點染些，便不是信。又有説話一絲不肯假借，却或爲俠氣，或欲要譽，未必皆出於忠。是信有自忠出之信，有不自忠出之信，忠却没有兩箇。至恕，乃如心之謂，亦没有兩箇。恕無作寬恕解者，作寬恕解，想是起于可以情恕之説。此句尚未礙理。至以恕己之心恕人，便斷然不可。難道自己不要做聖賢，便亦不以聖賢之道望人不成？「恕」字中無此義。故大學説：「有諸己而後求諸人，無諸己而後非諸人。」求諸人、非諸人皆不可少，必須有諸己、無諸己耳，須是兩面都到。

忠信若都在心上説。忠略在前，幾已動而事未形，此事既我所當行，若不極其量，有一毫隱匿留餘，便覺有過不得的意思，這是忠。信略在後，意已著事而理有定，此理分明是如此，若不循其分，有一毫夾雜乖離，便覺有去不得的意思，這是信。

「存」、「養」二字，本出孟子。孟子曰「苟得其養，無物不長」；「操則存，舍則亡」。又曰「存其心，養其性」。蓋「人心惟危」，存者所以使之安；「道心惟微」，養者所以使之著，是孟子本指。惟存，爲收斂寧静之意；若養，則當致其滋培充擴之功矣。程朱引來，却俱用爲收斂寧静之名，而於理實不相悖。蓋心性是一是二，未有不存其心而能養其性者，亦未有能養其性而心有不存者。故心上亦可用「養」字，「養心莫善於寡欲」是也；性上亦可用「存」字，「成性存存」是也。要之，心性俱是本原工夫，若言心學而只著「存」字，不幾釋、老之空虛乎？清植。

程子提出「敬」字，便是救苦救難第一丹頭。敬則神存，不敬則神亡。神存則生，神亡則死。

敬説「唤醒」二字最好，一唤醒起來，便是東方日出氣象。鍾旺。

朱子説「敬」字，是「畏」字意，如見父母畏父母，見兄長畏兄長，見朋友畏朋友，退然如不自勝，惟恐得罪一般。孔子説顔子好學，首曰「不遷怒」。定性書説「廓然大公，物來順應」許多大道理，歸于怒之時忘情而觀理。易説「懲忿」在「窒慾」之先，損者之樂，驕樂居首。曾子、孟子俱有泰山巖巖氣象，自是浩然之氣養得如此。然曾子「戰戰兢兢」，臨深履薄，「動容貌，斯遠暴慢」。又曰「有若無，實若虚」，而後乃曰：「可以託六尺之孤，寄百里之命，臨大節而不可奪。」「敬」字要仔細理論。問：「稱顔子好學，何以首及于怒？」曰：「怒最易發而難制，故大學説『正心』，亦先説『忿懥』。『不貳過』，一切窒慾事，都包在裏面。」

羅整菴、蔡虚齋留心朱子之學，然于天命、誠意諸章注，都不曾講透。他以存心、持敬爲力行工夫，不知存心只是提起此心，不要昏去，原無多事，如何謂之力行？戒謹不睹，恐懼不聞，有何事可行？

「敬」字從理上發出，心和氣平，就是俗語一箇「怕」字，故恭人曰温温，德隅曰抑抑。近人錯會，多作有意矜厲。就是果然壁立萬仞，亦是泰而驕，威而猛，與敬本旨相反矣。有意矜厲，是從氣上做工夫，既不心和氣平，如何能中節？東漢人謂之氣節，其節自氣中出，不從理上來。故曰「一變至道」，正須變也。劉念臺、黄石齋豈非君子，惜其工夫都用在氣上。

「敬」字被後人講不明白，做來形狀可畏。湯潛菴、陸稼書皆中此病，竟有不近人情之意，令人望而去之。敬是怕人，不是要人怕我。如見大賓，如承大祭；無衆寡，無小大，無敢慢；戰戰兢兢，臨深履薄，還是自己怕人？還是要人怕己？至于敬人者人恒敬之，自然儼然人望而畏，威可畏而儀可象。

人若閒散度日，過後未免悔恨，惟用工讀書，便心無不安處，可見人只是求心安爲主。佛家云：「我視禪定如須彌柱。」心非須彌柱，心安處便是須彌柱也。你看這不過一些子，却頂天立地是這箇。

黄石齋云「人無今古」，最妙。如有人凡事淳厚，不肯苟且欺人，便是古人。如今寫一本書，刻一本書，一毫不肯潦草，這就是古人之書。問：「有因官事磨得細心者，只是怕心常存，心便細了。」曰：「怕便不好。須是不盡心自過不去，務要工緻周到，心裏纔安帖方好。」

和尚家參禪，亦是要心歸一，故意説一句極没理的話，要你在這上尋求，想來想去，別的念頭都斷了。人心本自靈明，逼到歸一時，光彩忽發，別見得一箇境界。他們得此方好用功，不是到此就住。從此遍參歷扣，直追無上菩提。陰符經曰：「絶利一源，用師十倍。」是這一層工夫。至「三返晝夜，用師萬倍」，即參同契所謂「千周粲彬彬，萬遍將可覩」，乃是思之精熟。若心無那一段歸一内力，却不能思，要思，心散去了，亦不中用。

「省察」「省」字，是從「三省」處用來字面，然曾子之省，是事已之後，迴頭盤算。程朱引來，却是作當幾點檢語。省察言下便包克治，故朱子於學、庸兩處「慎獨」注，一則曰「務決去而求必得」，一則曰「遏人欲于將萌」，非徒點檢一番已也。省之之精，則知無不致；克之之勇，則行無不力。故省察内，便包得致知力行工夫。朱子所謂「自謹獨而精之，以至于應物之處無少差謬，而無適不然」。應物而無差謬，非致知力行者能之乎？故陳北溪所舉學的，只說居敬、致知力行，不及省察，正以致知力行即省察之實也。清植。

榕村語録卷之二十四

學二

聖人首聰明睿智，大學先格物致知，人總以明白爲主。若心裏不明白，則剛爲暴，仁爲懦，勇爲亂，許多好字面，俱可變壞。孔子聖之至，亦是始條理與他聖異。兩漢人物儘好，然底裏病痛，只坐有些不明白。不明白，縱使天姿純粹，只做到兩漢之功業、節義而止，不能復向上。

記問之學，不能心得，都不濟事。得之於心，就是不得工夫讀書，亦日日進，禁他不得。「逝者如斯夫，不舍晝夜。」他心道流行，所謂「源頭活水」也。

讀書只要心裏明白，便是「源頭活水」。崑崙一脉，處處貫注，放乎四海。有本者如是。

老來見得讀書，只要心裏一點明白，除此都是無用。若著一部書，天下家傳户誦，心裏却暗暗曉得有不妥處，更是爲累。揚子雲配享孔子，王荆公位在孟子上，却有賢聖在後，到底無用。佛家心裏亦有亮處，吾儒亮在理上，不知他亮在甚麽地方。然他却見到這一點受用，不要人知。雖是同聲相應，同氣相求，有人信向，亦不可少，只是本人若注意在此，便没有底子了。

讀書博學强記，日有程課，數十年不間斷，當年吴下顧亭林，今四舍弟耜卿，皆曾下此工夫。亭林十三經盡皆背誦，每年用三箇月温理，餘月用以知新，其議論簡要有裁剪，未見其匹。耜卿亦能背誦十三經，而略通其義，可不謂賢乎？但記誦所以爲思索，思索所以爲體認，體認所以爲涵養也。若以思索、體認、涵養爲記誦帶出來的工夫，而以記誦爲第一義，便大差。必以義理爲先，開卷便求全體大用所在，至於義理融透浹洽，自然能記，即偶然忘記亦無害。程朱亦然。

治參同契者，皆以爲有外丹。某謂即有外丹，亦須内丹就，方能服得外丹，不然消化他不得。内丹就一團陽氣，如火之然，不拘金石，皆能消化，方有益。即如穀食，須是脾氣好，方能成精液，長氣血。若不消化，便都成病。讀書亦然，須要融洽，不然撑腸拄肚，便爲害。

前歲爲一友作時文序，彼時隨筆寫出，偶然翻閱篇中，有語云：「學求自得，則視傳世末也。」此語古人却未曾説。想人身後，若全無知覺，則千秋萬歲名，寂寞身後事，要他傳何用？若是有知，生前浪得名，所作的不成物事，急忙不得消滅，更覺得苦。

今人作文字及選文字，都要多，某却另一癖性，只要少。又人都要傳世，某只要愜心方快活。

刻板印書如此便當，何漢、唐人都想不到？然因此流布得廣，反將書本看得容易，不以爲寶。人須有求明道理滚熱的心，如渴饑到十二分，滴水顆米，俱如甘露，如仙丹，立刻便要吞在肚裏，那有不消融滋益精氣之理。

賓實讀書，一切詩文曆算，都不甚留心，惟四書、五經中這點性命之理，講切思索，直似胎包中帶來的一般。此之謂「法嗣」。當時徐立齋、韓元少，每見輒問某近又讀何異書。人好讀異書，便是大病。書有何異？四書、五經，如饑食渴飲、祖宗父母一般，終身相對，豈有厭時！不爾便是異端。和尚家不必説他道理偏駁，只丢了父母，别去認箇師父；丢了兄弟，别去認箇師兄、師弟。人只一本，彼有二本，便不是人。

倫兒欲以二三年工夫學會算學，再回頭來耑心於經書道理。其意以算學有盡，而經旨無窮也。不知經旨雖淵微，都是根本語，至易至簡。曆數之類，却款項繁雜，難以遽罄。試觀一顆樹，還是根本多些？還是枝葉多些？况人要精於六藝，尤須以經書道理爲根柢，則用力雖勤，而即末見本，自有從容悦心之樂，不然勉强先從繁雜處入，恐致心病。敝鄉有一秀才，於石齋先生三易洞機[一]極意殫精，必求其解，遂至失心，正坐此也。看得四書淡而無味，就有些明白，亦以爲不足奇。所以高者談性命，卑者工詞賦。豈知四書中，青紅碧緑，何所不有，其味至味也。不知其味者，保得他講的性命必不是性命，學的詞賦必不成詞賦。

自漢以來的學問，務博而不精，聖賢無是也。太公只一卷丹書，箕子只一篇洪範，朱子讀一部大學，難道别的道理文字，他都不曉？然得力只在此。某嘗謂，學問先要有約的做根，再泛濫諸家，廣收博采。原亦不離約的，臨了仍在約的上歸根復命。如草木然，初下地，原是種子，始有根有幹，有花有葉，臨了仍結種。到結了種，雖小小的，而根幹花葉，無數精華，都收在裏面。

讀書不專是要博，須是湊成一堆。某十八九時，經書外，纔看一部性理。聞長老援古證今，茫不知其端。然覺得其言間有不聯續處，又有違碍道理處，當時思其受病之根，爲之説曰：「天上繁星萬有一千五百二十，若湊起來，比月還大。只因月是團圞一物，所以月光比星大别。又如百十燈火，因散開了，反不如一火把之光。」昔有人力格數人，問

[一]「機」，明史卷九十六藝文志作「璣」。

之，渠云：「力兼二人，便敵得十人；兼三四人，則三四十人不足道也。」以此，見得須是合并，若散開，終是不濟事。荀子云：「合二十五人之智，智於堯、禹。」只平常人合湊起來，便比得堯、禹，而堯、禹不多見者，以其散爲二十五人也。

看書要逐條想一遍，不但爲書，且將此心磨得可用。不然遇大事，此心用不入，便做不來。

人須要用心，但用過心，不獨悟過好，只疑過亦好；不但記得好，就不記得亦好。中有箇根子，便有時會發動。

讀書以心爲本，心不在，雖勤無益。佛家所謂「如磨麵驢，身雖行道，心道不行」是也。心裏通透一點，便爲功甚大。心爲諸事之根，然諸事又自有根，諸事之根，所謂「派頭」也。文不學史、漢、韓、柳，字不學鍾、王、顔、柳，理學不宗周、程、張、朱，雖終身專精，何益？

無味處致思，至於羣疑並興，是超凡入聖關頭。自記。

程子云：「只是思便無邪，重在『思』字。」亦説得好。邪蕩之行，可悦者一時，而禍害無窮。鄘風❶鶉之奔奔，便接定之方中，其禍至敗國亡家，可不戒哉！問：「如此是懲

❶「鄘風」，原作「衛風」，據毛詩正義卷三改。

創逸志分數多。」曰：「好處豈不用思？思吾之性情何以不如古人之厚，吾之行事何以不如古人之當，其處上處下，處常處變，内外大小，都有道理，如何不思？思却到無邪方是。」

問：「讀書如何方有益？」曰：「且未説到躬行，只要實在通一經，便有些爲己之意。要通一經，須將那一經註疏細看，再將大全細看。莫先存一駁他的心，亦莫先存一向他的心。虚公其心，就文論理，覺得那一説是，或兩説都不是，我不妨另有一意。看來看去，務求穩當，磨到熟後，便可名此一經。當日虚齋只將易經如此做得一番工夫，後來天下傳其蒙引，曰：『欲易明，問蔡清。』故某作重修虚齋祠堂記曰：『自宋以後，得漢人窮經之意者，惟虚齋先生一人。』」

有人説十三經、廿一史皆看過，只是不記得。總是他立意要看完經史，便不能記。何也？爲其泛也。非切己要讀，如何能記！天下書原讀不盡，虚齋云：「欲爲一代經綸手，須讀數篇要緊書。」書讀要緊者方好。文中子云：「不廣求，故得；不雜學，故明。」某自己驗之，確是如此。孔子説得極平常，都是自己有得之言，説一箇「温故」，説一箇「時習」。可見不温、不習，便無處得「説」與「知新」。

京江張先生曾有對句云：「天下有讀不盡書，總非學問；心頭無打不過事，便是聖賢。」因戲謂曰：「若作『天下無讀不盡書，總非學問；心頭有打不過事，便近聖賢』，何如？」先生頷之。清植。

讀書要有記性，記性難强。某謂要練記性，須用精熟一部書之法。不拘大書、小書，能將這部爛熟，字字解得道理透明，諸家説俱能辨其是非高下，此一部便是根，可以觸悟他書。如領兵十萬，一樣看待，便不得一兵之力；如交朋友，全無親疎厚薄，便不得一友之助。領兵必有幾百親丁、死士，交友必有一二意氣肝膽，便此外皆可得用。何也？我所親者，又有所親，因類相感，無不通徹。只是這部書，却要實是丹頭，方可通得去。倘熟一部没要緊的書，便没用。如領兵，却親待一夥極作姦犯科的兵；交友，却結交一班無賴的友，如何聯屬得來？

若是要有所得，精熟一部經書，儘可用之不盡。若要醞釀深厚，畢竟是多讀多通方得，「沈浸醲郁」四字最妙。

讀書不透，多亦無益，然亦未有不多而能透者。

人無所得，雖讀得三通，高談博辨，證佐紛羅，其歸如搦冰然，初非不盈把，漸搦漸消，至於無有，所以讀書以實得爲主。

學問之道，最怕那地方派斷。如李中孚，幼爲孝子，長爲高士，半世讀書，所著論多未諦當，以關中派斷故也。所以孟子見得透，甚重見知。

讀書要搜根，搜得根便不會忘。將那一部書分類纂過，又隨章劄記，復全部串解，得其主意，便記得。某向看三角法，過而輒忘，後得其一線穿下之根，便再不忘。某於河圖、洛書，搜得其根，放下空空洞洞，一提起千頭萬緒，無不了然。孔明當日獨觀大意，今人解作草略，便不是。大意者，即精英根源也。杜工部讀書難字過，便不屑記難字。如揚子雲，乃是要採其精英。

某少時好看難書，如樂書、曆書之類。即看易，亦是將圖畫來畫去，求其變化巧合處。於太極圖，不看其上下三空圈，却揀那有黑有白、相交相系處，東扯西牽，配搭得來，便得意，覺得朱子注無甚意味。及入館，幸遇德子諤、徐善長兩先生，辛未後，又得張長史、楊賓實。他們往復疑問，俱是從道理根源上尋求。因此想出見頭來，再去看朱子書，方有滋味，有精采。

某年十八，手纂性理一部，十九，手纂四書一部，二十，手纂易經一部。凡某家某家如何說，皆一一能記，至今以爲根基。不然雖閒時熟思，從何思起。

某先年只喜看有道理的書，近年方不擇書。看詩，便覺詩裏有許多理；看史，便覺史裏有許多理。如此方好讀書，而惜乎已老矣。朱子自廿來歲便是如此，所以無量精進。

「讀書千遍，其意自見」。某初讀參同契，了無入處，用此法試之，熟後遂見得其中自有條理。初讀大司樂亦然。用此法，又有入處，乃知此言果丹訣也。人做大司成，只糾合有志讀經者，且不要管他别樣。只教他將一部經，一面讀，一面想，用功到千遍，再問他所得便好。

有言不好讀經，而好史者。曰：「此不過是心粗，不耐細看道理。其看史，亦只於没要緊處看取耳。到後來粗浮無比，安能區别是非，措之於用？」

學問須是熟，梅定九於曆算，四十年工夫，尚不能熟。讀書不熟，終不得力。魏伯陽所謂「千週萬遍」也。

讀書著不得一點爲人的心，著此便斷根，雖孜孜窮年，無益也。

梅定九筆算，乾净有條理，信成耑家之學。可見學無内外，終日談身心性命，意却要人知我，不妨是爲人。曆算詞章之屬，務欲心通，有以自樂，不妨是爲己。總在心中發念處分别。某十七八歲時，於正蒙、觀物，有幾處不明白，到省試時，坐肩輿中，崎嶇登頓，一思輒竟日。子弟生性廓落不妨，但當有耑心之處便好。大凡一技之精，皆未有全爲爲人起見者。

讀書要見得自己有新意，高出前人處，却不可執定此意，以爲至當不易。亦有此意初見甚確，久之覺得前人老老實實的一句，已似有此意。到得後來，確乎見得他那一句渾厚無弊，包得我的意思，足却不可易，便到是處。

讀書人且要如和尚家，先記得六根十八戒，要緊的幾箇公案。四書、五經中條款，數説不出，却説我留心根本，此不過空疎之别名耳。只是地名、人名瑣瑣碎碎，記得許多，却不必。即如孟子，五箇人倒忘了三箇，都不妨。若如大學中八條目，中庸中九經，忘了一件，如何是箇學者？

後代書更多，讀不盡，事更多，亦知不盡，莫若就我所能爲、所能知者，求箇著實。據所見者寫出來，再看所寫者，可能如意中所見否。若不差，便存著，不必定想傳世。如此甚簡易，近於爲己。

朱子曾説有著碁高手人，向國手從學，國手經年不教一語，只令看他與人著。其人問故，國手曰：「但是高著，你都曉得，令你看著者，要你知道低著耳。」此語最妙，他那規矩準繩，平平無奇處，正是妙處，困倒英雄。所謂低者，正是高之根。

讀書只贊其文字好，何益？須將作者之意發明出來，及考訂其本之同異，文義之是否，字字不放過，方算得看過這部書。

今尚門之學甚少，古來官制、田賦、冠服、地里之類，皆無精詳可據之書。此等必實實考究得源源本本，確有條貫，方好。不然，隨便著作，有何關係？如浙中萬氏禮學，極有佳處，但多是自己做主意，所引經史，只據來證吾此説，不管對面反面尚有別義。如問官事，要偏在原告，便只取原告干證，不管被告干證；要偏在被告，便只取被告干證，不管原告干證，如此豈能歸於至是？

讀古人書詩，不將全部五七遍過，遽欲選他的，大都是强作解事。讀到五七遍，略能上口，辭意俱已明白，方纔見得他出。即如見一朋友，不是談到五七次，如何知其爲人？

朱子譏永嘉學問，説王道，不説孔子，只説文中子；説霸道，不説管仲，只説王猛。其實不尋到源頭，連這半截亦不識得盡。即講周、程、張、朱，不尋到孔、孟，亦不能盡周、程、張、朱。既不見其疎漏處，定亦不知其精到處。

古法之壞，不壞於無知者，而壞於一知半解者。十分中曉得九分，那一分不解，不肯闕疑，定臆造以求合。承訛襲謬，久且不知其非，而古法之真益晦。聖人云「多聞闕疑」，萬古讀書人，不可易此。

程子傳聖學，功甚大，但往往以絶學爲言，却起後來菲薄前賢、自我作古一輩人流弊。夫子自云「信而好古」，「好古敏求」。子貢答公孫朝，何難説不由師傳，默契道體，却説「文武之道，未墜於地，在人」？尤妙在説賢不賢、識大識小，「莫不有文武之道，夫子焉不學？而亦何常師之有？」立言多少穩實，與夫子平日所言一般。大抵風俗人心之壞，皆起於讀聖賢書，不信聖賢。某幼時，曾聞耆老云：「孔子之書，不過是立教如此，非是要人認以爲實。」豈不是癡人説夢！明末人都是此見，風氣雖嘉靖以後方壞，却是從陽明開此一派。

明代人讀書不細，大害事。王陽明爲王守溪作傳，最表章他的性説。性説中引孔子語，云：「心之神明謂之性，以爲吾止以孔子爲斷。」不知原文乃「謂之聖」，非「謂之性」也。記不確，又不去查，落筆便成笑話。明道因濂溪教他尋孔、顔樂處，晚年欲作樂書。朱子曾笑云：「不知樂如何作書！」謂樂在心，作不得書耳。性理中載此語，恐人讀作「禮樂」之樂，乃於「樂」字下旁注「洛」字。書生不看小註，於問樂策，往往答云：「明道常欲作書。」是讀爲「禮樂」之樂矣。常州錢啓莘又錯以旁註「洛」字爲正文，因費許多心力，著一部洛書，皆畫作龜文，繫之以詞，以竟明道未竟之志，豈非説夢！此殊有關係，非止文義少差而已。

明人讀書不及唐宋人。汝楫問曰：「病在何處？」曰：「前半截，以爲程朱果高於漢、唐，遂不讀漢、唐人書，又不能讀透宋人書。後半截，知讀漢、唐書，却只獵取一點詞采爲文字之用，與義理不相干。」

許魯齋云：「學問到有朱子，已經都説明，只力行就是了。」此語似是而非，恰像人已無不明白，只欠得力行。其實不能明白者儘多，乍見似顯淺，人人與知，却中間難理會處無限。只當云熟講深思而力行之，方無弊。且如堯舜以來之道，至文武已無不明備，周公又仰而思之，夜以繼日，何爲也？易經，文、周闡發已明，孔子又「韋編三絶」，何爲也？説是前人説明，亦要我在身心上實實體會親切方好。近人不是想翻程朱之案，便謂程朱發明已盡，不必措意。都不是。申公曰：「爲政不在多言，顧力行何如。」語雖結實，亦未詳盡，不講明如何行得。夫子拈一「信而好古」爲宗，就中又開出許多方法。如所謂「闕疑」，「闕」殆擇善而從，不是見古不論是非，一概深信不疑也。

人於書有一見便曉者，天下之棄材也。須是積累而進，温故知新，方能牢固。問：「這樣人若肯加功，豈不更勝？」曰：「便是他不肯加功。如富貴家兒，生來便有得用，他看錢物，天然不愛惜。惟辛勤成家，便一草一木，愛之護之。讀書從勤苦中得些滋味，自然不肯放下。往往見人家子弟，一見便曉者，多無成就。有人自訟其過，生平所讀書，不甚愛惜，此是大病。又有人自訟其過，生平好讀新書，不喜讀舊書，亦是大病。」

人略略知道有所不爲，便出衆。若再講求學問，有些淵源，便不可測，必有成就。

某嘗以曆論質於猗氏衛先生，猗氏以示顧寧人，寧人曰：「曆之是否，吾不能知。論文字，則元人之文也。」某曰：「以先生之博學，何謂不能知曆？」寧人曰：「吾於經史，雖略能記誦，其實都是零碎工夫。至律曆、禮樂之類，整片稽考，便不耐心。此是大病，今悔之而已老矣。」梅定九了然於心，了然於手，却不能了然於口。寧人則善談論，其自訟處，實讀書要訣也。

出門之功甚大，閉户用功，何嘗不好，到底出門聞見廣。使某不見顧寧人、梅定九，如何得知音韻、曆算之詳。佛門中「遍參歷扣」，最是妙義。豈必高明人，就是尋常人，亦有一知半解。

凡瓜菓，時候未到，縱將他煮爛，他終是生。人只知春生、夏長、秋收之爲功，不知成物却全在冬。五穀至秋已成矣，若當下便將來下地作種，終是不好，畢竟收過冬，生意纔足。人見其已入倉困，以爲既死，不知他生意在内，自己收縮堅固，以完其性。可知貞下起元之理，一絲不錯。凡學問工夫，火候未到時，勉强爲之，終是欠缺。

讀書已是見得如此，却須放在那裏，久之寫出方好。不但錯處須候其開悟，即是處亦須候其爛熟，爛熟後，向人解説，聽者不待吾言之畢，而已自領悟。到此時候，一筆寫出，自然枝葉渣滓盡去，不消多著言語，而義旨朗然矣。此境非可强致，程子自言十七八歲時，見得如是，至今仍見得如是，却意味自别。正是此意。學聚、問辨下，著一句「寬以居之」，大妙。如用武火將物煮熟，却要用慢火煨，滋味纔入，方得他爛。以上致知。

人總以言行爲要，凡一生之吉凶禍福，功業之大小成敗，皆於是定之。行者，人之禮也；言者，人之樂也。

人取益改過，自視宜小；容人納諫，自視宜大。「以能問於不能，以多問於寡；有若無，實若虚」，何其小也！「犯而不校」，何其大也！不學人，往往與之相反。

人須是立心寬大，若褊急，縱使耿介特立，亦是自了漢，不能成大人物。要有陶鎔人一團熱氣，方是聖賢的派。

做官人不要貪逸樂，人乃得逸樂。武侯澹泊明志，食少事繁，把身子都抛開了做。

佛家以大地黄金布施，不爲希罕，須將身子布施，方是大布施。即是此意。他又推而上之，至虚空無我，不有其心，更是大布施。吾儒却不然，到了不私其身，鞠躬盡瘁，自然連上一層都有了。

人心一味熱不得，一味冷亦不得。如關切人，便爲之營私，大不是。去了此病，却又一點不照顧人，連分人以財、教人以善都没有。須要乾乾净净，却又滿腔子都是仁厚相愛之意方好。

風氣淳厚便太平。聰明才智，多是天生的，至厚道，可以學得，大家都學厚道，便成風氣。有人問程子，古人對姑叱狗，炊藜羹不熟，便至出妻，何過耶？曰：「古人厚道，不可淺測，寧自己落些不是，必有宜出而不忍顯言者。所謂出妻令其可嫁，絶友令其可交。」此段説得甚好。東漢人多近古，便是勉爲厚道耳。

問：「小學以恩怨分明，爲非有德者之言。怨不必分明，恩上分明何害？」曰：「病在『分明』二字上。如人有恩於我，分數到那裏，我報他亦止到那裏，便是無情。如我有恩於人，亦論分數責報，豈不大差！且使其人有恩於我，而其人却非好人，我明説報他，倘我有權勢，他竟倚以作威虐，將若之何？只是遇他的事，於理不甚違碍，有可周全處，周全之，便是了，不必使他知。」

世間事變幻多端，吾輩遇之，却要反觀自己。自己身心上有此，此事便是有根的；自己身心上無此，此事便是無根的。無根便可視之如無有矣。機心最不可用，他來害我，我又生法去害他，便兵連禍結而不可解。即消化了不有在胸中，猶非第一義。須是反到自己身上，追尋出我必有所以致之之處，求所以善處之方，纔爲有益。

人當大驚懼時，切不可就處置事，此時非本心之正。若以事機不可緩，因旁言亂聽，急忙應之，十件十錯。某自經鄭寇、耿逆之變，身嘗試之。當鄭寇猖獗時，欲招某出，某不應，遂致怒，聲言欲禍予家。彼時若一言稍靡，便貽名節之羞；若過抗，便可殃及父母。某只不動聲色。至數日後，有王友者，問某作何計，某曰：「僕不過一窮百姓，彼若欲得而甘心者，遣一役來，牽之而去，即與見面矣。」友曰：「招之不見，牽之而見，可乎？」某曰：「招之無可見之理，牽之便有可見之義。何也？招之而見，不爲殿下臣，必爲座上客。牽之而見，則爲簿下囚矣。」友曰：「見面奈何？」某曰：「若能以禮待，則從容告以實情，僕非明之臣子，而實我朝之詞臣也。倘爲不才，便不足用，如以爲賢，未有賢而失節者。彼於明家失節之人，皆殺之、流之，則僕之不宜爲用明矣。如慮僕有別圖生變者，請侍老父老母，攜妻子，傍城而居，教童蒙度日可已。若彼赫然而怒，發淡水洋，亦命也。」王友爲之稱善。其後竟得瓦全。倘倉卒應之，則心氣驚惶，思慮未能周到，剛柔緩急之間，皆足以僨事致禍矣。

當年某家貧賤時，被光棍衙役設計陷害，至辱及父母。及後寇亂，某起鄉兵保護鄉里，迎請大師。當時地方大吏皆仰重，生殺可以自由，有勸某因事報復者，某皆不應。此輩若積惡不悛，自有天道，不必參以人爲。團結鄉兵，是爲鄉里，爲朝廷，藉此遂攙入一分報復私忿的意思，便覺羞不可當。

當年有友謂某曰：「亂後長許多見識。」某扣之，曰：「平時極相厚者，皆掉臂不顧，疎慢不堪。此世果是佛家所云魑魅世界，看破虚幻，無復有情？」某應之曰：「果爾，則是我於斯世，先爲疎慢以待人矣。豈是處世中正之道？惟當思吾平日所以感之者，恐未必誠，未必合理。苟誠而合理，則彼自負恩，亦不足校。凡極不得意時，吾心中必有事焉，則有所以處之。如人久在亮處行，忽入暗處，一物不見。彼時狂躁無益，惟合目静坐，再一開眼，則虚室生白，不須願外。」

告狀者雖無直辭，然被訟者追尋受訟之由，畢竟有自己一點不是處，故自反是切實受用。若他人不是，與我何干？於禽獸又何難焉？

人貧窮時，有求志一段自己的快樂；貴盛時，却有臨深履薄一層自己的受用。無此，便人生亦没意味。且如此，方可不窮，若是窮了，便不是易。

當事只要作退一步想，便自安詳審慎。如一味誇詡將去，必敗之道。鍾旺。

飛鳥遺之音，不宜上宜下，急唤其回頭。事每要回頭看。鍾旺。

聖賢只論當下，任千駟萬鍾，總不易吾此一刻一念之安。不與人論人非，論鬼責，這便是到頂要義。過去未來，皆所不計。

事到當頭時，惟有義所當爲者便爲之，不要思前算後。某當海氛擾攘之際，事勢甚危，想來别無巧法，只有義所當爲，力所能爲，進前做將去，幸得免難。鍾旺。

鋭峰僧云：「截斷做。」最是。如今我們行一件事，説一句話，且求這件事、這句話有當於理，莫管後來時勢之有無翻覆。無論料不到，即料得到，亦無益。未有抛了當下的道理，却去預管後來者。

以氣加人，不惟累德，亦必害事。鍾旺。

委蛇遷就，固非君子之道。然苟徒恃義理之正，一任激烈做去，以致僨事，甚且貽患無窮，衹是爲血氣所驅耳。推其極，亦是一己之私，非出於天下之公也。鍾旺。

凡奸邪成黨時，切勿過激。彼既成黨，釁將自作，急之，彼反合勢；緩之，則自相攻擊必矣。乘其敝而去之，則事半而功倍。看史鑑中處此者，或得或失，無非天意。

人於既往事，便如根本；將來事，便如枝葉。如當下富貴，便忘却窮時情狀，只覺得應該享用，便是忘本，枝葉必不茂盛，將來享用亦必有限。然不忘又有分别，不忘而知止知足是也。若怕將來再窮，便貪財厚蓄，以爲備豫之計，便爲大錯。

人能公其利，便自受其利。如山之出雲，本以爲雨，及雨下，出雲之山亦被其澤，此自然之理勢。若施一小利，即懷望報之心。一著計較，便索然没趣。

人能勉强便好。六家叔少時，聞人家有不祥事，便有喜色，某規之曰：「叔父何爲倖人之災，樂人之禍？」叔父頷之。自後便强爲咨嗟，或作愁苦酸悽不可忍耐之狀。其始未必即出於實心，到後來，便習而成性。他如今福禄壽考，甲於一族，若那意不變，便非享福之相。又人有一長，刻刻要施展，亦是大病。如喫得一物，却不消化存在肚裏，豈不爲害？所以顔子「有若無，實若虚」，謂之「亞聖」。

客有云：「學者以治生爲急，父母日受饑寒，却杜門不出，而曰『我以立品』。此邀名之事，殊闊於情實。」先生曰：「此乃佞以自文其説，事通賄之失，而便其私者。此等須論道理，若合道理的經營奉養，則即此便是立品的切要事，不是兩件。若非道非分，則無營求之理。父母雖不免凍餓，有招之行竊者，從之可乎？」

夢中，遇極凶險事，只心不動，便不能爲怪。推之日間，亦當如此。凡變故猝乘，只心不動，當不能爲害。問：「心不動，自當有箇道理出。」曰：「固是。且不必説到此，只以神之應感論之，亦自不爽。」又曰：「此須是涵養得到，不然亦當忍教不動。」

天下做得事來者，多是不要做的人，急躁便易敗。

張子房於高祖之欲廢惠帝，武侯於先主之東征，都暫且由他。蓋事到無可奈何時，只得放寬，以俟其機。不知天意如何，且聽天處分。若是天要如是，人有何本事？不然必有轉機，乘其機而用之可也。古人當此，是窮了只得用此法。某當年值耿、鄭之亂，曾用此，頗有濟。耿逆初平時，諸當道行事，殊失民心，某憂甚，知且再亂。或勸某進書言於親王，某念彼時雖進一書，如以小石投大海，何用？姑且由他。如天意有在，或反生出好機栝來。未幾，白頭賊聚夥萬數，劉國軒攻圍漳、泉，親王歸路已斷。於是督撫提鎮，一齊束手。某乃團聚鄉兵，使三舍弟引巡撫吴興祚兵，吴表弟引將軍拉哈達兵，自山並進，遂解泉州之圍。於時親王以下，皆視某爲干城，而姚熙之得某一字，立刻施行。凡諸苛酷弊事，以次銷革。王荆公詩：「漢業存亡俯仰中，留侯當此每從容。」最妙。不知當日宋業未嘗存亡俯仰，荆公何以那樣不從容？

人必靠定道理不走作，至風波來，方可言命。只是賢路崎嶇時，須委婉些方是。

立朝柄政者，苟非大賢，與之交好比附，未有不爲所累。故仕宦以孤立爲安身，的是名言。

人只當存至誠心。禍患之來，如何可定，天便來替你解救，是誰力量敵得過天？方正學論此一段甚好。

受暮夜金更不好，却之亦是常事，何故楊關西便傳爲美談？可見東漢雖風尚名節，而受暮夜金者尚多。立品不真，自古而然。

奸惡黷貨之人，竟似他終無死日。不知這罪過是要帶去的，人生須是刻刻辦著死時不罣碍。如做官的人，刻刻恐怕有贓款，日日造一交盤册子，打算去官時，落得乾净走路纔好。

朱子云：「自古未嘗有被人殺死的聖人。」以聖人都是一團好生意思故也。賢者則有嚴氣正性、嫉惡如讎者矣，此便有殺機。佛家云：「羅漢見惡人，生嗔惡；菩薩見惡人，生憫度。」羅漢與菩薩，只差這線路，即是此意。

狀貌雄偉人，須要現出善象，無意中流露一點仁愛渾厚意思，便有福，所謂心象也。若一味剛强快利，便多没没而死。某閲人，如此者甚多。

聖人不廢肉食。禽獸食草木，人又食禽獸，以其尊於萬物，而備有萬物之精英故也。若禽獸食人，則爲變異矣。只是不可貪饕，須存遠庖厨之心。

父兄教子弟以權術，莫要説實話，畢竟即先在父兄身上學起。

子弟懷利以相接，是無所不爲之根，而其端在於詐。

有痛詆人惡者，先生曰：「子親見其事耶？」曰：「得之傳聞。」曰：「就使親見其事，立言固自有體。夫子惡稱人之惡，子貢惡訐以爲直，正爲此耳，況傳聞乎！」鍾旺。

人有不是處，雖子弟僮僕，且莫駡破他。某督學時，屬僚有無禮者，某並未當面質責，及他知悔來謝，某則慰而勵之，他便相安了。賓實督學時，教諸生極其至誠懇切，只是當面駡他不通，他便難堪。某當時只與他透講書理，他這一邊明白，那一邊不是處自然知道，何須駡破？所以「隱惡」二字最妙。不但是要存心長厚，亦是留他改過之路，好使人自新。

陽明云：「人有過，不可又加功去文飾其過。如一句話説錯，已是錯了，又添一句去塗飾，是兩句錯了。恐塗飾不工，又添一句去彌縫，是三句錯了。何若改向好處，十句話有後來九句是，那一句不是，人亦諒之矣。何必展轉回護，徒然增其破敗？」最爲高明。

「不誠無物」，此理最奇。人説話纔著些假，不但當時人不信，即千百世後，人一見便知之，如諸贋書之類是也。可見此理無形影，無聲色，充塞遍滿，斯須不可離。之鋭。

古之聖賢，都亦隨時。孔子於弟子皆呼名，孟子七篇，便無對面呼名者。程子當面稱賢，背面呼名。至朱子，背面亦稱字。以上言行。

榕村語録卷之二十五

性命

汝楫問：「胸前心之舍，天心亦必有舍？」曰：「與人一般。人醒時，其神在心，睡時，其神在腎。天之心，上在北極，下在地心。」又問：「春夏陽也，心在上；秋冬陰也，心在下。與人醒時、睡時相配如何？」曰：「春夏氣發於上，秋冬斂陽地中，推説皆通。其實何處非心？人遍身皆心，一毛一髮皆心也。天亦是如此。」

賦性，譬如誥勑開載職事；福善禍淫，譬如考職黜陟。此首尾兩頭，皆是正命，中間許多稟受，則皆所謂氣數之命。自記。

「命」字最上一層，是「天命之謂性」，純以理言。中一層，是陰陽五行，便自不同，是以氣言。後一層，却以人自感召爲主，又以理言。合而言之，總是一理。中間氣數之不同，孟子説得妙：「君子不謂命也。」如朝廷命官，予之勑書，令盡職守，是君之正命。後來三考黜陟，亦是吾君正命。至中間僚友齮齕異同，到底算不得君之正命。

以君命譬天命，最明切易曉。給這勑書是命，領這勑書是性。「繼之者善」，在方給之初；「成之者性」，在既領之後。鍾旺。

聖賢説義理，即兼利害。朱子深譏左傳好夾著利害説，其實降衷之命，與吉凶禍福之命一也，二之則不是。所以「見乎蓍龜，動乎四體」；「惠迪吉，從逆凶」，福善禍淫，無不兼説。

問：「人常有未生時，先見朕兆，如曹操未生，便知梁、沛之間有真人出之類，此何理也？」曰：「天地生人，如人做事一般。其有關係者尤所著意，未做那事，先動那念，便有象了。」問：「有至微之人，不過富貴幾年，未生之前，亦先見朕兆，難道亦是天地著意所生之人？」曰：「此等人是他後來自家墜落了，想天地初生他，其意不止如是。所以詩、書言命，只言後天之命，『立命』二字最妙。命可以自我立的，作善降祥，作不善降殃。『惠迪吉，從逆凶』；『道善則得之，不善則失之』；『宜民宜人，受禄于天，保佑命之，自天申之』，都是説此等命。天生成有一定的命，到得後來變化，其理又進一層，連天亦不知其然。果有天初生人，本來是極好的，後來自家鑿喪，至滅其算，削其籍；有生來命本平常，因自家積德累仁，至於增其福壽，名升帝庭。」問：「天地至神，如何後來變化，天亦不知？」曰：「心是人所自有的，人尚不能捉定自己的心，天如何能知？所以佛家説『轉輪王』是心，那機一轉，大地山河都隨他轉。」

天地以生物爲心，而其聚精會神又在人，所以太極圖上面的，都是爲下面兩圈而設。不知天地，但觀人。人一生經營勞碌，只是要兒孫好。問：「人是有知的，固如此。至草木無知，其生枝、生幹、生葉、生華，歸結只是結子，天地之心全見矣。」曰：「然。草木之生，色香臭味有絶奇者；禽獸蟲魚中，羽毛鱗甲亦有絶奇者。人乃裸蟲之長，毫無文彩，而天地之全理寄焉。如果實穀種一般，其幹枝葉華皆好看，結成子便一些文彩没有，其好處都包在内。」問：「實必有殼包住，衣錦尚絅，亦是如此。可見爲己之學，即是天道。」曰：「孔子教門，便是收歸到裏面來，這箇生發無窮。堯、舜、禹、湯、文、武之澤，都不如孔子，其子孫之福禄，亦與天地終極，爲是故也。佛氏『圓滿』二字最妙。圓始滿，滿始圓，草木之實，其圓滿者，乃生氣之所歸也。種先圓，勾萌甲折便不圓，到得結實又圓。」問：「如喜怒哀樂未發是圓的，發便不圓，到得和仍是圓。」曰：「然。」

「人爲天地之心」，果然。人多錯會，某亦讀之累年始解。謂「人爲天地之心」，反一語便可謂天地爲人之皮殼。故愚誕之輩，至有疑天地爲無知者，即從此起也。「人爲天地之心」，乃謂天地之精神命脉皆在人耳。禽獸草木，皆得天地之性而不能全，惟人得之最全，故曰：「天地之性，人爲貴。」貴者，貴於他物也，猶之父母生子，父母之精神命脉皆在兒子，非謂父母爲兒子之皮殼也。就如一身之中，説人之神氣爲天，體魄爲地，知識爲人，便不是。只好説魂之靈屬天，魄之靈屬地。周子、張子便説得不錯。周子以人之應萬事，配天地之生萬物，極是。張子説：「乾稱父，坤稱母，予茲藐焉，乃混然中處。」又極是。

王陽明説萬物一體處，言：「見赤子入井，惻然救之，是赤子一體也。見禽獸被傷，欲活之，是禽獸一體也。見草木摧折，欲護之，是草木一體也。見磚瓦傾欹，欲全之，是磚瓦一體也。又翻轉來説，瓦石，所愛也，使有草木萌蘖，屈抑其下，則不惜擲瓦石而出之，覺心安而理得也。草木，所愛也，使畜牧無資，則不惜芟草木而用之，又覺心安而理得也。禽獸，所愛也，值賓祭則殺而饗之，又覺心安而理得也。至人，尤所愛也，一簞食，一豆羹，得之則生，弗得則死，有路人與吾之父兄並在前，舍路人而活父兄，又覺心安而理得也。此皆非安排而後有者。」論皆極精。某復因其説而推之，瓦石無害於人，即觸之不過傷肌而已。草木則有腐腸爛胃，毒人至死者。草木生於肥土而不驕，生於瘠土而不求，雖有毒草，人不食之，不能爲灾也。禽獸得食則争，其尤悍鷙者，搏噬踶囓，無所不至矣。禽獸一飽而止，過而輒忘。人則蠅頭之利，不肯相讓，盈千累萬，不自知止，百年將盡，竞不少休，睚眦之怨，没身不解，以致相讐相殺，興戈起戎，害遍生民，辜及朽骨，視草木、禽獸之惡，千萬倍矣。似乎荀子之言不爲過。不知天以全副本領予人，原千萬倍於物，所以以不善用之，其機智才力亦千萬倍於物。且如瓦石，止是供人之用。至草木，則能滋益天和，培助元氣，瓦石不能也。禽獸中，如雞犬之鳴吠，牛馬之致遠，其尤靈者，如蜂蟻、鴻雁之類，草木不及也。至於人，自身而家而國而天下，實能修齊治平，則財成輔相，上下咸若，直至參贊位育，彌綸天地，雖天亦不能限量他。草木、禽獸能之乎？

草木，本在下，末在上，禽獸横生。惟人，頭向上，如天之圓；足在下，如地之方。清氣升上，濁氣降下，與天地同。看來有天地，不久便有人。邵康節謂「天地空閒許多年，始生人物」，未必然。唐、虞去洪荒亦未必太遠。

指節可以觀天，掌文可以察地。大抵天地之數，至五而全，河圖、洛書皆以五居中。人手足五指，得天地全數。然大拇指與四指不同，止兩節，又虚而不用。數十二支，不用拇指。中指長，應夏；小指短，應冬；食指、無名指一般，應春、秋。後掌高處，應山起西北；注水於中窪處，必定從食指邊洩去，應澤注東南。至右手方位已變，而西北東南不異。故曰：「天地之性，人爲貴。」禽獸便不如此。

天地生氣無處不到，石蟹在海能走，石燕在洞能飛，出則爲石，此石中所生之禽獸也。汙潦之水，蛆蠓生焉；糞壤之内，蜣蜦化焉。生其中，食其中，便肖其形，便同其性。牛馬草食、穀食，虎狼肉食，不能相兼也。人無不宜，是稟天地之氣全也。氣全者，以其理全也。虎狼之父子，蜂蟻之君臣，何嘗不倍篤於人，而他則不知。以上論命。

性之不明也，虛齋、整菴欲「於氣之曲折處見性」，姚江以「昭昭靈靈」言之，皆難以口舌爭。須知氣不過運動，神不過知覺，而所發之理乃性也。如見孺子入井而惻隱，能惻隱者，氣也，知惻隱者，神也。而惻惻然發於不自覺，動於不得不然，此處非氣、非神，乃情之正而性之真也。程子稱形而上、下，爲截斷分明。朱子言「太極陰陽當離合觀」，可謂精切。光坡。

「性」字自孔孟後，惟董江都「明於天性，知自貴於物」數句説得好。自後汨於佛、老，都是以「氣質」爲性，以「心之靈明」爲性。至韓文公，既以仁義禮智信爲性，却又疑孟子性善之説，難道有不好的仁義禮智信麽？直到程朱出來，把「性」字説一箇透。程朱後，又糊塗了。伊川説：「性即理也。」蔡虛齋、羅整菴輩著實參想，以爲天地之氣，若偏於陰，偏於陽，便不是理。陰了又陽，陽了又陰，陰陽得中，便是理。已經説得近傍，却還隔一層。爲甚麽陰了又陽，陽了又陰？這是天地不能自已，萬古不易，極純極粹，至好的一箇性，連天地亦不知其所以然。只是不如此，便過不得。此生理也，生理却在心裏，所以程子説：「心如穀種。」因爲性如此，所以動而陽，陽是好的；靜而陰，陰亦是好的。

春夏之生長，固是生物；秋冬之肅殺，亦是生物。人得之以爲性，亦是如此。萬古剪不斷，連人亦不知其何故。只是如此便安，不如此便不安。聖人愛人固是生人，殺人亦是生人。此處看得明白，憑你横説竪説，道理都不錯。知道這道理，天地間那一箇物類，那一件事情，是不與我相關涉的？知道這箇，却説他是「氣質」不得，説他是「心之靈明」不得。

善固本之性，惡亦必尋其根。朱子謂「陽主生，陰主殺」，「主」字覺得太重。如形體陰也，心思陽也，豈有形體主於爲惡之理？然惡却從形體而生。故人以心思爲主，而貫徹形體，則形體亦善。以形體爲主，而役使天君，則心思亦惡。善出於心，惡亦出於心。如君命官，盡忠效職，乃君命也；枉法行私，非君命也。然盡忠效職，固憑君命以行事；即枉法行私，何嘗不假君命以作威？畢竟盡忠效職者，君命之本然；枉法行私，非君命之本然也。如此看「惡」字有根，而亦不礙於本性之善矣。

知好善惡惡之爲性，原不錯，但要知何以能知好善與惡惡。必我有善，而彼之善與我之善合，故好之；彼之惡與我之善不合，故惡之。其所以合不合者，非我有極善之性，何以能然？程子以穀種喻性，便是，穀種裏面是有的。釋氏以鏡喻性，便非，明鏡裏面是無的。穀種是熱的，明鏡是冷的。以善言性，便盡天下人物，皆視爲一體，痛癢相關，公其所有而已不勞，一團和樂之象。以知覺言性，便以己爲明，視人爲暗，自智而愚人，尊己而卑人，私其所有而欲分以度人，必有隔閡之象。所以性善之説明，便見得天下之人皆有性善。「老吾老，以及人之老；幼吾幼，以及人之幼」。養之教之，歡欣和厚。佛教以衆生迷妄，思欲度脱，不知上老老，他便知孝；上長長，他便知弟。何嘗迷妄！總之，聖賢仁愛是熱的，佛家慈悲是冷的。如告子之「不動心」是死的，孟子之「不動心」是活的。活的便是熱的，死的便是冷的。至尊因説：「新製律管分寸與古合，以羊頭山黍實之，亦是一千二百。裝緊自然多幾顆，鬆些自然少幾顆，大概是一千二百。就如説性善，難道箇箇都是一樣？是大概人性都善，不甚相遠耳。」這一句説性善甚精到。

問：「性只在心内否？」曰：「通身全是性，毛竅中都是性，但最中光亮發見處是心耳。」問：「光明只是心，不是性。」曰：「然。」問：「心如穀種，何處是性？」曰：「穀種生處尚不是性，所以生之萬古不變者爲性。性本無形，如大麥，萬古是大麥；小麥，萬古是小麥。不是性如此，如何不會變？有性，所以有許多物事。若没有這箇不會變、不肯住的，如何有這許多物事？所以云性立天下之有。」

人與天地本是一箇，其分界處只在一軀殼。而百凡雕斲隔離之患，皆從此生。聖人所以説克己，己私克去得盡，則踐形盡性，我便是天，即中庸所云「至聖」、「至誠」也。

人物皆禀此理以生，吾渾身都是天理，而人物自化。又加之在己有學問，處物有法度，則存神過化而贊天地，夫何疑？

姚江以一段靈明者爲性，雖少近裏，然所見乃心而非性也。心便有别，但看聲色臭味，平時多少耽著，至遇疾病，便生厭惡；遇患難，便不復思想。惟孝弟忠信，則坎壈之中，轉見誠篤。至於生死利害，更生精采。故知人心、道心，確然兩箇。可見義理之性，不以形骸而生，自不與形骸俱斃。嗜慾之性，皆因形骸而有，自與形骸俱亡。此處認得確，發言行事，大段不出定盤星矣。

王陽明格竹子的性，乃格其葉何以三，心何以空，他木皆通直，他何以有節。不知此形器也，非性也。雖細説，亦各有緣故。如鱗屬木，水生木，故鱗如波紋。禽屬火，木生火，故羽如木葉，而食栖於樹。獸屬金，土生金，故毛似草，而深藏於巖谷。介屬水，金生水，故殼似金石之堅。裸蟲是人屬土，故居於平地。分屬五行，却不是他的性。惟孔子説得盡，「繼之者善也，成之者性也」。天命本至善，人物承繼來無不善，及至成形便有不同。今欲求物之性，總離不了五倫。不特虎狼父子，蜂蟻君臣，雎鳩夫婦，即草木亦然。以類叢生，是其朋友也；有牝牡，是其夫婦也。移樹必是花開時。問其故，曰：「樹最護花，欲結子也，是其父子也。其不能全者，形器限之也。其不能斷者，同一性善也。天地與人共此一性，所以萬古不易，萬古不息。」

王守溪許多時文，都看不出他的底裏，到做性論，便露出馬脚。蓋以金水喻性，全是佛家語也。性是熱的物事，不是冷的物事；是屬陽，不是屬陰。論人性，當以木火喻之。如草木之實，其中原具有根幹、枝葉、花實，及一得土氣，而根幹、枝葉、花實都出其中。性便是如此，木火屬發生，金水屬收藏。如晝夜然，吾儒所説性是白日事，佛家所説性是夜間事。聖賢説「四德」便説元，説「五常」便説仁，元足以統亨利貞，仁足以統禮義智。佛家却不道元而道貞，不道仁而道智，都落空了。

人物皆有五性，其參合之中和者爲人，偏駁者爲物，至甚偏駁之後，則美者亦亡矣。人之中有賢不肖，理亦如是。自記。以上論性。

仁智相連，仁收進來便是智，智發出去便是仁。禮義相連，禮是燦然有文，若不停當，如何謂之禮？而停當恰好處，便是義。信流行於四者之内，而位次乃在禮義之中，極有理。禮都排在外面，若無實心以爲之本，便是詐僞。惟有實心，故一歸於實事，而合於義也。

「五常」，「仁」可以統「四德」，生意無不貫也。「信」可以統「四德」，誠心無不存也。「智」可以統「四德」，收住「四德」，又貞下起元也。

數中，一、三、五可以做主；五行，水、木、土可以作主；五氣，冬、春、中可以做主；五性，智、仁、信可以做主，禮義却做不得主。「仁」爲四端之首，故中庸云「肫肫其仁」；「智」能成始成終，故中庸始之以「聰明睿智」，而終之以「文理密察」。自記。

聖人不輕説死，惟到仁曰「殺身成仁」，信曰「自古有死」。雖死，而生之理存，勇士不忘喪其元，終非其至者，但謂之勇士而已。

問：「程子屢駁『以愛爲仁』之説，『愛者仁之用』，而非即仁也？」曰：「朱子仁説已辨此。既曰『愛者仁之用』，獨不可反其説曰『仁者愛之體』乎？」問：「雞雛之説云何？」曰：「全在那一點嫩處。如嬰兒依戀父母，那一點真心，乃最初之心也。大舜做出多少事業，其根本却是大孝，終身慕父母，『五十而慕』。」

覺固不可以言仁，亦不可以言智。覺者，心也；仁智者，性也。在天地，覺譬則神，仁智是生物、藏物之理。自記。

人心中只有一團生理，發出來便是愛。愛不可即謂之仁，然其理則仁也。爲甚麽又説「公則仁」？大概人不能全其仁者，只是爲私欲所蔽隔，克去己私，仁心自在。「公」字有工夫，「愛」字無工夫，公便愛心自然流出。如一片土地，但不使瓦石壓占，自會生草。

若强恕，則在公與仁之先，惟不能仁，故用强恕耳。然無忠，做恕不出；纔説恕，忠便在内。

智是兩箇，而暗藏在内的。夫婦是兩類，又躲在人不見處的。以此推之，北是幽暗之方，黑是幽暗之色。水外闇，冬閉藏，貞則收斂堅固。憂懼亦是隱隱在内盤算的。腎亦兩箇，藏而不露，無不如此。

機智是無用的，聖人未嘗不有在胸中，却不拏出來用。所以董子説："陽居大夏，以生育長養爲事；陰居大冬，却積於空虚不用之處。"聖人用底只是仁、禮，義、智是藏在内的。義猶半用，智全不用，若拏出來用，便害事。如人多端籠絡我，架詞作勢，我只以老實應之。他句句虚，我句句實，自然他通身伎倆都没用處。你若再以機變應之，益發多出事來，必敗之道也。只是義、智却是内裏必要有的，不是可以無的。

後世君子，於"四德"中，耑用一智，些小利害，即便百般趨避。問："所用恐亦非正經的智。"曰："就是正經的智，亦用不得。智本是藏在内的，不可以用。豈獨智，即義亦半用半不用。如事不當做，則不做便了，若張揚表暴，便有病。故用義，便有東漢末流黨錮之禍；用智，便流於詐僞姦巧之歸。三代以上，專用仁、禮。"問："『文理密察』，是用智否？"曰："全在内。『寬裕温柔』也是他，『齋莊中正』也是他，『發强剛毅』也是他，其本位却是『文理密察』。」又問：「『舉錯』是用智否？」曰：「説到『舉錯』，已交付與義矣。智所以成始成終，仁之惻隱，義之羞惡，禮之辭讓，只是一樣。獨是非有兩類，是處管仁禮，非處管羞惡。」以上論五常。

性無所不在，情亦無所不在，心亦無所不在。求之五行之位，則性之全體屬水，心之光明屬火，情之萌芽屬木。

心者性之郛廓。心如物之皮殼，性是皮殼中包裹的，故言心必合性言，方是本來的心。鍾旺。

萬物皆天，萬事皆心。心是易知，事是簡能。自記。

知識者人心，是非者道心。自記。

「心統性情」，形生神發後，便著如此説。若論自來，須先説性，而後及心，心亦性之所生也。及有此心，則性具於中，感物而動，而情生焉。又曰：「『心亦性之所生』，此句甚險，然理却如此。有一團要發見的意思，便是生理。」

火在人爲心，在天爲日。日之所及而物生，心之所到而事始。

人通身皆心也，心所不能通處，便不是正理，若是理之所在，心無不通。豈止一身，凡天地、日月、星辰之可窺測，往古來今之可推求者，皆是心之所到。通天地古今，止是一心。汝楫問：「朱子云：『心者，神明升降之舍。』妙甚。平時只説作心是神明之所栖止，不知『升降』二字是活動的。如眼鏡之照日光，不是定在一處，正側轉動間，光亦隨之而移。」曰：「然。」

汝楫問：「血肉之心即心乎？」曰：「此心之室，週身皆心也。」

當年與德子諤、徐善長所言皆錯。其時於一切天理人欲，都從動静分看，便不是。陰與陽都是好的，如何説陽善陰惡？陽氣也，陰形也，氣非理也，然氣與理近。猶之心非性也，然心與性近。一切欲心都從形體上生來，如鼻欲聞好香、口要喫好味之類，凡此非即惡也。中節仍是善，惟過則惡耳。虞廷説「道心」，是從天理而發者；説「人心」，是從形體而發者。饑渴之於飲食，是人心也；嘑蹴不受，則仍道心也。人心、道心，大體、小體，都從此分别。能中節，則人心與道心一矣。以上論心。

性有仁、義、禮、智，發則爲惻隱、羞惡、辭讓、是非。情亦然，愛欲惡懼，其根也，發則爲喜怒哀樂。愛發爲喜，欲發爲樂，惡發爲怒，懼發爲哀。言七情者，除却「樂」字耳，以配元亨利貞，春夏秋冬，循環不已，無非是者。喜尚無弊，到得樂，便手舞足蹈，易至於過。樂與怒不相涉，何以樂必變怒？但看樂之時，心滿意足，氣易驕盈，覺得少不如意，便不快活。無論不當怒而怒，就是怒得有理，然忍著不怒何妨？試問此時設在患難中，亦有此盛氣否？怒之後如何轉爲哀？凡怒過未有不悔者，如漢武窮兵黷武，天下困苦，晚年輪臺之詔，何其哀切！至哀便有好消息來，蓋隆冬閉塞時，春意已萌動矣。由喜至樂，由怒至哀，皆不妨，最是由樂至怒這一節不好。歸根復命，總在一「懼」字，「懼」貫始終便都好。一部易經，全以「懼」字爲用神，爲丹頭，以「懼」始，以「懼」終，而每爻皆有當爻之位的道理。懼，誠也；爻位，明也。以誠貫明，易道也。

情之發，有有次第的，有隨感而發的。有次第者，如元亨利貞；隨感而發者，如水火金木。所謂其發之也仁，其裁之也義，其行之也中，其處之也正，分明是有次第。然即其隨感而發者，惻隱是初動的，辭讓是著見的，羞惡是收轉的，是非是包藏的。雖因事迭見，而亦未嘗無次第也。自記。

惻隱、辭讓、羞惡、是非，與喜怒哀樂，皆情也。惻隱便是喜之正氣，辭讓便是樂之正氣，羞惡便是怒之正氣，是非便是憂之正氣。憂又有惻隱意，蓋北方原有二氣，人能憂則惻隱之心生矣。自記。

喜怒哀樂，固以「懼」字爲丹頭，又想土寄旺於四時，喜怒哀樂，應有一「平」字象土。天道之變，以漸而至，春至夏，夏至秋，秋至冬，無今日大熱、明日大寒之事，畢竟以漸而變，是平也。寅卯辰，辰爲土；巳午未，未爲土；申酉戌，戌爲土；亥子丑，丑爲土。土氣沖和，和平下來，漸漸而變。喜至樂，怒至哀，尚以類相從，其勢順。惟樂變怒，哀變喜，若太驟。故營陽王哀樂過人，其哭之慘戚，便哀感行路，方退而歡笑如常。朱子謂是「不恒其德」。孔子是日哭則不歌，正是此意。當其樂，樂得平些，移時怒，怒亦輕些，此理勢之必然。懼與平亦有分別，懼剛而平柔，懼清而平濁。懼屬智、屬水，平屬信、屬土。平是轉彎處，懼是起頭處，天不可說懼，「健」字便是懼。喜變樂，怒變哀，固須平，樂變怒，哀變喜，尤須平。四時如此，五行亦如此。金生水，木生火，可不用土。水生木，離土不得。火生土，土生金，必用土纔生出金來。汝楫說：「平即思也，洪範配土。」先生大以爲然。

虚齋蒙引中，畫喜怒哀樂，中間著箇「思」字，甚好。總是收轉念頭，無處放心。便是聖人希天，都離不了此意。

喜怒哀樂歸到仁義禮智，便無弊。以仁喜，以禮樂，以義怒，以智哀，有何弊病？喜怒哀樂通乎仁義禮智，又通乎元亨利貞，便達天德。下驗之吉凶悔吝，人道無餘矣。問：「中庸自喜怒哀樂起，直到位育，正是此意。」曰：「然。」

聖人之心，喜怒哀懼都有，但中節耳，如子畏於匡、莞爾而笑、無君皇皇、微服過宋之類。

呂原明在太學，因胡安定見伊川顏子好學論，曰：「真儒出矣。」遂首先禮拜伊川。後來却學佛，一日馬行壞橋，墮水幾死，及起，却自咎曰：「墮橋便墮橋，何爲心動？」從此便在這上頭加工。這便異端，不是吾儒正道。問：「使孟子際此，亦動心否？」曰：「不動便是告子矣。孟子死心塌地服孔子，就在『可以仕則仕，可以止則止，可以久則久，可以速則速』這幾箇『則』字，終身摹倣不能到。」

怒最易發而難制，只是理不明，若明白時，自然有節。天下事只要明白。貞下起元，先有智而後有仁，若是智不足，便仁也差了。

怒後即自己不悔，勢亦必歸到哀上來，此天地陰陽自然之理。倘用別的來接，接不上。果接之以喜樂，這就窮了，有死之道。

無憂患時作憂患想，亦可以忘怒。問：「程子只說觀理之是非，倘理當怒者自然該怒，何爲又想憂患以平之？」曰：「先要忘了，纔會隨事觀理。謂之忘怒，是怒已平了，是土。怒之發也如火，於時自加一段收斂退藏之意，便是以水濟火。以水濟火，則怒忘矣。但看水一澄便有泥，火一撲滅便有灰，皆成土。」汝楫云：「『懲窒』二字是訣。」曰：「又以明爲主，看破他的機關，懲窒亦易爲力。」

天道元亨利貞，賦而爲仁義禮智，發而爲喜怒哀樂，著事爲吉吝凶悔，成效爲治盛亂衰，皆相配。喜樂怒哀發見於外，却是愛欲惡懼爲之根。不愛何喜？不欲何樂？不惡何怒？不懼何哀？哀即憂也。大概喜、哀無甚病，病全在樂、怒上。樂便驕滿，驕滿易生怒。到得哀，便有向好消息。「懼」字是回斡造化的金丹，喜樂怒時，能懼便不過，懼便是「禮儀三百，威儀三千」之根，懼便有和樂生。所以程子云：「肅則雍。」人君遇水旱兵荒則懼，然必無事時，從心中發出大懼方好。凡人遇事，精神散亂，粗厲浮動，便不中用。惟懼，便思量處之之道，至主意定，則不爲他端所惑矣。終日欽欽，若對大敵，到得金鼓齊鳴，決幾兩陣，却意思安閒，如不欲戰。治亂都是天運，然亦不容無別。治由乎天而成乎人，亂由乎人而成乎天。天無不治之理，推其根，由乎天，而經綸締造以成之，則治矣。情欲利害，推其根，由乎人，人事壞，天感之而沴氣作，夭札災厲至，則亂矣。懼者致治保邦之要，聖人諄切言之，道理要緊處原無多，聖人丹頭在此。佛爲「轉輪王」，以心轉乾坤也，懼即是轉輪法。凡看人亦當以此爲訣，其人無故知所惕懼，或有所觸而警動非常，便是爲善之人，有道之器。

元亨利貞，配春夏秋冬、仁義禮智、喜怒哀樂、吉凶悔吝，前人原如此說，至配禮樂兵刑，而七情中又添出「樂」字爲八，是某方如此說。禮所以飾喜，樂所以飾樂，兵出於怒，所謂「一怒而安天下之民」。刑歸於哀，所謂「哀矜欽恤」。内有愛，外始有喜；内有欲，外始有樂；内有惡，外始有怒；内有懼，外始有哀。聖人說顏子好學，却說「不遷怒」。

程子定性書，亦云「忘怒」、「觀理」。蓋喜樂，治之象；怒哀，則亂之象，故聖賢於此兢兢。然根源却不在怒，而在樂變怒上。當樂之時，便要留意也，丹頭却在「懼」字。當樂之時，便提醒，一提醒，自然不過。由喜而樂，由樂而怒，由怒而哀，由哀而復喜，其過度處皆用思，所謂「土寄旺於四時」也。學者用工，却在喜怒哀樂上，喜樂怒哀治，而天下平矣。「天地位，萬物育」，不是空話，是實事。老吾老，幼吾幼，以及人之老幼；一怒而安天下之民，哀矜鰥寡，樂以天下，何嘗不是實事，不單是空講道理。每年勾囚，但看成案，都是樂與怒上死的，鬭毆讐謀也，盜劫淫欲也，不曾有喜與哀便致極刑者。

邵子皇極經世，遇物皆成四片，却不曾如此配得。以上論情。

榕村語録卷之二十六

理氣

太極，天之性；帝，天之心。

先有理而後有氣，有明一代，雖極純儒，亦不明此理。蔡虚齋謂：「天地間二氣滚作一團，其不亂處即是理。」羅整菴謂：「理即氣之轉折處，如春轉到夏，夏轉到秋，自古及今，何嘗有一毫差錯，此便是理。」某初讀其書，只覺得不帖然，不知其病在何處。及讀薛文清讀書録，有「性即氣之最好處」，頗賞其語而未暢。至五十一歲後，忽悟得三説之差，總是理氣先後不分明耳。先有理而後有氣，不是今日有了理，明日纔有氣。如形而上者爲道，形而下者爲器，豈判然分作兩截？只是論等級，畢竟道屬上，器屬下；論層次，畢竟理在先，氣在後。理能生氣，氣不能生理。大凡道理不明白處，即以人身驗之。如人之歡欣暴厲者氣也，但未有漠然無喜而忽歡忻、恬然無怒而忽暴厲之事。何以有喜？以有仁之理故也。何以有怒？以有義之理故也。喜中乎仁之節，則喜得其理矣；怒中乎義之節，則怒得其理矣。是未發之先，此理本自充滿堅實於中，故及其已發，自有條理。

明乎此，則知天地雖氣化遷流，萬端雜糅，亦有不能自主之時，卻有萬古不變的一箇性在。惟其如此，所以人雖物欲陷溺，氣質昏蔽，「惟狂克念作聖」。天下雖大，而君子以爲篤恭可平；世雖大亂，而聖賢以爲反手可治。即謂氣滾作一團，其不亂者即理，到底有所以不亂者在。謂氣流行不已，其轉折處即理，到底有所以轉折者在。蔡、羅之説，但説到發而中節之和，不曾見得未發之中。誠也、中也、太極也，即性也。誠者，性之實理；中者，性之不偏不倚、無過不及。有未發之不偏不倚，而後有已發之無過不及。極者，造化之樞紐，品彙之根柢。樞紐，自其生物之旋運有主處言，如户之闔闢無端，而扉柱不移，故運行不已，而其生不窮也。根柢，自所生之物歸根復命處言，如草木之種入地，幹、枝、華、葉，而結果如種，故物之形，千態萬狀，而無一不全其天也。又曰：「極者，至極之義，即樞紐之説。標準之名，即根柢之説。見到此，便覺得聖賢儒先所言，無一處不合。」

理氣固不可分作兩截，然豈得謂無先後？如有仁之理，一感于事，便有温和之氣。有義之理，一感于事，便有果決之氣。

虚齋理氣性命，説得全不是。門人於其身後翻出他自記一篇，欲將太極圖説動而陽、静而陰之「本體」改作「全體」，不知一改「全體」，便鶻突了。蓋從頭便有此太極也，人物尚有性，豈天地之大而無性？太極者，天地之性也。有太極，便不能無陰陽，一直流出，毫無虚假，毫無間斷。若本源上明白，雖虚齋之説，亦説得通。但須知有太極自有陰陽，不可説從陰陽始見太極。如説由情見性，未始不可，但須知有性斯有情，斷不可説惟有情，乃可從此見性也。有太極自有陰陽，與因陰陽而見太極，是大關頭，由彼説，竟有以氣爲性之病。張長史於某極有益，長史初登第，自言在監中試無欲故静題，他論中有一段，言：「禪定便説静故無欲，此論大妙。静故無欲者，勉强要静也；無欲故静者，自然而静也。」一日，某問之曰：「理是何物？可是萬事萬物有當然而不可易，即見得有自然而不容已者否？」曰：「看來却須倒轉來。有自然而不容已的，故有當然而不可易的。」此言殊有味，如人忠孝之心，有一段不可解處，是自然不容已，纔有陳善閉邪，視無形，聽無聲，種種當然之事。與其從氣上説理於此見，不如從理上説氣於此出爲是。又一日，因講「爲物不貳」，復問之曰：「爲物的是甚麼？生物的又是甚麼？」曰：「其爲物的，就是其生物的。」某曰：「這不是向日所説有自然而不容已的，故有當然而不可易的麼？」曰：「便是。」

蔡虚齋分別理氣不清，直認氣爲理，固不是。又或離氣以言理，謂：「未有天地之先，天地既壞之後，理依然在。」亦不須推説到此。鍾旺。

程子言「性即理也」，今當言理即性也。不知性之即理，則以習爲性，而混於善惡；以空爲性，而入於虚無。不知理之即性，則求高深之理，而差於日用；溺泛濫之理，而昧於本源。性即理也，是天命之无妄也；理即性也，是萬物之皆備也。

理即性也，實實有箇本體在，即乾之元，而人之性也。有此，便不得不動，不得不靜。故朱子解「太極」曰：「即陰陽，而指其本體不雜乎陰陽而爲言。」極精。程朱説來，若合符節。此外惟真西山有些意思，餘不能也。

汝楫問：「『性即理也』，理可是條理否？」曰：「是條理。孔子曰『窮理盡性以至於命』；『和順於道德而理於義』；『順性命之理，謂之理』，都是在事物上説。君臣、父子、夫婦、昆弟、朋友不相紊亂，這是理。然此理，不是到事物上纔有。性即有仁義禮智，不可混矣。命即有陰陽五行，不可亂矣。『順性命之理』，説得最好。性命皆理也。程子説『性即理也』，是因人把『性』字説空了，故指點此句。其實在事物爲理，人之所秉爲性，天之所降爲命。命本以天言，性本以人言，理本以事物言。道亦理也，但理以事物條理言，道以人所行之路言。然又曰『形而上者謂之道』，曰『天道』，曰『天理』，曰『天心』，皆是借用字眼。其曰『天德』，亦借用字眼。德本以得之於己言，故曰：『行道而有得於心，謂之德。』其曰『天命』，亦借用『臣受君之命』的『命』字。其實『命』字仍非本源，天有天之性，若没有緣故，命箇甚麽？程子兄弟，一生只把這幾箇字眼想得分明，説得確當，如曰『在物爲理』，『處物爲義』，皆至精。言理始於孔子，言性始於成湯，曰：『惟皇上帝，降衷于下民，若有恒性。』將『命』字作賦予於人之理言，始於劉子，曰：『人受天地之中以生謂之命。』以前言命，多作天之曆數言。」

理須活看。如陽善陰惡，若説陽是生氣，陰是殺氣，生氣善，殺氣惡，如此天何爲用此殺氣？豈有意欲殺乎？有陽不能無陰，猶之有陰不能無陽也，豈有善必須有惡乎？蓋天陽也，地陰也，人之心神陽也，形體陰也。人心本無不善，即形體亦非不善，特不善皆起於形體耳。從其人體爲大人，從其小體爲小人。耳欲姦聲，目欲淫色，四肢安於惰慢，以饑渴之害爲心害，何者不生於形體？若天君泰然，百體從令，則惟有一善而已。不見有不善，惟有一陽而已，不見有陰也。如君豈可無臣？父豈可無子？夫豈可無妻？然若臣不稟君之令，子不從父之教，妻不受夫之節制，便不好。若臣能盡職，子能承教，妻能宜家，但見君父及夫之好處而已，雖各分些功名，而不專其美也。此方説得通。以上理氣。

天的大意只是生人，如草木的大意只是結子。既欲結子繁多，勢必先爲地步，不得不有根株枝榦，又必有陪生者，不得不有葉。至結子時，千顆萬顆，無不與種子相肖。

雖其中有秕細不成實者，亦無不與種子相肖。天要生人，不得不闢世界以爲之地步，又必生物以陪之。人生雖至萬億，無不與天相肖，故皆能心天之心，行天之道，盡其性以盡人物之性，真與天一般。何則？以天亦只此性，而人全得之故也。其中即有庸愚昏惡之人，如秕細不成之實，然其性亦無不與天肖也。物雖不能自外此性，要不能如人之全，以限於氣類之偏蔽故也。見得天人同一性，自能節節皆通。佛家任他虚空粉碎，靈光照徹，總不離乎氣。吾儒平平常常，下學上達，而所見無非理。氣有滅時，理無毁時，故謂之「至誠」。誠者，實也。

某見得一箇道理，頗有關係。老子、淮南子、邵康節都説天地未有以前，渾渾沌沌，動静不分，及到有動静，纔有天地人物。即張横渠，亦説「坱然太虚，升降飛揚」，清而浮者爲陽，濁而降者爲陰。連太極圖説亦不離此意。某讀易，覺得孔子從不説到天地之先。繫傳説「天尊地卑」，然後説到「剛柔相摩，八卦相盪」。又云：「乾坤毁，則無以見易。易不可見，則乾坤或幾乎息。」都是從天地説起。蓋六合之外，存而不論。無稽之言，無復證據者，聖人便不言。康節謂「過午運後，天地日就消滅，聖人不復生」，亦未必然。恐天地本無壞時，就有大劫數，不過一經大亂，人物幾乎滅盡，便像初開闢一般。雖不敢執定此説，然如堯舜這樣人，忽生出一箇來，亦定不得。堯舜不過是箇至好的人，最平常，一點不奇怪，再生幾箇好人一幫，便是唐虞。有何異？

看天似無心，然從事事物物體貼來，覺得處處都似算計過一番。如黄道、赤道不同極，常疑何不同極，省得步算多少周折。細想，若同一極，必有百年只見半日、半月之處，惟略一差互，便隱見盈虧都均齊矣。

呼如春夏，便是内外之氣皆充盈也。吸如秋冬，便是内外之氣皆揫斂也。但充盈却是内虚，揫斂却是内實耳。自記。

分野之説，荒誕無理，雖祖沖之約略言之，亦大段不的確。以左傳中兩處觀之，似是分封時，以某星賜某人，使其國有水旱疾疫，得而祭禳之，未必以此分疆畫界也。

某舊以地雖是天之渣滓，因天氣旋轉，地在中間，又爲精氣之會。今看來，「精氣之會」四字未完確。蓋是天之精氣凝實處，天凝實在中間，故萬物象之，凝實俱在中間。自記。

中國不可言地之中，惟可言得天地之中氣。當黄道下處，日直到頂上，其熱太劇。當赤道下處，一歲兩春夏秋冬，立春、春分爲春夏，立夏、夏至爲秋冬，立秋、秋分又爲春夏，立冬、冬至又爲秋冬。惟中國寒暑晝夜適均而不過，所以形骸端整，文物盛備。

語云：「百川東注。」某嘗疑中國不過居地數十分之一，西邊之水西流者甚多，如何據此以論大地？其實地雖似圓毬，亦似有上下一般，西北沙漠之外，無非高山曠野，即西流之水，皆是有岸的。不似東南之海，無有邊際。蓋東南如血脉所注之處，古人語終不錯。

地至圓，無有上下，周遭人皆戴天履地，無有偏側倒置。錫曰：「此蓋地大之故，如蟻行于雞卵之下，但見其大，不見其倒。」曰：「固是。亦由人與地本相粘聯，如蟲行承塵上，有時失足墮地，不見有人墮向天。本乎天者親上，本乎地者親下，既有形質，不能離地矣。」

朱子言：「自大庾嶺之北，水皆北流，南高北下。嶺南，水皆南流，北高南下。故浙江冬寒夏熱。」向嘗笑其語，以爲何處不是冬寒夏熱，故語類四纂削去此語。其實應存，蓋冬更寒而夏加熱也。有嶺爲背，夏則南風不到，故加熱。冬則北風無遮，故更寒。浙、閩相去，直算不過四五百里，如何浙江大雪，而嶺南便少？爲此故也。

繹史云：「天地之精華爲四時，有四時而後有五行。水之精爲月，火之精爲日。」又云：「天皇十三個頭，地皇十一個頭，人皇九個頭。」大可笑。四時乃因日而有，日傍近氣温爲春，在頭上大熱爲夏，稍遠便涼爲秋，大遠便冷爲冬。據周髀經及西洋人説，則半年寒、半年暑者有之，一年有兩春夏秋冬者有之。與中國對過的地方，中國的南極，是他的北極，中國的北極，是他的南極。中國寒，他却暑；中國暑，他却寒。如此倒説先有寒暑，後有日月，可乎？所以聖人萬古之師，一切幽渺荒唐之説，删去浄盡。説理氣只從天地説起，又只説現在的，至天地以前，天地之終，都不説。删書斷自唐虞，以前就有文字，孔子都不存。不似他家從混沌之始，懸空揣度，以啓後來編通鑑者荒唐幽怪之謬。就是天地之初，或有神怪事，亦不必記，只該就有條理處記起。

問："寒暑之節，可驗陰陽之消長。而論寒暑，乃以去日遠近之故，則是地形爲之，與陰陽之氣不相干矣。"曰："君以日與天爲二乎？日即天之心，即天之目。心目到處，便是神氣流行。心目不到處，便是神氣休息。大浪山之北，我之冬至，即彼之夏至，我之夏至，即彼之冬至。然彼之冬至，猶我之冬至，彼之夏至，猶我之夏至，無二理也。"

問："日行南陸便寒，行北陸便暑。間有一年不寒，又有一處獨寒者，何故？"曰："人事爲之也。雨暘寒燠風，隨人所偏之氣勝，便能感召。其中又以爲一方之主者，所召之氣爲多。"

日似有面背一般。朝似面相向，故色紅而暖。既中而昃，似面已掉轉，故色淡而漸寒。不爾，夜氣久而日初出，應寒，何以暖？日氣蒸至半日，臨晚應暖，何以寒？且果實東照者先紅，西照者尚青。向舉以問梅定九，梅云："想果實受露，朝日烘入，則滋液浹洽而先紅。西日則露乾久矣，故有異。」未知是否。以上天地。

至誠之心，無一事可離得。如五行都是土，土氣流行，無有不貫，「土旺四季」之説，還難出於京房耳。問：「何以謂之旺於四季？」曰：「以其交際處尤爲易見耳。天之氣化，還難遽曉，至存乎人者，可以類推。如喜樂怒哀，是木火金水也，土何在？思是也。喜之過而樂，到將樂時思一思，便喜不至過分。樂之極而怒，到將怒時思一思，便樂不至過分。怒哀亦然。發而皆中節謂之和，和氣即土氣。從來言五行者有三：文王後天圖，土有艮、坤；月令、吕覽，土在中央；京房則『土旺四季』。旺四季者，是於交際處見；在中央者，是播五行於四時，若不將季夏屬土，便止有四行矣。至文王之説，於理尤長。單水如何生得木？單火如何生得金？畢竟須土。若金生水，木生火，可不須土。他如納甲之説，五行既不依生之次第，又不依行之次第。然今星命地形家皆用之。納音之説，尤無理。」

天地一歲生生之氣，於木驗之。水火金土，亦自爲消息虚盈，但不如木之著耳。是亦木包四行之證。緣此，可見五行内，木得生氣之全也。自記。

人有問木何以長於五行者，朱子以生氣答之，極是而未盡。蓋具五行之全德者，無如木。始發生，繼暢茂，又繼而收斂，又繼而閉藏，由閉藏又復發生。如仁之貫「五常」，元之貫「四德」也。

火外明内闇，水外闇内明。火照人影在外，水照人影在内。大都外明者必須内闇，所謂「外精明而内渾厚」也；外闇者必須内明，所謂「内文明而外柔順」也。水在地中，有陽氣推盪他，方會敷散潤澤。如人身有血，陽氣盛方能晬然見於面，不爾，便不華血色，面帶青黄黑氣。

土氣原流貫於五行之始終，而發見却於辰未戌丑。到此節一節，纔度過去。以上五行。

夫子「不語」怪神，不説有，亦不説無。又説「敬而遠之」，不説正神，亦不説邪神。到得「敬而遠之」，即神鬼亦都爲民用。務民之義，至於「天地位，萬物育」，不特山川社稷各效其職，即「郵表畷」猫虎之類，都有職事。年豐則祀之，否則八蜡不通以罰之。一「不語」，一「敬而遠」，竟是鍛鍊鬼神之法。聖門賢者信是留心，一云「子不語怪力亂神」，一云「子罕言利與命與仁」，一云「子所雅言，詩、書、執禮」。嗚呼！盡之矣。

問：「人感天似比感人較易。」曰：「自然是如此。天者吾之父母也，人者吾之同類相與也。」

問：「天無心而成化，果然無心否？」曰：「以爲無心，連人亦可謂之無心；以爲有心，連天亦可謂之有心。人在天地間，不過偶然氣聚，能蓄多少靈光，尚然有知覺，何況天地。即父慈子孝，君仁臣忠，兄友弟恭，夫倡婦隨，亦是感應自然之理。不得謂之有心，然謂之無心可乎？山川之陰氣，升而爲雲，天以陽氣壓下，遂成雨，亦升降自然之理。然便有雲師、風伯、雷公、電母運行於其中，既過便都不知歸於何所。天地總是一氣塞滿，有氣便有象，有象便有神。」

天原發微中，言鬼神云：「天地無空處，如一窪之水，虫魚生焉；糞壤之内，蛆蚓生焉。以及冰至寒也，而有雪蛆、雪蠶、冰蠶之屬。火至熱也，而有火鼠之類。由此觀之，至微者氣也，而氣之中有物；至寂者虚也，而虚之中亦有物。氣與虚而鬼神居焉。」推而論之，却有此理。人但因其平生之立心行事，死而以類相從，憑依感觸而有託焉。或清明剛正，與明神合而爲神；或幽暗乖戾，與鬼怪合而爲鬼。佛家説人死後，看一點亮處行，好人亮處入人神道，惡人亮處入畜生道。亦是此理。

鬼神嗜好與人一般，此理詩中言之最詳。禮始於飲食，詩從夫婦居室説起，便以此事其祖考，以此賽其田祖，以此而社，以此而郊。問：「想因神亦人之游魂，其生時習於此，故神魂亦如此。」曰：「天豈亦人爲之，而曰『上帝居歆』何也？不須倒看，人飲食之性從何來？」

「先天而天不違，後天而奉天時。天且不違，而況於人乎！況於鬼神乎！」分明説鬼神在天地之外，安得謂鬼神無職事？但鬼神亦須人幫，如勾龍配土神，后稷配穀神，不獨是功德在人，亦因他這一件精通，便就是這物事之主。問：「有邪曲不正之鬼神否？」曰：「有。邵子曰『幽暗巖厓生鬼魅』，這一種喜禍惡福，喜亂惡治，喜暗惡明，喜邪惡正，一番亂，他一番出現。如王章亂而盜賊猖獗，即平時亦有王法管不到處，姦還時作也。」

問：「離騷言『扣帝閽』之類，想古時便有與神鬼相通之術。」曰：「觀尚書『乃命重黎，絶地天通』，可見堯舜之前，地天相通，至堯舜絶之，乃不相通。佛家説許多荒唐話，亦怪他不得，他那裏原相涌，非全掉謊也。只是中庸之道，乃天地之經，此道明，一切鬼神皆服。故絶他他就不敢通，遠他他亦不敢怨。」

鬼神與人不是兩個，我人也，吾之祖父則鬼神矣。謂不與我一體可乎？推而上之，則「厥初生民」，非天地所生而何？同爲天地所生，皆是一氣，故自古忠臣、孝子、聖賢、豪傑之有靈而爲神者，皆與吾一體矣。只是聖人説得妙，「敬鬼神而遠之」，不敬不是，不遠又不是。故爲之禮以裁制之，應存者存，應革者革，各以其分，則陰陽和而灾沴息。

人總是一心，此心與鬼神本是一氣，故天地古今無復間隔。如今關壯繆之神，禱祈多應，豈果有壯繆之奔馳于天下哉？壯繆之義氣，本在天地，人心自有其義氣，心皆向之，則壯繆之神所憑也。人讀易經，若於天地萬物求之都隔，只于心求之，則伏羲、文王、周公、孔子都是我。

人有大好事，終身不忘，有大可愧恥事，亦終身不忘，其忘者，都是平常没要緊者耳。然亦不可謂不存在那裏，偶然觸發，却又記起。天地間無此物，無此影象，有此物，便有此影象。況如堯、舜、禹、湯、文、武、周、孔之神，乃是天地生平得意事，如何忘得？只是王莽、董卓、李林甫、秦檜之徒，亦與天壤同敝，是天地大不得意事。桓温乃是别有肺腸，遺臭萬年，有何好處？如今喫一香物，惟恐不噯氣；悮喫臭物，惟恐噯氣。臭氣噴出，如何過得。

先時重伍子胥，後重朱虚侯，今乃重關壯繆。只因其人當日死時，有一段鬱結處，人人爲之鬱結。以人之鬱結，合之神之鬱結，自然兩相感通。至於鬱結之久，非祭賽祠廟，鼓樂祝祈之盛，不足以宣洩其氣，故致香火之盛。迨鬱結之氣漸平，則香火亦漸減。理自如此，皆人心爲之。

程朱説道理極精，至説鬼神，猶有未盡處。朱子説：「人形既銷亡，還有甚麽存於天地間。」此却小差。即以人心與事驗之，當其心與事相合時，居然有此事。至事過後，未嘗想要記此事，然已有在心裏。到久後偶然題起，又記得。就是全忘了，到底有一影子。未事之先，心爲形，事爲影；既事之後，事爲形，心爲影。天地既生過這一個形，就是過去了，亦有此一個影。大約以心法觀之極確，一念便是萬事，旦夕即是百年，百年即是千古。問：「草木禽獸，亦天地所生也，豈既銷化後，亦有影乎？」曰：「其靈異者，尚能爲物怪；至尋常者，如人于没要緊事，隨過便銷，銷過亦無矣。大概取精多而用物宏者，其存爲多。」

人有不安於心者，此事常記得不忘。若做得合理，便帖然放下。人死爲厲，此必有不安也。聖賢死則與天地泯然同流，無不安也。非無也，其理與天地合，天地存則聖賢亦存。張子云：「没吾寧也。」「寧」字見到至處。

至而伸者爲神，反而歸者爲鬼，是解釋鬼、神字義。人發動于外者爲神，藏記于内者爲鬼，統言之只是神，别言之却有鬼神之分。先儒解何以唤作鬼，是反而歸的；何以唤作神，是至而伸的。

或疑人死爲鬼，使古來靈魂都在，豈不塞滿世界？此却不然。如人讀過的書，做過的事，説過的話，雖多年還記得，何嘗見塞滿胸腹？鬼亦有消去的，只是存者自不少。又人有已忘的事，追思復記起來者。如鬼神，你不問他，似是無的，及誠心求之，便又有應。

物類形骸長而神理短，人則形骸短而神理長。草木如松柏之類，有千年者，龜鶴亦久而不死。人則不能。然人雖死而神理常存，物類則不能。此最易知。以尋常日用間驗之，如人做一器皿，不破毀他，他便常在，倘一破毀，即不復有矣。若作一文字，雖毀去，還可記誦起來，神理存也。況大而至於道德，本于心性，萬古常留，誰得而滅之？雖草木禽獸，久暫不同類，人之靈蠢亦不同類，然大段如此。

祖考精神，便是自家精神，上蔡之言盡矣。其曰「自家要有便有，要無便無」，却説得稍脱了。人心上有，天地間便是有了。故明道説無説有之語最圓活，而朱子一言以斷之曰「有」。鍾旺。

朱子事事體貼過，能知鬼神情狀。一日論鬼怪事，深詆佛法之非，有人曰：「信有之。」朱子曰：「公見否？」其人曰：「曾見有鬼爲祟，但聞寺鍾一扣，則鬼一伏。」朱子曰：「大抵鬼亦公輩所爲，生時如此信向，死後焉得不爾。」雖似戲言，却有名理。

鬼神不得謂之無，但不可與相接見。如水火然，兩者本相濟，然不可見面。人或與鬼神夢寐相接，尚隔一層，若直見之，便非佳事。

人怕鬼，自是胸中愧怍多。

神鬼精怪要分得清。天地、日星、河嶽之神，無非生氣，以至人之魂，皆神也。人既死，其魄不散，則鬼也。精則龍精、狐精之類。是有一物，而修練久能變幻，出入神鬼之間，即人之仙，亦是此類。至怪，則不正之氣所生，如山之怪曰夔、罔兩，水之怪曰龍、罔象，山魈、木魅之屬是也。今人一槪名之曰鬼，則顢頇無别矣。

陳梓言：「物有有性而無心者。」先生問曰：「何謂？」曰：「如磚瓦之類。」先生曰：「是何言歟？有性即有心。天地間木石之類，久則能成精怪，靈者象人，蠢者象鳥獸，若無心，何以成形？如管輅卜確精，和尚家破竈公案，皆是土石，而云無心可乎？」

鬼神是有的，佛家説轉生事是偶然有的，如雞變爲蜃，雀變爲蛤，何嘗個個如是？佛家輪迴之説最難信。五經説鬼神多矣，並未嘗説到此。偶想「在天成象，在地成形」，覺得有些意思，象與形總是一氣。凡物皆然，如水在地，其氣升於天，便爲雲。及雲之墮而下，則爲雨、爲水。如日在天，乃象也，以地下之陽燧取之，則爲火。人在地下，天上亦必有象，所以説魂升於天。孔子亦謂：「其氣發揚於上爲昭明。」以此論之，則聖賢轉生，亦有此理，總是天地清明之氣耳。想是當其爲雲，不自知其爲水；當其爲水，亦不自知其爲雲。

韓宗伯慕廬病困時，某往候之，宗伯曰：「正有一事欲仗大筆傳信。」某問：「何事？」曰：「病中見得幽冥之故，灼然不爽。吾初疾，原非大症，止因衆祟遶榻，徹夜叫讙，連旬不能合眼，以致病勢日臻。某日，諸鬼忽相約於西河沿赴席，甫晡相率而去，吾竟得寧寢。及旦，使人訪問，則西河沿人果於是夜普度施食。自是後諸鬼復還，吾亦遂不寐，以至於困。」某曰：「今者諸鬼在何處？」曰：「見君在坐，退處榻後矣。」此事向不以爲信，今將記録示後，病不能執筆，故以相囑。」此某面得之宗伯者。大抵僧家之普度，即先王祭厲之義。於理所有者，即不當斷以爲無，但不宜如和尚家説得來全是鬼物爲政耳。清植。

一友人看佛書公案極多，嘗爲某言，渠曾攜眷歸鄉，舟次杭州，一女纔二歲許，匍匐坐側，呼曰：「汝明日午時死。」如是者三，渠若不聞。又呼曰：「汝不死，則我死。」如是者亦三，渠又若不聞。至明日，卒皆無它。其後友人享有多壽，女亦出嫁成家。當時友人謂某曰：「若聞言驚愕，必致它異。」凡此，皆是看公案方能解得。問：「死生有命，豈因驚愕，鬼物便能死人乎？」曰：「亦有此理。如兩軍相當，不動便不敗，挑戰者只得敵軍一動，事便濟矣。某當日與海賊相拒時，舍弟有妻弟某者，使舍弟來告曰：『賊已遣兵五千，取道永春，火藥手五百，取道安溪，兩路並發，志在相滅。』渠從永春來，見賊已駐卓埔。卓埔距余鄉僅三十里耳，彼時若驚愕動足，便可禍生蕭牆。幸某堅然不動，惟令集衆以俟，别分遣二人偵之，兩路皆不見一賊。既還報，其人猶敦促余行，某乃笑而止之。」

同年沈尚仁，曾卧病三年而後起，云：「爲前生事，與鬼鬭訟，自此遂盡見鬼物。」某登第後，與陳友造之，談幽冥事，陳難之曰：「温公言三代以前，不聞有地獄轉生事，自佛法入中國，便逐旋添出，何也？」沈云：「果然如此。如今陰司何嘗不日日添出事件，與陽世一般。」又云：「人於不平事，多言豈無鬼神，以爲鬼神正直，殊大不然。如嶽瀆正神，何嘗閒管？都是不好的邪鬼多事，還不如陽世尚有公道。豈惟人死爲鬼，廟中泥塑吏役，皆能爲祟。嘗於早間變人出來，日出便退入廟中。」陳友笑之，某曰：「亦有此理。管輅傳中，舊碓乃成大鳥，以其喙與翅似也。大凡土木之類，皆能以其形似化爲人物。」錫曰：「可見生氣無一不貫。」曰：「然。」

閩中有真人、玄女諸神，能行醫方，療人疾病，往往有驗。此雖非人事之正，然既有功于人，則君子不禁。先王八蜡，迎貓迎虎，貓虎之神何足祭？以其有功於人耳。年不順成，則八蜡不通，無益于人則絶之。以上鬼神。

天地如雞卵，古人雖有其説而未竟其論。唐之淳風、一行，宋之堯夫，元之郭太史、許魯齋，明之劉伯温，皆聰明絶世，而皆不知天地之俱爲圓體。自西人利瑪竇輩入中國，言地原無上下，無正面，四周人著其上。中國人争笑之，豈知自彼國至中國，幾於遶地一周，此事乃彼所目見，並非浪詞。至梅定九出，始發明周髀經，以爲原如此説，何必西學。因爲補其闕，正其訛，于是周髀焕然大明。周髀言地如饅首，天如上下雨傘合籠。日月在腰，如在雨傘合縫處。人在日月之下，不正當傘脊處。西人言中國東西南三面皆有人，惟北方尚未開闢，盡是林樹、鬼魅、青燐而已。中國不見之星甚多，西人都圖將來，乃知聖人無所不通。周禮中説九州，只以景長、景短、景夕、景朝數語盡之。至天地全局，只以周髀盡之。

周髀自張平子、蔡伯喈，皆以爲非周公之書，後人遂謂其荒誕不經。惟唐人趙君卿爲之注，程朱二子雖頗露其端，而未窮其旨。至梅定九，始大加發明，遂至統括中西之學，爲曆學不祧之祖，其功甚大。周髀言「北極之下，有朝生而暮穫者」，人指爲謾。趙氏注之云：「以北極之下，有以半年爲晝、半年爲夜者故也。」此語忒煞聰明。蓋北極下，日在天腰，其在上半盤繞時全是晝，及旋到下半，便全是夜。此理甚確。問：「其地若彼，尚能生物乎？」曰：「天地之大德曰生，生意無所不到，故雪中有雪蛆，離雪則殂；火山内有火樹、火鼠，離火則死。彼處自有彼處所生之物，或非中國五穀耳。即如昌平州温泉，其湯中游魚無數，萍草自然鮮緑，將魚投之冷水便殭，無非此理。」

四遊之説，朱子屢述之而不悟其非，何也？謂地於春夏秋冬，相那移三萬里，如人在舟中，舟移而人不知。果爾，則看北極高度，當四時不同，何以北極出地之度，萬古不改耶？周髀只周公問商高一篇爲經，其餘皆傳，間有假托無理之語，却有精到處，分別觀之可也。程子謂：「日無時而不爲精，地無處而不爲中。」妙極。此分明是説地圓，而不指明其故，闕於所不見也。又云：「地無窮者，如無端也。」亦極好。

朱子言：「天不宜以恒星爲體，當立有定之度數記之。天乃動物，仍當於天外立一太虛不動之天以測之。」此説即今西曆之「宗動天」也。其言九層之天，近人者最和暖，故能生人物。遠得一層，運轉得較緊似一層，至第九層，則緊不可言。與今西曆所云九層，一一吻合。

地平之説，是地與天相際也。程子以爲四邊有空闊，則地在天中一彈丸耳。極得其理。自記。

朱子語類中論曆，不過六七條，而已盡理法之微妙。今西曆最侈爲獨解處，不能加也。自記。

「三萬里」之説，無可稽信。朱子又謂：「三萬里者，日軌相距之數耳，非地只有三萬里也。」故語類以程子之言爲悮。然施之於用，則千里一寸之法自不可通。自陽城至衡岳，又無萬五千里。以爲「二至相距」，亦沿襲之説耳。今新曆却以極度推算，凡二百五十里而移一度，地之周圍凡九萬里，三分取一，其徑三萬。或古者三萬里之説，意正如此，而傳者失之。故或言「四方之遊」，或言「二至之距」，皆不可曉也。自記。

「天圓地方」之説，蓋以動静體性言之。實則形氣渾淪相周，古人卵中裹黄之喻是已。曆家又以地平爲説，亦即目所察，天在地之上下，隱顯各半而名之爾。夫至順極厚，非方非平，高下相循，渾淪旁薄者，地之本體然也。其南北兩端以去日遠近爲寒暑之差，東西以見日早晚爲晝夜之度。東之夜乃西之晝，南之暑乃北之寒也。如是，則東西南北安有一定之中？南北或以極爲中，或以赤道爲中者，亦天之中，非地之中也。此理周髀言之至悉，而漢氏以下莫有知者。近新曆之家，侈爲獨得，歷詆前説，幾數萬言。惜乎無以髀蓋之術告之者。自記。

今言歲十二年，填二十八年，火二年，金、水皆一年行一度者，舉大約耳，實皆有餘分。惟金、水則一日一度，一歲一周，萬古不差毫髮。何則？金、水從陽先後者也。使有幾微之差，則不能追及日而後先之，而與三星無異矣。張子正蒙云：「填星地類而從天，故其追日最緩。木一歲一盛衰，故歲歷一辰。」木者生道，天地之中氣，故遲疾中也。火日質而微，「故其遲倍日」。金、水從日，蓋陰必從陽，物感自然，精微之理也。自記。

定九言：「古不知有歲差，後頗有言者。李淳風又掃落不講，直至一行，始援證鑿鑿。」一行比李博雅，其言「天自爲天，歲自爲歲」至精。

楊某説曆法，每高妙自奇，使人無可攀躋。梅定九則極低平，隨人扣之，皆言下即得門户。恐即此便是楊不及梅處。大凡説道理，平處即是高處。

張平子造地動儀，甚奇，各處地震皆知之。司儀者報聞，及彼處奏到，時刻皆應，不知何理？定九先生云：「先業師倪先生云：『地動儀當是極平，平之至，少有動便傾響。』何處地震，其餘勢所及者必遠，人不覺而此器平極，遂有聲。至其語之過於神奇者，或有潤飾也。」

從來曆學，須以梅定九爲第一。曩在京師，見某所著曆象本要有未當處，許爲改訂，乃攜往天津。經年不報，某作字趣之，報書云：「西説是矣，然中曆古有其説者，不得概置，使西人專美。至古説有得其意而詞未達者，須爲達之。又恐於其本意有所走作，故須斟酌，非造次可定。且尊筆文皆簡明，下筆時尤須淘汰取精，文氣方稱。」及後訂訖寄示，觀之，果如其言。此人心虚而厚，委曲從容，非見到十分的確，不肯出口落筆，故其書無一字不可信者。

西人曆算，比中國自覺細密，但不知天人相通之理。如古人説日變修德，月變修刑，西人便説日月交食，五星淩犯，乃運行定數，無關灾異。不知天於人君，猶父母也，父母或有病，飲食不進，豈不是風寒燥濕所感，自然有的？但爲子孫者，自應憂苦求所以然之故。必先自反於身，或是己有不是處，觸怒致然，否則亦是我有調理不周而致然。因爲徬徨求醫，斷無有説疾病人所時有，不須管他之理。無論天子，即督撫于一省，知府于一郡，知縣于一邑，皆有社稷人民之責，皆當脩省。即士庶雖至卑賤，似不足以召天變，然據理亦當脩省。如父母怒別個兒子時，凡爲兒子者俱當畏懼，父母斷不因其畏懼，而謂我本怒他，於爾無與，而反增其怒者。通天地人之謂儒，揚雄謂：「知天而不知人則技。」西人此等説話，直是陰助人無忌憚、天變不足畏之説。以上曆法。

榕村語録卷之二十七

治道一

天下有道，不止是朝廷清明，連士庶人都依傍著道理上行，方算。清明在上，重濁在下，其實息息相應。如天氣清朗，則地下百物滋生，人面上光潤，則體中無病。果然朝廷清明，便百姓殷實矣。

草木無根，豈能開花結實？學問不有心得，總不相干。功名亦然。聖賢事業，悉從方寸流出，不然雖做得一匡九合，猶是器小。此根即是天地之根。

順天下之情，定天下之分，兩者不可缺一。

虚文多一件，實事便少一件。

作事不可過粗，亦不可過細。講求得太繁碎，不特人難行，覺得自己亦難行，只得不行。若算計到其事之利害，又算計到自己之聲名得失，如何有這樣萬全的事？故計較得及於民者有七八分利益，只得就去做。

爲治，事事要不拂民。獨有毒水而漁，焚山而獵，却宜禁。一用此，無復噍類矣。

孟子說：「數罟不入，斧斤時入。」不如此，民用不繼。

興北方水利，以省漕運之煩。除天下阨塞要害留兵外，其餘城守，半用民兵。即阨塞要害處，亦做屯衛之制，以省養兵之費。而厚官俸以甦民困，是切時要務。制度全壞於宋。以周禮爲本，而參以漢、唐與明之法，其庶乎。

人要剪除惡人，須自己果能無惡，纔服人。如淫祠，豈不宜毁？但自己道理足，心地光明，氣燄大於他，他就無説，不爾他便不服。西漢諸事草草，郊用五時，原廟陵廟，紛然無理，却人民樂業。至匡、韋輩引經據古，盡廢不制之祀，毅然欲明先王之道，而盜賊蜂起，饑饉洊至，日就凋敝。諸事不古，獨在這事上復古，徒爲紛擾而已，何當於治！所以立身治國，皆要有本末，徹底澄清，方能一線做成。

某以兵部侍郎銜出爲督學，古北口總兵官馬進良不依儀注，輒抗行，某初不與較。及某爲巡撫，其標下把總葉保告馬酷刑。事下巡撫，馬甚懼。不知某胸中何曾有所記掛，只看理體如何。葉保本是刁悍之徒，總兵將把總掌嘴，未爲酷刑，武官大一級打一級，軍法也。此關朝家體統，把總遽敢以私憤告總兵，乃亂民也。某問葉保流三千里。奏上，改發寧古塔。須知設官所以爲民，然必由官以及民，不爾便民亦不靖。如一顆大樹，畢竟由根以及幹，由幹以及枝，由枝以及葉，然其幹、其枝、其葉，何嘗不與根貫爲一體？

細柳營中但聞將軍令，不聞天子詔，文帝喜之者，喜其奉將軍令，即天子所用之將軍，仍奉天子詔也。人都是一般，上農夫不過食九人，何以授糈詔禄，至有千石、萬石者，豈非不均之甚？却是理當如此，其功德足以及人也。易云「養賢以及萬民」，必養賢而後及民。只是德要與爵稱，小德役大德，小賢役大賢，若下犯上，少陵長，小加大，賤陵貴，當下便是無王法。典史得治百姓，所挾者，縣令之勢；縣令所挾者，府道之勢。由是而藩臬，而督撫。其所以然，都是奉天子威靈耳。

福建大吏又請開捐實倉，殊覺不必。大概事不從根本上做，只從半中腰做起，便不見其利，只見其害。如今地方倉穀，大半都爲官吏侵盜那移，且福建潮濕，實在浥爛亦有之。既至虧空，私行攤派，上司借端盤查，需索使費，層累申咨，部行駁詰，文案紛冗，生出許多事端，而害總歸於民。倒不如且聽其自然。總督又因海賊之故，請禁海上捕魚之船。不知如今海賊，不比當年鄭成功等有巢穴。傍海如舟山、海壇、南澳、厦門、臺灣諸島，皆是官兵駐札，海賊無駐足處。其行劫，不過如陸地之賊，偶然盜竊耳。陸地之賊，何嘗斷？何獨異於水賊？且渠輩仍在岸上居住，何嘗以海爲家？如文官留心查訪安插，武官設法搜捕，但得其魁首一二人，便可平息。閩、廣小民，以捕魚爲生，一行禁止，民便失業。況漁船不行，則所行者唯賊船而已。如禁夜然，不許良民夜行，行者獨强盜與夥盜之營兵而已。當年遷海、禁海，使百萬無辜室廬田産蕩然不存，饑寒流離而死者，不可勝數。其實海賊一切銅鐵硝黄，何所不有，通海者就是耿精忠、王進功營弁、猾吏、貪兵、姦民。是但許耿精忠、王進功營弁、猾吏、貪兵、姦民通海，而不許良民下海也，何益之有哉？目下法禁，何嘗不具，而不肯奉法者，官也，非民也。如今但講求任用好人，一切疎節闊目，便自然利及百姓矣。

治天下，樣樣皆當講求。第一是要有根本。湯曰：「朕躬有罪，無以萬方；萬方有罪，罪在朕躬。」武王曰：「作之君，作之師，有罪無罪，惟我在，天下何敢有越厥志？」「一人横行於天下，武王恥之。」有此，便要算他是聖人。論語堯曰章，能得幾行書，直是説盡。

聖人爲政，惠而不費，不要百姓感恩。但存望報之心，便有限了。豈必望報，心裏記得有此便害事。

臣道無成而代有終，坤之「含章」是已。即君亦不宜自張其功，一有功績恩德，欲人見之、知之，便不精，不純。「耕者吾田，鑿者吾井，帝力於我何有？」「羣龍无首」，「不言所利」，皆是此意。天下平，萬國寧，平寧而止，無他神妙。天地亦是如此。

人有不善，一能羞惕，便不可量。古人不説無過，而重改過，故顔子「不貳」，成湯

「不吝」。凡惡人直言敢諫者，欲以動無過舉自高也，適以得愎諫，言莫予違之名。而不知受諫改過，爲聖賢至高之行，而不可及也。自古稱改過之善者，穆王作甫刑，出於遠遊之後；秦穆思一个臣，發於敗殽之餘；漢武輪臺之詔，感於窮兵殃民之末，聖賢儒先皆矜重而録之。管仲謂小白「惕而有大慮」，知所惕懼，便是圖治之根本。及葵邱之會，微有震矜，而叛者九國，惕之意怠矣。

立國以民爲邦本，固是，但中間士大夫一層，却要緊。人君不與民接，如大帥令將弁，將弁令士卒，便可聯如臂指。恩信不及於將弁，到得有變，而望士卒越將弁而衛大帥，亦僅矣。故「養賢以及萬民」，乃一定之理。

古聖賢心熱無比，明知天下不能常春而不秋，常治而不亂，就是得幾年人物安育，風俗醇美，亦樂莫大焉。孔孟之所不能一日忘者，孔子至夢奠兩楹，尚想明王；孟子言數過時可，舍予其誰，無一刻忘世。至老始悟五百年之運，孔子當之，而已爲見知。聖賢皆無先存一教後世之意在其胸中者。

讀書人須看得宇宙間事皆我分内纔好。郡國立學，多方培養，不過要培養得此意出。

古人仕以救民，當官盡職，乃分内事，非爲君也。鄉人有新製一服者，其子索之不與，乃曰：「父不以此服見予，欲兒爲父讀書，不可得也。」鄉里傳以爲笑。今人以做好官爲爲君，與此何異？

做官者不思令君重，但思令君親；不求見敬於君，專求見愛於君，最是惡消息。

做大臣要知古意，又知時務，方纔做得些事。古今只是一樣，不是兩截。不知時務，算不得知古意；不知古意，亦算不得知時務。做事全要推功讓能，大家做，方可以久些。若凡事都要是我做，便有病，便不能久。此即王伯之分。所以伯道一時雖哄得人，過後便消滅無餘。

既爲大臣，顧不得情面。所以謂之公者，不宜復有私也。所云孤者，甚危而無偶也。若要人人叫好，則大壞極敝矣。

聞江蘇張孝先撫軍一到任，吴下人便歌頌，曰：「不是好消息。暗地在那裏做，叫人不覺方好。一近名便有毛病。許魯齋説：『凡做事就教人歡喜，便不好。』喜歡是不能久長的物事。」

士大夫老自當退。天地亦有休息時，寒冬至，物都凋枯。此不是無用，却於生物有功。古者憲老而不乞言，但觀法他的模樣，並不敢勞其言語，原有此種道理。如老臣致政之後，天下仰其德望，何嘗無補？不是奔走禦侮，方爲有用。

治者事有條理也，亂者紛無頭緒也。顧亭林云：「小官多而大官少則治。」信然。文中子曰：「唐虞、三代不可復見，舍兩漢吾何之？」先儒或笑其陋。其實三代之流風善政，惟漢猶近。當時守土之吏，自郡守上更無人。郡有十縣，縣有令長，又有三老、嗇夫、游徼。三老即今之鄉約也，掌教化；嗇夫即今之甲長也，主錢糧；游徼即今之練總也，司盜賊。縣有十鄉，鄉有鄉長，又有鄉三老、嗇夫、游徼，略如縣制。鄉有十亭，亭有亭長。凡三老、嗇夫、游徼，皆郡守自行辟除，薦諸朝，亦即爲之録用，猶見聖人「闢門」之意。此等皆即用本縣之人，其名俱載在宦籍，故漢書列之百官志❶。非比如今之鄉約、甲長、練總，皆無賴之徒爲之，並無職銜。他自知貪饕事敗，不過笞逐，於其微賤無損也。故趨利爲非，不少顧惜。漢時，内之黄門執戟，一切左右服役之人，以至外之三老、嗇夫、游徼，大抵皆用士人，所以吏治可觀。三老之類，惟其爲官也，故亦榮於鄉，食其禄而不肯自棄。惟其爲本鄉之人也，故各習知其風土人情，有一盜，則知其根株，不逾時而獲矣；有一訟，則知其孰曲孰直，而爲之調停排解，其拖累寢擱者寡矣。於土田，並知其疆界，以及其買賣所自，雖刁誣無所施。從與民親切處料理，故得其情而事省。

某初入館時，同人聯一小會。一日，魏環極先生至，面有喜色，問之，曰：「道長甯

❶ 漢書無百官志，應爲百官公卿表。後漢書始有百官志。

爾講參董漢策，差快人意。」某曰：「以僕觀之，不爲好事。」先生詰其故，某曰：「漢、唐屢下求賢之詔，訪積行遺逸之士，此段意思甚好。此典久未及行，「范覲公獨舉其人，以爲他處倡，朝家置之顯要，未必非買千里馬骨之意。今被劾，則薦者削色，聞風者閉口，所關不在漢策一人也。且謂曾受笞辱，即不宜舉，人之受笞，亦當問其官爲何官，事爲何事。假令以枉法受賕之官笞不畏强禦之人，此其過在笞者乎？在受笞者乎？縱使少年不謹，率德改行，亦不必追其既往。公冶長在縲絏之中，不害爲可妻。妻尚可，官獨不可乎？古人或取之奴僕，或取之盗賊，盗賊猶取，况受笞乎？」先生點首曰：「是。」蓋當時授漢策以臺諫，諸言官不平，謂傷衙門體面。雖先生初時，亦不以此見爲非。其實皆私意也。後某爲閣學時，方舉弘博以充翰林，館中亦以破例沸然。有謂某宜力争者，某不應。宋時舉大科，無論已仕未仕，皆許赴試，中式者，官在諸科上。進士之專爲翰林，非古也。朝家官人，考德論材，非吾輩所能私也。

人身分愈高，工夫愈深，愈見得天下多好人。自己不濟，轉見得人都不如我，動歎天下無人。聖人隨材器使最妙，人各有一長，避其所短，用其所長。孰不思有以自見，在上者又惟恐其功業之不成，奬勵優容之，到後來多把朝家發楦得不可測度，連氣運都覺得隆盛。工虞水火，終身只辨得一事，後世都以爲聖人。原不是聖人之世，人都多一耳目口鼻，只是聖人器使得妙。西蜀人物能有幾個？經孔明用來，便覺得足用，因其材也。不然雖人材之多，如宋仁宗、神宗時，用之不盡其材，只如無有一般。神宗臨朝，對程明道尚歎天下無人。豈無人哉？不能用耳。

自古小康，亦必有人，若一時屈指無人，便可爲戰慄。問：「既知無人，畢竟如何纔好？」曰：「須是求賢，豈惟求賢，又要興教化，重師儒，培養出人才，方可選而用之。一部易經，即乾、坤兩卦尚有戒辭，惟一涉尊賢、養賢，便無不吉祥者。可見尊賢是無上妙道。」

古時命官惟視德，「德懋懋官，功懋懋賞」。是有功者止於賞，而官不及焉。此是治天下之要道，而其根却在「不邇聲色，不殖貨利」。課官且先講清廉，已得要領。王荆公説得好：「伯夷在伊尹之後數百年，而孟子品居第一，以其清也。」

人能革面，聖人已許其爲善，這便是天地之心，革面已是革心之漸。況面何由革？畢竟從心裏動了愧悔方能革。就是趨風氣，圖功名，亦且引他到這邊來，久之習慣自然，天良亦現矣。某人對策云，「假廉吏不如真貪官」，或欲高拔之。某不可，因奏云：「爲官至於真貪，負國極矣，不應尚有罪浮於此者；況假廉吏，在他雖帶些假，在地方生民，已受其利矣。昇平之官，大家以廉介相尚，豈必盡出於心之本然？但得相釀成風，不敢更變，所裨於世道者已多。」奏訖，大蒙嘉許。

做州縣官，全要體認「父母」二字，須實引「父母」的事任在身上，養之教之。有此誠心爲本，大段已得，又須委曲以得其心。

爲守令要在周知民情，甚非易事。必以心著實推求，刻刻做題目入思議來，方好。先歷州縣，而後爲大吏，民間事體都閲歷過，做來自較熟。鍾旺。

書吏實少好人，然欲天下太平，必先此輩。孟子説班爵禄，却自庶人在官者始。漢家吏治，曹椽得自辟用，最妙。此輩都用讀書人，從下面好起不相欺，事便易辦。不爾，雖上有嚴明之官，覺察不到者多。

太平之世，民生日滋，而土不加廣，欲其地利之盡，則水利不可不興。溝渠開洩，大以成大，小以成小，隨地宜而修之。要在守令得人，著實留心耳。鍾旺。

明代雖經泰平，然諸事多未曾整理。如直隸、山東，儘可開溝洫，修水利，治其田土以省漕運。乃置之不理，安坐而待哺於東南。使江淮之間有竊發者，中梗漕運，則青、冀、兖、豫、幽、并之地無以取給矣。

世間要熱鬧，須耐得幾年冷淡。人儉朴了，方能富厚。但教民儉，又須兼勤。南方勤而不儉，北方儉而不勤。教之勤儉矣，又自官府躬尚簡朴，與民休息，自然民氣日復。

若只要外面熱鬧，饒使百須具舉，到處興修，究所自來，皆此蚩蚩者之膏血，安能使家給人足？

平糶以出富民之穀，此法最妙。古人立倉，曰「常平」，曰「社」，皆是此意。至借賑，蓋不得已耳。

以教化防閑爲無益，豈有此理！即如眼花了，用眼鏡一遮，便都看見。若説待我閉目静坐，養出精光，雖有此理，然當下用不著。即如狐裘以禦寒，當下便暖，難道倒説待我保養元氣足時，自不用此不成？

聖世教化行，人材衆多，彼此薰蒸，德品淳厚，意思深融。如米穀多置釜中，則飯成倍美。人家製蛤醬，備置五味，終有草氣。不如捕魚家囤置一處，其味自佳。彼此初不相假借，惟互相醞釀，其美自倍。

教人而人服從，却有兩路：一是示以心得，一是誘以功利。七十子之服從，示以心得也；漢之經學，唐、宋之詩賦，明之制藝，誘以功利也。聖人在位，躬行心得以施教化，又官不及私昵，爵罔及惡德，人材安得不盛？

教養人材最要緊。某督學直隸時，於文武童生中，有能背誦四書全經小注，及三經、五經，並有膂力武藝者，皆試之，文理粗通，便爲拔取。此是勸誘之法，久之，自然皆歸實學，六藝之風，庶幾可復。

宋時監試，即今鄉試；省試，即今會試；廷試，即今殿試也。監試及額者，省試不中，明年仍入監試。省試及額者，廷試不中，明年仍入省試。進士有五甲、六甲，其一甲亦不止三人，有五六人不等。一甲方得簽判，後甲則丞簿尉。一年一考，自張元廷試黜落，謁韓魏公，公命作雪詩，元得句云：「戰罷玉龍三百萬，殘鱗敗甲滿天飛。」公厭之不顧。元忿竄西夏，見用，遂使中原疲於奔命。自是廷試者，不復黜落矣。問：「簿尉皆用士人，使皆得至大僚，此法殊善。」曰：「如今吏員出身，自知終身不能望正印，長官亦知其無復遠大，賤而陵之。他自然一心圖富，安得不奸貪百出？若概用士人，勿以資格相限，必知自愛以倖進取矣。親民之官得其人，天下便易治。宋時，簽判尚在通判下，惟一甲大科得做。」

明代科場，解大紳便作弊。永樂命擬人所不講事爲問，解洩之於其鄉人，吉安一府，遂至鼎甲居其二，前十名居其七。狀元曾棨記資好，將書册上語，成片寫入，至卷紙不足，書於殿磚上。永樂閲卷未完，傳問，具以對，乃命就磚上録而閲之。吾鄉李九我、蘇紫溪，自少同學，後蘇復從李受業，而丁丑先達。至癸未，李會試至都，主其家。蘇以部曹爲同考，臨入闈，問如何看文字，李曰：「子才高，遇有平淡文字，恐係有學有養之士，宜留心不可輕棄。」李卷適在蘇房，已置之矣，忽思李言，覆閲，乃大稱賞，薦之，遂得元。彼時尚有古道，言不及私，亦以信二公之生平不苟。

先王禮樂都有原故。如制禮，便將鬼神情狀，都安置體貼妥當在内。樂的緣故，不知如何便感天人、格鬼神。其製十二律幾箇竹管，便與天地之氣相應，却甚奇。

某看禮樂亦不是難事，如今把禮斟酌，令至易簡，人不難行，自然樂從。樂便把如今的戲整頓起來，就是樂。孟子斷得直截：「今之樂，由古之樂。」人多在律管上講究，即使得了虞舜的律管，作起韶樂，亦不必一時便鳳儀獸舞。家語中記孔子入齊，見童子揖讓於道，曰：「疾驅車，韶樂將作矣。」此等話皆荒唐。安上治民，莫善於禮；移風易俗，莫善於樂。若只郊廟中作樂，就是雲門、咸池、韶濩、大武，亦只天地鬼神聞之，如何天下風俗就會移易？自然是人人見聞，纔能移風易俗。如今人看戲，到那忠孝苦難時，便涕泗交流。移易風俗，可見不難。

伊川論禘，謂：「以所出之帝爲東向之尊，其餘合食於前。」此説爲長。朱子但謂「以始祖配之」。自記。

古人的樣子，莫要走他的，他不敢破決的事，畢竟破決不得。如入繼之君，自尊其親，雖濮安懿王，亦終未曾入廟。至明世宗，居然將興獻入廟，坐於武宗之上。不知當日曾經北面，如何能相安？既非創業時追尊之比，而使爲帝於身没之後，不復有宗法，後世能從我乎？

繼嗣之君，於所生父，須還他一個稱呼。即稱「皇考」，尚未全不是。伊川謂當稱「皇伯父」，亦無據。至明世宗，直入其父之主，加武宗之上。孝子不爲人後，要做孝子，就莫即帝位。既即帝位，又不承前面統緒，豈有此理！這是自太祖傳來之統，不可以私其父者。

聖廟從祀之禮，斟酌停當最難。前日議朱子升堂，將位於顔、曾、思、孟之下。某奏：「朱子功德，雖不讓顔、曾、思、孟，但十哲俱是聖門先賢，一旦加其上，恐朱子亦不安，似不如列於十哲之下爲是。」果蒙俞允。

古者君臣如朋友，情意相浹，進言亦易，畏憚亦輕。朱子云：「金人初起，君臣席地而坐，飲食必共，上下一心，死生同之，故强盛無比。及入汴，得一南人教他分辨貴賤，體勢日益尊崇，而勢隨衰。」漢高祖初得天下，羣臣固無禮，叔孫通不過記得許多秦家制度耳。杜工部云『叔孫禮樂蕭何律』，其實壞事，就是此二件。

問：「民俗冠昏喪祭，彼此侈靡相耀，了無分别。不如此，衆便笑爲鄙嗇失禮。若不立爲品制，欲民生日厚，難矣哉。」曰：「諸事自當法古，然亦必順民情、因時勢而行之方好。如今倘要復緇布之冠，豈非無謂？若於一頂帽分別貴賤，使奴僕賤流一出門，人便知爲何等人，雖衣錦繡無用，且覺其不稱，自必廢然而止矣。」

古人飲食、衣服起居皆拙滯，不求便利，總欲苦其形骸也。凡極形骸之樂者，皆後世所爲。

某謂四舍弟：「六經外，六藝皆當留心。文武既分途，射、御暫可不講，至禮、樂、書、數，實要緊事。書學有顧寧人，數學有梅定九。音學五書後，第補聲氣之源一卷，便完全。定九再將曆論補幾篇，仍做出九數存古，亦算完備。樂某留心數十年，其書規模具存胸中，只得一年工夫便成。至禮，須弟具稿後，再共斟酌。其略當以孔子所分冠、婚、喪、祭、射、饗、朝、聘分目，其實八件只四項，冠婚是一項，喪祭是一項，射饗是一項，朝聘是一項。起於士大夫，推而上之以至朝廷。有經文者不消説，至如儒先所論有參差處，須著一論於後以見意。今所不行者，則分集經書，以類存古制。又有一小禮，一大禮，幼儀、曲禮在冠婚之前者，附見於前；有朝廷大事，不在八項之内者，附見於後。更斟酌爲一簡便禮書，令鄉黨士大夫居家可行者。又省便，又免於村野，同志者相約行之。」

婚禮，三月廟見。朱子改定「三日」，今便可從。或問：「三日連本日算，抑離本日算？」曰：「古人亦是大略説，連離皆可。如武成『丁未，祀於周廟』，『越三日庚戌』，是離根算。召誥『三月，惟丙午朏。越三日戊申』，下『越三日庚戌』，『越五日甲寅』，皆是連根算。可見不拘。」

所謂「宗子」者，自高祖直承下來，皆是世嫡，方可稱之。若於祖、於父、於曾爲嫡長，而於高則非者，便不可以祭四代，稱宗子矣。須俟異日，其子爲己立廟，方是宗子。此段曲折，先儒講論甚略，以其義明白耳。然如自身顯貴至於公卿，又不忍不祭四代，即古之爲公卿大夫法得立廟者，豈必盡嫡長乎？此則可推禮文而知，不徒以義起也。

如今要斟酌禮，最是大宗、小宗難停當。此處處置得妥，他都容易。古今不同者此爲大，若事必不能行者，空言無用。只是不可自我創造，畢竟依倣古人，或本之經，或本之先賢。如伊川説：「人皆可祭高、曾、祖、考。」既有服，豈得無祭？朱子亦如此説，便當依他。人皆疑伊川「奪宗」之説，細思之亦是。庶人立不得廟，他有爵，廟因他而立，未有冕服在後，反以庶人主祭者。如今只得爵位尊者主祭，而宗子並立以存其統。

祭有大宗，大宗之難在宗子。宗子而有禄位則善矣，宗子而無禄位，無禄則不祭。如是而主祭猶用宗子，則犯分；不用宗子，則廢古。如之何則可？先君斟酌最當，主鬯者必用有禄位之人，祝文則並列主祭某、宗子某、直祀某。主鬯者居中，宗子、直祀居旁，俱視行輩年齒爲前却。先時寒族祠堂，祇是春秋兩祭，先君以爲冬至、元旦應祭。冬至，天氣之始，宜祭始祖。元旦，王正之始，宜祭先祖。先君未見程子書，恰闇與伊川合。人總要明理，禮本因人情而制也。

程子謂：「服既及高祖，則祭亦宜如此。只是品物有豐殺，禮物有繁簡。」是庶人亦可祭高祖，但不可僭用士大夫之禮耳。然其中有古所無，而今時勢不同者，須想得到，不然後人亦難行。宗法是大事，大宗固宜復，然其子孫貴者不必宗子，宗子不必貴。祭用貴者之禄，豈反使宗子之賤加其上？萬一宗子竟是農夫，如之何其加於朝官也。只得貴者主祭，宗子及直祭同祭。主祭者居中，宗子居左，直祭居右，長一輩者稍前，同班者齊排，卑幼者稍後。祝文竟寫主祭孫某、宗孫某，直祭孫某。至小宗，亦宜倣此意。如某於法得立高曾祖考之廟，然某即非高祖之宗子也。某爲主祭孫，而宗孫即用高祖之長房長孫爲之，直祭者每年換人。至五世而祧，則用曾孫之長房長孫爲宗孫，以次而下。倘有德有爵不可祧者，則倣古禮祖功宗德之意，將此主移向始祖之廟，合族公祭。不然，貴者之子孫倘竟降爲皂隸，又安可以祖之爵而隆祭之禮？與所謂「葬以大夫，祭以士」者，大不侔矣。祭以本身之爵，非以祖考之爵也。

家禮既脱稿，被人竊去，後來朱子不能重具稿，惟囑門人楊氏曰：「此稿日後出時，中有某條某條未訂正，當爲改之。」故家禮中有數條，皆經楊氏注明，讀者不可忽過。家禮要存古法，故段段有宗子行禮，到底人不能行。如今須考定，令眼前可行方好。卿大夫家，古有世禄，故子孫雖無位，行事尚得與大夫同。今卿大夫既無世禄，設數傳之後，支子顯達，而宗子却無禄，則宗子分止宜薦，而支子又不得祭，是使有禄者身享鼎烹，而祖宗僅受菲薄，於心安乎？寒家宗祠在山中，先世士大夫多居郡，祭時不躬不親，惟使直祭者經理其事，故時序歲臘，潦草獻享而已。及先君定議，以爲宗子有禄，自當主祭，即宗子舉人，而支子進士，宗子侍郎，而庶子尚書，爵秩相彷，亦仍當宗子主祭。若宗子無禄，而庶子顯貴，則貴者以其禄主祭居中，宗子居左，直祭者居右，一同奠獻。如此斟酌，既不背古意，而於今可行，方不爲空言。

問：「官及三品者皆得立廟，假如官六七品，得立廟否？」曰：「『適士二廟』，古也六七品於秩爲郎，今之郎即古之士，立祠何妨？亦得祀四親，只是殺其禮。」問：「諸生庶人何如？」曰：「不可立祠。祭於寢，亦可祭四親，其禮又當簡略。」問：「小官亦可祀始祖否？」曰：「亦可，只殺禮就是了。大抵程朱有一人説過便可用，他是從道理上秤量過的。聚族之道，聖人所尚；不忘本之誼，君子所先。人皆不敢忘其祖宗，無不是處，自然風俗日厚。只是屋之大小，禮之豐殺，各安其分，初亦無害。」

小宗如及身貴，便應立四親廟。子孫以世代而祧，下至本身玄孫，都該用貴者之宗子、宗孫主祭，蓋五世之澤未斬也。如五世内支子有貴者，亦不得於此祠中主祭，當自别立四親廟可也。大宗不容有二，小宗不妨其多。

祭爲吉禮。今仕宦之家，四親多不立廟，又止忌日設祭，祭墓及祭忌。古無是禮也。朱子不敢廢忌日之祭，然變服，用淺黑色巾，蓋猶哀之餘也。豈可當吉禮乎？程子云：「凡人服既至高祖，祭亦應至高祖。」既得祭，豈可不詳制度？某歸，即爲廟於宅内，作四龕。依朱子法隔開，便不嫌並坐南向，且便於忌日各祭。神座略低，以便祭時几筵相接。

古時天子、諸侯、大夫各有祖廟。其合食也，則太祖正東向之位。今既無各廟之制，又無東向之禮，則同堂異室，自然並坐南向。只是妣本附祖，合饗時，人家都設一筵，大不妥。母子同席猶可，舅婦可同席乎？伊川自説得確：「四親應分爲四席，寧可以一筵而分爲四處。若再爲通融，則祖與祖爲一處，妣與妣爲一處，一筵分爲兩筵，則更便矣。」意厚而禮明，不惟其物也。

吾家遵程朱之教，祭自高祖以下，於官舍則立祠版，奉以行。但祠版只同一龕，既不容，版隔作四，如朱子之制，則供饌時，勢難多席；若循俗通用一席，則是舅婦同席，於體不順。今酌分爲二席，東席祭四代祖考，西席祭四代祖妣，父子姑婦，固無嫌於同席也。官舍無常，難以如禮，如此權宜行之，庶猶不至大謬。清植。

畫像之設，程子以爲少一根鬚便是別人，其言似太固。夫推孝子慈孫哀慕之心，夢寐髣髴，猶願見之，況形像宛然，想見平生者乎？自記。

張子言：「三年之喪，期可祭。」此句未安。至云：「期之喪，既葬可祭。緦功之喪，踰月可祭。」似乎可行。自記。

墓祭以寒食，始見於開元之詔，其文曰：「寒食上墓，禮經無文，近代相傳，寖以成俗。」故萬季野疑其起於陳、隋之間。寒家上墳，不用寒食，而用戌亥之月，似更有理。古者廟祭墓藏，樂以迎來，哀以送往，報魂報魄，求諸陽，求諸陰，各以其類，順天道之節。自記。

祭酒之禮，有三樣不同。先灌酒者，代祖宗祭先代爲飲食之人，所謂「祭酒」也。次奠酒，斟一杯奠於列祖，斟一杯奠於列妣。次方每祖位前各斟一杯，每妣位前各斟一杯。如盛筵延賓然，初登筵，則向外以酒灌地，所謂「祭酒」也。次斟一杯送首座客，所謂「奠酒」也。客辭，則令人每客前各斟酒。亦三樣不同。

有人年少，妻死無子，即扯一族人爲嗣，於神主旁書男某奉祀，大爲悖謬。繼嗣本爲繼祖，乃爲男子設，未有爲婦人設者。況夫在則夫爲主，其題主應作亡妻某氏神主，其旁不書奉祀。

錢楮乃五代後事，然行之久，亦難廢。即使聖人到今制禮，亦必不同於三代，何則？人之習俗不同，即鬼神亦不同也。古人祭，取蕭合膟膋爇之，所以求神於陽；灌酒於地，所以求神於陰。今之燒香，亦求神於陽之義。此皆無害於禮，從俗可也。

古冠皆以束髮，當顱處率使空，如今婦人之覆髻者，而略加高。夏收、殷冔，皮弁、爵弁，及後世竹皮、進賢、遠游諸冠，皆然。即冕亦然，髮後板向前如覆瓦，前仍空也。至漢元帝，頭上有壯髮，攢，因覆以片巾。王莽頭禿，又全覆之，而謂之幘。自是人皆效之。及宇文融，遂製幞頭，以方巾幂首，四隅四帶，兩帶結髮後，垂其餘，以前兩帶從髻後繞回，而紐結於前。唐明皇因以後兩帶用銅絲鈎起，彎向前以示異，即今戲場中兩翅冠也。魚朝恩則内用桐木爲楞骨，使高而方，士大夫皆承用之。五代時，始改爲軟紗帽，即用幞頭而模之。明始加漆，爲今戲場中圓紗帽，而以方者爲幞頭。

榕村語録卷之二十八

治道二

問：「韶至何時始失傳？」曰：「其晉之東乎？漢高廟中尚有之。五代亂至二三百年，秦炬所不盡者，至此始滅絶無遺。」

問：「古樂似皆以詩爲主。」曰：「『詩言志，歌永言，聲依永，律和聲。八音克諧，無相奪倫，神人以和。』樂之始終條理備矣。詩所以言志，而詩之言，必抑揚高下，歌之而後可聽。其詩之和平廣大者，以宫聲歌之；清揚激發，慷慨悲壯者，以商聲歌之；歡忻流暢者，以角聲歌之；急疾清促者，以徵聲歌之；繁碎嘈雜者，以羽聲歌之。然五聲無節，不能中和，則以律和之。由律而寫其聲於八音之中，至於克諧無相奪倫，則神人以和矣。」問：「鳳儀獸舞是實事否？」曰：「是實事。如今官府行禮處，略有肅雍之意，便人皆聚觀，各有懽然悚然處。雖悍卒野人，亦不敢譁。可以見矣。」

教化莫重於樂。唐虞之教胄子曰「典樂」，夏商曰「樂正」，周曰「大司樂」。今之「祭酒」，即古之「司成」。成，樂之一終也。又有「司業」，業，懸鍾磬之板也。即如做戲然，竟把國子輩演成一箇樣範，後來要變亦不會變。其初勉强教習，及其成也，都是順其自然，導以固有而已。後來把第一義先澌滅盡，而以下賤倡優視樂工，欲天下化行俗美，人材輩出，得乎？宋時用女戲，門人問有事當用否，朱子曰：「時尚安得不用？」聖賢亦不能違時，只是女更不如今之男矣。唐、宋仕宦皆有官妓，名尤不馴。明尚演其餘習，高麗人進貢，論官之品級，以妓陪之。直至今日始革去，甚是。男女無别，則廉恥道喪矣，教化將從何處説起？

雅樂是舞者舞，歌者歌。俗樂是舞者自歌，殊無理。如大武之舞，始而北出，一人「總干而山立」，人莫知爲誰也。歌者則歌「殷商之旅，其會如林。矢于牧野，維予侯興。上帝臨汝，無貳爾心」，人知爲武王矣。「再成而滅商」，一人「發揚蹈厲」，人莫知爲誰也。歌者則歌「牧野洋洋，檀車煌煌。維師尚父，時維鷹揚。涼彼武王，燮伐大商，會朝清明」，人知爲太公矣。以此推之，想韶亦是自徵庸在位，殛罪命官，遂有九成也。當時國子，豈必如今優人，不過有其象而已。爲其事者口不言，而旁觀者則稱羨慕誦之，雖其詞誇多，亦無妨。若斟酌雅俗之間，如蘇武，即將史傳語，放在他口中自説，而臺下别用人贊嘆之，亦可。

五音惟管子言之的當。宮博厚洪長，君欲其如此；商激昂慷慨，臣欲其如此；角清和調暢，民欲其如此；徵警動而煩褷，事欲其敏也；羽細碎而悽切，物在天地間至多，却各不相混也。聽人之聲皆出於喉，其人便正道而貴；入鼻多者，恐乖厲，或作危險；舌音多者，或心回互，或巧佞；齒音多者，或狠，或艱深；脣音多者，或不正，或賤。試之頗驗。作詩用韻脚，若是喜慶事，用宫音，便洪亮；發揚感激事，用商音；述平常事，用角音；可駭愕事，用徵音；悲惻事，用羽音。

「黄鍾之宫」，另是一物，非「黄鍾管」也。朱子以「律準律通」比之，極是。然吕氏所謂「取竹斷兩節，間三寸九分而吹之，以爲黄鍾之宫。次曰含少」者，此義千古不明，以啓隋志及近日李文利之説。某謂黄鍾八寸一分，應鍾四寸二分，自黄至應，相距三寸九分。是諸律長短，皆在此距内耳。黄鍾爲宫，則自太簇爲商，至應鍾爲變宫，皆以少聲與之相應。少聲者，言其聲比黄鍾爲少也。既得黄鍾，遂穴諸孔於三寸九分之内，間而吹之，其全聲則黄鍾之宫，其次所穴孔間而吹者，即所含商、角、徵、羽及二變之少聲也。此以一管而備五聲，故曰「黄鍾之宫」。及「制十二筒」之後，則果相和，而此管可以生之。自記。

向解吕覽「三寸九分」，以爲黄鍾以下，應鍾以上，中間三寸九分，於隔八相生分寸之位，穴孔吹之，以得諸律，所謂「間而吹之」。立此爲律本，在十二律管之外。前年王振聲往天壇看樂器，其穴孔處，却非隔八相生取之。今律吕正義書中，乃言其故。琴是隔八相生者，平方也，面也；管以比例言，則立方也，體也。體便隔八相生不得。乃知吕不韋不知此義，故云：「三寸九分，間而吹之。」班孟堅漢書全引此段，只去「三寸九分」一句。想是考究過，知不如是，故去之耳。

問律準律通之制。曰：「以木安十二絃，如琴狀，一絃爲全律黄鍾，或具七聲，如十二管之有黄鍾之宫一管；或可以上下按取十二律之聲，皆不可知。此絃不在十二絃之内，餘十二絃，即應十二律，用十二絃，不用此絃。此絃以驗十二絃之合否，爲十二絃之母。」

問：「何妥雖止存黄鍾七均，但既有黄鍾七均，用此以推各律，依以旋生，有何難處！而謂『自此旋宫之法遂廢』，何也？」曰：「正是。總是因陋就簡，不去推勘補足他。且因此可見朱子所謂『君臣之道不達』一段議論之確。蓋五倫都是達道，後世惟父子、兄弟、夫婦、朋友四倫達於天下，而君臣之道不達。何也？君者九州之綱，然宰相亦做得主行些事，六部亦做得主行些事，下至鄉亭、嗇夫皆做得主行些事，便人人有君道，有臣道。後世事無巨細，俱要稱制裁決，所以朱子云然。黄鍾獨存一調，而不能各自爲宫以相生者，以此。這道理甚神妙。」

明道論樂，謂：「將上下聲考之，須得其正，一言以蔽之，省辨論者多少紛紛。」此等處，與所謂「加一倍法」者，皆可謂要言不煩。自記。

問：「朱子謂『從來無祉角』何也？」曰：「亦嘗疑此。朱子謂自漢、唐以來之樂，不能以祉角成調，不知何故。宋徽宗强爲之，起聲是祉，尾聲又走了。」問：「審音是祉而用之，如何會走？」曰：「如彈琴，頭一聲是祉了，尾聲不應，彈至那裏，一樣安放，却是別聲。可奈何？此理甚微。蓋三代而下，君臣皆具，生物仍然，但事多不得其理，民多不得其所，此聲竟亡。」問：「民事既錯，則物亦失宜，何以有羽？」曰：「畢竟差，如今所生之物，竟有較古時加多者。但看武王既得天下，偃武修文，商聲不用，國祚遂衰弱而綿長；景王造無射之鍾，伶州鳩知其以心疾死；劉歆造樂而莽死；荀勖造樂而晉亂；宋仁宗作樂亦以心疾死；王朴爲周世宗造樂聲太高，世宗死而國祚促；宋太祖至太常聞樂，嫌其管太高，令下二律，國祚遂衰弱而綿長。如響應聲，此理怕人。齊景公作徵招、角招，只怕那時此二聲便有些作怪。晏子勸景公出舍於郊，大戒於國，於行慶施惠之時作此樂。我輩不會吹彈，又無精曉音律之人可問，不知果否。第向時曾聽一友彈琴，逐曲問他，大抵宫、商調多，羽亦有，未有説是角、徵調者。又亡兒學琴時，説琴中本有啞處，某不信。同是有木有絃，如何會啞？及試之，果然。以此驗之，或有此事。即以人之説話言之，激昂慷慨者，商聲也；凄切哀怨者，羽聲也。至合乎人情，令人歡悦和暢，是角聲；緊切事理，一字不浮汎，是徵聲。此二聲便少。」問：「三代以後，文不如古亦然。」曰：「然。大約宫聲是天地元聲，聖人謂黄鍾萬事之本，此不容亡者。慷壯激發，凄緊瑣細，此後世之所有。至民氣歡悦流動，諸事懇摯警切，此聖王之事，三代以返，不能及也。角與宫相近，徵與羽相近，以爲是角矣，仍是宫；以爲是徵矣，仍是羽。今人認錯部位者多。」

元人曲子只四齣，猶是古樂之遺。古樂只升歌、笙入、閒歌、合樂四節，儒先都謂舜樂九成，周樂六成。某意謂四節之樂，唐、虞、三代恐皆如此，所謂九成、六成，乃舞也。但古人却無此説，存以備考。如今戲亦當以四齣爲則，把中間没情理者盡删之，至其履歷姓名，莫要自己叙述，使一人在旁以詩歌詠歎之，更有情理。戲最可厭，是中間夾雜許多不相干事，而收場草草。文章須是篇末收拾完全，一絲不漏，戲何獨不然？

明世用冷謙、韓邦奇等所定之樂，將舞都依字音五行，有俯仰伸縮，而無疾徐進退，信爲可笑。

古人制七始，都與造化相應。如黄鍾爲宫，則太簇爲商，只隔一位。姑洗爲角，亦隔一位。至林鍾爲徵，則隔二位。南吕爲羽，又隔一位。自南吕至黄鍾，又是兩位。角、徵相隔兩位，故取中以蕤賓爲變徵。羽、宫相隔兩位，故取中以應鍾爲變宫。月行節氣亦然。至將置閏，則越兩節氣不得不置閏，與五聲二變同。故房氏以二變爲閏宫、閏徵。

有謂三分損益、隔八相生爲不是者，其説以氣是一呼一吸，未有極長而漸縮短，極短而漸放長。不知陰陽二氣，以相對者言，則呼吸是也；以一氣之始終言，則漸長、漸短是也。如人之聲，自丹田出，即撞入鼻，乃到舌，次齒，次唇，則出口矣。何嘗一出即一入也？

十二管，音之母也，作樂時却用他不著。其調中所用律，則寄於簫管之孔，琴之絃，鍾磬之厚薄。八音惟革、木不入律，塤有孔，亦入律，十二管却藏著，所謂「王府則有」。金、石、絲、竹有差，則取出管來正之。

聲大莫如黄鍾，細莫如應鍾，皆可以起調，而其腔板聲口，則不改於其爲宫者也。如大江東詞，大聲唱使得，即低聲唱亦使得，而其聲口則凈也，非旦也。

問樂律。曰：「律者，樂之末節也。」曰：「諸書言古律分寸不定，因失中聲，而古樂無由復，何云末節？」曰：「假令樂得中聲，遂能鳳儀獸舞乎？古禮之不復，果以衣冠籩豆之制闕而無所考乎？」曰：「然則古之立律何也？」曰：「人得天地之中以生，性得天地之中理，氣得天地之中氣，形得天地之中形，則聲亦得天地之中聲。聲之大者如雷霆，小者如蚊蝱，皆非中也。就人之聲，喑啞叱咤則過大，咿嚘啾唧又過小，亦非中也。惟平常之聲，高下抑揚，大不過宫，細不過羽，其中有十二部焉。故律吕十二，配人之中聲也。黄鍾、大吕、太簇、夾鍾、姑洗、仲吕、蕤賓、林鍾、夷則、南吕、無射、應鍾，皆鍾名。又以鍾之擊有輕重不等，則聲不足以爲定，不若竹之分寸一定，而人儘力用氣吹之爲較準。故製管爲律，以存聖人中和之聲。於是以十二律之聲，寫入金、石、絲、竹、匏、土之内，則聲皆和而樂成矣。

問：「宫、商、角、徵、羽，既分清濁高下，如宫濁矣，何以旋宫又有極清聲爲宫者？」曰：「此是兩樣論頭。如應鍾爲宫，其聲細矣，則他律爲商、角、徵、羽者，更細於宫。律管本長，於爲宫之律管者，臣民不可以陵君，則以變以半應之自合。若在言志之詩，論其氣象是宫是商，終不得變。大抵宫、商、角、徵、羽爲虚位。」

古人作樂，以律從詩，今人講樂，以詩從律。「詩言志，歌永言，聲依永，律和聲」，豈非以律從詩？如今填詞，却是派定某字用平，某字用仄，鐵板不可易。又自樂學失傳，論者便謂聲音之道，無從理論，而詭誕者，又造爲秘傳怪異之術，轉相迷悮。其實今日看戲，見忠臣孝子則感泣，見奸邪害正則髮指，是即樂之大本大源也。聖人有作而欲制禮，即今所行者折衷之可矣；欲制樂，即今崑腔戲考定而條理之可矣。

樂有調有聲，調如今曲之清江引、新水令是也，歌如歌關雎、鹿鳴之字句是也。如以宫調歌關雎，則「關」字必用宫，所謂起調也。至「逑」字必收到宫上，所謂畢曲也。二章「參」字、「側」字，三章「參」字、「之」字，皆然。是之謂調。若每句之字，宫、商、角、徵、羽、變宫、變徵，七音任用，各隨其宜。如首「關」字用宫，未有次「關」字仍用宫而並頭者，勢必須用别音。蓋即一字隨人歌作七聲，總在高下長短上分别，非本字自爲一定之七音而不可變也。

全曲謂之調，每一律有五調，共六十調，二變不爲調。每字謂之聲，每一律有七聲，共八十四聲。自隋時，鄭譯得旋宫法於西域蘇祇婆，何妥恥其不能，止用黄鍾一調七均，至今雅樂尚如此。今俗樂唱戲者，亦未攷調聲之全否，但用某調，則以某聲起調，某聲畢曲。如用黄鍾，則以黄鍾歌第一字，及完，仍以黄鍾歌末一字。而通歌所用字，總不出黄鍾所生之宫、商、角、徵、羽、變宫、變徵。以他律爲宫皆然。律吕新書中，却不曾把五聲爲調一處，挑剔發揮明白，故人難看。「聲依永，律諧聲」，分得清楚，則了然矣。

問：「如奏黄鍾之商，用黄鍾七聲乎？用太簇七聲乎？」曰：「竟用太簇爲宫之七聲。因其爲商，不可云太簇之宫，只可云黄鍾之商。他律皆如此。」

十二律制器，止可以制金、石、絲、竹、匏，此五者有十二律。至鼓、柷、圉，則不具。

壎雖爲人所吹，然土爲之，亦未知能具與否。十二律用以考音，而不用以作樂，雖以竹爲之，而以鍾爲主，故以竹管而取鍾名者甚多，黄鍾、夾鍾、林鍾、應鍾皆是也。八音之中，惟竹、絲、匏可以字字依人聲音節簇，而金、石、土、革、木止一聲，或以起樂，或以止樂，或以節樂也。

問八音之序。曰：「金、石所以爲衆音之節，故最尊。絲，堂上之樂。竹，管也，乃堂下之樂。天子元侯始用管，卿大夫則用笙，笙即匏也，故次於竹。土，塤也，雖其用小，而爲人所吹，與竹、匏同，故次之。至鼓與柷、圉，不過節樂、起樂、止樂而已。」又曰：「鼓無當於五聲，故又次之。」

問：「方響有十六箇，十二箇是正律，四箇是清聲，何也？」曰：「方響即磬也。正律只有十二，至第九聲，即不能全具五聲，少一聲；第十聲，少二聲；第十一，少三聲；第十二，少四聲。蓋律至應鍾窮矣，只得截律變半爲四清聲，以全十二律之五聲。二變不爲調，故止十六。所以編鍾、編磬皆十六，編簫之管亦十六，其故俱是如此。」

舊欲作一部樂書，竟分八章：樂用、樂教、樂章、樂聲、樂律、樂器、樂舞、樂理。今思只以周官大司樂一篇爲經，禮記中樂記爲傳，而與經相發明者，曰附大司樂，與傳相發明者，曰附樂記。或將八章另編，各成一類，以便專考一門者。言樂者，嫌不得古之黄鍾，猶習禮者，嫌不得古之衣冠，豈今之衣冠必不可以行禮耶？自元以前講曆者，必欲求上古之曆元，冬至歲月日時，皆會於甲子，日月如合璧，五星如連珠。勉强凑合，終不能確。至郭守敬，始悟其非，追之既往未必是，驗之將來未必合，又無關於曆之緊要。於是一筆勾去，即以至元辛巳爲曆元，而授時曆遂迺超絶前古。自元以後，人皆翕然服之，不復言曆元矣。黄鍾之説，亦是如此。朝廟之樂，實能歌詠祖宗功德，字字確實，明創業之艱難，道君臣之一德，憫將士之憔悴，咨黎庶之勤劬，便好。然古之作樂者，非徒以朝廟爲重也。移風易俗，全以用之邦國、用之鄉黨、用之閭巷者爲要。蓋朝廷郊廟之樂，臣民得與聞者有幾？惟家家户户皆得見之，方能興感。孟子云：「今之樂，由古之樂。」以樂記「冕而舞大武」一段及「賓牟賈」一段觀之，古之樂與今之戲何殊！若將廿一史中，忠孝節義之實事，如戲編出，但詞不要艷，聲不要淫，使聽者心氣和平，可以語，可以道古。何代事，即用何代衣冠、官號、器具、禮節。自士大夫以及編氓，無不歡欣鼓舞，而臣思忠，子思孝，夫思義，婦思節，則太和之風，洋溢於宇宙。此豈徒講黄鍾之所能致耶？至於詞，漢即用樂府，唐即用詩，宋以後即用詩餘曲子，無不可者。編纂皆要設一局，禮局、樂局、天文局、書算局，講求在這裏，便有舉而用之之時。朱子何嘗能用於當時？明朝承其餘緒，得其糟粕，尚可支持三百年，莫以空言爲無補也。今欲考訂朱子所言禮爲一書，而以己見輯樂書，至曆算有梅定九之書在，亦覺燦然可觀矣。

崑腔之吐字，每字有頭、腹、尾，如西要烏之爲簫、伊要烏之爲憂之類。如但有頭腹而無尾，則聲短，非其本音矣。歌、麻、支、微、齊、魚、虞，皆自發自收，爲聲之元。東、冬、江、陽、庚、青、蒸、真、文、元、寒、山、先、侵、覃、鹽、咸，有頭腹而無尾。國書以阿、厄、伊、烏、於五字爲字頭，最妙。歌、麻即阿部，支、微、齊即伊部，魚、虞即烏部。

古人習樂，其舞蹈有節，能使血脉活動，所以云「養其血脉」。只是如何舞法，今已不傳。然果然作樂，不患無傳。禮記説樂如抗如墜等，聲之節，即舞之節。其轉折疾徐，亦如大不過宫，細不過羽之意，以理準之，雖不中，不遠矣。

樂最要緊，禮即存於其中。即如章服，代各異制，惟優人不禁。有虞氏之衣冠，至周衰，必蕩盡無復舊制，而韶舞則全存之。友曰：「髫年看劇演，見扮高力士者，尚戴紫金冠，今則爲烏紗帽矣。唐制，中官雖極老，必戴紫金冠，不敢烏紗帽，見勺中志。做那一朝戲，即用那一朝衣冠，方是名優。」曰：「嘉靖改定禮樂，以爲大備，其實到此乃大崩壞。舞按五行，醜不可言。古舞斷不如是，大率即如今劇演。『冕而舞大武』者，即武王；尚父則『發揚蹈厲』。各肖其形容行事，令人想見當日光景，故曰：『舞以象事。』不肖其人，焉取哉！又恐人不曉，歌者却從旁贊其功德若何，行事若何，所謂『一唱三歎』

也。優孟之似孫叔，人即以爲真。故當日樂工，皆非庸俗人也。」

各省大吏，多以優伶爲性命，無怪其然。即吾輩之幾本書也。不爾，政事之暇，如何度日？古人暇時，便有琴瑟歌舞，先王知道人身心必有所寄，因其勢而利導之，以歸於正。樣樣都動得手，故有用，不是全靠讀書。如今禮樂久廢，只得守幾本書，檢束身心，開廣知識。若移而之他，則放辟邪侈，不可言已。古時必有民間之樂，韶、武豈士庶可用？「宵雅肄三」，亦不可用於燕閒。使徒九廟、明堂之間作韶濩，而天下即風移俗易，恐無此事。

如今，即將古書中忠孝廉節之事製爲詞曲，去其聲容之無情理者，令人歌舞之，便足以移易風俗，感動人心。不妨從粗處做起。禮始諸「汙尊而杯飲，蕢桴而土鼓」，後來便至「禮儀三百，威儀三千」。古人詩何嘗有平仄，後分爲平仄，又於平仄之中，分爲四聲，又於古詩之中，論出聲病。唐人則竟字字程式，做成律詩。用之久，自然漸漸細密。

連日因譋藍總兵演戲，做到入情時，未有不感動者，以此見得樂之效速。若就元人百種中，選其忠孝節義有事實者，改其義理不通處，每事四齣，此外誨淫導欲者禁之，亦粗足以感人心而成風俗矣。

至尊嘗論及樂律，奏曰：「其理於經書上略可考見，至聲氣之調和，都不能曉得。」諭曰：「和不和極容易講。如你向我説話，聲高，我高聲答應，聲低，我低聲答應，自然和。若你低聲説，我胸中有不喜歡的意思，高聲答應，這便不和。」此語見得天地間都是感應之理，實説得著聲氣根源。時壬辰四月。

舜曰：「有苗弗率，汝徂征。」其詞責人之意多，略有滿假。益窺見到此，故贊曰：「滿招損，謙受益。」此是行兵緊要處，驕忿極害事。孔明七縱七擒後，以爲兵可用矣，故前表有「奬率三軍，北定中原，攘除奸凶，興復漢室」諸語。直視曹叡如孟獲，微有自恃之意。及街亭既敗，想亦見到此意，故後表曰：「成敗利鈍，非臣之明所能逆睹。」其識高矣。

孔子云：「善人教民七年，可以即戎。」孟子推衍其説，如發政「施仁」，「深耕易耨，修其孝弟忠信」，都是教民裏事。教民至於七年，豈但與民休息，而上下相信，即以之戰，民亦各知大義，勝不輕喜，敗不輕懼。國手教弈，若有下一善著，狂呼得意，下一失著，悔恨失聲者，國手必斥之。蓋輕喜輕懼，中不定，氣不静，最不好。兵事尤忌。

孟子云：「大國五年，小國七年，必爲政於天下。」他原有戰勝攻克的本事，却不用，所以規模大。後人便疑孟子用兵未必濟事，不知孟子手段竟可不用兵。事事束縛之以禮，教人便動不得，何必用兵。穀梁子説得是：「善爲國者不師，善師者不陳，善陳者不戰。」

到得「善戰者不敗，善敗者不死，善死者不亡」，便不妙了。管仲生平便不曾與人打仗，何況孟子！後世惟武侯有此意，所以人説將兵非其所長，豈知正是他本領大處。老子亦見得此意，曰「惟慈故勇」，以「無爲」「取天下」，都確有此理。

鄉兵最妙。孟子所云：「出入相友，守望相助。」管子所云：「夜戰則聲相聞，晝戰則目相識，其歡欣鼓舞足以相死。」情誼既聯屬，而鍊習又熟，故鮮敗。至卒長、黨正之類，用之課農，則保介田畯即是人；用之勸諭，則飲射讀法即是人；用之出兵，則伍兩卒旅之長即是人。人相習而教有常法，文武兵民未嘗分也，何等有條理。

漢經費無兵餉，徒有吏禄而已，故太平數十年，則國富用足。自唐、宋以來，有養兵之費，故官俸代以微薄。天下雖無事，而兵常聚食，故國家靡費恒多，而動有不給之患。自記。

官俸之薄起於宋，其所由薄，則起於養兵。漢時兵在京師者，不過南北軍，武帝止增七校而已。其餘南征北伐，皆用民兵，無事則農。故少營伍支給之費，而官俸得厚。唐之府衛，雖已有兵民之分，而兵皆屯田，未嘗坐而仰食，猶然農夫也。至宋削藩鎮兵權，乃悉以京室禁兵，出防各路。兵額既多，而更番往來，費尤無數，故國帑虚耗，貧弱不振，而官俸遂減。但三代時，勸農之外，即以講武爲事，法制整然，條理精密。漢則無事聽其佃作，有事便驅而用之，是謂以不教民戰。三代之民，日日使之習勤，内外有備，故無倉卒之患。

漢時兵民不分，故國勢富强。宋藝祖但就所見目前之弊，率意釐革，因藩鎮財富兵强，遂設兵仗以收其鋭卒，立轉運以收其利權，務使文官有民而無兵，武官有兵而無餉。以爲如此，方不能爲害。至各路應設守禦之處，皆從京都遣戍，更番往來，以致養兵之費，府庫爲虚。不獨官俸緣以寖薄，即郊祀大典，亦時以匱乏不舉。豈知官俸厚，如天之雨澤，散而爲利也。兵餉多，如水之決隄，聚而爲害也。若稍省養兵之費，而散之百官，以養其廉恥，貪墨則盡法繩之，自然大小寅恭，不敢朘削小民，而閭閻日富。於是興禮樂、施教化以感之，三代之治豈遠哉！

朱子論兵政，謂唐之弊，在主兵者專制强梁；宋之弊，在主兵者分散煩冗，而歸之責成郡守。可知漢法猶善於唐、宋也。觀朱子前後議論，大都猶有取於漢制。自記。

古之陣法，只武侯八陣、李衛公五花陣爲有根。五花原於鄉遂之兵，八陣原於都鄙之兵。鄉遂之兵，以十爲數，起於五；都鄙之兵，以八爲數，起於井田之八家。自五家，以至於萬二千五百家，皆以五相疊，故出兵自五人，以至於萬二千五百人，亦如之。自八家，以至五百一十二家，皆以八相疊。其在卒長之教，皆以五八爲隊而教之。一居中，前後左右爲四，無論多少皆依此，此五花陣法也。天、地、風、雲、龍、虎、鳥、蛇，無論多少皆依此，此八陣法也。問：「鄉遂四閭爲族，是百家，四兩爲卒，是百人，每家出一人。而都鄙四邱爲甸，是五百一十二家，出長轂一乘，步卒七十二人，甲士三人。鄉遂亦出車牛馬否？」曰：「亦然。鄉遂雖百人，大槩亦用七十五人隨兵車，輕車也；餘二十五人隨牛車，重車也。歸馬於華山之陽，謂輕車；放牛於桃林之野，謂重車。」

孫武子書，總是説詐，如「虚者實之，實者虚之」之類。終以火攻，實大不仁之事，火攻無一存者。吾儒兵法，入以事其父兄，出以事其長上，可使制梃，以撻秦、楚之堅甲利兵矣，故「善戰者服上刑」。至於人來算計我，却不可以無備，須要事事周到。漢將自當以趙充國爲第一，看他幾篇奏疏，無一句不靠實，立於不敗之地。魏相論驕兵、貪兵、忿兵幾句，亦得兵要。外有充國，内有魏相，所以相濟成功。若將左傳、國策、史、漢諸書選集一部兵法，當勝於今所謂七書者。

充國傳：「嘗以遠斥候爲務，行必爲戰備，止必堅營壁，尤能持重愛士卒，先計而後戰。」數語盡兵家之要。自記。

韓文公論招募鄉兵，大妙，客兵便一戰而潰。施將軍平海，若不即用福建人，如何能成事？王輔臣反，亦是西兵平之。此却是用兵扼要處。

用兵如下棋然，低棋貪殺，又要多殺，國手只要自己不敗。到贏人，一著亦是贏，何須多？管仲用兵，何曾殺一人，而天下畏之。武侯節制之師，不曾多殺人，司馬懿畏之如虎。趙充國金城之役，何嘗與賊打杖。都是國手。

凡用兵，敗後再進，鮮不勝者。王姚江初遇伏而敗，夜復整兵而往，便破贛州。用此者多勝。

巡撫浙中者，前有范覲公，後有李武定，浙中士民至於今稱之。武定之才，視覲公爲優，當行兵時，施其智術，亦能得其歡心。武定先與鎮浙將軍結納爲兄弟，及耿逆作亂，武定言於將軍曰：「今勢危，全要得百姓之心，百姓一心，便可憑以立事。今與將軍約，萬一兵有生事害民者，吾關白將軍，即當按法治罪。迨後別爲庇護，操縱總由吾等耳。要使民知吾等不護兵以蹂民而已。」將軍唯唯。未幾，適有是事，武定聞而升堂作色，令標兵皆環甲，發令箭召將軍兵。百姓觀者數萬。移時而將軍縛兵至，以法治之，一時歡聲雷動。武定又損家資，及用庫金之無名籍者，以充犒勞。凡滿兵向前者，必拊其背，奬諭賞賚之，故滿兵亦歸心焉。武定於督兵王子及領兵將軍，皆用此法。王子、將軍見其兵民歸向，肯擔當事，亦倚以爲重。以故内外和輯。又臨事頗能不動。一日，與賴將軍、拉將軍同坐一山，望見一二千人擁至，從者不敢誰何，兩將軍皆失色。武定自頻捋其鬚，徐步出帳外。來者至，皆跪，武定和顔色問曰：「汝兵耶，必有苦，試爲我言之。」衆曰：「無之。」曰：「或有條陳事，試爲我言之。」又曰：「無之。」武定曰：「然則欲何爲？」衆曰：「吾等前私通於賊，受有吴、耿兩家劄付，觀成敗爲去就。今被公厚恩，視吾等若骨肉，心不忍有二，故自首於公，後有賊至，當奮刃以自明也。」武定垂涕慰之曰：「汝等皆忠肝義膽之人也，吾何以得此於若輩！」應時悉焚其劄付，而以牛酒犒焉，衆皆欣然而去。兩將軍於是大服。後某以是事問之，曰：「如此比者尚多。」每與之語，果能不動，雖平常語，無即答者，必稍存思而後應。

當日白頭賊妄假名號，衆至三萬，圍安溪縣。某出示言：「蔡寅本永春賣漿家兒，托名三太子。值此年荒，民食不繼，何故甘被誑惑，以糧賫賊？我已興兵勦捕，諸鄉不得仍蹈前轍。倘賊以爲恚，即可嫁怨於我，若我家破，餉之未晚。或故相違忤，甘心餉賊，是亦賊也，便當移兵先剪，以爲諸鄉戒。」又復分兵守其要道，抄絶糧路。更出一招降告示：「敢殺降，死無赦。」出示之翌日，即有賊弁林起，以七百人降。某量留四五十人，餘悉遣爲民。自林起來，賊輒自相疑忌，又苦乏糧，不數日，散走强半，僅六七千人，忿來攻我。某以兵堵之山陘，賊不敢下，經大風雨而退。某遣李治以二三百人尾之，令去賊二三里，即結營自固，勿與交鋒。治請曰：「萬一賊回衆來戰，奈何？」某曰：「只據險，一交鋒，便爲黔之驢矣。」又數日，賊盡奔散。其髮即用腰刀截之，棄滿道路。蓋人多則需餉亦多，無所得食，自然破亡矣。

管仲初見桓公，三薰三沐之後，所進不過管子頭二張書，一二十年用之。鄧禹於光武，武侯於先主，一見說得幾句話，終身總不出此。他見得明白，所以行之有成。辛酉年，施將軍方督水師，專平海事。某遇於逆旅，問數語，某即喜曰：「臺灣已平矣。」施曰：「何相信之深也？」某曰：「君言之已在掌握，豈不能行乎？」說得實在是了，便不問而知其能行。

地曾啓奏云：「有人說海賊凡數萬人，浙江米都是此輩搬去，故常患米少。此說不確。數萬人必有宿泊之所，今臺灣、澎湖、舟山、金門、海壇、厦門諸島，無不重兵鎮守，其餘小島，能駐百人者便少，數萬人何處栖身？此輩不過是內地之人，乘南風則出掠，北風起則仍歸內地耳。」未幾，擒獲一賊，地奏且莫正法，就此窮究其根株，必有巨猾爲之窩主，得其巨猾，則餘黨易散矣。其後果得鄭盡心。大凡兵間事，須得其要領，成功便易。又莫妙於以賊攻賊，不易之道也。

馬見伯整頓山西營伍，兵皆譁然站隊。見伯有將材，不知何以如此其無序。凡仕宦所至，要有興革，須使他不覺，以漸而更。又要有同心的人，方得成事。爲將又須先擇材幹技力有用者，使爲頭目，頭目皆我之人，則其下安能動乎！此所謂機也。

至尊所不可及者，不嗜殺人，雖吴三桂亦不曾族誅，耿精忠親族尚有爲近臣者。前年，一大臣親族有以叛逆論者，他已自分連坐，乃寬之不問，下諭曰：「豈有人做此等事，而謀之宗族者？」何等聖明。三代以前，想已有相及之典，故甘誓、湯誓俱曰：「予則孥戮汝。」如此盛德事，竟超絶千古矣。

有惜晁錯早死者，曰：「便不死，亦不過如此。即賈誼所言『衆建諸侯而少其力』，雖似合機宜，但視諸侯王都似劇賊一般，亦太不廣。人本領大，度量便大，周公誅管、蔡後，未嘗猜疑同姓，親親之誼如故。後世多因一事有變，至於懲羹吹虀者。聖人先從修身尊賢説起，然後及親親，晁、賈議論，都不曾理清根本。至族滅一事，乃秦之酷暴。以霍光之賢，猶族上官，其意以爲不爾，恐有後患耳。惟武侯本領大，李嚴廢斥，若遇他人，便恐其不走魏，或走吴矣，武侯如此處來，何嘗有他患！武侯一切都用王道。罪人以族，嬰兒之在襁褓者，何與彼事？皆駢首就戮，實是慘事。當日耿、尚二逆親族，羣臣皆請誅之，蒙垂諭曰：『他在外要反，親族奈之何哉？』豈獨不害其命，並不去其官，兩額駙仍如故。甚盛德事，可爲萬世法。

聖人本領大，只隨事處得當，不計其後。問：「他本領大處，就在那不過分際處持得定否？」曰：「他拋得便是大。如『有德易以王，無德易以亡』，到了無德，不亡何用！如殛鯀而用禹，道理應如此。」

某巡撫直隸時，奉命築永定河堤。當時私心以爲何須與水争地，但免其民之錢糧，使無催科之擾，則民賴水利，亦足以生，堤久必壞，終歸無益。今思之，聖見爲是。大禹之功，萬世永賴，然不久亦輒廢遷。如今既與斯民同時，得幾年安享地利，令少者長，長者老，老者死，亦可矣。譬如年荒賑濟，明知此三日糧，不能保其三日之外，但且救他三日。未有逆料其三日後之必死，並靳現在之糧，而速之死者。

當日去看南河時，靳總河引到高家堰一帶看六壩，曰：「此明潘印川所留四十里天然減水壩處也。原是四十里行水，並不説害民，今只留六壩，科道却參我害民。」彼時不解其故，及後大城、静海頻苦水患，先是二縣無隄，並未告災，至近歲堤成，民反大病，於時適某出爲巡撫，因悟六壩之害，與此正同。蓋水平漫，則淺而無力，用堤束之，一遇崩決，則力併而猛，其疾如箭，當之者無不糜潰。後又看漳河，至成安，聞崔惟雅著有治河之書，因訪其子。其子便説得好，他説：「築堤斷非良策，漳水來時，初不甚急，至深不過五尺，人畜概得遷避。若以堤障之，一決直是所向無前，人畜俱不能保。且漳水東行，則西路退出，西行，則東路退出，退出之地，皆極肥美，反得數倍收成。只勿與争地，隨其所行之地，蠲除其糧可已。」某遂據此奏請施行。後有言漳河現分四股，當併歸一者，某奏云：「禹疏九河，殺其勢也。天分爲四，正使勢緩，便是世運將泰，不應併而爲一。」奏上，遂蒙許可。至興化一帶下河，却是靳總河説得是，他説：「海反高於内地，若開七道河洩水，汐時内水外出，潮時外水内入，出者甜水，入者苦水，但見其害，不見其利。今人不想鹽城范公堤因何而築，全是爲海水侵田，築此障之。苦水所過，田便無用。今下河人家，半在水中，安之若素，田倒肥美，又有魚蝦之利。開下河無益。」此言甚當，其後下河雖開，倒底湮塞。友云：「鯀湮洪水，便是用堤。禹貢一篇，無一隄障字，惟『九澤既陂』，澤乃可用陂耳。」蓋澤水淹漫，略用陂堰，便田可有收。若江河之流，難以隄束，所以孟子謂「行所無事」。

榕村語録卷之二十九

詩文一

古文、詩，想皆起自皋陶，皋陶謨是自作一篇文字，明良之歌，亦自皋陶始。

韓文公一肚皮好道理，恰宜於文發之；杜工部一肚皮好性情，恰宜於詩發之，所以各登峰造極。

詩文各人都有壓卷，韓文如原道、佛骨表、與孟尚書書之類，杜詩如北征、詠懷、壯遊之類。

山谷、元章書，後代並稱，而兩人各相詆訾。山谷服東坡文與書，而謂其詩不古，然所自爲，亦未見其能古也。元章以山谷書撑手拄脚，其詩亦然。大約是雕刻字句，故致如此，要到意足氣足纔好。柳文尚不能到此。倫云：「王荆公亦有此病。」曰：「荆公、東坡還不可以此論，又當論其意。荆公取意澀，東坡取意溜。澀與溜皆有病，惟理足意足而氣亦足。澀不得，溜不得，多一些不得，少一些不得，斯爲至矣。班、馬之文，曹、杜之詩是也。」

文章與氣運相關，一毫不爽。唐憲宗有幾年太平，便有韓、柳、李習之諸人，宋真、仁間，便生歐、曾、王、蘇。明代之治，只推成、弘，而時文之好，無過此時者。至萬曆壬辰後，便氣調促急，又其後，則鬼怪百出矣。某嘗有一譬，春夏秋冬，氣候之小者也；治亂興亡，氣運之大者也。蟲鳥草木，至微細矣，然春氣一到，禽鳥便能懷我好音，聲皆和悦。秋氣一到，蛩吟蟲響，凄涼哀厲。至草木之榮落，尤顯而易見者，況人爲萬物之靈，豈反不與氣運相關？所以一番太平，文章天然自變。如戰國文字，都是一團詐僞，不知何以至漢，便出賈、董、馬、班。至唐詩之變六朝，宋文之變五代，皆然。若周、程之道學，韓、柳之文，李、杜之詩，皆是中興時起，力量甚大。總之，其人在廟堂者，即關氣運，至孤另的，便不相干。如晚秋之菊，寒冬之松柏，不關氣候，是其物性。如大亂之時，忽然生一聖賢，乃天以此度下一個種子，恐怕斷了的意思。

如今人學詩文，動説歐公、白傅。二公的詩體、文體學不得，天才學問都比不得他，只是學他平調。他都是讀破萬卷書，就是音節之間，如何能到得他地位？

詩文須常做，當其做時，何嘗不得意，過幾時，又覺得不好，便是進益。然得意一層亦不可少。「發憤忘食，樂以忘憂」，若只發憤而無樂，亦太辛苦。一番發憤，一番樂，循環不已，便會到極處。

詩文從生做到熟，從熟又做到生。後來讀去，覺得像不順，便是有工夫。

詩文鄙俚固不好，太文又不像。文字之始，都是古人説話，有意要文便不是。

詩文用雪白字、隨便字都不妨，總要切合。切合便有情景，有情景便有生氣。詩中字，又不是以全然貼實爲切合，不甚貼而卻合方妙。須求自得於心，不是要人叫好。

看文章如看堪輿。山川有一段秀氣，便要發人；文章有一段秀氣，便有成就。此却在牝牡驪黄之外。

昌黎居潮，子厚居永、柳，皆有政績。然昌黎在潮詩文，依然肅穆平寛，子厚永、柳諸作，便不免辛酸悽苦。其後昌黎嚮用不窮，而柳竟卒於貶所。可悟文章氣象之間，關人禄命。清植。

詩文派頭，斷絶久了。如今且莫評論他是唐是宋，且字字核實，説這人是這箇人，稱情稱事，不過分量，纔好論他風骨之高，學問之深，不然無從論起。不是不要風骨、學問，如一般銅器，必竟有幾片朱砂、翡翠瘢點，方可耐人摩挲，只是詩文之本不在此，且此事要推到志向上去。韓、柳、歐陽諸人，都有自命不凡的意思，有此一段，纔有些光景氣魄。以上總論。

道德經好用三字句，竟似後世道士聲口，可厭之甚。論語中用三字句，如「又何大抵文章到「身中清，廢中權」皆妙，全然不覺。大抵文章到怨」，「又焉貪」，「言中倫，行中慮」，「身中清，廢中權」皆妙，全然不覺。

洙泗，真是雅之至。孟子雖是絶調，畢竟帶機鋒。先君云：「孟子前文章，不曾用『雖然』二字。」果然。以前語氣厚，至孟子則轉折分明矣。先儒以禮記爲漢人文字，恐未必盡然。禮記尚無「雖然」字，尚是大學、中庸文體。

朱子生性至剛，而作古文詩辭，却不能超然於風氣之外。想文章道德，巍然千古，都是命於帝庭，雖上智大賢，氣亦偏鍾於所長。看來文章亦是孔子絶頂，不似戰國風氣，亦不似周公之舊，却另一種雪白文字。不要一字幫貼，自然道理完足。

聖賢經書疊句，都有層次，謂錯舉者非也。即我輩文字，亦必排比先後淺深，況聖賢乎！其看不出層次者，只是心粗耳。禮記或有後人作者，便當分別觀之。韓文連下句處，多有意，所謂六經之風絶而復新。

古大家文，力大於身。所見高，無起不收，無呼不應，即有一股放空。如天外別峰，亦必有緣故。

選文惟從漢起最乾净，近選多把左、國都收入，却不妥。大抵三代以上文，當另作一類讀之。索性以漢爲斷，只是昌國報惠王、信陵上魏王二書，割捨不得。想來有一法，將此二篇收入史記選内，便無遺憾矣。

仲舒三策，皆面對文字，非才大學富，道理精熟，安能一筆寫出，而字字醇確。匡衡文亦好，但朱子言其似策段，不是胸中流出。細看，果有些像。朱子評論古人，不差銖黍。

古文自當讀漢文，亦是彼時風氣厚，自然風調不同。即三國李興代劉弘祭武侯文、陳壽上諸葛文集表，後世惟韓、柳、王幾幾能之，然亦須極得意作。至武侯正議，柳、王不能也。諫絶孫權，雖蘇、張無此辨，幾句便盡情勢。

曹子建才大，其文都像一口氣噴出。韓文要追復三代，轉有斧鑿之意。司馬子長便一氣吐出。子長、孟堅乃文家不祧之祖。

潘勖爲曹操加九錫文，此武侯所謂「奉進驩兜滔天之辭」也。有友故爲踳躚之論，極口贊佳，却是亂道。即如曹操所與羣下教甚古，篇中亦未必無實話，却選他不得。試看伊、周，何嘗不退位，豈慮有它？選詩文若無此決斷，便可不選。不論其人與理，而徒取其詞，則不勝選矣。惟史書又是一例，欲以見善惡興敗之由，故槩載之。

曹操自叙令，文字甚好，詩亦有佳者，但幾番徘徊，卒置之。他比不得柳子厚、王荆公，二人只是錯誤執拗耳，非亂臣賊子也。曹丕詩文，竟是婦人，軟得不成話。論古人當有分别，如王維、鄭虔，雖杜工部朋友厚道，爲之表暴，其實皆已被禄山所污。若太白却不同。永王璘是唐之宗支，彼時明皇已走，宗社無主，永王有恢復之志，與叛逆豈可同日而語？

武侯不知所讀何書，識見作用，規模氣象，都是三代聖賢光景。即其文字，絶不似東漢。出師表、正議、諫絶孫權書，纔幾句，説事理是如何透。曹子建氣魄甚大，但比之武侯，便是文人之文，不脱華藻。

武侯出師表，自肺腑流出，即以文章論，亦居最頂。惟韓子最頂文字，方能到他地位，如佛骨表、與孟尚書書是也。此等皆當另一格視之。韓子學那様文字，便過之。進學解，好似客難、解嘲諸作；書張中丞傳後，好似史遷。惟原道，是學大學、中庸，却不及，要亦精矣。如柳子厚、王荆公，必不能爲出師表文字。三蘇惟東坡天姿高，推服出師表，老泉、子由皆譏貶武侯，去之尚遠故也。

問：「武侯答李嚴書，言『雖十命可受』，自來無十命之事。即此一言，便可想見其未出草廬時，確然有天子不得臣之志。又可見使其功業有成，如伊尹之復政告歸，固所優爲。」曰：「然。」清植。

韓文公口中，不提起江都、武侯，故知其單留心於文字。朱子於武侯外，便稱陸宣公。昌黎出宣公之門，等閒並不道及，想嫌其文排闥也。宣公在軍中，恁様處置得停當，才大心細，其奏議，語語俱是實理實事，學問又海涵地負，只是排體不高古耳。

文人中如陸宣公、韓文公，儘有實用，知古却又通今。看宣公奏議，雖根本於經書，而處置都合機宜。韓公論淮西、黄家賊及復讐、禘祫等議，皆確中事理。問：「王荆公文字，看得出他能壞天下否？」曰：「看得出。他作文字，見有人與他意思相同者，即便毁稿。此便是大病。我有此説，方不敢自信，有人相同，正可爲證佐，爲何削去？某分原道段落，自以爲獨見，及見張長史亦如此分，更喜所見之不謬也。」

古文近頗知其作法，但不暇做工夫。問：「如何？」曰：「其本自然要以經書道理爲主，文字却不要規摹那一家，教人看得似那一家，便非其至。短者要有意思，長者要有裁剪。柳州與楊誨之説車書，凡數千言，字字琢鍊，又是一氣流出，連虚字要换他一箇亦不得，即寒温語皆妙。大都韓、柳動筆，即一兩行都是留意，無苟作者。到後信筆寫來，無不入妙。又字眼亦要緊，當取材於兩漢。若字眼不古雅，文字便減色。古文内著不得工麗對句，古詩對句太多，亦六朝始然。唐初尚襲其餘習，至工部始洗脱。」

得唐人書佛經真跡，筆筆著力，曰：「古今人差處就在此。若不用力，雖千行萬字，總無足取。試將韓、柳文字於極不要緊處拈出一句，看來總有斤兩，可見其字字經意。今人連篇累牘隨手寫，可謂『不誠無物』。」錫因論古物與今物别處，只是苟且與不苟且。梅先生曰：「古人諸物，都是從内裏邊做出來的。」

柳子叙事學史、漢，便是史、漢。韓子不肯學史、漢，高於史、漢。張中丞傳後叙，亦倣伯夷等傳體，而詞調風格，毫不步趨。段太尉逸事狀，居然是孟堅極得意文字。

柳集中載與退之詩文甚多，退之豈無酬答？今不復見，殆自削其稿耳。子厚臨歿，托夢得爲求退之作志。及退之許諾，夢得喜不自勝，至迎其柩，而告慰之。子厚固知其作志必不假借，然傳於千載無疑也。退之與劉書，稱子厚文「雄深雅健，似司馬子長」。夢得言之，今韓集亦無此。

原性起兩句極精。程子曰：「心如穀種，其生之理爲性，其陽氣之發則情也。」故「性」字從心、從生，言生理之與生俱生者也。「情」字從心、從青，如草木之萌芽初發，感於物而生者也。自記。

原性本甚精，其不足處，不在認錯孟子性善之旨，只在末後少兩三行文字，把「其所以爲性者五」發揮明白。不貳過論末一段語，都有條理，不是亂填。

原性言仁義禮智信，原道只言仁義，以仁義包五常也。二篇著作之先後可見。自記。

原道通篇排釋、老，而首論老氏之失，極是高處。蓋佛書多是華人附益，大率原於老子之指，而淫於莊、列之幻詞。故後漢書、新唐書❶，皆探本老氏論之。自記。

古人文字難看，原道連程朱亦看不透。程子謂「從博愛説起，没有頭腦」。不知他已有原性了，若復從性上説起，非原道也。喜怒哀樂之未發，只是大本，發而皆中節，乃是達道，原道自當從發處説。朱子説他「引大學，漏了『格物致知』」，爲「不知學」。不知他引此正對佛教，所以下面斷一語：「今也欲治其心而外天下國家。」引到格致，便與佛不對針。「欲治其心而外天下國家」一語甚精，洞中其弊。汝楫云：「原毁不過是題目有箇『原』字，門人便編做一處。其實韓子未嘗以此與性、道並原也。」曰：「原鬼亦是感觸而作，故云『適丁民之有是時也』，元都是門人彙在一處的。」

有謂原道開口一句便不穩當，仁自是心之德、愛之理，如何曰「博愛之謂仁」？某答之曰：「仁是性，他原性已講過了，這是原道。原性是説『天命之謂性』，原道是説『率性之謂道』。故云『博愛』，與『行而宜之』相對。」

今日緟韓文，果是才大。如復讐、禘祫、黄家賊、平淮西事宜、與柳中丞論兵、佛骨表、與孟尚書書之類，洗刷得一箇閒字没有，事理直説箇透。馬、班尚是漢文，此則洙泗之派

❶「新唐書」，原作「新唐詩」，據李光地榕村全集卷二十二書後漢書西域傳論後改。

也。惟武侯雖不學文，而所傳數篇皆然，愈讀愈有味。因他人品高，胸中有許多真意思，真見解，氣又完全直寫出來，便自不同。凡詩文、書翰之類，若務爲名家，積累工夫，自然可到。若要登峰造極，直須第一流人。

「龍噓氣成雲」一首，寄托至深，取類至廣。精而言之，則如道義之生氣，德行之發爲事業文章，皆是也。大而言之，則如君臣之遇合，朋友之應求，聖人之風興起於百世之下，皆是也。自記。

作文章熟後，雖無意寫出，必有結搆，有呼應。如韓子讀儀禮一篇，首兩句是反起一篇意，中間説「無用於今，而聖人之制度，不可泯没」，是照應第二句意，而結完之。後言「掇其大要，奇辭奥旨，以備覽觀而已」，是照應第一句意，而結完之。末歎「恨不得生及其時」，則兩意俱結也。自記。

每疑韓公説唐初羣臣材識不遠，然當時有太史令傅奕，可謂特立排佛者，韓子何以無取？及觀奕傳，則其垂訓也惟重老氏，以列於名教之首。末乃毆佛，得其一而昧其二矣，宜乎韓公之所輕也。自記。

觀韓子論禮典、兵刑處，豈可以文學之科限之！其老練精核，遠侔武侯，近比宣公。自記。

宋人論程伊川曰：「三代以下，凡事必求其是者，伊川一人而已。」伊川之門，上蔡謝氏，則以「求是」二字爲窮理之要。韓子以求是論文，此其所以獨出於諸家歟？自記。

孔子之道德不可贊也。故韓子作處州廟碑，贊其祀典之盛，以推夫所謂生民未有者，極爲得體。柳子厚作廟碑，亦曰：「苟贊其道，如譽天地之大，褒日月之明，非愚則惑，不可犯也。」皆深得後學敬慎之意。自記。

平淮西碑，自九年至十二年，惟首尾見年月，中間許多事，而年月悉不書。一則諱淹時之久，一則略諸將之無功也。自記。

維時河北方跋扈不朝，董邵南不得志於有司，而適斯土，是何意哉？故韓子微言諷之。獨弔望諸君者，望諸君失意出奔，終身不敢謀人之奴隸也。與送李端公命意大略相似。自記。

觀答侯生書，則韓公真善註解書者，惜乎其論語注未就而不傳也。今有傳者，蓋僞作耳。自記。

韓文言「物不得其平則鳴」，其意以爲有動於中則鳴耳，而以爲不得其平，殊不確。其下有「五臣、夔」等，如何說不得其平？又説「夔不能以文詞鳴，以韶鳴」，尤可笑，便是文人趁筆之習。至説六朝文章之病，字字確切，此公於文章一事當行也。

問：「韓文公云『醇而後肆』，『肆』是工夫？是天分？」曰：「自是工夫。理明白了，然後能放筆言之。如東坡，便是肆而不醇。就他的話，亦説得一片，只是推敲起來，不勝病痛。」

文章要曲，用筆曲，便似其中林巒澗壑，不可窺測。惟韓文公會作直文章，以所見道理足，本色已深厚。

韓文選定七十一篇，若再去其有疎漏者十許篇，存六十許篇，真是文宗。其氣極古雅，如西漢人，而又無其累墜。只原性一篇，有不盡當處，然却去不得，要以他壓卷。若去此，則原道無根矣。

某選韓文，許多精奇瑋麗者，俱不登。然凡昌黎之粹然一出於正，有體有用，確可見之行事，而有補於世者，盡此矣。其他或有病痛，或無關輕重，隨人自去揀讀。

問：「選韓文甚少，送董邵南序何爲入選？」曰：「聞得友人説，當時不得志者往河北，都是要從亂賊，故此文弔望諸君，爲其不忘燕也。此關係忠孝，豈容不録？凡文字有寄托者便好，答李翊書亦好，但太是自己一生學問供狀，爲賢者諱，故去之。」

昌黎時在字句上留意，其後門人衍成惡派。如皇甫湜等，故意將下一字移上，上一字移下，欲以見古。再傳至杜牧等，句幾不可讀矣。

柳子厚記韓文公論天一段，甚翩躚，雖是偶然戲語，亦可見其不知天。天地萬古不歇，止是生物，而生物之中，又是以人爲主。凡禽獸草木，無不愛其子者，至人一生經營，無非爲子。生子又要克家，天地之意猶是也。若凶殘貪惡之人，乃是種子自生蠹，與天地無干。所以有太極、西銘諸書，此理始明白。

柳文精金美玉，獨識見議論，未若漢書之精當。子厚之文，亞於孟堅；退之之文，過於子長。韓文直追周，其質直處，正是其高處。

看來古文、詩俱到家者，惟陳思、柳州耳，韓便文好於詩。柳州文字，莫要論其道理意思如何，只就其文論，雖千餘言，要删他一箇虚字不得。

劉蛻、孫樵數家，雖皆小品，不無可觀。就中孫樵又爲差勝。

文字扯長，起於宋人，長便薄。太公丹書，行幾多大禮，説出來纔只四句。箕子洪範，三才俱備，纔只一千零四十三字。老子道德經，不知講出他的多少道理，纔只五千言。宋人一篇策，便要萬言，是何意思！

文只要簡净，蹲沓拖曳皆詞之累。韓文簡潔如此，三蘇則專事虚翻而已。至南宋，一味冗長，若非理足者，有何意味？鍾旺。

歐、蘇之文，何嘗不好，然見解不甚透。自是本領差，説事説理皆不透。韓、柳便透，如復讐議，柳已淩牙厲齒，言之鑿鑿，韓就理論之，更明而盡。朱子文字，何嘗能到馬、班、韓、柳？但理足，便覺得任他才學筆力，馳騁藻耀，都壓他不下。如封建論，孟堅之雄博，子厚之精悍，一遇朱子平淡説來，足令二公失色。伊川不以文名，今看來，兩漢之文也。所上諸劄子，春秋序，道理既足，字字確實，有斤兩，比朱子文字更古。

古文自史、漢後，只讀韓、柳、曾、王便足。曾、王學問，如何能過韓、柳？韓、柳遇一通經守師説之人，那樣推服媿赧，曾、王便輕肆譏彈。

王守溪評文，謂：「昌黎後，惟半山得宗派。」不數歐、蘇，最有識見。

東坡文亦有好的，只是薄，大凡浮動囂張處便薄。歐文微弱，最是曾子固厚。王荆公氣亦强，文亦古，但深求之，却是學成的，不是本來如是。

作古文要歸於真實，不爾心先不古，文何能古？東坡作韓文公廟碑，便稱其攘斥佛、老之功，張皇誇大。及作大悲閣諸浮圖記，又稱佛之妙，窮天極地，却是一口兩舌。其歸談儒，儒亦不精；談禪，禪亦不精。只落得要做好文章，卒至文章亦不好。所以聖人説：「修辭立其誠。」

東坡文字，大約帶澀的便好，飄飄欲仙者便不佳。其小文字極妙，盛稱其策論者，不知文者也。議論既博雜，筆力又冗弱，何足取！至彈劾程子而以爲姦，豈不荒唐可笑！即謂王荆公姦，人亦不服。

作文要一意到底，有結構，説到後來，還與起處相照。東坡潮州韓文公廟碑，頭腦太大，下正當發揮其排斥異端，獨力自任之艱苦，却接云「談笑而麾之」，便不的當，是東坡風度矣。至「開衡山之雲，馴鱷魚之暴」等句，益没緊要。下面一路説開去，遂以立廟結，不復照顧起處矣。

文章有立言之體，東坡才既高，功夫亦深，只是道理不正當。武王何嘗無可議處，只「武王非聖人也」一句，便令人不欲看。你非聖人，何由硬下此句？你即聖人，亦如此説不得。孔子生平贊聖人，總不肯説煞，動云「也與」，都是想像未定語。

爲文有本有末，所謂本，非必定是聖賢道理，本人所見透處便是本。蘇明允所説，多非正道，却有透處，便是他的本。次公文字，鋪張似有得説，收緊來却無實際，所以不如東坡。

陳後山、張文潛、二晁，文字皆好，黄山谷有孫樵輩風氣，但太破碎。蘇不如韓，然其門下士如此數公，恐自不亞韓門。

陸象山文字，筆力爽透。象山文，學王半山，朱子文，學曾南豐，只因學道便住手，故都未成。

記得某人説，學古文須從朱子起。此言却好。看朱子後來文字，不似其少作有古文氣調，朱子正不欲其似古文也。只是一句有一句事理，即疊下數語，皆有疊下數語著落，一字不肯落空。入手作文須得如此。

古人作書，如司馬通鑑、朱子綱目，皆藉朋友生徒之力，想杜佑通典亦然。今人動欲成以一人之手，其無成也必矣。諸葛公木牛流馬、鑄甲造弩諸事，皆假人爲之。能用人，便是才大。

漢有董子及劉子政、鄭康成，唐有韓昌黎，宋有周、程、張、朱，明二百餘年全不出人。想因靖難搜窮種類，而胡廣、楊榮、金幼孜皆迎降無恥之輩，歷相多年，士氣遂盡。試看其一代所傳著述，可與董、劉、韓比並者爲誰？即今顧亭林之音學，梅定九之算學，亦明朝所未有。徐文定之崇禎曆書，尚是西洋人作，算不得徐氏之書。顧、梅二書，是中庸裏邊有的，一是「車同軌」所資，一是「書同文」所資。

宋潛溪、方正學輩，文字亦佳，要選如曾、王名篇者，了不可得。即老泉、子由亦有精采，有明一代人，皆無之。

看歸震川、王道思古文，拖沓説去，又不明白，兩三行可了者，千餘言尚不了，令人氣悶。顧寧人説明文不如元，果然。當明季時，如李贄之焚書、藏書，怪亂不經，即黄石齋的著作，亦是雜博欺人。其時長老多好此種，却將周、程、張、朱之書譏笑，以爲事事都是宋人壞却。惟先君性篤好之。王弇州古文，一時風靡，先君以爲村氣，甚妙。後來聞得人人皆以爲不好。大凡那一書，古今來都推奬過，只我一人不服，便當想自己的錯處。若是人人都叫不好，便就不錯了。一面好古，一面又要擇善而從，看古文亦當如此。

萬季野於明文，推宋金華、黄梨州，而以黄爲更好。其實黄何能比宋，宋尚能造句，至黄議論之偏駁粗淺，又無論矣。

友云：「泰州人但知有王心齋，不知有儲柴墟。柴墟古文甚温雅，無虚套。當時學者，自然首推蔡介夫，其次只得算王伯安。然同時人初未論定，而柴墟獨兩屈指推服。其送介夫歸序甚好，即此已見其具眼。」曰：「文章品題，各人意異。某以爲惟字字與之核實，其自肺腑中流出，有關係者便佳。如海忠介諫世宗疏、陳紫峰易經著述序，調雖不古，皆由中之盛氣坌涌而出，自是可存。」

做古文這件事，想是與學道相近。自歐、曾、王、蘇後，亦斷了六七百年。問：「先生何不繼續此事？」曰：「見得到那裏，只是須要工夫。心裏覺得於經書上明白一點，是一點受用，比文章又要緊些。」問：「韓文公亦見道。」曰：「他便是被花草牽累了，不爾，耑心併力到道理經書上，當又自不同。」

問：「某人古文如何？」曰：「雖提得起筆，但是向外走的學問。此派傳衍已久，尚未見傑出有人。不但儒先爲性命之學者不爾，即韓、柳、歐、曾、蘇、王之學亦不爾，方做得幾篇文字出。韓文公『非三代、兩漢之書不敢觀』，非不能觀，不敢也。下句『非聖人之志不敢存』，略大些，然實是立志如此。韓公如此志向，如此讀書，所成就尚貽儒宗訾議。大要從初讀書時，意向是如何，成就便是如何。佛家所以説證甚麽因，便結甚麽果。」

古人終身不得幾篇好文字，著一書便竭畢生精力。今人動輒成集，不數月便成一書，如何得好？

作古文要曲折，學古文須先學作論。蓋判斷事理，如審官司，必四面八方都折倒他，方可定案。如此則周周折折，都要想到，有一處不到，便成罅漏。久之，不知不覺，意思層叠，不求深厚，自然深厚。今做古文者，多從傳誌學起，却不是。

某友看古文，不從議論文字入手，先讀碑板文字，亦是一病。所爲文亦長於碑板，若叙事文便不出色。學文自當先教議論暢達，逐漸縮斂方佳。如今看小學生文，其下筆論頭汩汩不休者，便有成。若短短粗通，雖有些筆意思路，到底有限。

墓誌，只該志其姓氏、卒葬而已，謾誇虚譽，無當也。且此等斷不傳，鬼神亦不許。顔子並無著述，只孔子誇他幾句，四書存他幾句，萬古不磨。武侯不立史官，到得陳壽作志，蜀並無文字可采，所以蜀志獨少。然由今觀之，魏、吴二志，大率虚浮，蜀志雖不多，是何等光燄。所以人貴實事。

做古文只要不説謊。聖賢雖於父母，亦不虚加一語，加以虚譽，人必指而笑之，是貽父母羞辱也。且稱人曷必全備，如孝，德之本也，孔子未嘗以稱顔子，豈顔子未孝耶？舜稱「大孝」，他聖不聞，豈他聖都未孝耶？

某近得一作文之法，如有人有事可作文者，先將其人其事，想出我所欲語，既有所見，便信筆直書，達意而止。既成，且閣下一邊，過幾日再看，加之裁剪。有不明白者改之，意未足者補之，字眼冗泛者去之，務使詞加少而意加多，又有結搆，畢竟可觀。

作文且未須説得體製法度，第一先要明白。若那事考究得十分明白，據事直書，自然不煩删減，而閒文自去，詞必古矣。

作詩不可句句相承，如此則太直，似文字，非詩矣。即文字太直，亦未爲佳。朱子説古人文字，有六七十里不迴頭者，他却見得不能做得。朱子文字，却是步步迴頭，抓住主意説到底。朱子論各色文藝都在行。文須錯綜見意，曲折生姿。李習之教人看獲麟解，一句一轉，可悟作文之法，却不教人看原道。

今人作文，動稱伊川爲「正叔」，朱子爲「仲晦」。雖中庸亦稱「仲尼」，然古今既異，即當致其尊禮，亂稱先賢名字，斷使不得。作文字，此等須有義例。

文字要改，雖孔子猶然。歐公醉翁亭記，原稾起處有數十字，粘之卧内，再四改訂，到後來，只得「環滁皆山也」五字。平生所爲文，都是如此，甚至有不存原稿一字者。孔子作春秋，筆則筆，削則削。説者謂筆是録舊，削是删舊，恐未必爾。就是那幾箇字眼下得有未妥，便削去，故游、夏不能贊一詞。

文字詞氣雅俗，尚有能辨之者，至句中有眼，人多不講。其鬭凑成文者，即有一段好處，必不能通篇自圓其説。文中有一兩句，似無甚關係，却是他爲文眼目，説話雖多，終須歸到發明此句上。這是傳下來的一點法脈。

巖云：「作文字，不可稱人曰子。子稱重，寧稱君可也。」曰：「古名人稱過，便可稱。子亦通稱，書傳皆然，韓、柳、歐、蘇如此用，亦用之而已。如歲在某干支、歲次某干支，本謂歲星在某、次某，非謂年歲在某、次第及某也。如今年戊子，子與丑合，歲在玄枵之次矣。但今如此用，人反大怪，雖朱子亦錯爲之，奈何？某總不用，直云康熙某甲子而已。大凡地名、官名，作文字都應從今之名，何必以古名换之，令後世反無所考證。文之古雅不在此。」

今舞刀者，皆取美觀，臨時一無所用。惟善刀者，筋節著實，當之者便不能支。蓋虚處費去，用處便不著實。如學書者，尋常作字，不著實依法寫，寫時一定手滑不得力。文章亦然。以上論文。

文字不可怪，所以舊來立法，科場文謂之「清通中式」。「清通」二字最好，本色文字，句句有實理實事。這樣文字不容易，必須多讀書，又用過水磨工夫，方能到。非空疎淺易之謂也。

選文字宜簡嚴，孔子删書，取其有用者，動輒架漏過幾百年，所以妙。如今無論選古文、時文，即將其文當作經看，一字不放過方好。

王安石、陳傅良的八股，似對不對，甚古，所謂八股宗者，不可不看。如詩有古詩及古歌謡之類也。

時文名句，與詩詞不同，要從性命道理上出。中庸纘緒節，時文皆講成三王統緒未成，至武王纔了得三王之志。竟似周家父子祖孫，累世欲闔干天位者然，豈非大悖！不知纘緒者，言能修德行仁，不墮基業，到得天與人歸，一著戎衣，便有天下，故雖以臣伐君，而不失顯名。「一戎衣」句，非結上文，乃起下文，重「一戎衣」，不重有「天下」。惟明初楊慈文是如此發明，大有關係，所以八股不可輕忽。

明代時文，洪、永、宣、景、天爲初，成、弘爲盛，正、嘉爲中，慶、曆爲晚。天啓以後，不足録已。

問：「王守溪時文，筆氣似不能高於明初人。」曰：「唐初詩亦有高於工部者，然不如工部之集大成，以體不備也。制義至守溪而體大備。某少時，頗怪守溪文無甚拔出者，近乃知其體製朴實，書理純密。以前人語句，多對而不對，參差洒落，雖頗近古，終不如守溪裁對整齊，是制義正法。如唐初律詩，平仄不盡叶，終不若工部字律密細，聲響和諧，爲得律詩之正。」

做時文要口氣，口氣不差，道理亦不差。解經便是如此，口氣錯，道理都錯。

房書坊刻，始於李衷一，可謂作俑。坊刻出，而八股亡矣。如人終日多讀經史，久之，做出古文自有可觀。若只採幾段左、國，數篇韓、柳，手此一編以爲樣子，欲其能作古文，得乎？

某初次會試，將所作時文，就正於鄉前輩王命岳恥古。就中一篇批云：「骨節尚大。」某請此批是優是劣，答云：「骨節大不得。脈絡一線，謂之單微，無龐然而大之狀。知道單微便密細，粗大不是好消息。」此論大妙。

時文之壞，由於不肯看書。書理慒然，而思以詞采勝，則必求新奇靈變，以悦人之耳目，遂至離經叛道，而不可止矣。

文章先通順了，其火候有時，豈能强所未至！但世有一種從心裡放逸昏惰、志氣不立的人，先時聰明才華儘有，到後來漸漸消亡，實可惜了。

臨文在題之皮毛上鋪排，似是而非，心思不入，了無神氣。至於膚淺無味，最怕人，病却中在根本上。以上論科舉之文。

榕村語録卷之三十

詩文二

離騷頃注得一過，看出此人學問條理，讀的書既多，一字不亂下，都合義理。今人不得其意，説他憂惶瞀亂，所以一句説向天，一句説到地。何嘗如此！此人若及聖門，恐不在游、夏後。陳良，楚産也，悦周公、仲尼之道，北方之學者，未能或之先，然絶無片言隻字傳于今。而屈子乃不朽，可見一點羽毛文彩，亦不可少。

騷體甚難作，屈子後，惟漢武帝瓠子、秋風可以步武。文中子東征歌，非大有意思人不能作。

鋪張賦原不好，就是上林、子虛、長楊、兩京、三都，皆賦之祖，已不爲佳，何論其餘。就中，兩京差優耳。漢賦，漢之俗文；英華，唐之俗文；詩餘，宋之俗文，雖不爲可也。

昌黎賦數篇，别具風調，得騷人精髓。柳賦不及，太白賦尤差。清植。

唐賦小巧，與詩餘同成戲具。凡詩内纖俗惡派語，皆可入其體，固爾。至今所傳唐人名句亦不多。以上論賦。

韓文公龜山操「周公有鬼」，分明是有靈有神之謂，若下「神靈」字便腐。「鬼」字卻是字訣。學古歌操要直，若油便嫩。只是意直筆又直，便難看。所以筆調字眼上，又須略變。

曹子建四言詩，一氣呵成，如衝口歕出，絶不用一句詩經調。陶淵明便將詩經成句寫出。韓文公又覺得有意雕刻洗脱，不如子建自然。柳詩諸體俱工，長律尤超絶，無一語不從漢魏出，卻又陶鍊精熟。東坡詩無甚好處，引用故事，亦不知揀擇，然天才自勝，隨意寫出，便有境界。山谷如一邱一壑，小小結構。歐公自負能詩，如太白自負能文，俱不佳。

詩選從來無善本，不知河汾所選若何。孔子云：「不學詩，無以言。」夫言日用切近之事，莫過于禮；言今古經權之事，莫過于書；言陰陽水火、吉凶悔吝之事，莫過于易；何以止説學詩？蓋「温柔敦厚」，長于諷論。「主文而譎諫，言之者無罪，聞之者足以戒」，此一段意思，非他經所兼也。孔子言語與它賢不同處全在此。如論學，曰「不亦説乎」，「不亦樂乎」，「不亦君子乎」；論巧令之無當于仁，而尚曰「鮮矣」；患難時極自信語，止曰「其如予何」，曰「文不在兹乎」；極其責備，止曰「毋乃爾是過與」，「是誰之過與」，「則將焉用彼相矣」；至「吾恐季孫之憂，不在顓臾，而在蕭牆之内」，反似替他籌畫一般；極其刺譏，而曰「何如其知也」，曰「再斯可矣」；極其痛詆，而曰「是可忍也，孰不可忍也」，曰「奚取於三家之堂」。此等處，果是得力于詩。就是責宰予之晝寢，責子路之野，其言俱極峭直，此如詩中有蘇公、孟子之作之類。然到後來，又以聽言觀行、名正言順等道理，從寬説來，令人意消。故作詩者，全要含蓄藴藉，意在言外。以此意求詩，唐以下便少，宋詩尤少。朱子有幾首，道理極透，意思極足，而格調亦下。問：「意理透足便佳，何必論其格調？」曰：「詩不同，格調差，詩便差。若止取其意理，何不做一小文？何必詩？詩説盡便不是。夫子未嘗説作詩之法，然觀于子貢之悟學，子夏之悟禮，皆亟許其可與言詩，及所説興、觀、羣、怨之等，作詩之法便可想見。朱子詩不到處，即在説事理太盡也。」問：「邵子謂『删後無詩』，想是見得此意。」曰：「又不好全然抛却。三百篇獨絶千古者，不過幾篇，其餘如春秋時作，何必盡過漢、唐人。」

某欲選古唐詩之有性情，關于人倫日用者數百首，令子弟自幼讀之。大抵詩以性情爲主，試觀三百篇，何嘗有一篇全言景色者？詩要渾厚，不要雕刻，有義理便渾厚，淺露便是雕刻。然又須自己雕刻過，方知他不雕刻之妙。曾聞一友人説：「唐詩間有一二句解不去者，句中有一二字解不去者，其妙處多在此。宋詩則斷無解不去的，便覺意味淺薄。向曾作銅雀臺詩，極詆曹丕無人倫，不遺餘力。後翻得唐人崔國輔詩，只用四句五言絶已盡，云：『朝日照紅粧，擬上銅雀臺。畫眉猶未了，魏帝使人催。』帝非曹丕而何？自己覺得粗竦村氣，不自己作過，竟不解他的好處。」此言殊是。

某近選詩，必篇中有緣故方存，不然雖做得好，無關于人，讀了亦醖釀不出甚好意思來。如此選擇，自漢至宋，不過三百餘首。但觀論語中興、觀、羣、怨，及「無以言」，專對四方，達于政事，正牆面而立等語，可見聖人删詩，都是要有實濟。杜詩細加選擇，尚存五十餘首。李詩卻是一種仙氣，都没收煞，絶無吉凶與民同患一段意思。工部見元結兩首詩，就那樣傾倒，送朋友之官，皆拳拳以忠君愛民爲囑，忠告善道，非太白可比。

古來芳藻名篇，豈必篇篇入選？去取之間，要當有一點意思在。若必全説道理，亦不是，有經史在，何取有韻之文？「性情」二字差近之。觸物感事，卻關到性情上。倘樂而淫，哀而傷，説得太過，亦不足存。

詩之體製，只有古、律二項，樂府不宜編在古詩之外，凡詩皆樂也。詩以四言爲正，然三言、五言、長短句，三百篇中已有，但未有耑用三言五言以成章者耳。唐山夫人乃以三言成章，又有以五七言成章者。諸體皆備于漢、魏，惟律起于唐。今人以漢、魏作爲樂府，後來作爲古詩，舛矣。如今唱者爲曲子，不唱者爲詩餘，其實一也。

選詩自應從蘇、李起，而以蘇冠，即其詩亦當冠首。「骨肉緣枝葉，結交亦有因」二句，便足蔽詩之義。言骨肉固同根共命，即結交之友，亦非無因，天下大矣，何獨這幾人該做朋友？蓋或意氣相投，或德業相勸，即唐虞之五臣，周之十亂，孔子之七十二弟子，皆是有因者也。首句可該父子、兄弟、夫婦，次句可該君臣、朋友，意味深厚。

焦仲卿妻詩，是古今極有名作，看來那件事雖可憐，但處得未爲妥當，不足垂教。且著語太多，過于冗長，故删之。

蔡文姬悲憤詩，纏綿哀怨，立言稱情有體，實開曹、杜一派，絶作也。十八拍意思不過如此，反覺得似安于外域，不願復回者，故汰之。

曹子建詩，欲尋其奇句不可得。友云：「他實得些風、騷之意，琢句乃是因胸中没有道理意思，只得于此覓長。自張協輩起，至陶靖節一洗此風。杜工部雖亦琢句，都在自己閒作，至于關係大篇，便以淳朴爲主，如北征、詠懷諸作。所謂『詩看子建親』者。」曰：「然。」

曹子建人亦有意思，當丕篡位，私自痛哭，丕聞而惡之。其詩多寄托之詞，而歸于懇摯忠厚。六朝人宗之，以爲源出國風，信然。鍾旺。

武侯詩只一首，讀者多不得其意。武侯使人各盡其材，儀、延輩皆非端人，而用之終身，此實成大業之本。是詩諷刺俱在言外，曰：「誰能爲此謀？國相齊晏子。」若曰是誰之謀？乃相國之尊，齊國之大，晏子之所爲也。相國之尊而不能用，齊之大而不能容，勝于深文醜詆矣。且中間「以士目三人」，以譏言斥晏子，下語顯然矣。

陶淵明詩，有杜、韓不能到處，其語氣似未説明，義藴實已包涵在内。如羲農去我久一首，識見超出尋常。自秦、漢來，黄老盛行，都説聖賢以禮、樂、詩、書，教得人姦僞叢生，此詩卻説「汲汲魯中叟，彌縫使其淳」。黄老之説，如言人元氣本足，卻被後來飲食藥餌戕賊生命。不知陰陽之氣，自初而盛、而老，知識開後，人事錯雜，嗜欲紛起，亦理勢之自然。所以用飲食藥餌者，正欲保固其先天元氣也。鳳鳥雖不至，到底禮樂一新。自仲尼没而微言絶，七十子亡而大義乖，老莊之學，果兆焚坑之禍。不知詩、書所以明民，非愚民也，何罪而至此？漢之伏生、孔安國輩，敦勤辛苦，存此六籍，如何至今又不以此爲事，終日馳驅于名利之場，不見有問津于此者？下遂一筆溜到飲酒上去，謂我若不快飲，亦尤而效之，豈不負此儒巾乎？其溜到酒者，彼何等時，元亮尚敢講學，立教自標榜耶？「但恨多謬誤，君當恕醉人」，又謙得有意思。謂吾之行事，謬誤于詩、書、禮、樂者，麯糵之托，而昏冥之逃，非得已也。謝靈運、鮑明遠之徒，稍見才華，無一免者，可以觀矣。

靖節詩，推周、孔處甚多，其逃于酒者，避劉宋耳。當時若行表言坊，其能免乎？韓子惜其不遇孔子，議論甚正，但與阮籍同譏，則未必然。其論詩亦不列陶，而反及謝。故論詩，亦必經朱子而後定。

自沈約有四聲八病之説，而詩遂趨于律。今既爲此體，便當莫犯八病。沈時本無律體，今觀梁、陳間詩，便有許多竟是律詩者，無非求去八病耳。

鮑明遠詩，雕鏤已窮工妙，任唐人如何造作，不能到此。明季黄石齋、倪鴻寶，乃是欲學此種而意理不足，徒至多不可解。明遠句句生新，有言外之意，詞盡而意不盡。他手作此等詩，多覺破碎纖小。他卻才力大，饒有一片清幽之氣，可與子建雙峰並峙，無與方駕者。

王子安述祖德詩，嫌其後半衰颯，即年不永之相，所以當初不選。今觀之宜選，文中子踪跡冥昧，似有似無，惟觀此詩，可知實有其人，不宜没也。

文章乃天地元聲，莫知其然而然。唐初詩人何嘗不師六朝，然陳子昂輩出，聲氣便不同，覺得清而厚，此豈人能爲之？

問：「曲江詩何如？」曰：「曲江才華英豔，或不如人，至性情品格，幾無與比。君子哉！若人。」問摩詰。曰：「他是元暉、子山一派，聲韵諧和，對仗工巧，所以無一首不可被諸管絃。只是説到清閒高雅而止，無甚深義。錢起亦是此種。至宋，此派遂絶。」問燕公。曰：「他才氣大，大率唐初如陳子昂、王勃、楊炯、王績、杜審言、沈佺期及燕、許之屬，又是一種氣調，迥乎不同。」問昌黎。曰：「他不可以初盛、中晚論，别爲一家。韓門孟、賈、張三家，文昌爲最，東野骨節尚大。」問太白。曰：「他天才妙，一般用事、用字眼，都飄飄在雲霄之上。此人學不得，無其才斷不能到。」

燕、許信大手筆，尚不脱六朝腔調。如「膽猶忠作屏，心故道爲鄰」；「劍舞輕離别，歌酣忘苦辛」；「雲覆連行在，風迴助掃除」之類，其調都教唐人用爛。至老杜北征、詠懷，一洗此陋，直抒胸臆，真氣流注，另一風格。只是初唐人語意氣象，寬舒博大，是太平氣運。如「邊鎮戍歌連夜動，京城燎火徹明開。雲間東嶺千重出，樹裏南湖一片明」之句，中晚無是也。即「江間波浪兼天湧，塞上風雲接地陰」，何嘗不雄，而悲切無比。如陳子昂「邱陵徒自出，賢聖幾凋枯」，何嘗不悲壯，卻無急迫激烈之氣。韓文公七律雖少，如「將軍舊壓三司貴，相國新兼五等崇」；「横飛玉盞家山曉，遠蹀金珂塞草春」之類，亦極意莊嚴，清雅絶倫。

臺閣體是唐初人做得不同，如「去歲荆南梅似雪」一首，又大樣，又脱套，燕公最擅此長。陳子昂、杜審言、沈佺期、王勃之流，其詩皆有一段渾厚處，足見開國氣象。若魏鄭公一篇，氣格之高，乃所謂開太平者。

張曲江詩，「温柔敦厚，詩之教也」。陶靖節尚偏于山林枯槁，曲江乃更渾全。曲江歷貧富貴賤，體兼雅、頌，陶則專于風、騷耳。韓文公不提起，豈以其句句對偶，是六朝派耶？韓論文，亦從不提董、賈，大抵他自己位置太高。

詩能窮人，雖未必然，亦不可開口便悲哀。張曲江、韋左司詩，俱和平温厚，可以養人性情。

唐人七言律詩，某意以張燕公「去歲荆南梅似雪」一首爲第一，情景詞調都合。嘗欲推老杜一首爲冠，不可得，或者「玉露凋傷楓樹林」乎？

李、杜、韓、柳四家詩，缺一不可。如長干行之類，不但像漢、魏，更覺得飄灑，雖工部不能。工部五七言古詩，初亦倣摹漢、魏，晚乃自開派頭，一空依傍，冠絶古今。韓詩直追漢、魏以前，要造希微淡泊田地。柳詩中，漢、魏亦有些，六朝亦有些，工夫獨到。至香山、義山諸家詩，集雖大，而力量氣味争差遠矣。

韓文公平生不輕許人，獨于李、杜詩，稱之不容口。極平常語，入老杜口，便厚，便大，便雄偉，其氣盛也。韓贈張籍、贈崔立之諸長篇，比之北征、詠懷，畢竟差些。以韓多直句，而杜句皆曲也。

論詩，太白如酒，少陵如飯，有杜可無李，有李不可無杜。

李太白，唐人推之在杜上者，以當時被之管絃，聲調易叶，而杜少拗也。

杜諸體詩，皆妙絶千古，只絶句，須讓太白。絶句要飄逸藴藉，如峨嵋山月、問余何事諸作，實是絶調。然昔人亦有推王龍標「秦時明月漢時關」爲第一者。

杜工部氣盛，其長律，一團氣在裏面鬱勃，其爲人也好善。韓文公于古人詩，少所許可。工部連六朝人無不推獎。

工部詩有性情，就是少時作，已有一段纏綿委曲之意。如太白與杜詩，不過「思君若汶水，浩蕩寄南征」而已。杜卻云：「渭北春天樹，江東日暮雲。何時一尊酒，重與細論文。」便委婉有情致。

工部厚道，其詩已駕乎六朝，卻平生人人宗仰。至太白則曰：「自從建安來，綺麗不足珍。」一齊抹倒矣。末云「絶筆于獲麟」，亦太矜張，未聞孔子耑能詩也。工部「文章千古事」二句，已極自任，到下面立言，卻無此等狀態。即是當代詞人，無不推揚，王維、鄭虔已至失節，而懇懇切切，爲之解救。此豈淺中人可及！

杜詩俱以北征爲第一，倫兒曾説：「詠懷自起至『放歌頗愁絶』，一氣噴出，無一句重複，又有轉折，似更妙。」細觀之，果然。此等詩，起處最難，若是宋人，便落譚理窠臼。他人便流誇大，謙虚太過又不稱。立言直是妙，結處亦好。

子美北征無一對句，昌黎與崔羣詩「燕席謝不詣」二句，便對。柳詩不能如此高古，其工妙者，多似六朝，然哭凌司馬、與韋道安二詩，雖曹子建把筆不能過。友云：「昨夜思韓文公南溪始泛詩，説到『野人來餽瓜』，作幾行寫。工部何氏山林詩『野老來看客，河魚不取錢。只疑淳朴處，自有一山川』，輕輕四句，便包括在裏，又妙有風韻。所以昌黎那樣歎服。」工部自云「詩看子建親」，把庾、鮑竟推與太白矣。

杜詩如「宿昔試安命，自私猶畏天」；「榮華敵勳業，歲暮有嚴霜」；「以兹悟生理，獨恥事干謁」之類，都耐思索玩味。韓詩便無此等句法。又如北征，説回紇兵不宜多，而曰「聖心頗虛佇，時議氣欲奪」，似人都曉得此之爲禍。雖只説至此，不肯説盡，然以前後推之，何嘗不盡。看杜詩，須如此細看。

老杜詩，説安內攘外，都有幾句好説話。「老馬夜知道，蒼鷹飢著人」，便是用兵要語。知道形勢，經過戰場者，所謂老馬，選將之法也。至于卒伍，不過飲食勞苦，體恤頒給，他便爲用，如鷹飢則就食，飽則颺去，此使卒之要也。顧寧人説：「經書後，有幾部書可以治天下。前漢書其一，杜詩其一也。」

杜詩爲自家保全，喜得便雅淡；爲國家收復，喜得便狂蕩。立言之體皆妙。

「文物多師古，朝廷半老儒。直辭寧戮辱，賢路不崎嶇。」極有意味。如「風塵三尺劍，社稷一戎衣」，何嘗不好，然漢高祖豈不如此。至此四句，卻是貞觀致治之根，道得出太宗擅長處。當時承宇文之後，文物獨盛，而十八學士之屬，半于朝廷，然不聽其言，雖多奚爲？若後進無人，亦非長治之道。詩家誰見到此？然使入宋人口中，便直而淺薄。其妙在朴而雅，「朝廷半老儒」，似不成語，卻造句甚古，有斲華反朴之意。

「赤驥頓長纓」一首，不過世無用我，將欲卷懷之意。公幹輩皆有此等詩，卻不如杜之深厚。至杜之長歌，卻不如鮑明遠。曹子建、鮑明遠、陶淵明三家，直開三派。曹全以氣勝，開杜、韓之派；鮑才人之詩，頓挫淩厲，開太白之派；靖節閒雅自然，開韋蘇州之派。

杜長篇，時有累句。如「臣如忽至理，君豈棄此物」；「學母無不爲」等，俱不成語。然以此見其大。

壇長謂：「工部自許，不過是『賦料揚雄敵，詩看子建親』，如何便道『致君堯舜上，再使風俗淳』？果然可議。後想來，正見古人不欺處。其志大而不相掩者，就存其真，聖門狂者本是如此。韓文公亦是一面自許，一面疎漏，卻不怕人笑。若後人爲之，必加彌縫矣。」

工部一部集，自首至尾，尋不出他一點自見不足處。只覺得從十來歲以至于老，件件都好。這是一件大病。韓文公就有知道不足處。

韓詩温柔敦厚，纏綿悱惻，不如工部。然如所云「春秋書王法，不誅其人身」，則工部有不及者。蓋春秋立義之最大處，懼亂賊者，懼後世之亂賊也，若本人之身已爲亂賊，尚何畏于死後之誅？此等實説著深微，千古不刊。陶詩「汲汲魯中叟，彌縫使其淳」。當時風尚，盛道老莊，以爲周孔之道鑿朴生僞，而淵明謂孔子欲使其淳。可知連上「真」字亦非放達譃浪之謂。以此意選詩，便寥寥矣。

某人論南山詩，痛加貶斥。曰：「卻不必。大凡前人詩文，都有一用神以爲秘訣。韓文公作詩，將前人一字不入胸中，以爲吾于此時，有此時情景，于此人，有此人情事。肖者便新，不如此，縱工何益？南山詩所列，彼時所見，實有此許多情狀，他乃一氣吐出，誰禁得他？只是後人不必效此耳。」

柳子厚長律，無一不精，以「弱歲遊玄圃」、「知命儒爲貴」二篇爲最。二篇又以「知命」篇爲尤。「弱歲」篇，因劉夢得用五十韻，有欲索性將麻韵用盡之意，間或不能自然。「知命」篇，則直抒己意矣。柳詩工已到至處，微不及杜者，杜有古朴之氣，直逼陳思耳。

韓詩意盡言止，直率不加雕飾。柳詩工緻，雖説愁苦，亦覺冠裳佩玉。各有長處，不相下也。

宋人學問才情，有何不及唐人？只是詩不及耳。唐人亦是風氣適然，成一種風調，大家傳染，遂擅其長。宋詩不是別樣不好，只是有些呆氣。問：「唐人不呆，而宋人呆，畢竟有箇緣故。」曰：「唐人善用虛，無板板説的。又宋人喜填故事，亦不好。」問：「唐人亦用故事。」曰：「唐人用故事，倒是直説，不如宋人搯出那事三兩箇字來用，教人費猜。三百篇何嘗用故事？漢、魏間用事，都是將其事直叙出來。影射用事，古未曾有。」

歐詩學韓，而筆力不及，卻于不及處露出自己本色，如「斑斑林間鳩，重讀徂徠集」之類。但他自己極得意的「廬山高」，卻不見得佳處安在。邵康節詩，只好是勸世文，直頭説盡，何不做一篇文字？三百篇中，如「維天之命，於穆不已。於乎不顯，文王之德之純」。這樣大頭腦，下面卻淡淡説「何以溢我？我其收之。駿惠我文王，曾孫篤之」。「天生蒸民，有物有則。」這樣大頭腦，下卻以「天監」在下轉去了，濃濃淡淡，不盡其辭。長發之詩，説契，説相土，又説湯。數百年事，一兩段駕過，方是詩體。

詩文全關氣運，都是帝命。王荊公學問，何必下于柳子厚，而詩大不及。東坡學問，何必下于白樂天，而詩亦不及。

王荊公一生長處，在孝友清節，故其詩一説到骨肉節概處，儘有精采，至論事，便隔壁。可見此事是發乎性情的。

東坡詩殊少風韻音節，逐句俱填典故，亦不是古法。朱壽昌事，未經人歌咏，東坡所作，趣味極短，且末尾如何引温嶠、潁封人諸事作結？殊爲不類。若老杜爲此，畢竟有許多纏綿篤厚之情。又作周濂溪詩，説「造化乃其徒」，甚好。後忽云「柳州柳，愚溪愚」，雖然以比地方因人而傳，然擬人亦非其倫。

宋潛溪、方正學文字，如何比得東坡？東坡生動有仙氣，峰巒波瀾，尺幅湧現。其詩亦自成一家，但没有一二首人不能到之作。只是東坡詩，就引用許多，卻不蠟蹋，黄山谷便蠟蹋可厭。

杜工部于君臣、兄弟、妻子、朋友都有詩，獨無思親詩，何也？韓文公亦爾。止祭十二郎文，有「少孤倚兄嫂」之説耳。朱子上母壽詩，述韋齋平生，無不詳悉。韋齋學問人品，迥出人羣，朱子作行述，止平平叙次。伊川爲大中作文，亦無一語褒揚，曰：「先子之命云爾。」惟其如此，所以可信。東坡父子相命，直欲凌絶古今。至王荆公，則竟父子相聖矣，如何服人？

性理中，止採朱子詩之有「性理」字面者，其餘好詩俱删去。豈知流連景物，止以一二語見性情，及寄托全在言外者，其詩更妙。如芣苢之篇，何嘗有一字説到室家和平，化行俗美上？

宋景濂詩，比方正學好。明諸家詩，俱不見佳。倒是王姚江有些才氣，律詩有六七首，古詩亦有二三首，只是太直。唐人亦有直處，卻用淡淡寫來。蓋激昂慷慨，全要委曲徊翔出之，方有一段幽光。如人說話，胸中有所感憤，傾瀉直吐，聽者便覺難耐。惟作平淡語，雖直直說過，倒令人思之覺得有味。

宋詩，單看亦各有好處，若選以配唐人，便不稱。歐、王且然，無論其他。王陽明詩，某少時略皆成誦，今看來殊覺淺薄。他才高，信筆寫來，便有唐人風調，但根柢氣格不是。

鹿太常詩，選得百五十首，在明季竟成一家。有真氣，又一肚皮要立事功，勵名節，筆寫得出詩，亦看得多，知道各樣變體。詩有用如此句法者，有用如彼句法者，章法體局亦然。孫高陽詩，便都是一樣，不知變。魏孝子學漪百韻詩，便段段有變化。可見錢受之不知詩，選明詩，不登二公，止選高陽，未爲允也。

王阮亭絶句，有似唐人的。至古詩，須有意思滚出來才好。陳澤州律詩，時有俊句，如送某假歸詩，有句云：「自憐名跡清流外，常恐交游汎愛中。」卻是唐句。

學詩先將十九首之類，句句摹倣。先教像了，到後來自己做出，無一點不似古人，卻又指不出是像那一首，便成。

學詩當從韓、柳入，律詩亦惟二家得正派，工部太雄放。

作詩最忌先得句爲韻，補綴成之。那兩句何嘗不好，但讀到那裏，便覺得氣不貫，意不浹洽。先覓句者，必非大家，無論李、杜、韓、柳，即錢、劉亦決不如此。

絶句不要使力，要淡遠，意在言外。古詩卻要有氣力。

詩到形容情事難得逼肖處，只得造字。然須造得自然，令人不覺方妙。如生造便不好。

作詩須要知道避字避句。人人皆如此用，我便當避；口頭邊字當避；此題用熟的故事當避。又人所作都現成，我須避到生新一路去；人都在那裏雕刻，我須避到現成一路去。

詩即有作料，須有景物思路掩映而成。若全無意思，只將詞藻鋪排，最可厭。

律詩對句，自要工巧切合。杜工部送舅詩，「江上」對「渭陽」，「水鷁」對「林烏」；王荆公「女傷悲」對「季行役」，俱妙。又句法以兩解爲更入三昧。杜詩「叢菊兩開」矣，而下「他日之淚」；「孤舟一繫」矣，而動「故園之心」。叢菊兩番，開出他日之淚；孤舟一隻，繫住故園之心。柳詩「壁空」矣，而「殘月曙」，「門掩」矣，而「候蟲秋」。又「壁空」那「殘月」之曙，「門掩」那「候蟲」之秋。前人皆推爲妙句。

有尤工部七言律不甚對偶，有搭配不來者。曰：「都搭配得來，久已壞了。律詩本是陋體，古人有嫌字眼太偶儷，太現成，未免俗氣，多避之。」

唐人作詩，動呼人名，如「白也詩無敵」之類。今若作詩，亦呼其名，殊覺不必。詩之工拙不在此，犯大聖大賢諱，尤不可。孔孟之諱，何啻父母，如何直呼，甚且用以押韻？韓文公、王荆公皆不免犯此者。詩雖佳，亦不足録。此即無忌憚之端。

作詩要好甚難。離卻古人，創闢一蹊徑，便不像樣；一依古人，又如薄酒然，漉了又漉，有何趣味？須是有性情，又有學問，在詩裏邊工夫又到。卻不多做，觸事乘興方爲之，斷絶酬應之作，或者有些意思。

時文對偶，本是四六體，然必定字字工緻，便華縟傷雅。詩亦如此。某撿舊作武侯詩，以「苦李」對「甘棠」，便不佳。似此小巧，或律詩中偶用耳。

高高士子爲望親廬求記，曰：「不如詩好。文便著實，説那人，便要描得那人像；説那事，便要描得那事出。至詩，説得離奇飄渺些都不妨。且詩又不消説盡，正是妙處。後來人正坐要鋪張，反不好。」

每一真人出，便有一假者來磨難他。子思之中庸，孟子之七篇，可謂至當不易矣，偏有荀卿一輩人出來爲祟。即如李、杜詩，當時便有無數蚍蜉之撼，到底敵不過韓文公、王荆公等之擁護，蚍蜉多而勢反寡。韓公等如熊羆然，勢雖寡而力反過于衆，以人心之公是歸之也。

世有靈異之物，多遭刧，何況人。陳希夷謂种明逸曰：「名者美器，造物所忌。子名將成，必有鬼物敗之。」上帝各樣福澤都不吝，只惜名，虚名無益。想是清名直達帝廷，李太白所謂「安知天漢上，白日懸高名」，正此名也。以上論詩。

考訂書學，是要緊事，須兼通篆籀，方能通楷書之不可通處。如「之」下著「心」謂之志，心之所之也；著「日」謂之時，日之所之也。今「志」上作「土」，「旹」上作「山」，于義何取？王荆公不講求制字之根，而逐字爲之臆解，費盡心力，徒增笑柄。

平聲加猛厲則上，扯長些則去。入聲甚短，入聲惟閩中多得其正。北人氣硬，平聲多成上聲。聲音之差，不獨口差，即耳亦差。南陵人「知」讀作「兹」，「兹」讀作「知」，閩中教授至其地，教他讀「知」，他聽作「兹」，教他讀「兹」，他聽作「知」，愈辨愈不清。故知耳亦不同也。

楊友云：「天統聲，地統音。聲即韻部東、冬、江、陽之等是也，音即字母影、喻、曉、洽之等是也。聲可通，音必不可通。杜、韓于此最嚴，唐人錯者亦少。」曰：「一字有兩聲者，如『過』字、『治』字之類，此等至宋始分晰精密，唐人尚不分。杜詩『魑魅喜人過』，作平聲解者，或謂魑魅寂寞久，亦喜人來過；或謂魑魅欲啖人，故喜人來過，攫而食之。理皆難通。蓋言魑魅喜人有過失，與上句意方相應。古人四聲借用者甚多，不足異也。」

等韻三十六母，現用止廿四字，經世韻又列爲四十八行，某卻分斷得有些明白。經世蓋就現用廿四字，細分出上平、下平，故四十八。四十八則有音無字者皆全矣。三十六者，去有音無字者十二，惟存上平、下平之有音有字者耳。三説皆是也。

國書「阿」、「厄」、「衣」、「烏」、「於」五字，妙得聲韻之元，毫無勉强。小兒墜地，頭一聲便是阿，稍轉方有厄音，再轉方有衣音，又轉方有烏音，至會説話方有於音。自喉而舌，而齒，而撮口，而出口，次第一些不差。五字反覆叠呼，便有四萬聲。音學五書所少者，此耳。將來把毛稚黄書及度曲須知，擇其精要語，附刻于後，便成完書。至某所就國書推出者，則載于某所編樂書之後。毛稚黄及度曲須知，亦曉得支、微、齊、歌、麻、魚、虞七部之字無頭，它部之字皆有頭。卻不知七部乃聲氣之元，別字都是他生的，無有生他者。如「西邀烏」是「蕭」字，「西」是字頭，「邀」是字腹，「烏」是字尾。又「支」乃「真」之頭，「都」乃「東」之頭，「於」乃「元」之頭。韻部自當用此七部居前，以生各部。

他知其無頭，卻不曉其所以無頭之故，故仍舊以東爲韻部之首，非也。歌、麻、支、微、齊、魚、虞收本字之喉音，佳、灰收衣字，蕭、肴、豪、尤收烏字，東、冬、江、陽、庚、青、蒸收鼻音，真、文、元、寒、删、先收舌抵齶，侵、覃、鹽、咸收脣音。

兒音古所無。「望道而未之見」，「而」，古注作「如」。「星隕如雨」，傳曰：「與雨偕。」是以「如」爲「而」。「而」字，古蓋讀「如」，似「日」字平聲。今山東、江、淮此音甚多，而閩、廣則無矣。洪武正韻不收兒音。近猗氏衛先生，于每字母，皆增至六字，而以兒爲舌音，非也。獨以「影」字爲首，則精確不易。

「麻」字應爲最初之聲，諸聲皆由此起。前人讀麻爲謨，窪爲汙，鴉爲烏，入歌、魚、虞韻，非也。國書先「阿」字，得元聲矣。

寧人謂：「易韻亦錯，惟詩不錯。」但如「興」字，以「歔彼飛隼」一章論之，是在蒸韻。至「言念君子，載寢載興」，及「矢于牧野，維予侯興」，又與「音」字、「心」字爲韻。寧人無以解之，乃曰：「『興』字，古兩用。」又安知易韻之不叶者之非兩用耶？昌黎云：「曾經聖人手，議論安敢到。」其見卓矣。三百篇不獨各體俱備，即用韻變化，法亦俱全。如「彼譖人者，誰適與謀」，「取彼譖人，投畀豺虎」。是以「者」與「虎」叶，而以中句作過文。離騷中亦有用此法處。毛大可只見「維予侯興」等一二處，便以爲古皆通用，盡破從來之

藩籬。楊升菴韻尤舛。其實韻部止應分爲六，昌黎便如此用。國書十二烏珠，本之蒙古
韻。蒙古韻，昔人已知其好，性理中現載有，惜不見元人韻書語可證也。十二烏珠內，
三部是閩、廣音，半用半不用，又三部係滿洲音，漢人不用，其餘六部，正與所分同。以
此見昌黎不謬也。又韻部率以「東」字爲首，而國書獨首歌、麻；等韻率以「見」字爲首，
而國書獨首「影」，皆超出千古。蓋「歌」字從丹田起，「影」字從喉起故也。

宋人用韻多錯，朱子雖古詩，亦不出本韻，卻無破綻。今用韻，且當以杜、韓爲宗。
杜是老規矩，韓卻變而不失其正。杜但通用支、微、齊、佳，不敢通用魚、虞、蕭、肴、豪、尤，
其實支、微之于齊、佳，與魚、虞之于蕭、肴、豪、尤，一也。

如今用韻，且復唐人之舊，漸次復到古韻方是。廣韻分部，二冬下有三鍾，但二者
律詩通用，今遂並鍾于冬矣，其實尚有宜斟酌者。如庚部下，有耕、有清，庚部字宜皆入
陽，看「康」字從「庚」字頭可見，耕部宜存本部，清部宜入青。尤部下，有侯、有幽，尤
部字宜入支，「尤」古讀「儀」。侯部宜入魚、虞，「侯」古讀「乎」。惟幽部宜存本部。

韻學不講，寧人獨出究心，直還三代。支不應與魚、虞通，自漢已誤，參同契便是如
此。魏氏乃上虞人，故亦就浙音用之。某選詩，本欲選他此首，因韻錯恐誤人，遂置之。
其詩則屈、宋之亞也。前人于唇喉齒舌，或不差，而字之偏旁多不講，至寧人卻講偏旁，

故獨有著落。杜、韓用韻皆精當，惟入聲不能如寧人。寧人講入聲，直千古未有。

猗氏衛先生論韻，與寧人同，言侵、覃、鹽、咸，是真、文、元、寒、删、先閉口，不應東、冬等部無閉口，故于每韻後作圈，以爲有音無字，皆存其位。其實侵、覃、鹽、咸四部，何嘗無别部閉口在内，如侵雖是真、文之閉口，亦是庚、青、蒸之閉口，若此之類不須補。

潘次耕若肯將其師所著音學五書，撮總纂訂令精當，豈不大快！他卻自出意見，欲駕亭林之上，倒美出破綻來。他將自己土音影響意揣，便欲武斷從來相傳之緒言，豈可乎？